Dicionário de
SANEAMENTO
AMBIENTAL

Dicionário de SANEAMENTO AMBIENTAL

Ariovaldo Nuvolari

© Copyright 2013 Oficina de Textos

Grafia atualizada conforme o Acordo Ortográfico da Língua Portuguesa de 1990, em vigor no Brasil a partir de 2009.

CONSELHO EDITORIAL Cylon Gonçalves da Silva; Doris C. C. K. Kowaltowski; José Galizia Tundisi; Luis Enrique Sánchez; Paulo Helene; Rosely Ferreira dos Santos; Teresa Gallotti Florenzano

CAPA E PROJETO GRÁFICO Malu Vallim
DIAGRAMAÇÃO Bruno Tonelli
IMAGEM CAPA Bené França, Brasília
PREPARAÇÃO DE TEXTOS Felipe Marques e Rena Signer
REVISÃO DE TEXTOS Elisa Andrade Buzzo

Dados Internacionais de Catalogação na Publicação (CIP)
(Câmara Brasileira do Livro, SP, Brasil)

Nuvolari, Ariovaldo
   Dicionário de saneamento ambiental / Ariovaldo Nuvolari. – São Paulo : Oficina de Textos, 2013.

ISBN 978-85-7975-063-2

   1. Saneamento ambiental 2. Saneamento ambiental - Dicionários I. Título.

12-13020   CDD-354.8103

Índices para catálogo sistemático:
1. Saneamento ambiental : Dicionários   354.8103

Todos os direitos reservados à **Oficina de Textos**
Rua Cubatão, 959
CEP 04013-043 – São Paulo – Brasil
Fone (11) 3085 7933   Fax (11) 3083 0849
www.ofitexto.com.br   e-mail: atend@ofitexto.com.br

Agradecimentos

Agradeço primeiramente a Deus, que me deu vida, saúde, inteligência e disposição para elaborar este trabalho; aos diversos professores listados, que me auxiliaram na fase de elaboração de alguns verbetes de suas respectivas áreas de atuação; e às pessoas que me ajudaram na digitação.

Um agradecimento especial ao Centro Estadual de Educação Tecnológica Paula Souza (Ceeteps), órgão gestor das Fatecs e Etecs do Estado de São Paulo e meu empregador, que forneceu o apoio financeiro durante a elaboração deste trabalho; aos integrantes dos órgãos colegiados da instituição em que trabalho (Departamento de Hidráulica e Saneamento, Diretoria da Fatec-SP e Congregação), que há alguns anos aprovaram este projeto como parte de minhas atividades de pesquisa em Regime de Jornada Integral (RJI).

Dedico este trabalho à minha esposa Leonice, aos meus filhos João Daniel e Juliana e ao meu neto Giovanni, pela compreensão demonstrada ao longo de mais esta jornada.

Apresentação

Primeiramente, é importante salientar que o autor desta obra, Prof. Dr. Ariovaldo Nuvolari, possui uma excelente formação acadêmica e profissional. Um trabalho dessa natureza só é possível de ser realizado por uma pessoa que acumulou conhecimento durante muitos anos pela dedicação à pesquisa e ao ensino. Nota-se claramente que o planejamento e a concretização desse livro foi um trabalho árduo e minucioso.

Este *Dicionário de Saneamento Ambiental* não se trata apenas de um simples glossário de termos tecnocientíficos relacionados apenas com questões de saneamento ambiental. Na verdade, vai muito mais além, pois são colocadas definições precisas e atuais sobre palavras e termos que são utilizados em trabalhos que envolvem conhecimentos das diversas interfaces das Ciências Ambientais, passando pela Engenharia e Química Sanitária/Ambiental, Microbiologia, Planejamento/Gerenciamento Ambiental, dentre outras. Nota-se que o autor teve um cuidado extremo na montagem do livro – foram realizadas consultas em um número expressivo de referências bibliográficas e com especialistas da área, principalmente professores da Fatec-SP, especificamente aqueles do curso de graduação em Tecnologia em Hidráulica e Saneamento Ambiental.

Esta obra, com certeza, deve estar nas estantes de todas as boas bibliotecas e ambientes de trabalho, sempre à disposição para consulta imediata de todos os profissionais e estudantes que lidam com temas ligados à grande área das Ciências Ambientais, em especial com Saneamento Ambiental. Trata-se, certamente, de uma obra brasileira única e, atualmente, a mais completa sobre o tema.

José Roberto Guimarães
Professor Titular do Departamento de Saneamento e Ambiente
da Faculdade de Engenharia Civil, Arquitetura e Urbanismo
da Universidade Estadual de Campinas (DSA-FEC-Unicamp)

"Lata d'água na cabeça, lá vai Maria..." Esta frase faz parte da letra de uma famosa música de Luiz Antônio (Antônio de Pádua Vieira da Costa) e Jota Júnior (Joaquim Antônio Candeias Júnior) gravada na década de 1950. A música, juntamente com a foto da capa, de autoria do fotógrafo Bené França, de Brasília, deveria nos fazer refletir e, principalmente, agir. Ainda hoje, em várias partes do mundo, incluindo algumas regiões do Brasil, existem muitas Marias com suas latas d'água na cabeça, que às vezes caminham vários quilômetros em busca desse precioso líquido. Isso reflete o descaso em relação a essa pobre gente e ao saneamento em geral. A água, tida como fonte da vida, pode, dentro dessa lata, levar a morte para a casa dessas Marias, em razão do alto risco de contaminação dos mananciais.

Este *Dicionário de Saneamento Ambiental* é o resultado de pesquisas realizadas no Departamento de Hidráulica e Saneamento da Faculdade de Tecnologia de São Paulo (Fatec-SP), onde trabalhei como docente em regime de hora-aula de 1977 a 1992, quando então passei para o regime de jornada integral. A sua elaboração foi patrocinada pelo Centro Estadual de Educação Tecnológica Paula Souza (Ceeteps), órgão gestor das Faculdades de Tecnologia (Fatecs) e Escolas Técnicas (Etecs) do Estado de São Paulo. O objetivo do glossário é servir de apoio aos estudantes de graduação, pós-graduação, pesquisadores e profissionais em geral, em especial os que atuam na área de Saneamento Ambiental, quando elaborarem suas monografias, dissertações, teses e relatórios técnicos.

Sem querer me eximir de responsabilidades pelo texto produzido, gostaria de ressaltar que não houve pretensão de apresentar um trabalho completo nem definitivo. Em uma análise crítica, devo mesmo admitir que alguns verbetes foram muito detalhados e outros tratados mais superficialmente, enquanto outros nem sequer foram definidos. Até o momento, no entanto, foi o que pude fazer. As definições apresentadas foram elaboradas a partir de diversas obras (ver bibliografia) e *sites* da internet (enciclopédias digitais e/ou trabalhos publicados), por mim e pelos colaboradores listados a seguir.

Assim, agradeço imensamente aos especialistas das diversas áreas de abrangência deste trabalho, professores do curso de graduação em Tecnologia em Hidráulica e Saneamento Ambiental da Fatec-SP:

Acácio Eiji Ito, mestre e ex-professor de "Hidráulica" e "Mecânica dos Fluidos".

Célio Carlos Zattoni (*in memorian*), ex-professor de "Materiais de Tubulação", "Construção de Sistemas de Abastecimento de Água" e "Informática Aplicada" (CAD).

Dr. Dirceu D'Alkmin Telles, ex-diretor da Fatec-SP e ex-professor das disciplinas "Hidrologia" e "Irrigação e Drenagem".

Josué Souza de Góis, mestre e professor das disciplinas "Projeto de Sistemas de Abastecimento de Água" e "Hidrologia e Obras Hidráulicas Marítimas e Fluviais".

Luiz Antonio de Almeida, professor de "Gerenciamento de Recursos Hídricos", "Gerenciamento Ambiental" e "Resíduos sólidos".

Regina Helena Pacca Guimarães Costa, professora de "Introdução à Hidráulica e ao Saneamento Ambiental", "Reúso" e "Ciências do Ambiente".

Wladimir Firsoff, professor de "Laboratório de Hidráulica", "Hidrometria" e "Operação e Manutenção de Sistemas de Água e de Esgoto".

Aa

À contracorrente Que se move em sentido contrário a um fluxo ou corrente principal. Em engenharia marítima, caracteriza uma corrente secundária, usualmente correndo em direção oposta à corrente principal.
À prova de inundação Vale profundo ou margens protegidas por diques, que evitam o espalhamento da lâmina líquida na época das cheias.
Abaixamento do nível do lençol freático Também chamado de rebaixamento do nível do lençol freático, necessário para a escavação e o assentamento de tubulações em cotas situadas abaixo dele, em solos arenosos. O método da ponteira filtrante a vácuo é um dos mais utilizados.
Abaixamento rápido do nível d'água Em barragens de terra, pode provocar problemas de erosão regressiva nos taludes de montante, cuja proteção superficial é geralmente feita com pedras de mão, mas devem-se prever filtros com materiais de granulometria decrescente no sentido do talude, para evitar tal problema.
Abastecimento de água Esse serviço é responsável pela captação, adução, tratamento (potabilização) e distribuição de água potável à população.
Abastecimento de água através de mananciais subterrâneos Utilização de poços profundos para o abastecimento público.
Abastecimento de água por gravidade Quando existem reservatórios nos pontos elevados e com pressão suficiente para abastecer a população. A norma brasileira fixa o valor mínimo de pressão nas redes em 15 mca (metros de coluna d'água) e o valor máximo em 50 mca.
Abertura Buraco ou fenda.
Abertura capilar Dimensões de um tubo capilar.
Abertura de malha Refere-se ao diâmetro relativo de abertura de peneiras com dimensões normalizadas.
Abertura de vala Um dos serviços de custo mais alto, para a colocação de tubulações subterrâneas.
Abertura pequena O mesmo que orifício.

Abicar ou embicar Termo usado em engenharia marítima para indicar quando as embarcações embicam na praia (ou chegam com a proa em terra).
Abiótico Em oposição a um meio biótico, o ambiente abiótico é um local ou região onde não há vida. Substâncias abióticas são os compostos orgânicos e inorgânicos, como água, dióxido de carbono, oxigênio, cálcio, nitrogênio, sais de fósforo, aminoácidos e ácidos húmicos. Um ecossistema inclui os organismos (comunidade biótica) e um ambiente abiótico.
Abissal Diz-se das profundezas marinhas. Para alguns autores, as profundidades são superiores a 2.000 m e não há mais vegetação verde. Nos lagos muito profundos, tal zona começa a partir de 600 m de profundidade.
Ablação Ação de tirar por força. Na medicina, por exemplo, ocorre quando da remoção de uma parte do corpo.
ABNT Associação Brasileira de Normas Técnicas.
Abrandamento de água Remoção do excesso de íons de cálcio e de magnésio, principais responsáveis pela dureza de uma água.
Abrasão dos sedimentos da praia Desgaste das areias da praia pela contínua movimentação da água e contato direto entre as partículas.
Abrigo, bacia Em engenharia marítima e fluvial, é a área coberta de água, fechada e protegida artificialmente e ligada por uma pequena passagem ao mar, ou a outro corpo d'água e usada para abrigar pequenas embarcações.
Absorção É a assimilação de moléculas ou outras substâncias pela estrutura física de um líquido ou de um sólido, sem ocorrência de reação química. Na absorção de um gás, um ou mais elementos são removidos de uma corrente gasosa por dissolução, num solvente líquido seletivo. A absorção é útil para reduzir ou eliminar a descarga de poluentes do ar na atmosfera.
Absorbância Logaritmo decimal do inverso da transmitância. Densidade óptica.
Ação antrópica Ação do homem.
Ação civil pública de responsabilidade Figura jurídica introduzida pela lei nº 7.347 de 24 de julho de 1985, que confere ao Ministério Público Federal e Estadual, aos órgãos e instituições da Administração Pública e às associações com finalidades protecionistas, a legitimidade para acionar os responsáveis por danos causados ao meio ambiente, ao consumidor e aos bens e direitos de valor artístico, estético, histórico, turístico e paisagístico.
Ação de tornar quebradiço por excesso de alcalinidade Trata-se de uma fragilização que

ocorre em determinados materiais pelo contato relativamente prolongado com soluções altamente básicas (soluções alcalinas).

Ação oligodinâmica Ação lenta, pouco dinâmica.

Ação popular No Brasil é o meio constitucional posto à disposição de qualquer cidadão para invalidar atos ou contratos administrativos ou a estes equiparados lesivos ao patrimônio federal, estadual e municipal, ou de suas autarquias, entidades paraestatais e pessoas jurídicas, subvencionadas com dinheiro público. É um instrumento de defesa dos interesses da coletividade.

Acessório com flange Num acessório com flange a interligação é feita com parafusos, para a montagem e desmontagem dessas peças em eventuais manutenções. A estanqueidade é garantida por vários tipos de anéis ou juntas.

Acessório rosqueado Ligações feitas com roscas.

Acessórios Nas tubulações, são as peças complementares, como curvas, tês, reduções etc.

Acessórios da rede de esgoto São os poços de visita (PV), os terminais de inspeção e limpeza (TIL), os terminais de limpeza (TL), caixas de passagem (CP), as estações elevatórias (EE).

Acessórios do sistema de abastecimento Ver *Acessórios*.

Acidente maior Acidente capaz de ameaçar os envolvidos em uma determinada atividade, o ambiente e as populações situadas além dos limites da instalação onde o acidente ocorre. Também conhecido como acidente ampliado ou acidente severo.

Acidez Qualidade ou sabor do que é ácido. Propriedade que apresentam certas substâncias de liberar íons hidrogênio, quando em solução.

Acidificação Adição de ácido à água. Particularmente, nas usinas de dessalinização, a acidificação da água de alimentação (água salina) tem por objetivo evitar a incrustação nas tubulações e demais acessórios dela.

Ácido Substância que, em solução com a água, libera íons hidrogênio (H^+), que baixam o valor do pH da solução. Os chamados ácidos fortes, tais como o ácido clorídrico e o sulfúrico liberam grande quantidade de íons e, quando concentrados, são corrosivos. Os ácidos neutralizam os álcalis, produzindo sais.

Ácido glutâmico Aminoácido resultante da hidrólise de proteínas, cristalino, com sabor de carne, usado como condimento. Fórm.: $C_6H_9O_4N$.

Ácido maleico Ácido dicarboxílico não saturado, cristalino, incolor, isômero do fumárico. Fórm.: $C_4H_4O_4$.

Ácido margárico Ácido graxo com 17 átomos de carbono. Fórm.: $C_{17}H_{34}O_2$.

Ácido melíssico Ácido graxo, com 30 átomos de carbono, existente na cera de abelha. Fórm.: $C_{30}H_{60}O_2$.

Ácido abiético Ácido monocarboxílico, derivado dos terpenos, cristalino, extraído da resina das coníferas. Fórm.: $C_{20}H_{30}O_2$.

Ácido acético Ácido monocarboxílico, líquido incolor com cheiro característico (vinagre), obtido por fermentação ou pela oxidação catalítica do acetileno. Fórm.: CH_3COOH.

Ácido acetilsalicílico Sólido incolor, cristalino, derivado do ácido salicílico, usado como analgésico e antipirético na aspirina. Fórm.: $C_9H_8O_4$.

Ácido acetoacético Líquido incolor com viscosidade de um xarope, instável. Fórm.: $CH_3CO \cdot CH_2COOH$.

Ácido acrílico Ácido monocarboxílico não saturado, líquido incolor, com cheiro parecido com o do ácido acético, usado na fabricação de resinas acrílicas, também conhecido como ÁCIDO VINILFÓRMICO. Fórm.: $CH_2CHCOOH$.

Ácido adípico Ácido dicarboxílico saturado, cristalino, incolor, utilizado na manufatura de fibras artificiais. Fórm.: $HOOC(CH_2)_4COOH$.

Ácido aminoacético Também conhecido por GLICINA. É o mais simples dos aminoácidos, presente na cana-de-açúcar. Fórm.: H_2NCH_2COOH.

Ácido aminobenzoico Também conhecido como ÁCIDO ANTRANÍLICO, ácido aminado derivado do ácido benzoico, cristalino, incolor, utilizado na fabricação de corantes. Fórm.: $(C_6H_4)(NH_2)(COOH)$.

Ácido aminopropiônico Também conhecido como ALANINA, aminoácido cristalino, incolor, que se forma na hidrólise de certas proteínas do organismo. Fórm.: $C_3H_7O_2N$.

Ácido antranílico Ver *Ácido aminobenzoico*.

Ácido araquídico Ácido graxo encontrado em alguns óleos vegetais, cristalino, também conhecido como ÁCIDO EICOSÂMICO. Fórm.: $C_{20}H_{40}O_2$.

Ácido ascórbico Substância cristalina existente em diversos frutos cítricos, dos quais é extraído, essencial ao metabolismo do organismo. Fórm.: $C_6H_8O_6$.

Ácido barbitúrico Derivado do ácido malônico e da ureia, cristalino, incolor. Fórm.: $C_4H_4O_3N_2$.

Ácido benzoico Ácido derivado do benzeno, cristalino, incolor, usado como conservante de bebidas, como antisséptico, e na indústria de corantes. Fórm.: C_6H_5COOH.

Ácido bórico Sólido cristalino, com emprego medicinal. Fórm.: H_3BO_3.

Ácido brômico Oxiácido do bromo, que não

existe livre mas forma os bromatos. Fórm.: $HBrO_3$.

Ácido bromídrico Solução aquosa do brometo de hidrogênio, muito ácida. Fórm.: HBr.

Ácido butírico Ácido monocarboxílico, líquido com viscosidade de um xarope, incolor, com odor e gosto de manteiga rançosa. Fórm.: $C_4H_8O_2$.

Ácido cáprico Ácido monocarboxílico, cristalino, existente no leite de cabra. Fórm. $C_{10}H_{20}O_2$.

Ácido caprílico Ácido graxo presente no suor e também no leite de cabra. Fórm.: $C_8H_{12}O_2$.

Ácido caproico Ácido graxo existente no leite de cabra e também na água de coco. Fórm.: $C_6H_{12}O_2$.

Ácido carbâmico Ácido que não é conhecido em estado livre, mas apenas na forma de sais e ésteres. Fórm.: NH_2COOH.

Ácido carbólico ou **ácido fênico** Mais conhecido como FENOL. Derivado hidroxilado do benzeno, cristalino, incolor, mas avermelhado quando exposto à luz, com cheiro característico, encontrado no alcatrão. Fórm.: C_6H_5OH. Os FENÓIS são conhecidos como uma classe de compostos dotados de uma hidroxila ligada diretamente a um carbono de um anel benzênico e são tóxicos aos organismos vivos.

Ácido carmínico Sólido cristalino, vermelho, presente na cochonila. Fórm.: $C_{22}H_{20}O_{13}$.

Ácido ciânico Ácido facilmente hidrolisável, que não existe livre. Fórm.: HCNO.

Ácido cianídrico Também conhecido como ÁCIDO PRÚSSICO. Só existe em solução, altamente tóxico. Fórm.: HCN.

Ácido cinâmico Ácido aromático não saturado, sólido, cristalino. Fórm.: $C_6H_5C_3H_3O_2$.

Ácido citracônico Também conhecido como ÁCIDO METILMALEICO, sólido, incolor, cristalino. Fórm.: $C_5H_6O_4$.

Ácido cítrico Ácido tricarboxílico, cristalino, incolor, presente nas frutas cítricas. Fórm.: $C_6H_8O_7$.

Ácido clórico Oxiácido de cloro, instável, que forma diversos sais, os cloratos. Fórm.: $HClO_3$.

Ácido clorídrico Gás clorídrico em solução, muito ativo, com cheiro forte e sufocante, de importante uso industrial. Fórm.: HCl.

Ácido cloroso Oxiácido de cloro, desconhecido sob forma livre, mas forma os cloritos. Fórm.: $HClO_2$.

Ácido cresílico Mistura dos três isômeros do CRESOL, que são líquidos voláteis, derivados do tolueno, cuja fórmula química é C_7H_8O.

Ácido crotônico Qualquer dos dois isômeros do ÁCIDO METILACRÍLICO, ambos cristalinos incolores. Fórm.: $C_4H_6O_2$.

Ácido desoxirribonucleico Constituinte fundamental dos genes.

Ácido enântico Ácido graxo com 7 átomos de carbono, líquido. Fórm.: $C_7H_{14}O_2$.

Ácido esteárico Ácido graxo existente nas gorduras animais e vegetais, cujos sais de sódio e potássio constituem os sabões. Fórm.: $C_{17}H_{35}COOH$.

Ácido fênico Ver *Ácido carbólico* ou *fenol*.

Ácido fluobórico Líquido incolor ou amarelado, transparente e fortemente ácido. Deve ser acondicionado em recipientes plásticos, pois ataca recipientes metálicos e de vidro. Fórm.: HBF_4.

Ácido fluorídrico Solução aquosa do gás fluorídrico, ácido forte, muito ativo. Fórm.: HF.

Ácido fluossilícico Líquido incolor, fumegante, solúvel em água, tóxico e corrosivo. Fórm.: H_2SiF_6.

Ácido fórmico O mais simples dos ácidos monocarboxílicos, líquido, incolor, com cheiro penetrante. Fórm.: HCOOH.

Ácido fosfórico Oxiácido do fósforo, cristalino, funde a 40°C, é solúvel em água, e forma diversos sais importantes, também chamado de ÁCIDO ORTOFOSFÓRICO. Fórm.: H_3PO_4.

Ácido fosforoso Um dos ácidos em que o fósforo apresenta número de oxidação 3, sólido, cristalino, incolor, também conhecido como ÁCIDO ORTOFOSFOROSO. Fórm.: H_3PO_3.

Ácido ftálico Ácido aromático, di-carboxílico, sólido, incolor. Fórm.: $C_8H_6O_4$.

Ácido fulmínico Composto volátil, instável, com odor parecido ao do ácido cianídrico, forma sais utilizados como detonadores. Fórm.: CNOH.

Ácido fumárico Ácido graxo, isômero do ácido maleico, sólido, cristalino. Fórm.: $C_4H_4O_4$.

Ácido gálico Tri-idroxibenzoico, cristalino, incolor, encontrado frequentemente nos tecidos vegetais, como constituinte dos taninos. Fórm.: $C_6H_2(COOH)(OH)_3$.

Ácido giberélico Potente hormônio natural de vegetais, cristalino, branco, usado para provocar o crescimento de plantas. Fórm.: $C_{19}H_{22}O_6$.

Ácido graxo Qualquer ácido orgânico monocarboxílico.

Ácido hidrazoico Líquido incolor, tóxico, instável, de cheiro nauseante. Fórm.: HN_3.

Ácido hipúrico Ácido orgânico encontrado comumente na urina dos herbívoros. Fórm.: $C_6H_5CONHCH_2COOH$.

Ácido iódico Sólido cristalino incolor, muito ácido em solução e oxidante. Fórm.: HIO_3.

Ácido láctico Líquido incolor, xaroposo, existente no organismo humano, com papel metabólico importante. Fórm.: $CH_3CHOHCOOH$.

Ácido láurico Ácido graxo, cristalino, com baixo ponto de fusão, presente no leite, no óleo de coco, no espermacete. Fórm.: $C_{12}H_{26}O$.

Ácido linoleico Ácido graxo líquido, não saturado, encontrado em diversos óleos vegetais. Fórm.: $C_{18}H_{32}O_2$.

Ácido lisérgico – LSD Produto da hidrólise de certos alcaloides vegetais, cristalino, alucinógeno. Fórm.: $C_{16}H_{16}O_2N_2$.

Ácido málico Ácido dicarboxílico hidroxilado, cristalino, incolor, ocorre em diversas frutas (maçã, uva etc.). Fórm.: $C_4H_6O_5$.

Ácido malônico Ácido dicarboxílico, cristalino, incolor. Ocorre naturalmente na forma de sais de cálcio no açúcar de beterraba. Pode também ser obtido pela oxidação do ácido málico. Fórm.: $C_3H_4O_4$.

Ácido metafosfórico Oxiácido do fósforo, líquido, viscoso. Fórm.: HPO_3.

Ácido mirístico Ácido graxo cristalino, incolor, encontrado em grande número de óleos vegetais. Fórm.: $C_{14}H_{28}O_2$.

Ácido monobásico Ácido que tem 1 hidrogênio substituível e forma, por essa razão, apenas uma série de sais.

Ácido muriático Designação ainda usada industrialmente para o ácido clorídrico (HCl).

Ácido nítrico Líquido incolor, bastante ácido, muito reativo, oxidante, com numerosas aplicações industriais. Fórm.: NHO_3.

Ácido nitroso Ácido instável, redutor, que forma os sais conhecidos como nitritos. Fórm.: HNO_2.

Ácido ortofosfórico Ácido fosfórico.

Ácido ortofosforoso Ácido fosforoso.

Ácido oxálico Ácido dicarboxílico, cristalino, incolor, tóxico, encontrado em alguns vegetais. Fórm.: $C_2H_2O_4$.

Ácido palmítico Ácido hexadecanoico, cristalino, existente na maioria dos óleos e gorduras. Fórm.: $C_{16}H_{32}O_2$.

Ácido pantotênico Fator de crescimento de certos micro-organismos, líquido, viscoso. Fórm.: $C_9H_{17}O_5N$).

Ácido pelargônico Ácido nonanoico, líquido, oleoso, incolor. Fórm.: $C_9H_{18}O_2$.

Ácido perclórico Líquido incolor, fumegante, oleoso. Fórm.: $HClO_4$.

Ácido persulfúrico Ácido dibásico, sólido, oxidante. Fórm.: $H_2S_2O_8$.

Ácido pícrico Trata-se do trinitrofenol. Sólido, cristalino, amarelo brilhante, explosivo. Fórm.: $C_6H_2OH(NO_2)_3$.

Ácido pimélico Ácido dicarboxílico.

Ácido pirofosfórico Oxiácido do fósforo, cristalino. Fórm.: $H_4P_2O_7$.

Ácido pirúvico Líquido incolor, de cheiro parecido com o do ácido acético, encontrado como intermediário no metabolismo dos açúcares. Fórm.: $CH_3COCOOH$.

Ácido prússico Ver *Ácido cianídrico*.

Ácido ricinoleico Líquido, oleoso, encontrado no óleo de rícino. Fórm.: $C_{18}H_{34}O_6$.

Ácido salicílico Ácido aromático, cristalino, incolor, bactericida e fungicida, existente em alguns vegetais, usado na medicina. Fórm.: $C_6H_4(OH)(COOH)$.

Ácido succínico Ácido dicarboxílico, cristalino, incolor, existente em alguns vegetais. Fórm.: $C_4H_6O_4$.

Ácido sulfônico Qualquer substância de um grupo de compostos que tem o radical monovalente HSO_3 ligado diretamente a um átomo de carbono.

Ácido sulfúrico Líquido viscoso, incolor, corrosivo, denso, desidratante e muito forte, com variadas aplicações. Fórm.: H_2SO_4.

Ácido sulfuroso Ácido incolor que se forma na dissolução do dióxido de enxofre em água. Fórm.: H_2SO_3.

Ácido tânico Substância cristalina, branco-amarelada, encontrada nas gálias de certos vegetais, de onde é extraída, e usada no curtimento de peles. Fórm.: $C_{76}H_{52}O_{46}$.

Ácido tartárico Ácido dicarboxílico, diidroxilado, cristalino, incolor. Fórm.: $C_4H_6O_6$.

Ácido tiociânico Substância gasosa, solúvel em água. Fórm.: HSCN.

Ácido tiônico Qualquer dos ácidos resultantes da ação do dióxido de enxofre sobre soluções de tiossulfato. Fórm.: H_2SnO_6.

Ácido úrico Substância cristalina, pulverulenta, incolor, existente em pequenas concentrações na urina humana. Fórm.: $C_5H_4O_3N_4$.

Ácido valeriânico Também conhecido como ÁCIDO VALÉRICO. Líquido incolor, de cheiro desagradável, usado na medicina e em perfumaria. Fórm.: $C_5H_{10}O_2$.

Ácido valérico Ver *Ácido valeriânico*.

Ácido vinilfórmico Ver *Ácido acrílico*.

Ácidos dibásicos Aquele que tem dois hidrogênios substituíveis e pode formar duas séries de sais.

Acroleína Aldeído não saturado, líquido, volátil, com cheiro característico, tóxico, irritante e congestionante das mucosas; aldeído acrílico. Fórm.: CH_2CHCHO.

Actínio Elemento de número atômico 89, sólido, cristalino, branco prateado, muito reativo, radioativo. Símbolo: Ac.

Actinógrafo ou pireliográfo Instrumento usado para medir e registrar a quantidade de radiação solar ou de luz disponível, em termos de sua capacidade de expor um filme fotográfico.

Açude É um reservatório de pequeno volume.

Acumulação na cadeia alimentar O mesmo que bioacumulação. O lançamento de resíduos ou dejetos pode ser a causa de uma lenta acumulação pelo canal dos produtores vegetais e dos consumidores ulteriores (herbívoros, carnívoros). Tal concentração na cadeia alimentar pode constituir uma ameaça direta para os organismos vegetais e animais, para seus predadores, incluindo o homem. A bioacumulação é mais frequente no meio aquático. As seguintes substâncias apresentam tendência a se acumular nos sistemas marinhos: compostos de cádmio, mercúrio e chumbo, Aldrin, Dieldrin, DDT, difenilas polihalogenadas, hexacloro benzeno, BHC, heptacloro.

Ad hoc Expressão latina que significa "designado, para este ou aquele fim, para executar determinada tarefa". É um dos métodos clássicos para avaliar o impacto ambiental e consiste na reunião de especialistas, de acordo com as características e a localização do projeto a ser analisado. As reuniões são organizadas com a finalidade de obter, em tempo reduzido, respostas integradas sobre os possíveis impactos ambientais das ações do projeto em questão, com base no conhecimento técnico de cada participante.

Adaptabilidade Aptidão inerente a numerosas espécies, de viver em condições ambientais diferentes daquelas de sua ocorrência natural.

Adaptação Mudança na estrutura ou no *hábitat* de um organismo que produz uma melhor condição para sua sobrevivência. De maneira geral, caracteriza-se pela sua capacidade de reprodução.

Adensador Instrumento ou equipamento que permite o adensamento de solos arenosos, de sólidos ou mesmo a amplificação de efeitos. Os termos em inglês usados na área de saneamento referem-se normalmente a adensador de resíduos ou de lodos, por exemplo.

Adensamento de lodo Numa estação de tratamento de esgoto, é comum haver unidades de adensamento de lodo, para diminuir o volume de água e a dimensão dos digestores de lodo ou do volume para a disposição final.

Adernar Diz-se de uma embarcação que pende para um dos lados. Quando pende para bombordo em inglês é *heel to port*. Quando mais ou menos permanente, é *list*.

Adesão Atração molecular que retém as superfícies de duas substâncias em contato, como a água nas partículas de solo.

Adiatérmico Diz-se do corpo ou substância opacos à radiação térmica.

Adição de lodos frescos Na partida de algumas unidades de tratamento biológico de esgoto, é comum a adição de lodos (sementes) de outras estações, para diminuir o tempo de adaptação dos micro-organismos ao substrato a ser tratado.

Adivinhação quanto à existência de água subterrânea num determinado local Dom de algumas pessoas de descobrir água subterrânea com a ajuda de uma varinha, antes de furar o poço. Ação também conhecida como rabdominancia ou rabdoscopia.

Adsorção Adesão de uma camada extremamente fina de moléculas (que pode ser um gás, sólido ou líquido) à superfície de um sólido ou líquido com o qual esteja em contato. Tal fenômeno pode ser essencialmente físico ou químico e, se há reação, pode ser ou não catalítica. O adsorvente físico mais importante é o carvão ativado, eficaz quando em torno ou no ponto de ebulição do produto a ser retido. É geralmente utilizado para combater odores, como de solventes orgânicos.

Adsorção aniônica Alguns polímeros utilizados no tratamento de água podem reter ânions.

Adsorção catiônica Alguns polímeros utilizados no tratamento de água, solos argilosos, solos humificados e matéria orgânica apresentam uma grande capacidade de retenção de cátions (metais).

Adsorvente Substância usualmente sólida, capaz de aprisionar gases, líquidos ou sólidos suspensos em sua superfície ou no interior de seus poros. Por exemplo, o carvão ativado é uma substância adsorvente muito usada no tratamento de água para reter substâncias que conferem gosto, odor ou para reter substâncias carcinogênicas (os tri-halometanos), que não são removidas no tratamento convencional.

Adubo Resíduos animais ou vegetais, ou substâncias químicas que são misturados aos solos agrícolas para corrigir ou melhorar a concentração de nutrientes necessários ao desenvolvimento das plantas.

Adufa Dispositivo dotado de chapa (geralmente metálica) que se desloca sobre um corpo ou guia, através do acionamento de um eixo, para regular o fluxo (geralmente de saída) de tubulações de instalações hidráulicas sob pressão atmosférica: reservatórios, clarificadores, câmaras de mistura, pequenas barragens etc. Trabalha sempre com a pressão hidráulica, forçando a tampa contra o corpo.

Adutora de água Canal, galeria ou encanamento utilizado para o transporte de água de um ponto a outro do sistema.

Adutora de água bruta Leva água do manancial para a estação de tratamento de água.

Advecção Transmissão do calor pelo movimento horizontal de uma massa de ar.

Aedes Aegypt Mosquito transmissor da dengue.

Aeração Introdução forçada de ar no meio líquido, para aumentar a concentração de oxigênio dissolvido (geralmente utilizado no tratamento biológico de esgoto em condições aeróbias), ou para expulsar gases.

Aeração com mistura completa Unidade com equipamento ou dispositivo de aeração de dupla função: introduzir oxigênio e promover a completa mistura do licor.

Aeração escalonada Variante do processo de tratamento de esgoto por lodos ativados, na qual a quantidade de ar fornecida ao longo do reator decresce.

Aeração mecânica Realizada por equipamentos mecânicos (motor-hélice ou motor-rotor de palhetas).

Aeração por ar difuso Sistema de aeração composto de sopradores de ar, tubulações de transporte e difusores de ar de bolhas finas, médias ou grossas.

Aeração por escova Aerador de eixo horizontal composto de motor, redutor e eixo dotado de escova ou palheta, muito utilizado no sistema de tratamento de esgoto por valo de oxidação.

Aeração por palhetas superficiais Ver *Aeração por escova*.

Aeração prolongada Variante do processo de lodos ativados, em que o tempo de detenção do lodo no sistema varia de 18 a 30 dias.

Aerador Introdutor de oxigênio na massa líquida.

Aeróbio Diz-se do organismo cuja vida depende do oxigênio livre (O_2) retirado do meio. Também se refere ao sistema de tratamento de esgoto com oxigênio livre no meio líquido (mantido na faixa de 1 a 2 mg/ℓ), para propiciar a degradação da matéria orgânica pelos micro-organismos aeróbios.

Aerobiose Condição de vida em presença de oxigênio livre.

Aerossol Solução coloidal em que a fase dispersora é gasosa e a fase dispersa é sólida ou líquida. Embalagem de um produto (tinta, inseticida, medicamento, desodorante etc.), que deve ser usado sob a forma de aerossol. Segundo os cientistas, alguns dos agentes propulsores liquefeitos dos aerossóis, como o tricloromonofluormetano (CCl_3F) ou os diclorodifluormetano (CCl_2F_2), podem destruir o escudo de ozônio da estratosfera, que atua como barreira protetora da radiação ultravioleta. A destruição desse escudo protetor é prejudicial, porque expõe os seres vivos a uma maior radiação.

Afluente Também chamado de tributário; Curso d'água cujo volume ou descarga contribui para aumentar a vazão de outro, no qual desemboca. Pode desembocar em um lago ou lagoa.

Afogamento de bomba Uma bomba trabalha afogada quando o nível d'água no poço de sucção está acima do eixo da tubulação de sucção da bomba.

Aforamento público ou enfiteuse Direito real alienável e transmissível aos herdeiros, e que confere a alguém o pleno usufruto do imóvel mediante a obrigação de não deteriorá-lo e de pagar em foro anual, em numerário ou em frutos.

Afótica Diz-se da camada do mar não penetrada pela luz solar com intensidade suficiente para ser percebida pelo olho humano.

Afundamento da superfície do terreno Fenômeno que pode ocorrer em regiões de rochas calcáreas. O fluxo de rios subterrâneos dissolve o calcáreo e forma cavernas, cujo teto não resiste aos esforços e causa o afundamento.

Ágar-ágar Substância das algas vermelhas rodofíceas, a qual forma um hidrogel utilizado como meio de cultura de micro-organismos.

Agência de bacia Entidade criada por lei em alguns países (Brasil, França, Alemanha), para promover a gestão integrada do uso dos recursos hídricos e ambientais de uma determinada bacia hidrográfica. No nosso País, Estados como São Paulo e Minas Gerais foram pioneiros na implementação dos chamados comitês de bacias, de características semelhantes.

Agência de controle Regula e controla as questões ambientais. É representada pelas secretarias de meio ambiente nos estados brasileiros e pelo Ibama, em nível federal.

Agenda 21 Documento que se propõe a traduzir em ações o conceito de desenvolvimento sustentável. Teve a contribuição de governos e organizações da sociedade civil de 179 países, num processo preparatório que durou dois anos e culminou com a sua aprovação na Rio-92. É um plano de ação a ser adotado global, nacional e localmente para promover um novo modelo de desenvolvimento. Contém 4 seções, 40 capítulos, 115 programas e cerca de 2.500 ações a executar. Ver texto

completo em <http://www.mma.gov.br/port/se/agen.21>.
Agenda 21 local Envolve setores diversos na elaboração e execução de um plano de ação estratégica, com visão de longo prazo, contemplando as questões relevantes para o desenvolvimento sustentável local. Veja site <http://www.mma.gov.br/port/se/agen21/ag21ocais/corpo.html>.
Agenda 21 nacional Os países signatários dos acordos firmados na Rio-92 assumiram o compromisso de elaborar sua própria Agenda 21, e, para sua concretização, são fundamentais as estratégias, os planos, as políticas e os processos nacionais.
Agenda azul Termo adotado para o conjunto de temas considerados na gestão dos recursos hídricos, incluindo as águas subterrâneas.
Agenda marrom Termo adotado para o conjunto de temas considerados na gestão do ambiente urbano, abrangendo aspectos como poluição atmosférica, saneamento e gerenciamento de resíduos industriais.
Agenda verde Termo adotado para o conjunto de temas considerados na gestão de áreas protegidas, conservação da biodiversidade e recursos genéticos.
Agente antiespumante Trata-se de um aditivo químico que reduz e dificulta a formação de espumas em processos líquidos industriais. Utilizado normalmente para evitar a diminuição da velocidade do liquido no processo, ou mesmo para minimizar outros problemas, tais como entupimentos, *fouling* etc.
Agente anti-incrustante Agente químico geralmente adicionado à água para estender os limites de saturação de substâncias que causam incrustações. Também conhecido como agente sequestrante. Alguns promovem, por exemplo, o "sequestro" de íons de cálcio para evitar a precipitação do sulfato de cálcio ($CaSO_4$), substância essa que, ao lado do hidróxido de magnésio [$Mg(OH)_2$] e do carbonato de cálcio ($CaCO_3$), são as principais responsáveis por incrustações. Em princípio, um agente anti-incrustante pode pertencer a diversas classes químicas, cada uma delas com a sua especificidade. Entretanto, os mais importantes são os grupos funcionais responsáveis pela quelação (sequestro de íons).
Agente biológico de controle Organismo vivo, de ocorrência natural ou geneticamente modificado, e introduzido num ambiente para o controle de uma população ou de uma atividade biológica de outro organismo vivo considerado nocivo.

Agente de floculação Produto como sulfato de alumínio, cloreto férrico ou polímeros, colocado na água com a finalidade de aglutinar partículas de pequeno tamanho, para facilitar a sua remoção por sedimentação ou por flotação.
Agente emulsificador Substância utilizada para estabilizar uma emulsão, e que provoca a diminuição da tensão interfacial entre as duas fases líquidas.
Agente etiológico Agente causador de uma doença. Precisa de um vetor para proliferar a doença, ou seja, completar seu ciclo de parasitismo. O vetor pode ser animado ou inanimado. Existem centenas de agentes etiológicos que, se não tratados, podem causar uma série de más consequências. Podem ter origem endógena ou exógena.
Agente infeccioso Agente patológico como bactéria, fungo ou vírus causador de doenças infecciosas.
Agente sequestrante Composto orgânico com capacidade de remover íons presentes em soluções aquosas e transformá-los em complexos solúveis.
Agente tensoativo ou surfactante É um composto orgânico, cujas moléculas contêm um grupo hidrofílico numa ponta e um grupo lipofílico na outra, com a capacidade de formar agregados em solução a partir de uma determinada concentração. A tensão superficial da água é diminuída pela adição de surfactantes.
Agregado Substância misturada a outra ou que pode ser misturada a outra, com características que possam ser separadas por meios mecânicos. Um exemplo: a pedra e a areia são agregados do concreto.
Agregado de argila e refratário em pó É utilizado como redutor de trincas.
Agricultura orgânica Sistema de produção agrícola que se baseia na manutenção da estrutura e produtividade do solo em harmonia com o ambiente natural. A origem desse conceito é das décadas de 1920-1930, a partir das pesquisas do inglês sir Albert Howard, na Índia. Destaca a importância da utilização da matéria orgânica e da manutenção de uma biomassa no solo. Exclui-se o uso de compostos sintéticos como fertilizantes, pesticidas, reguladores de crescimento etc., e adotam-se práticas como compostagem, adubação verde, rotação de culturas e controle biológico de pragas. Aos resultantes desse sistema dá-se o nome de produtos orgânicos.
Agroclimatologia Ramo da geografia física que trata dos climas da Terra, aplicada à produção agropecuária.

Agroecologia Abordagem da agricultura fundamentada no equilíbrio do funcionamento dos ecossistemas, com práticas ambientalmente saudáveis, sem emprego de produtos ou metodologias que possam afetar esse equilíbrio. É voltada ao ambiente, centrada na produção e na sustentabilidade ecológica do sistema produtivo. O termo data dos anos 1970, embora sua ciência e sua prática sejam tão antigas quanto a agricultura. Os principais ramos da agroecologia são: agricultura orgânica, agricultura sustentável, agricultura natural, agricultura biológica, permacultura e agricultura biodinâmica.

Agronomia Conjunto das ciências e dos princípios que regem a prática da agricultura.

Agrotóxico Produto de natureza biológica, física ou química cuja finalidade é combater pragas ou doenças nas culturas agrícolas. Também conhecido como DEFENSIVO AGRÍCOLA, pode ser classificado como pesticida (combate insetos em geral), fungicida (fungos) e herbicida (plantas invasoras ou ervas daninhas). Por ser tóxico ao homem, aos animais e se acumular no ambiente, exige cuidados especiais para o seu armazenamento, transporte e uso. Os efeitos nocivos atingem aqueles que manipulam diretamente no campo, e os consumidores dos produtos cultivados. Segundo a FAO (Organização das Nações Unidas para a Agricultura e Alimentação), o Brasil ocupava, em 2003, a posição de terceiro maior consumidor mundial de agrotóxicos. Esses produtos podem provocar abortos, mortes e doenças como câncer, fibrose pulmonar, cirrose hepática, impotência sexual, esterilidade, além de distúrbios neurológicos.

Água Óxido de di-hidrogênio. Fórm.: H_2O. Solvente universal, líquido incolor, é essencial à vida. É considerado o líquido mais precioso do 3º milênio. Apesar de 2/3 da superfície da Terra ser constituída de água, 97,5% do total são salgados, impróprios para o consumo. Dos 2,5% restantes, 2,493% estão em forma de geleiras ou em regiões subterrâneas de difícil acesso e somente 0,007% estão aptos para o consumo nos rios, lagos e na atmosfera. Essa disponibilidade, em termos qualitativos, diminuiu ao longo do tempo por causa da poluição.

Água absorvida Também chamada de água de constituição, faz parte da estrutura da molécula.

Água ácida Água com pH abaixo de 7.

Água acidulada Água levemente ácida.

Água adsorvida Também chamada de água de adesão. Num solo, por exemplo, é a água que adere à superfície das partículas coloidais.

Água afluente É a água que chega a um determinado local. Curso de água que deságua em outro.

Água agressiva Água que provoca destruição dos materiais em contato com ela. Por exemplo, a água do mar é agressiva ao ferro e ao concreto.

Água alcalina Água com pH acima de 7.

Água artesiana Diz-se do lençol de água subterrâneo em regime de escoamento forçado (sob pressão).

Água atmosférica Água presente no ar, em forma de vapor.

Água bruta Em sistemas de abastecimento público de água, trata-se da água de uma fonte de abastecimento que ainda não recebeu nenhum tipo de tratamento.

Água capilar Também chamada de água de capilaridade. Num solo é aquela que preenche os poros e vazios e, por ser livre, pode se deslocar por esse solo.

Água confinada Ver *Água artesiana*.

Água contaminada Contém substâncias que podem comprometer a saúde de homens e animais.

Água de adesão Ver *Água adsorvida*.

Água de alimentação Água que alimenta um determinado processo. Por exemplo: na dessalinização de água salobra ou salina é a própria água bruta vinda do manancial para ser dessalinizada.

Água de cal Solução límpida de hidróxido de cálcio em água.

Água de compactação Em obras de terra, é o teor de umidade do solo na hora da compactação.

Água de constituição Ver *Água absorvida*.

Água de embebição É a água absorvida pelas sementes secas, evento natural muito importante, que ocorre no solo agrícola e dá início ao processo bioquímico que conduz à germinação das sementes.

Água de escoamento superficial Parcela da água da chuva que escoa superficialmente.

Água de infiltração Parcela de água de chuva que se infiltra no solo.

Água de irrigação Utilizada para irrigar plantações. Esse tipo de utilização cresceu muito em âmbito mundial. No ano de 2000, estimou-se um consumo total anual de 5.450 km^3, dos quais o consumo doméstico foi de 9,2%, o consumo industrial de 24,8% e o consumo para fins agrícolas foi de 66% do total.

Água de transição Também chamada de água rasa. Na teoria das ondas progressivas, sua profundidade está entre 1/2 e 1/25 do comprimento da onda.

Água doce em contraposição a água salgada ou a água salobra De acordo com a Resolução

Conama nº 357/2005, água doce é aquela cuja salinidade é menor de 0,05%.
Água dura Água com sais de cálcio e de magnésio dissolvidos e que dificilmente forma espuma com sabão. Esses sais conferem um pH alcalino a esse tipo de água.
Água esterilizada Água isenta de micro-organismos.
Água estuarina Um estuário é um tipo de foz em que o curso de água se abre mais ou menos largamente.
Água eutrofizada Diz-se da água com excesso de nitrogênio, fósforo e outros nutrientes. É comum o acúmulo desses nutrientes em lagos e águas represadas, com a consequência de um exagerado crescimento de plantas aquáticas e algas. As algas podem acarretar sérios problemas nas estações de tratamento de água de abastecimento público, quando esse corpo d'água é utilizado como manancial.
Água freática O mesmo que ÁGUA SUBTERRÂNEA. Ver também *Nível freático*. É a água existente no subsolo, que abastece os poços e nascentes e que fica na chamada zona de saturação, onde todas as aberturas nas rochas e os vazios do solo são por ela preenchidos. Sua superfície superior forma a chamada linha freática, que permanece sob pressão atmosférica.
Água *in natura* ou bruta Ver *Água bruta*.
Água limpa Isenta de poluição causada pelas atividades humanas.
Água livre Ver *Água capilar*.
Água não medida O mesmo que água não contabilizada. Nos sistemas de abastecimento público de água, é aquele volume que, por motivos diversos (tais como hidrômetros avariados, ligações clandestinas etc.) não foi medido ou contabilizado, caracterizando-se como prejuízo à empresa.
Água poluída Contém elementos que afetam a sua qualidade, como substâncias tóxicas que afetam a saúde de homens e animais; as que afetam a qualidade organoléptica; as que consomem o oxigênio livre; as substâncias químicas refratárias; os nutrientes; a matéria sólida; os organismos transmissores de doenças; as substâncias radioativas e o calor.
Água potável Adequada ao consumo humano. No Brasil, os padrões de potabilidade da água foram fixados pela Portaria nº 2914/2011 do Ministério da Saúde.
Água pura Água isenta de substâncias que possam causar danos à saúde de homens ou de animais.
Água residuária Qualquer despejo ou resíduo líquido, ou de natureza sólida carregado pela água, com potencial para causar poluição.

Água retida pelo solo depois de centrifugado Parâmetro conhecido como ponto de murchamento. Trata-se do teor de umidade a partir do qual as plantas não conseguem mais utilizar a água do solo.
Água salgada De acordo com a Resolução Conama nº 357/2005, água salgada é aquela cuja salinidade é maior que 3%.
Água salobra De acordo com a Resolução Conama nº 357/2005, água salobra é aquela cuja salinidade está entre 0,05 e 3%.
Água subterrânea Ver *Água freática*.
Água tratada Água submetida a um processo de tratamento, com o objetivo de torná-la adequada a um determinado uso.
Aguapé Também conhecido como jacinto d'água. Espécie de planta aquática que se multiplica e flutua na superfície dos corpos d'água eutrofizados. Apresentam a propriedade de reter em seus tecidos certos tipos de poluentes.
Águas muito rasas Em Oceanografia, aquelas cujas profundidades são menores de 1/25 do comprimento das ondas que as percorrem.
Águas profundas Águas marítimas de profundidade tal que as ondas de superfície não são afetadas pelo contorno de fundo do mar. Geralmente são consideradas águas profundas as regiões nas quais a profundidade seja maior do que a metade do comprimento da onda na superfície.
Alagado, encharcado ou saturado de água Área de terras úmidas, pantanosa, situada próxima ao pé de uma montanha, em um desfiladeiro ou em locais onde as águas subterrâneas afloram à superfície. Muitas vezes nem há drenagem natural; essas águas simplesmente evaporam formando uma pequena praia. O termo *cienega* é oriundo do espanhol colonial, e adotado no inglês falado no sudoeste dos Estados Unidos.
Alara Sigla em inglês para "As Low As Reasonably Achievable" (tão baixo quanto razoavelmente possível). Uma das principais determinações da Comissão Internacional de Radioproteção (ICRP): para qualquer fonte de radiação usada em uma atividade, a magnitude das doses individuais, o número de pessoas expostas e a eventualidade da ocorrência de exposições (quando não há certeza se isso acontecerá) devem ser mantidos no mais baixo nível razoavelmente aceitável, levando-se em conta os fatores sociais e econômicos.
Alargador de tubo Tipo de tubo de armação de barracas, toldos etc.
Albedo Trata-se do poder difusor de uma superfície ou da fração da luz incidente que é

difundida por uma superfície, ou seja, a razão entre a quantidade de radiação solar ou magnética refletida por uma superfície, ou um corpo, e a quantidade de luz nele incidente.
Albumina Qualquer membro de uma classe de proteínas solúveis em água e coaguláveis por aquecimento.
Albuminoide Da natureza da albumina.
Álcali Qualquer hidróxido ou óxido dos metais alcalinos (lítio, sódio, potássio, rubídio e césio).
Alcalinidade Capacidade de uma água de neutralizar ácidos. Essa é uma propriedade das águas que contêm carbonatos, bicarbonatos, hidróxidos e, ocasionalmente, sais de ácidos fracos (boratos, silicatos, fosfatos, acético, propiônico, sulfídrico). A alcalinidade é importante em certos tipos de tratamento biológico de esgoto e de lodo, nos quais há tendência à diminuição do pH, o que pode causar prejuízo aos micro-organismos presentes, em especial quando se busca a nitrificação (nos processos aeróbios de lodos ativados) e nos reatores anaeróbios (tanto de esgoto quanto de lodo).
Alcalinidade à fenolftaleína A fenolftaleína é utilizada como indicadora para medir (por titulação com ácido sulfúrico) a alcalinidade de uma água quando o pH é maior do que 8,3 (ponto de viragem da cor rosa para transparente).
Alcalinidade ao metilorange O metilorange é utilizado como indicador para medir (por titulação com ácido sulfúrico) a alcalinidade de uma água cujo pH seja menor que 8,3 e maior que 4,5 (ponto de viragem da cor alaranjada para a cor rósea).
Alcance da maré com a lua no apogeu Quando a lua está mais distante da Terra (em seu apogeu), a sua influência nas marés é menor que a média na faixa de 15 a 20%.
Alcance de projeto Período de tempo para adequar um projeto.
Alcatrão Trata-se de uma mistura líquida complexa (de diversos componentes), de cor preta, viscosa, obtida da destilação de substâncias orgânicas, como o carvão ou a madeira, ou da pirólise do lixo orgânico.
Alcatrão de hulha É a fonte natural mais importante para a obtenção de compostos aromáticos. Por destilação fracionada do alcatrão de hulha, obtêm-se várias frações, das quais são extraídos inúmeros compostos de que a indústria necessita como benzeno, naftaleno, fenóis, anilina etc.
Álcool Qualquer composto orgânico que contenha pelo menos uma hidroxila (OH) ligada diretamente a um átomo de carbono. Trata-se de um líquido incolor, volátil, com cheiro e sabor característicos, obtido geralmente pela fermentação de substâncias açucaradas ou por processos sintéticos.
Álcool etílico Fórm.: C_2H_5OH.
Álcool isopropílico Usado como solvente. Fórm.: C_3H_8O.
Álcool metílico Líquido incolor, tóxico, com cheiro etílico, obtido da destilação da madeira, usado como solvente. Também conhecido como metanol. Fórm.: CH_3OH.
Álcool pirúvico Líquido incolor, com cheiro agradável. Fórm. $CH_3CO \cdot CH_2OH$.
Aldeído Classe de compostos orgânicos que contêm o grupo CHO ligado diretamente a um átomo de carbono. São obtidos pela oxidação parcial de alcoóis primários.
Aldeído acético Líquido incolor, com cheiro característico, obtido pela oxidação do etanol. Também conhecido como acetaldeído ou etanal. Empregado na produção de inseticidas, ácidos orgânicos etc. Fórm.: CH_3CHO.
Aldeído benzoico Também conhecido como benzaldeído ou aldeído do ácido benzoico. Líquido incolor, volátil, utilizado em sínteses orgânicas, em medicina e na manufatura de corantes e perfumes. Fórm.: C_6H_5CHO.
Aldeído butírico Aldeído saturado que se obtém pela oxidação do butanol. Líquido aquoso, sem coloração, com odor penetrante, flutua e mistura-se lentamente com a água. Produz vapores irritantes. Classificado como produto perigoso. Fórm.: C_4H_8O.
Aldeído fórmico Gás incolor, com cheiro característico e agressivo, bactericida. Também conhecido como formaldeído ou metanal. Fórm.: HCHO. A concentração aquosa concentrada é chamada de formol, utilizado na conservação de peças anatômicas, cadáveres etc.
Aldeído propiônico Também conhecido como propanal ou aldeído propílico. Líquido, sem coloração, de odor sufocante, flutua e mistura-se lentamente com a água. Produz vapor irritante e inflamável. Classificado como produto perigoso. Fórm.: C_2H_5CHO.
Aldrin Inseticida utilizado na agricultura, e com outros hidrocarbonetos clorados, como o endrin, DDT, dieldrin e o hexacloreto de benzeno, são considerados os maiores poluentes ambientais. Eles foram encontrados até no leite materno numa pesquisa realizada nos EUA. Na natureza o aldrin é convertido em dieldrin.
Alga O termo alga engloba diversos grupos de vegetais fotossintetizantes, de reinos distintos, que têm em comum o fato de serem desprovidos de raízes, caules, folhas, flores e frutos.

Podem ser uni ou pluricelulares. Quando vivem nas águas são importantes, pois muitas vezes constituem a base da cadeia trófica, responsáveis pelo equilíbrio metabólico do ambiente aquático. No entanto, em águas eutrofizadas, causam desequilíbrio, e podem se tornar nocivos ao homem e ao ambiente. Nas estações de tratamento de água, podem ser responsáveis pelo entupimento de filtros, pela liberação de substâncias tóxicas ou pela destruição dos materiais de construção (ferro, concreto etc.) No tratamento de esgoto por lagoas de estabilização, são importantes por liberarem o oxigênio livre necessário ao metabolismo das bactérias aeróbias, responsáveis pela degradação da matéria orgânica do esgoto.

Algas azuis São chamadas pelos botânicos de cianofíceas e pelos microbiologistas de cianobactérias, uma vez que diferem dos outros tipos de algas por não apresentarem núcleo celular (a exemplo das bactérias) e nem reserva de amido. Uma das características mais importantes das algas azuis e de enorme significado ecológico é a sua toxicidade, com destaque para as espécies *Microcystis eoruginosa*, *Microcystis flosaquae* e *Aphanizomenon flos-aquae*.

Algas nocivas A contaminação de moluscos e outros frutos do mar por ficotoxinas (toxinas produzidas por algas), é um problema que afeta várias regiões do globo terrestre. As ficotoxinas podem atingir o homem ao ingerir mariscos, responsáveis por quatro tipos de efeitos: paralisante; diarreico; amnésico e neurotóxico. A ciguatera é uma síndrome comum associada à intoxicação pelo consumo de alguns peixes tropicais carnívoros que habitam corais. Algumas espécies de peixes da família dos baiacus (*Tetradontidae*) possuem altas concentrações de tetrodotoxina, que pode causar a morte por paralisia.

Algas produtoras de odor O mais comum é o odor de peixe, mas algumas algas produzem odores de capim, de bolor, de gases sépticos, de alho etc.

Algas que alteram o paladar As algas podem provocar sabores adocicados ou amargos numa água.

Algibe Poço ou cisterna para captação de água.

Algicida Substância química utilizada para controlar ou impedir o crescimento de algas.

Alicerce Base ou fundação de construções simples.

Alifático Diz-se dos hidrocarbonetos de cadeia aberta, em oposição a compostos cíclicos ou aromáticos.

Alimentação artificial [do material na praia] Processo de alimentação ou realimentação do material da praia por meios artificiais, como pela deposição de material dragado.

Alimentação com areia Designa o processo natural ou artificial de alimentação com areia em uma praia, para o prenchimento de áreas baixas.

Alinhamento do canal Alinhamento do eixo de um canal de navegação.

Alizarina Composto cristalino vermelho-alaranjado, também conhecido como Anthroquinone, utilizado para fabricar pigmentos vermelhos ou para tingimentos. Pode causar danos à saúde (irritação da pele, olhos e trato respiratório) se inalado ou ingerido. Fórm.: $C_{14}H_8O_4$.

Almofariz Recipiente de louça geralmente utilizado em laboratórios para triturar e homogeneizar sólidos.

Alocação Destinar recursos, verbas etc. a um fim específico.

Alóctone Que se encontra fora do seu meio natural, que veio de fora, estrangeiro.

Alógeno Originário de outra espécie ou raça.

Alopatria Impossibilidade de ocorrência simultânea, numa mesma área geográfica, de certas espécies e populações, em razão de umas excluírem as outras.

Alquilbenzenossulfonato – ABS Composto orgânico sintético, de cadeia ramificada. Componente ativo da maioria dos detergentes não biodegradáveis.

Alquilsulfato Composto utilizado em detergentes.

Alquilsulfonato linear É um surfactante aniônico, mais conhecido como LAS, empregado em detergentes. A cadeia linear torna a molécula mais biodegradável do que o ABS.

Altitude Diz-se geralmente da distância vertical de um ponto da superfície terrestre, em relação ao nível médio dos mares. No entanto, em alguns projetos pode-se ter uma altitude fixada arbitrariamente, para facilitar os trabalhos, quando não são conhecidos os marcos oficiais.

Altitude absoluta Ver *Altitude*.

Altitude sobre o nível do mar Ver *Altitude*.

Alto-mar ou mar aberto Internacionalmente, designa todo corpo de água salgada do mundo caracterizado pela navegação contínua fora das águas territoriais e faixas marítimas dos diversos continentes.

Alto-mar ou mar encapelado Mar com ondas de grandes alturas.

Alto-cúmulo Nuvem constituída de elementos que lembram seixos arredondados, dispostos em camadas ou fiadas, maiores e mais escuros do que os do cirro-cúmulo e menores do que os do estrato-cúmulo e situada a uma altitude entre 2.500 a 6.000 m.

Alto-estrato Nuvem com aspecto de um lençol acinzentado, mais claro do que o nimbo-estrato e mais escuro do que o cirro-estrato, situada a uma altitude entre 2.500 e 6.000 m.

Altura Medida vertical de comprimento.

Altura característica ou altura significativa da onda Corresponde à média das alturas das ondas do terço superior de distribuição de frequência de ondas para um dado estado de mar e durante certo tempo.

Altura cinética Na fórmula de Bernoulli, é o termo $v^2/2g$, que transforma, para metros de coluna d'água, a altura de carga cinética.

Altura da crista Altura ou cota da crista ou coroamento de um molhe ou quebra-mar.

Altura da onda de projeto Ver *Onda de projeto*.

Altura da preamar de quadratura A altura da preamar de quadratura que é lançada sobre o plano de referência da carta.

Altura de carga de pressão Na fórmula de Bernoulli, é o termo p/γ que transforma a carga de pressão para metros de coluna d'água.

Altura efetiva de sucção positiva Parâmetro utilizado para verificar a possibilidade de cavitação em bombas centrífugas. Mais conhecida pela sigla NPSH, define-se como a pressão no flange de sucção de uma bomba, acima da pressão de vapor do líquido bombeado.

Altura livre adicional No projeto de barragens, trata-se da distância vertical (altura) do nível d'água máximo até o topo da barragem. Trata-se de uma segurança adicional para evitar que ondas formadas no reservatório possam atingir ou ultrapassar o topo da barragem, causando a sua ruptura, no caso de barragens de terra.

Altura manométrica Em projetos de sistemas de recalque, trata-se da soma da altura geométrica a ser vencida pela bomba com as perdas de carga devidas ao fluxo pela tubulação. É a pressão, em metros de coluna d'água, medida pela diferença de pressão entre a entrada de sucção e a saída de recalque da bomba.

Altura manométrica de recalque Soma da altura geométrica com as perdas de carga somente na tubulação de recalque.

Altura manométrica total Soma das alturas manométricas na sucção e no recalque de uma bomba.

Altura metacêntrica É uma medida de estabilidade de estruturas flutuantes, que não deve ser muito grande.

Altura molhada É a altura da água na tubulação, cujo fluxo é feito em escoamento livre.

Altura piezométrica Pressão expressa em metros de coluna d'água. O mesmo que ALTURA DE CARGA DE PRESSÃO.

Altura pluviométrica Medida de precipitação pluviométrica (chuva) Trata-se da altura d'água (em mm) que a chuva atinge no recipiente coletor (pluviômetro), durante um dia.

Alturas conjugadas do ressalto Profundidades de escoamento antes e após o ressalto hidráulico. Fenômeno que se caracteriza pela sobrelevação brusca e turbulenta da superfície livre.

Alúmen Sal composto por sulfato de alumínio e potássio dodecahidratado.

Alumina Trióxido de alumínio (Al_2O_3). Pó branco resultante de uma das etapas da produção do alumínio.

Alumina ativada Solução composta por alumina, ácido sulfúrico e água, utilizada como coagulante no tratamento de água de abastecimento ou como auxiliar no desaguamento do lodo em estações de tratamento de esgoto.

Aluminagem Ato de cobrir com alumínio. Banho de alumina.

Aluminato Qualquer derivado do hidróxido de alumínio em que o hidrogênio foi substituído.

Aluminato de sódio Solução de $Na_2Al_2O_4$, com aplicações na clarificação de água bruta, desaguamento de lodo de esgoto, na produção de dióxido de titânio, na indústria do papel etc.

Alunita Mineral presente em rochas vulcânicas ácidas alteradas. Sulfato de alumínio e potássio hexa-hidratado. Fórm.: $KAl_3(SO_4)_2(OH)_6$.

Aluviação Processo de formação das camadas de deposição de aluviões. Ver *Aluvião*.

Aluvião Depósito de cascalhos, pedregulhos, areias, siltes e/ou argilas, que se forma junto às margens ou à foz dos rios, proveniente do trabalho erosivo das águas das chuvas e do próprio rio nas regiões mais altas da sua bacia de contribuição.

Aluvião glacial O depósito aluvionar tem origem no trabalho erosivo provocado pelas águas de degelo das neves e geleiras.

Alvaiade Substância branca usada como pigmento e base para pintura.

Alvaiade de chumbo Carbonato básico de chumbo, produto tóxico.

Alvaiade de zinco Produto tóxico. Fórm.: ZnO.

Alvejamento Ato de alvejar ou branquear.

Álveo Leito de curso d'água, sulco, escavação.

Alveolar Pertencente ou relativo ao alvéolo.

Alvéolo Cavidade pequena, célula do favo de mel etc.

Amarração Lugar no qual um navio pode ser amarrado. É também a corda, cabo ou dispositivo usado para amarrar um navio.

Ambientalista Pessoa interessada ou preocupada com os problemas ambientais e a qualidade do meio ambiente, ou engajada em movimentos de defesa do meio ambiente. É também usado para designar o especialista em ecologia humana.

Ambiente Que cerca ou envolve os seres vivos ou as coisas, por todos os lados.

Ambiente anóxico Ambiente aquático, onde não existe oxigênio livre, mas ocorrem sulfatos ou nitratos. Nesse ambiente, sob certas condições, pode ocorrer a desnitrificação, ou seja, a passagem do nitrogênio na forma de nitrato (NO_3^-) para oxigênio gasoso ou molecular (N_2).

Âmbito Contorno, periferia, circunferência.

Ameba Animal protozoário, rizópode, da ordem dos amebinos. Locomove-se por meio de pseudópodes. As amebas são de vida livre, comensais ou parasitas.

Amebíase Doença causada por ameba.

Amianto O amianto é um silicato em cadeia, de forma fibrosa, utilizado em saneamento para a fabricação de caixas d'água, tubos de fibrocimento, hoje substituídos por outros materiais, como o PVC, o PAD etc. Tal substituição foi necessária por causa da asbestose, doença pulmonar que afeta os trabalhadores expostos à inalação do pó de amianto.

Amido Polissacarídeo existente em numerosos vegetais (trigo, arroz, milho, batata etc.), muito utilizado na alimentação humana, e empregado em diversos produtos farmacêuticos, cosméticos, vários tipos de colas, e no apresto e acabamento de tecidos.

Aminoácido Os aminoácidos são considerados os "tijolos" que formam as proteínas. Até hoje foram descobertos 22 tipos de aminoácidos sintetizados pelos seres vivos.

Aminotriazol Herbicida usado para controle de ervas daninhas em gramados e plantas aquáticas. Não pode ser utilizado em terras agrícolas onde se plantam alimentos por causa de suas propriedades cancerígenas.

Amônia No ar, em ambiente fechado e acima de determinadas concentrações, a amônia molecular (NH_3) é um gás tóxico, cancerígeno, até letal (exposição em ambientes com concentrações acima de 2.500 ppm por 30 minutos). Na solução do solo, é absorvida pelas plantas como nutriente, na forma do íon amônio, pois na água dissocia-se de acordo com o valor do pH: NH_3 + H^+ ↔ NH_4^+. Quanto mais alcalina a solução, maior o valor de NH_3 livre. O íon amônio não é tóxico, mas a amônia livre sim. E causa a morte de peixes, para valores de NH_3 livre > 0,2 mg/ℓ. A norma brasileira fixa o valor máximo de amônia livre nas águas em 0,02 mg/ℓ.

Amoníaco Hidróxido de amônia (NH_4OH) Com a liberação de amônia pode ser sufocante e produzir extrema irritação e até queimaduras nos olhos, na garganta e no trato respiratório.

Amônio Íon amônio (NH_4^+).

Amonização Formação da amônia a partir da decomposição da matéria orgânica, pela ação de micro-organismos decompositores, constituindo a terceira fase do ciclo biogeoquímico do nitrogênio.

Amorfo Sem forma definida. Diz-se do mineral que não apresenta estrutura cristalina.

Amortecimento ou atenuação Redução de efeitos, de tamanhos etc. Na engenharia marítima, é a diminuição da amplitude de uma onda com o aumento da distância do local onde ela foi gerada. É também o amortecimento do movimento orbital das partículas d'água que fazem parte de uma onda com a profundidade.

Amostra Porção, fragmento ou unidade de um determinado produto ou substância, utilizada para ensaios de laboratório ou para visualizar e/ou demonstrar suas qualidades.

Amostra aleatória simples Para a seleção desse tipo de amostra deve-se dispor de um cadastro fidedigno e atualizado, numerado sequencialmente. Utiliza-se uma tabela de números aleatórios ou um *software* com tais números para efetuar a seleção de uma amostra. Assim, é como um sorteio, ou seja, a probabilidade de escolha de um elemento para participar da amostra é igual para todos os membros.

Amostra aleatória simples estratificada Quando a distribuição da variável que se deseja estimar é muito assimétrica, ou seja, tem uma alta variância relativa que impossibilita o emprego da amostra aleatória simples. Neste caso, separam-se as unidades da população em grupos não superpostos chamados estratos e seleciona-se uma amostra aleatória simples de cada estrato.

Amostra com tendência O método utilizado para criá-la resulta em amostras que são sistematicamente diferentes da população.

Amostra composta Utilizada em estações de tratamento de efluentes, nas quais uma coleta diária, em determinado horário, não é representativa. Faz-se então uma coleta de amostras a cada período de tempo predeterminado (de hora em hora por exemplo), misturando tudo para se fazer uma análise dos parâmetros necessários, a cada dia.

Amostra cumulativa Coletada por um longo período de tempo.

Amostra de contraensaio Seu valor é pré-conhecido e os laboratórios podem usar para avaliar, a qualquer tempo, sua performance em termos de procedimentos, equipamentos etc.

Amostra de sondagem de solo A partir dessa sondagem, obtêm-se amostras deformadas (mais comuns) e indeformadas (exigem cuidados especiais).

Amostra deformada Amostra de sedimento ou de solo retirada sem manutenção das suas condições naturais. É utilizada para ensaios como: limites de Atterberg, análise granulométrica, ensaio de Proctor (compactação) etc.

Amostra direcional ou orientada Em geologia, é a amostra de rocha ou de fóssil destinada a estudos para conhecer a posição do topo, da base e a orientação em relação ao norte. Esses detalhes devem ser marcados na amostra antes da coleta.

Amostra discreta, individual ou isolada É uma amostra ou medida simples, feita num determinado tempo ou num período tão curto quanto seja plausível.

Amostra etiquetada A que está identificada com uma etiqueta.

Amostra indeformada Amostra coletada de sedimento ou solo com o devido cuidado, ou seja, com o mínimo de perturbação das condições naturais de textura e estrutura, para preservar a umidade natural. É usada para ensaios para determinação da resistência ao cisalhamento, de adensamento, de permeabilidade natural etc.

Amostra representativa Na realização de qualquer estudo, quase nunca é possível examinar todos os elementos da população de interesse. Trabalha-se com uma amostra da população e quando se tem uma amostra representativa, a inferência estatística possibilita generalizar para a população as conclusões obtidas com a amostra.

Amostra sistemática As unidades são selecionadas em intervalos fixos, conforme um sistema de referência.

Amostrador Equipamento ou dispositivo utilizado para realizar amostragens.

Amostrador de grande volume Equipamento de filtragem para coletar e medir a quantidade de partículas em suspensão em amostras de ar relativamente grandes.

Amostragem com sonda rotativa Usada para a amostragem de rochas, na qual a recuperação (percentagem coletada em relação ao comprimento da sondagem), é uma medida da sanidade ou do grau de fraturas da rocha.

Amostragem isocinética Técnica para a coleta de particulados do ar, na qual o dispositivo de amostragem possui várias unidades eficientes para coletar todos os tamanhos de partículas, independentemente da direção do vento ou do posicionamento do instrumento.

Amostragem para aceitação No campo do controle estatístico de qualidade, técnica proposta por Dodge e Romig, cujo principal objetivo é decidir se o lote de um determinado produto pode ou não ser aceito.

Amperímetro Instrumento para medir a intensidade da corrente elétrica.

Amperométrico Em análises eletroquímicas, os métodos amperométricos de detecção utilizam aparelhos que se baseiam no princípio de que a corrente elétrica medida é proporcional à concentração das espécies que geraram tal corrente.

Amplificador fluídico Dispositivo sem partes móveis. Utiliza jatos de gás ou líquido para amplificar sinais.

Amplitude Faixa de valores entre o mínimo e o máximo, num determinado tempo.

Amplitude da maré Diferença entre as alturas da preia-mar (maré alta) e da baixa-mar (maré baixa).

Amplitude da onda Nas ondas oceânicas, a amplitude é a distância vertical medida entre a crista da onda e o nível do mar em repouso. Em uma onda senoidal, a amplitude é a metade da altura da onda. O termo pode designar o deslocamento de uma onda a partir do seu valor médio.

Amplitude da temperatura para digestão criofílica Faixa de temperatura entre 12ºC e 18ºC, na qual micro-organismos decompositores da matéria orgânica (os criófilos) apresentam melhor desempenho nas suas atividades.

Amplitude da temperatura para digestão mesofílica Faixa de temperatura entre 25ºC e 40ºC, na qual micro-organismos decompositores da matéria orgânica (os mesófilos) apresentam melhor desempenho nas suas atividades.

Amplitude da temperatura para digestão termofílica Faixa de temperatura entre 45ºC e 65ºC, na qual micro-organismos decompositores da matéria orgânica (os termófilos) apresentam melhor desempenho nas suas atividades.

Amplitude ecológica Intervalo de tolerância de uma espécie. Unidade de paisagem ou área de alcance de uma condição ambiental ou de um complexo de condições em que um organismo pode existir ou onde pode ocorrer um determinado processo.

ANA – Agência Nacional de Águas Órgão do governo federal brasileiro, responsável pela Política Nacional de Recursos Hídricos. Foi criada pela Lei nº 9984 de 2000 para implementar a Lei das Águas, de nº 9.433, de 1997.

Anabolismo Conjunto de fenômenos bioquímicos que se processam no organismo vivo para regenerar, a partir de substâncias simples, a matéria viva gasta durante a fase catabólica do metabolismo, através das queimas respiratórias intracelulares. É como o organismo obtém a energia necessária ao seu funcionamento.

Anabolizantes Substâncias esteroides, à base de hormônios produzidos por engenharia genética, e utilizados na pecuária para aumentar a produtividade. Apesar de proibidos, os anabolizantes também são utilizados por alguns atletas para aumentar a massa muscular. São nocivos à saúde humana, e causadores de diversos tipos de câncer.

Anádromo Peixes que passam a maior parte do tempo no mar e que retornam às águas doces dos rios para desovar, como o salmão.

Anaeróbio ou anaerobionte Diz-se do organismo que vive em ambientes sem oxigênio. Oposto ao aeróbio ou aerobionte. No esgoto sanitário, tais organismos promovem a decomposição da matéria orgânica em diversas fases, começando por processos fermentativos e culminando na geração de gases como o metano (60 a 70% em volume), o dióxido de carbono (30 a 40% em volume), e outros gases em menor proporção: sulfídrico, mercaptanas, escatóis etc.

Anaerobiose Ausência de oxigênio num ambiente. Ocorre geralmente no solo pelo preenchimento dos macroporos com água (solos alagados); em redes de esgoto sanitário quando cessa a oxigenação causada pelo fluxo na tubulação, por entupimentos ou quando o esgoto permanece muito tempo armazenado (numa estação elevatória, por exemplo).

Anais de um congresso Documento em forma de livro ou em meio digital (CD), com o registro de trabalhos apresentados num determinado evento. Podem conter os resumos e os trabalhos completos.

Analisador de banda de oitava Analisa parâmetros relacionados à acústica e à vibração.

Analisador infravermelho de gás Determina as concentrações de monóxido de carbono do ar. Funciona pela absorção de radiação pelo monóxido de carbono na região do infravermelho.

Análise ambiental Detalha um sistema ambiental por meio do estudo da qualidade de seus fatores, componentes ou elementos, e dos processos e interações que possam ocorrer com a finalidade de entender sua natureza e determinar suas características, potencialidades e fragilidades.

Análise de correlação Das análises estatísticas de correlação ou de regressão pode-se obter, com certo grau de confiabilidade, uma curva e uma equação que relaciona dois ou mais parâmetros e/ou fenômenos. Ver *Análise estatística de regressão*.

Análise de custo-benefício Técnica que destaca e avalia os custos e os benefícios sociais de projetos de investimento, para decidir se os projetos devem ou não ser realizados.

Análise de risco Procedimento técnico que determina quantitativamente as situações de risco decorrentes da implantação de um projeto ou da operação de empreendimentos existentes, mormente os classificados como atividades perigosas.

Análise de traços Exame de elementos que ocorrem em baixas concentrações.

Análise estatística A essência é transformar dados em informação. É aplicável a quase todos os campos de atividade humana.

Análise estatística de regressão O principal objetivo é modelar o relacionamento entre diversas variáveis preditoras e uma variável resposta. Resulta uma equação linear ou uma função não linear.

Análise estatística de séries temporais Estuda as observações que apresentam dependência no tempo.

Análise granulométrica É a análise feita num solo para determinar o percentual de areia, silte ou argila (ver NBR-7181/84 – ABNT).

Análise gravimétrica Inclui todos os métodos de análise, cujo estágio final é determinado por pesagem. Por exemplo, a secagem de uma amostra de água residuária em estufa para determinar a quantidade (peso) de sólidos existentes.

Análise harmônica Área da matemática que estuda a representação de funções ou de sinais como superposição de ondas básicas, também chamadas de harmônicas. Investigam-se e generalizam-se as séries de Fourier e suas variantes.

Análise hidrográfica É o estudo da bacia hidrográfica de um determinado curso d'água, com o propósito de conhecer a pluviometria, o regime de vazões extremas (cheias e secas), o transporte de sedimentos, a erosão etc.

Análise hipsométrica Estudo da topografia (altimetria) de uma área ou região. A hipsometria é a ciência que ensina a medir a altimetria de um lugar por nivelamentos, observações barométricas ou operações geodésicas.

Análise insumo/produto Ramo da economia referente à estrutura das relações de produção em uma economia e, em particular, das relações entre um dado conjunto de demandas de bens e serviços e a quantidade de insumos manufaturados, matéria-prima e mão de obra envolvida na sua produção.

Análise matemática Manipula os números reais, os números complexos e suas funções. Essa área teve seu início baseado em formulações de cálculos e estudos conceituais, como continuidade, integração e análises diferenciais.

Análise multicritério Fundamenta-se nos conceitos e métodos desenvolvidos em diferentes áreas do conhecimento, como a economia, a pesquisa operacional, a teoria da organização e a teoria social das decisões. Foi criada num contexto crítico ao modelo racional da teoria das decisões, deslocando a abordagem de uma configuração em que os decisores e os critérios são únicos, para uma configuração que considera tanto a pluralidade dos atores e dos critérios quanto a imperfeição da informação.

Análise numérica Ramo da matemática que envolve o estudo de métodos computacionais no tratamento de dados numéricos. Em muitos problemas, isso implica a produção de uma sequência de aproximações, com determinação da taxa de convergência, da exatidão ou faixa de validade, e da avaliação da conclusividade da resposta.

Análise por ativação de nêutrons Essa técnica começou em 1936, quando Hevesy e Levy descobriram que certos elementos das terras-raras tornavam-se altamente radioativos quando expostos a uma fonte de nêutrons. Hoje, tornou-se uma técnica analítica bastante sensível, usada na detecção qualitativa ou quantitativa de elementos em amostras. Uma variante desta técnica é a análise por ativação de nêutrons instrumental (INAA na sigla em inglês), que permite medir simultaneamente mais de 30 elementos da tabela periódica, na maioria dos tipos de amostras, sem processamento químico (sua maior vantagem).

Análise por difração de raios X Técnica de análise usada na caracterização de substâncias cristalinas e na determinação de sua estrutura. Baseia-se no princípio de que cada sólido cristalino submetido à difração apresenta um padrão único e característico, usado como uma impressão digital para sua identificação.

Análise por simulação Com o uso da informática (*softwares* específicos), permite o estudo de problemas complexos envolvendo a entrada de dados numéricos de um grande número de parâmetros intervenientes, para a obtenção de respostas imediatas, alterando os valores de entrada de um ou vários parâmetros ao mesmo tempo.

Análise química É o estudo da composição química e estrutural das substâncias. Divide-se em duas classes: análise qualitativa e quantitativa. A análise qualitativa determina os elementos e compostos de uma amostra. A análise quantitativa determina a quantidade em peso de cada elemento ou composto.

Análise radioquímica Série de instrumentos e técnicas que determinam qualitativa ou quantitativamente a presença de elementos radioativos nas amostras.

Análise sinóptica Estudo baseado na síntese de dados observados, lançados em mapas, que representam o que está acontecendo numa determinada época ou momento. A análise sinóptica do tempo, a partir da síntese de dados no mapa do tempo, analisa o estado da atmosfera nas diversas altitudes, as chuvas, o deslocamento de frentes frias ou quentes etc.

Análise termodiferencial A DTA determina a temperatura em que uma reação ocorre ou identifica uma mudança de fase. A partir do aquecimento do material, a uma predeterminada temperatura, identifica qualquer emissão de calor (exotermia) ou absorção de calor (endotermia) do material em estudo, comparando-o com um material passivo como a alumina.

Análise volumétrica Este procedimento é mais conhecido como titulação. É usado para determinar a concentração de uma solução de volume conhecido, posta a reagir com uma solução padrão, ou seja, de concentração conhecida. Usa-se uma bureta para adicionar a solução padrão e o seu volume torna-se conhecido. Geralmente, é usado um indicador para mostrar quando as corretas proporções reagem.

Analogia Comparação entre duas coisas de mesma relação. Ponto de semelhança entre diferentes coisas. Relação entre dois fenômenos físicos distintos, que podem ser descritos por um formalismo matemático idêntico, que existe entre um fenômeno elétrico e outro mecânico, por exemplo.

Analogia hidráulica É bastante comum, por exemplo, explicar o conceito de corrente elétrica por analogia hidráulica, ou seja, considerando a corrente análoga à vazão de um fluido pouco compressível, como a água, através de uma canalização.

Ananto Diz-se das plantas criptogâmicas, que não produzem flores verdadeiras, nem frutos ou sementes.
Ancilostomíase Infecção intestinal causada por nematoides, sem sintomas em caso de infecções leves. Em crianças com parasitismo intenso, provoca a doença popularmente denominada "amarelão ou doença do Jeca Tatu", que pode causar atraso no desenvolvimento físico e mental.
Ancoradouro Local onde o navio ancora ou pode ancorar. Região do porto destinada à ancoragem das embarcações.
Ancoradouro pequeno Local onde os barcos de pequeno porte ficam atracados.
Ancoragem Termo geral que significa fixação. Na engenharia marítima é um termo relativo à fixação de embarcações por meio de âncoras.
Anéis cronodendríticos Anéis da seção transversal do tronco das árvores e que se relacionam à idade e às condições climáticas. Sob certas condições, podem ser usados na paleoclimatologia (estudo do clima pretérito da região).
Anel de Raschig Cilindro vazado utilizado como enchimento em diversos usos industriais e no tratamento de águas residuárias. Em colunas de destilação geralmente é metálico (aço inox ou cobre) e visa opor obstáculos à livre subida dos gases, diminuindo-lhes a velocidade e a temperatura. Em processos de tratamento biológico de águas residuárias com biomassa aderida podem ser usados em substituição à pedra britada, cuja finalidade é servir de leito de fixação da massa biológica. Nos filtros biológicos aeróbios (leitos percoladores), utilizam-se anéis de material plástico, com ranhuras internas, para aumentar a área específica de adesão da biomassa. Nos filtros anaeróbios de fluxo ascendente também, mas, neste caso, pode-se utilizar o bambu cortado em anéis.
Anel rodoviário Diz-se de estradas que circundam as grandes cidades, evitando o tráfego local.
Anelídeo Trata-se de um grande filo de animais, constituido por vermes segmentados, com cerca de 15.000 espécies, incluindo os chamados vermes da terra e as sanguessugas.
Anemia Há anemia (do grego, *an* = privação, *haima* = sangue) quando a concentração da hemoglobina sanguínea diminui aquém de níveis recomendados pela Organização Mundial de Saúde (13 g/dℓ para homens; 12 g/dℓ para mulheres; 11 g/dℓ para gestantes e crianças entre 6 meses e 6 anos).
Anemófilo Diz-se de vegetal polinizado pelo vento.
Anemógrafo Aparelho que mede e registra a direção e a velocidade instantânea dos ventos.
Anemômetro Aparelho que mede a velocidade dos ventos e, alguns tipos, também a direção.
Anfíbio São os sapos, rãs e pererecas, animais de pele úmida e permeável. A natureza de sua pele os torna sensíveis às alterações ambientais, como as mudanças climáticas e a poluição da água e do solo.
Anfótero Substância que pode se comportar como um ácido ou como uma base. Um exemplo é a água.
Angra Enseada ou bacia marítima que aparece em locais onde a costa apresenta topografia elevada.
Angstrom É uma unidade de medida de comprimento equivalente a 10^{-10} m. É utilizado para medidas em escala atômica, ou seja, a ordem de grandeza dos raios atômicos.
Angularidade Qualidade ou condição de um sólido de possuir ou não ângulos.
Ângulo Um ângulo é formado por duas linhas que têm sua origem no mesmo ponto.
Ângulo agudo É o ângulo que mede entre 0° e 90°.
Ângulo de atrito Relaciona-se à maior ou menor resistência encontrada ao se esfregar a superfície de um corpo contra outro.
Ângulo de corte de uma tarracha ou de um macho Tarracha e macho são dispositivos usados para se fazer roscas.
Ângulo obtuso É o ângulo que mede entre 90° e 180°.
Ângulo reto É o ângulo que mede exatamente 90°.
Aniagem Tecido grosseiro, sem acabamento, feito de juta, cânhamo, ou outra fibra vegetal, usado para confecção de fardos.
Anidrido Composto químico orgânico ou inorgânico que origina um ácido por adição de água. Pode ser considerado oriundo da desidratação de ácidos.
Anidrido carbônico ou gás carbônico ou CO_2 A maioria dos animais consome oxigênio e libera o CO_2, fruto da reação de oxidação da glicose, que dá a energia necessária à vida. Os vegetais armazenam energia: consomem CO_2 e liberam oxigênio, como resultado da fotossíntese.
Anidro É um composto salino que não tem água em sua estrutura cristalina. Quando existe, é chamada de água de cristalização.
Anil Composto heterocíclico de diversas plantas. É cristalino, azul, e utilizado como corante. Fórm.: $C_{16}H_{10}O_2N_2$.
Anilhamento Ato de colocar anilhas em animais. São cintas de plástico ou de metal,

geralmente numeradas, para posterior identificação. O objetivo é marcar o animal para que, numa futura captura, sejam obtidas informações sobre ele (peso, estatura etc.), e sobre a distribuição geográfica da espécie.
Animal Ser vivo organizado, dotado de sensibilidade e movimento (em oposição às plantas).
Animal aquático Aquele que vive nas águas.
Animal daninho Quando relativo a bichos ou insetos que prejudicam o homem, os outros animais ou as plantas.
Animal de sangue frio Ex.: peixes.
Animal de sangue quente Ex.: mamíferos e aves.
Animal homeotermo ou homeotérmico Aquele que mantém a temperatura corporal constante, sem depender da temperatura ambiente.
Animal termófilo Diz-se dos micro-organismos decompositores da matéria orgânica que atuam na faixa de temperatura entre 45° e 65°C.
Animal xerófilo Qualidade do organismo que vive em lugar com carência de água.
Ânion Trata-se de um íon com carga eletrônica negativa, ou seja, um átomo que ganhou um ou mais elétrons.
Anisotropia Variabilidade das propriedades físicas de um corpo rochoso, de um solo ou de um mineral, segundo diferentes direções. Por exemplo, quando há variação do coeficiente de permeabilidade, medido no sentido vertical e horizontal de um solo, diz-se que aquele solo é anisótropo.
Ano climático ou ano hidrológico Período contínuo de 12 meses durante o qual ocorre um ciclo completo de fenômenos hidrológicos ou meteorológicos. Por exemplo, um ciclo de meses chuvosos e meses secos. Não necessariamente coincide com o ano normal.
Ano geofísico internacional Ano escolhido pela comunidade científica para que os cientistas de todo o mundo participem de observações coordenadas de vários fenômenos geofísicos, coletando dados com o mesmo tipo de metodologia, para assegurar dados confiáveis.
Ano normal Ano que vai de janeiro a dezembro.
Anodização Processo eletroquímico de tratamento superficial do alumínio, no qual os perfis são submersos em um meio eletrolítico aquoso, formando uma camada de óxido de alumínio, com a qual se obtêm cores de tonalidades que vão do bronze até o preto, com a adição de outros metais, ou tons de amarelo, marrom, vermelho ou azul, com a adição de pigmentos orgânicos.
Ânodo É o polo positivo de uma fonte eletrolítica. No caso da eletrólise, é o eletrodo para o qual se dirigem os ânions; no caso das válvulas termiônicas, ou válvulas eletrônicas, o ânodo é chamado de placa, eletrodo para onde se dirigem os elétrons acelerados termicamente pelo cátodo (eletrodo negativo), aquecido pelo filamento.
Anófeles Gênero do mosquito transmissor da malária. De acordo com o Guinness Book, esse mosquito (*Anopheles gambiae*) é responsável por metade de todas as mortes por doenças em seres humanos, desde a Idade da Pedra.
Anofelinos Família de mosquitos transmissores da malária.
Anoxia Deficiência de oxigênio nos tecidos ou nos órgãos de um corpo.
Anóxico Referente à anoxia.
Antagonismo Ação conjunta de diferentes agentes como, por exemplo, defensivos agrícolas, cujo efeito é menor do que quando aplicados separadamente.
Antedunas, dunas costeiras ou dunas marítimas São acumulações arenosas litorâneas produzidas pelo vento, a partir do retrabalhamento de praias e restingas. Podem estar total ou parcialmente estabilizadas ou fixadas pela vegetação. Em alguns locais do litoral brasileiro de relevo menos acidentado causam transtornos ao invadirem florestas, vilarejos etc. Também chamadas "dunas exteriores", podem ser cobertas periodicamente pelo mar que avança. Quando o mar recua, a água que fica entre as partículas de areia evapora e um grande teor salino se origina nessas areias. Só plantas que toleram um alto teor de sal sobrevivem, desde que providas de adaptações que lhes permitam viver sobre areia movediça. Estolhos de enorme comprimento e tufos de caules formam uma trama de numerosas raízes subterrâneas.
Anteparo de barragem no extravasor Prancha ou estrutura instalada nos vertedores para aumentar a altura de uma barragem, e incrementar sua capacidade de reservação.
Antibiose É a habilidade de uma variedade de substâncias de reduzir a sobrevivência, crescimento ou reprodução de insetos que se alimentam delas. Centenas de substâncias químicas tóxicas foram identificadas, provenientes de diferentes espécies de plantas, como a nicotina do tabaco, o gossipol do algodão, a lignina etc.
Antibiótico Substância produzida por seres vivos, ou em laboratório, capaz de impedir o crescimento de micro-organismos. Muito utilizado no tratamento de moléstias infecciosas.
Anticiclone Centro de alta pressão, em relação à pressão nas regiões circunvizinhas, num

determinado nível da atmosfera. Pode provocar um distúrbio caracterizado por ventos que sopram para fora, circulando no sentido horário no hemisfério norte e anti-horário no hemisfério sul.
Anticlinal Em geologia, trata-se de uma dobra, na qual as laterais se voltam para baixo, formando uma parte convexa para cima.
Anticorpo Substância produzida pelo organismo como reação à entrada de substâncias estranhas em seu interior.
Antídoto Remédio ministrado contra veneno.
Antidunas Forma mais ou menos periódica e ondulada do fundo do mar ou dos rios, com aparência de pequenas dunas, como consequência da interação entre o fundo arenoso e a ação das ondas gravitacionais superficiais, com a qual a forma do fundo entra em fase.
Antiespumante Aditivo que remove o ar ou os gases de um meio líquido.
Antígeno Qualquer enzima, proteína, toxina ou parasita ou substância por ele produzida, que provoca a formação de anticorpos no organismo de um animal.
Anti-helmíntico Remédio usado para combater infecções parasitárias do organismo, como amebíases, malária, giardíases.
Anti-higiênico Não condizente com os aspectos higiênicos e/ou sanitários.
Antissepsia Uso de antissépticos para estancar o crescimento de germes.
Antisséptico Diz-se do desinfetante ou substância química que tem a propriedade de destruir os micróbios.
Antitixotropia Anula a tixotropia, fenômeno de certos líquidos ao diminuir a viscosidade quando agitados.
Antocianina Pigmentos responsáveis por uma variedade de cores atrativas de frutas, flores e folhas que variam do vermelho ao azul.
Antracito Variedade de carvão mineral no estágio mais avançado de incarbonização, ou seja, quando se torna rico em carbono e pobre em substâncias voláteis como hidrogênio, oxigênio e nitrogênio.
Antracose Termo relacionado com a inalação de pó ou poeira de carvão, que provoca o escurecimento dos tecidos dos pulmões.
Antrafiltro Nome comercial de um tipo de antracito, especialmente preparado para ser um meio filtrante em filtros d'água.
Antraz Doença infecciosa aguda causada por uma bactéria em forma de esporo chamada *Bacillus anthracis*. Costuma atacar animais vertebrados, e pode atingir o homem quando exposto a animais ou células infectadas.

Antrópico Termo relativo à humanidade, à sociedade humana, à ação do homem. Empregado por alguns autores para qualificar um dos setores do meio ambiente, o meio antrópico compreende os fatores políticos, éticos e sociais (econômicos e culturais).
Antropogênico Em sentido restrito, diz-se dos impactos ambientais causados pela ação do homem.
Ao longo da praia ou da costa Alinhamento paralelo à linha da praia, por terra ou por mar.
Apicum Termo regional brasileiro, usado para os terrenos de brejo da zona costeira. O apicum também ocorre em manguezais, onde se caracteriza pela ausência ou redução da vegetação em função da alta salinidade.
Apolaridade Quando não ocorre separação de cargas em uma ligação química ou quando uma molécula tem suas cargas distribuídas de forma simétrica.
Aquecimento global O aumento progressivo da temperatura atmosférica média no nosso planeta, observado pelos cientistas, é atribuído ao chamado efeito estufa, componente natural do clima da terra, pelo qual gases atmosféricos (conhecidos como gases estufa) absorvem algumas das radiações de calor que a terra emite depois de receber energia solar. Esse fenômeno é essencial à vida na terra, sem o qual a Terra seria aproximadamente 30ºC mais fria. Entretanto, algumas atividades humanas amplificam o efeito estufa pela emissão de gases (dióxidos de carbono primários, metano, óxido de enxofre, clorofluor-carbonetos, halogenados e ozônio troposférico) para a atmosfera, causando o aumento de suas concentrações. O resultado é um aumento das temperaturas médias globais, isto é, o aquecimento climático. Deve-se ressaltar que existe uma corrente de cientistas que contestam a ocorrência do aquecimento global.
Aqueduto Duto que transporta água.
Aquicultura ou aquacultura Criação de plantas ou animais aquáticos, geralmente para fins comerciais. Do ponto de vista biológico, a aquicultura é uma tentativa do homem de controlar as taxas de natalidade, crescimento e mortalidade, através da manipulação e da introdução de energia num ecossistema aquático, visando à obtenção de uma maior produção do produto explorado num menor tempo possível.
Aquífero Leito subterrâneo de rochas porosas ou areias, que permite a percolação e o armazenamento de água e de onde ela pode ser extraída.
Aquífero aluvial Origina-se em depósitos aluviais, isto é, solos arenosos e pedregulhos depositados por sedimentação fluvial.

Aquífero anisotrópico Aquele nos quais o coeficiente de permeabilidade vertical K_V é diferente do horizontal K_H.

Aquífero artesiano Também chamado de aquífero confinado. É quando está limitado no topo e na base por camadas impermeáveis ou semipermeáveis e a água retida no seu topo está com a pressão superior à atmosférica. Essa pressão é suficiente para que a água atinja níveis superiores aos do topo da camada permeável e, às vezes pode até jorrar naturalmente para fora do terreno, quando um poço se abre, atravessando a camada impermeável.

Aquífero cárstico Formado em rochas carbonáticas, constitui um tipo peculiar de aquífero fraturado, com fraturas que formam aberturas muito grandes, devido à dissolução do carbonato pela água, e podem criar verdadeiros rios subterrâneos. É comum em regiões com grutas calcárias em várias partes do Brasil.

Aquífero fraturado ou fissurado Ocorre em rochas ígneas e metamórficas. A capacidade dessas rochas de acumular água relaciona-se com a quantidade de fraturas, aberturas e intercomunicações. As fraturas tendem a orientações preferenciais, e por isto também são chamados de aquíferos anisotrópicos. Como a água só pode fluir onde houver fraturas, os poços perfurados nessas regiões podem estar secos ou com baixas vazões. Um caso particular de aquífero fraturado é representado pelos derrames de rochas ígneas vulcânicas basálticas, das grandes bacias sedimentares brasileiras. Essas rochas, apesar de ígneas, são capazes de fornecer volumes de água até dez vezes maiores do que a maioria das rochas ígneas e metamórficas.

Aquífero glacial Sua formação se dá em solos transportados por atividades glaciais naturais, como degelo da neve ou avalanches.

Aquífero isotrópico Aquele nos quais o coeficiente de permeabilidade K é igual tanto no sentido vertical quanto no horizontal.

Aquífero não confinado Também chamado de AQUÍFERO FREÁTICO OU AQUÍFERO LIVRE. É constituido de camada permeável, parcialmente saturada de água e limitada em sua base por camada impermeável ou semipermeável. A superfície da água retida (linha freática) está submetida à pressão atmosférica.

Ar Mistura de gases, cuja composição em volume é: nitrogênio, N_2 (78,08%); oxigênio, O_2 (20,95%); Argônio, Ar (0,93%); gás carbônico, CO_2 (0,03%) e outros gases (0,01%). Pela ação humana, a produção de CO_2 tem aumentado e a concentração de gás carbônico na atmosfera, segundo alguns cientistas, já passa de 0,04%.

Ar comburente ou ar de combustão Ar cujo oxigênio alimenta a queima ou combustão.

Ar comprimido Ar sob pressão maior do que a atmosférica.

Ar condicionado Equipamento usado para o controle da temperatura do ar.

Ar de entrada Ar que entra num equipamento ou sistema.

Ar de exaustão Ar geralmente contaminado com outros gases ou resíduos, ou exaurido de oxigênio, após passar por uma máquina, equipamento ou sistema.

Ar difuso É um sistema geralmente dotado de sopradores de ar, tubulações de transporte e difusores cerâmicos ou plásticos, destinado a injetar ar em pequenas bolhas nos reatores biológicos, para o tratamento aeróbio de águas residuárias.

Ar em CNTP Ar em condições normais de temperatura e pressão.

Ar estequiométrico Ar em proporção teórica na combustão total.

Ar esterilizado Ar submetido a processos de eliminação de micro-organismos geralmente presentes, patogênicos ou não.

Ar subsuperficial Ar contido nos solos.

Ar teórico Ar teoricamente necessário para permitir a combustão total.

Arado Equipamento agrícola usado para revolver o solo, geralmente antes do plantio.

Aragem ou brisa Vento suave.

Arbusto Vegetal cujo caule é ramificado desde a base, sem um tronco definido, como nas árvores.

Arcabouço Esqueleto, estrutura de um edifício. Pode ser também um delineamento preliminar ou um esboço.

Arco de pua Dispositivo manual para fazer furos em madeira.

Arco elétrico Quando uma corrente elétrica é interrompida num circuito, observa-se uma pequena centelha entre os terminais metálicos onde ocorreu a interrupção: trata-se de um arco elétrico momentâneo. Sob altas tensões, esse arco persiste e deve-se recorrer a métodos especiais para suprimi-lo. Quando apropriadamente controlado, permite aplicações úteis, como no caso da solda elétrica.

Arcóseo Arenito que contém considerável quantidade de feldspato.

Área costeira Área de terra e mar adjacente à linha da praia.

Área da franja capilar É a região mais próxima ao nível d'água do lençol freático de um solo, onde a água sobe por capilaridade e a umidade é maior, devido à presença da zona saturada logo abaixo.

Área de artesianismo A camada saturada de água de um solo está confinada entre duas camadas impermeáveis ou semipermeáveis, de forma que a pressão da água no topo da zona saturada é maior do que a pressão atmosférica naquele ponto, o que leva a água a subir no poço para além da zona aquífera. Se a pressão for suficientemente forte, a água poderá jorrar espontaneamente pela boca do poço e, neste caso, tem-se o chamado poço jorrante.

Área de bacia erodível Área cujo solo é facilmente erodível, podendo haver carreamento de grande quantidade de solo durante chuvas intensas, com o assoreamento dos corpos d'água dessa área. Os solos mais facilmente erodíveis são os siltosos e os arenosos de fina granulometria.

Área de decaimento Em engenharia marítima, é uma área de relativa calma, na qual as ondas se deslocam após sua saída da área de geração.

Área de deflexão ou de transposição Área situada no ponto mais alto de uma bacia hidrográfica, no seu limite com a(s) bacia(s) vizinha(s).

Área de depressão de bombeamento No caso de um poço, trata-se de uma área circular atingida pelo rebaixamento do lençol freático.

Área de descarga de resíduos Área sacrificial, onde são depositados resíduos. No caso de resíduos sólidos urbanos, a disposição mais aceitável é em aterros sanitários. Os lixões (disposição sem controle, a céu aberto) são impactantes ao ambiente.

Área de descarga de um aquífero subterrâneo São as áreas para onde ocorre o escoamento da água de um aquífero (brejos, lagos e rios). Nascentes ou fontes são pontos de descarga visíveis na superfície do solo.

Área de drenagem É a projeção em planta da área física de uma bacia de drenagem ou de um trecho dela. Implica toda a parcela de água pluvial que escoa superficialmente, e converge de forma natural para o ponto considerado, no interior da bacia em estudo. Usada para o cálculo de vazões para o dimensionamento de obras de drenagem (bueiros, galerias etc.).

Área de empréstimo Termo usado em geotecnia para definir a área de onde o solo é escavado e depois transportado para uso em aterros.

Área de evaporação É a área medida na superfície de um recipiente contendo líquido ou de um corpo d'água, por onde ocorre o escape do líquido para a atmosfera, sob a forma de vapor. Para um mesmo volume de líquido armazenado, quanto maior for a superfície, maior será a quantidade evaporada. O mesmo ocorre quando há variação da temperatura: quanto maior a temperatura, maior a evaporação. Os ventos também contribuem para o aumento da evaporação.

Área de fluxo artesiano Num aquífero artesiano, é a área por onde ocorre o fluxo principal de água, nas camadas mais permeáveis.

Área de geração Área da superfície da água onde o vento sopra, mantendo a mesma direção e na qual as ondas marítimas ou lacustres são geradas.

Área de influência Em termos ambientais, é a área atingida, direta ou indiretamente, por uma determinada política pública ou privada, ou por uma determinada obra ou empreendimento.

Área de inundação Área situada próxima aos corpos d'agua, inundada naturalmente durante a época das cheias ou pela ação do homem, no caso da construção de barragens.

Área de manutenção da qualidade do ar Em áreas de preservação ambiental, lazer e turismo, deve-se manter a qualidade do ar o mais próximo possível do verificado, sem a intervenção do homem. Em áreas poluídas, deve-se evitar que os padrões estabelecidos sejam ultrapassados. Neste caso, deve-se monitorar a qualidade do ar e, nos casos críticos, pode ser necessário diminuir o nível de atividades (restrição a uso de automóveis, diminuição ou paralisação da produção industrial etc.), de forma a manter a qualidade do ar em níveis aceitáveis.

Área de Preservação Permanente – APP É aquela na qual as florestas e demais formas de vegetação natural não podem sofrer qualquer tipo de degradação.

Área de Proteção Ambiental – APA Assim decretada pelo poder público, para a proteção ambiental, com a finalidade de assegurar o bem-estar das populações humanas e conservar ou melhorar as condições ecológicas locais.

Área de recarga de aquífero A recarga de um aquífero ocorre durante e logo após o período de chuva. Só acontece onde existe solo ou rocha permeável que permita a infiltração da água para a subsuperfície.

Área de relevante interesse ecológico Áreas com características naturais extraordinárias ou com exemplares raros da biota regional, exigindo cuidados especiais de proteção por parte do poder público.

Área hidrográfica O mesmo que área de bacia hidrográfica ou área de drenagem.

Área metropolitana Extensão territorial compreendida pela unidade político-administrativa da cidade central, e de todas as unidades político-administrativas das localidades contíguas com características urbanas, como áreas de trabalho ou locais de residências de trabalhadores agrícolas e que mantêm uma relação socioeconômica direta, constante e recíproca com a cidade central.

Área molhada Parâmetro hidráulico usado no estudo do fluxo de líquido em regime de escoamento livre, definido como a área transversal ocupada por um líquido contido numa tubulação ou canal.

Área morta Em termos hidráulicos, é uma área na qual não há fluxo de água, onde a água fica parada.

Área rural Área do município, excluídas as áreas urbanas, nas quais são desenvolvidas atividades rurais.

Área tributária de um poço O mesmo que ÁREA DE DEPRESSÃO DO BOMBEAMENTO.

Área urbana É a parte habitada ou urbanizada, a cidade mais a área contígua edificada, com usos do solo de natureza não agrícola.

Areia De acordo com a Escala Granulométrica Internacional (EGI), é o solo cuja granulometria está entre 0,02 e 2 mm.

Areia fina Granulometria entre 0,02 e 0,2 mm, segundo a Escala Granulométrica Internacional.

Areia grossa Granulometria entre 0,2 e 2 mm, segundo a Escala Granulométrica Internacional.

Areia média Pela escala granulométrica da ABNT, é aquela com grãos de 0,25 a 0,84 mm.

Areia movediça Camada de areia em local com fluxo vertical de água (no sentido de baixo para cima). Essa camada de areia não apresenta sustentação ao peso de corpos sobre ela, ou seja, ela se comporta como se fosse um líquido viscoso.

Areia torpedo Tipo de areia lavada usada em baias de haras.

Areias eólicas Sedimentos do tamanho dos grãos de areia, ou menores, transportados pelos ventos. Podem ser reconhecidos nos depósitos marinhos pelo grau de angulosidade de seus grãos, se comparados com os sedimentos que foram trabalhados pela água.

Arenito Rocha sedimentar resultante da compactação natural de areias aglutinadas por um cimento natural (argila, calcário, dolomita) Nos arenitos argilosos, o cimento é uma argila. Nos arenitos calcários, o cimento é o carbonato de cálcio (calcita) e caracteriza-se por produzir efervescência com os ácidos. Se o cimento do arenito for dolomita (carbonato de cálcio e magnésio), a efervescência é menos nítida. O arenito é composto por quartzo, e pode ter quantidades apreciáveis de feldspatos, micas e/ou impurezas.

Arenosidade Refere-se à sensação de.

Areômetro Dispositivo que permite medir a densidade de líquidos. Composto de um bulbo de vidro cheio de ar, na parte inferior contém bolinhas de metal ou mercúrio metálico (para conferir-lhe peso) e, na parte superior, de menor diâmetro, uma escala graduada. Mergulhado num líquido, o aerômetro penetra mais ou menos, de acordo com a densidade.

Argila Segundo a Escala Granulométrica Internacional, são solos com grãos do tamanho menor de 0,002 mm. Nas argilas predominam silicatos hidratados de alumínio. Apresentam plasticidade quando umedecidas, rigidez após secagem e adquirem considerável dureza após queima em temperaturas elevadas.

Argila aluvial Argilas depositadas ou sedimentares, cujo agente transportador é a água.

Argila arenosa Mistura de argila e areia em determinadas proporções.

Argila bauxítica Argila que contém uma mistura de minerais bauxíticos, tais como gibsita e diásporo, com argilominerais do grupo da caulinita, estando os primeiros abaixo de 50% do total (o oposto seria um bauxito argiloso). Esse termo corresponde à argila aluminosa ou altamente aluminosa brasileira, utilizada na fabricação de materiais refratários e que contém pequeno teor de gibsita livre.

Argila bentonítica ou bentonita Argila de granulação muito fina, composta por minerais do grupo da montmorilonita. Na maioria dos depósitos considera-se que se formou pela alteração de partículas vítreas da cinza vulcânica ácida. As bentonitas caracterizam-se por um brilho semelhante ao da cera ou da pérola e por um tato untuoso. Algumas bentonitas incham com a absorção de água, outras não e algumas apresentam graus intermediários de inchamento (metabentonitas). O termo "bentonita" é usado no Brasil de modo um pouco vago, pois as misturas de argilas cauliníticas, montmoriloníticas e ilíticas não são necessariamente bentonitas.

Argila bola Argila de granulometria muito fina, refratária, muito plástica, usada na manufatura de cerâmica branca. Apresenta uma cor marfim após a queima, algumas vezes creme claro ou branca. Produz uma massa cerâmica de baixa absorção de água após a queima.

Argila calcária Contém minerais como calcita e/ou dolomita em quantidades suficientes para produzir efervescência, quando exposta ao HCl diluído. Com excesso de carbonatos sobre o teor de Fe_2O_3, a argila queima com cor creme e tem uma faixa de vitrificação estreita.

Argila coluvial ou de coluvião Argila transportada por efeito de lavagem ou por gravidade (escorregamentos) em um terreno em declive e depositada na base ou próxima a encostas de morros.

Argila do período glacial ou argila de seixos Contém um número considerável de seixos (pedregulhos).

Argila expansiva Tipo de solo com alta capacidade de se expandir em volume por absorção d'água e retrair durante a secagem. Por esse motivo, são solos que podem causar problemas em obras de estradas, fundações etc.

Argila para borracha Tipo de argila para enchimento ou carga, adequada para a composição de borracha vulcanizada. Geralmente é branca ou de cor clara, livre de grãos duros e de impurezas.

Argila para esmaltes Argila finamente dividida, muito plástica, de baixa granulometria, com baixo teor de ferro e poder de suspensão muito elevado. Usada para esmaltação de peças cerâmicas e metais, essa argila também produz opacidade no esmalte. Certos tipos especiais de *ball clays* podem ser usados como argilas para esmaltes.

Argila para fundição Argilas plásticas, com larga faixa de resistência à temperatura, e boas propriedades ligantes ou aglomerantes, utilizada em misturas de argilas para fazer moldes de fundição.

Argila para ligação Também chamada de ligante ou aglomerante. Argila muito plástica, com elevado valor de tensão do material cru (módulo de ruptura à flexão), e pode ou não ser refratária, e usada para ligar ou aglomerar materiais não plásticos.

Argila para modelagem artística Argila adequada para trabalhos em escultura e fins semelhantes. Pode-se usar qualquer argila plástica de pequena retração após secagem e na queima.

Argila para papel Argila branca, com teor muito baixo de sílica livre e uma granulometria muito baixa na forma em que é comercializada. Devido ao seu alto poder de retenção pelas fibras celulósicas, cor e propriedades de suspensão, ela pode ser usada para enchimento, carga ou cobertura de papel. A maioria das argilas para papel é produto beneficiado por lavagem. Caulim sedimentar é o melhor *paper clay*.

Argila para terracota Argila de plasticidade e manuseio adequados para a manufatura de terracota, como vasos, estátuas ou formas arquitetônicas. Muita argila usada para essa finalidade é do tipo louça de pó de pedra ou refratária. Atualmente, nenhuma argila é considerada específica para terracota, porque pode ser usada para outras finalidades. É o mesmo tipo de argila usada na fabricação de talhas, moringas e bilhas para água potável.

Argila para tijolos Qualquer argila adequada para a manufatura de tijolos de alvenaria (cerâmica vermelha e estrutural). As argilas brasileiras para a fabricação de tijolos têm baixa temperatura de vitrificação, porém contêm quantidades apreciáveis de óxidos e hidróxidos de ferro e potássio, que agem como fundentes. As argilas americanas e europeias, usadas para essa finalidade, contêm calcário.

Argila para tubulações ou manilhas Termo obsoleto, originalmente aplicado às argilas usadas na fabricação de pequenas chaminés e depois para as usadas na fabricação de manilhas.

Argila refratária É resistente ao fogo, própria para confeccionar tijolos de proteção contra o fogo.

Argila residual Resulta da ação do intemperismo sobre uma rocha mais antiga, que permaneceu no lugar de origem.

Argila silicosa Contém quantidades apreciáveis de sílica livre em partículas que podem ou não ser visíveis a olho nu. Quando há grande quantidade de partículas de sílica, muitas vezes usa-se a designação "arenosa".

Argila siltosa Mistura de silte e argila em determinadas proporções.

Argila turfosa ou argila tipo gumbo Termo aplicado a muitas argilas moles, plásticas e pegajosas, muitas vezes coloridas por húmus ou outros constituintes orgânicos.

Argila varvítica Formada por camadas alternadas de argila e silte. Os tipos mais conhecidos são os depositados em lagos ao longo das margens de geleiras. Nesses depósitos, cada par de camadas representa um ano de deposição. O conhecido varvito de Itu (SP) não é argiloso.

Argila xistosa, folhelho argiloso ou argilito Argila consolidada ou endurecida, de estrutura laminada. Todas as gradações podem ser encontradas entre o folhelho argiloso e uma argila plástica. Os termos *shale clay* e *clay shale* são algumas vezes usados para designar um material intermediário entre *shale* e *clay*. Alguns de nossos taguás são *shales*.

Argiloarenoso Diz-se de um solo composto de argila e areia em determinadas proporções.

Argônio Gás nobre, de número atômico 18, incolor e inodoro, encontrado na atmosfera terrestre na proporção de 0,93% em volume e utilizado no enchimento de bulbos de algumas lâmpadas elétricas.

Árido Sem umidade, seco.

Aríete hidráulico Também chamado de carneiro hidráulico. É um dispositivo que permite a elevação de água sem utilizar energia, baseado no fenômeno do golpe de aríete. Este é o aumento (geralmente excessivo) da pressão interna numa tubulação, que ocorre quando o fluxo do líquido é interrompido bruscamente.

Armadilha para captação de impurezas Dispositivos que visam remover particulados do ar.

Armadura ou carapaça de quebra-mar Parte externa de um quebra-mar, constituído de blocos de pedra ou de concreto, cuja função é resistir ao embate das ondas e/ou das correntes.

Arqueologia Ciência que estuda as antiguidades, especialmente do período pré-histórico.

Arquipélago Agrupamento de ilhas.

Arquitetura A arte de criar espaços organizados e animados, por meio do agenciamento urbano e da edificação.

Arrastamento de lodo Em clarificadores secundários de uma estação de tratamento de esgoto, o arraste de lodo significa uma deterioração da qualidade do efluente.

Arrebentação Em oceanografia, trata-se da arrebentação de ondas.

Arrefecimento Perda de calor, resfriamento.

Arrendamento Ato ou contrato pelo qual alguém cede a outrem, por certo tempo e preço, imóveis rurais, atividades comerciais e/ou produtivas etc.

Arrimo de ponte Muro de contenção das margens de um corpo d'água junto a uma ponte.

Arroio Regato ou riacho intermitente.

Arsênio Elemento de número atômico 33, sólido, cristalino, acinzentado, utilizado em forma de compostos em medicina. O arsênio branco (As_2O_3), ou trióxido de diarsênio, é um veneno poderoso.

Arsenito de sódio Produto químico utilizado na fabricação de herbicidas e pesticidas, considerado carcinogênico. Pode atacar os sistemas sanguíneo e cardiovascular. Fórm.: $AsNaO_2$.

Arsina Gás tóxico, 2,5 mais denso do que o ar, utilizado como agente de guerra química. Não apresenta cor nem odor quando em concentrações até 0,5 ppm. Acima disso, tem odor semelhante ao do alho. A arsina é a forma mais tóxica do arsênio, mesmo em baixas concentrações. Fórm.: AsH_3.

Artesiano Adjetivo aplicado à água do subsolo sob pressão acima da atmosférica, ou a ela relacionada, como fontes, bacias subterrâneas etc., quando a água pode aflorar à superfície em condições propícias.

Artrópode É o maior grupo de organismos em número de espécies, extremamente bem-sucedidas na exploração dos mais variados ambientes terrestres, aéreos, marinhos e de água doce. É um grupo muito diversificado, incluindo-se insetos, aranhas, escorpiões, caranguejos, camarões, centopeias, lacraias e piolhos-de-cobra.

Asbesto Variedade de anfibólio composto de silicato de cálcio e de magnésio, em massas fibrosas incombustíveis e infusíveis, cuja variedade mais pura é o amianto, usado na produção de fibrocimento, especialmente telhas e caixas d'água.

Asbestose Doença pulmonar causada pela aspiração contínua da fibra do asbesto, comum entre os trabalhadores que produzem ou manipulam o fibrocimento.

Ascarel Nome comercial de um óleo usado para evitar superaquecimento em transformadores elétricos, que contém PCBs (bifenilos policlorados) em sua composição química, combinados com solventes orgânicos. Também conhecido por denominações comerciais como: Aroclor, Clophen, Phenoclor, Kaneclor, Pyroclor, Inerteen, Pyranol, Pyralene e outros. Os PCBs podem se apresentar como um sólido branco cristalino, cuja tendência é sedimentar quando misturado com água, em função de seu maior peso específico. Os bifenilos policlorados são substâncias orgânicas que consistem em uma molécula de bifenilo, com ou sem substituintes alquila ou arila, na qual mais de um átomo de cloro é substituído no núcleo bifenilo. Os produtos comerciais são misturas de compostos clorados em vários graus, de acordo com o uso pretendido, e podem conter baixos teores de impurezas altamente tóxicas como clorobenzo--tioxinas e policlorodibenzofuranos. Os efeitos tóxicos dos PCBs nos seres humanos, a partir da ingestão ou do contato, foram observados em inúmeros acidentes. O pior deles ocorreu no Japão, em 1968, quando mais de 1.500 pessoas foram afetadas pelo óleo de arroz contaminado.

Ascarídeo Grupo de vermes nematoides da família *Ascaridae*. Vivem no intestino humano e de animais domésticos. Inclui a popular lombriga (*Ascaris lumbricoides*) e um pequeno verme branco (*Enterobius vermicularis*), mais conhecido como oxiúro, que provoca prurido anal nas pessoas infectadas.

Ascaridíase Infecção intestinal causada pelo parasita *Ascaris lumbricoides*. Ocorre quando os ovos do parasita, comumente encontrados no solo e nas fezes humanas, são ingeridos. Na forma adulta, pode atingir um comprimento de 15 a 35 cm.

Ascensão capilar Movimento ascendente de um líquido submerso num tubo capilar, medido a partir da superfície do líquido. Diz-se também do movimento ascendente da água num solo, acima do nível freático, devido à ação da capilaridade O tubo capilar é muito fino e tem esse nome por ser tão fino quanto um fio de cabelo. Introduzindo um tubo desses em um recipiente com água, esta sobe pelas paredes do tubo até uma determinada altura. Quem sustenta o peso da coluna de água no capilar é a tensão superficial devida à interação entre as moléculas de água e a parede interna do capilar. Ao longo da circunferência de contato entre a água e a parede surgem forças atrativas que levantam a água até o bloqueio do peso da coluna.

Asfalto Designação comum dada aos pirobetumes asfálticos, naturais ou artificiais, utilizados na pavimentação de ruas e estradas e também em serviços de impermeabilização.

Asfalto diluído Asfalto diluído com querosene em proporções que variam de 10 a 45%, é usado numa grande variedade de serviços de pavimentação, em telhados e na indústria.

Asma Doença crônica, na maioria dos casos de natureza alérgica, que afeta os brônquios pulmonares dos seres humanos. Pode manifestar-se através de simples tosses até episódios de severa dificuldade de respiração (dispneia) e cujas causas são desconhecidas.

Aspecto da comunidade que não se altera Subdivisão de uma associação de elementos, caracterizada por um grupo particular pertencente à espécie dominante e determinada por pequenas diferenças ambientais.

Assentado no fundo ou encalhado Encalhado no fundo. Diz-se também da acumulação de sedimentos sobre o leito de um corpo d'água, e nos baixios, bancos ou barreiras emergentes nas baixas marés.

Assentamento de solo Fenômeno de acomodação do solo, também chamado de recalque.

Assentamento de tubos Colocação dos tubos numa vala escavada no solo.

Assentar tubulações Colocar os tubos numa vala escavada no solo.

Assepsia Processo de eliminação de micro-organismos patogênicos de um determinado local ou objeto.

Asséptico Isento de micro-organismos patogênicos.

Assimilação Transformação de substâncias alheias ao protoplasma das células em outras apropriadas.

Assimilação de dados atmosféricos Sistema que utiliza dados meteorológicos em tempo real, de forma a possibilitar a otimização de condições iniciais para uso de modelos numéricos de previsão de tempo.

Associação Agrupamento de indivíduos que têm o mesmo objetivo ou o mesmo tipo de atividade. É também o agrupamento de espécies que se desenvolvem juntas, seja por apresentarem as mesmas exigências ambientais, seja por dependerem uma das outras.

Assoreamento Processo danoso de diminuição ou obstrução da calha natural de um rio, canal, represa ou estuário, por efeito da sedimentação de solos transportados e oriundos de processos erosivos naturais progressivos ou, na maioria das vezes, de processos erosivos intensos provocados pela ação humana. Aumento gradual de um trecho de terra pela ação natural de agentes como ondas, ventos, correntes marinhas, ou aumento artificial (brusco) promovido pela ação humana, através da construção de obras como diques, molhes, espigões ou despejos de dragagens. Quando as causas são naturais, o fenômeno chama-se *aggradation* em inglês.

Astenosfera Região situada abaixo da litosfera terrestre, a 50 e 100 km e se estende até cerca de 500 km de profundidade. Caracteriza-se pela altíssima temperatura e, como consequência, os materiais que a compõem pernanecem em estado plástico.

Atenuação ou amortecimento Ver *Amortecimento* ou *Atenuação*.

Aterro Porção de terra com que se nivela um terreno.

Aterro de segurança ou de resíduos perigosos Aterro construído com fundo e cobertura impermeáveis, e sistema de monitoramento de água subterrânea, para a disposição de resíduos perigosos.

Aterro hidráulico Técnica de construção na qual o solo é escavado por dragas e o seu transporte até o local de aterramento é feito através de tubos ou calhas, misturado com água.

Aterro homogêneo Maciço de terra construído com material homogêneo ou de mesmas características básicas.

Aterro sanitário Técnica de disposição final de resíduos sólidos urbanos (lixo), para minimizar os impactos ambientais. O projeto prevê a impermeabilização da base do aterro, a captação e a adequada destinação do chorume.

Os resíduos diariamente recebidos no aterro devem ser dispostos em camadas, compactados e imediatamente cobertos com uma camada de solo.

Aterro zoneado Maciço de terra construído com materiais selecionados de características diversificadas. Comum nas barragens de terra construídas em locais onde não se dispõe de material homogêneo em quantidade suficiente.

Atitude A direção e o ângulo de mergulho da feição planar de um acamamento, foliação ou junta de um maciço rochoso ou de uma camada geológica, definem a sua atitude, ou seja, a sua posição em relação ao plano horizontal.

Atividade bioquímica Conjunto de alterações físicas e químicas, na maioria das vezes auxiliadas por ativadores ou enzimas, que propicia a continuidade da vida. Nas células dos seres vivos, essa intensa atividade bioquímica é conhecida por metabolismo, responsável pelo surgimento de novas células, reposição de células antigas, conversão de alimentos em energia, eliminação de resíduos e reprodução.

Atividade microbiana Atividade desempenhada por micro-organismos, de acordo com a característica específica de cada um. Por exemplo, para os micro-organismos decompositores, a principal característica é promoverem a degradação ou mineralização da matéria orgânica.

Atividade poluidora Qualquer atividade que utiliza recursos ambientais e que é potencialmente capaz de causar poluição ou degradação ambiental.

Atmosfera Envoltório gasoso que circunda os corpos celestes. A atmosfera terrestre é subdividida em quatro camadas principais, em função das características e da altitude em que se encontram: a troposfera, região mais próxima da terra, atinge cerca de 18 km de altitude); a estratosfera (de 18 a 50 km); a mesosfera (de 50 a 90 km) e a ianosfera (de 90 a 350 km). É também uma unidade usada para medir a pressão atmosférica. Convencionou-se que, ao nível do mar, tem-se uma atmosfera. Esse valor diminui à medida que se distancia do nível do mar. Por exemplo, a 18 km de altitude (final da troposfera), estima-se valores de 0,1 atmosfera.

Atmosfera absoluta Valor correspondente à pressão atmosférica ao nível do mar.

Atmosfera normal O mesmo que ATMOSFERA ABSOLUTA.

Atol Recife de coral com forma circular que cresce sobre um alto-fundo submarino e que pode originar uma ilha com uma lagoa rasa no centro.

Atomização Redução a pequenas partículas ou gotículas ou átomos de um determinado elemento.

Átomo Menor partícula de um elemento que conserva todas as características químicas desse elemento.

Audiência pública Procedimento de consulta à sociedade ou a grupos sociais interessados em determinado problema ambiental ou potencialmente afetados por um projeto, a respeito dos seus interesses e da qualidade ambiental preconizada por eles. A realização de audiências públicas exige o cumprimento de requisitos, previamente fixados em regulamentos, referentes a: forma de convocação, condições e prazos para informação prévia sobre o assunto a ser debatido, inscrições para a participação, ordem dos debates, aproveitamento das opiniões expedidas pelos participantes etc. Faz parte do processo de avaliação de impactos ambientais em diversos países.

Audiograma Gráfico que mostra o nível mínimo de audição que cada ouvido consegue distinguir em várias frequências.

Audiômetro Aparelho para medir a capacidade auditiva. Emite um som com intensidade predeterminada, que diminui até que o paciente não ouça nada.

Auditoria ambiental Instrumento de política ambiental de algumas empresas que consiste na avaliação documentada e sistemática das instalações, das práticas operacionais e da manutenção de uma atividade considerada poluidora. O objetivo é verificar: a obediência aos padrões de controle e qualidade ambiental; a avaliação dos riscos de poluição acidental e a eficiência das medidas preventivas; o desempenho dos gerentes e operários nas ações de controle ambiental, e a pertinência dos programas de gestão ambiental interna do empreendimento.

Auditoria corporativa ou de fiscalização interna Auditoria ambiental realizada pela empresa matriz em uma de suas subsidiárias, para verificar a estrutura organizacional, os papéis, as responsabilidades e o desempenho na implantação da política ambiental estabelecida.

Auditoria da localização Considerada a mais completa, é uma auditoria ambiental que se dedica a examinar todos os aspectos de desempenho de uma empresa, inclusive a verificação, por meio de monitoramento, da qualidade dos fatores ambientais que afetam o local de instalação.

Auditoria de conformidade Auditoria ambiental destinada a verificar o grau de cumprimento das normas e padrões de controle e de qualidade ambiental por parte de uma empresa.

Auditoria de produto Cobre diversos aspectos dos impactos ambientais gerados pelos produtos: desenho, manufatura, uso e disposição final, incluindo as embalagens e os prováveis impactos da legislação que incide sobre o mercado atual e futuro.

Auditoria de questões específicas Auditoria ambiental que examina um ou mais aspectos de interesse, selecionados com a finalidade de definir ações ou metas específicas de controle ambiental.

Auditoria de resíduos, efluentes e emissões Realizada para identificar e quantificar os lançamentos de poluentes no meio ambiente. Inclui as práticas e procedimentos de tratamento, manejo e destino final dos rejeitos. Pode se estender, quando necessário, às instalações de eventuais empresas contratadas para processá-los.

Auditoria de responsabilidade Auditoria ambiental conduzida com a finalidade de demonstrar que a empresa cumpre com todas as suas responsabilidades legais, como condição para se habilitar à cobertura de companhias de seguros.

Aumento rápido da população Também conhecida como explosão demográfica.

Auscultação Tipo de investigação para se identificar ou controlar determinados fenômenos.

Auscultação acústica Na área médica, o exemplo mais conhecido é o uso do estetoscópio para se ouvir e identificar eventuais alterações no funcionamento de órgãos como o pulmão e o coração. Na mesma linha é bem conhecido o uso do geofone para se identificar (ouvir o som) de vazamentos nas tubulações de água de abastecimento.

Auscultação geotécnica Nesta área, o termo tem uma conotação bem ampla, por exemplo: a execução de sondagens de diversos tipos para conhecimento das características do subsolo, ou a identificação e/ou controle de eventuais problemas em barragens, utilizando diversos instrumentos como: inclinômetros, medidores de pressão neutra, medidores de recalque etc.

Autarquia Serviço autônomo criado por lei, com personalidade jurídica de direito público, patrimônio e receita próprios, para executar atividades da Administração Pública, que requerem uma gestão administrativa e financeira descentralizada.

Autoclave Dispositivo utilizado para esterilizar utensílios diversos, que funciona por meio de vapor a alta pressão e temperatura.

Autóctone O mesmo que nativo, aborígene, ou habitante primitivo de uma terra. Designa espécies da flora e da fauna cujo *hábitat*, pelo que se conhece, não apresenta variações. Também designa os micro-organismos que mostram processos de renovação mais ou menos constantes, a baixas concentrações de elementos nutritivos.

Autodepuração Fenômeno natural de estabilização das substâncias orgânicas dos corpos d'água. Depende de micro-organismos como bactérias, algas, fungos, protozoários; das taxas de oxigenação e reoxigenação; da temperatura; incidência de luz etc.

Autoecologia Estudo do efeito sobre uma única espécie nas relações com o meio em que habitam. Também pode examinar o relacionamento de indivíduos de uma população de determinado sítio.

Autópsia Procedimento clínico em cadáveres, para descobrir a causa da morte.

Autopurificação O mesmo que *Autodepuração*.

Autotrófico Classes de organismos que podem sintetizar substâncias orgânicas a partir de elementos inorgânicos, por meio de fotossíntese ou da quimiossíntese.

Autótrofo Que produz o próprio alimento. Ex: vegetais e algas.

Auxiliar de coagulação Produtos químicos como cal, cloreto férrico, sulfato de alumínio e/ou polímeros que, ao agirem em conjunto ou separadamente, aglutinam impurezas das águas brutas, formando flocos de tamanho e peso suficientes para permitir a sua sedimentação e consequente clarificação das águas de abastecimento.

Auxiliar de filtração No processo de tratamento de água por filtração direta, é usado no caso de águas brutas de baixa cor e turbidez (< 25 uH e < 25 uT, respectivamente). Utilizam-se polímeros ou sais de alumínio e de ferro para auxiliar a formação de flocos que serão retidos nos filtros. Neste caso, não se utiliza a prévia sedimentação em tanques clarificadores.

Auxina Hormônio vegetal, natural ou sintético que promove o crescimento e desenvolvimento das plantas.

Avalanche Massa de neve e gelo que desce pelas encostas das altas montanhas, de forma rápida e violenta, carregando em sua trajetória tudo que encontra pela frente: fragmentos de rocha, árvores, habitações.

Avalanche de rocha e solo Movimento de grandes massas de fragmentos de rochas, solos e neve que ocorre quando o flanco de uma montanha ou de um vulcão sofre colapso, descendo rapidamente e, na maioria das vezes, invade os vales de rios, incorporando em sua trajetória água, árvores, construções e tudo que encontrar pela frente.

Avaliação ambiental Expressão utilizada como avaliação de impacto ambiental, adotada por agências internacionais de cooperação técnica e econômica. Corresponde a um conceito amplo, que inclui a análise de risco, a auditoria ambiental e outros procedimentos de gestão ambiental.

Avaliação ambiental estratégica Processo sistemático e formal de avaliar os impactos ambientais de uma política, plano ou programa e suas alternativas. Elabora-se um relatório escrito com os resultados dos estudos e o uso de tais resultados para uma tomada de decisão publicamente responsável. É uma prática recente, cujo principal objetivo é aperfeiçoar os processos de decisão, principalmente aqueles que dizem respeito a investimentos e estratégias de ações políticas, planos e estratégias governamentais.

Avaliação ambiental setorial Inclui fatores físicos, bióticos, socioculturais e econômicos de uma série de projetos alternativos para um mesmo setor de governo, como por exemplo: transportes, energia, saúde, saneamento etc.

Avaliação de impacto ambiental Instrumento de política e gestão ambiental de empreendimentos, formado por um conjunto de procedimentos para assegurar, desde o início do processo, um exame sistemático dos impactos ambientais de uma proposta (projeto, programa, plano ou política) e de suas alternativas. O estudo deve identificar, predizer e descrever em termos apropriados os prós e contras (danos e benefícios) do empreendimento proposto. Os resultados devem ser apresentados ao público e aos responsáveis pela tomada de decisão e por eles apreciados. Os procedimentos propostos devem garantir a adoção das medidas de proteção ao meio ambiente, no caso de se decidir pela implantação do projeto.

Avanço da praia Avanço progressivo da praia ou da linha da praia para o mar.

Avifauna O conjunto das aves de uma região.

Avulsão ou evulsão Na engenharia marítima, indica uma rápida erosão da costa pelas ondas durante uma tempestade. Caracteriza também o efeito produzido por uma corrente que rompe suas margens de forma inesperada, formando outro canal ou transferindo uma grande quantidade de solo de um local para outro. Termo jurídico que indica uma situação em que, por causa de uma força natural violenta (terremoto, por exemplo), uma porção de terra se desprende de uma propriedade e se liga a outra. Pelo código civil brasileiro, o dono desta última pode adquirir a propriedade de acréscimo, e indenizar o dono da primeira, ou não indenizar se, no prazo de um ano, ninguém houver reclamado.

Azoico Período da história da terra no qual ainda não havia vida. Substâncias azoicas, também conhecidas por abióticas, são compostos inorgânicos ou orgânicos básicos, como água, dióxido de carbono, oxigênio, cálcio, nitrogênio e sais de fósforo, aminoácidos e ácidos húmicos.

Azonal Diz-se do solo em que não é possível distinguir os diversos horizontes que normalmente ocorrem.

Azul de metileno Composto aromático heterocíclico, sólido verde-escuro, solúvel em água, que produz uma solução azul, inodora, com fórmula molecular: $C_{16}H_{18}ClN_3S$. É muito usado como corante bacteriológico e como indicador redox em química analítica. As soluções dessa substância são azuis quando em um ambiente oxidante, mas tornam-se incolores quando expostas a um agente redutor. As propriedades redox podem ser vistas em uma demonstração de cinética química, o chamado experimento da garrafa azul. Trata-se de uma solução feita de dextrose, azul de metileno, e hidróxido de sódio. Após sacudir a garrafa, o oxigênio dissolvido oxida o azul de metileno, e a solução torna-se azul. Gradualmente, a dextrose reduz o azul de metileno à sua forma reduzida e incolor. Em consequência, quando o oxigênio dissolvido é inteiramente consumido, a solução torna-se incolor.

Bb

Bacia Recipiente para armazenar líquidos, fabricado em diferentes tamanhos.

Bacia aérea Expressão utilizada como sinônimo de região de controle da qualidade do ar, por analogia ao conceito de bacia hidrográfica. Alguns autores criaram a expressão para designar a área em que o relevo, as correntes de ar e o fenômeno de dispersão de poluentes atmosféricos determinam a extensão dos impactos diretos e indiretos das atividades humanas na qualidade do ar.

Bacia aquífera ou bacia de água subterrânea Área cujo subsolo é formado por materiais permeáveis, capazes de armazenar e/ou suprir eventuais poços com água. A bacia aquífera é tridimensional: desde a superfície do solo até a profundidade de acúmulo de água no subsolo.

Bacia artesiana São bacias aquíferas nas quais a água dos materiais permeáveis do subsolo está confinada entre materiais impermeáveis (sob pressão), e, em alguns casos, aflora espontaneamente.

Bacia de coagulação O mesmo que tanque de coagulação.

Bacia de drenagem Área drenada por um rio principal e seus afluentes, que tem como limites os divisores de água (pontos a partir dos quais as águas de chuva escoam para outra vertente, para outra bacia). A bacia de drenagem, também chamada de bacia hidrográfica, é a unidade territorial adotada para a implementação da Política Nacional de Recursos Hídricos.

Bacia de esgotamento sanitário Área delimitada em planta, na qual toda parcela de esgoto sanitário coletado em tubulações, que funciona sob escoamento livre, contribui para um único conduto principal ou para uma estação de tratamento.

Bacia hidrográfica O mesmo que *bacia de drenagem*.

Bacia sedimentar Depressão preenchida por detritos carregados pelas águas naturais (córregos, rios). A bacia sedimentar pode ser considerada uma planície aluvionar que ocasionalmente se desenvolve no interior do continente.

Bacilo Bactéria com formato de bastonete.

Bacilo de Ducrey Bacilo causador de uma doença sexualmente transmissível, conhecida popularmente como cancro mole.

Bacilo de Eberth Agente etiológico da febre tifoide.

Bactéria coliaerógena Espécie de bactéria do grupo coliforme encontrada nas fezes humanas e nas fezes de bovinos.

Bactéria termófila Aparece na fase de decomposição da matéria orgânica, em pilhas de compostagem. Desenvolve-se sob temperaturas superiores a 45°C e a hipertermófila pode se desenvolver a temperaturas acima de 100°C. A exigência é que exista água no estado líquido, o que é possível quando a pressão ambiente é elevada.

Bactérias São seres unicelulares e estão entre os menores seres vivos conhecidos. Podem viver isolados ou formar colônias. São os organismos mais abundantes do planeta, encontrados em todos os ambientes. Quanto à nutrição, podem ser autótrofas ou heterótrofas. As autótrofas podem sintetizar seu próprio alimento através da fotossíntese ou da quimiossíntese. As heterótrofas podem ser saprófitas, simbióticas ou parasitas. Quanto à forma as bactérias podem ser classificadas em: cocos, bacilos, espirilos e vibriões.

Bactérias acidificantes Também conhecidas como bactérias fermentativas, ou bactérias anaeróbias. Têm a capacidade de decompor a matéria orgânica solúvel (açúcares, aminoácidos, peptídeos), e produzir ácidos orgânicos de cadeia longa, propionatos, butiratos etc., que têm tendência à acidificação do meio.

Bactérias aeróbias Aquelas que vivem na presença de oxigênio livre.

Bactérias anaeróbias Vivem na ausência de oxigênio livre.

Bactérias autotróficas Podem produzir seu próprio alimento através da fotossíntese (usando a luz solar, o dióxido de carbono e a água) ou da quimiossíntese (usando água, dióxido de carbono e produtos químicos como a amônia). Estas últimas, também chamadas de fixadoras de nitrogênio, são encontradas nas raízes de algumas leguminosas.

Bactérias clorofiladas São bactérias autotróficas, que possuem clorofila e sintetizam seu próprio alimento por fotossíntese.

Bactérias coliformes Detectar agentes patogênicos, principalmente bactérias, protozoários e vírus, em uma amostra de água é extremamente difícil, em razão de suas baixas concentrações. Determina-se a potencialidade de um corpo d'água ter agentes causadores de doenças de forma indireta, através de organismos indicadores de contaminação fecal do grupo dos coliformes, presentes em grandes quantidades nas fezes humanas e animais de sangue quente. A presença de coliformes na água não representa um perigo à saúde, mas indica a possível presença de outros organismos causadores de doenças. Os principais indicadores de contaminação fecal são as concentrações de coliformes totais e coliformes fecais (termotolerantes), expressos em número de organismos por 100 ml de água.

Bactérias coliformes fecais ou termotolerantes Ver *bactérias coliformes*.

Bactérias do grupo coliforme Ver *bactérias coliformes*.

Bactérias do solo O solo é um *hábitat* favorável à presença de bactérias e outros micro-organismos. Na camada superior de um solo fértil (primeiros 15 cm de profundidade), existem cerca de quatro toneladas por hectare de bactérias e fungos.

Bactérias entéricas Ocorrem normalmente ou patogenicamente no intestino de homens e animais.

Bactérias facultativas São aquelas que podem viver tanto na presença quanto na ausência de oxigênio.

Bactérias ferruginosas Na natureza metabolizam o ferro em meio neutro ou ligeiramente ácido.

Bactérias filamentosas Têm o formato de filamentos. No processo de tratamento biológico de esgoto por lodos ativados, essas bactérias são encontradas na estrutura dos flocos ou livres. Quando em equilíbrio com as demais espécies, conferem estrutura ao floco, impedindo a sua quebra. Quando predominam, são responsáveis pelo intumescimento do lodo, um dos mais graves problemas no tanque de sedimentação, que provoca uma má sedimentação e o acúmulo de lodo na superfície do tanque, podendo escapar com o efluente clarificado e comprometer a sua qualidade.

Bactérias fixadoras de nitrogênio O nitrogênio é um dos elementos essenciais às plantas. Embora presente em grande quantidade no ar, na forma de gás nitrogênio (N_2), poucos seres vivos o assimilam nessa forma. Apenas algumas bactérias conseguem captar o N_2, utilizando-o na síntese de moléculas orgânicas nitrogenadas, chamadas "fixadoras de nitrogênio".

Bactérias fotossintéticas Ver *Bactérias autotróficas*.

Bactérias parasitas Vivem à custa de outros organismos (hospedeiros), que as suprem com alimentos. Geralmente não se desenvolvem fora do corpo do hospedeiro. São importantes no esgoto sanitário, pois existem diversos tipos que se desenvolvem no trato intestinal humano e de outros animais e são expelidos junto com as fezes. Algumas bactérias desse tipo, também chamadas patogênicas, durante o seu período de crescimento produzem substâncias tóxicas ou compostos venenosos que causam doenças no hospedeiro. Se existem pessoas infectadas, elas poderão estar presentes no esgoto sanitário lançado diretamente em corpos d'água e podem ser fontes de disseminação de doenças como febre tifoide, hepatite, disenteria, cólera ou outras infecções intestinais.

Bactérias patogênicas Ver *Bactérias parasitas*.

Bactérias quimiossintetizantes Usam a energia das reações químicas para sintetizar compostos orgânicos, a partir de dióxido de carbono e água. Em contraposição, os micro-organismos que usam a luz para esse mesmo propósito realizam a fotossíntese.

Bactérias saprófitas Alimentam-se de matéria orgânica morta. Elas decompõem os sólidos orgânicos para obter seu próprio alimento, produzindo resíduos orgânicos e inorgânicos. São os micro-organismos mais importantes nos processos biológicos de tratamento de esgoto, sem os quais não ocorre a decomposição da matéria orgânica.

Bactérias sulfatorredutoras São bactérias anaeróbias não patogênicas, conhecidas cientificamente como *Desulfovibrio desulfuricans*. A sua importância está relacionada à capacidade de causar severas corrosões em diversos materiais, desde aço até concreto, pois produzem enzimas que aceleram a redução de sulfatos; isto é, transformam sulfato em sulfeto de hidrogênio (HS^-). Sob certas condições de pH o sulfeto de hidrogênio da água, transforma-se em H_2S (gás sulfídrico), gás extremamente tóxico em determinadas concentrações. Existe ainda a possibilidade do H_2S ser transformado em H_2SO_4 (ácido sulfúrico).

Bactérias tipo coco Membros de um grupo de bactérias de formato globular, algumas das quais podem causar doenças nos seres humanos. Os cocos contêm os subgrupos estreptococos, que são bactérias associadas em cadeias lineares e os estafilococos, associados em cadeias ramificadas.

Bactericida Substância com capacidade de destruir bactérias. Os bactericidas mais comuns são alguns antibióticos, antissépticos e desinfetantes.

Bacteriófago Um fago ou bacteriófago é um pequeno vírus que só infecta bactérias. Há o tipo virulento, ou seja, logo que invade a célula bacteriana inicia seu processo de reprodução e, em pouco tempo, destroem-na. Outros ficam em estado aparentemente inofensivo e passam a integrar o material genético no DNA cromossômico da bactéria hospedeira. Esses fagos endógenos, referidos como profagos, são copiados a cada divisão celular junto com o DNA da bactéria hospedeira. Eles não matam a célula, porém monitoram o estado de seu hospedeiro por meio de algumas proteínas. Quando a célula do hospedeiro mostra sinais de estresse, significa que se aproxima da morte. Os fagos endógenos tornam-se ativos novamente e iniciam seu ciclo reprodutivo, resultando na *lise* (ruptura) da célula hospedeira. Um exemplo é o fago lambda da *E. coli*. Algumas vezes, os prófagos são benéficos para as células hospedeiras enquanto dormentes, pela adição de novas funções ao genoma da bactéria, um fenômeno chamado de conversão lisogênica. Um exemplo é a inofensiva bactéria *Vibrio*, que se torna *Vibrio cholerae* por um fago, causando a cólera.

Bacteriologia sanitária Ciência que estuda os métodos de detecção dos micro-organismos patogênicos; as formas de prevenção das doenças por eles causadas e as formas de profilaxia ou de eliminação.

Bagaço da primeira moenda Ver *bagaço de cana*.

Bagaço da última moenda Ver *bagaço de cana*.

Bagaço de cana É o resíduo seco, fibroso, resultante da operação de moagem da cana-de-açúcar. Nas indústrias que produzem açúcar ou álcool, a quantidade gerada desse resíduo é muito grande, com várias possibilidades de aproveitamento, como a queima para obtenção de energia; fonte de celulose na indústria de papéis; alimentação de animais, compostagem etc.

Baía de Minamata Ver *Desastre ou acidente da Baía de Minamata*.

Baía, golfo ou enseada São formações da costa, em que porções de mar ou oceano estão rodeados por terra, em oposição a um cabo. As baías são maiores do que as enseadas, mas menores do que os golfos. Têm importância econômica e estratégica, uma vez que são locais ideais para a construção de docas e portos. Nesses locais, as embarcações podem deitar âncora com relativa segurança.

Baixa-mar É o nível das águas do mar, ao final da maré vazante. Em marés semidiurnas, quando ocorrem duas baixa-mares no mesmo dia, a de menor altura é baixa-mar inferior em oposição à de maior altura, a baixa-mar superior.

Baixada Depressão do terreno ou planície entre as montanhas e o mar ou área em depressão em relação aos terrenos adjacentes. Geralmente são as zonas próximas ao mar. Algumas vezes, usa-se o termo planície.

Baixio ou fundo sensível Região onde o fundo do mar influencia a propagação das ondas; trecho onde o fundo se faz sentir.

Balança Dispositivo usado para se aferir o peso das coisas.

Balanço Na área de navegação marítima, designa o movimento de rotação do navio em torno de seu eixo longitudinal.

Balanço energético Estudo que compara a energia que entra em um sistema no início de um processo com a energia que sai ao seu final, considerando as diferentes transformações que sofre.

Balanço fisiográfico Estudo que leva em conta as condições fisiográficas de um local ou de uma bacia hidrográfica, para a elaboração de balanços hídricos, energéticos etc.

Balanço hídrico ou hidrológico Estudo que compara as entradas e saídas de água no interior de uma região hidrológica bem definida (uma bacia hidrográfica, um lago etc.), levando em conta as variações efetivas de acumulação.

Balanço térmico Estudo que compara a energia térmica (calor) em um sistema no início de um processo, com o calor ao seu final, considerando as diferentes transformações sofridas.

Balão Os balões modernos são construídos com materiais flexíveis (borracha, látex, cloropreno ou náilon) e preenchidos com gases mais leves do que o ar (geralmente hélio), utilizados para diversas finalidades científicas, recreativas, e transporte de pessoas.

Balão meteorológico Pequeno balão não tripulado, mantido em determinada altitude e dotado de dispositivos capazes de registrar dados ou de observar as condições meteorológicas locais.

Balsa Embarcação que transporta veículos para cruzar rios e estuários.

Banco de areia Acúmulo de material sedimentado sobre o fundo de um lago, nas curvas de um rio, na sua foz, ou mesmo no mar, junto à costa, como resultado do perfil do fundo, das correntes dominantes e da ocorrência de sedimentos, com predomínio de areia. Pode constituir obstáculos ao escoamento e à navegação.

Banco no mar Trecho com pequena declividade no sentido do mar, por efeito de pequena erosão ou trecho aproximadamente horizontal, acima do nível de maior preamar e do lado do mar, de um dique que protege a terra contra a inundação.

Banhado Termo derivado do espanhol *bañado*, usado no Sul do Brasil para as extensões de terras inundadas pelos rios. Constituem terras boas para a agricultura, ao contrário dos pântanos.

Banho ácido Nas indústrias de galvanoplastia e de folheados, que fazem o recobrimento de peças metálicas com materiais mais nobres, as peças passam por banhos prévios de desengraxamento e decapagem antes de receberem o recobrimento final desejado. A segunda etapa desse processo, a decapagem, vem após o banho desengraxante, e é o chamado banho ácido, que visa obter uma superfície metalicamente limpa, isenta de impurezas e óxidos, e apta a receber a camada protetora de material mais nobre.

Banho de cádmio Ver *Banho ácido*.
Banho de cobre Ver *Banho ácido*.
Banho de cromo Ver *Banho ácido*.
Banho de decapagem Ver *Banho ácido*.
Banho de níquel Ver *Banho ácido*.
Banho de ouro Ver *Banho ácido*.
Banho de prata Ver *Banho ácido*.
Banho de zinco Ver *Banho ácido*.

Banho-maria Dispositivo com resistência elétrica para esquentar água até o ponto de fervura. É utilizado nos laboratórios científicos para remover o excesso de água de solos e outros resíduos sólidos, colocados em cápsulas de porcelana, em contato com a água aquecida.

Banquisa, campo ou lençol de gelo Camada de gelo formada na superfície dos oceanos, nas regiões onde a temperatura do ar está abaixo de −2°C ou −3°C, provocando o congelamento da água do mar. Suas bordas podem elevar-se até 50 ou 60 m acima do nível do mar. Durante a fase de degelo, arrebentam e formam grandes blocos de gelo (*icebergs*).

Baquelite Designação comercial de resinas de fenol formaldeídos, introduzidas no mercado pelo químico belga Leo Hendrik Baekland, em 1900.

Baquelizar Submergir a madeira em baquelite para aumentar a sua durabilidade.

Bar Unidade de pressão cujo símbolo é "bar". Corresponde a exatamente 10^5 Pascais (ou 0,1 MPa). Este valor de pressão é muito próximo ao da pressão atmosférica padrão, que vale 101325 Pa ou 1 atmosfera ou 10,33 metros de coluna d'água (mca). Assim, um bar é também equivalente a 0,987 atmosferas ou aproximadamente 10,2 mca.

Barco de desembarque Embarcação usada para desembarcar tropas ou equipamentos nas praias. Na marinha norte-americana, o termo em inglês refere-se a embarcações com menos de 45 m de comprimento, usadas apenas nas operações de desembarque, ou seja, não são usadas em alto-mar.

Barisfera Parte interior da terra, de densidade elevada; usado como sinônimo de nife.

Barlavento O oposto de sotavento; lado de onde vem o vento ou lado exposto ao vento.

Barômetro Instrumento utilizado para medir a pressão atmosférica. Pode ser do tipo coluna de mercúrio ou do tipo aneroide (metálico). Com o avanço da tecnologia, pode-se encontrá-lo acoplado a relógios digitais.

Barotermógrafo Instrumento que registra a pressão atmosférica e a temperatura do ar.

Barra Elevação do fundo do mar, fora da zona de arrebentação, constituída de areia, cascalho ou outros materiais não consolidados e submersos nas marés máximas, formadas geralmente na foz de rios ou em seus estuários ou que se estende paralelamente a uma curta distância da praia. É formada pela ação das ondas e/ou correntes.

Barra de areia Ver *Banco de areia* ou *Barra*.

Barra na boca de entrada de baías Barra que se estende (parcialmente ou não) ao longo da entrada de baías.

Barragem Barreira construída transversalmente a um rio, geralmente de pedra, terra, concreto, aço ou madeira, que permite o acúmulo de água. Pode ter finalidades ou usos diversos: geração de energia elétrica, abastecimento público de água, irrigação, pesca, lazer, controle do nível das águas de montante, controle de cheias ou regulagem do escoamento a jusante, derivação de água para canais, ou para evitar a intrusão de água salgada em um rio, sujeito a influência das marés.

Barragem de água subterrânea ou barragem subterrânea Tecnologia relativamente recente, que pode ser aplicada em rios intermitentes, sobre leitos de material arenoso. Constrói-se uma barragem enterrada, com material argiloso (mais impermeável), para interceptar o fluxo subterrâneo d'água para jusante, de forma a elevar o nível freático a ponto de fazê-lo aflorar novamente, nas épocas de estiagem.

Pode ser utilizada para prevenir a expansão da cunha salina, nos aquíferos costeiros.

Barragem de enrocamento É aquela na qual o material de construção predominante (mais de 50%) é rocha, abundante na região.

Barragem de terra Barragem na qual se utiliza, como material de construção, solos: areias, cascalhos e argilas disponíveis nas proximidades da obra.

Barras reticuladas Na engenharia marítima, é uma formação de barras, cujas cristas formam um reticulado em diagonal com a linha da praia.

Barreira de potencial Num campo potencial, região em que o potencial elétrico se eleva abruptamente, com valores mais altos do que nas circunvizinhanças.

Barreira Obstáculo; parede formada pela justaposição de elementos que impedem a passagem.

Barreira ao ruído Plantio de vegetação específica, construção de paredes ou muros de diferentes alturas e materiais, entre uma fonte de ruído (indústria, máquinas, rolamento de automóveis em uma estrada etc.) e os indivíduos receptores do ruído (população), com o objetivo de reduzir os níveis sonoros a padrões aceitáveis, mitigando os impactos diretos e indiretos desse tipo de fonte.

Barreira contra o vento ou quebra-vento Feita com o plantio de árvores e arbustos, com a finalidade de quebrar a ação dos ventos numa área.

Barreira do som Conjunto de fenômenos que ocorrem quando um corpo sólido se desloca no ar com velocidade próxima ou igual à do som e compreende o aumento da resistência; a diminuição da sustentação; a formação de uma onda de choque localizada, e a produção de estrondo sônico.

Barreira ecológica Obstáculo biogeográfico à dispersão dos organismos. Pode tanto tratar-se de uma barreira natural, como uma cordilheira ou uma brusca mudança de clima, ou a falta de alimentos, resultantes de ações humanas que isolam ou dividem um ou mais sistemas ambientais, impedindo as migrações, trocas de matéria e energia e outras interações. Por exemplo, a abertura de uma rodovia pode constituir uma barreira ecológica, quando atravessa uma floresta ou um pântano. Esse conceito é aplicado em estudos ambientais.

Barreira social Qualquer forma de obstáculo imposto pela sociedade, que impeça ou dificulte o crescimento ou o acesso de grupos ou instituições a certos direitos, benefícios ou mobilidade social.

Barreira térmica Limite de velocidade de um corpo a partir do qual o calor desenvolvido pelo atrito com a atmosfera inutiliza o material com o qual é constituído. Os estudos são realizados no campo da pesquisa aeroespacial, para evitar o colapso das naves na sua volta à atmosfera terrestre.

Barrela Água da fervura de cinzas, usada para branquear roupas.

Barrento Sujo; que contém barro.

Barrilete Em saneamento, é o trecho da tubulação de abastecimento público de água, situado na entrada das residências e onde são instalados os hidrômetros (medidores de consumo).

Barrilha Designação comercial dos carbonatos de sódio e de potássio, muitas vezes utilizados no tratamento de água de abastecimento.

Barro Nome popular dado à argila misturada com água.

Barro cerâmico Tipo de argila própria para fins cerâmicos.

Basalto Rocha ígnea extrusiva (vulcânica), escura, de grãos finos, frequentemente afanítica (grãos não visíveis a olho nu), composta por plagioclásio básico e piroxênio. O termo plutônico equivalente ao basalto é o gabro, que é uma rocha ígnea (mas intrusiva) de coloração escura, de granulometria grossa, composta de pagioclásio cálcico e clinopiroxigênio. A crosta oceânica, predominante na Terra, é constituída em sua maior parte por gabros, diabásios e basaltos e rochas derivadas.

Batente das preamares Intersecção do plano das médias das preamares com a praia. O litoral delineado sobre as cartas náuticas do *Coast and Geodetic Survey* é uma aproximação da linha das médias das preamares.

Batial Zona marinha compreendida entre 200 e 2.000 m de profundidade.

Batimetria Medição do relevo de fundo de uma área marinha, lacustre ou fluvial.

Batímetro Instrumento utilizado nos serviços de batimetria.

Batitermógrafo Dispositivo de pequeno porte, em formato de torpedo, que possui um sensor de temperatura e um transdutor para detectar mudanças na temperatura da água em função da profundidade.

Beccari, processo Processo de compostagem dos resíduos sólidos urbanos (lixo).

Bem-estar social É o bem comunitário, com todas as formas de satisfação das necessidades coletivas, como as exigências naturais e espirituais dos indivíduos, dos grupos e das classes que compõem a sociedade.

Benefício Vantagem; ganho; proveito.

Benefícios sociais Termo que pode ser entendido de duas formas: (1) todos os ganhos em bem-estar decorrentes de uma decisão política ou econômica, acumulados pelo indivíduo ou instituição que tome a decisão, isto é, o ganho de um bem-estar da sociedade inclui quem tomou a decisão; (2) ganhos recebidos, não pelo indivíduo ou entidade que tomou a decisão, mas pelo restante da sociedade. Assim, benefício social opõe-se a benefício privado.

Bens Tudo que tem utilidade, e pode satisfazer uma necessidade ou suprir uma carência.

Bens ambientais São os bens públicos ou privados, tutelados juridicamente pela legislação ambiental, para propiciar qualidade de vida à coletividade. São bens de interesse público e, por isso, o Poder Público pode atuar sobre eles, ora retirando a propriedade, ora restringindo-a, ora onerando-a.

Bens complementares São os bens econômicos que devem ser combinados para satisfazer uma necessidade. Ex.: automóvel e combustível (gasolina, álcool, diesel).

Bens de capital Ver *Bens econômicos*.

Bens de consumo Ver *Bens econômicos*.

Bens de consumo duráveis Ver *Bens econômicos*.

Bens dominicais ou do patrimônio disponível São os bens públicos que não receberam ou que perderam uma destinação coletiva ou especial, e podem ser utilizados no futuro, para qualquer fim. Dá ao Estado uma possibilidade legal de disposição, quase semelhante à do regime privado.

Bens econômicos São aqueles relativamente escassos ou que demandam trabalho humano. Podem ser classificados em: bens de capital ou de produção (máquinas e equipamentos) e bens de consumo (comprados pelas pessoas depois de um processo de produção ou industrialização), divididos em: bens de consumo duráveis (máquina de lavar roupa, imóveis, carros que são trocados após longos períodos de uso); bens de consumo semiduráveis (roupas, calçados, que precisam ser trocados periodicamente); bens de consumo não duráveis (alimentos).

Bens intermediários São bens manufaturados ou matérias-primas processadas e empregados na produção de outros bens ou produtos finais.

Bens livres Satisfazem necessidades e suprem carências, e são tão abundantes na natureza que não podem ser monopolizados nem exigem trabalho algum para serem produzidos, Exs.: ar; a luz do sol.

Bens particulares ou privados São aqueles pertencentes aos indivíduos, como os registrados no Registro Geral de Imóveis em seus nomes.

Bens públicos São aqueles de domínio do Estado, sujeitos a um regime administrativo especial que os torna inalienáveis, imprescindíveis e impenhoráveis. Podem se classificar pela titularidade (bens públicos pertencentes à União, aos Estados e aos Municípios, federais, estaduais e municipais); quanto ao uso (bens de uso comum, bens de uso especial, bens dominicais); quanto à destinação original; à disponibilidade, e à natureza física.

Bens públicos de uso comum ou de domínio público O uso do bem público é aberto ao público, caso das ruas, praças, avenidas, estradas, praias, rios. A liberdade de utilização poderá ou não estar sujeita a restrições, como, por exemplo, o pagamento de pedágios em estradas ou a autorização para um comício ou passeata.

Bens públicos de uso especial ou do patrimônio administrativo Quando o uso do bem público é restrito, de modo a atender a execução ou apoio de serviços públicos, caso dos edifícios públicos, praças militares, quartéis, navios e aeronaves de guerra, mercados, veículos oficiais etc. Sua utilização pode ser outorgada a pessoas que preencham determinados requisitos legais.

Bens tangíveis O mesmo que bens não duráveis.

Bens-salário Conjunto de bens que cada país constitui em cesta de consumo básico do trabalhador, segundo seu padrão de vida. São formados pelos artigos de primeira necessidade para o trabalhador e sua família.

Bental ou bentônico Tudo que se relaciona com a camada de fundo dos corpos d'água. Pode se referir aos tipos de sedimentos e aos tipos de organismos ou vegetais existentes.

Bentonita Nome originário da formação *Fort Benton* (EUA), onde foi encontrada pela primeira vez. É um tipo de rocha sedimentar, composta por argilominerais do grupo da esmectita, formada por alteração intempérica das cinzas vulcânicas. A bentonita tem amplo uso industrial e diversas finalidades, como na preparação de lamas de perfuração de poços de petróleo; na contenção de paredes-diafragma, pois forma suspensões coloidais e semicoloidais de alto peso específico, quando posta em contato com a água; no processo de purificação de óleos, pela alta capacidade de adsorção de impurezas.

Benzeno Líquido incolor, de cheiro característico, volátil, usado como solvente e matéria-prima de diversos produtos. Fórm.: C_6H_6. É um hidrocarboneto aromático (cadeia cíclica típica), derivado do carvão ou do petróleo, encontrado na gasolina e em outros combustíveis. É usado na manufatura de plásticos, pesticidas e outros produtos químicos. As pesquisas mostram que o benzeno é um produto carcinogênico, e longos tempos de exposição ao benzeno afetam a medula óssea e a produção sanguínea. Indivíduos expostos ao benzeno, de cinco a trinta anos, desenvolveram leucemia e morreram. Tempos curtos de exposição a altos níveis de benzeno podem causar: sonolência diurna (inclusive com forte tendência de cair no sono em horas ou em situações inapropriadas); tontura; inconsciência e morte.

Benzeno hexacloro ou hexacloreto de benzeno – BHC O BHC é um composto cristalino sintético, produzido pela primeira vez nos anos 1940 e usado como fungicida para proteger as sementes de cebola, trigo e sorgo. Apresenta-se sob nove formas isoméricas, cuja fórmula é um poderoso inseticida conhecido pelos nomes de lindano e gamexane. É utilizado como solvente e como aditivo na produção de borracha, plástico, PVC, foguetes, munições, protetores de madeira e corantes. É um subproduto na manufatura de vários solventes clorados, pesticidas e outros processos que envolvem o cloro. Já foi encontrado como contaminante em diversos pesticidas. É liberado durante a queima de resíduos sólidos urbanos. A produção de BHC foi proibida em muitos países, pela toxicidade, alta persistência no ambiente e significativa bioacumulação. A principal forma de contaminação é comida contaminada, pois o BHC acumula-se nos peixes, mamíferos marinhos, aves, liquens, vegetais e animais que se alimentam deles (podem contaminar crianças através do leite materno). Os seres humanos podem ser contaminados pela inalação de vapores de BHC, e prejudicar o fígado, tireoide e os rins, e os sistemas endócrino, imunológico, reprodutivo e nervoso. Existem provas de maior susceptibilidade à infecção e do aumento da mortalidade infantil em crianças expostas ao BHC. É considerado um provável carcinogênico.

Béquer Tipo de vidraria utilizada em laboratórios químicos.

Berço de pedra britada Utilizado como reforço de base, no assentamento de tubulações para esgoto sanitário.

Beriliose É uma forma rara de doença pulmonar, resultante da exposição à poeira ou vapor de berílio metálico, ou óxidos, ligas ou sais. A exposição intensa e aguda pode resultar em pneumonite, enquanto a exposição crônica e prolongada a doses baixas do metal pode causar lesões pulmonares, que parecem sarcoidose. A beriliose crônica atinge trabalhadores de indústrias nucleares e aeroespaciais.

Berilo O mineral berilo é um silicato de berílio e alumínio, de fórmula química $Be_3Al_2(SiO_3)_6$. Tem aspecto vítreo e pode ser transparente ou translúcido. O berilo puro é incolor, mas é matizado por impurezas; e torna-se verde, azul, amarelo, vermelho e branco. É considerado uma pedra preciosa ou semipreciosa desde épocas pré-históricas. O berilo verde é a esmeralda; o raro berilo vermelho é a esmeralda vermelha ou escarlate; o berilo azul é a água-marinha; o berilo rosa é a morganita; o berilo amarelo brilhante, desobstruído, é chamado de heliodoro; e o berilo incolor é chamado de gochenita. Outros matizes comuns são o amarelo-esverdeado e o amarelo-ouro.

Berma Caminho estreito entre a muralha e o fosso. Plataforma situada nos taludes que ladeiam a pista de rodagem de uma estrada. Encosta de praia que fica entre a arrebentação e a vista das dunas ou do cordão litorâneo.

Berma da praia Trecho praticamente horizontal de uma praia, formado pela deposição de sedimentos carreados pelas ondas e/ou correntes. Nas praias podem ocorrer uma ou mais bermas ou não existir.

Beterraba açucareira Tipo de beterraba com teor de açúcar mais elevado.

Betume É a mistura sólida, pastosa ou líquida de compostos químicos (hidrocarbonetos) que aparece na natureza ou resulta dos processos de destilação do petróleo. Sinônimo: PEZ MINERAL.

Bica Dispositivo para regular o fluxo do líquido de um reservatório para um tubo ou recipiente, ou para a atmosfera.

Bicarbonato É uma das substâncias responsáveis pela alcalinidade das águas, do grupo radical HCO_3 ou um composto, como o bicarbonato de sódio, que o contém.

Bicho-da-seda O bicho-da-seda é a larva de uma espécie de mariposa (*Bombyx mori*) usada na produção de fios de seda. Inseto nativo do Norte da China e disseminado por todo o mundo em chácaras de criação denominada sericicultura. A larva alimenta-se de folhas da amoreira e, ao fim de um período de pouco mais de um mês, a lagarta torna-se amarelada e começa a segregar um casulo no qual ocorre a metamorfose para o estado adulto (imago). É o casulo que serve de matéria-prima para a fabricação da seda.

Bico de Bunsen É um dispositivo usado em química para aquecer soluções em laboratório. Foi aperfeiçoado por Robert Wilhelm Bunsen, a partir de um dispositivo desenhado por Michael Faraday. Esse dispositivo queima em segurança um fluxo contínuo de gás, sem haver o risco da chama se propagar pelo tubo até o depósito de gás que o alimenta. O bico de Bunsen usa gás natural, ou GPL, como propano ou butano, ou uma mistura de ambos. O gás natural é metano (CH_4) com uma reduzida quantidade de propano (C_3H_8) e butano (C_4H_{10}).

Biela Num motor a explosão, a energia mecânica gerada com a queima do combustível é transmitida aos êmbolos, que efetuam movimentos alternativos transformados em movimento rotativo por meio da biela, um elemento mecânico.

Bifenilo policlorado Ver *Ascarel*.

Bifurcação Ponto no qual alguma coisa se divide em dois ramos, como uma forquilha, por exemplo.

Bigorna Dispositivo de ferro, de corpo central quadrangular e extremidades em ponta cilíndrica, cônica ou triangular, é usado como apoio para os serviços de forja a quente. Na bigorna malham-se e amoldam-se manualmente peças de metal.

Bilha Pequena vasilha bojuda e de gargalo estreito, fabricada em cerâmica ou em folha de flandres, própria para armazenar água ou bebidas.

Bioacumulação ou acumulação na cadeia alimentar O lançamento de resíduos ou dejetos no ambiente, mesmo em pequenas quantidades, é a causa de uma lenta acumulação de elementos indesejáveis, desde os produtores vegetais até os consumidores herbívoros e carnívoros. A bioacumulação constitui uma ameaça direta aos organismos vegetais e animais, e para os seus predadores, inclusive o homem. Esse fenômeno é mais frequente no meio aquático, conforme a taxa de metabolismo ou de eliminação dos produtos dos organismos aquáticos. Os produtos que tendem a acumular nos sistemas marinhos são: compostos de cádmio, mercúrio e chumbo, Aldrin, Dieldrin, Endrin, DDT, difenilas polihalogenadas, hexacloro benzeno, BHC e heptacloro.

Bioaeração É uma das técnicas disponíveis para a biorremediação de solos contaminados. Os sistemas de bioaeração introduzem ar da atmosfera no subsolo, acima do lençol freático, por meio de poços de injeção construídos nos locais contaminados. O ar flui pelo solo e supre de oxigênio os micro-organismos aeróbios responsáveis pela biodegradação. Pelos poços de injeção introduzem-se nutrientes, como nitrogênio e fósforo, para acelerar o crescimento da população microbiana.

Biocenose ou comunidade biótica É uma comunidade formada por plantas e animais que se condicionam e se mantêm reunidos pela atração não recíproca, exercida por diversos fatores do meio. Esse grupamento caracteriza-se por uma composição específica, pelos fenômenos de interdependência, e ocupa um espaço chamado biótopo.

Biocida Substância química, de origem natural ou sintética, utilizada para controlar ou eliminar plantas ou organismos vivos considerados nocivos à atividade humana ou à saúde.

Bioclima Relação entre o clima e os organismos vivos. As condições atmosféricas, em especial a temperatura, a umidade e a insolação, são fatores determinantes de distribuição geográfica das plantas, o que levou à classificação climática da cobertura vegetal. Algumas espécies estão ligadas a zonas climáticas, e outras se adaptaram à variedade de climas.

Bioclimatologia Ciência que estuda o bioclima.

Biodegradabilidade Refere-se à maior ou menor facilidade de degradação de uma substância pela ação de micro-organismos. Ver *Biodegradação*.

Biodegradação Processo de decomposição de substâncias por processos biológicos naturais, ou seja, pela ação de micro-organismos do solo, da água ou de sistemas de tratamento de águas residuárias, cujo resultado é a destruição ou mineralização da matéria orgânica natural ou sintética.

Biodegradável Substância que pode ser decomposta por processos biológicos naturais.

Biodiesel Óleo diesel obtido a partir de óleos vegetais, álcool e soda caústica, sob temperaturas e pressões controladas.

Biodigestor É um reator em que as reações químicas têm origem biológica. O biodigestor anaeróbio, por exemplo, degrada a matéria orgânica, e apresenta como subproduto o biogás (mistura de gases, principalmente o gás combustível metano e o CO_2), produzido por bactérias que digerem a matéria orgânica em condições anaeróbias (na ausência de oxigênio). Esse tipo de reator é utilizado na digestão anaeróbia de lodos de estações de tratamento de esgoto, uma das operações para dar destino final adequado a esse tipo de resíduo. Em algumas fazendas, é usado na produção de gás combustível, com uma mistura de diversos tipos de resíduos ou águas residuárias: água de lavagem de pisos de currais, pocilgas, esgoto doméstico, esterco de animais diversos, restos de vegetação etc.

Biodinâmica Faz parte do trabalho de Rudolf Steiner, conhecido como antroposofia. É uma nova visão da ciência, que integra a observação dos fenômenos naturais, o raciocínio lógico e os conhecimentos espirituais, definida como a ciência da força vital, um reconhecimento dos princípios básicos do trabalho na natureza. Há uma corrente que leva em conta seus princípios para obter um balanço entre produção e respeito ao ambiente na agricultura.

Biodisco Pode-se classificar o biodisco como uma técnica de tratamento biológico de efluentes líquidos, com biomassa aderida. A biomassa, ao se formar, irá aderir à superfície de um tambor rotativo parcialmente imerso em um tanque por onde passa o efluente a ser tratado. Os eixos são mantidos em rotação constante de 1 a 2 RPM, seja por ação eletromecânica (quando se trabalha com cerca de 40% do diâmetro submerso) ou por impulsão de ar (quando se trabalha com cerca de 90% de seu diâmetro submerso). Essa baixa velocidade permite o adequado desenvolvimento de biofilme, e a biomassa é exposta alternadamente à água residuária e ao ar. A transferência de oxigênio é obtida pela exposição ao ar. A imersão cíclica do biofilme também permite que haja adsorção e absorção dos compostos orgânicos presentes na água residuária, à biomassa. As vantagens do biodisco são: o relativamente baixo consumo de energia e os baixos requisitos técnicos do pessoal usado na operação e manutenção. Para os biodiscos que trabalham com imersão de cerca de 40% de seu diâmetro, é comum que os sistemas sejam cobertos, de modo a proteger os materiais plásticos da deterioração causada pelos raios ultravioletas do sol e também para controlar o crescimento de algas, que pode levar a um aumento do peso da biomassa nos biodiscos.

Biodiversidade Termo que expressa a variedade ou a variabilidade entre os organismos vivos, os sistemas ecológicos nos quais se encontram e a maneira como interagem entre si e com a ecosfera. É medida em: genes, espécies, níveis taxonômicos mais altos, comunidades e processos biológicos, ecossistemas, biomas; e em diferentes escalas temporais e espaciais. Em seus diferentes níveis, pode ser medida em número ou frequência relativa.

Bioensaio Emprego de organismos vivos para determinar o efeito biológico de certas substâncias, fatores ou condições. É um método para verificar o comportamento ou o efeito letal de águas de mananciais, por exemplo, colocando nelas diversos organismos, geralmente peixes vivos.

Bioestatística É uma aplicação da estatística, essencial ao planejamento, avaliação e interpretação de todos os dados obtidos em pesquisas da área biológica e médica. É fundamental em epidemiologia e medicina baseada em evidências.

Biofiltração Processo usado para evitar a emissão de odores para a atmosfera. É similar a um lodo ativado, pois micro-organismos oxidam os compostos orgânicos a CO_2 e H_2O. A principal diferença é que no biofiltro os micro-organismos ficam imobilizados no material filtrante ou de empacotamento, enquanto no lodo ativado ficam dispersos na suspensão líquida.

Biofiltro Equipamento ou unidade de tratamento de odores. Ver *Biofiltração*.

Biogás Gás produzido na última fase de gaseificação da digestão anaeróbia da matéria orgânica. O biogás contém de 60% a 70% de metano, 20% a 30% de monóxido de carbono, além de pequenas concentrações de oxigênio, nitrogênio, óxidos de carbono, hidrocarbonetos, mercaptanas e gás sulfídrico. O poder calorífico do biogás é de 5.200 a 6.200 Kcal/Nm^3. Se for purificado (principalmente pela remoção do CO_2), obtém-se um gás com poder calorífico maior (de 8.500 a 9.500 kcal/Nm^3).

Biogeografia Ciência que estuda a distribuição geográfica dos seres vivos. Pode ser dividida em: zoogeografia (referente aos animais) e fitogeografia (referente aos vegetais).

Biogeoquímica É o segmento da geoquímica que estuda a influência dos seres vivos sobre a composição química da Terra.

Biogeoquímica ambiental É o estudo dos processos de transferência, ciclagem e destino de elementos biogênicos e não biogênicos em sistemas continentais, costeiros e oceânicos. Aborda as transformações e os fluxos de matéria pelas interfaces atmosfera/solo, atmosfera/água, água/sedimento e continente/mar, e seu produto final é o balanço de massa e a modelagem do sistema. Estudos climáticos, hidrológicos e oceanográficos dão suporte aos estudos.

Bioindicador É um grupo de organismos que representa processos biológicos que ocorrem no ecossistema. Supõe-se que o que ocorre com a espécie bioindicadora (em estudo) esteja acontecendo também com outros grupos biológicos (que não estão em estudo) O estudo detalhado do bioindicador substitui o estudo global que, na prática, é impossível.

Biologia Estudo das características gerais e das leis que regem os seres vivos, sem particularização dos reinos vegetal ou animal.

Biológico Relativo à biologia.

Biologista ou biólogo Especialista em biologia.

Bioluminescência Processo bioquímico utilizado por muitos animais e algas marinhas na produção de luz. É obtido pela oxidação da proteína *Luciferina*, catalisada pela enzima *Luciferase*. A bioluminescência é produzida por componentes do fitoplâncton, dinoflagelados como a *Noctiluca*.

Bioma Unidade biótica de maior extensão geográfica do que o ecossistema, que compreende várias comunidades em diferentes estágios de evolução, denominadas de acordo com o tipo de vegetação dominante: mata tropical, campo etc. Na comunidade terrestre, os biomas correspondem às principais formações vegetais naturais. Alguns autores incluem os animais e comunidades e definem o bioma como a unidade ecológica imediatamente superior ao ecossistema.

Biomassa É a quantidade de matéria viva numa determinada área, num determinado momento. É expressa em unidades de energia ou em peso seco por unidade de área. Inclui os organismos produtores, consumidores e desintegradores mortos ou vivos (ex.: folhas, cascas de árvores etc.). A fração da biomassa composta de material morto ligada aos organismos vivos é chamada de necromassa.

Biópsia ou biopsia Retirada de uma porção de tecido de um organismo vivo para estudo da natureza das alterações dele.

Bioquímica Área da química que estuda as reações químicas dos organismos vivos.

Bioquímico Relativo à bioquímica.

Biorregião Espaço geográfico que abriga um ou vários ecossistemas e se caracteriza pela topografia, vegetação, cultura e história humana.

Biosfera Região da Terra que abriga todos os organismos vivos e as porções do planeta por eles habitadas: atmosfera, hidrosfera e litosfera.

Biota Conjunto dos componentes vivos (bióticos) de um ecossistema, ou seja, todas as espécies de plantas e animais de uma área.

Biotecnologia Ciência multidisciplinar que aplica, de forma integrada, os conhecimentos dos campos da biologia, bioquímica, genética, microbiologia e engenharia química. Com micro-organismos, plantas, células humanas ou animais produz substâncias em escala industrial. O desenvolvimento da engenharia genética, a partir da década de 1970, deu origem à chamada biotecnologia, que visa à manipulação e transferência de genes entre organismos.

Biotelemetria Consiste no implante de radiotransmissores no corpo do animal a ser estudado, que permite localizá-lo por estações de recepção.

Biótico Relativo aos seres vivos.

Biótopo Pequena parte de um *hábitat*. É uma unidade ambiental facilmente identificável, de natureza inorgânica ou orgânica, e com condições uniformes. Pode abrigar uma ou mais comunidades. É a parte não viva do ecossistema.

Bípode Bloco de concreto de formato particular (duas pernas), usado na carapaça dos quebra-mares.

Bismuto Metal branco cristalino, com matiz rosa (símbolo Bi), do grupo 15 da tabela periódica. É usado na produção de ligas de estanho e de cádmio, de baixo ponto de fusão (fáceis de moldar). As ligas expandem-se ao solidificarem, e permitem a construção de réplicas bem definidas de estruturas complexas. É usado na fabricação de aparelhos de segurança ativados termicamente, para a detecção de incêndio e em sistemas de extintores de incêndio. Nas aplicações mais recentes, é usado como catalisador na produção de fibras acrílicas; constituinte do ferro maleável; portador de combustível de urânio-235 em reatores nucleares, e material especializado para medidores de temperatura, os termopares. Os compostos de bismuto são usados em cosméticos e produtos medicinais.

Bissinose A bissinose é um estreitamento das vias aéreas provocado pela inalação de partículas de algodão, linho ou cânhamo. Os mais afetados são os indivíduos que abrem fardos de algodão cru ou que trabalham nos primeiros estágios do processamento do algodão. Algo do algodão cru provoca o estreitamento das vias aéreas em indivíduos suscetíveis.

Bloco de gelo compacto Bloco de gelo composto de flocos muito coesos, que impedem a navegação.

Bloco de pedra Pesa mais de uma tonelada e requer o uso de equipamentos mecânicos para a remoção.

Bloco tipo Akmon Tipo especial de bloco de concreto usado na carapaça dos quebra-mares.

Bloco tipo Wagner Tipo de bloco usado em fundo de filtro de água nas Estações de Tratamento de Água de Abastecimento Público.

Bloom de algas Fenômeno de proliferação exagerada da biomassa de fitoplâncton (algas), como consequência do aumento de nutrientes em uma massa aquática (em águas paradas de lagos e represas) e que leva à perda de transparência (aumento da turbidez), à coloração e a odor e sabor. Algumas espécies de alga produzem substâncias tóxicas.

Bocal de doble Usado em turbina de impulsão.

Bocal kennizon Usado para medir a vazão de lodos.

Boçoroca Processo erosivo de solo, de grandes proporções, também conhecido como voçoroca.
Bolsão de ar Ocorre quando uma onda marítima incidente tem sua concavidade voltada para cima no momento do impacto contra uma parede vertical.
Bomba Dispositivo mecânico que, acoplado geralmente a um motor, é utilizado para elevar líquidos.
Bomba de Arquimedes Ver *Parafuso de Arquimedes*.
Bombeiro hidráulico O mesmo que encanador, termo usado no Rio de Janeiro.
Boro É considerado um micronutriente para as plantas, porque ativa a enzima fosforilase do amido, que exerce a função de translocação dos açúcares e hidratos de carbono na planta. O boro ajuda a manter o equilíbrio entre açúcar e amido. Quando falta boro à planta, ela deixa de produzir o amido necessário ao desenvolvimento da raiz. Na fase crítica da frutificação, pode dar origem a frutos de má qualidade. A baixa disponibilidade por lixiviação do boro solúvel ocorre por ação de chuvas pesadas, ficando o resíduo silicato complexo (ou turmalina) insolúvel. O boro está mais disponível às plantas com pH acima de 5 e, abaixo desse índice forma borossilicatos insolúveis com ferro e alumínio. Quando o solo é alcalino, a relativa insolubilidade do borato de cálcio explica o decréscimo da disponibilidade desse elemento. Acima do pH 8,5, a solução do solo é dominada pelo sódio, que forma um borato mais solúvel.
Borrasca Chuva forte.
Bouba Doença infecciosa causada pelo *Treponema pertenue* e que provoca alterações semelhantes às da sífilis no organismo humano.
Braça Medida de comprimento correspondente a 6 pés ou 1,83 m.
Braça marítima Medida de comprimento correspondente a 8 palmos ou cerca de 1,76 m.
Braço de rio Braço de rio lamacento em zonas estuarinas, baixas ou alagadiças.
Brejo Terreno situado nas várzeas inundáveis dos rios, cujo solo é mantido molhado ou saturado de água, coberto com vegetação natural própria, na qual predominam arbustos integrados com gramíneas rasteiras e algumas espécies arbóreas.
Brisa terrestre Vento que sopra da terra para o mar.
Broca para retirada de amostras cilíndricas Usada na amostragem de rochas.
Brotar Relativo a plantas.
Bueiro Tubulação que leva as águas pluviais ou de pequenos córregos na transposição de aterros em estradas de rodagem, de ferro ou na drenagem pluvial urbana.
Buraco em algo Abrir um buraco em algo.
Buritizal Floresta ou aglomeração de buriti, tipo de palmeira.
Burrinho Tipo de bomba.
Bypass Passagem direta.

Cc

Caatinga Tipo de vegetação brasileira, característica do Nordeste, formada por espécies arbóreas espinhosas de pequeno porte, associadas a cactáceas e bromeliáceas. As formas mais comuns são florestas baixas, floresta baixa aberta com escrube fechado, escrube fechado com árvores baixas emergentes, escrube fechado, escrube aberto, savana de escrube. O escrube é um tipo de vegetação arbustiva, com ramos predominantemente retorcidos, formando moitas, intercaladas com espaços abertos ou em aglomerados contínuos com plantas de até 3 m de altura.

Cabeceira de um coletor No caso de redes coletoras de esgoto sanitário, é conhecida como "ponta-seca".

Cabeceira de um rio O mesmo que nascente de um rio.

Cabeço de amarração no cais Espécie de moirão ou estaca de amarração das embarcações no cais.

Cabo ou promontório Geograficamente, é o trecho de terra continental ou insular que avança para o mar.

Cadeia O termo *catena* (em inglês) tem a acepção de sequência ou encadeamento.

Cadeia alimentar Cadeia alimentar é a transferência de matéria e energia de um indivíduo para outro, uma das atividades mais significativas no ambiente. É um dos mecanismos que regula o número de indivíduos de uma população. Se ocorrer um desarranjo em qualquer um de seus elos, o sistema pode entrar em desequilíbrio com o predomínio de algumas espécies em detrimento de outras. As serpentes, por exemplo, têm um papel significativo nesse equilíbrio. Muitas delas alimentam-se de pequenos mamíferos, como os ratos, evitando que estes se tornem pragas. Assim, é importante que sejam mantidas no ambiente, desempenhando seu papel de controle populacional. Ver *Cadeia predatória*.

Cadeia alogênica Em ecologia, descreve uma situação em que o estímulo à mudança numa determinada cadeia alimentar é provocada por algo externo. Pode ser desencadeada por um grande número de ocorrências, como: erupções vulcânicas, pastagens de animais, interferência humana ou inundações. Pode ocorrer o oposto, ou seja, as mudanças provocadas por estímulos internos à cadeia, neste caso trata-se de uma cadeia autogênica.

Cadeia de alimentos Ver *Cadeia alimentar*.

Cadeia de restingas Série de ilhas, pontas e restingas que se estendem ao longo de um trecho de costa.

Cadeia predatória As diferentes espécies de um ecossistema desempenham funções diferentes na cadeia alimentar. As plantas produzem seu próprio alimento e só utilizam a luz solar, que as tornam capazes de extrair substâncias inorgânicas do solo e da atmosfera, transformando-as em substâncias orgânicas. Os herbívoros, animais que se alimentam somente de plantas, são chamados de consumidores, pois se alimentam dos produtores, ou seja, das plantas que produzem seu próprio alimento. Os animais carnívoros, como leões, onças, leopardos e muitos outros desempenham o papel de predadores na natureza: eles se alimentam dos herbívoros, ou seja, dos consumidores. Após digerirem suas caças, os seus dejetos são depositados no solo, e os organismos decompositores concluem o ciclo da vida, ou seja, estes organismos decompõem as substâncias orgânicas encontradas nas fezes e as transformam em substâncias inorgânicas. Daí, as plantas, com a ajuda do sol, produzem seu alimento, reiniciando o ciclo da vida.

Cadeia trófica Ver *Cadeia alimentar*.

Caderneta de campo Tabelas encadernadas em capa dura, utilizadas em levantamentos topográficos. São cadernetas de nivelamento, de levantamento planialtimétrico etc.

Cadinho Recipiente metálico ou de material refratário, utilizado em laboratórios químicos para o acondicionamento de substâncias sob elevadas temperaturas.

Cádmio Elemento metálico, de número atômico 48, azul-acinzentado, utilizado em ligas metálicas. Do ponto de vista ambiental, o cádmio é um elemento potencialmente tóxico.

Cais ancorado Estrutura constituída por uma carreira de estacas atirantadas na parte superior. Os tirantes são fixados ou ancorados no próprio terrapleno arrimado.

Caixa de areia As caixas de areia são utilizadas nas captações de água bruta (nos Sistemas de Abastecimento Público de Água), ou nas Estações de Tratamento de Esgoto. O objetivo é remover as areias dessas águas, para evitar abrasão em tubulações e bombas.

Caixa de gordura A caixa de gordura tem a finalidade de reter óleos e graxas de águas residuárias, para evitar que essas substâncias sejam transportadas pelas tubulações, o que pode causar entupimentos.

Caixa de passagem Como exemplo pode-se citar o compartimento superior do tanque Imhoff.

Caixa de tranquilização para foronomia Dispositivo utilizado em laboratórios de medidas hidráulicas. São caixas metálicas dotadas de telas retentoras e preenchidas com bolas de vidro (bolas de gude), para diminuir a turbulência de chegada do líquido, pois, de outra forma, poderia causar dificuldade nas medidas, ou alterar os resultados das medidas efetuadas.

Caixa sifonada Peça utilizada nos ramais de esgoto dos banheiros, cujo selo hidráulico impede a saída de gases. Ou seja, é usada para evitar o mau cheiro nesses ambientes.

Caixão ou câmara para obras submersas Caixão com grandes dimensões, construído em concreto, madeira ou aço que, flutuando, é rebocado até o local onde servirá de fundação. No local, é afundado após o preenchimento do seu espaço vazio com algum material pesado, como areia, por exemplo.

Cal Óxido de cálcio, branco, cristalino. Fórm.: CaO. Resulta da calcinação de pedras calcáreas, usada em argamassas, em função das suas propriedades aglomerantes.

Cal clorada Substância utilizada na desinfecção de águas de abastecimento. Fórm.: $CaOCl_2$.

Cal com alto teor de cálcio Também conhecida como cal gorda, sua principal característica é a reatividade muito rápida com a água.

Caldeira Equipamento industrial cuja função é a produção de vapor, através do aquecimento da água. O vapor é produzido para alimentar máquinas térmicas, autoclaves para esterilização de materiais diversos, cozimento de alimentos e de outros produtos orgânicos, calefação ambiental e outras aplicações do calor, utilizando-se do vapor.

Cal dolomítica Também conhecida como cal magra. Reage mais lentamente com a água.

Cal hidratada Da mesma forma que o cimento, é uma das principais substâncias utilizadas em argamassas por causa do poder aglomerante, ou seja, da capacidade de unir os grãos de areia usados nas argamassas. Apresenta partículas muito finas que, misturadas com água, funcionam como lubrificante, reduzindo o atrito entre os grãos de areia. O resultado é a melhoria da liga, uma boa aderência e um maior rendimento da mão de obra.

Calado ou profundidade na barra Profundidade da água sobre uma barra, medida na baixa-mar.

Caldeireiro Profissional que fabrica e repara peças em materiais ferrosos e não ferrosos com o auxílio de máquinas operatrizes, instrumentos e ferramentas manuais, utilizando chapas, tubos, perfilados, extrudados, forjados e fundidos, em indústrias de base e de transformação.

Calha Conduto de líquidos, aberto na parte superior, no qual o líquido flui por escoamento livre, ou seja, na parte superior age sob pressão atmosférica e, assim, necessita que o assentamento tenha declividade longitudinal.

Calha de controle Ao final das calhas de controle de vazão, à exceção da calha Parshall, são instalados vertedores de formato retangular ou triangular e, em barragens, podem ter outros formatos.

Calha de São Dimas Tipo de calha dotada de vertedor, utilizada como medidor de vazões, e que permite o registro das vazões ao longo do tempo. É formada por um longo canal inclinado, por onde a água flui e deságua num tanque volumétrico, no qual se registra a variação de altura d'água. Tais dados são posteriormente tratados para o cálculo da vazão a cada intervalo de tempo considerado.

Calha Parshall Dispositivo utilizado na medição de vazões em canais sob regime de escoamento livre. Pela sua praticidade e padronização, tanto em termos de medidas quanto de equação da vazão, é muito utilizada na medição de vazões nos canais de entrada das estações de tratamento de água e de esgoto.

Calha tipo Venturi É como muitos chamam a calha Parshall.

Calhau Sinônimo de bloco rochoso. Trata-se de fragmento de rocha de tamanho menor do que o matacão e maior do que o seixo. Na escala de Wentworth, utilizada em sedimentologia, corresponde a um diâmetro maior que 64 mm e menor que 256 mm. O termo bloco rochoso também pode ser usado para massas rochosas com dimensões métricas ou maiores.

Calibração Ação de calibrar ou de estabelecer correspondência entre as leituras de um dispositivo ou instrumento em relação a um padrão, para verificar a confiabilidade dessas leituras.

Calibragem de correntômetro Ver *Correntômetro*.

Calibre Denominação geral a todo instrumento ou dispositivo que serve para controlar as dimensões de um objeto trabalhado. A finalidade é verificar se as peças estão geome-

tricamente idênticas aos projetos desenhados. Existem calibres para medida das dimensões efetivas das peças (paquímetros, micrômetros), e calibres fixos, para controle rápido de peças trabalhadas, com tolerâncias preestabelecidas.
Calmaria Ausência de movimento horizontal do ar. Em termos oceânicos, é a ausência aparente de movimento da superfície de água, quando não há nenhuma ondulação provocada por ventos locais.
Calor É a energia térmica transferida entre dois corpos que estão sob temperaturas diferentes.
Calor de combustão É a energia liberada quando um mol de uma substância é completamente oxidado.
Calor específico É a capacidade térmica por unidade de massa do corpo, ou seja, o quociente da quantidade de energia fornecida na forma de calor a um corpo pelo acréscimo de temperatura.
Calor latente Quando uma substância muda de estado, ela absorve ou perde calor sem que sua temperatura varie. O calor latente é a quantidade de calor absorvida ou perdida.
Caloria Uma caloria é definida como a quantidade de calor necessária para aquecer 1 ml de água em 1°C, nas condições normais de temperatura e pressão.
Cama vegetal É comum, principalmente na criação de aves a colocação de palha, serragem, raspas de madeira, nos criadouros, para receber os dejetos. Posteriormente, são utilizados na fertilização de solos agrícolas.
Camada biológica É comum nos processos de tratamento de esgoto por biomassa aderida à formação de uma camada composta por micro-organismos (bactérias heterotróficas, rotíferos, protozoários etc.) envoltos numa matriz de polissacarídeos, ou seja, enzimas exógenas liberadas pelas bactérias. A matéria orgânica no efluente a ser tratado adere à matriz e degrada.
Camada de ozônio Ver *ozônio*.
Camada filtrante Camada de areia e/ou brita graduada, para a drenagem, sem permitir o carreamento de solo (finos). É colocada entre um enrocamento e o terrapleno, comum na proteção de taludes de barragens de terra.
Camada impermeável Solo de constituição argilosa, cujo coeficiente de permeabilidade é bastante baixo.
Camada impermeável confinante Camada de solo argiloso que se sobrepõe a uma camada de solo mais permeável (arenoso) e que pode provocar uma elevação da pressão neutra da água do aquífero, causando artesianismo.

Camada limite laminar O escoamento de água em tubulações sob pressão é geralmente turbulento. Devido à diferença de velocidades numa mesma seção – junto às paredes do tubo é praticamente nula –, forma-se, então, uma fina camada onde o escoamento é laminar (Reynolds < 2.000). A espessura dessa camada influencia os valores da perda de carga.
Camadas de carapaça ou armadura de quebra-mar Camadas externas aos quebra-mares, constituídas de pedras soltas, e que resistem ao embate das ondas.
Camadas superpostas As camadas superpõem-se sequencialmente.
Câmara anecoica É uma sala blindada, cujas paredes, teto e chão são cobertos por material absorvente, para eliminar as reflexões das ondas eletromagnéticas.
Câmara de aeração Em processos de tratamento de esgoto por lodos ativados, é onde se introduz o oxigênio (geralmente do ar), para a oxidação da matéria orgânica do esgoto pelos micro-organismos aeróbios. Também chamada de reator aeróbio.
Câmara de armazenagem de areia Em estações de tratamento de esgoto, é por onde se retira a areia do esgoto. Pode ser do tipo convencional, de remoção por sedimentação, ou forçada, isto é, aerada.
Câmara de chicanas As chicanas têm a finalidade de direcionar ou induzir a um fluxo mais demorado do fluido no sistema.
Câmara de cloração Câmara em que há um tempo de contato entre a água a ser clorada e o cloro, com a finalidade de desinfecção da água.
Câmara de deposição ou de sedimentação É onde se faz a separação de sólidos sedimentáveis, como flocos ou partículas de certo peso. É usada no tratamento de água de abastecimento e de esgoto. No Brasil, é erroneamente chamada de decantador. O sinônimo mais correto é clarificador.
Câmara de digestão Unidade fechada para o processo anaeróbio de decomposição da matéria orgânica, o qual gera gases como o metano, o dióxido de carbono, o sulfídrico etc.
Câmara de digestão de lodo Ver *Câmara de digestão*.
Câmara de pressão ou de carga Trata-se de um pequeno reservatório ao final da tubulação que distribui água ao consumidor, em alguns casos.
Caminho no mar Porção navegável do mar ou caminho seguido por uma embarcação na água do mar.

Campo de disposição sobre o terreno São os aterros sanitários utilizados para dispor os resíduos sólidos urbanos (lixo); os aterros industriais, por exemplo, a área sacrificial e específica para disposição final de borras oleosas da indústria do petróleo; os aterros específicos para o lodo de esgoto etc.

Campo elétrico É o campo de força provocado por cargas elétricas (elétrons, prótons ou íons) ou por um sistema de cargas. As cargas elétricas nesse campo estão sujeitas a uma força elétrica.

Canal de maré vazante Canal formado pela maré vazante, que nem sempre coincide com o canal de enchente.

Canalização de esgoto É a canalização coletora de esgoto sanitário de uma cidade. Alguns confundem (indevidamente) com a rede de coleta de águas pluviais.

Canalização de lançamento de efluentes Recebe a contribuição dos coletores-tronco de esgoto, também conhecidos como interceptores.

Canalização final de descarga da rede de esgotos É o último trecho da tubulação de coleta que leva a uma ETE ou que transporta o efluente tratado de uma ETE para o destino final. Também conhecida como emissário.

Canalização principal No caso das redes de esgoto, é o coletor principal, no qual são lançados os coletores secundários.

Canalização tronco Conduz o esgoto das redes até os interceptores, no caso de sistemas coletores de esgoto sanitário.

Cânhamo O cânhamo (*Cannabis ruderalis*) é uma planta da família *Cannabaceae*, diferente da *Cannabis sativa* e da *Cannabis indica* (maconha) pelo baixo teor do princípio ativo conhecido como THC (*tetraidrocannabinol*). É também o nome de um tecido obtido a partir das fibras dessa planta. Além da fabricação de roupas, é utilizado na indústria do papel e como forragem animal.

Canibalismo Ato de canibalizar. Termo usado na área técnica para indicar a desmontagem de um ou mais equipamentos mais velhos para utilizar suas peças em outros mais novos.

Cano de queda pluvial Condutor interligado às calhas, com a função de levar a água coletada nos telhados até o solo ou a caixa de coleta.

Cano ou tubo Condutor de fluidos.

Canteiro de obra Local utilizado pelas empreiteiras de obras para guardar materiais, reunir oficinas de preparação (carpintaria, ferragens etc.), escritórios etc.

Capacidade calorífica É a quantidade de calor requerida para aumentar a temperatura de uma quantidade de substância em 1°C.

Capacidade de absorção do solo É a capacidade de absorver água. O teste é feito sob determinadas condições normalizadas.

Capacidade de campo Em agronomia, indica a máxima retenção de água em um solo ou a percentagem de água retida pelo solo após a drenagem do excesso, ou seja, quando cessa o movimento descendente da água em excesso.

Capacidade de infiltração no solo Ver *Capacidade de absorção do solo*.

Capacidade de retenção de água Em solos, é o mesmo que capacidade de campo.

Capacidade do reservatório A estimativa da capacidade de reservação das barragens depende da altura do nível d'água. Realiza-se pela planimetria das curvas de nível da bacia inundada, desde o nível mais baixo do terreno no reservatório até o nível d'água máximo previsto. Entre duas curvas de nível consecutivas acha-se a área média e multiplica-se pela altura (geralmente de 1 m). Com essas informações constrói-se a curva cota x volume, o que permite conhecer com certa precisão o volume de reservação para um determinado nível d'água.

Capacidade-suporte O mesmo que capacidade de carga de uma camada de solo, no que se refere a fundações, ou nível máximo de utilização que determinados recursos e sistemas ambientais são capazes de suportar sem prejuízo ao seu equilíbrio ou sustentabilidade. No caso de um corpo d'água receptor de um efluente, é a quantidade de carga poluidora que ele é capaz de receber e depurar sem desrespeitar os padrões de qualidade de uso a que se destina ou do que prevê a legislação sobre aquele corpo d'água.

Caparrosa Designação comum de várias espécies da família das enoteráceas (erva de grandes flores amarelas) e das gutíferas (arbusto dotado de pequenas flores). É também a designação vulgar de diversos sulfatos.

Capeado Material revestido com outro, de pequena espessura e geralmente de maior valor ou resistência.

Capeamento Ato de capear.

Capilar Tão delgado como o cabelo, ou seja, de diâmetro muito pequeno. É também usado para designar tubos de pequeníssimos diâmetros.

Capilaridade Fenômeno que ocorre em tubos de pequeníssimo diâmetro observado, por exemplo, ao se colocar um tubo transparente na posição vertical, em contato com um recipiente cheio de água; a água irá subir pelo tubo a um nível mais alto do que o nível d'água do recipiente. Tal fenômeno também ocorre em solos de granulometria fina (solos argilosos), com uma mancha de umidade pela subida de água acima do nível do lençol freático.

Capim forrageiro Designação de diversas espécies de capim usado para a alimentação animal.

Capital financeiro Termo que designa qualquer meio ou mecanismo que representa riqueza ou outros estilos de capital, à disposição dos bancos e que os empresários tomam emprestado para seus investimentos.

Capital fixo Trata-se do capital imobilizado em maquinário, edificação, localização etc.

Capital natural Estoque de bens e serviços, tangíveis e intangíveis, fornecidos ao homem pelos sistemas naturais e que incluem, por exemplo, a oferta de recursos naturais para a produção de bens econômicos, a produção de oxigênio, a regulação do clima, o controle de erosão e a capacidade de assimilação de despejos.

Captação de água Unidade do sistema de abastecimento público, no qual a água bruta é coletada de um rio ou lago, para posterior tratamento e distribuição. Consta de uma unidade de remoção de materiais grosseiros (grades) e de areia (caixa de areia), seguida de uma unidade de bombeamento (casa de bombas).

Captação por galerias drenantes Modalidade de captação de água subterrânea para abastecimento (geralmente de pequenas comunidades), típica de locais em que os lençóis subterrâneos estão a pequenas profundidades e não estão poluídos.

Caracterização do solo Ensaios normalizados para determinar os percentuais granulométricos, os índices de Atterberg etc., que permitem a classificação de um determinado solo.

Carapaça de quebra-mar Primeira camada ou camada externa de cobertura de um quebra-mar.

Carapaça ou armadura de quebra-mar Tipo de armadura ou carapaça de quebra-mar.

Carboidrato Macronutriente responsável pela maior parte da energia necessária ao organismo para a realização das atividades diárias. Há os carboidratos simples (açúcar da cana, das frutas, do leite e o mel) e complexos (pães, massas, cereais, biscoitos).

Carbonatação Termo relacionado com a presença de dióxido de carbono em meio líquido. Por exemplo, nas indústrias de bebidas, é comum a carbonatação pela introdução de gás carbônico no líquido. Na construção civil, a carbonatação é uma das razões principais da corrosão do aço do concreto. Neste caso, o gás dióxido de carbono da atmosfera reage com os hidróxidos alcalinos, ocasionando o processo de carbonatação. O dióxido de carbono é dissolvido na água intersticial do concreto e forma o ácido carbônico, levando à diminuição do pH e à corrosão do aço. Essa corrosão do aço das armaduras ocorre em caso de insuficiente recobrimento no concreto, aliado a um alto grau de porosidade deste.

Carbonato Qualquer sal do ácido carbônico.

Carboneto Qualquer composto binário que engloba o carbono e outro elemento.

Carbonila Trata-se do grupamento CO.

Carbono A forma alotrópica do carbono inclui desde uma das substâncias mais frágeis e baratas (o grafite) até uma das mais duras e caras (o diamante). Apresenta uma grande afinidade para combinar-se quimicamente com outros átomos pequenos, incluindo átomos de carbono, que podem formar longas cadeias. O seu pequeno raio atômico permite-lhe formar cadeias múltiplas: com o oxigênio forma o dióxido de carbono, vital para o crescimento das plantas; com o hidrogênio forma numerosos compostos denominados hidrocarbonetos, essenciais para a indústria e o transporte na forma de combustível derivado de petróleo e gás natural. Combinado com ambos, forma uma variedade de compostos como, por exemplo, os ácidos graxos, essenciais para a vida, e os ésteres, que dão sabor às frutas. Além disso, fornece parte da energia produzida pelo sol e outras estrelas, através do ciclo carbono-nitrogênio.

Carborundo Nome comercial do carboneto de silício, abrasivo, de fórmula CSi. Sua dureza está entre 9 e 10 na escala de Mohs.

Carboxi-hemoglobina A intoxicação por monóxido de carbono (CO) é a causa mais comum de envenenamento doméstico ou ocupacional. Pelo fato de o CO ter capacidade de ligação 200 a 300 vezes maior com o grupo heme da hemoglobina do que o oxigênio, mesmo encontrado em muito menor concentração no ar, liga-se de maneira bastante estável à hemoglobina, formando a carboxi-hemoglobina. O indivíduo intoxicado pelo CO fica com uma cor rosada e saudável, que mascara a grave incapacidade de transporte de oxigênio pela hemoglobina.

Carboximetilcelulose Fitoterápico composto por fibras, usado como remédio para emagrecimento. Em contato com a água, adquire uma consistência gelatinosa, que pode auxiliar no controle do apetite e retardar a absorção dos alimentos.

Carbúnculo O carbúnculo, antraz ou antrax é uma doença infecciosa aguda provocada pela bactéria *Bacillus anthracis* e a sua forma mais virulenta é altamente letal. É uma doença comum nos animais herbívoros selvagens ou domésticos, e pode afetar os seres humanos expostos a animais infectados, tecidos de animais infectados ou elevadas concentrações de esporos de carbúnculo.

Carburação Qualquer processo que envolve a combinação química de carbono, especialmente a mistura ou a carga de um gás, como o ar, com compostos voláteis de carbono (gasolina, querosene ou óleo combustível), a fim de aumentar a energia potencial de calor durante a combustão. Carburação, aplica-se à combustão nos cilindros de motores alternativos de gasolina dos tipos utilizados em aeronaves, veículos rodoviários, embarcações ou marinho. O dispositivo pelo qual o combustível líquido é atomizado e misturado com o ar é chamado de carburador.

Carburador Ver *Carburação*.

Carbureto Carbureto, ou pedra de carbureto, é um sólido iônico branco-acinzentado que, em contato com a água, reage imediatamente, produzindo gás acetileno (nome usual do etino) e hidróxido de cálcio. Seu nome científico é carbeto de cálcio (CaC_2), mais conhecido por carbureto de cálcio.

Carbureto de silício É um material de uso recente na fabricação de espelhos e vidros estruturais. Vários fabricantes trabalham com peças grandes pré-fabricadas. É um material extremamente duro, o que o torna difícil de polir e corrigir, inviabilizando alguns usos.

Carcinogênico Substância que causa câncer ou produz carcinomas, que é um neoplasma (ou tumor) epitelial maligno.

Carcinógeno O mesmo que *Carcinogênico*.

Cardume Substantivo coletivo de peixes da mesma espécie e do mesmo grupo etário, que nadam como um único indivíduo.

Carepa ou casca de óxido Película de óxido de ferro que se forma na superfície do aço laminado a quente, ou em trabalhos de forjaria. Pode ser removida por raspagem, com água atomizada sob alta pressão ou outros métodos.

Carga admissível Geralmente associada à carga suportada por uma estrutura ou unidade dividida por um fator de segurança.

Carga admissível na estaca Termo usado em geotecnia de fundações.

Carga cinética Também conhecida como carga de velocidade. Em hidráulica, é dada por $v^2/2g$, em que v é a velocidade do líquido e g, a aceleração da gravidade.

Carga de DBO É o produto do volume de uma determinada unidade de tratamento de esgoto, da vazão de esgoto ou de um corpo d'água pela concentração da Demanda Bioquímica de Oxigênio (DBO) desse esgoto ou corpo d'água.

Carga de poluição É o produto da vazão pela concentração do poluente de um corpo d'água.

Carga de sedimentos Quantidade de sedimentos transportados por uma corrente marítima. Inclui os sedimentos em suspensão e os sedimentos arrastados pelo fundo.

Carga elétrica É uma das propriedades fundamentais da matéria, associada a algumas partículas elementares (que constituem os átomos, como prótons, elétrons, pósitrons, nêutrons, neutrinos etc.). Cada partícula elementar recebe um valor numérico que representa sua quantidade de carga elétrica, medida indiretamente pelos cientistas. As partículas que não possuem carga são chamadas de neutras, como o nêutron. O elétron e o próton têm um valor de carga elétrica, denominado carga elementar (representado pela letra e). Na época da descoberta, não se pensava em algo mais primitivo do que essas partículas, por isso o nome elementar. Hoje se conhecem partículas com cargas menores do que a carga elementar, mas, por convenção, esse termo se mantém em uso.

Carga hidráulica A carga hidráulica, que age sobre um determinado ponto, pode ser definida como a altura de fluido que está sobre este ponto, multiplicada pelo peso específico do fluido.

Carga hidrostática Ver *Carga hidráulica*. Considera-se a água como o fluido a ser examinado.

Carga no vertedor É a diferença da altura entre o nível d'água e a soleira do vertedor, medida a montante da queda, a uma distância horizontal de, pelo menos, cinco vezes a altura d'água.

Carga orgânica Ver *Carga de DBO*.

Carga poluidora admissível É a carga poluidora a partir da qual o corpo d'água passa a apresentar problemas.

Carneiro hidráulico Ver *Aríete hidráulico*.

Carnívoro Espécie de animal mamífero que se alimenta de carne.

Carrapaticida Produto químico que mata carrapatos.

Carreamento Termo usado para designar a capacidade da água de transportar sedimentos ou produtos químicos com os quais ela entra em contato quando escoa superficialmente ou subsuperficialmente.

Carreira ou plano inclinado usado para arrastar a embarcação para fora da água Consiste de duas ou mais esteiras flutuantes, com uma armação ou vagão que se move na esteira, e de um dispositivo que arrasta ou reboca a armação para cima ou para baixo do plano inclinado. Também conhecida como *patent slip*.

Carrossel Unidade de tratamento de esgoto, uma das variantes do lodo ativado tipo aeração prolongada. A circulação do esgoto no tanque é feita em circuito fechado.

Carta da terra Documento que se propõe a servir de código de ética planetário, para orientar as pessoas e nações em direção à sustentabilidade. Começou em 1987, prosseguiu com uma minuta elaborada na Rio-92 e, em 1997, foi criada uma comissão, com a finalidade de organizar uma consulta mundial durante dois anos. A Carta publicada em 2000 traz uma síntese de valores, princípios, aspirações compartilhados pela sociedade global. O texto completo está em: <http://www.earthcharter.org/files/charter/charter_po.pdf>.

Carta geográfica Mapa geográfico de uma determinada região com informações sobre a localização das cidades, rios, estradas, relevo etc.

Carta hidrográfica Mapa geográfico de uma região com a rede hidrográfica.

Carta meteorológica Mapa com informações sobre a pluviosidade de uma região.

Carvão Substância de coloração preta e consistência firme, utilizada como combustível. É vital para muitas indústrias, assim como seus subprodutos, o coque e o alcatrão de hulha. O carvão vegetal é obtido a partir de madeiras submetidas ao processo de queima na ausência de oxigênio (pirólise). O carvão mineral é formado pelos restos soterrados de plantas tropicais e subtropicais, especialmente durante os períodos Carbonífero e Permiano. Os depósitos carboníferos se formaram a partir de restos de plantas decompostas acumuladas em pântanos, originando as camadas de turfa. A elevação do nível das águas do mar ou o rebaixamento da terra provocaram o afundamento dessas camadas sob sedimentos marinhos, cujo peso comprimiu a turfa, transformando-a em carvão, sob elevadas temperaturas.

Carvão ativado É uma forma de carbono puro de grande porosidade, dotado de microporos que adsorvem moléculas, sem modificar a composição química do produto tratado. Tem a propriedade de coletar seletivamente gases, líquidos ou impurezas no interior de seus poros, apresentando excelente poder de clarificação, desodorização e purificação de líquidos ou gases. O carvão é obtido a partir da queima controlada de certas madeiras, sob condições de baixo teor de oxigênio, a uma temperatura de 800°C a 1.000°C, tomando-se o cuidado de evitar que ocorra a queima total do material, para manter a sua porosidade. Os usos mais comuns para o carvão ativo são a adsorção de gases (na forma de filtros) e o tratamento de águas. O carvão retém em seus poros impurezas e elementos poluentes. É utilizado na indústria química, alimentícia, farmacêutica, na medicina, nos sistemas de filtragem, e no tratamento de efluentes e gases tóxicos resultantes de processos industriais.

Carvão ativo Ver *Carvão ativado*.

Carvão betuminoso O mesmo que hulha, é um tipo de carvão mineral que contém betume e sua composição abrange carbono, restos vegetais parcialmente conservados, elementos voláteis, detritos minerais e água. É empregado como combustível e redutor de óxidos de ferro e, graças às suas impurezas, na síntese de milhares de substâncias de uso industrial.

Carvão de antracito Caracteriza-se pelo alto teor de carbono fixo, baixo teor de compostos voláteis, cor preta brilhante, rigidez e dificuldade de queima, pela pobreza de elementos inflamáveis. É usado como redutor em metalurgia, na fabricação de eletrodos e de grafita artificial. Uma de suas principais vantagens consiste em proporcionar chama pura, sem nenhuma fuligem.

Carvão vegetal Ver *carvão*.

Casa de lavagem Pode estar ligada a locais específicos utilizados nos processos de lavagem de produtos industriais (em geral minérios). Pode ser também um espaço físico destinado à lavagem de roupas (lavanderia).

Casca ou concha Invólucro ou envoltório exterior de alguns organismos vivos, como caramujos, conchas etc.

Cascalho Em geologia, é qualquer rocha que tenha de 2 a 75 mm. Algumas vezes, o termo cascalho é restrito a rochas no intervalo de 2 a 4 mm. O seixo é reservado para rochas de 4 a 75 mm (ou 64 mm). Na sequência, vem a pedra de cantaria, que tem de 75 (ou 64) mm a 256 mm.

Cascata Pequena queda d'água.

Caso exemplo O mesmo que exemplo de caso ou ainda estudo de caso. Dados práticos recolhidos ou levantados por um indivíduo. Tratados estatisticamente, podem servir para exemplificar casos em monografias, dissertações ou teses.

Castelo d'água Antiga denominação das caixas d'água elevadas.

Castor Mamífero roedor. Exímio construtor de barragens com troncos de árvores, galhos etc.

Cata-vento Dispositivo que permite visualizar a velocidade e a direção do vento.

Catabolismo O mesmo que desassimilação, termo usado em medicina para indicar o processo que uma substância passa a produto excrementício.

Catádromo Diz-se do peixe de rio que desce para o mar na época da desova.

Catalisador Substância que provoca a catálise.

Catálise Modificação (em geral aumento) da velocidade de uma reação química, provocada por substâncias que provocam tal reação e não se alteram durante o processo.

Catalítico Relativo à catálise.

Cátion Íon de carga positiva.

Cátodo Substância metálica, cujas propriedades se assemelham às ligas e têm alta condutividade. Diz-se do eletrodo negativo, de onde partem elétrons e para onde se dirigem os íons positivos.

Catraca Dispositivo que permite girar lentamente o eixo propulsor de uma embarcação de grande porte sem o uso da máquina de propulsão.

Caudal Torrente de água impetuosa, cachoeira. Às vezes é também usado como sinônimo de vazão.

Cauliflora Árvores cuja florescência e frutificação ocorrem nos troncos e nos ramos grossos. Ex.: cacaueiro, jaqueira etc.

Caulim É um minério argiloso, cujo principal componente é a caulinita. É utilizado principalmente na indústria papeleira, cerâmica e farmacêutica. Apesar de ser encontrado em abundância na natureza, suas reservas comerciais se restringem ao Brasil, ao Reino Unido e aos Estados Unidos.

Caulinita Ver *Caulim*.

Caulino Ver *Caulim*.

Cavilha Peça de madeira ou de metal para juntar ou segurar madeiras, chapas etc., ou tapar um orifício, e que tem uma cabeça numa das extremidades, e na outra uma fenda que a mantém presa por meio de chaveta.

Cavilha de união Parafuso com rosca em todo o comprimento do eixo, utilizado para juntar peças de máquina sob pressão. O parafuso costuma ter uma cabeça numa das extremidades e na outra extremidade é colocada uma porca com fenda presa por uma chaveta para evitar que se solte.

Cavitação O processo de cavitação em bombas centrífugas pode ocorrer quando houver condições para a formação de bolhas de vapor na tubulação de sucção. Ou seja, quando a pressão do líquido atinge valores próximos da pressão de vapor da água, que depende da sua temperatura. Ao passarem pelo rotor da bomba, as bolhas de vapor ganham pressão positiva (passam do estado de vapor para o estado líquido) e "implodem", causando sérios danos ao rotor e às partes internas da bomba.

Celeridade Qualidade de quem é veloz, célere, rápido. Intensidade da velocidade, velocidade de propagação ou velocidade de ondas.

Célula Unidade estrutural básica dos seres vivos, composta de: parede, membrana e núcleo.

Célula combustível É uma espécie de bateria ou pilha que converte energia química em energia elétrica e térmica. Tem uma operação contínua, graças à alimentação constante de um combustível. A conversão ocorre por meio de duas reações químicas parciais, em dois eletrodos separados por um eletrólito apropriado: a oxidação de um combustível no ânodo e a redução de um oxidante no cátodo. Com o hidrogênio como combustível e o oxigênio como oxidante na célula de combustível, há produção de água e liberação de elétrons livres, que podem gerar trabalho elétrico.

Célula de aeração No tratamento de esgoto, é entendida como a unidade de aeração ou, às vezes, como a área de influência de cada aerador, no caso dos aeradores mecânicos.

Célula fotoelétrica A expressão *smoke eye* é utilizada quando a célula serve para detectar particulados em suspensão. Em geral, a célula fotoelétrica ou diodo fotossensível é um dispositivo capaz de liberar partículas eletricamente carregadas (elétrons) quando recebe a irradiação de luz (ou outra radiação eletromagnética). O fenômeno é o "efeito fotoelétrico externo", no qual elétrons são liberados da superfície de um condutor metálico por efeito da luz. Os elétrons tendem a migrar de um dos polos – o fotocatodo – para o outro, o fotoanodo, sob o efeito de um campo elétrico formado pela irradiação luminosa.

Célula fotovoltaica É um dispositivo que converte os fótons da luz solar em eletricidade. Uma verdadeira célula fotovoltaica consegue capturar fótons de outras fontes de luz, como de bulbos incandescentes.

Célula sanguínea Existem três tipos principais de células no sangue: hemácias, que transportam oxigênio; leucócitos, que evitam ou combatem infecções; e plaquetas, que ajudam a evitar sangramento. Existem vários tipos de leucócitos no sangue. Cada tipo de célula é representado no sangue na quantidade necessária para as funções que exerce. Trinta mililitros de sangue contêm cerca de 150 bilhões de hemácias, 8 bilhões de plaquetas e 20 milhões de leucócitos. As hemácias vivem meses; as plaquetas, de uma a duas semanas; e os leucócitos, alguns dias. A medula precisa substituir mais de 200 milhões de células removidas do sangue todos os dias.

Célula-tronco Células primitivas da medula, importantes para a produção de glóbulos vermelhos, glóbulos brancos e plaquetas. Geralmente, são encontradas abundantemente na medula, porém algumas saem e circulam no sangue. Através de técnicas especiais, as células-tronco do sangue podem ser coletadas, preservadas por congelamento e, posteriormente, descongeladas e utilizadas no tratamento.

Celular Relativo a célula. Telefone móvel.

Celuloide Substância fabricada a partir do nitrato de celulose, com adição de cânfora, para a redução da fragilidade.

Celulose Polímero da glicose, principal constituinte das paredes das células vegetais, com grande aplicação na indústria. Fórm.: $(C_6H_{10}O_5)_n$. É a principal matéria-prima usada na fabricação de papel e papelão. A adequação de um tipo de celulose de madeira para um fim específico depende da madeira usada para fabricar a celulose e do processo para transformar a madeira em celulose. A celulose de madeira é obtida de árvores de madeira dura como o carvalho, o eucalipto, o álamo, a bétula e a acácia. A dura tem fibras curtas, mais adequada à fabricação de papéis revestidos ou não, papéis sanitários e papéis especiais. A macia é obtida de árvores como os pinheiros. Ela tem fibras longas, e usada para dar resistência ao papel.

Cementita Carboneto de ferro (Fe_3C), contém 6,67% de carbono e 93,33% de ferro.

Cemitério de substância radioativa ou tóxica Local de armazenamento desses produtos, sob condições controladas, para não causar danos ao ambiente.

Censo Conjunto de dados coletados e tratados estatisticamente para fornecer informações sobre populações (censo demográfico), educação (censo escolar), cultura (censo cultural) etc.

Centígrado Um grau na escala de temperatura centesimal.

Centrífuga Dispositivo ou aparelho capaz de girar em alta velocidade, utilizado em laboratórios para separar fase sólida de líquida etc.

Centrifugação Ato de centrifugar.

Centrífugo Que se afasta ou procura afastar-se do centro.

Centro de carena Centro de gravidade da parte submersa de uma embarcação naval ou fluvial.

Centro de flutuação Centro de gravidade do plano d'água na qual um objeto flutua.

Centro de gravidade Também chamado de baricentro, é o ponto de aplicação da força peso (do corpo em questão), sujeito à força de atração gravitacional da Terra.

Centro de pressão É o ponto de aplicação da resultante das forças devida à pressão numa superfície imersa num líquido.

Cerâmica Processo ou arte de fabricar objetos como tijolos, telhas, louças, vasos, manilhas, utilizando a argila como matéria-prima, que é moldada e posteriormente queimada em fornos.

Cerca viva Divisa de terrenos feita com vegetação apropriada a essa finalidade.

Cerca Muro, arame liso ou farpado, vegetação etc., usados para separar as divisas dos terrenos.

Cerração Nevoeiro espesso.

Cerração ou névoa fria Também conhecido como neblina do Ártico. É uma névoa marítima constituída por partículas cristalinas de gelo, formadas pela passagem de ar frio sobre a água mais quente. É comum nas regiões polares e fiordes noruegueses.

Cerrado Tipo de vegetação que ocorre no Planalto Central brasileiro, em certas áreas da Amazônia e do Nordeste, em terreno geralmente plano, caracterizado por árvores baixas e arbustos espaçados, associados a gramíneas. Também denominado campo cerrado.

Certificado Documento que certifica alguma coisa. Por exemplo: certificado de reservista, certificado de conclusão de curso etc.

Cetona Designação comum aos compostos orgânicos com o grupamento característico de um oxigênio ligado a um carbono secundário.

CFC Ver *Clorofluorcarbono*.

Chaco É uma região de aproximadamente 1.280.000 km² que abrange partes dos territórios paraguaio, boliviano, argentino e brasileiro (ao norte do Pantanal). Caracteriza-se por diversos ecossistemas e climas distintos, que variam do semi-árido ao norte, próximo à fronteira com a Bolívia, ao úmido no sul, próximo ao Brasil. As temperaturas oscilam entre -7°C no inverno a 47°C no verão. O regime de chuvas é diversificado: de 40 mm ao ano na região oeste, a 1600 mm perto de Assunção, no Paraguai.

Chafariz Construção, geralmente de alvenaria, com uma ou várias bicas, por onde jorra água; natural ou impulsionado por bombas, serve para o abastecimento da população, para dessedentação de animais ou para fins ornamentais.

Chafariz público Local público ou tipo de fonte onde as pessoas vão buscar água para uso próprio.

Chaminé Conduto, geralmente vertical, que leva gases de combustão, provenientes de fogões, fornos ou queimadores diversos ou outros efluentes gasosos a uma altura que assegure sua diluição antes que retomem contato com o solo. A concentração dos poluentes nos gases reconduzidos ao solo varia com a altura da chaminé, a distância da base da chaminé, a velocidade do vento, e as características climáticas.

Chaminé de equilíbrio Construção em formato de chaminé, que se comunica com as tubulações de alimentação de turbinas, em hidrelétricas, e cuja finalidade é protegê-las do fenômeno denominado golpe de aríete. Quando ocorre, as pressões podem se elevar a valores extremos, mas com a chaminé de equilíbrio, ele é amortecido pela elevação do nível da água na chaminé.

Chancela Marca ou sinal de confiança que torna de fácil aceitação uma afirmação ou referência.

Chapa Algo com formato achatado, de pequena espessura.

Chapada Forma topográfica que se assemelha a um planalto, com declividade média inferior a 10% (aproximadamente 6%) e extensão superior a dez hectares, que termina de forma abrupta. A chapada caracteriza-se por grandes superfícies, a mais de 700 m de altitude.

Chaparral Tipo de vegetação caracterizado por pequenas árvores retorcidas e arbustos, ao lado de plantas suculentas como as cactáceas.

Cheia de projeto Vazão de cheia adotada para o dimensionamento de uma estrutura. Pode ser a maior cheia que uma determinada estrutura pode suportar. Geralmente, é uma vazão estimada estatisticamente para um determinado período de recorrência.

Cheia histórica Diz-se da maior cheia ocorrida em um rio, num determinado período de tempo.

Cheia laminar Cheia que se espalha como uma fina camada de água sobre uma grande superfície, e que não se concentra em canais. São de curta duração e medidas em minutos ou horas e a água é sempre barrenta.

Cheia média anual Média das cheias anuais medidas em um período de tempo. Quanto maior o período considerado, maior a confiabilidade do resultado.

Cheia repentina Cheia de curta duração e elevação brusca do nível d'água, com uma vazão de pico relativamente elevada, resultante da ocorrência de uma chuva de grande intensidade sobre uma pequena área de drenagem.

Chert Tipo de rocha composta principalmente de sílica, na qual os cristais de quartzo apresentam tamanho submicroscópico (criptocristalino). O ambiente de formação do chert pode ser o fundo oceânico, onde minúsculos organismos silicosos se concentram, ou em área onde fluidos ricos em sílica substituem os sedimentos. Também é possível encontrar nódulos de chert em rochas calcárias.

Chicana Parede transversal a um canal ou tanque, constituída de pás ou guias, grades, colmeias ou dispositivos semelhantes, cuja finalidade é frear as correntes turbilhonares a jusante, distribuindo uniformemente as velocidades ou para aumentar o percurso de passagem do líquido por uma determinada unidade de tratamento.

Chiqueiro O mesmo que pocilga. Local confinado e utilizado para a criação de suínos.

Chorume de lixo Líquido resultante da passagem de água de chuva pelos locais de armazenamento de resíduos sólidos urbanos (lixo). Sua constituição é complexa e de alta DQO (Demanda Química de Oxigênio), portanto, considerado de grande potencial poluente.

Chumbador Dispositivo de fixação de peças em paredes, tetos, pisos etc.

Chuva Fenômeno natural, que faz parte do chamado ciclo hidrológico, com a precipitação de água sobre a superfície da terra. É provocada pela ascensão do ar, causando um resfriamento do vapor d'água da atmosfera. A quantidade de chuva é determinada pela medida (em milímetros ou polegadas) da altura de água precipitada em um dia. Isso é feito com dispositivos chamados de pluviômetros. Outro tipo de dispositivo, o pluviógrafo, pode ser utilizado quando se deseja registrar a quantidade de chuva ao longo do tempo.

Chuva artificial Chuva provocada pelo homem, através do bombardeamento de nuvens com produtos químicos como cloreto de sódio, iodeto de prata, para minimizar os efeitos da seca. Nem todos os cientistas concordam com a eficácia de tais técnicas, por ser difícil prever o local onde ocorrerá a precipitação e a ciência aplicada é incipiente. Notícias em jornais informam que os chineses utilizam este expediente com bons resultados.

Chuva com tempo de recorrência de muitos anos Chuva excepcional que, estatisticamente, só ocorre em intervalos de tempo bastante longos.

Chuva de projeto Valor de chuva adotada em projeto, estimado estatisticamente para um determinado período de recorrência.

Chuva disponível para deflúvio direto Parcela da chuva que contribui diretamente para o escoamento superficial.

Chuva forte de convecção térmica Chuva decorrente da ascensão de ar provocada por diferenças de temperatura na atmosfera. Caracteriza-se como uma tempestade de curta duração e alta intensidade, com rajadas de ventos, raios e trovoadas.

Chuva orográfica Ocorre quando o ar é forçado a atravessar uma barreira de montanhas. São de intensidade baixa a moderada e ocorrem em grandes áreas.

Chuvisco Diâmetro muito reduzido de gotas de chuva. Garoa ou chuva miúda.

Cianato Qualquer sal do ácido ciânico (HCNO).

Cianeto Qualquer sal do ácido cianídrico (HCN). Os cianetos são altamente tóxicos.

Cianófita Forma mais primitiva de vegetal com clorofila, cuja principal característica é a liberação de oxigênio livre durante a fotossíntese.

Cianose Coloração azul e algumas vezes escura da pele, resultante de oxigenação insuficiente no sangue.

Cibernética Ciência que estuda as comunicações e o sistema de controle nos organismos vivos e nas máquinas. Está focado no tratamento da informação no interior dos processos, destacando-se a codificação e a descodificação, retroação ou realimentação (*feedback*), aprendizagem etc.

Ciclagem biogeoquímica Refere-se ao ciclo dos constituintes químicos por sistemas biológicos. É o sistema de suporte da vida no planeta, através do qual ocorre a reciclagem e o reaproveitamento dos escassos recursos da terra. Destacam-se o ciclo do carbono, do oxigênio, do nitrogênio, do fósforo e da água.

Ciclo biológico Conhecimento das diversas fases de desenvolvimento dos seres vivos, em especial dos animais. Por exemplo, os insetos, desde a fase de larva até a fase adulta, eventuais hospedeiros etc.

Ciclo climático Fases de recorrência de fenômenos climáticos como anos úmidos ou secos; quentes ou frios. Quando os dados de uma região são registrados, realiza-se uma análise efetiva dos valores da temperatura, dos níveis de insolação, dos ventos, do regime de chuvas etc. Para a cidade de São Paulo, pode-se afirmar que os meses de setembro a março apresentam temperaturas mais elevadas e são mais chuvosos; de abril a agosto, as temperaturas são mais baixas, o tempo é mais seco e as poucas chuvas são decorrentes de frentes frias. A ocorrência de frentes frias ocorre mesmo nos meses mais quentes, baixando a temperatura, e assim por diante.

Ciclo da água Mais conhecido como ciclo hidrológico, é um fenômeno natural e complexo, ditado pelas condições climáticas de cada região. Trata-se da sucessão de fases percorridas pela água ao passar da atmosfera à terra, e vice-versa: evaporação do solo, do mar e das águas continentais; condensação para formar nuvens; precipitação; acumulação no solo ou nas massas de água; escoamento direto ou retardado para o mar e reevaporação. Assim, durante o ciclo, a água pode passar de um estado sólido (neve ou gelo) para líquido ou gasoso (vapor d'água). Nas regiões quentes da terra, a água precipitada, após a condensação dos vapores na atmosfera, pode infiltrar-se no solo e alimentar lençóis subterrâneos. Pode escoar superficialmente pelos corpos d'água e correr para o mar. Pode evaporar diretamente após a precipitação. Pode evaporar através das plantas (evapotranspiração). Pode evaporar a partir dos corpos d'água superficiais, fechando o ciclo, ou seja, voltando para a atmosfera. Nas regiões frias, pode ficar retida na superfície em forma de gelo ou neve. Os vegetais retiram a água do solo por meio das raízes, que servem de transporte de substâncias minerais necessárias ao seu desenvolvimento. Na fotossíntese, a água fornece hidrogênio para compor a matéria orgânica, e oxigênio, que é liberado para a atmosfera. Os seres vivos perdem e repõem água na natureza pela transpiração, pela evaporação, pela urina e pelas fezes e, na sua decomposição pós-morte, os seres vivos também devolvem água ao ambiente.

Ciclo da energia Sequência de transformações de um tipo de energia para outro tipo, num determinado sistema. No nosso planeta, por exemplo, a energia básica vem do sol, em forma de luz e calor. A partir da luz solar e da clorofila, os vegetais fazem a fotossíntese, e acumulam energia nas células orgânicas, que podem ser utilizadas pelos animais. O calor do sol aquece a superfície da terra, permitindo o desenvolvimento da vida no planeta, o ciclo hidrológico etc.

Ciclo da vida Ver *Ciclo biológico*.

Ciclo de escoamento superficial É o movimento das águas superficiais em direção ao mar, através dos rios, ou seja, é o movimento das águas de precipitação pluviométrica que não evaporam, não infiltram e nem evapotranspiram.

Ciclo de fadiga A resistência à fadiga expressa a tensão máxima desenvolvida alternadamente como tração e compressão, por exemplo, a que um material pode resistir quando a peça é submetida a esforços cíclicos. É quantificada pelo número de ciclos que o material pode suportar.

Ciclo de operação de motor Nos motores a combustão, um ciclo completo começa com a admissão dos gases na câmara de combustão. A compressão desses gases pela subida do cilindro, a explosão e o escape dos gases de combustão, a descida do pistão causada pela explosão dos gases, giram o eixo de forma proporcional ao número de cilindros de cada motor.

Ciclo do carbono Transformações do carbono na natureza, entre a fixação e a sua liberação na forma de CO_2. O reservatório natural é o ar atmosférico no qual comparece com 0,03% em volume na forma do gás CO_2. Os ciclos do carbono e do oxigênio estão interligados e se complementam, pois fazem parte do protoplasma das células de toda matéria viva. Os vegetais sintetizam compostos orgânicos pela associação de CO_2 com H_2O na fotossíntese, liberando oxigênio. Tanto os vegetais como os animais liberam CO_2 pela respiração. O metabolismo e a decomposição aeróbia dos seres vivos produzem $CO_2 + H_2O$. A combustão da madeira, do carvão, a queima dos gases nos motores a explosão e a decomposição de matéria orgânica liberam CO_2 para a atmosfera. Os vegetais e as algas, durante o dia, absorvem CO_2 e liberam O_2. No entanto, há uma tendência de aumento da concentração de CO_2 na atmosfera, decorrente da ação humana, contrapondo-se aos desmatamentos, que diminuem a absorção do CO_2 pelas plantas.

Ciclo do enxofre Transformações do elemento enxofre na natureza. Faz parte dos aminoácidos que compõem as proteínas, compõe o ar atmosférico em pequenas concentrações, na forma de gases poluentes como o H_2S (gás sulfídrico) e óxidos de enxofre (SO_x). O dióxido de enxofre (SO_2), por exemplo, oriundo de atividades industriais, influi negativamente nos ecossistemas, pois prejudica a fotossíntese e destrói espécies vegetais. O enxofre existe também na crosta terrestre em grandes depósitos. Em combinação com outros elementos, forma compostos. Ao lado do nitrogênio, do fósforo, do potássio etc., é considerado um dos nutrientes essenciais aos vegetais.

Ciclo do fósforo O fósforo é um elemento essencial ao desenvolvimento das plantas, e faz parte do protoplasma das células vivas. É liberado no ambiente pela decomposição gradual das rochas fosfáticas e pela decomposição de vegetais e animais mortos. Na adubação, o homem coloca quantidades cada vez maiores de fósforo nos solos agrícolas, que contribui para a chamada poluição difusa das águas, pois o fósforo carreado pelas águas de chuva e de irrigação provoca os efeitos danosos da eutrofização (adubação) de rios e lagos.

Ciclo do nitrogênio O nitrogênio é um elemento essencial ao desenvolvimento das plantas, e faz parte do protoplasma das células vivas. O seu reservatório natural é o ar atmosférico, com 78,08% em volume, na forma do gás N_2, removido da atmosfera por descargas elétricas (raios) e pela fixação de micro-organismos do solo na raiz de algumas leguminosas (rizóbios) Na presença do oxigênio e de vapor d'água, as descargas elétricas transformam o nitrogênio em ácido nítrico, que é trazido ao solo pelas águas da chuva, o que mostra que parte da acidez das águas de chuva é natural. Os animais aproveitam as proteínas vegetais ou de outros animais, nas quais o nitrogênio tem a forma do radical amina (NO_2) e os seus dejetos e seus corpos, ao morrerem, quando decompostos, liberam o nitrogênio na forma amoniacal (NH_3). Os micro-organismos nitrificadores oxidam a amônia a nitrito (NO_2^-) e, posteriormente, a nitrato (NO_3^-), que pode novamente ser absorvido pelas plantas, ou desnitrificado, ou seja, reduzido em ambiente anaeróbio ao gás N_2, voltando à atmosfera e fechando o ciclo.

Ciclo dos nutrientes São as transformações que sofrem os diversos nutrientes (nitrogênio, fósforo, potássio, enxofre, cálcio etc.), na natureza. Ver *Ciclo do nitrogênio*.

Ciclo freático Ciclo de ascensão e declínio sucessivo do nível do lençol freático de um determinado local, ao longo de um ano, dia ou mesmo para um período de tempo maior, com o qual se pode fazer um estudo estatístico dessa variação.

Ciclo hidrológico Ver *Ciclo da água*.

Ciclo metônico Período de 19 anos ou 235 lunações, que corresponde ao período em que a lua cheia poderá ocorrer no mesmo dia do ano.

Ciclo operacional Sequência de atividades repetitivas na operação de um sistema.

Ciclo pluviométrico anual Regime de chuvas que se repete ao longo das estações do ano. Ver *Ciclo climático*.

Ciclo secular Eventos que se repetem a cada século.

Ciclonal Relativo a ciclone.

Ciclone Região da atmosfera em que a pressão é mais baixa do que nas regiões circunvizinhas. Quando em um mesmo nível, é o centro de baixa pressão. Caracteriza-se por um distúrbio atmosférico de baixa pressão, de forma vagamente circular, na direção do qual sopra um vento ascendente, em espiral. No hemisfério sul, o sentido da espiral é o do ponteiro dos relógios e no hemisfério norte, é o contrário.

São chamados furacões os ciclones formados nas regiões tropicais das Bahamas e Antilhas e tufões, quando formados no Oceano Pacífico. Os tornados são ciclones cuja velocidade pode chegar a 480 km/h. São também chamados ciclones certos equipamentos usados no controle da poluição do ar, cuja função é remover partículas sólidas de uma corrente gasosa, por ação da força centrífuga. Consistem em uma câmara cilíndrica ou cônica, na qual a corrente gasosa adentra tangencialmente. O gás entra com certa velocidade, formando um vórtex e as forças centrífugas tendem a dirigir as partículas em suspensão em direção à parede do corpo do ciclone.

Ciclone hidráulico Também conhecido como hidrociclone ou ciclone úmido. Equipamento usado na separação de partículas em suspensão em meio fluido, geralmente água.

Ciclone subtropical Sistema de baixa pressão, de escala sinótica, fechado na alta troposfera e que se desenvolve no Sul e Sudeste do Brasil, associado a padrões que chegam pela costa oeste da América do Sul, vindos do Pacífico. Apesar de sua importância para as regiões Sul e Sudeste, diversas características sinóticas (variações sazonais e interanuais, processos físicos envolvidos, manutenção etc.) ainda não são bem conhecidas. Ele tem baixas frias, porque o centro é mais frio do que a periferia e, ao penetrar no continente, provoca instabilidade e precipitação nos setores leste e nordeste do vórtice. Sua duração pode variar de algumas horas até duas semanas, provoca chuvas e ventos fortes e, eventualmente, geadas.

Ciclone tropical Ver *Ciclone*.

Ciclone úmido Ver *Ciclone hidráulico*.

Ciclos de decomposição Etapas pelas quais passam os seres vivos após a morte, quando se transformam em alimento para um grupo de organismos denominados decompositores, como fungos e bactérias. Ao se alimentarem, esses organismos dividem a matéria morta em porções cada vez menores, até que todas as substâncias químicas sejam liberadas no ar, no solo ou na água, para um aproveitamento posterior.

Cidade Espaço geográfico transformado pelo homem, com um conjunto de construções, com caráter de continuidade e contiguidade. Esse espaço é ocupado por um aglomerado humano permanente e socialmente heterogêneo, que participa de atividades familiares, de governo, industriais e comerciais, com determinados equipamentos urbanos e serviços, de maneira que assegurem as condições da vida humana.

Cidade pequena Termo usado em urbanismo para designar cidades que abriguem menos de cem mil habitantes. A quantidade mínima de habitantes para um lugarejo pertencer à categoria de cidade varia de país para país. Para a ONU, é urbano qualquer agrupamento humano com mais de 20.000 habitantes.

Ciguatera Ver *Toxina de peixe*.

Ciliar Relacionado à vegetação ou mata ciliar, especificamente mata natural situada às margens dos corpos d'água e que deve ser preservada a todo custo.

Cimbramento Termo usado na construção civil para denominar o ato de escorar (dar suporte) as formas de lajes e vigas de concreto durante a sua execução.

Cimento hidráulico de pozolana A pozolana é uma cinza vulcânica muito fina. Quimicamente falando, são materiais silicosos e aluminosos que reagem com o hidróxido de cálcio, na presença de água, formando compostos com propriedades cimentícias. É muito usada nos chamados concretos hidráulicos (concretos que necessitam alto grau de impermeabilidade à água) uma vez que confere a esse concreto uma baixa retração (encolhimento das dimensões pela saída da água), propriedade normal dos concretos e que geralmente provoca fissuras e trincas.

Cinzas vulcânicas Rochas finamente divididas, expelidas nas erupções vulcânicas explosivas. As partículas grosseiras têm entre 0,25 e 4 mm e as partículas finas, menos de 0,25 mm.

Circulação litorânea Padrão da circulação nas vizinhanças da praia.

Cirro ou nuvem Nuvem constituída de cristais de gelo dispostos em pequenos filamentos brancos ou estreitas faixas brancas a grandes altitudes (de 6.000 a 12.000 m).

Cirro-cúmulo Nuvem fina e branca, formada de elementos com aspecto de grânulos dispostos em fiadas a grandes altitudes.

Cirro-estrato Nuvem que lembra um véu esbranquiçado, por vezes de aspecto fibroso a grandes altitudes.

CIT, carbono inorgânico total É uma forma de carbono importante à nutrição dos vegetais, e no sistema tampão de água. Nessa fração, o carbono encontra-se em forma de dióxido de carbono, carbonatos, bicarbonatos e ácido carbônico.

Clarificação Ver *Clarificador*.

Clarificador Unidade onde se separa sólido de líquido por sedimentação do sólido. Usado nas estações de tratamento de água de abastecimento ou de águas residuárias.

Clarificador com removedor de escuma Nessa unidade, aproveita-se para raspar superficialmente as escumas compostas de óleos, graxas, detergentes, presentes na água que é clarificada.

Clarificador de entrada lateral Comum nos clarificadores retangulares, onde a entrada e a saída são construídas em lados opostos no sentido do comprimento.

Clarificador vertical ou de fluxo ascendente O fluxo ascendente é apenas o do líquido a partir da sua entrada pelo centro da unidade. É comum a existência de uma saia concêntrica que limita o fluxo de saída, fazendo com que o líquido tenha que descer, passar por debaixo da saia e subir novamente para sair da unidade pelos vertedores situados em todo o perímetro. Esse fluxo facilita a sedimentação dos sólidos que ficam depositados no fundo da unidade, de onde são retirados.

Clarigestor ou decanto-digestor A fossa séptica é um dos tipos mais simples de clarigestor; unidade com dupla função: clarificação do efluente e digestão anaeróbia do lodo acumulado no fundo do mesmo. Também conhecido pelo inadequado nome de decanto-digestor.

Classe de qualidade das águas No Brasil, existe a Resolução Conama 357/2005, que fixa a qualidade requerida das águas doces, salobras e salinas, enquadradas nas diversas classes. Leis específicas de cada estado classificam os corpos d'água segundo as classes definidas pelo Conama. A Resolução Conama 357/2005 foi recentemente complementada pela 430/2011.

Classificação das costas marítimas As costas marítimas são classificadas em: costas de emersão, cujos terrenos estão a diferentes altitudes em relação ao nível do mar; costas de imersão, cuja oscilação entre o nível das águas em relação ao terreno ao seu redor mostra que houve invasão das terras pelas águas do mar no decorrer da história física do globo terrestre; costas neutras, cuja formação não decorre de nenhum dos processos anteriormente citados; e costas compostas, formadas pela combinação de pelo menos duas das causas anteriormente citadas.

Clima da onda Condição média das ondas em um local e ao longo de um período de tempo.

Clímax Complexo de formações vegetais mais ou menos estáveis durante longo tempo, em condições de evolução natural. Está em equilíbrio quando as alterações não implicam rupturas importantes no esquema de distribuição de energia e materiais entre seus componentes vivos. Pode ser a última comunidade biológica em que termina a sucessão ecológica, isto é, a comunidade estável, que não sofre mais mudanças direcionais. Há vários tipos: clímax edáfico, clímax climático, disclímax etc.

Clímax climático Vegetação equilibrada ao clima regional.

Clímax edáfico Vegetação equilibrada em uma situação pedológica uniforme regionalmente.

Clinômetro para superfície de água Dispositivo usado para medir a inclinação da linha d'água em rios.

Cloração Processo de desinfecção de águas de abastecimento ou de efluente tratado com cloro em suas diversas formas: cloro gasoso, dióxido de cloro, hipoclorito de sódio e de cálcio, cloraminas etc. Ver Di Bernardo e Dantas (2005b, Cap. 16).

Cloração ao ponto de viragem Águas com amônia e outros compostos nitrogenados, que formam cloraminas orgânicas, reagem com o cloro, e ocorre sabor e odor na água, quando a cloração é realizada com dosagem inferior à correspondente ao *break-point*, ou a dosagem de cloro a partir da qual ocorre a oxidação de toda a amônia disponível. Com o aumento da dosagem de cloro aplicado, aumenta o teor de cloro residual. Ver Di Bernardo e Dantas (2005b, Cap. 16).

Cloração com residual livre No caso da água de abastecimento, é necessário um residual de cloro para manter a capacidade de desinfecção ao longo da rede de distribuição. Ver Di Bernardo e Dantas (2005b, Cap. 16).

Cloração final ou posterior Em oposição à pré-cloração, esta é feita após o processo de tratamento.

Cloração residual combinada Quando se deseja realizar a cloração residual combinada, pela aplicação de amônia e cloro em água isenta de matéria orgânica nitrogenada, o teor de cloro residual relaciona-se ao ramo descendente da curva de cloro residual disponível. Ver Di Bernardo e Dantas (2005b, Cap. 16).

Clorador Dispositivo usado para fazer a dosagem do cloro no processo de desinfecção de águas.

Cloramina As cloraminas são formadas pela reação de amônia com cloro gasoso (HOCl). A mistura resultante pode conter monocloraminas (NH_2Cl), dicloraminas ($NHCl_2$) ou tricloreto de nitrogênio (NCl_3). Passou-se ao uso das cloraminas na desinfecção após se descobrir que a desinfecção por cloro acontecia em duas fases distintas. Durante a fase inicial, a demanda é rápida, causando o desaparecimento do cloro disponível livre. Porém, quando o amoníaco está presente, a ação bactericida pode ter continuidade, mesmo que o cloro livre residual tenha se dissipado. A fase de desinfecção subsequente acontece pela ação das cloraminas inorgânicas. Ver Nuvolari (2011, Cap. 10) e Di Bernardo e Dantas (2005b, Cap. 16).

Clorato Sal que contém o ânion ClO_3^-, derivado do ácido clórico $HClO_3$. É um oxidante forte, que pode ser oxidado a perclorato ClO_4^-. Devido ao elevado caráter oxidante e alta instabilidade associada, não é encontrado livre na natureza. Exemplos de sais de cloratos: clorato de potássio ($KClO_3$); clorato de sódio ($NaClO_3$); clorato de magnésio [$Mg(ClO_3)_2$]. Os cloratos faziam parte de algumas formulações de fogos de artifício, porém, devido à instabilidade, foram substituídos pelos percloratos, mais seguros. Também são empregados na elaboração de alguns explosivos. Sua mistura com materiais inflamáveis é perigosa, porque pode detonar sem razão aparente. A reação violenta com o fósforo é utilizada em palitos de fósforo. A cabeça do palito de fósforo tem uma pequena quantidade de clorato de potássio, além de substâncias oxidáveis, e amido ou material semelhante para obter a chama. A área de fricção contém fósforo vermelho que, ao ser atritada, produz calor, transformando-se parcialmente em fósforo branco. Este reage com o clorato e a energia liberada acende o palito. Outra aplicação dos cloratos é como herbicida.

Clordano Trata-se de um inseticida de largo espectro, conhecido pelos efeitos tóxicos e sua capacidade de se acumular nos tecidos adiposos dos peixes, aves e mamíferos. No solo, decompõe-se lentamente pela exposição aos raios ultravioleta, onde pode permanecer durante décadas. É pouco solúvel em água. Foi introduzido em 1945 em larga escala, para o controle de térmitas e insetos, cujas larvas se alimentam de raízes. É usado como pesticida nas culturas do milho, citros, em pastagens e na jardinagem. É proibido em vários países.

Cloreto Qualquer sal derivado do ácido clorídrico.

Cloreto de amônio O cloreto de amônio (NH_4Cl) é um sólido incolor ou branco, cristaliza no sistema cúbico, com densidade relativa de 1,53 e sublima a 340°C. É muito solúvel em água, ligeiramente solúvel em etanol e insolúvel em éter. Pode ser preparado por cristalização fracionada de uma solução com sulfato de amônio e cloreto de sódio ou de uma solução com carbonato de amônia e cloreto de cálcio. Obtêm-se amostras puras por reação de amoníaco com cloreto de hidrogênio. Pela facilidade de preparo pode ser produzido por qualquer indústria que use ou produza amônio. É usado em pilhas secas, no acabamento de metais e no preparo de algodão para ser tingido e pintado. Em forma de pó é irritante para o nariz, a garganta e os olhos e, se inalado, causa tosse ou dificuldades na respiração. Na forma sólida é irritante à pele e aos olhos e, se ingerido, causa náuseas.

Cloreto de cal Pó esbranquiçado obtido pela mistura de cloreto de cálcio hipoclorado $CaCl(OCl)$, hipoclorito de cálcio $Ca(OCl)_2$ e cloreto de cálcio $CaCl_2$. É usado como agente branqueador e na desinfecção de água.

Cloreto de cal para branquear Ver *Cloreto de cal*.

Cloreto de cálcio Composto químico formado por cálcio e cloro ($CaCl_2$), extremamente solúvel em água. Apresenta-se na forma de um sal à temperatura ambiente. Tem muitas aplicações como em salmoura para máquinas de refrigeração, controle de pó e gelo nas estradas, e no cimento. Pode ser produzido a partir da pedra calcária, e grandes quantidades são produzidas pelo processo Solvay. Por causa de sua natureza higroscópica, deve ser mantido em contêineres bem selados.

Cloreto de polivinila PVC É um material plástico duro, obtido a partir do cloreto de vinila. Com a adição de plastificantes, é muito utilizado na fabricação de tubos e conexões, pela facilidade de manuseio. É considerado um termoplástico autoextinguível. Possui boa resistência química quando utilizado em temperaturas de até 60°C.

Cloreto de sódio Sal de cozinha.

Cloro Elemento químico, de cor amarelo-esverdeada, encontrado em estado gasoso (Cl_2), quando em temperatura e pressão ambientes. É praticamente impossível encontrá-lo sem estar combinado com outros elementos, devido a sua alta reatividade. Quando é utilizado como gás, o transporte é feito em cilindros de aço, sob pressão, na forma de gás liquefeito. Quando liberado, é um gás extremamente tóxico e de odor irritante, e pode ser mortal quando a concentração está na faixa de 1 ℓ por m^3 de ar. Tanto o cloro quando os seus compostos são utilizados na desinfecção de águas de abastecimento e no branqueamento de polpa nas indústrias de papéis.

Cloro combinado disponível Ver *Cloro residual combinado disponível*.

Cloro disponível É a medida do poder de oxidação de um composto de cloro, expresso em termos de cloro elementar.

Cloro liquefeito Ver *Cloro*.

Cloro livre disponível Ver *Cloro disponível*.

Cloro residual combinado disponível O cloro combina com amônia e compostos amoniacais, formando compostos clorados ativos, como as chamadas cloraminas. Nessa forma é denominado cloro residual combinado. O teor de cloro residual disponível corresponde à medida do cloro residual total (livre e combinado), em termos de cloro elementar. Ver Di Bernardo e Dantas (2005b, Cap. 16).

Cloro residual livre É o cloro da água, na forma de ácido hipocloroso e de íon hipoclorito.

Cloro residual total Ver *Cloro residual combinado disponível*.

Clorofila É a designação de um grupo de pigmentos fotossintéticos dos cloroplastos das plantas, incluindo algas, cianofíceas e diversos protistas anteriormente considerados "algas" ou "plantas", como as algas vermelhas ou castanhas. A intensa cor verde da clorofila se deve às fortes absorções das regiões azuis e vermelhas do espectro eletromagnético, e por isto a luz que ela reflete e transmite parece verde. Ela é capaz de canalizar a energia da luz solar em energia química pelo processo de fotossíntese. Neste processo, a energia absorvida pela clorofila transforma dióxido de carbono e água em carboidratos e oxigênio.

Clorofluorcarbono ou CFC Trata-se de um composto químico formado por cloro, flúor e carbono, usado como gás propelente em aerossóis; como gás refrigerante em geladeiras e condicionadores de ar; como solvente na fabricação de embalagens de espuma. Por muito tempo considerado inerte, na década de 1970 descobriu-se o seu efeito destrutivo da camada de ozônio.

Cloroplasto É um organelo das células das plantas e algas, rico em clorofila, responsável pela sua cor verde e no qual se realiza a fotossíntese. É um dos três tipos de plastos, organelos citoplasmáticos cuja fórmula varia de acordo com o tipo de organismo e célula em que se encontra. Os outros dois são os cromoplastos e os leucoplastos. Os cloroplastos distinguem-se dos demais da célula pela cor e estrutura laminar. Possuem RNA, DNA e ribossomas, podendo sintetizar proteínas e multiplicar-se.

Clorose Em botânica, é quando as folhas de uma planta não produzem clorofila suficiente, e têm uma coloração diferente da normal: verde pálido ou amarelado. Pode provocar a morte da planta devido à menor capacidade de produzir carboidratos. Há relatos de clorose por deficiência de ferro, de manganês e também por ataque de bactérias, como no caso dos citros.

Clostridium Gênero de bactérias firmicutes, ou seja, Gram-positivas. Têm forma de bastonetes. As espécies são anaeróbias estritas e aerotolerantes. Produzem endosporos e são ubiquitárias, ou seja, vivem no solo, água, flora do trato gastrointestinal do homem e de diversos animais. Algumas espécies são agentes causadores de doenças. Experiências recentes mostram que a abundante presença de Fimicutes na flora intestinal do homem relaciona-se com a obesidade.

Clube de Roma Organização multinacional criada em 1968 pelo industrial italiano Aurélio Peccei e pelo químico inglês Alexander King. Formado por 100 notáveis membros do mundo dos negócios, da política, das ciências sociais e ambientais. Tinha como principal objetivo a análise da sobrevivência futura da espécie humana num mundo de recursos finitos e propor alternativas para enfrentar o problema. Ganhou destaque ao publicar, em 1972, seu primeiro relatório, *The limits to growth* (os limites do crescimento), no qual aplicava um modelo para fazer projeções em escala mundial. O relatório indicava que, caso as tendências em relação à população mundial, industrialização, poluição, produção de alimentos e ao consumo de recursos naturais não fossem alteradas, os limites para o crescimento no planeta seriam atingidos em 100 anos. O relatório foi alvo de severas críticas e também de intensos debates sobre o problema. Ver mais em <http://www.clubofrome.org>.

Coadjuvante de coagulação Ou de floculação, quando, de alguma forma, aumenta o desempenho dos coagulantes comuns usados em conjunto.

Coagulação É o processo de neutralização das cargas negativas das partículas, que faz com que se atraiam em aglomerações para formar partículas maiores, o que aumenta sua velocidade de sedimentação.

Coagulação química No tratamento de água, tem por objetivo reduzir a turbidez, os coloides, as bactérias, a cor, o ferro, o ferro e o manganês oxidados e alguma dureza. Os coagulantes mais empregados são: sulfato de alumínio e sais de ferro; no Brasil, o sulfato de alumínio, por ter o menor custo.

Coagulante Ver *Coagulação química*.

Coalescência Fenômeno de crescimento do volume de uma gotícula de líquido pela incorporação à sua massa de outras gotículas.

Coalescer Aglutinar, juntar, unir.

Cobalto Elemento metálico, branco prateado, resistente, de número atômico 27, usado em ligas.

Coberto por aluviões Algo que foi coberto por depósitos de solos transportados pelas águas.

Cobertura vegetal contra erosão A cobertura vegetal protege o solo da ação direta de desagregação física dos pingos da chuva, e dificulta o transporte de sedimentos. As raízes dos vegetais acabam por aglutinar o solo.

Cobre Elemento metálico vermelho, maleável e dúctil, de número atômico 29, usado em ligas. É considerado um micronutriente para as plantas, presente em vários complexos orgânicos que participam da formação da clorofila. O cobre tem um papel fundamental no transporte de energia, na produção enzimática de aminoácidos e ativa a enzima que participa da ligação da amônia com um ácido orgânico para a produção do ácido glutâmico, chamada "deidrogenase glutâmica". Essa enzima também liga aminoácidos entre si, para a formação final de proteínas. Em condições de carência de cobre, a amônia pode não ser convertida em ácido glutâmico, e observa-se a queima da ponta e das margens das folhas. Às vezes, não basta aplicar adubo nitrogenado para elevar o nível de proteína do grão; muitas vezes, é preciso aplicar mais cobre para transformar o nitrogênio em proteína. A pouca disponibilidade do cobre às plantas ocorre pela sua adsorção nas frações do solo: silicatos, óxidos e matéria orgânica insolúvel. O cobre é mais disponível em pH em torno de 5. Abaixo desse valor, o cobre é adsorvido pelos óxidos de ferro e de alumínio e pelos silicatos. A menor disponibilidade do cobre em pH mais alto relaciona-se à diminuição da atividade desse cátion, ou seja, torna-se inerte nos níveis mais altos de pH. O cobre forma complexos com a matéria orgânica, mas não muda seu estado de oxidação (carga) na faixa de pH normal para o desenvolvimento das plantas. O desequilíbrio pode alterar a capacidade da raiz em absorver o cobre. Ao fazer a calagem do solo, para o bom desenvolvimento das plantas, podem ocorrer problemas devido à limitada disponibilidade do cobre, mas as plantas precisam de uma quantidade muito pequena desse elemento. A maioria dos micronutrientes é complexada pelos ácidos orgânicos da matéria orgânica em decomposição. Nos níveis normais, de 2 a 6% de matéria orgânica, a formação de complexos é benéfica, porque retém o micronutriente no solo, para uso da planta. Porém, em níveis muito altos de matéria orgânica, como em solos turfosos, ou quando são aplicadas grandes quantidades de matéria orgânica, a formação de complexos, diante da disponibilidade de ácidos orgânicos, o vegetal nem sempre consegue absorver micronutrientes em níveis satisfatórios. Há limites pela toxicidade por altos níveis de cobre. Para evitar isso, por exemplo, a concentração limite para uso de lodo de esgoto em solos agrícolas é fixada na Europa em 1.000 a 1.750 mg do elemento cobre por kg de resíduo. Nos EUA, o limite é de 4.300 mg/kg. A norma CETESB P-4.230, de agosto de 1999, fixa os mesmos valores da norma norte-americana.

Cobro Fim, termo. Na área náutica é cada uma das voltas da amarra no convés do navio, feitas quando se vai lançar a âncora num lugar fundo.

Cocos Bactérias em forma de esfera ou coco.

Codominantes São as árvores cujas copas formam o nível geral da cobertura. Recebem luz por cima, e pouca luz lateral e, em geral, têm copas de tamanho médio, mais ou menos comprimidas sobre os lados.

Coeficiente de empinamento da onda Relação entre a altura da onda em águas de qualquer profundidade e sua altura em águas profundas, quando eliminado o efeito da refração. O mesmo que *Fator de profundidade da onda*.

Coeficiente de escoamento superficial Relação entre o volume de água de uma chuva num tempo e o volume superficial que escoa.

Coeficiente de fatalidade ou de letalidade É a proporção de óbitos ocorridos entre os indivíduos afetados por um agravo à saúde. É uma forma de expressar a gravidade do processo. A diferença entre letalidade e mortalidade está no denominador: óbitos entre os casos (letalidade) e óbitos na população (mortalidade).

Coeficiente de letalidade ou de fatalidade Ver *Coeficiente de fatalidade ou de letalidade*.

Coeficiente de morbidade Expressa a frequência da doença numa população. Reflete o risco que corre um indivíduo dessa população de ficar doente.

Coeficiente de mortalidade infantil É definido pela seguinte fórmula: número total de óbitos em crianças menores de um ano dividido pelo número total de crianças nascidas vivas (no mesmo tempo, período e local) e multiplicado por 1.000. O resultado obtido permite saber quantas crianças menores de um ano morreram de cada 1.000 nascidas vivas.

Coeficiente de murchamento permanente Representa o percentual de umidade que o solo conserva quando as plantas mostram sinais de murchamento permanente. Essa condição não deve ser confundida com o murchamento temporário, que ocorre sempre que a transpiração sobrepuja a absorção de água, fato frequente em dias muito quentes e secos, mas que logo desaparece à noite. O ponto de murchamento é usado para representar o teor de umidade no solo, pois abaixo dele a planta não conseguirá retirar a água do solo, na mesma intensidade em que ela transpira, aumentando a cada instante a deficiência d'água na planta, o que a levará à morte caso não haja irrigação.

Coeficiente de permeabilidade Coeficiente relacionado com a velocidade de escoamento da água nos insterstícios do solo. Solos de granulometria mais grosseira (areias, pedregulhos) apresentam coeficientes de permeabilidade maiores do que solos de granulometria fina (siltes, argilas). É usado no dimensionamento de sistemas de drenagem subterrânea, rebaixamento de lençol freático, determinação da vazão de percolação em barragens de terra etc.

Coeficiente de permeabilidade no campo É quando o coeficiente de permeabilidade é deteminado no local, através de ensaios de bombeamento ou de métodos de infiltração em furos de sondagem. Neste caso, os resultados são mais confiáveis do que aqueles obtidos em amostras de solo levadas para ensaios de laboratório.

Coeficiente de rugosidade Valor numérico que expressa a influência da rugosidade de um canal (sob escoamento livre) sobre o valor da velocidade média, numa determinada seção transversal. Esse coeficiente depende das características do leito do canal. Vários autores, como Bazin, Kutter e Manning-Strickler, propuseram fórmulas empíricas e/ou tabelas para a sua quantificação.

Coeficiente de rugosidade de Bazin Ver *Coeficiente de rugosidade*.

Coeficiente de rugosidade de Darcy-Weisbach Usado nos cálculos de perda de carga em tubulações sob pressão.

Coeficiente de rugosidade de Hazen-Willians Usado nos cálculos de perda de carga em tubulações sob pressão.

Coeficiente de rugosidade de Kutter Usado nos projetos de tubulações ou canais sob escoamento livre. Ver *Coeficiente de rugosidade*.

Coeficiente de rugosidade de Manning Usado nos projetos de tubulações ou canais sob escoamento livre. Ver *Coeficiente de rugosidade*.

Coeficiente de solubilidade É a quantidade de soluto necessária para saturar uma quantidade padrão de solvente a uma determinada temperatura. É expresso em gramas por 100 g ou 1.000 g de solvente. Quando o coeficiente de solubilidade é muito pequeno, caso do AgCl, a substância é insolúvel. Quando o soluto e o solvente são líquidos e não se dissolvem entre si, eles são imiscíveis.

Coeficiente de solubilidade de um gás A dissolução gasosa em líquidos é regida por uma lei conhecida como *Lei de Henry*, segundo a qual a solubilidade de um gás em água depende da pressão parcial do gás exercida sobre o líquido. A constante de proporcionalidade ou coeficiente de solubilidade utilizado nessa lei varia com o gás e a temperatura, e recebe o nome de *constante de Henry*.

Coeficiente de uniformidade Em geotecnia, o coeficiente de uniformidade de um solo é a razão entre os diâmetros dos grãos correspondentes a 60% e 10% da percentagem que passa (ou seja, D60/D10), tomados na sua curva granulométrica. Alguns consideram esse índice um coeficiente de desuniformidade, uma vez que, quanto maior o valor obtido, mais desuniforme é o solo em termos granulométricos.

Coeficiente de vazão Coeficiente que expressa a perda de carga em orifícios para o cálculo da vazão.

Coeficiente de velocidade Coeficiente que expressa a perda de carga em orifícios para o cálculo da velocidade.

Coeficiente de viscosidade A viscosidade consiste na medida da resistência ao escoamento de um fluido quando se encontra sujeito a um esforço tangencial, que aparece quando ocorrem diferenças de velocidades entre camadas adjacentes do fluido em movimento, característico do escoamento turbulento. Para um fluido newtoniano, a força F (tangencial) necessária para manter o gradiente de velocidade, dv/dx, entre planos adjacentes de um fluido de área A, é dada pela expressão: $F = \mu A (dv/dx)$, na qual μ é uma constante denominada coeficiente de viscosidade dinâmica. Nos fluidos newtonianos, a viscosidade dinâmica independe da taxa de deformação (gradiente de velocidade), isto é, a viscosidade, na expressão da lei de Newton, é uma constante para cada fluido newtoniano, a uma dada pressão e temperatura.

Coeficiente de viscosidade cinemática O coeficiente de viscosidade cinemática é o quociente entre o coeficiente de viscosidade dinâmica (μ) e a massa específica do fluido (ρ), ou seja $\nu = \mu/\rho$. Sua unidade é m^2/s.

Coeficiente higroscópico É a quantidade de água contida num solo, em equilíbrio com uma atmosfera saturada em vapor de água, a uma determinada temperatura, expressa em percentagem de peso do solo seco em estufa.

Coesão É a força ou atração da interface líquido-líquido (entre partículas sólidas revestidas por películas líquidas) ou sólido-sólido (entre as partículas de solo seco). Tal propriedade é característica dos argilosos e que, somada ao efeito do ângulo de atrito, compõe a resistência ao cisalhamento dos solos de granulometrias não homogêneas. Essa propriedade permite que escavações verticais, feitas em solos argilosos, permaneçam estáveis sob certas condições, o que não acontece com os solos essencialmente arenosos. Tal propriedade permite também a moldagem das argilas para os diversos usos em cerâmica. Após secar, a peça tem resistência suficiente para manter a forma moldada.

Coesão aparente A coesão real é uma propriedade específica dos solos argilosos. No entanto, a areia molhada apresenta coesão aparente. É o que permite a construção de esculturas de areia na praia. Após o processo de secagem, as estruturas não têm resistência suficiente para se manterem "coesas".

Coesão de película úmida Ver *Coesão aparente*.

Coesão real Ver *Coesão* e *Coesão aparente*.

Cogumelo É o nome comum dado às frutificações de alguns fungos das divisões Basidiomycota e Ascomycota. A frutificação é a estrutura de reprodução sexuada desses organismos, com uma ampla variedade de formas e cores. Muitos cogumelos são comestíveis, como o *Agaricus blazei*, o Cogumelo do sol e *Pleurotus* spp. entre outros, bastante cultivados. Outros são tóxicos, e podem levar à morte. Há ainda cogumelos com propriedades alucinógenas, utilizados por diversos povos do mundo. O mais famoso é o *Psilocybe cubensis*, e outras espécies. Raramente outros gêneros, como "Campanella", têm as mesmas propriedades, devido à psilicona e à psilocibina. *Psilocybe* é muito utilizado em rituais no sul do México. Outra espécie utilizada em rituais da Sibéria é o *Amanita muscaria*. Os cogumelos cultivados para a alimentação são: Champignon, Shiitake, Maitake, Porto Bello, Shimeji Preto, Shimeji Branco. Os cogumelos tóxicos são: *Amanita phalloides*, *Chlorophyllum rhacodes*.

Coivara A coivara é a derrubada e o empilhamento de vegetação de mata densa para secagem e posterior queima, para fins de cultivo agrícola. Antigamente, a agricultura de algumas comunidades indígenas era praticada em regime de coivara. Nessa técnica, a roça era aberta antes do período das chuvas em local de mata densa, com 1 a 6 ha. As vegetações rasteiras e de pequeno porte eram derrubadas, empilhadas em locais estratégicos e deixadas por algum tempo para secar. As árvores maiores também eram derrubadas e as pilhas de vegetação eram queimadas, o que ocorria um pouco antes de se iniciar o plantio. Depois de exauridos os nutrientes daquela área, era abandonada e partia-se para o plantio em outras áreas.

Cola Substância aglutinante que serve para fazer aderir superfícies diversas (papel, madeira etc.).

Colapso Falha, quebra, queda etc. Diminuição ou inibição repentina da excitabilidade nervosa ou de qualquer função vital. Ex.: colapso cardíaco, nervoso etc.

Colar de tomada de água Dispositivo usado nas ligações domiciliares de água.

Colateral Que está ao lado, paralelo.

Cólera É uma infecção intestinal aguda causada pelo vibrião colérico (*Vibrio cholerae*), uma bactéria em forma de vírgula ou bastonete, que se multiplica rapidamente no intestino humano; produz uma potente toxina que provoca diarreia intensa. Ela afeta apenas os seres humanos e a sua transmissão se dá por ingestão de água contaminada por dejetos fecais de doentes.

Coleta, tratamento e disposição final de lodo Com o lodo gerado nas estações de tratamento de esgoto há operações de adensamento (remoção de parte da água para diminuir o volume das unidades posteriores); digestão (realizada em reatores anaeróbios para estabilização/diminuição da putrescibilidade da matéria orgânica do lodo); condicionamento químico (necessário quando a operação posterior de desaguamento é feita em equipamentos mecânicos como filtros-prensa, centrífugas etc.). O destino final do lodo de esgoto pode ter caráter de descarte (em aterros sanitários, juntamente com o lixo ou em aterros específicos) ou de aproveitamento (no condicionamento de solos agrícolas, na mistura com argila em produtos cerâmicos etc). Para saber mais, ver Nuvolan (1996 e 2002).

Coletor compactador de lixo Veículo de coleta de lixo.

Coletor de pó Tipo de recipiente, aberto ao ar, usado para coletar as partículas de maior tamanho presentes no ar, para fins de medição e análise.

Coletor em sistema separado Quando se coletam separadamente o esgoto sanitário e as águas de chuva.

Coletor tronco É a tubulação que recebe conexões de coletores públicos e de ramais prediais de esgoto. O interceptor é um tipo particular de coletor tronco, que intercepta contribuições da rede coletora aos cursos d'água.

Coletor unitário Coleta na mesma tubulação as águas de chuva e o esgoto sanitário.

Coliforme Bactéria presente em grande concentração no intestino dos animais de sangue quente. Frequentemente é usada como indicadora da qualidade sanitária da água, e não representa um perigo para a saúde, servindo para indicar a possível presença de outros organismos patogênicos.

Coliformes fecais São bactérias que se reproduzem ativamente à temperatura de 44,5°C ± 0,2°C, que lhes permite fermentar o açúcar e a lactose, e produzir ácidos e gases, em 24 horas. A denominação "coliformes a 45°C" equivale a "coliformes de origem fecal" e a "coliformes termotolerantes". O principal componente desse grupo é a *Escherichia coli*, e alguns coliformes do gênero *Klebisiela*.

Coliformes totais Grupo de bactérias constituído por bacilos gram-negativos, aeróbios ou anaeróbios facultativos, não formadores de esporos, oxidase negativos, capazes de crescer na presença de sais biliares ou outros compostos ativos de superfície (surfactantes), com propriedades similares de inibição de crescimento, que fermentam a lactose com produção de aldeído, ácido e gás a 35°C em 24 a 48 horas. O grupo inclui os gêneros *Escherichia, Citrobacter, Enterobacter* e *Klebisiela*.

Colina Pequeno monte, morro, outeiro.

Colmatação Diz-se da intrusão de solos mais finos em filtros ou em solos mais permeáveis, impermeabilizando ou diminuindo a permeabilidade.

Colmatação de filtro Ver *Colmatação*.

Coloidal Ver *Coloide*.

Coloide Em química, coloides (ou sistemas coloidais ou ainda dispersões coloidais) são sistemas nos quais um ou mais componentes apresentam pelo menos uma de suas dimensões no intervalo de 1 nm a 1 μm, ou seja, referem-se a sistemas que contêm moléculas grandes e partículas pequenas. Em 1860, o químico britânico Thomas Graham descobriu que substâncias como o amido, a gelatina, a cola e a albumina do ovo difundiam-se muito lentamente quando colocadas em água, ao contrário de outras substâncias como o açúcar e o sal de cozinha. Além disso, aquelas substâncias eram muito diferentes destas na difusão através de membranas delgadas: enquanto as moléculas de açúcar difundiam-se com facilidade através de muitas membranas, as moléculas grandes que constituíam o amido, a gelatina, a cola e a albumina não se difundiam. Graham descobriu que estas últimas não se cristalizavam enquanto era fácil cristalizar o açúcar, o sal de cozinha e outros materiais que formavam soluções verdadeiras. Há substâncias coloidais que podem ser cristalizadas, e não há fronteira nítida entre as soluções verdadeiras e os sistemas coloidais. Para denominar a nova classe identificada, Graham propôs o termo coloide (do grego *kolla*, cola). As dispersões coloidais são intermediárias entre as soluções verdadeiras e os sistemas heterogêneos, em casos em que as partículas dispersas são maiores do que as moléculas, mas não suficientemente grandes para se depositarem pela ação da gravidade.

Coloides do solo A sede dos fenômenos químicos e físico-químicos do solo é basicamente a fração coloidal, ou seja, as partículas com diâmetro de 1 micra a 1 nanômetro. Abaixo de 1 nanômetro estão as moléculas médias e pequenas, os íons e os átomos. Embora a fração argila do solo esteja na faixa de partículas menores de 2 micras, na prática pode-se considerar que se comporta como coloide. O fenômeno da adsorção caracteriza os sistemas coloidais, ainda que no solo possa ocorrer com partículas de tamanho maior, mas em proporções muito pouco significativas. Este fenômeno é o evento físico-químico de maior importância no solo. Graças à adsorção, os nutrientes estão disponíveis no solo para as plantas, mas, ao mesmo tempo, essa retenção é suficientemente forte para impedir que sejam carregados pelas águas que se infiltram no solo. Nos coloides do solo predominam as cargas negativas, responsáveis pela adsorção de íons.

Colônia Grupo de migrantes ou imigrantes que se estabelece em terra estranha. Região pertencente a um determinado país e que se encontra fora do âmbito geográfico principal desse grupo.

Colorimetria O mesmo que análise colorimétrica, ou seja, processo da química analítica que se baseia na comparação direta ou indireta da intensidade da cor e da qual se deduz a concentração. A determinação é realizada por medições da sensação de cor.

Colorímetro Na química, o colorímetro é um aparato que permite determinar a absorbância de uma solução em uma frequência particular de cores, tornando possível determinar a concentração de um soluto conhecido, desde que proporcional à absorbância. Diferentes substâncias químicas absorvem variadas frequências do espectro visível. Os colorímetros baseiam-se no princípio de que a absorbância de uma substância é proporcional à sua concentração, por exemplo, uma solução mais concentrada dará uma maior leitura de absorbância. Sensores medem a quantidade de luz que passa pela solução, comparando com a quantidade que entra e um mostrador permite a leitura direta da absorbância ou de outra grandeza proporcional a esta.

Coluvião Colúvio ou coluvião é o depósito de materiais soltos encontrados no sopé de encostas, e que foram transportados pela ação da gravidade ou, simplesmente, solo decomposto, transportado por gravidade. Alguns autores distinguem colúvio de tálus, este também transportado pela ação da gravidade, porém encontrado no sopé de encostas íngremes e constituído de uma mistura granulometricamente heterogênea: desde solos finos até materiais mais grosseiros, como blocos e fragmentos de rocha.

Combustão Ação de queimar. Processo de combinação de uma substância com o oxigênio, de caráter exotérmico e autossustentável.

Combustão catalítica para depuração de gases Misturas de gases combustíveis não queimam até que alcancem sua temperatura de ignição. Porém, na presença de certas condições químicas, o gás começa a queimar a temperaturas mais baixas. Este fenômeno é conhecido como combustão catalítica. A maioria dos óxidos de metal e suas combinações têm esta propriedade, como a platina e o paladium.

Combustível Qualquer substância, material ou produto capaz de ser queimado, de entrar em combustão, sob certas condições de pressão e temperatura.

Combustível fóssil Combustível orgânico oriundo da decomposição de restos animais e vegetais, acumulados e transformados durante milhões de anos na crosta terrestre. São depósitos de petróleo, gás natural, carvão e turfa que, apesar de não poderem ser recompostos em escala de tempo inferior a milhões de anos, ainda hoje representam a fonte de energia mais utilizada no mundo. Apesar do seu alto potencial energético também têm um alto poder poluidor.

Comensalismo É um tipo de relação ecológica entre duas espécies que vivem juntas. O termo comensal significa "convidado à mesa". Assim, o termo comensalismo foi utilizado para designar relações alimentares em que uma espécie se beneficia dos restos da outra sem prejuízos. O conceito estendeu-se para qualquer relação, alimentar ou não, na qual uma espécie se beneficia sem prejudicar a outra, considerada uma relação harmônica. Um exemplo é a relação da rêmora (ou peixe-piolho) com o tubarão. O pequeno peixe se fixa no tubarão com suas ventosas, obtendo um bom meio de transporte e alimentando-se dos restos. É uma relação positiva para um indivíduo e neutra para outro. Outro exemplo é a *Entamoeba coli*, um protozoário comensal que vive no intestino humano, onde se nutre dos restos da digestão do seu hospedeiro.

Comércio de emissões Mecanismo estabelecido pelo Protocolo de Quioto (evento realizado em dezembro de 1997), que permite aos países industrializados, reunidos no chamado Anexo I, comercializarem as cotas de emissões de gases de efeito estufa a que têm direito.

Comissão Brundtland Nome da Comissão Mundial sobre Meio Ambiente e Desenvolvimento criada em 1983 pelas Nações Unidas, como decorrência da Conferência de Estocolmo. A comissão levou o nome de sua primeira presidenta, a primeira-ministra da Noruega, Gro Harlem Brundtland. Seu objetivo era avaliar a questão ambiental em sua interface com o desenvolvimento, propondo um plano de ação mundial.

Comissão de Desenvolvimento Sustentável Comissão criada pelas Nações Unidas em dezembro de 1992, para assegurar um acompanhamento efetivo dos compromissos assumidos na Rio-92, e promover a cooperação internacional, a integração das questões ambientais e do desenvolvimento na tomada de decisão intergovernamental, bem como avaliar os progressos na aplicação da agenda 21, em nível local, nacional, e internacional. Ver mais em <http://www.um.org/esa/sustdev/csd/csd.htm>.

Comitê de Bacia Base do SNGRH – Sistema Nacional de Gerenciamento de Recursos Hídricos. Trata-se de um fórum com atribuições normativas, consultivas e deliberativas, cujo objetivo é a gestão participativa e descentralizada dos recursos hídricos, de forma a garantir sua utilização racional e sustentável e manter a qualidade de vida dos cidadãos. O comitê é composto por representantes do poder público, usuários das águas, além de organizações civis que atuam na recuperação e conservação do ambiente e dos recursos hídricos em uma determinada bacia hidrográfica. Ver <http://www.ana.gov.br/gestaorechidricos/articulacaoinstitucional/comite2.as>.

Compacidade Característica de um solo em que os complexos argilo-húmicos (que determinam a estrutura do solo) estão dispersos, e os outros elementos (areias e siltes) são envolvidos numa única massa argilosa, tornando-se impermeáveis à água e ao ar. Tal solo torna-se asfixiante e a penetração de raízes fica muito difícil.

Compactação Ver *Compactação do solo*.

Compactação do solo Adensamento ou diminuição do índice de vazios de massas de solos, com o consequente aumento do peso específico e da resistência ao cisalhamento da massa, por meio de métodos físicos, como vibração, pisoteamento, prensagem. No caso de solos argilosos, o ensaio de compactação determina a umidade ótima e a densidade seca máxima, o que permite um controle da compactação com melhores resultados.

Compactação por rega Utilizada no caso de mistura de materiais granulares como cascalho, brita, areia. O adensamento mais efetivo é conseguido através de vibração, como no caso do concreto.

Compactador Equipamento utilizado na compactação de solos. Pode ser de diversos tipos: estacionário, ocorre pela passagem de um peso sobre a massa a ser compactada; vibratórios, quando o principal efeito é a vibração, usado em materiais granulares como brita, cascalho, areia; por impacto, no caso dos rolos tipo pé de carneiro, utilizados em solos argilosos.

Compactador estacionário Ver *Compactador*.

Compactador tipo pé de carneiro Ver *Compactador*.

Componente abiótico de um *hábitat* Num ecossistema, é cada um dos componentes destituídos de vida, como, por exemplo, as substâncias minerais, os gases e os elementos climáticos isolados.

Comporta Obturação de fluxo utilizada para descarga horizontal em instalações hidráulicas, que atua sob pressão atmosférica: reservatórios, clarificadores, câmaras de mistura, filtros abertos, pequenas barragens etc.

Composição atmosférica Ver *ar*.

Compostagem Trata-se de um processo de degradação biológica da matéria orgânica, em presença de oxigênio do ar, sob condições controladas. Resultam gás carbônico, calor, água e o composto orgânico.

Compostagem ao ar livre A compostagem ao ar livre é feita pela formação de pilhas de material orgânico, com alturas de 1,80 a 2 m e extensão variável. Ver *Compostagem em leiras*.

Compostagem de lixo preparado em raspadora-raladora O tamanho das partículas é um dos parâmetros que influenciam o tempo de maturação do composto orgânico. Alguns equipamentos são usados para transformar a matéria-prima grosseira em material de menor tamanho, com a finalidade de diminuir o tempo de maturação do composto.

Compostagem em leiras Método de estabilização de matéria orgânica putrescível do lixo doméstico ou de restos vegetais, no qual o material é amontoado em forma de leiras. A estabilização ocorre pela presença de bactérias mesofílicas e termofílicas, obtendo-se o composto orgânico utilizado na melhoria de solos agrícolas.

Composto Mais conhecido como composto orgânico. É o material resultante da compostagem. Possui nutrientes minerais como nitrogênio, fósforo, potássio, cálcio, magnésio, enxofre que são assimilados em maior quantidade pelas raízes, além de ferro, zinco, cobre, manganês, boro e outros, que são absorvidos em quantidades menores e chamados de micronutrientes. Quanto mais diversificados os materiais do composto, maior será a variedade de nutrientes de sua composição. Os nutrientes do composto, ao contrário do que ocorre com os adubos sintéticos, são liberados lentamente, realizando a desejada "adubação de disponibilidade controlada". Ou seja, fornecer composto às plantas é permitir que elas retirem os nutrientes de que precisam de acordo com as suas necessidades ao longo de um tempo maior do que teriam com um adubo sintético altamente solúvel, que é arrastado pelas águas das chuvas.

Composto alifático Classe de compostos orgânicos, cujos átomos de carbono estão arranjados em uma estrutura de cadeia aberta.

Composto amoniacal Compostos nitrogenados que apresentam a amônia (NH_3), a amina (NH_2^-) ou o íon amônio (NH_4^+), em sua composição.

Composto aromático Classe de compostos orgânicos cíclicos, caracterizados pela cadeia principal com um ou mais anéis benzênicos. São substâncias com uma fragrância e gosto picantes.

Composto de arsênio O arsênio é um elemento metálico, branco-acinzentado, altamente tóxico. Quando o elemento arsênio combina-se com oxigênio, cloro ou enxofre, o composto é inorgânico. É usado como veneno em pesticidas e herbicidas, e também em caldas de conservantes para o tratamento de madeira. Os compostos orgânicos ou inorgânicos de arsênio não são fáceis de identificar, porque têm a forma de um pó branco ou incolor, e não têm cheiro nem gosto. No entanto, apenas um grama de arsênio é veneno suficiente para matar sete pessoas adultas.

Composto de cálcio Grupo de compostos que têm o cálcio (Ca) em sua composição.

Composto de cloro Na natureza, o cloro não é encontrado em estado puro, pois reage com rapidez com a maior parte dos elementos e compostos químicos, mas encontrado na forma de cloretos e cloratos. O mais abundante é o cloreto de sódio (sal de cozinha). O cloro e seus compostos são utilizados na purificação de águas, no branqueamento durante a produção de papel e na preparação de diversos compostos clorados, como o hipoclorito de sódio e hipoclorito de cálcio.

Composto de cobre Todos os compostos de cobre deveriam ser tratados como tóxicos. Sob certas concentrações, o sulfato de cobre pode se tornar letal aos seres humanos. O metal em pó é combustível; inalado, pode provocar tosse, dor de cabeça e dor de garganta. Para evitar a exposição laboral, utilizam-se protetores como óculos, luvas e máscaras. O valores limites ambientais são de 0,2 mg/m^3 para vapor de cobre e 1 mg/m^3 para o pó e névoas. Reage com oxidantes fortes como cloratos, bromatos e iodatos, com risco de explosões. A água com conteúdo superior a 1 mg/ℓ pode sujar as roupas e objetos lavados com ela, e conteúdos acima de 5 mg/ℓ tornam a água colorida e com sabor desagradável. A Organização Mundial de Saúde admite um valor máximo de 2 mg/ℓ, o mesmo adotado na União Europeia. Nos Estados Unidos, a USEPA estabeleceu o limite de 1,3 mg/ℓ.

Composto de enxofre É grande a importância do enxofre e seus compostos na vida moderna. O processo de vulcanização da borracha, descoberto por Charles Goodyear melhora muito a qualidade dessa substância, com enorme importância na indústria de pneus. O consumo do ácido sulfúrico (H_2SO_4) chega a avaliar o grau de desenvolvimento industrial de um país. Como dióxido ou sob a forma de sulfitos, é usado para preservar sucos de frutas e vinhos. No organismo humano, compostos de enxofre são fundamentais, como alguns aminoácidos etc. Na indústria farmacêutica, os compostos de enxofre têm importância, como bactericidas, antibióticos etc. Até mesmo o Viagra, usado para corrigir a disfunção erétil, é um composto de enxofre. Na agroindústria, é importante na fabricação de adubos, defensivos etc., mas o enxofre é um poluente atmosférico na forma de óxidos (SO_X) e o gás sulfídrico (H_2S) é altamente tóxico e corrosivo.

Composto de ferro À temperatura ambiente, o ferro encontra-se no estado sólido. É extraído da natureza sob a forma de minério de ferro que, depois de passar para o estágio de ferro-gusa, através de processos de transformação, é usado na forma de lingotes. Ao adicionar carbono, têm-se várias formas de aço. Na natureza, faz parte da composição de diversos minerais, muitos óxidos como o FeO (óxido de ferro II, ou óxido ferroso) ou Fe_2O_3 (óxido de ferro III, ou óxido férrico). Os números que acompanham o íon ferro dizem respeito aos estados de oxidação do ferro, que são +2 e +3, pois raramente é encontrado livre. Para se obter ferro no estado elementar, os óxidos são reduzidos com carbono, e imediatamente submetidos a um processo de refinação para retirar suas impurezas.

Composto de fósforo O fósforo não existe na natureza de forma livre. Encontra-se combinado nos compostos animais ou vegetais, e, algumas vezes, em formações rochosas. O homem se expõe profissionalmente ao fósforo nas operações de manipulação: na indústria de produtos fosforescentes, de fogos de artifício, de materiais bélicos, de pesticidas, de fósforos de segurança. Os compostos que contêm fósforos, como fosfina, pentassulfeto de fósforo, tricloreto e pentacloreto de fósforo, fosfato de tricresil podem produzir intoxicações. Em 1903, proibiu-se o uso do fósforo branco na Alemanha, na fabricação de fósforos de segurança, por ser considerado fonte de intoxicações crônicas. Nos EUA, tal medida foi adotada em 1912. Tem-se de distinguir dois tipos principais de fósforo: o branco (ou amarelo) e o vermelho, obtido pelo aquecimento do primeiro. O fósforo vermelho é considerado bem menos tóxico e por isso é utilizado na indústria. Dois outros tipos de fósforo não têm importância industrial.

Composto de magnésio Existem vários compostos de magnésio, como o brometo de magnésio ($MgBr_2$), frequente em sedativos; o carbonato de magnésio ($MgCO_3$), um pó utilizado por atletas para eliminar o suor das mãos, evitando que escorreguem. É utilizado no isolamento térmico de tubos e caldeiras e, como aditivo, na cosmética, na indústria farmacêutica e na alimentar. É adicionado às embalagens de sal refinado para evitar que forme torrões devido à umidade. O cloreto de magnésio ($MgCl_2$) é uma substância deliquescente, utilizada para evitar a formação de gelo nas estradas. O fluoreto de magnésio MgF_2 é utilizado em superfícies ópticas, como lentes antirreflexos. O hidróxido de magnésio ($Mg(OH)_2$) é mais conhecido como "leite de magnésia", constituinte em antiácidos estomacais e laxantes. Também usado como aditivo na fabricação de plásticos ignífugos. O óxido de magnésio (MgO), conhecido por magnésia, é utilizado na construção de tijolos refratários e em isolantes térmicos e elétricos. Pode ser um catalisador na produção de biodiesel. O sulfato de magnésio na sua forma hidratada ($MgSO_4 \cdot 7H_2O$) é conhecido por sal Epsom, e usado na medicina como laxativo e no tratamento de algumas erupções cutâneas. Também é utilizado como aditivo a fertilizantes dos solos deficientes em magnésio, no fabrico de cimentos, e no tratamento de produtos têxteis como algodão e seda.

Composto orgânico Ver *Composto*.

Compostos organofosforados Grupo de compostos químicos amplamente utilizados na agropecuária como inseticidas, e que podem ocasionar intoxicações acidentais nos seres humanos e nos animais, já tendo sido até mesmo utilizados em tentativas de suicídio. Causa insuficiência cardiorrespiratória por comprometimento do sistema nervoso autônomo. Pesquisas em animais de laboratório com alguns destes compostos mostraram a ocorrência de miopatia caracterizada por degeneração de células musculares, comprometendo, sobretudo a musculatura respiratória.

Composto químico Substância que pode ser decomposta por processos químicos em dois ou mais elementos ou que possam ser construídos a partir de dois ou mais elementos, como, por exemplo, o cloreto de sódio (NaCl).

Comprimento da crista da onda Distância horizontal de uma onda, medida ao longo da sua crista ou entre duas cristas sucessivas de uma onda.

Comunidade Qualidade ou estado do que é comum; comunhão. Grupo social cujos membros habitam um mesmo local, tem um mesmo governo e a mesma herança histórica e cultural.

Comunidade biológica Todos os organismos (plantas, animais e micro-organismos), que vivem num determinado *hábitat*, e interagem como parte de uma teia alimentar, ou através de suas variadas influências sobre o ambiente.

Comunidade biótica O mesmo que *Biocenose*, *Biota* ou *Comunidade biológica*.

Comunidade clímax Numa comunidade clímax, ocorre um relativo equilíbrio metabólico entre produção primária e respiração. Trata-se do estágio final de sucessão de uma comunidade vegetal, em certa área, influenciada pelas condições ambientais locais, especialmente as climáticas e pedológicas, na qual a composição das espécies e a estrutura das comunidades bióticas são consideradas razoavelmente estáveis, embora ao longo do tempo possam ocorrer mudanças.

Comunidades que coexistem em estabilidade H. Gleason concebeu a ideia de que o fator mais importante para a composição final das comunidades era a interação entre as espécies. Ou seja, a estrutura final da comunidade não é estática (*policlímax*), e não há limites claros e bem definidos (*ecótonos*), mas um gradiente de mudança na composição das espécies.

Comunidade seral ou comunidade sere Nome dado a cada grupo de plantas, dentro da sucessão ecológica, num ecossistema que avança para atingir a sua comunidade clímax. A sucessão primária descreve as comunidades de plantas que ocupam um local sem vegetação anterior, podendo ser também descritas como comunidades pioneiras. A etapa seral é intermediária na sucessão até atingir a comunidade clímax. Em muitos casos, mais de um estágio seral evolui até que as condições clímax sejam atingidas.

Comutador Parte de um gerador de corrente contínua, que estabelece o contato elétrico com as escovas, ligando os condutores da armadura ao circuito externo e realizando a comutação.

Côncavo O oposto de convexo, ou seja, menos elevado no centro do que nas bordas.

Concentração A concentração de uma substância sólida ou gasosa num líquido é dada pela sua massa relacionada ao volume de líquido. Ex.: a concentração de sólidos totais num esgoto é de 1.000 mg/ℓ.

Concentração biológica Também conhecida como bioampliação, é a tendência de acúmulo de algumas substâncias em cada nível trófico. Os organismos armazenam elementos e expelem outros. Quando isso ocorre sistematicamente entre organismos, os elementos armazenados aumentam na percentagem do peso do corpo, uma vez que o material é transferido pela cadeia alimentar ou nível trófico. Por exemplo, as concentrações de DDT acumuladas nos animais herbívoros são maiores do que nas plantas, e maiores nas plantas do que no ambiente abiótico.

Concentração de esgoto É a vazão de esgoto lançado num corpo d'água em relação às vazões desse mesmo corpo d'água, ou seja, nas análises de poder de diluição do esgoto num determinado corpo d'água.

Concentração de lodo Teor de sólidos no lodo (em percentagem) ou massa de sólidos no líquido (em mg/ℓ).

Concentração hidrogeniônica Trata-se da concentração de íons hidrogênio (H_3O^+ ou H^+) em uma solução, que varia de mais de 10 mol/ℓ a menos de 1×10^{-15} mol/ℓ. Como não faz muito sentido considerar as medidas de concentrações altíssimas ou baixíssimas de íons H_3O^+, convencionou-se uma faixa de concentrações $[H^+]$, de acordo com o produto iônico da água, entre 1 mol/ℓ e 1 x 10^{-14} mol/ℓ. Soluções com $[H^+]$ acima de 1 mol/ℓ são ácidas demais para a medição, isto é, a quantidade de espécies H^+ em solução é suficiente para considerá-la fortemente ácida; concentrações de H^+ abaixo de 1 x 10^{-14} mol/ℓ são pequenas demais e são desprezadas.

Concentração máxima de emissão Limite de concentração máxima de emissão de poluentes, fixada pelos órgãos reguladores, definida com certa segurança de sua não periculosidade para o ser humano, num determinado espaço de tempo.

Concentração máxima permissível Limite máximo de concentração de um poluente permitido pelo órgão regulador, definida com base de não ser perigosa para a saúde humana num determinado prazo de tempo.

Concentrado Alimento, produto químico líquido ou rejeitos com alta concentração de sólidos, ou da qual se retirou parte ou toda a água, para reduzir a uma substância sólida ou pastosa. Como exemplos podem ser citados: os sistemas de tratamento químico de minério, no qual a concentração do elemento que se deseja obter sob forma pura é maior do que no minério original. Também, nas usinas que promovem a dessalinização de águas salinas ou de águas salobras, após a separação da água produzida (isenta de sais), vai resultar o concentrado ou água de rejeito mais concentrada em sais (cerca de 2 vezes maior do que a água de alimentação do sistema).

Condensação Passagem da água da forma de vapor para a forma líquida.

Condensação atmosférica Ocorre quando o vapor atmosférico entra em contato com regiões ou superfícies mais frias, como é o caso do orvalho depositado sobre a superfície de um carro.

Condensação de aerossol A palavra aerossol refere-se a partículas e gotículas de líquido do ar. As partículas de poeira da atmosfera dispersam a luz solar de volta para o espaço e provocam o arrefecimento da superfície terrestre, impedindo que a energia proveniente do Sol alcance o solo. O ferro nas poeiras atmosféricas reage com determinados compostos atmosféricos sulfurados, dando lugar aos aerossóis de sulfato. Os aerossóis arrefecem o planeta tanto por dispersão da luz solar, como por atuar como núcleos de condensação de nuvens (CCN na sigla em inglês). Os núcleos de condensação são aerossóis de pequena dimensão, necessários à formação de nuvens. As nuvens acima dos oceanos também arrefecem o planeta, dispersando a luz solar de volta para o espaço.

Condensação monodispersa Quando as gotículas formadas apresentam aproximadamente o mesmo tamanho; termo geralmente aplicado a aerossóis que possuem partículas cujo tamanho não difere de 0,1 µm. Existem no mercado aparelhos que provocam tal fenômeno.

Condensação química É uma reação química em que duas moléculas se combinam para formar uma única molécula, descartando a menor durante o processo. Quando essa molécula menor é a água, ocorre uma reação de desidratação; outras moléculas menores, perdidas na reação, podem ser o cloreto de hidrogênio, o metanol ou o ácido acético. Uma reação de condensação é o oposto da reação de hidrólise, que é a clivagem de uma entidade química em duas partes pela ação da água.

Condensado Água destilada formada por resfriamento e condensação do vapor de água.

Condutância elétrica É o recíproco da resistência elétrica. A unidade derivada do SI de condutância é o siemens (símbolo S). Condutância elétrica não deve ser confundida com condutividade elétrica, que é uma característica específica de um material e recíproca da resistividade elétrica.

Cone de depressão Ver *Cone de influência de um poço*.

Cone de influência de um poço Trata-se do perfil da linha freática no entorno de um poço em pleno funcionamento.

Cone de intrusão de água salgada O aquífero costeiro fica em planícies próximas ao mar ou aos grandes lagos salgados. Sua água sofre a influência das águas salgadas, o que lhe confere características bem marcantes. Nesses locais, o fluxo subterrâneo de água doce do continente encontra o fluxo subterrâneo de água salgada que se infiltra do mar ou do lago. Devido à diferença de densidades entre os dois tipos de água, ocorre uma estratificação, e a água doce fica por cima e a salgada, por baixo. Essas águas mantêm uma separação razoável, pelo fato de ambas estarem em um meio poroso, onde a difusão dos solutos é muito lenta. Se ocorrer o bombeamento em um poço escavado na região da água doce e ultrapassar a capacidade de reposição do aquífero, pode ocorrer a intrusão da água salgada.

Cone hidráulico Tipo de tubo adutor em formato de cone, utilizado nas instalações das turbinas para a geração de energia elétrica. É chamado também de difusor e une a turbina ao canal de descarga. Tem por objetivo aumentar ao máximo a velocidade de passagem pelas turbinas do tipo Francis.

Cone Imhoff Vidraria em formato de cone, com 1 ℓ de capacidade e demarcada em mL, serve para medir a concentração de sólidos sedimentáveis do esgoto. É deixado em processo de sedimentação por uma hora e o resultado é dado em mL/ℓ.

Conferência das partes ou COP Trata-se do braço executivo de um acordo internacional que decide sobre aplicação e funcionamento das diretrizes do tratado, a implementação dos mecanismos previstos e o cumprimento das metas estabelecidas sobre Mudanças Climáticas. Até 2009 realizaram-se 14 conferências: a 1ª foi em Berlim (1995); a 2ª, em Genebra, na Suíça (1996); a 3ª, em Quioto, no Japão (1997); a 4ª, em Buenos Aires, na Argentina (1998); a 5ª, em Bonn, na Alemanha (1999); a 6ª, em Haia, na Holanda (2000); a 7ª, em Marrakesh, no Marrocos (2001); a 8ª, em Nova Delhi, na Índia (2002); a 9ª, em Milão, na Itália (2003); a 10ª, em Buenos Aires, na Argentina (2004); a 11ª, em Montreal, no Canadá (2005); a 12ª, em Nairobi, no Quênia (2006); a 13ª, em Bali, na Indonésia (2007); a 14ª, em Poznan, na Polônia (2009).

Conferência de Estocolmo Conferência da ONU, de 1972, realizada em Estocolmo, na Suécia, com a presença de 113 países. Foi a primeira conferência global voltada para a discussão do meio ambiente, considerada um marco histórico internacional, decisivo para a adoção de políticas de gerenciamento ambiental.

Conferência de Johanesburgo ou Rio +10 Conferência sobre Desenvolvimento Sustentável, realizada na cidade de Joanesburgo, África do Sul, em 2002, 10 anos após a Rio-92, com o principal objetivo de reforçar compromissos políticos com o desenvolvimento sustentável, e a proposição de transpor a fase de conceitos para a fase de ação.

Congelamento Passagem da água do estado líquido para o sólido (da água para o gelo).

Congelamento da superfície do mar Início de congelamento da superfície do mar numa baía ou golfo, no outono, com espessura suficiente para prejudicar a navegação.

Conglomerado Rocha composta de calháus ou seixos rolados (pedregulhos), aglomerados por um cimento, um depósito consolidado.

Conservação Conceito desenvolvido e disseminado nas últimas décadas do século XX, o qual propõe um relacionamento ético entre as pessoas, as terras e os recursos naturais, ou seja, uma utilização coerente dos recursos, para não destruir sua capacidade de atender às gerações futuras e garantir sua renovação. A conservação prevê a exploração racional e o manejo contínuo dos recursos naturais, com base na sua sustentabilidade.

Constante de reaeração ou de reoxigenação Taxa com que o O_2 (oxigênio atmosférico) se difunde na água de um rio ou córrego. Seu valor depende das propriedades hidráulicas e geométricas do curso d'água em questão. Existem diversas formulações empíricas para sua determinação e nestas geralmente estão contempladas a declividade longitudinal, a velocidade e a profundidade do curso d'água.

Consumo ecológico É a atitude de selecionar os produtos ao comprar e usar em casa, dando preferência aos que contaminam menos e privilegiando as empresas que investem na preservação ambiental.

Conteúdo útil do esterco Percentagem de nutrientes como nitrogênio, fósforo, potássio etc.

Contracorrente Algo que se move em sentido contrário a um fluxo ou corrente principal. Em engenharia marítima caracteriza uma corrente secundária, usualmente correndo em direção oposta à corrente principal. Fluxo de retorno ao mar da onda que se espalhou pela areia.

Convecção Transmissão de calor nos líquidos e nos gases, por efeito do movimento das camadas já aquecidas.

Convecção em um corpo de água estratificado Fenômeno que pode ocorrer nos lagos mais profundos, onde há diferença de temperatura da água nas diversas profundidades. A maior temperatura ocorre nas camadas superficiais, no entanto, se ocorrer diminuição brusca da temperatura do ar no inverno, pode ocorrer inversão e a subida rápida da água mais profunda com maior temperatura pode causar o levantamento dos sedimentos do fundo do lago, causando um sério problema de poluição dessas águas.

Convenção Reunião de políticos, religiosos, condôminos, pesquisadores, países etc., para debater e/ou deliberar sobre determinados temas.

Convenção da biodiversidade Convenção da ONU sobre diversidade biológica, um acordo lançado na Rio-92, cujos objetivos principais são: a conservação da diversidade biológica, o uso sustentável de seus componentes e a repartição justa e equitativa dos benefícios derivados da utilização dos recursos genéticos. Leva em consideração o acesso adequado, a transferência de tecnologias pertinentes, e todos os direitos sobre esses recursos e sua tecnologia. Ver mais em: <http://www.mma.gov.br/port/sbf/chm/doc/cdbport.pdf>.

Convenção de Viena Acordo multilateral global sobre a proteção da camada de ozônio, lançado em Viena, Áustria, em 1985, e que entrou em vigor em 1988. Os países signatários se comprometeram a adotar um conjunto de medidas com o objetivo de proteger a saúde humana dos efeitos nocivos que possam resultar das modificações e/ou destruição da camada de ozônio, causada por atividades humanas. O foco principal dessa convenção foi o estímulo à pesquisa, à cooperação e ao intercâmbio entre os países. Para saber mais, ver: <http://www.unep.org/ozone/ratif.shtml>.

Convenção do clima Convenção da ONU sobre Mudanças do Clima, acordo lançado na Rio-92. O objetivo era estabilizar as concentrações de gases de efeito estufa na atmosfera, num nível que evite prejuízos ao sistema climático em decorrência de ações antrópicas.

Coral Rocha dura encontrada no mar, formada pela aglomeração de vários esqueletos calcários de animais marinhos celenterados ou pólipos simples.

Corpo d'água receptor É o córrego, rio, lago ou a água marinha em que são lançados efluentes tratados ou não.

Corpo receptor Ver *Corpo d'água receptor*.

Correção da água É a correção dos valores de pH (com ácidos ou álcalis) para chegar a um valor predeterminado.

Corredeira Trechos em que o curso d'água apresenta declives mais pronunciados, e a água flui com maior velocidade. É comum ocorrer em regiões de solos rochosos; em solos normais, provocaria erosão e mudança de perfil ao longo do tempo.

Correlação altura-vazão Em um determinado posto fluviométrico, uma série de medidas correlaciona a altura da água com a medida da vazão, para se obter, a partir da medida da altura d'água, a vazão correspondente.

Correlação múltipla Quando se faz correlação de um parâmetro com outros parâmetros ao mesmo tempo.

Corrente Alternada ou CA Tipo de corrente elétrica, cuja magnitude e direção variam ciclicamente, ao contrário da corrente contínua de direção constante e polos positivo e negativo definidos. A onda usual em um circuito de CA é senoidal, por ser a forma de transmissão de energia mais eficiente. Em certas aplicações, diferentes formas de ondas são utilizadas, como triangular ou quadrada.

Corrente ao largo ou dentro do mar Corrente fora da zona de arrebentação. Qualquer corrente fora da praia.

Corrente Contínua ou CC Também conhecida por corrente galvânica, é o fluxo constante e ordenado de elétrons numa mesma direção. Esse tipo de corrente possui um polo positivo e outro negativo, gerado nas baterias de automóveis ou de motos (6, 12 ou 24 V), pequenas baterias (geralmente de 9 V), pilhas (1,2 V e 1,5 V), dínamos, células solares e fontes de alimentação de várias tecnologias, que retificam a corrente alternada para produzir corrente contínua.

Corrente costeira ou litorânea Corrente localizada em zona de arrebentação de ondas marítimas, move-se paralelamente à linha da praia, formada pela arrebentação da onda incidente em ângulo com o litoral. Correntes em águas profundas que seguem paralelamente à costa não são provocadas pela ação das ondas, mas vinculam-se à ação das marés, ventos ou distribuição das massas oceânicas. Em navegação, o termo é usado para designar uma corrente ao longo da costa aproveitada em rotas de navios.

Corrente de alimentação Corrente que flui paralelamente à praia antes de convergir e formar a corrente de retorno.

Corrente de convecção Ver *Convecção*.

Corrente de deriva Movimento lento de uma corrente marítima ou lacustre.

Corrente de enchente da maré Corrente em razão da enchente da maré.

Corrente de fuga Indica o fluxo de corrente anormal ou indesejada em um circuito elétrico devido a uma fuga, geralmente um curto-circuito ou um caminho anormal de baixa impedância.

Corrente de maré As marés resultam da combinação de forças produzidas pela atração do sol e da lua e do movimento de rotação da Terra, que leva à subida e descida da água dos oceanos e mares: as marés. Os movimentos verticais da água dos oceanos, associados à subida e descida das marés, é acompanhado de um movimento horizontal, denominado correntes das marés.

Corrente de maré de quadratura Corrente de maré de pequena intensidade que ocorre semimensalmente como resultado da posição de quadratura da lua.

Corrente de maré vazante Corrente formada pela maré de vazante.

Corrente de retorno Corrente marítima superficial de pequena duração e grande intensidade, que segue no sentido da praia para o mar, em locais singulares da praia. A corrente de retorno divide-se em três partes: corrente longitudinal convergente e paralela à praia; corrente transversal e normal à praia; e de expansão.

Corrente do Brasil Ramo da corrente marítima sul equatorial do Oceano Atlântico da qual se separa no Cabo de São Roque e toma direção sudoeste, correndo ao longo da costa sudeste da América do Sul.

Corrente elétrica alternada Ver *Corrente Alternada*.

Corrente litorânea ou costeira Ver *Corrente costeira ou litorânea*.

Corrente marítima São deslocamentos de massas de águas oceânicas geradas pela inércia de rotação da Terra e pelos ventos. As correntes movimentam-se por todos os oceanos do mundo, transportando calor e, por isso, têm influência direta na pesca, na vida marinha e no clima. As principais: a Corrente do Golfo, a Corrente do Brasil, as Correntes de Humbolt.

Corrente marítima rápida, estreita e profunda Corrente oceânica como a do Golfo.

Corrente norte-equatorial Ver *Correntes equatoriais*.

Corrente oceânica Ver *Corrente marítima*.

Corrente orbital Fluxo d'água decorrente do movimento orbital das partículas.

Corrente permanente Corrente marítima que flui sem depender de marés ou outras causas temporárias, como as grandes correntes oceânicas.

Corrente semidiurna Ver *Semidiurno*.

Corrente turbulenta, com rodamoinho ou vórtices Corrente de água com movimento turbulento e/ou circulatório.

Correntes de sizígia Correntes de marés com maiores velocidades, que ocorrem quinzenalmente, nas luas nova e cheia.

Correntes equatoriais Correntes oceânicas que se dirigem ao Equador. Ocorrem dois tipos de correntes nos dois oceanos Atlântico e Pacífico: a do norte do Equador é chamada de corrente norte equatorial, e a do sul, a corrente sul equatorial. Entre essas duas correntes há uma terceira para oeste conhecida como contracorrente equatorial.

Correntes tropicais Correntes de maré que ocorrem semimensalmente, na declinação máxima da lua. Nessa época, a tendência da lua provocar uma desigualdade diurna na corrente de maré é máxima.

Correnteza Corrente de água com grande velocidade, por atravessar um canal muito estreito, ou de grande declividade e pequena profundidade.

Correntograma Aparelho que serve para registrar a velocidade das correntes de água.

Correntômetro Grupo de aparelhos que servem para medir a velocidade da corrente de rios, canais etc. Existem diversos tipos: acústico, que mede a velocidade da água em diferentes verticais, e usado para cálculo automático de vazão, estimativa de carga sedimentar, dentre outros; o molinete, um instrumento manual usado para calcular a velocidade do fluxo em diferentes profundidades e verticais.

Correntômetro com rádio Instrumento usado para a observação de correntes de água. Os sinais que indicam a velocidade e a direção da corrente são automaticamente transmitidos pelo rádio, a um local convenientemente localizado, onde existe uma estação registradora. O instrumento fica preso a uma boia ancorada.

Correntômetro de Petterson Tipo de medidor de corrente que registra a velocidade e intensidade das correntes de água por meio de registro fotográfico.

Correntômetro Price Instrumento usado para medir a velocidade da corrente de água. Consiste de uma roda dotada de certo número de caçambas cônicas que ficam livres para rodar sob o efeito da corrente de água e tem uma conexão elétrica para determinar a rapidez ou velocidade da rotação. A velocidade correspondente é obtida por meio de tabelas.

Corrosão de metais É a transformação que ocorre em um material metálico, ou uma liga metálica, por interação química ou eletroquímica num determinado meio de exposição, e resulta na formação de produtos de corrosão e na liberação de energia. Quase sempre a corrosão metálica (por mecanismo eletroquímico) está associada à exposição do metal a um meio com moléculas de água, com gás oxigênio ou íons de hidrogênio, num meio condutor.

Corrosão galvânica Ocorre quando dois metais de potenciais eletroquímicos diferentes encontram-se imersos em um mesmo eletrólito e mantêm contato galvânico. O mesmo processo pode ocorrer com metais de mesmo potencial ou de metais diferentes, imersos em eletrólitos diferentes. Há diversos processos para eliminar ou reduzir a corrosão galvânica: deve-se evitar, nas possibilidades do projeto e da operação, o contato galvânico entre metais de grande diferença de potencial eletroquímico com o uso de

materiais isolantes como borracha; a aplicação de camadas protetoras (com tintas, plásticos etc.); e, em alguns casos, por um rearranjo do projeto.
Corrosão sob tensões É um fenômeno de deterioração de metais dúcteis, causada pela ação conjunta de tensões mecânicas (residuais ou aplicadas) em meio corrosivo. Caracteriza-se pela formação de trincas, que propiciam a ruptura do material. Por essa razão, é chamada de corrosão sob tensão fraturante, em que não se observa perda de massa do material, como é comum em outros tipos de corrosão. Assim, o material permanece com bom aspecto até a fratura ocorrer.
Corta-chamas Dispositivo que evita a propagação de chamas de um incêndio a uma determinada direção.
Cortador de chamas Ver *Corta-chamas*.
Cortina Dispositivo simples construído para provocar o barramento ou o desvio do fluxo d'água em uma determinada direção.
Cortina de estacas Grupo de estacas cravadas, de madeira, aço ou concreto, sujeito à pressão lateral do solo, como obra provisória ou definitiva de contenção, ou para formar uma obstrução à percolação da água e impedir o movimento do solo em obras de ensecadeiras, quebra-mares, estabilização de fundações etc.
Costa ou litoral Terra que margeia o litoral.
COT, Carbono Orgânico Total O carbono da água pode ter duas formas principais: orgânico e inorgânico. O carbono orgânico total pode ser dividido em duas frações: a dissolvida e a particulada. O carbono particulado é composto de material orgânico parcialmente degradado e resistente à degradação bacteriana e de alguma matéria viva microscópica. A fração dissolvida é composta de substâncias húmicas e outros compostos de carbono. Os compostos de carbono chegam aos ambientes aquáticos através de descargas antrópicas de dejetos domésticos e industriais, e pelo transporte natural da matéria orgânica vegetal dos solos.
Cota do nível de água Em relação a um plano de referência, altura do nível de um corpo d'água ou do lençol freático do solo.
Cota do terreno Altura do terreno em relação a um plano de referência.
Cota do zero de uma régua limnimétrica Relaciona-se à altitude do valor zero da régua.
Cota limnimétrica Altura medida na régua limnimétrica correspondente ao nível de água de um rio, somada à altitude do zero da régua.
Cota topográfica Altura, em relação a um plano de referência. Também conhecida como altitude, quando o plano de referência é o nível médio dos mares.
Cotovelo usado na conexão de tubos Peça que induz a uma mudança de 30°, 45° ou 90° no sentido do fluxo em uma tubulação.
Coxim na cabeça da estaca destinada a receber as batidas Essa peça evita danos na cabeça da estaca, por causa das batidas ao cravá-la.
Craqueamento É como se denominam os processos químicos na indústria do petróleo, quando um composto é dividido em partes menores pela ação de calor e/ou do catalisador.
Craqueamento de hidrocarbonetos Ver *Craqueamento*.
Crematório É um forno de altíssimas temperaturas (até 1.000°C), onde se colocam resíduos ou cadáveres que são transformados em cinzas. Assim como os incineradores de lixo, que poluíam a atmosfera no Rio de Janeiro, na década de 1960, na Segunda Guerra Mundial os fornos de algumas indústrias desativadas da Alemanha foram adaptados para fins de cremação, ou seja, a higienização ambiental era feita através de incineração em grande escala do material em decomposição recolhido diretamente nas ruas e entre os quais muitos eram pedaços dos cadáveres de pessoas e animais.
***Crenothrix* – bactéria ferruginosa** Quando o ferro está presente na água, mesmo em níveis reduzidos, pode favorecer o crescimento das chamadas ferrobactérias. Micro-organismos como *Crenothrix*, *Leptothrix* e *Gallionela* utilizam no seu metabolismo o ferro, oxidando-o, da sua forma ferrosa (Fe^{2+}) a férrica (Fe^{3+}) O ferro funciona como receptor de elétrons no processo de respiração. Embora não sejam patogênicas, o desenvolvimento dessas bactérias resulta na formação de uma espécie de filme biológico, que provoca incrustações em tubulações e transmite à água um gosto desagradável. É uma das formas de ferro mais difíceis de remover e controlar.
Creosoto É um composto químico derivado do destilado de alquitranos procedentes da combustão de carbonos graxos (hulha), a temperaturas entre 900 e 1.200°C. A destilação realiza-se entre 180°C e 400°C. A composição varia em função das distintas utilizações. A principal propriedade é a capacidade de exterminar os agentes causadores da deterioração da madeira, protegida por impregnação com o produto, num processo que se realiza em autoclaves. Apesar de evitar a deterioração da madeira, o creosoto pode causar graves queimaduras na pele dos trabalhadores que têm contato direto com a substância, agravadas na presença de raios solares.

Criogênico Que gera o frio. O processo criogênico é o uso de nitrogênio líquido ou dióxido de carbono sólido para resfriar materiais a uma temperatura menor ou igual a $-120°C$, quando plásticos, borracha e outros materiais tornam-se frágeis, e alguns metais têm suas características alteradas. A utilização de aplicações criogênicas em processos industriais aumenta a capacidade, reduz os custos e preserva o meio ambiente.

Criologia Estudo da água no seu estado sólido (Exs.: gelo e neve).

Criptógamo Grupo de plantas primitivas que, em geral, apresentam metagênese ou alternância de gerações. São plantas sem flores e seus orgãos reprodutores da fase sexuada são pouco evidentes. Compreendem as algas verdes, pardas e vermelhas, as briófitas e as pteridófitas.

Crisófitos Compreende as algas unicelulares, isoladas ou reunidas em colônias mucilaginosas; e pluricelulares, filiformes, simples ou ramificadas, às vezes sésseis, outras vezes móveis por flagelos. Inclui as classes das Bacilariofíceas, Crisofíceas e Xantofíceas.

Crista Parte mais alta ou ponto mais elevado.

Crista da onda A parte mais alta de uma onda.

Crista de montanha O mesmo que cume, ou seja, o ponto mais elevado da montanha.

Crista de vertedor O ponto mais elevado da estrutura de um vertedor. Também chamada de soleira do vertedor, ou seja, ponto a partir do qual irá se formar a altura d'água de passagem.

Crista do nível freático entre dois cursos efluentes O termo se refere ao ponto mais alto do nível freático entre duas bacias hidrográficas contíguas. Pesquisas tem sido feitas para se conhecer o comportamento do fluxo subterrâneo nessas complexas áreas. Tal comportamento depende das condições hidrogeológicas locais e esse conhecimento é usado para fins diversos, como, por exemplo para se determinar se um determinado contaminante presente em uma das bacias pode atingir ou não a outra.

Critério de aceitabilidade Item importante na compra de materiais, equipamentos etc. Trata-se da especificação da qualidade requerida do produto, na qual são fixados os testes a serem realizados e os valores limites a serem observados para verificar se o produto atende ou não aos requisitos necessários ao uso.

Critério de projeto Valores pré-definidos para os principais parâmetros, normas e/ou especificações a serem seguidos para se garantir que o projeto seja exequível e tenha funcionalidade para o fim a que se destina.

Critérios de qualidade da água É a fixação de valores limite dos diversos poluentes, de maneira a garantir que essa água permaneça adequada ao uso pretendido. No Brasil, esses critérios são definidos, em termos de qualidade dos corpos d'água, pela Resolução Conama 357/2005, alterada pela Resolução Conama 430/2011. Em termos de qualidade da água potável, são definidos pela Portaria do Ministério da Saúde de nº 518/2004.

Critérios de qualidade do ar Pelos novos índices estabelecidos pela OMS em outubro de 2006, todas as grandes cidades brasileiras estavam fora dos padrões mundiais. A média diária recomendada para partículas inaláveis foi reduzida a um terço: passou de 150 $\mu g/m^3$ (microgramas por metro cúbico) para 50 $\mu g/m^3$. O ozônio (O_3) baixou de 160 $\mu g/m^3$ para 100 $\mu g/m^3$ a média de 1 hora máxima. O dióxido de enxofre (SO_2) teve a média diária reduzida de 100 $\mu g/m^3$ para 20 $\mu g/m^3$. O dióxido de nitrogênio (NO_2) não sofreu alterações, com o índice de 200 $\mu g/m^3$ para a média de 1 hora máxima. As partículas inaláveis têm diâmetro inferior a 10 mícrons, que penetram no aparelho respiratório e podem atingir os brônquios, os alvéolos pulmonares e causar alergias, asma, irritação crônica das mucosas, bronquite, enfisema pulmonar e pneumoconiose, com o acúmulo de pó nos pulmões e as reações do tecido pulmonar. O ozônio é um gás invisível e, quando presente nas altas camadas da atmosfera, protege dos raios ultravioletas do sol e, quando formado próximo ao solo, comporta-se como poluente e penetra profundamente nas vias respiratórias, afetando os brônquios e os alvéolos pulmonares. O dióxido de enxofre é emitido para a atmosfera pela queima de combustíveis fósseis para aquecimento e produção de energia. É um gás irritante para as mucosas dos olhos e das vias respiratórias e, em concentrações elevadas, provoca efeitos agudos e crônicos na saúde. O dióxido de nitrogênio é emitido por escapamentos de veículos, usinas geradoras de energia térmica e indústria de fertilizantes. Pode provocar irritação da mucosa do nariz, manifestada pela coriza e danos severos nos pulmões.

Cromatografia É uma série de processos de separação de misturas em duas fases: estacionária (fixa) e móvel. A grande variação de combinações entre a fase móvel e estacionária faz com que a cromatografia tenha uma série de técnicas diferenciadas.

Cromatografia a gás É uma técnica para separação e análise de misturas de substâncias voláteis. A amostra é vaporizada e introduzida em um fluxo de um gás adequado, denominado Fase Móvel (FM) ou gás de arraste. Esse fluxo de gás com a amostra vaporizada passa por um tubo contendo a Fase Estacionária (FE ou coluna cromatográfica), no qual ocorre a separação da mistura. A FE pode ser um sólido adsorvente (cromatografia gás-sólido) ou um filme de um líquido pouco volátil, suportado sobre um sólido inerte (Cromatografia Gás-Líquido com coluna empacotada ou recheada) ou sobre a parede do tubo (cromatografia gasosa de alta resolução). Na Cromatografia Gás-Líquido (CGL), dois fatores comandam a separação dos constituintes de uma amostra: a solubilidade na FE, quanto maior a solubilidade de um constituinte, mais lentamente ele caminha pela coluna; e a volatilidade, quanto mais volátil a substância (ou quanto maior sua pressão de vapor), maior a tendência de permanecer vaporizada e mais rapidamente caminha pelo sistema. As substâncias separadas saem da coluna dissolvidas no gás de arraste e passam por um detector, dispositivo que gera um sinal elétrico proporcional à quantidade de material eluído. O registro desse sinal em função do tempo é o cromatograma, e as substâncias aparecem nele como picos com área proporcional à sua massa, o que possibilita a análise quantitativa.

Cromatografia de camada delgada É uma técnica de adsorção que utiliza um líquido e um sólido. Ocorre a retenção das substâncias devido à adsorção sofrida na superfície da fase estacionária (FE). Utiliza-se uma placa de vidro ou metal como suporte, e sílica em gel, alumina, terra diatomácea ou celulose como FE. A mistura é aplicada na placa de vidro coberta com sílica (FE), e colocada em um cuba contendo a fase móvel (solvente), que sobe por capilaridade e arrasta a substância menos adsorvida, separando-a das substâncias mais adsorvidas. Como a maioria das substâncias separadas são incolores, utiliza-se um revelador.

Cromatografia de coluna É a técnica de separação cuja fase estacionária acontece dentro de um tubo. Utiliza-se uma coluna de vidro aberta na parte superior e munida de uma torneira na extremidade inferior, por onde sai o líquido eluído. Na coluna, encontra-se a fase estacionária constituída por um enchimento sólido, na cromatografia de adsorção, ou por uma fase líquida, no caso da cromatografia de partição. A fase móvel é líquida em ambos os casos. A ordem das substâncias dependerá da sua polaridade.

Cromatografia em papel É uma alternativa da técnica de cromatografia em coluna, utilizando uma folha ou tira de papel adsorvente. Utiliza-se o papel de filtro de celulose, altamente hidrófilo, mantendo um revestimento de água imperceptível. Os líquidos polares terão afinidade pelas hidroxilas da molécula de celulose, formando pontes de hidrogênio, que fica retido e funciona como fase estacionária, e os líquidos menos polares são repelidos por essa estrutura, funcionado como fase móvel. Coloca-se a amostra a ser analisada um pouco acima da extremidade inferior do papel seco que, após ter a extremidade inferior mergulhada numa mistura de solventes, tem os seus constituintes arrastados, com esta mistura, que tende a subir por capilaridade. Os diferentes constituintes apresentam variação na velocidade de deslocamento, de acordo com os seus coeficientes de partição. Os componentes menos solúveis na fase estacionária (água) têm uma movimentação mais rápida. Pode-se usar para a análise de mistura de aminoácidos ou mistura de açúcares. A cromatografia em papel pode ter o sentido descendente e bidimensional, este realizado em duas etapas com solventes de diferentes propriedades.

Cromo É um metal prateado, brilhante, com grau de dureza elevado e resistente à corrosão. Ele não existe livre na natureza, mas na forma de seus compostos. Em pequenas concentrações, o cromo é um elemento essencial para os animais e o homem. Um aporte insuficiente de cromo faz aparecer sinais e sintomas semelhantes aos da diabete e das doenças cardiovasculares. O aporte recomendado é de 50 a 200 mcg por dia para adultos. No ambiente, há três números de oxidação do metal: cromo (0), cromo (III) e cromo (VI). O cromo (III) tem ocorrência natural no ambiente, enquanto o cromo (VI) e o cromo (0) são produzidos por processos industriais. O cromo (VI) é um carcinógeno humano, e a fumaça com esse elemento químico causa uma variedade de doenças respiratórias, incluindo o câncer. O contato de compostos de cromo com a pele causa dermatite alérgica e, mais raramente, ulcerações com cicatrizes e até perfurações do septo nasal. Suspeita-se que esse composto químico afeta o sistema imunológico dos seres humanos.

Cromossomo É uma longa sequência de DNA, que contém vários genes, e outras sequências de nucleotídeos, com funções específicas nas células dos seres vivos. Nos cromossomos dos eucariontes, o DNA encontra-se numa forma semiordenada no núcleo celular, agregada a proteínas estruturais, as histonas, e leva a designação de cromatina. Os procariontes não possuem histonas nem núcleo. Na sua forma não condensada, o DNA pode sofrer transcrição, regulação e replicação.

Crônico Perseverante, inveterado, que dura há muito tempo.

Cronograma de atendimento à lei Nas mudanças de procedimentos ou limites impostos por uma nova lei, é um cronograma para as empresas ou os organismos públicos se adaptarem para cumprir a lei.

Cronômetro Dispositivo mecânico ou eletrônico que permite medir um determinado intervalo de tempo.

Croqui Desenho esquemático ou esboço de um projeto.

Crosta terrestre A crosta terrestre é a parte superior da litosfera, ou seja, a camada mais externa do planeta. Sua espessura varia de 5 a 70 km. Ela é constituída por basalto e granito e, fisicamente, é menos rígida e bem mais fria do que o manto e o núcleo da Terra.

Crustáceo Animal invertebrado, de grupo numeroso e diversificado, que inclui cerca de 50.000 espécies descritas. A maioria dos crustáceos são organismos marinhos, como as lagostas, camarões, siris, caranguejos etc., mas existem crustáceos de água doce, como a pulga-d'água (*Daphnia*) e o camarão do Rio São Francisco, no Estado da Bahia e crustáceos terrestres, como o bicho-de-conta e o tatuzinho-de-quintal, que habitam as terras brasileiras.

Cruzamento por cima Estruturas como pontes, viadutos, passarelas, etc. que permitem o cruzamento de rios, estradas etc., passando por cima destes.

Cruzeta O método da cruzeta é utilizado no acompanhamento da construção de redes de esgoto, para verificar a declividade e profundidade dos trechos. É um método visual, em que são instaladas duas traves, uma em cada poço de visita contíguo, criando uma linha visual imaginária paralela à declividade do trecho. A cruzeta é uma espécie de régua T, com comprimento que vai do fundo da vala até essa linha imaginária, colocada ao longo do trecho e, visualmente, verifica-se a necessidade de cortar ou de aterrar mais a vala em construção. Ver Nuvolari (2003, Cap. 6).

CT, carbono total É a soma das parcelas orgânicas e inorgânicas.

Cuba de evaporação colocada na terra É utilizada para medir a quantidade de água evaporada em determinado espaço de tempo.

Cultura de terras O mesmo que *Agricultura*.

Cunha de água salina em água doce Trata-se da intrusão da água salina nas águas doces dos rios que deságuam no mar, pela variação do nível d'água do mar, pela ação das marés.

Cunha salina ou cunha de água salgada Ver *Cunha de água salina em água doce*.

Cupim Grupo de insetos responsáveis pela destruição de móveis e utensílios de madeira, fios e cabos elétricos e até de estruturas de concreto. São de várias espécies diferentes, mas a espécie mais conhecida é a que constrói sua morada em solos rurais. O cupinzeiro tem uma parte subterrânea e outra acima da superfície do solo, do qual saem anualmente espécies aladas (popularmente conhecidas por siriri), voando em grande número para formar outras colônias.

Curie Sobrenome do casal de cientistas Pierre e Marie, conhecidos pelas suas pesquisas com radioatividade. Marie Curie ganhou um prêmio em 1911 por suas relevantes contribuições sobre a radioatividade ao publicar, em 1910, o Tratado de Radioatividade, e foi, até então, a única pessoa do mundo a ganhá-lo duas vezes. Na primeira vez, em 1903, ganhou o Nobel de Física pelas descobertas dos elementos polônio e rádio, em parceria com seu marido Pierre Curie. Ambos dividiram esse prêmio com Henri Becquerel (1852-1908). Curie (Ci) é o nome de uma antiga unidade de atividade dos radionuclídeos, criada em homenagem a esses cientistas, que passou a Bequerel (Bq), e corresponde a uma desintegração por segundo. Assim, $1\ Ci = 3,7 \times 10^{10}\ Bq$.

Curral Cercado construído de pau a pique, pedra, madeira ou com o mesmo estilo de construção de cercas que serve para confinar o rebanho. É bastante usado no regime intensivo e semi-intensivo de criação.

Cursos d'água e suas numerosas atividades O termo *fluviation* se refere às várias facetas inerentes aos estudos dos cursos d'água, aspectos como sua formação, idade, vazão nos diversos pontos de interesse, regiões geológicas que atravessa etc.

Curso d'água perene Córrego, rio ou canal, que apresenta fluxo contínuo durante todo o ano. Contrasta com os cursos d'água intermitentes, que normalmente deixam de fluir por semanas ou meses a cada ano, e com os não permanentes ou efêmeros, que fluem apenas por horas ou dias após a chuva. Durante os anos anormalmente secos, um fluxo perene pode também deixar de fluir, tornando-se intermitente durante dias, semanas ou meses, dependendo da severidade da seca. As fronteiras para se classificar os canais perenes, intermitentes e efêmeros são indefinidas e sujeitas a uma variedade de métodos de identificação utilizados pelos governos locais, acadêmicos e outros.

Curva cáustica Nos estudos de refração de ondas marítimas, é uma curva desenhada a partir do cruzamento das ortogonais.

Cúspide ou ondulações na areia da praia Pequenas elevações na areia da praia formadas pela ação das ondas.

Custo Valor de aquisição de bens e de serviços.

Custo anual Somatória dos custos inerentes à operação e manutenção de um empreendimento. Por exemplo, numa usina de dessalinização, estão geralmente embutidos no custo anual: os encargos financeiros (juros, correções) sobre o investimento e sobre o capital de giro de operação e de manutenção, impostos, seguros, além de custos: de energia, de consumíveis, de pagamento de pessoal, de reparação e de substituição e para dar destino final aos rejeitos.

Custo de capital É o investimento total feito pelo proprietário de um empreendimento até o ponto em que o mesmo é colocado em operação contínua e produtiva. Inclui: os custos indiretos para: estudos prévios para obtenção das licenças; os juros dos financiamentos, do capital de giro e do seguro durante o período de construção, bem como os custos diretos de capital: projetos de engenharia, compra de equipamentos, construções civis, montagens etc.

Custo unitário Custo por unidade. Por exemplo, os serviços de escavação são pagos em R\$/m^3.

Custo-benefício Indicador que relaciona os benefícios e os custos de um projeto ou proposta expressos em termos monetários. Tanto os benefícios como os custos devem ser expressos em valores presentes.

Custo/eficácia Instrumento de gestão que permite aos órgãos de controle e de planificação medir e comparar custos e as consequências de intervenções diversas, para avaliar a sua eficácia e poder decidir sobre necessidade ou adequabilidade de alocação de recursos futuros.

Dd

Dados Conjunto detalhado e quantificado de informações, resultante de medições ou experiências realizadas com objetivos específicos, usado como referência para determinações, estudos e trabalhos científicos. Os dados podem ser resumidos em códigos, cifras, esquemas, planos e fotos. Não requerem um texto ou um comentário para serem inteligíveis ou utilizáveis.

Dáfnia É um gênero de crustáceos da ordem Cladocera, chamada de pulga-d'água, pela forma como ela nada, impulsionada por duas antenas situadas no alto da sua cabeça; a dáfnia parece pular dentro da água como as pulgas terrestres. Pode flutuar, ser transportada, congelada e até digerida sem sofrer danos, porque é resistente a enzimas digestivas. É muito sensível a mudanças em seu ambiente aquático, principalmente causadas por ação de xenobióticos. Esses organismos são utilizados em bioensaios, ou seja, em testes que usam organismos vivos na avaliação de toxicidade em áreas afetadas por efluentes industriais e domésticos, agricultura e corpos de água doce, próximos a portos.

Dano ambiental É qualquer prejuízo ambiental causado por ação de pessoas físicas ou jurídicas, de direito público ou privado. O dano pode ter como resultado a degradação da qualidade ambiental, ou seja, uma alteração adversa nas características do meio, como é o caso da poluição, que a lei define como uma degradação da qualidade ambiental, resultante de atividade humana.

Datação Técnicas que permitem a avaliação da idade de fósseis, vestígios, peças ou objetos usados em épocas passadas. As técnicas de datação classificam-se em dois grupos: relativas e absolutas. As técnicas relativas comparam materiais ou objetos entre si, o que permite a classificação cronológica em um conjunto estudado. Durante o século XIX, os geólogos conseguiram construir uma escala relativa do tempo, chamada geológica. Os métodos absolutos de datação permitem determinar com precisão a idade real, o tempo de existência de peças arqueológicas ou apenas antigas, desde que sejam de origem orgânica ou cronologicamente relacionadas com espécimes orgânicos.

DBO – Demanda Bioquímica de Oxigênio É um teste realizado em laboratório, para determinar a quantidade de oxigênio utilizada na oxidação bioquímica da matéria orgânica, num determinado período de tempo. É um dos parâmetros mais utilizados para medir a poluição por compostos orgânicos biodegradáveis. É expressa em miligramas de oxigênio por litro, gastos para oxidar biologicamente a matéria orgânica presente durante cinco dias a 20°C ($DBO_{5,20}$). A determinação da DBO de um efluente é importante para verificar se a quantidade de oxigênio necessária para estabilizar a matéria orgânica desse efluente não irá afetar a quantidade de OD dos corpos d'água receptores, que possam afetar a sobrevivência dos organismos aeróbios.

DBO de cinco dias Ver *DBO*.

DBO do primeiro estágio É o consumo de oxigênio pela oxidação biológica do carbono orgânico da amostra.

DBO do segundo estágio É o consumo de oxigênio pela nitrificação, ou seja, consumo devido ao processo biológico de transformação do nitrogênio amoniacal (NH_3) para nitrogênio na forma de nitrito (NO_2^-) e, posteriormente, a nitrato (NO_3^-).

DDT Inseticida muito utilizado na metade do século XX, e hoje proibido, pela sua persistência na natureza ao entrar na cadeia alimentar e causar danos aos seres humanos e animais.

Deaeração ou desaeração Remoção de ar ou de gases. Nas usinas de dessalinização é a remoção de gases não condensáveis do fluxo de água de alimentação, uma vez que esses gases, em especial o oxigênio dissolvido (O_2), aliado a outros fatores, podem provocar corrosão nas tubulações do processo.

Decaimento biológico Processo em que há uma diminuição progressiva do número de elementos de uma comunidade biológica. É mais comum o termo ser utilizado para comunidades microbiológicas e ocorre quando há deficiência de elementos básicos de sobrevivência, como nutrientes, oxigênio etc.

Decaimento da radiotividade Processo natural que ocorre em elementos químicos instáveis denominados isótopos. O isótopo de um elemento químico tem igual número de prótons, mas difere no número de nêutrons do núcleo do átomo. A instabilidade dos isótopos está associada a um excesso de energia acumulada, que tende a ser liberada sob a forma de radiações. Nesse processo, o átomo "livra-se" do excesso de energia e torna-se mais estável. A radiação emitida pode ser pura energia eletromagnética (raios γ), ou conter partículas saídas do núcleo do átomo (partículas α e β). Quando há liberação de partículas, as propriedades químicas do átomo são alteradas e aquele elemento transforma-se em outro. Ver *Decaimento em série*.

Decaimento das ondas Decréscimo ou diminuição das alturas das ondas após saírem da área da geração. Nesse processo a altura significativa decresce, porém o comprimento da onda aumenta.

Decaimento em série Os núcleos radioativos agrupam-se em quatro cadeias ou séries de decaimento: a série 4n, que começa com o núcleo do tório 232; a série 4n + 2, que começa com o núcleo do urânio 238; a série 4n + 3, que começa com o núcleo do urânio 235; e a série 4n + 1, que começa com o núcleo do netúnio 237. As três primeiras séries são naturais e a quarta, artificial. As séries terminam em núcleos estáveis. São quatro as séries porque quatro é o número de massa da partícula α e porque, enquanto o decaimento α ocasiona uma diminuição de quatro unidades no número de massa do núcleo pai para o núcleo filho, os decaimentos β e γ não ocasionam mudança nesse número. Cada série tem um nome que caracteriza os números de massa dos seus membros.

Decaimento radioativo Ver *Decaimento da radioatividade* e *Decaimento em série*.

Decaimento radioativo de raios gama Ver *Decaimento da radioatividade*.

Decantação É a separação entre líquidos de diferentes densidades, pela ação da gravidade.

Decantação primária Numa estação de tratamento de esgoto convencional, é o processo de retirada dos sólidos sedimentáveis (que sedimentam pelo próprio peso) em unidades, erroneamente chamadas de decantadores primários. Ver *Decantador*. O efluente primariamente clarificado segue para o tratamento secundário (biológico) e os sólidos sedimentados (o chamado lodo primário), segue para tratamento da fase sólida (adensamento, estabilização biológica, desaguamento e destinação final).

Decantado Material depositado no fundo dos clarificadores.

Decantador Em nosso meio, chama-se erroneamente de decantador o tanque usado no tratamento de água ou de esgoto para separar os sólidos, de forma a clarificar o líquido. Deveria ser mais adequadamente chamado de clarificador ou de unidade de separação sólido-líquido.

Decantador digestor ou decanto-digestor Ver *Clarigestor*.

Decantador Dortmund Tipo de clarigestor.

Decantador final Também chamado de clarificador secundário, tem a função de separar os sólidos biológicos (biomassa) da água, surgidos no reator de lodos ativados ou de filtros biológicos.

Decantador final ou secundário Ver *Decantador final*.

Decantador primário Ver *Decantação primária*.

Decantador secundário Tanque localizado depois do filtro biológico ou do reator de lodos ativados, com a finalidade de remover os sólidos sedimentáveis formados por flocos biológicos. Ver *Decantador final*.

Decantador secundário da filtração biológica Ver *Decantador final*.

Decantar Ato de separar líquidos de densidades diferentes.

Decapador mecânico Ver *Decapagem*.

Decapagem Remoção da capa oxidada ou de carepas das peças metálicas a serem pintadas ou recobertas com metais mais resistentes à corrosão. Pode ser feita por processos mecânicos (jatos de areia) ou químicos (decapagem química).

Decapagem branca Ver *Decapagem*.

Decapagem em tambor rotativo Ver *Decapagem*.

Decapagem química Ver *Decapagem*.

Decarbonização Nas usinas de dessalinização é um processo para remoção do dióxido de carbono (CO_2 gas) presente na água de alimentação; elemento causador da alcalinidade ao carbonato e que pode vir a provocar incrustações nas tubulações do processo.

Decênio hidrológico internacional Período de dez anos (1965-1974) de intensa atividade hidrológica internacional patrocinado pela UNESCO, em colaboração com outros organismos das Nações Unidas.

Decibel É uma medida da razão entre duas quantidades, usada em uma variedade de medições em acústica, física e eletrônica. Na medida da intensidade de sons, o decibel é a razão entre a intensidade ou potência medida e a intensidade ou potência de referência, assim, é uma unidade de medida adimensional. A definição do dB é obtida com o uso do logaritmo.

Decíduo Diz-se de florestas situadas em zona temperada, onde as árvores perdem suas folhas durante o outono para suportar o frio do inverno. Chama-se de dente decíduo ao popular dente de leite.

Declaração de princípios das florestas Nome dado à Declaração de Princípios para Consenso Global sobre Manejo, Conservação e Desenvolvimento Sustentável de todos os tipos de florestas, documento sem força jurídica, aprovado na Rio-92 e que representa o primeiro consenso internacional sobre avanços relativos ao uso e conservação de florestas. Para saber mais, ver <http://www.um.org/documents/ga/conf151/aconf15126-3annesx3.html>.

Declaração do Rio Nome dado à Declaração do Rio sobre Meio Ambiente e Desenvolvimento, documento aprovado na Rio-92. Coloca os seres humanos como centro das preocupações com o desenvolvimento sustentável e define os direitos e obrigações dos Estados com relação aos princípios básicos do meio ambiente e desenvolvimento. Para saber mais, visite <http://www.mma.gov.br/port/seagen21/ag21global/decl_rio.html>.

Declínio biológico Ver *Decaimento biológico*.

Declive É a inclinação do terreno ou da encosta de uma determinada elevação, no sentido do ponto mais alto para o mais baixo.

Declive da praia Ângulo entre a tangente à praia no batente de preamar e a horizontal ou entre um determinado ponto de referência na praia e a horizontal.

Declive insular É a declividade do mar a partir de 180 m, ou cerca de 100 braças de profundidade.

Declividade É o grau de inclinação de um terreno em relação à linha do horizonte. Pode ser expressa em percentagem, medida pela tangente do ângulo de inclinação multiplicada por 100.

Declividade crítica No escoamento livre da água em canais, bueiros etc., é a declividade que separa o regime fluvial (declividades menores que a crítica) do regime torrencial (declividades maiores que a crítica). Quando o líquido escoa sob declividade crítica, o regime é crítico e o valor da energia específica ($H + v^2/2g$) é um ponto de mínimo.

Declividade da superfície Ver *Declividade*.

Declividade mínima Nos projetos de redes de esgoto é a declividade longitudinal mínima que deve ser obedecida para evitar a indesejável sedimentação de sólidos nas tubulações.

Decomposição Em Biologia, é o processo de ciclagem ou conversão de organismos mortos, ou parte deles, em substâncias orgânicas e inorgânicas, através da ação escalonada de um conjunto de organismos (necrófagos, detritívoros, saprófagos decompositores e saprófitos). Na Geomorfologia, são as alterações das rochas produzidas pelo intemperismo químico.

Decreto É o ato administrativo de competência exclusiva dos chefes do Executivo, destinado a prover situações gerais ou individuais, abstratamente previstas de modo expresso, explícito ou implícito por legislação.

Defensivo à base de carbamato É um grupo de compostos orgânicos que compartilham um mesmo grupo funcional, cuja estrutura é -NH(CO)O-. Os carbamatos são ésteres do ácido carbâmico, NH_2COOH, um composto instável. O grupo funcional carbamato está em muitos compostos pesticidas extremamente tóxicos, como o Aldicarb, Carbofuran (Furadan), Fenoxicarbe, Carbaril (Sevin) e BPMC. Esses pesticidas podem causar envenenamento por inibição da enzima neurotransmissora colinesterase, pela inativação reversível da enzima acetilcolinesterase (colinesterase verdadeira). Os pesticidas organofosforados também inibem essa enzima, mas de forma irreversível, o que causa a forma mais severa de envenenamento colinérgico.

Defensivos à base de tiocarbamato Seu uso principal é na agricultura como inseticida, herbicida ou fungicida, mas também são utilizados: como biocidas industriais, em alguns produtos de uso doméstico e no controle de vetores em programas de saúde pública. Fazem parte do grupo: o EPTC, o molinato, o pebulato, o trialato, o butilato, o cicloato e o tiobencarbo. Alguns estudos sugerem que os agrotóxicos desse grupo compartilham um perfil metabólico comum e induzem a um efeito comum, a neuropatia do nervo ciático, mas outros estudos indicam efeitos adicionais ainda não conclusivos.

Defensivo agrícola Principal instrumento na luta contra as doenças e pragas que atacam as lavouras. Alguns são tóxicos, com riscos de acidente quando da sua utilização. Há necessidade de observar medidas de segurança, tanto com relação às dosagens recomendadas quanto à utilização de equipamento de proteção para quem aplica.

Déficit Diferença entre o necessário e o existente; gasto maior do que o ganho, durante um período de tempo.

Déficit de oxigênio Diferença entre a concentração de oxigênio dissolvido num corpo d'água e a máxima concentração (saturação) que aquele corpo d'água poderia ter nas condições de temperatura e pressão atmosférica.

Déficit de saturação Ver *Déficit de oxigênio*.

Definição do escopo do EIA São os temas e questões que devem ser detalhados e aprofundados na elaboração de um estudo de impacto ambiental (EIA), de modo que esclareça as questões relevantes para a tomada de decisão e para a efetiva participação dos interessados no projeto que se avalia. Os resultados da definição do escopo consolidam-se nos termos de referência que orientam o EIA.

Deflação Inflação negativa, ou seja, preços que compõem o índice que mede a inflação, menores do que na medição anterior.

Defloculante Reagente (carbonato de sódio ou silicato de sódio) adicionado a uma mistura de argila fina e água, para evitar a sedimentação rápida e diminuir a quantidade de água requerida (cerâmica), ou para a realização do ensaio para determinar a fração fina dos solos (dimensões menores que 0,074 mm), por sedimentação contínua em meio líquido (ver NBR-7181/84 da ABNT).

Deflúvio ou escoamento fluvial Ver *Escoamento fluvial*.

Deformação Ocorre quando se aplica uma tensão ou variação térmica que altera a forma de um corpo. As deformações por tensão podem ser classificadas em três tipos: transitória ou elástica; permanente ou plástica; e de ruptura. Na deformação elástica, o corpo retorna ao seu estado original quando acaba o efeito da tensão. Acontece quando o corpo é submetido a uma força que não supera a tensão de elasticidade (Lei de hooke). Na deformação permanente, o corpo não retorna ao seu estado original, e fica permanentemente deformado. Acontece quando o corpo é submetido à tensão de plasticidade, que é maior do que a que produz a deformação elástica. Na deformação por ruptura, o corpo rompe-se em duas ou mais partes porque recebe uma tensão inicialmente maior da que produz a deformação plástica; essa tensão tende a diminuir após o início do processo.

Deformação elástica Ver *Deformação*.

Deformação plástica Ver *Deformação*.

Degradação É um processo gerador de perda ou redução das características originais de alguma substância ou de algum local a um nível inferior. Alguns processos são naturais, como a degradação da matéria orgânica, que é cíclica e importante na natureza, por envolver organismos especializados que se complementam na sua ação, ou mesmo processos geológicos naturais, nos quais o solo da superfície é removido, levado pela ação das águas de superfície ou dos ventos e depositado em cotas mais baixas. Há outros provocados pelo homem e podem causar sérios danos ambientais. Ver *Degradação da matéria orgânica*; *Degradação ambiental* e *Erosão*.

Degradação ambiental Designa os processos que provocam danos ambientais, com perda ou redução de algumas das propriedades locais, como a qualidade ou a capacidade produtiva dos recursos ambientais. No Brasil, a Lei 6.938, de 1981, define como degradação da qualidade ambiental "a alteração adversa das características do meio ambiente".

Degradação da matéria orgânica Processo de estabilização biológica da matéria orgânica, ou seja, transformação da matéria orgânica putrescível em substâncias humificadas, realizado por micro-organismos aeróbios ou anaeróbios, que transformam substâncias complexas em simples, como água, gás carbônico, nutrientes (degradação aeróbia) ou metano, gás carbônico e outros gases em menor proporção (degradação anaeróbia).

Degradação de um curso de água Degradação física por erosão ou por assoreamento do leito ou das margens, causada pela ação de desmatamentos na bacia hidrográfica; ou perda da qualidade da água por lançamento de agentes poluentes.

Degradação do solo Abrange os processos de erosão, salinização, alcalinização ou acidificação que produzem estados de desequilíbrio físico-químico no solo, tornando-o inapto para o cultivo ou provocando situações de risco em áreas urbanas.

Degradação energética Em todo organismo vivo são realizadas sínteses de compostos químicos, com base nos nutrientes recebidos, e em fenômenos de degradação energética produzidos pelo consumo vital. Quando os anabólicos superam a intensidade dos catabólicos, o organismo vive um processo conhecido como crescimento. Assim, define-se a degradação energética como o consumo de energia acumulada nos organismos vivos.

Degradação microbiana Ver *Degradação da matéria orgânica*.

Degradação química A degradação química é a transformação de uma substância por processos que não envolvem organismos vivos, e temperatura, umidade, pH, adsorção, características químicas e físicas das substâncias determinam o tipo e a velocidade de reação.

Degradar Perda paulatina das características iniciais.

Deionização Retirada de íons da água.

Deionizado Meio do qual foram removidos os íons.

Deliberações No Brasil, são atos administrativos normativos ou decisórios, elaborados por órgãos colegiados.

Delineamento Plano, planejamento, esboço inicial.
Deliquescência Processo de fixação da água com substâncias cuja tensão de vapor da solução saturada torna-se inferior à tensão de vapor da atmosfera.
Deliquescente Que está sujeito à deliquescência.
Delta de maré Depósitos em forma de delta decorrentes da ação das correntes de maré.
Delta geográfico ou delta oceânico Depósitos de aluvião, na foz de um rio, que constitui uma planície baixa de área considerável, em forma de leque, cortada por braços nos quais se divide o curso principal, que é o resultado da acumulação dos sedimentos carreados pelo rio, mais depressa do que pelas correntes marinhas.
Demanda Litígio; ação judicial; combate, discussão; busca, procura.
Demanda baixa de água de irrigação Pouca procura por água de irrigação.
Demanda bental Oxigênio consumido pelos micro-organismos que fazem a decomposição da matéria orgânica dos sedimentos bentônicos, ou seja, aqueles que permanecem no fundo de lagos ou outros corpos d'água.
Demanda bentônica Ver *Demanda bental*.
Demanda bioquímica de oxigênio a 5 dias e 20°C Ver *DBO*.
Demanda bioquímica de oxigênio do primeiro estágio Ver *DBO do primeiro estágio*.
Demanda bioquímica de oxigênio do segundo estágio Ver *DBO do segundo estágio*.
Demanda bioquímica de oxigênio final Ver *DBO final*.
Demanda bioquímica de oxigênio imediata Ocorre imediatamente após a incubação da amostra.
Demanda bioquímica de oxigênio ou DBO Ver *DBO*.
Demanda bioquímica última de oxigênio A demanda última (do primeiro estágio) é aquela medida quando toda a matéria orgânica biodegradável foi consumida. Para o esgoto sanitário, acontece por volta do 20° dia de incubação e, em média, a DBO última revela-se 1,47 maior do que a DBO de cinco dias.
Demanda Química de Oxigênio – DQO Teste de laboratório com um forte agente oxidante (como o dicromato de potássio), em meio ácido. Os resultados servem para aferir indiretamente a quantidade de matéria orgânica (MO) das águas naturais e residuárias, ou seja, o teste mede a quantidade necessária de oxigênio para oxidar a matéria orgânica, tanto a MO biodegradável quanto a não biodegradável. Em geral, a DQO é maior do que a DBO. Para muitos tipos de despejo, é possível correlacionar DQO com DBO e, uma vez estabelecida, permite substituir a determinação da DBO pela da DQO com ganho de tempo, pois o teste da DBO demora cinco dias e a DQO no máximo, três horas.
Demanda Total de Oxigênio – DTO Medida para oxidar as matérias orgânica e inorgânica de uma água em teste específico.
Demão Cada uma das camadas de tinta ou verniz que se passa numa superfície.
Demersal São os animais aquáticos que, apesar de terem capacidade de locomoção ativa, vivem a maior parte do tempo em associação com o substrato, em fundos arenosos, como o linguado, ou em fundos rochosos, como a garoupa. Muitas espécies demersais têm hábitos territoriais e defendem seu território; um exemplo são as moreias, que se comportam como verdadeiras serpentes aquáticas, atacando qualquer animal que se aproxime do seu esconderijo. É importante distinguir os seres demersais dos bentônicos, que também vivem no fundo do mar (ou lago), porque têm limitações ou incapacidade de locomoção.
Demografia Estatística da população de uma região.
Dendrítico Ramificado como árvore.
Dendrocronologia Método científico, inventado e desenvolvido por A. E. Douglass, fundador do laboratório Tree-Ring Research, na Universidade do Arizona. Serve para estimar a idade de uma árvore pelos padrões dos anéis do tronco, estabelecida de acordo com o clima das épocas. Por essa razão, torna-se um grande método de datação absoluto dos climas passados. Em zonas temperadas, as árvores crescem em espessura de maneira descontínua e seus tecidos só crescem durante uma parte do ano, geralmente na primavera e no verão, o que leva à formação de um anel por ano. São os chamados anéis anuais. Verifica-se que a largura desses anéis não é constante, variando de ano para ano em cada região, de acordo com as condições climáticas: quanto melhores as condições, tanto mais espessos serão os anéis anuais.
Dengue Doença febril, eruptiva, infecciosa, aguda, caracterizada por febre, dores musculares e ósseas, causada por um vírus filtrável e transmitida por um mosquito (*Aedes aegypt*). Às vezes, tem caráter de epidemia.
Densidade Relação entre a massa de um corpo e o seu volume.
Densidade absoluta Relação entre a massa de um corpo e seu volume, como característica

daquele material, ou seja, sempre apresenta os mesmos valores.

Densidade aparente Os materiais e substâncias granulares ou pulverulentas podem ter valores diferentes de densidade, de acordo com as condições de adensamento. É o caso dos solos, que podem apresentar uma maior ou menor densidade, conforme estejam mais ou menos compactados, ou seja, com menores ou maiores índices de vazios.

Densidade biológica É o número de indivíduos de uma espécie em relação a um determinado ambiente.

Densidade crítica É a densidade necessária para parar a expansão do Universo.

Densidade da probabilidade das falhas Parâmetro que indica a variação da probabilidade de falhas por unidade de tempo.

Densidade de corrente Em se tratando de corrente elétrica, é o vetor de magnitude igual à quantidade de carga elétrica por unidade de tempo que passa em determinada área superficial, e de direção e sentido dados pelo vetor normal à área superficial.

Densidade de drenos Quantidade (em metros lineares) de drenos instalados em função da área, relacionada com a vazão subterrânea a ser drenada. Quanto maior a vazão, maior deve ser a densidade de drenos.

Densidade demográfica Ver *Densidade populacional*.

Densidade populacional É a razão entre o número de habitantes e a área da unidade espacial ou político-administrativa, expressa em habitantes por hectare ou por quilômetro quadrado. A densidade populacional é usada em ecologia para o cálculo da densidade de um conjunto de indivíduos de uma mesma espécie. Na engenharia, para determinar diversos fatores usados nos projetos, como, por exemplo, na determinação da vazão de distribuição de água de abastecimento ou de contribuição de esgoto.

Densidade relativa A densidade de um material é comparada com a densidade da água, que, neste caso, é tomada como padrão, considerada igual a 1.

Densímetro Dispositivo usado para medir a massa específica (também chamada densidade) de líquidos. Uma das formas mais comuns é através de um tubo de vidro longo e fechado em ambas as extremidades, mais largo em sua parte inferior e com uma gradação na parte mais estreita. O aparato deve ser imerso em um recipiente cheio do líquido do qual se deseja conhecer a massa específica até que ele possa flutuar livremente. A leitura é realizada observando em que marca da gradação fica posicionada a superfície do líquido.

Denso Propriedade relativa daquilo que apresenta muita massa (ou peso) em relação ao volume. É relativa, pois é comparada com determinados padrões. Para líquidos, é comum comparar com a densidade da água.

Depleção sazonal Diminuição esperada em certas épocas do ano. Na região Sudeste, por exemplo, pelos registros obtidos anteriormente, pode-se esperar um menor valor de precipitação pluvial para os meses de abril a agosto.

Deposição ou assoreamento Processo geológico natural, por meio do qual porções da superfície terrestre são alteradas pela deposição de materiais erodidos ou transportados de outros locais pela ação da água ou do vento.

Deposição por gravidade Ver *Depósito coluvial*.

Depósito abissal Ver *Abissal*.

Depósito aluvial Depósito de solos transportados pela água, escavados em regiões mais altas da bacia de um rio, onde apresenta maiores velocidades e depositados nas partes mais baixas da bacia.

Depósito aluvionário Ver *Depósito aluvial*.

Depósito aluvionário das cheias Os depósitos extrapolam as margens do rio, ou seja, acontecem no seu leito maior. Ver *Depósito aluvial*.

Depósito bental ou bentônico Depósito de sedimentos que ocorre no fundo dos corpos d'água, em rios de baixa velocidade ou lagos.

Depósito coluvial Solos transportados pela ação da gravidade, ou seja, depósito de solos que ocorre no sopé das montanhas, por efeito de escorregamentos ou deslizamentos de terra.

Depósito de musgos em decomposição Encontra-se em pântano formado em um vale ou depressão terrestre pelo acúmulo de água, onde se desenvolvem musgos, touceiras ou tufos de vegetação variada.

Depósito eólio, ou formado pela ação dos ventos Depósitos sedimentares acumulados pelos ventos, como as dunas de areia.

Depósito fluvial O mesmo que depósito aluvial.

Depósito glacial Depósito de solo e detritos (árvores, rochas etc.) transportados pela ação de avalanches de neve e gelo.

Depósito glaciofluvial O tranporte do material é feito por corpos d'água oriundos do degelo.

Depósito lacustre Depósito de sedimentos que ocorre nos lagos.

Depósitos clásticos Em geologia, designa os depósitos de rochas sedimentares compostos de fragmentos desagregados.

Depressão Forma de relevo que se apresenta altimetricamente em posição mais baixa do que as porções contíguas.
Depressão de oxigênio dissolvido Diminuição do oxigênio dissolvido de um corpo d'água ao degradar a matéria orgânica, devido ao consumo dos micro-organismos.
Depuração O mesmo que purificação ou tratamento.
Depuração de esgoto Tratamento de esgoto.
Depurador para o ar Dispositivo para remover as impurezas do ar.
Deriva catastrófica Desvio catastrófico da rota ou da finalidade prevista.
Desaeração O mesmo que deaeração Retirada de ar de um corpo líquido ou de massa contendo vazios preenchidos pelo ar.
Desaeração a vácuo Técnica de retirada de ar das massas pastosas, como as cerâmicas, visando obter maior densidade e, assim, maior resistência ao cisalhamento após secagem ou queima.
Desaerador Dispositivo para a remoção de ar.
Desagregação Em geologia, indica o processo de quebra ou descascamento das rochas, provocado por agentes do intemperismo (sol, chuva, ventos etc.).
Desaguamento Retirada parcial da água de uma massa de sólidos.
Desaguamento de lodo Retirada parcial da água da mistura de lodos primários e secundários de uma estação de tratamento de esgoto, com a finalidade de diminuir os volumes a serem transportados para o destino final.
Desaguamento de lodo em filtros-prensas Os filtros-prensas de esteira são mais baratos e mais adequados ao uso de polímeros como condicionadores, mas apresentam menor eficiência no desaguamento de lodo (em média, tortas com teor de sólidos de 15%), o que resulta num volume específico teórico a ser transportado de 6,4 m^3/tss (metros cúbicos por tonelada de sólidos secos). Os filtros-prensas de placas são mais caros, mas apresentam melhor eficiência no desaguamento (tortas com teor de sólidos de até 40%), o que resulta num volume específico teórico de 2,4 m^3/tss.
Desaguamento de lodo por centrifugação As centrífugas têm uma boa eficiência no desaguamento do lodo (valores variáveis do teor de sólidos nas tortas desaguadas, de acordo com o tipo de lodo, geralmente entre 18 e 30%) e são mais utilizadas, à medida que o seu preço de aquisição baixa.
Desapropriação É a transferência compulsória da propriedade particular para o Poder Público ou a seus delegados. Ação indenizada visando ao atendimento de um interesse coletivo: trata-se do grau máximo de intervenção do Estado na propriedade privada, que opera a transferência do seu próprio objeto para o domínio público, de forma onerosa, imposta, não executória e de promoção delegável, sempre que houver motivo de necessidade, de utilidade pública ou de interesse social.
Desapropriar Privar alguém da sua propriedade, expropriar, desapossar.
Desarenador Tanques e/ou dispositivos para remover a areia presente nas águas brutas ou nas águas residuárias.
Desarenador com remoção de escuma É mais comum remover escumas no clarificador primário. Em certos casos, aproveita-se para remover óleos e graxas (escumas) no próprio desarenador.
Desassorear Remover material sedimentado nos corpos d'água que diminuem drasticamente a capacidade de escoamento.
Desastre ou acidente da Baía de Minamata Talvez o maior acidente crônico e cumulativo do elemento mercúrio já registrado, ocorrido nessa bacia japonesa, onde uma empresa (Chisso Corporation) instalada desde 1932 produzia plásticos, com o mercúrio como catalisador, e despejava seus resíduos nas águas da baía, até o ano de 1968. Com o passar do tempo, o mercúrio entrou na cadeia alimentar, e transformou-se em um composto orgânico que contaminou o plâncton, os crustáceos, peixes, gatos, até chegar aos humanos. Em 1953, identificou-se o primeiro caso de lesão do sistema nervoso na população local: a intoxicação por mercúrio desencadeou uma síndrome que ficou conhecida como mal ou doença de Minamata. Trata-se de uma grave desordem neurológica degenerativa que pode ser transmitida geneticamente, e acarreta deformidades na geração de crianças. Centenas de mortes foram registradas em decorrência dessa doença, e o governo japonês (até 1997), havia reconhecido mais de 12.500 pessoas como "vítimas de Minamata".
Desativação Ato de tirar de serviço, de acabar com a atividade.
Desbastar a represa Ato de remover a vegetação da área de inundação da represa, para evitar a degradação biológica da vegetação, o que pode causar a diminuição dos níveis de oxigênio dissolvido na água.
Descamação Ato de descamar. Em geologia, é a liberação ou separação das camadas exteriores de rochas em forma de escamas, que ocorre naturalmente por agentes físico-químicos

do intemperismo, como temperatura, chuva, neve, ventos, ácidos etc.

Descentralização Processo de dispersão ou distribuição das funções e poderes de uma autoridade central para autoridades regionais ou locais. Também se refere à redistribuição da população e das atividades econômicas, industriais e comerciais dos centros urbanos para áreas menos desenvolvidas.

Descloração Remoção do excesso de cloro de uma água. É comum quando se faz a cloração de águas residuárias em excesso para garantir a desinfecção; o lançamento dessas águas com alta concentração de cloro em corpos d'água receptores é considerada prejudicial aos seres vivos da água e pode ser responsável pela formação de tri-halometanos, substâncias consideradas carcinogênicas.

Descoloração de folhas vegetais ou clorose Em botânica, ocorre nas plantas, quando as folhas não produzem suficiente clorofila e apresentam uma coloração diferente da normal: verde pálido ou amarelado. Pode provocar a morte da planta pela menor capacidade de produzir carboidratos.

Descomutador Aparelho usado, por exemplo, em telemetria para demodular sinais comutados.

Deseconomia Aumento dos preços médios da produção, quando a escala de produção é incrementada. Há uma diferença entre deseconomia interna e deseconomia externa: a interna surge como resultado da expansão de empresas individuais e sua principal fonte é a possibilidade de os custos administrativos aumentarem por unidade de produção, resultado do acréscimo dos problemas de coordenação de atividades em maior escala, da extensão da hierarquia administrativa e do crescimento da burocracia. Embora se esperem escalas de produção para as quais ocorram deseconomias, na prática, parece que as grandes empresas são capazes de evitá-las pela especialização das funções administrativas, pela introdução de equipamentos mecânicos e eletrônicos (por exemplo, computadores) e pela delegação de autoridade e responsabilidades para evitar demoras e estrangulamentos. Há pouca informação empírica sobre deseconomias internas. A deseconomia externa é o resultado da expansão de um grupo de empresas com o aumento de custos para uma ou mais delas. Classifica-se em: (a) pecuniária, que surge de aumentos nos preços dos insumos causados pela expansão de empresas, como da indústria de construção, que pode causar aumento nos salários dos pedreiros, criando uma deseconomia externa pecuniária para cada empresa que emprega pedreiros. Supõe-se que a expansão de apenas uma dessas empresas não causaria um aumento de salários. (b) tecnológica: esta categoria inclui as que não se enquadram no primeiro grupo. Por exemplo: à medida que as empresas de uma área se expandem, aumenta o congestionamento das estradas, devido ao aumento no número de entregas, carretos etc., o que aumenta o preço dos transportes para todas as empresas; do mesmo modo, a expansão de um grupo de indústrias químicas localizadas ao longo das margens de um rio aumenta a descarga de efluentes no rio, aumentando assim os custos de tratamento e uso da água para as empresas situadas a jusante.

Deseconomias de escala Ver *Deseconomia*.

Deseconomias internas Ver *Deseconomia*.

Desenho urbano Processo técnico artístico, integrado ao planejamento urbano, com o objetivo de ordenar o espaço urbano nas escalas macro a micro, em resposta à necessidade de adequá-lo à realidade psicossocial, física, econômica e histórica do lugar.

Desenvolvimento econômico Incremento da produção de bens por uma economia, acompanhado de transformações estruturais, inovações tecnológicas e empresariais, e modernização. Só pode existir quando são levadas em conta três variáveis: a) o crescimento da economia, a fim de gerar riquezas e oportunidades; b) a melhoria na distribuição da renda, diminuindo a desigualdade social; c) a melhoria da qualidade de vida, representada, entre outros fatores, por um melhor ambiente (preservado, conservado, recuperado e melhorado).

Desenvolvimento sustentável Atende às necessidades do presente, sem comprometer a capacidade das futuras gerações atenderem às próprias necessidades. É o processo de transformação, no qual a exploração dos recursos, as diretrizes de investimento, a orientação do desenvolvimento tecnológico e as mudanças institucionais são mais coerentes com as necessidades atuais e futuras, e com o compromisso da não agressão ao meio ambiente.

Desenvolvimento urbano É o processo natural ou planejado de crescimento e diferenciação de funções de um centro urbano, feito com uma planificação dos aspectos físicos, econômicos e sociais do meio urbano; implica a expansão física e demográfica, o incremento das atividades produtivas, a melhoria de condições socioeconômicas da população, a conservação e melhoria do meio ambiente e a manutenção das cidades em boas condições de funcionamento.

Desertificação Processo de degradação do solo, natural ou provocado pela remoção da cobertura vegetal ou utilização predatória, que, devido às condições climáticas e edáficas peculiares, acaba por transformá-lo em um deserto.

Deserto Solo arenoso, árido em região sem condições de desenvolvimento da vida vegetal.

Desestratificação A estratificação é um fenômeno natural que ocorre geralmente em lagos de grande profundidade, podendo gerar camadas estratificadas de temperatura, de vida animal ou vegetal. Desestratificação é um processo no qual o ar ou a água são misturados a fim de eliminar a estratificação e levar oxigênio para as camadas mais profundas. O fundo de um lago é a área que fica sem oxigênio em primeiro lugar, é também o local onde a maior parte do oxigênio é utilizado, e é o ponto mais distante da superfície onde normalmente ocorre o reabastecimento de oxigênio. Uma condição que provoca a deterioração de um lago é quando o fundo não pode suportar vida animal. Num lago sem oxigênio, a capacidade de autodepuração aeróbia é reduzida. Os pequenos animais, caracóis, minhocas, bactérias etc., que ajudam a manter uma lagoa limpa, não podem sobreviver, e os nutrientes da lagoa passam a não ser reciclados a partir do sedimento.

Desferrização Remoção de ferro de uma água.

Desflorestamento ou desmatamento Destruição, corte e derrubada indiscriminada de matas e florestas, sem a devida reposição, para a comercialização de madeira e utilização dos terrenos para agricultura, pecuária, urbanização, obras de engenharia ou outras atividades econômicas.

Desfolhação Remoção das folhas de uma árvore ou de uma floresta.

Desfolhante Produtos químicos que promovem a desfolhação. Foi muito usado pelos EUA na Guerra do Vietnã.

Desgasificação Remoção do gás de uma água. O aquecimento da água libera os gases contidos nela.

Desgaste pela ação atmosférica O mesmo que intemperismo.

Desidratação Processo de remoção de toda água de uma massa de solo, de lodo etc.

Desidratador Dispositivo ou equipamento que promove a desidratação.

Desidratar Ver *Desidratação*.

Desigualdade anual das marés Variação sazonal do nível d'água ou da velocidade da corrente da maré, periódica, por causas meteorológicas.

Desigualdade de fase Variação das marés ou das correntes marítimas associadas às mudanças das fases da lua em relação ao sol.

Desigualdade diurna entre as marés Diferença de altura ou de velocidade das duas preamares ou baixa-mares que ocorrem em um dia nas marés semidiurnas (duas marés por dia).

Desincrustação Remoção da incrustação formada em tubulações, equipamentos etc.

Desinfecção Processo que utiliza um agente químico ou não, com o objetivo de inativar microorganismos patogênicos da água, incluindo bactérias, protozoários, vírus e algas, por meio de: a) destruição da estrutura celular; b) interferência no metabolismo com inativação de enzimas; c) interferência na biossíntese e no crescimento celular, para evitar a síntese de proteínas, ácidos nucleicos e coenzimas. É um processo seletivo, isto é, não destrói todas as formas vivas nem elimina todos os organismos patogênicos. A destruição completa das formas vivas é denominada esterilização.

Desinfecção da água Ver *Desinfecção*.

Desinfecção pela ação oligodinâmica A ação oligodinâmica é a capacidade de certos íons metálicos, em especial o da prata, de produzir efeito letal sobre as bactérias, mesmo em baixas concentrações. Acredita-se que a atividade desses íons metálicos se deve à inativação de enzimas que se combinam com o metal.

Desinfecção pela prata metálica Ver *Desinfecção pela ação oligodinâmica*.

Desinfecção pelo ozônio Devido ao seu alto potencial de oxidação, o ozônio é um poderoso bactericida e virucida que exige um pequeno tempo de contato. Não apresenta efeito residual, como o cloro, e não é adequado para desinfecção final de água de abastecimento. É usado na desinfecção de efluente de esgoto tratado. Para saber mais ver Nuvolari (2011).

Desinfestação Ação de combate e extermínio de vetores animais que transmitem doenças, como mosquitos, roedores, pulgas, piolhos etc.

Desinfetante Produto usado na desinfecção.

Desinfetante químico Produto químico usado na desinfecção.

Desinfetar Ver *Desinfecção*.

Desinsetização É a parte da desinfestação que combate os insetos transmissores de moléstias, utilizando-se processos físicos (óleo em águas estagnadas, calor); biológicos (predadores); e químicos (piretros, hidrocarbonetos, clorados e derivados organofosforados).

Desintegração Decaimento radioativo ou desintegração radioativa é a desintegração de um núcleo atômico pela emissão de energia em forma de radiação. Esse tipo de radiação é a emissão de energia que se propaga por meio de partículas (radiação corpuscular) ou por meio de ondas eletromagnéticas (radiação eletromagnética).

Deslizamento de terra Fenômeno geológico que inclui uma vasta gama de movimentos do solo, como quedas de rochas, ruptura de encostas em profundidade ou fluxos superficiais de detritos. Embora a ação da gravidade sobre encostas inclinadas seja a principal causa dos deslizamentos de terra, existem outros fatores: a) erosões provocadas pelo escoamento de água de chuva; derretimento de neve; enchentes de rios; ondas oceânicas; b) encostas de rocha e solo podem enfraquecer por causa da saturação de água proveniente do degelo ou de grandes chuvas (diminuição da resistência ao cisalhamento); c) terremotos podem provocar tensões que levam à ruptura de encostas frágeis; d) erupções vulcânicas produzem depósitos de cinzas soltas instáveis; e) tráfego de equipamentos pesados, explosões e trovões causam vibrações que podem provocar ruptura de encostas frágeis; f) o excesso de peso por acumulação de chuva ou neve; deposição de rochas ou minérios; pilhas de resíduos naturais ou por estruturas feitas pelo homem podem acumular tensões sobre encostas frágeis e provocar sua ruptura.

Deslizamento de terra saturada de água Ver *Deslizamento de terra*.

Deslocamento de geleiras As geleiras são grandes e espessas massas de gelo formadas em camadas sucessivas de neve compactada e recristalizada, de várias épocas, em regiões onde a acumulação de neve é superior ao degelo. Elas se movimentam e se deslocam lentamente, em razão da gravidade, relevo abaixo, provocando erosão e sedimentação glacial.

Deslocamento miscível O conceito de deslocamento de fluidos miscíveis é empregado em estudos de movimento de solutos no solo. Caracteriza-se pelo deslocamento dos produtos químicos utilizados na agricultura, através do solo, sob a ação combinada do processo de difusão molecular, fluxo de massa e dispersão.

Deslocamento ou transporte de sedimentos no litoral Arraste de sedimentos na zona litorânea pela ação de ondas e/ou correntes. Inclui o transporte longitudinal e o transversal.

Desmanganização Remoção de manganês da água de abastecimento.

Desmatamento Remoção completa ou parcial da vegetação de uma mata, para dar lugar a áreas agrícolas ou pastagens, exploração de madeiras ou minérios, produção de carvão vegetal, exploração imobiliária, enchimento do reservatório de barragens etc.

Desmatamento do reservatório Em área dos reservatórios de barragens, é necessário o desmatamento para evitar que o apodrecimento da vegetação deteriore a qualidade das águas.

Desmatamento ou desflorestamento Ver *Desmatamento*.

Desmembramento Subdivisão de uma gleba de terra em lotes para edificação, com o aproveitamento do sistema viário e sem a abertura de novas vias de circulação ou logradouros, nem prolongamentos ou modificações, incluindo a subdivisão feita por inventários decorrentes de herança, doação ou extinção de comunhão de bens. No Brasil é regulamentado pela Lei nº 6.766, de 19 de dezembro de 1979.

Desmineralização Retirada de sais de um efluente. Ver também *Dessalinização*.

Desnitrificação Processo realizado por microorganismos em ambientes anóxicos (na ausência de oxigênio), que reduz o $N - NO_3^-$ (nitrogênio na forma de nitrato) em nitrogênio molecular (N_2), ou seja, na sua natural forma gasosa. Numa estação de tratamento de esgoto, é desejável promover a desnitrificação, para o nitrogênio retornar ao seu reservatório natural, que é o ar atmosférico.

Desnutrição Ser vivo que não recebe alimentação adequada, carecendo de substâncias necessárias ao bom funcionamento de seu organismo.

Desobstrução do pulmão Mecanismo natural de defesa do pulmão.

Desodorante Agente que promove a eliminação ou o mascaramento de odores desagradáveis.

Desodorizador Dispositivo ou produto que promove a remoção ou o mascaramento de odores desagradáveis.

Desova Processo natural de colocação de grandes quantidades de ovos para a perpetuação da espécie, característica de animais como peixes, tartarugas, etc., cujos ovos e filhotes são alvo de predadores.

Desovar Ver *Desova*.

Desoxigenação Remoção de oxigênio.

Despejo O mesmo que efluente.

Despejo combinado Esgoto sanitário coletado com as águas pluviais.

Despejo de instituição Esgoto proveniente de instituições como escolas, hospitais, orfanatos etc.

Despejo doméstico Esgoto coletado em áreas exclusivamente residenciais.

Despejo industrial Despejo líquido proveniente de processos industriais. Podem diferir dos esgotos domésticos ou sanitários. Denominado também resíduo líquido industrial.
Despejo líquido radioativo Despejo que contém radionuclídeos.
Despejo oxidado Despejo que recebe naturalmente a oxigenação pela entrada de ar no esgoto, devido à turbulência do fluxo na tubulação.
Despejo sanitário O mesmo que esgoto sanitário.
Despejo séptico Esgoto que não recebe oxigenação e torna-se séptico pela ação de bactérias anaeróbias.
Despejo urbano O mesmo que esgoto sanitário.
Desperdício O mesmo que gasto não necessário.
Despesa É a soma dos gastos ou inversões de recursos (aplicação de numerário) de uma instituição para o atendimento de suas necessidades.
Despesa corrente Representa encargo que não produz acréscimo patrimonial, e responde pela manutenção das atividades de cada empresa ou entidade.
Despesas contábeis gerais Ver *Despesas indiretas*.
Despesas de capital Resultam no acréscimo do patrimônio do órgão ou entidade que as realiza, aumentando sua riqueza patrimonial. Dotações que contribuem para formar um bem de capital, para adicionar valor a um bem já existente ou para transferir a propriedade de bens existentes, ou para transferir a propriedade de bens ou direitos (ativos reais) para terceiros.
Despesas de operação São decorrentes da atividade de produção de uma unidade. Por exemplo, as despesas diretamente relacionadas com a operação de uma estação de tratamento de água são: o pagamento dos salários dos operadores, a compra de produtos químicos, o pagamento de energia elétrica, os combustíveis utilizados em veículos e equipamentos, etc.
Despesas fixas Ocorrem independentemente de a empresa ter ou não faturamento. Ex.: salário dos empregados.
Despesas indiretas São as necessárias fora da fábrica ou local onde são produzidas, como parte (rateio) das despesas de administração central, tributos, despesas financeiras, comerciais etc.
Despoeiramento Remoção da poeira.
Despojar Roubar, saquear, expoliar.
Desratização Parte da desinfestação referente ao extermínio de roedores.

Dessalgação Retirada de sais de um líquido. Ver *Dessalinização*.
Dessalinização Em meio líquido, é a separação dos sais da água do mar para sua conversão em água potável e posterior utilização em sistemas de abastecimento doméstico, na indústria ou na irrigação. Os procedimentos para a dessalinização das águas classificam-se em: a) processos que utilizam mudança de estado, como destilação térmica, compressão do vapor e congelação; b) processos que utilizam as propriedades das membranas seletivas, como a eletrodiálise e a osmose inversa; c) processos químicos, como as trocas iônicas e os dissolventes seletivos. Os mais utilizados são a destilação, a eletrodiálise e a osmose inversa. Nos solos, a dessalinização é feita por processos de lavagem.
Dessecação Processo de secagem ou remoção completa da água de um corpo ou de uma amostra.
Dessecação forçada Secagem ou dessecação forçada envolve o aumento da temperatura ambiente e a circulação de ar.
Dessecador Recipiente de laboratório dotado de tampa com vedação hermética, contendo sílica, cuja função é absorver a umidade do ar interior, para esfriar as amostras que perderam a umidade em estufas, antes da pesagem, sem absorção da umidade higroscópica.
Dessedentar Saciar a sede.
Dessedentação animal Água usada para saciar a sede de animais nas atividades da pecuária.
Dessemelhança Falta de semelhança.
Dessorção É a transferência de átomos, moléculas ou agregados de um sólido para a fase gasosa. Um processo comum de dessorção é a evaporação: as moléculas neutras se desgarram da superfície do sólido. Se uma grande densidade de energia é depositada subitamente em um material, o número de partículas ejetadas da superfície aumenta, assim como a probabilidade de ejeção de partículas ionizadas, provocando a dessorção iônica.
Dessulfuração Remoção do enxofre e de seus compostos de uma substância.
Dessulfuração de carvão O sistema de dessulfurização dos gases da queima do carvão visa reduzir a emissão de partículas de enxofre para a atmosfera.
Destemperar Diminuir a têmpera ou o tempero, diminuir a resistência de um aço etc.
Destilação Processo de evaporação e recondensação para a separação de líquidos misturados, com base no conhecimento de seus pontos de ebulição, ou de sólidos contidos em líquidos.

Destilação a vácuo Usada na indústria do petróleo, baseia-se no fato de que numa torre de vácuo, os hidrocarbonetos irão destilar a uma temperatura menor do que a necessária numa unidade de destilação atmosférica, ou seja, aquilo que não destilou nessa última, agora destilará, sem produção de coque.

Destilação atmosférica Na indústria do petróleo, é um processo de destilação fracionada, para efetuar a primeira separação de hidrocarbonetos em uma refinaria, a qual ocorre sem transformação química, devido à diferença de ponto de ebulição de vários hidrocarbonetos.

Destilação fracionada É um processo de separação de líquidos de uma mistura, que apresentam diferentes temperaturas de ebulição, como ocorre com o petróleo, por exemplo.

Destilação por compressão do vapor O processo de destilação por compressão do vapor é usado em unidades de dessalinização da água do mar, em pequena e média escala. Nesse processo, o vapor produzido na caldeira, proveniente do aquecimento da água do mar, é mecanicamente comprimido por um compressor de vapor, de forma a aumentar a sua pressão e temperatura. Os vapores comprimidos são direcionados aos feixes de tubos do evaporador, onde dão origem a mais vapor, a partir da salmoura que envolve os tubos e, após fornecer o calor, condensam formando água destilada. Os novos vapores produzidos são comprimidos pelo compressor e o ciclo repete-se.

Destilação rápida A maioria das usinas modernas de dessalinização por destilação utiliza o processo denominado destilação rápida em faces múltiplas, no qual a água do mar entra nas unidades por cima e passa por tubos verticais, entre os quais circula vapor aquecido. A água do mar aquecida é enviada para uma câmara de baixa pressão (vácuo parcial), onde sofre vaporização, mesmo com uma temperatura abaixo de 100°C. O vapor é condensado sobre um tubo espiralado (condensador), esfriado pela água do mar que entra (e que, por sua vez, é aquecida para ser enviada às câmaras de baixa pressão, num processo cíclico) e aproveita melhor o calor.

Destilação solar É uma das aplicações da energia solar indicada para regiões onde é difícil haver água potável, pois os poços rasos perfurados têm água salobra. Utiliza-se o destilador solar, um equipamento que opera com a radiação difusa, e sua produção é de 5 ℓ/m^2 de água destilada de destilador por dia, para dias de nenhuma ou pouca nebulosidade.

Destilado O produto da destilação.
Destilador Aparelho ou equipamento para a destilação.
Destilador de alcatrão O alcatrão é uma substância betuminosa, espessa, escura e de odor forte, obtida pela destilação de certas matérias orgânicas, como carvão, ossos e algumas madeiras resinosas. A destilação do alcatrão produz o piche vegetal, matéria-prima para a produção de resinas fenólicas do tipo novalaca, resistentes à exposição a produtos químicos, temperaturas e carga mecânica.
Destilador solar Ver *Destilação solar*.
Destino final Processos ou técnicas de destinação final adequada de resíduos ou efluentes líquidos.
Destocamento Remoção de tocos de árvores.
Destratificação O fenômeno da estratificação térmica em lagos profundos é o principal fator do déficit de oxigênio no hipolímnio. Com a destratificação da coluna d'água, que pode ser feita, por exemplo, com sistemas de aeração, ocorre a mistura entre o epilímnio (com maior concentração de oxigênio) e o hipolímnio (pobre em oxigênio).
Desumidificação Tirar a umidade de uma massa.
Desvio médio em estatística Quando se faz uma série de medidas de um mesmo objeto, obtêm-se valores diferentes; esses dados são tratados estatisticamente para achar o valor médio (média aritmética) dos valores obtidos. A partir desse valor médio, acha-se o desvio de cada medida subtraindo cada valor medido do valor médio. O desvio médio é a média aritmética dos desvios.
Desvio padrão em estatística Em probabilidade e estatística, o desvio padrão é a medida mais comum da dispersão estatística e define-se como a raiz quadrada da variância, para dar uma medida da dispersão que: a) seja um número não negativo; b) use as mesmas unidades de medida dos dados.
Detecção Ação de tornar perceptíveis os fenômenos ocultos.
Detecção acústica As frequências auditivas captadas pelo homem estão na faixa de 20 Hz a 20 kHz. Uma das tecnologias para detecção acústica de vazamentos opera com frequências subsônicas, abaixo de 1 Hz. Segundo o fabricante, nessa faixa, as ondas de som são sentidas por dezenas e até centenas de quilômetros, por conterem muita energia. Através da determinação dos tempos de chegada das ondas de pressão nos sensores instalados ao longo da tubulação, o sistema pode reconhecer a possi-

bilidade de vazamento e determinar a sua localização.

Detecção da poluição do ar Existem diversos métodos para avaliar os danos que a poluição causa à saúde do ser humano, como os filtros de ar, plantas coloridas, ovos galados e ratos de laboratório. A qualidade do ar que se respira nas grandes cidades é verificada com mecanismos simples como a observação da coloração de folhas, troncos e quantidade de líquens. Uma das formas de análise dos níveis de poluição é o monitoramento das plantas do gênero *Tradescantia*, eficientes para medir tanto o acúmulo de poluentes como seus efeitos e, na maioria das vezes, se traduzem por mutações. Por meio da mudança da coloração dessa vegetação, que se adapta a qualquer canteiro central de ruas e avenidas, um especialista pode avaliar o nível de poluição daquela área.

Detector Dispositivo ou aparelho para se fazer a detecção.

Detector cromatográfico Em cromatografia, o detector compara uma propriedade física entre um gás portador puro e o mesmo gás portador de cada um dos componentes previamente separados numa coluna. Essa ação se traduz num sinal elétrico, que posteriormente se amplifica mediante um registrador gráfico ou integrador, e indica o momento que saem os componentes da coluna.

Detector de fugas Ver *Detecção acústica*.

Detector de gás combustível ou explosímetro Alguns modelos medem concentrações de vários gases combustíveis (gasolina, hexana, propano, butadieno, heptano, metano, hidrogênio etc.) e produzem um sinal proporcional à porcentagem do Limite Inferior de Explosividade (LIE) do gás, pelo princípio da oxidação catalítica.

Detector de Ionização de Chama ou DIC É usado para detectar hidrocarbonetos (HC) como o metano (CH_4), etano (C_2H_6), acetileno (C_2H_2) etc. Consiste em uma chama de hidrogênio (H_2 e ar) e um prato coletor. O efluente passa da coluna do cromatógrafo de gás através da chama, a qual divide as moléculas orgânicas e produz íons. Os íons são recolhidos em um eletrodo negativo e produzem um sinal elétrico. O FID é sensível a uma faixa dinâmica grande. Sua desvantagem é que destrói a amostra.

Detector de vazamento Ver *Detecção acústica*.

Detector do limiar de radiação Instrumento para detectar radiações, que funciona a partir de um material ou dispositivo sensível às radiações, capaz de produzir um sinal de resposta, possível de ser medido ou analisado.

Detector Geiger O mesmo que medidor Geiger. Aparelho para detectar radiação ionizante.

Detenção Prisão, apreensão.

Detergente Substância tensoativa que dissolve gorduras, usado na limpeza.

Detergente aniônico As moléculas desse produto são formadas por uma parte hidrofóbica e um agrupamento hidrofílico (que têm afinidade com a água), que torna as moléculas do detergente solúveis em água. Na numerosa série de detergentes aniônicos, encontram-se os seguintes: alquilssulfatos; sulfatos de alquilésteres; sulfatos de alquilamidas; alquilssulfonatos; sulfonatos de alquilésteres; sulfonatos de aquilamidas e sulfonatos de alquilário.

Detergente biodegradável É facilmente oxidado por colônias de bactérias, ou seja, não é prejudicial ao meio ambiente. O detergente biodegradável é o alquiossulfanato linear.

Detergente catiônico Também chamado de sabão invertido, conhecido como sal quaternário de amônio, com importante função germicida. É utilizado para fixar substâncias a fibras têxteis, como corantes diretos e substâncias opacificantes, além de ser empregado no amaciamento de tecidos. O detergente catiônico é muito mais tóxico do que o aniônico.

Detergente duro Ver *Detergente recalcitrante*.

Detergente mole O mesmo que detergente biodegradável.

Detergente recalcitrante O mesmo que detergente duro ou detergente sintético não biodegradável, conhecido quimicamente por ABS – álquio benzeno sulfanato de sódio.

Detergente sintético Esse detergente tem várias aplicações no uso doméstico para a lavagem de louça, e no industrial, passando pelo sabão em pó, dentre outros.

Deterioração Estrago, ruína, corrupção, apodrecimento.

Determinação da idade geológica pelo cálcio O cálcio tem seis isótopos estáveis, dos quais o Ca-40 é o mais abundante (97%). O Ca-40 e o Ar-40 são produtos da desintegração do K-40. O Ar-40 é usado para a determinar a idade geológica de rochas pela datação radiométrica, porém a prevalência do isótopo Ca-40 na natureza impede de fazer o mesmo com o cálcio.

Determinação da idade por radiotividade Os métodos de determinação de idade pela radiotividade (ou métodos radiométricos de datação) baseiam-se na observação dos efeitos da radiotividade. Os diferentes métodos de datação radiométrica são como relógios usados para marcar o tempo geológico. O pêndulo desse relógio é a meia-vida do isótopo no qual o método se baseia. Se o período do pêndulo é conhecido, o passar do tempo é medido com precisão por um relógio. Da mesma forma, se a meia-vida do isótopo é conhecida, a idade de uma amostra pode ser determinada com precisão. Alguns desses métodos medem o número de partículas emitidas por unidade de tempo por um elemento radioativo, como o método de datação do ^{14}C. Outros medem a variação do número de isótopos radioativos e o número dos novos núcleos produzidos pelo seu decaimento ao longo da história do mineral ou da rocha. Um exemplo é o método de datação potássio-argônio (K-Ar). Parte do potássio radioativo (^{40}K) decai e produz um núcleo de argônio com número de massa 40. Ao medir as quantidades de potássio e de argônio de uma amostra e conhecendo a meia-vida do ^{40}K, é possível determinar a idade do material.

Determinação da qualidade da água Ver o manual *Standard Methods for Analysis of Water and Wastewater*, da AWWA, no qual estão os métodos analíticos de todos os parâmetros relacionados à qualidade da água.

Determinação de velocidade da água por flutuadores É um método em que um corpo flutuante é lançado no corpo d'água, cronometrando-se o tempo para que ele percorra determinada distância.

Determinação do pH É feita pelo método do eletrodo seletivo, que necessita de prévia calibração para a temperatura ambiente, com dois líquidos: um com pH ácido e outro básico.

Detrito orgânico O mesmo que restos orgânicos.

Detritos Materiais incoerentes originários do desgaste de rochas.

Deutério Também chamado de hidrogênio pesado; isótopo do hidrogênio de peso atômico 2.

Devoniano Sistema geológico da era paleozóica antes do carbonífero e depois do siluriano.

Diafragma Membrana fabricada de material flexível, vibrátil, utilizada para diversas finalidades: algumas bombas de recalque, alto-falantes etc. É também um músculo do organismo que separa a cavidade toráxica da abdominal.

Diafragma flutuante Usado em estetoscópios médicos, é um sistema patenteado que garante tensão uniforme e melhor desempenho do aparelho.

Diafragma íris É um dispositivo que limita a quantidade de luz que penetra no microscópio e se localiza sobre o condensador fixo. A diminuição do feixe de luz permite realçar as feições morfológicas dos minerais, como suas bordas, traços de fratura, rugosidade das superfícies, presença de inclusões etc.

Diagênese Em geologia e oceanografia, refere-se a qualquer mudança química, física ou biológica sofrida por um sedimento após a sua deposição inicial, durante e após a sua litificação, com exceção da alteração superficial e do metamorfismo. O estudo da diagênese em rochas é utilizado na compreensão da sua história tectônica, e da natureza e tipo de fluidos que circularam através delas. Do ponto de vista econômico, tais estudos ajudam na avaliação da probabilidade de localizar vários minerais importantes e hidrocarbonetos.

Diagnóstico Ver *Diagnóstico ambiental*.

Diagnóstico ambiental Expressão usada por órgãos ambientais, universidades, associações profissionais com variadas conotações. O substantivo diagnóstico significa o conhecimento ou a determinação de uma doença pelos seus sintomas ou por um conjunto de dados. O diagnóstico ambiental define-se como o conhecimento de todos os componentes ambientais de uma determinada área, para caracterizar sua qualidade ambiental. Portanto, elaborar um diagnóstico ambiental é interpretar a situação ambiental problemática, a partir da interação e da dinâmica de seus componentes físicos, biológicos e socioculturais. Realiza-se com objetivos diferentes, a exemplo do que preconizam as metodologias de planejamento: servir de base para o conhecimento e o exame da situação ambiental, para traçar linhas de ação ou tomar decisões (políticas ambientais e programas de gestão ambiental) para prevenir, controlar e corrigir os problemas ambientais. A legislação de muitos países determina a realização periódica desse tipo de diagnóstico em âmbito nacional, e às vezes inclui uma avaliação do resultado da política ambiental ou dos programas de gestão implantados. Os relatórios de diagnóstico são chamados de *National Environmental Reports*, em inglês, e *Diagnósticos Ambientales Nacionales*, em espanhol. O *National Environmental Policy Act* (NEPA), decretado em 1970, pelo governo dos Estados Unidos da América, estabeleceu que o Presidente apresente anualmente ao Congresso um *Environmental Quality Report*, preparado pelo *Council of Environmental Quality* (CEQ), com: (a) o estado e a condição dos principais recursos ambientais naturais, feitos ou alterados pelo homem, incluindo florestas, terras secas e úmidas, campos, ambientes urbanos, suburbanos e rurais; (b) as tendências existentes ou previsíveis da qualidade, da gestão e da utilização de tais ambientes e seus efeitos nas exigências sociais e culturais da Nação; (c) a adequação dos recursos naturais disponíveis às exigências humanas e econômicas da Nação, à luz das necessidades expressas pela população; (d) uma análise dos programas e atividades (incluindo os regulamentos) do governo federal, dos estados e dos governos locais, de entidades não governamentais ou de indivíduos, com referência a seus efeitos no ambiente e na conservação, desenvolvimento e utilização dos recursos naturais; (e) um programa para remediar as deficiências dos programas e atividades existentes, com recomendações quanto à legislação. Desde 1972, o CEQ apresenta os relatórios anuais, que são publicados e comercializados pela imprensa oficial americana. Outros países como Japão, Suécia, Israel, Espanha, Itália, Alemanha e Venezuela reconheceram a importância da elaboração dos diagnósticos ambientais nacionais e determinaram por lei sua realização. Em 1969, a entidade de proteção ambiental da Suécia foi a primeira a iniciar essa prática. No Brasil, a SEMA patrocinou a execução do primeiro Relatório de Qualidade do Meio Ambiente (RQMA), publicado em 1984. O Decreto nº 88.351, de 1º de junho de 1983, e os decretos que o modificaram, estabelece em seu artigo 16 a competência do Ibama, com base em informação fornecida pelos Órgãos Setoriais do Sisnama, para preparar anualmente um relatório sobre a situação do meio ambiente no País, incluindo os planos de ação e programas em execução, a ser publicado e submetido pelo Conama, em sua segunda reunião do ano subsequente. Outro uso e significado da expressão "diagnóstico ambiental" no Brasil refere-se a uma das tarefas ou etapas iniciais dos estudos de impacto ambiental (EIA), que consistem na descrição da situação de qualidade da área de influência da ação ou projeto, cujos impactos se pretende avaliar. Em francês, essa etapa do EIA chama-se *analyse de l'état de l'environnement*. Em inglês tem diversas denominações, de acordo com o autor ou o país de origem e *environmental inventory* define-se como a descrição completa do meio ambiente, tal como existe na área em que se considera a execução de uma ação; *initial reference state* define-se como o conhecimento da situação ambiental da área, por meio do estudo de seus atributos; *environmental setting* e *description of baseline conditions*, *evaluation of existing situation* são a natureza das condições ambientais e socioeconômicas da área circunvizinha a um projeto proposto, de modo que os impactos possam ser identificados e suas implicações avaliadas, ou *baseline data*. A legislação brasileira oficializou a expressão "diagnóstico ambiental da área" para designar esses estudos, no item do conteúdo mínimo do Relatório de Impacto Ambiental (RIMA) (§ 1º, art. 18, Decreto nº 88.351/83).

Diagonal Direção oblíqua ou segmento de reta que, num polígono ou poliedro, une vértices de ângulos não situados sobre o mesmo lado ou sobre a mesma face.

Diagrama Representação gráfica das variações de uma grandeza ou representação gráfica por meio de linhas e traços, para melhor esclarecer uma análise lógica.

Diagrama de fase É um diagrama que mostra em que estado (sólido, líquido ou gasoso) se encontra uma substância pura quando submetida a determinados valores de pressão e temperatura.

Diagrama de pontos Em estudos estatísticos, é comum construir uma tabela de frequências para uma variável quantitativa, com agrupamentos de valores em classes, por exemplo, medir a altura dos alunos da FATEC e agrupá-los nas faixas de 1,50 a 1,55 m/ de 1,56 a 1,60 m, e assim por diante. Assim calcula-se a frequência relativa de cada faixa e resume-se a informação dos dados obtidos. Isto é desejável quando o número de dados é grande, pois sem algum tipo de resumo fica difícil tirar conclusões a respeito. Quando a quantidade de dados não é grande, uma alternativa para visualizar essa distribuição são os diagramas de pontos, nos quais cada ponto representa uma observação com determinado valor da variável. Observações com mesmo valor são representadas com pontos empilhados.

Diagrama de Rippl É um método de cálculo (de 1883), ainda utilizado para a estimativa do volume útil dos reservatórios de barragens. O volume útil é o de armazenamento necessário para garantir uma vazão regularizada e constante durante o período mais crítico de estiagem.

Diagrama de sistema Um dos métodos de avaliação de impacto ambiental, utiliza uma das formas de rede de interação baseada no diagrama de energia desenvolvido por Odum, na década de 1960, no qual se representam o comportamento dos componentes de um ecossistema e os aportes, fluxos e perdas da energia que circula em seu interior. Os diagramas de sistema representam as interações dos componentes de um sistema ambiental, e usam a energia que chega, circula e se perde, para detectar e quantificar os impactos diretos e indiretos das ações que o perturbam, adotando como indicador comum as alterações produzidas no fluxo de energia.

Diálise Filtração de sais através de uma membrana, para purificar a fase dispersa, separando os cristaloides que a impurificam.

Diâmetro de Stokes Usado no estudo de sedimentação de partículas em meio líquido, considera as propriedades aerodinâmicas das partículas. É definido como o diâmetro de uma esfera que tem a mesma densidade e velocidade terminal de sedimentação que a partícula real. Assim, mesmo partículas com formas e densidades diferentes podem ser representadas pela mesma esfera equivalente.

Diâmetro Segmento de reta que une dois pontos de uma circunferência, passando pelo seu centro.

Diâmetro de um tubo Considera-se o diâmetro nominal (diâmetro útil ou interno) e o diâmetro externo. Ver *Diâmetro*.

Diâmetro equivalente de sedimentação Diâmetro de uma esfera com o mesmo peso específico e a mesma velocidade limite de sedimentação ou de queda, de uma partícula num mesmo fluido.

Diarreia Enfermidade que pode ter diversos diagnósticos, entre eles o de infecção por micro-organismos, caracterizada por fezes em estado líquido e em intervalos mais frequentes do que o normal.

Diatomáceas Importante grupo de protistas da divisão *Bacillariophyta*. São organismos unicelulares, cuja característica é uma carapaça ou parede silicosa chamada frústula, localizada fora da membrana plasmática. Ocorrem na água doce e nos mares, podendo ser planctônicas ou bentônicas. Existem algumas espécies que formam cadeias ou colônias simples que podem levar a considerá-las pluricelulares. Algumas espécies apresentam bioluminescência e produzem toxinas.

Diatomita ou terra diatomácea É um sedimento amorfo, originado a partir de frústulas ou carapaças de organismos unicelulares vegetais, como algas microscópicas aquáticas marinhas e lacustres, denominado diatomita. Pela natureza silicosa, as frústulas desenvolvem-se indefinidamente nas camadas geológicas da crosta terrestre. É um material leve e de baixa massa específica aparente, cuja coloração varia do branco ao cinza-escuro. Esse material é constituído principalmente por sílica opalina (58 a 91%) e impurezas como argilominerais, matéria orgânica, hidróxidos, areia quartzosa e carbonatos de cálcio e de magnésio. A maioria das diatomáceas mede de 4 a 500 mm, e há mais de 12.000 espécies diferentes.

Diazinon Nome comercial de um inseticida e acaricida organofosforado, também conhecido como diazinona, classe toxicológica II (altamente tóxico), com autorização de uso no Brasil como produto veterinário para o controle de ectoparasitas em gados, carneiros e animais domésticos.

Dieldrin É um organoclorado, um metabólito oxidado do Aldrin (altamente tóxico), considerado um composto muito estável, que se decompõe lentamente sob a ação da luz, com um alto poder residual no meio ambiente, e pode resistir até décadas, com média de permanência de oito anos. A presença do Dieldrin nos líquidos biológicos pode significar uma exposição ao Aldrin, ao Dieldrin, ou a ambos.

Difração Desvio dos raios luminosos quando incidem em um corpo opaco. É também o nome de um fenômeno que ocorre com as ondas do mar ao se encontrarem com extremidades de obstáculos naturais ou artificiais que, ao interromperem sua propagação, levam-nas a modificar suas características originais, provocando a transmissão lateral da energia da onda ao longo da sua crista.

Difração de raios X Raios X de comprimento de onda bem determinado, produzidos por um tubo de raios X e selecionados por difração, são usados na análise de cristais. Quando o feixe definido difrata em um cristal desconhecido, a medida do(s) ângulo(s) de difração do(s) raio(s) emergente(s) pode elucidar a distância dos átomos no cristal e sua estrutura cristalina, possibilitando conhecer o tipo de cristal. Em Química, a difração de raios X é usada para obter características da estrutura de um composto.

Difteria Doença infecciosa, também conhecida por crupe ou garrotilho, causada pelo bacilo *Corynebacterium diphteriae*. Caracteriza-se pela formação de falsas membranas na garganta e no nariz, e por fenômenos produzidos pela absorção de uma toxina.

Difusão No campo da meteorologia, é a troca de parcelas fluidas, inclusive de seus conteúdos e propriedades, entre regiões da atmosfera, em movimento aparentemente aleatório, em escala muito reduzida para ser tratada por equações de movimento. Quando as gotículas de líquido estão dispersas entre partículas de poeira, elas se depositam nas gotículas por difusão, o principal mecanismo de coleta de partículas menores que um mícron numa corrente gasosa. Como resul-

tado da turbulência de um fluido a difusão pode ser um mecanismo de deposição de partículas de poeira em gotículas de um *spray*.
Difusão atmosférica Ver *Difusão*.
Difusão molecular É um exemplo de fenômeno de transporte de matéria, em que um soluto é transportado devido aos movimentos das moléculas de um fluido. Do ponto de vista macroscópico, esses movimentos fazem com que o soluto passe das zonas mais elevadas de concentração para zonas de baixa concentração. A difusão molecular de um solvente ocorre no sentido inverso, ou seja, de uma solução menos concentrada para uma solução mais concentrada. Quando a difusão do solvente ocorre através de uma membrana semipermeável, é denominada osmose. A solução menos concentrada é denominada hipotônica e a mais concentrada, hipertônica. Esse processo de difusão do soluto ou solvente é importante na absorção de nutrientes pelas células através da membrana celular.
Difusor de ar Nas estações de tratamento de esgoto, o difusor de ar é um dispositivo instalado na extremidade das tubulações de aeração e tem a função de transferir o ar para a massa líquida. O oxigênio presente no ar é usado pelos micro--organismos para a degradação da matéria orgânica presente no esgoto. Os difusores podem ser do tipo tubo poroso ou perfurado, de membrana (mais recentes) ou cerâmicos (mais antigos) e podem produzir bolhas finas, médias ou grossas, sendo que, para tratamento de esgoto por lodos ativados, os de bolhas finas são mais eficientes. Para saber mais ver Nuvolari (2011).
Digestão Transformação dos alimentos em substâncias assimiláveis pelos organismos. Nas estações de tratamento de esgoto, é o processo pelo qual a matéria orgânica ou volátil do lodo é liquefeita, gaseificada, mineralizada ou convertida em matéria orgânica mais estável, através da atividade anaeróbia de micro-organismos.
Digestão acelerada A digestão, principalmente a anaeróbia, pode ser acelerada, e por meio de uma boa mistura e aquecimento com controle de temperatura na faixa mesofílica (entre 35 e 37°C) ou termofílica (entre 57 e 62°C) no reator.
Digestão aeróbia Ocorre quando a digestão é feita em ambiente aeróbio, ou seja, na presença de oxigênio dissolvido.
Digestão anaeróbia Ocorre quando a digestão é feita em ambiente anaeróbio, ou seja, na ausência de oxigênio dissolvido.
Digestão biológica Ocorre quando a digestão é feita pela ação de micro-organismos. Em contraposição, tem-se a digestão química, que ocorre no estômago do homem, por exemplo.

Digestão de lodo de múltiplos estágios Ocorre quando a digestão do lodo é feita em reatores sequenciais. É mais comum o digestor de duplo estágio. No primeiro deles, promove-se uma eficiente mistura e, às vezes, aquecimento, para melhorar a eficiência. O segundo reator funciona como um reator de estágio único, para a separação dos sólidos digeridos, que ficam no fundo, do líquido sobrenadante, enquanto a digestão se completa e os gases gerados podem ser separados e removidos.
Digestão de lodos Ver *Digestão*.
Digestão de lodos em estágio único Na digestão de lodos em estágio único usa-se apenas um reator, e a principal característica é a estratificação em quatro camadas: 1) camada superficial de escuma; 2) camada de sobrenadante ou líquido a ser removido e transportado para o início do tratamento; 3) camada ativa de digestão do lodo; 4) camada de fundo ou camada de sólidos inertes (lodo digerido). Pelo fato de não haver a mistura, o tempo de detenção precisa ser maior, ou seja, a eficiência não é muito boa.
Digestão em múltiplos estágios Ver *Digestão de lodos em múltiplos estágios*.
Digestão em série ou em estágios Ver *Digestão de lodos em múltiplos estágios*.
Digestão mesófila Ocorre em ambientes com temperaturas na faixa mesófila e, para melhor eficiência, deve ser controlada entre 35 e 37°C.
Digestão primária Digestão que ocorre no reator de primeiro estágio.
Digestão secundária Digestão que ocorre no reator de segundo estágio.
Digestão separada de lodos No processo convencional de lodos ativados (idade do lodo entre 3 e 10 dias), há necessidade da digestão do lodo, feita com os lodos dos clarificadores primários e secundários e colocando-os em digestores anaeróbios de lodo, para diminuir a concentração de sólidos voláteis (estabilização). No processo de tratamento de esgoto por lodos ativados, e aeração prolongada (idade do lodo entre 18 e 30 dias); o lodo é digerido aerobiamente no próprio reator de lodos ativados, sem precisar da digestão separada.
Digestão termófila Ocorre em ambientes com temperaturas na faixa termófila (para melhor eficiência deve ser controlada entre 57 e 62°C).
Digestão termófilo-mesófila em série Ver *Digestão mesófila* e *Digestão termófila*.
Digestor de lodo Ver *Digestor ou Biodigestor*.
Digestor ou biodigestor Unidade de tratamento em ambiente anaeróbio, cuja finalidade é promover a estabilização de matérias

orgânicas, em particular lodos das estações de tratamento de águas residuárias. É um tanque grande, cilíndrico, às vezes construído com uma parte inferior cônica para o espessamento dos lodos, enquanto a parte superior capta os gases (metano, gás carbônico e outros) resultantes da digestão.

Digestor ovoide A forma ovoide escolhida para o reator serve para obter uma estrutura mais leve, com menor necessidade de armaduras.

Digestor separado de lodos Ver *Digestão separada de lodos*.

Dilatabilidade Propriedade daquilo que é dilatável.

Dilatação Aumento de dimensões, geralmente pelo aumento de temperatura.

Dilatação pelo calor Ver *Dilatação*.

Diligência devida Investigação oficial, para constatar irregularidades em determinada atividade ou função.

Diluição Em poluição do ar, difusão de poluente líquido, sólido ou gasoso em uma parcela de ar e a mistura dessa parcela com ar não contaminado, até que a concentração do poluente seja tão reduzida que se torne negligenciável ou impossível de ser detectada.

Diluição do despejo Acréscimo de água para diminuir a concentração de poluentes, ou para possibilitar a análise de laboratório, em função da escala de detecção dos aparelhos. Um exemplo é a necessária diluição do esgoto para determinar a DBO. A diluição de despejos para lançamento em corpos d'água é proibida no Brasil.

Diluído Fraco, ou de baixa concentração de impurezas.

Diluir Diminuir a concentração de uma solução. Ver *Diluição do despejo*.

Dilúvio Inundação bíblica universal; cataclismo; chuva em abundância.

Dimensão Avaliação de acordo com padrões métricos, ou outros, do comprimento, largura ou altura de uma área, corpo ou objeto.

Dimensionamento Na engenharia, é o ato de estabelecer, de acordo com as necessidades, as dimensões de tubulações, equipamentos, unidades de tratamento, estruturas etc.

Diminuto Muito pequeno; escasso.

Dina Unidade de força do antigo sistema CGS, é a força que imprime à massa de um grama uma aceleração constante de um centímetro por segundo.

Dinâmica Parte da mecânica que estuda o movimento e as forças.

Dinâmica do ecossistema Parte da ecologia que estuda os processos, interações e a dinâmica de todos os seres vivos, incluindo os aspectos econômicos, sociais, culturais e psicológicos peculiares ao homem. É um estudo interdisciplinar e interativo que sintetiza informação e conhecimento da maioria dos campos do saber.

Dinâmica dos gases Os escoamentos podem ser divididos em dois tipos: externos ou internos. Um escoamento externo realiza-se ao redor de um corpo convexo. A uma distância suficientemente longa do corpo, o gás está em equilíbrio e o movimento do corpo perturba o equilíbrio ao seu redor. O escoamento do ar ao redor de um satélite é um exemplo típico de escoamento externo e os cálculos fornecem a força de arraste e o fluxo de calor a que o satélite está submetido. Exemplos de escoamentos internos: o escoamento de um gás através de um tubo, um canal, ou uma fenda. Esse tipo de escoamento ocorre em sistemas de vácuo e em microssistemas. Com os dados obtidos, é possível otimizar o processo de evacuação de grandes reservatórios, como por exemplo, de um simulador no espaço. Os resultados obtidos também são utilizados para a otimização das microbombas e microválvulas que fazem parte dos microssistemas.

Dinâmica dos gases rarefeitos Relaciona-se ao regime de escoamento no qual o Livre Caminho Médio (LCM) das moléculas é comparável ao tamanho do escoamento de um gás. Assim, as equações da mecânica dos meios contínuos não são válidas, e qualquer problema de escoamento deve ser resolvido pela distribuição das velocidades moleculares. Há muitas áreas de aplicação dos métodos da Dinâmica dos Gases Rarefeitos (DGR), como: aerotermodinâmica de satélites recuperáveis; sistemas de vácuo; microssistemas mecânicos e eletrônicos; separação de gases; filtros finos que conseguem tirar micropartículas do ar; indústria de lêiser; escoamento de gases através de meios porosos; engenharia química relacionada com gases; secagem etc.

Dinâmica populacional Estudo funcional das características da população, como crescimento, dispersão, mudanças de composição, e dos fatores intrínsecos e extrínsecos que as determinam.

Dinâmico Ativo, enérgico. Relativo ao movimento e às forças ou ao organismo em atividade.

Dinamômetro Instrumento destinado à medição das forças.

Dióxido de carbono Mais conhecido como gás carbônico (CO_2), é tido como o principal responsável pelo chamado efeito estufa. Resulta dos processos de queima completa de

dióxido de cloro | disjuntor elétrico

madeiras e combustíveis e também da degradação da matéria orgânica. Seu volume no ar atmosférico é estimado em 0,03% do total, mas segundo alguns cientistas já passa dos 0,04%.

Dióxido de cloro O dióxido de cloro (ClO_2) é um gás manufaturado (não ocorre naturalmente). É bastante usado nas fábricas de papel para branqueamento e na desinfecção das águas de abastecimento.

Dióxido de enxofre O dióxido de enxofre (SO_2) é um gás emitido na queima de combustíveis em veículos e indústrias com óxidos de carbono (CO e CO_2) e de nitrogênio (NO_X) É um dos principais causadores da chuva ácida, associado à água da atmosfera em forma de ácido sulfúrico. Por ser prejudicial à saúde e ao ambiente, limita-se o teor de enxofre dos combustíveis, de modo a diminuir a emissão desse gás.

Dioxina *Tetraclorodibezoparadioxina* (TCDD) Composto altamente tóxico e persistente, que se forma na elaboração de herbicidas, como o 2,4,5-T. São consideradas ultravenenos, pela alta toxicidade. As dibenzoparadioxinas policloradas (PCDD) e os furanos são duas espécies de compostos com ligações tricíclicas aromatizadas, involuntariamente sintetizadas de forma plana, com características físicas, biológicas, químicas e tóxicas semelhantes.

Dique contra inundação Ver *Dique ou espigão*.

Dique flutuante Estrutura flutuante com capacidade de afundar para receber uma embarcação sobre ela. Posteriormente, a estrutura é colocada para flutuar, o que levanta a embarcação, deixando-a com o casco aparente para fins de inspeção e/ou reparos.

Dique molhado Bacia fechada de grandes proporções, onde uma ou mais embarcações podem entrar em uma dada maré. Com o fechamento de uma comporta, a água pode ficar retida, mantendo um determinado nível.

Dique ou espigão Estrutura natural ou artificial que estanca, retém ou controla o nível das águas de um rio, lago ou mar, ou que controla a erosão. Barragem contra inundações.

Dique para irrigação Barragem ou dique construído num curso d'água (rio ou córrego) com a finalidade de regularização das vazões para utilizar num sistema de irrigação.

Direção Indicação do rumo a seguir.

Direção das ondas Direção de onde vêm as ondas.

Direção de uma corrente d'água Direção para onde segue uma corrente marítima.

Direção do vento Direção de onde os ventos sopram; de onde o vento vem.

Direito ambiental ou direito ecológico Distingue-se da legislação ambiental por considerar, além do conjunto de textos, diplomas e normas legais em vigor, as jurisprudências e demais instrumentos da ciência jurídica aplicados ao meio ambiente. Alguns autores consideram a denominação "direito ambiental" mais adequada, porque a expressão "direito ecológico" pode limitar sua aplicação ao direito dos ecossistemas.

Disclímax Comunidade vegetal que sofreu a ação de agentes externos desfavoráveis e se tornou degradada. Esse estágio é uma alteração total ou parcial do clímax, uma descontinuidade. Alguns exemplos de disclímax são: as clareiras (capoeiras); as áreas queimadas; as áreas agrícolas e de pastagens.

Disco de Secchi Inventado pelo padre italiano Pietro Angelo Secchi em 1865, é um dispositivo simples (disco com 20 cm de diâmetro), utilizado pelos limnólogos para medir a transparência da coluna de água e avaliar a profundidade da zona de penetração da luz (zona fótica). O disco é afundado na parte sombreada de um barco, preso a uma corda graduada, e continuamente afundado, até o seu completo desaparecimento, quando anota-se a profundidade (1). O disco é afundado mais um pouco e depois levantado até sua completa visualização (mede-se a prof. 2). A profundidade do desaparecimento visual do disco de Secchi (transparência da água) é igual ao valor médio das profundidades 1 e 2. As leituras devem ser feitas no campo, entre 10 e 14 horas.

Discordância Disparidade; não conformidade; incompatibilidade; desarmonia; diferença de opinião.

Discreto Reservado, prudente, ajuizado. Em termos técnicos, unitário, único. Exemplo: amostragem discreta em contraposição à amostragem composta.

Discricionalidade É a qualidade da competência concedida por lei à administração pública para definir, abstrata ou concretamente, legitimidade necessária para integrar a definição dos elementos essenciais à prática de atos de execução, necessária para atender a um interesse público específico.

Disenteria amebiana Disenteria causada por amebas. Ver *Diarreia*.

Disenteria bacilar Disenteria causada por bacilos. Ver *Diarreia*.

Disjuntor elétrico Dispositivo elétrico de proteção que desarma pela passagem de corrente acima de determinado valor.

Dispersante Tipo de produto químico capaz de emulsificar, dispersar ou solubilizar o óleo numa coluna de água; pode acelerar o espalhamento de uma mancha de óleo sobre a superfície da água, facilitando a sua dispersão.

Dispersante de solo A ação dos agentes dispersantes relaciona-se com a participação de cátions no processo de agregação das partículas de argila no solo. O sódio, que é monovalente e apresenta maior raio hidratado, tem ação dispersante, dificultando a agregação das partículas. O cálcio é bivalente, com raio hidratado menor do que o sódio, e apresenta ação floculante, contribuindo com a agregação. Assim, um dos produtos utilizados como dispersante de solo é o hidróxido de sódio (NaOH).

Dispersão Ação de dispersar ou estar em estado disperso, de separação. Em controle de poluição do ar, trata-se do movimento da parcela de ar poluído tanto vertical como horizontalmente para fora de uma zona. Os processos de diluição e de dispersão são simultâneos e, quase sempre, o termo dispersão é usado para designar tanto a mistura quanto o transporte da parcela de ar poluído. Em ecologia, o termo engloba tanto os esforços das espécies para ampliar sua área biogeográfica, como os que conseguem sobreviver nela. Na área marítima, é a separação de um distúrbio ocorrido numa onda gravitacional de superfície em várias partes componentes.

Dispersão de luz É o fenômeno de separação de uma onda em várias componentes espectrais com diferentes frequências, por causa da dependência entre a velocidade da onda e a sua frequência. Ocorre quando há mudança na densidade do meio e, assim, ondas de diferentes frequências tomam diversos ângulos na refração.

Dispersão de Rayleigh É a dispersão da luz ou de qualquer outro tipo de radiação eletromagnética por partículas muito menores do que o comprimento de onda dos fótons dispersados. Ocorre quando a luz viaja por sólidos e líquidos transparentes, mas se observa com maior frequência nos gases. A dispersão de Rayleigh da luz solar na atmosfera é a principal razão pela qual o céu parece azul. Se o tamanho das partículas é maior do que o comprimento de onda, a luz não se separa e todos os comprimentos de onda são dispersados, como ao atravessar uma nuvem, vista como branca, o mesmo ocorre quando atravessa os grãos de sal e de açúcar. Para que a luz seja dispersada, o tamanho das partículas deve ser similar ou menor do que o comprimento de onda.

Dispersão de resultados Afastamento maior ou menor do valor médio esperado.

Dispersão óptica Ver *Dispersão de luz*.

Disponibilidade Qualidade do que está livre, não ocupado.

Disponível De que se pode dispor, que não é utilizado.

Disposição Colocação metódica; distribuição ordenada, disciplinada; prescrição legal.

Disposição de lodo de esgoto A disposição final de lodo de esgoto é um sério problema surgido com o tratamento de águas residuárias. A enorme quantidade de lodo gerada, aliada às características desse material, leva a duas vertentes: descarte em aterros sanitários ou aterros específicos, ou utilização como produto para condicionamento de solos agrícolas, pastagens ou áreas degradadas (limitado por fatores como excesso de elementos potencialmente tóxicos, patogênicos, distância de transporte etc.), inertização do lodo ou das suas cinzas em massas cerâmicas, cimento etc. Para saber mais, ver Nuvolari (1996, 2002).

Disposição de lodos Ver *Disposição de lodo de esgoto*.

Disposição de pagar É o valor que os consumidores se dispõem a pagar por um bem ou serviço. Alguns consumidores se dispõem a pagar mais do que o preço de mercado real, dependendo do quanto necessitam ou desejam. Esse conceito econômico reflete a medida de valor (ou utilidade) que os consumidores atribuem às mercadorias que desejam comprar. Como os serviços ambientais, ou o uso futuro dos recursos naturais, não têm mercados próprios específicos, identificam-se mercados de recorrência ou mercados hipotéticos, nos quais é possível determinar esses valores.

Disposição de resíduos no mar Prática utilizada nas cidades litorâneas, mas proibida pelos EUA desde 1991, e pela Comunidade Europeia desde 1998.

Dispositivo para promover turbulência O termo *hydraulic jump* é o chamado ressalto hidráulico; fenômeno que é frequentemente observado no fluxo de um canal aberto, de rios, saída de vertedores em geral, seção estrangulada da calha Parshall etc. A explicação é simples: quando um líquido, em alta velocidade, atinge uma zona de baixa velocidade, ocorre um aumento abrupto na altura de escoamento desse líquido, ou seja, o líquido, que fluia de forma rápida passa a fluir mais devagar, resultando em um aumento de altura da lâmina d'água, convertendo assim, parte da energia cinética inicial em aumento da energia potencial, com uma parcela da energia total sendo irreversivelmente perdida na forma de calor, em função da alta turbulência que se forma nesses locais. Esse fenômeno pode ser usado para promover uma rápida mistura dos produtos químicos (auxiliares da floculação/coagulação) nas ETAs (Estações de tratamento de água). Ver também *Ressalto hidráulico*.

Disseminação Difusão; espalhamento; vulgarização.

Dissimilaridade Heterogeneidade; de natureza diferente.

Dissipação de energia Prática utilizada para diminuir o efeito do excesso de velocidade da água em diversas situações, em canais, ou saída de tubos etc., de declividades acentuadas.

Dissociação Separação; desagregação; decomposição reversível de uma molécula ou substância.

Distância Espaço; intervalo; afastamento.

Distância de decaimento Na área marítima, é a distância percorrida pelas ondas após saírem da área de geração.

Distância de transporte Intervalo entre os locais de carregamento e de descarregamento de um produto.

Distribuição do tamanho dos grãos Distribuição pela frequência dos diâmetros dos grãos, que permite caracterizar a composição granulométrica de um solo.

Distribuição ecológica É necessário distinguir entre a distribuição ecológica e a distribuição geográfica dos seres vivos. A distribuição ecológica se refere à influência de algum parâmetro de um gradiente abiótico ou biótico. Assim, a distribuição ecológica de uma espécie relaciona-se ao comportamento de seus indivíduos, que podem ser estenoico (que não suporta alto grau de perturbação ou alteração do ambiente) ou eurioico (que não é muito sensível a perturbações do ambiente). Distribuição em biogeografia é um conceito mais amplo: é o conjunto de locais em que se encontra uma espécie.

Distribuição granulométrica Distribuição ou percentuais ocorrentes nas faixas características de tamanho de partículas numa mistura. Ex.: os percentuais de argila, silte, areia, ou pedregulho ocorrentes num determinado solo.

Distribuição normal É a mais importante distribuição estatística, pois considera a questão prática e teórica. Apresenta-se em formato de sino, unimodal, simétrica em relação a sua média. Pela probabilidade de ocorrência, a área sob sua curva soma 100%. Isso significa que a probabilidade de uma observação ter um valor entre dois pontos quaisquer é igual à área compreendida entre esses dois pontos.

Distrito No Brasil, é a divisão territorial de uma cidade, a cargo de uma autoridade administrativa, judicial ou fiscal e que abrange um ou mais bairros.

Distrito industrial No Brasil, há uma tendência à criação de distritos industriais, relativamente próximos, mas separados da zona urbana de forma a afastar os problemas decorrentes da atividade industrial, como trânsito pesado, poluição sonora, do ar, da água etc. É uma área planejada e dotada de infraestrutura física e serviços de apoio necessários para a indução de um processo de desenvolvimento industrial, às vezes com o tratamento de efluentes feito de forma coletiva, visando a um menor custo global.

Distrofia Perturbação da nutrição.

Distrófico Ambiente ou indivíduo no qual, por algum motivo, há perturbação da nutrição. Em pedologia, em um solo distrófico a porcentagem de saturação por bases é inferior a 50%, portanto, bastante ácido. É considerado de média ou baixa fertilidade.

Diurno ou diurnal Que apresenta um período ou ciclo de aproximadamente um dia.

Divergência Trata-se da existência de opiniões diferentes a respeito de um assunto. Quando se trata da refração de ondas marítimas, significa a separação das ortogonais, no sentido do caminhamento das ondas. Caracteriza uma área em que diminuem as alturas das ondas e a concentração energética.

Diversidade Variedade; diferença.

Diversidade biológica ou biodiversidade Ver *Biodiversidade*.

Divisor de águas Linha limite ou fronteiriça, composta pelos pontos altos da topografia e que separa bacias de drenagem adjacentes.

Divisor de bacias hidrográficas Ver *Divisor de águas*.

Divisor freático Ver *Crista do nível freático entre dois cursos efluentes*.

Dobra geológica Deformação que ocorre nas rochas e que resulta do arqueamento de camadas rochosas, inicialmente planas, de comportamento dúctil, pela ação de tensões compressivas (tectonismo).

Doca Espaço entre dois píers, ou corte no solo para recebimento de embarcações.

Doca seca ou dique seco Bacia artificial fechada, dotada de comporta ou caixão, na qual a embarcação é introduzida. Posteriormente, a água é retirada por bombeamento, com a finalidade de expor o casco da embarcação para eventuais inspeções ou reparos.

Doença Perturbação da saúde, enfermidade.

Doença cardiovascular Doença no sistema circulatório; bombeamento de sangue pelo coração e seu transporte pelas veias e artérias.

Doença de Chagas Doença também conhecida por *Tripanossomíase americana*, provocada pelo *Trypanossoma cruzi*, descoberto em 1908, por Carlos Chagas, no intestino de um inseto hematófago, vulgarmente conhecido como barbeiro ou chupança, o qual, no período noturno, suga o sangue de invertebrados, inclusive do homem, depositando suas fezes infectadas. Ao entrar no sangue, o tripanossoma invade certos órgãos, preferentemente o coração, e penetra nas fibras cardíacas, onde se multiplica, provocando uma lesão, a chamada miocardite chagásica, com consequente insuficiência cardíaca. Os tripanossomas lesam também o sistema nervoso autônomo e provocam alterações no esôfago, estômago e intestino.

Doença de origem não parasitária Os trabalhos referenciados a esse tipo de doença (não parasitária) em sua maioria estão mais relacionados com plantas e em decorrência da falta de algum nutriente ou da presença de produtos tóxicos no solo. No entanto, no homem e nos animais também podem ocorrer por desequilíbrio na alimentação (desnutrição), ingestão de produtos tóxicos ou mesmo de agrotóxicos presentes em alimentos etc.

Doença de transmissão hídrica A água pode ser responsável pela transmissão dos agentes causadores de muitas doenças. As principais são: amebíase; giardíase; gastroenterite; febre tifoide e paratifoide; hepatite infecciosa; cólera. Indiretamente, a água ainda se liga à transmissão de algumas verminoses, como esquistossomose, ascaridíase, teníase, oxiuríase e ancilostomíase.

Doença do sono Cientificamente conhecida como *tripanossomíase africana*, é uma doença fatal causada pelo parasita unicelular *Trypanosoma brucei*. Há duas formas: uma na África Ocidental, incluindo Angola e Guiné-Bissau, causada pela subespécie *T. brucei gambiense*, de forma crônica, e outra na África Oriental, incluindo Moçambique, causada pelo *T. brucei rhodesiense*, de forma aguda. Ambos os parasitas são transmitidos pela picada da mosca *tsé-tsé* (do gênero *Glossina*).

Doença endêmica Doença contagiosa, com presença constante em uma determinada população.

Doença epidêmica Afeta um grande número de pessoas simultaneamente, em região mais ou menos extensa e que se extingue após determinado período de tempo. Quando a região atingida é relativamente pequena, há um foco epidêmico; se abranger vastos territórios, é uma pandemia.

Doença humana Aquela que só atinge os seres humanos.

Doença infecciosa É causada por micro-organismos patogênicos, que elaboram, no organismo do hospedeiro, toxinas capazes de desencadear um processo infeccioso. Esses agentes penetram no organismo do hospedeiro pelas vias respiratórias, digestivas, urinárias, pela pele, por picadas de insetos ou mordidas de animais.

Doença orgânica Ocorre por alguma disfunção do organismo.

Doença pandêmica Ver *Doença epidêmica*.

Doença relacionada com a água Ver *Doença de transmissão hídrica*.

Doença respiratória É a que afeta as vias respiratórias.

Doença transmissível É a que passa de uma pessoa para outra.

Dolfim Estrutura para acostagem de embarcações, constituída por um conjunto de estacas que sustenta uma plataforma no seu topo.

Dolomita Mineral romboédrico, formado de carbonato duplo de cálcio e magnésio.

Domácias São pequenas estruturas da face inferior das folhas de diversas plantas com importância agrícola. São descritas por causa dos ácaros predadores e fungívoros que habitam nelas e lhes provêm benefícios. São estruturas extremamente complexas e não apresentam nenhuma função fisiológica conhecida. Os ácaros se beneficiam das domácias pela obtenção de um local seguro para reprodução e proteção contra predadores e que as plantas também se beneficiam pela redução do ataque de herbívoros ou patógenos. Assim, os ecologistas levantam a hipótese de que as domácias mediam uma associação mutualística entre as plantas e os ácaros que protegem as folhas.

Doméstico Familiar; agregado.

Dominância Qualidade daquilo que é dominante.

Dominância ecológica É a forma como todos os indivíduos de uma comunidade se distribuem nas espécies. Essa distribuição pode ser mais ou menos homogênea. No entanto, as biocenoses naturais têm elevada dominância, com muitos indivíduos pertencentes a poucas espécies dominantes, acompanhadas por várias espécies raras ou pouco frequentes.

Domínio eminente ou desapropriação sem consentimento Ação de desapropriação da propriedade privada de um cidadão promovida pelo governo, com compensação monetária devida, mas sem a concordância do proprietário. A propriedade é obtida seja para uso governamental ou por delegação a terceiros, que vai dedicá-la para uso público ou cívico ou, em alguns casos, para promover o desenvolvimento econômico. Os casos mais comuns do domínio eminente são para serviços públicos, rodovias e ferrovias, mas podem também ocorrer por razões de segurança pública. Alguns países exigem que seja feita oferta de órgão do governo para comprar o imóvel antes de recorrer ao uso do domínio eminente.

Domo Parte superior de um edifício, de forma esférica.

Dormência Torpor; insensibilidade; sonolência.

Dosador Equipamento ou dispositivo para fazer a dosagem de substâncias.

Dosagem Conjunto de operações em química analítica para achar pesos, percentagens ou volumes, que combinam as substâncias.

Dosagem de reagentes Introdução de reagentes nas quantidades especificadas.

Dose Quantidade fixa de uma substância na composição de um medicamento ou numa combinação química. É também a porção medicamentosa que se toma de uma vez.

Dose absorvida Trata-se da energia concedida pela radiação ionizante por unidade de massa do material irradiado. No sistema internacional, é medida em grei (Gy). Convencionou-se que $1\ Gy = 1\ J/kg$. Em alguns trabalhos aparece uma unidade antiga, o rad (do inglês *Radiation Absorbed Dose*) e $1\ rad = 0,01\ Gy$. Um enunciado que envolve essa unidade é: "uma dose de $3\ Gy = 300\ rad$, de raios gama, quando absorvida pelo corpo inteiro, num pequeno intervalo de tempo, provocará a morte de 50% das pessoas a ela expostas".

Dose acumulada É a quantidade de determinada substância que se acumula no organismo, ou a que foi recebida acumulativamente pelo organismo, num determinado espaço de tempo. Termo muito usado na área das radiações ionizantes (radioatividade).

Dose de exposição As radiações alfa, beta, gama e X, cedem energia ao meio em que transitam e quem se interpõe no campo de ação dessa energia recebe uma determinada dose de exposição. No sistema internacional, a unidade de medida de exposição é o C/kg (coulomb/kg). Em alguns trabalhos aparece a unidade antiga, o Roentgen (R), como a capacidade de ceder 8,78 mJ de energia a 1 kg de ar seco, em condições normais; $1\ R = 2,58 \times 10^{-4}\ C/kg$.

Dose de radiação Ver *Dose de exposição*, *Dose absorvida* e *Dose efetiva*.

Dose de radioatividade O mesmo que dose de radiação.

Dose efetiva No sistema internacional, a unidade da dose efetiva é o sievert (Sv), criado para estabelecer uma escala comum que permitisse o cálculo dos limites de dose, necessários para estabelecer padrões de segurança quanto à radiação. É definida como o produto da dose absorvida por um fator de conversão de dose, que depende das chamadas rotas de entrada (inalação ou ingestão), do nível de desobstrução do pulmão, quando se trata de inalação; da porção do instestino delgado, quando se trata de ingestão; e do órgão em questão.

Dose letal – DL Dose que provoca a morte. Pode resultar da ingestão, inalação ou injeção a título experimental.

Dose 50% letal – DL50 Dose de uma substância capaz de matar 50% dos animais ensaiados expressa em mg de produto por quilo de peso corpóreo.

Dose letal para a metade dos expostos Ver *Dose 50% letal – DL50*.

Dose limiar de radiação Dose de radiação ionizante que produz um efeito biológico detectável.

Dose média Média aritmética de uma dose de radiação. A média pode ser tomada com relação ao tempo, número de pessoas, local ou distribuição da dose pela pele.

Dose permissível Dose que comprovadamente não irá causar danos à pessoa ou animal que a recebe.

Dose subletal Dose de um produto tóxico que é mais próxima da dose que leva à morte.

Dose tolerável Trata-se da maior dose com o menor número de efeitos secundários.

Dosimetria Determinação apurada e sistemática das doses. É um sistema terapêutico baseado na ação dos alcaloides, tomados em pequenas doses, sob a forma de grânulos, em intervalos certos.

Dossel Cobertura ornamental; armação forrada e com franjas, para enfeitar altares, tronos etc.

DQO ou Demanda química de oxigênio Ver *Demanda química de oxigênio ou DQO*.

Draga Equipamento para a escavação hidráulica, usada em portos de extração de areia; em obras de desobstruções de enseadas e canais portuários etc.

Draga hidráulica Ver *Dragagem*.

Dragagem Operação artificial de remoção de sedimentos depositados no fundo de qualquer

corpo d'água por meios mecânicos ou hidráulicos. É usada para desobstruir áreas portuárias, rios, canais ou em escavações hidráulicas. É comum o uso do *dragline* (equipamento mecânico) ou dragas (equipamento que funciona com bombas hidráulicas).
Drenagem Escoamento natural ou artificial da água superficial ou subterrânea de uma área.
Drenagem urbana Captação e transporte das águas pluviais. Em algumas cidades, inclui também o tratamento da água coletada nos primeiros 20 minutos de cada chuva, para remover a chamada poluição difusa.
Duna Elevação móvel de areia, formada e movimentada pela ação dos ventos.
Duna costeira, duna marítima ou antiduna Ver *Antiduna*.
Duna de areia Elevação móvel de areia formada e movimentada pela ação dos ventos.
Duração de maré Tempo durante o qual escoam as correntes de maré vazante, contado da meia-estofa.
Dureza Rigidez; resistência; insensibilidade.
Dureza da água É a medida da capacidade da água de precipitar sabão. É uma propriedade relacionada com a concentração de íons de cálcio (Ca^+) e magnésio (Mg^+), os principais íons levados em consideração na medição. Eventualmente o zinco, o estrôncio, o ferro ou o alumínio são levados em conta na aferição da dureza, mas os resultados são expressos em termos de concentração de carbonato de cálcio (mg/ℓ de $CaCO_3$). A água é considerada de média dureza quando a concentração de $CaCO_3$ está entre 135 e 200 mg/ℓ; e dura quando a concentração está entre 200 e 350 mg/ℓ; acima de 350 mg/ℓ de $CaCO_3$, a água é considerada muito dura.
Dureza dos carbonatos Ver *Dureza temporária*.
Dureza dos não carbonatos ou dureza permanente Deve-se a cloretos, nitratos e sulfatos, e não é suscetível à fervura.
Dureza real O mesmo que DUREZA PERMANENTE.
Dureza temporária É gerada pela presença de carbonatos e bicarbonatos e pode ser eliminada por meio de fervura da água.
Dureza total É a concentração total de cálcio e de magnésio, expressa em temos de $CaCO_3$. Quando a dureza total é numericamente igual ou menor à alcalinidade de carbonatos e bicarbonatos, só existe dureza de carbonatos.
Duro Rijo; consistente; resistente.

Ee

Ebonite Material plástico, isolante de eletricidade, obtido por vulcanização de uma mistura de enxofre e borracha.
Ebulição Conversão rápida de um líquido em vapor pela violenta formação de borbulhas.
Eclusa Dispositivo dotado de comportas, instalado nas barragens e que permite a transposição de embarcações.
Ecobatimetria ou ecossondagem Determinação da profundidade de um corpo d'água, com um instrumento (ecobatímetro) que emite som, capta o eco (reflexão do som), e registra o tempo entre a emissão e a reflexão. Com essas informações, determina-se a distância entre o ponto de emissão e o fundo (ponto de reflexão). Ver *Sondagem acústica*.
Ecobatímetro Dispositivo utilizado para fazer a ecobatimetria.
Ecoclina Faixa de transição gradual entre dois tipos de comunidades, quando há uma terceira comunidade intermediária entre as duas. As ecoclinas acompanham algum gradiente ambiental, como mudança gradativa na temperatura ou no tipo de solo.
Ecodesenvolvimento Processo criativo de planejamento de utilização do meio, com técnicas ecologicamente prudentes, concebidas em função das potencialidades desse meio, para impedir o desperdício dos recursos, e com seu uso na satisfação das necessidades da sociedade, levando em conta a diversidade dos meios naturais e dos contextos culturais. As estratégias do ecodesenvolvimento são múltiplas e concebidas a partir de um envolvimento da comunidade. Instituir o ecodesenvolvimento em uma área é ajudar as populações envolvidas a se organizarem, educarem, para repensarem seus problemas, identificarem suas necessidades e os recursos potenciais, para entenderem os fatores envolvidos e lutar por um futuro digno, conforme os postulados de justiça social e prudência ecológica.
Ecologia Termo que deriva da palavra grega *oikos*, que significa o lugar onde se vive ou *hábitat*. Foi criado por Hernst Haekel (1834-1919), para designar o estudo das relações de um organismo com seu ambiente inorgânico ou orgânico. O conceito original evoluiu até designar uma ciência, que faz parte da biologia, e estuda o inter-relacionamento dos organismos e demais fatores naturais e sociais que compreendem o ambiente. Em sentido literal, a Ecologia é a ciência ou o estudo dos organismos em "seu *hábitat*", isto é, em seu meio.
Ecologia humana Estudo científico das relações entre os homens e seu meio ambiente, isto é, as condições naturais, interações e variações, em todos os aspectos quantitativos e qualitativos.
Ecologia urbana Estudo científico das relações biológicas, culturais e econômicas entre o homem e o meio ambiente urbano, em função das características particulares e das transformações que o homem exerce com a urbanização.
Ecologista Termo que designa a pessoa e entidade que se preocupam em defender a natureza. Atualmente é substituído pelo termo ambientalista.
Econometria Na área da economia, a econometria tem sido definida de forma ampla como a disciplina que se preocupa com o desenvolvimento da ciência econômica com utilização da matemática e da estatística. Na área das ciências naturais tem a ver principalmente com o que acontece e aconteceu, em termos de transformações de energia do DNA e também na obtenção e tratamento de informações diversas.
Economia como ciência Ciência que trata da produção, distribuição e consumo das riquezas; o mesmo que plutonomia.
Economia de escala Ocorre quando a expansão da capacidade de produção de uma empresa ou indústria causa um aumento dos custos totais da produção proporcionalmente menor do que do produto. Assim, os custos médios da produção caem no longo prazo.
Economizador Equipamento ou dispositivo que permite a economia de recursos.
Ecorregião Unidade biogeográfica que contém um conjunto de comunidades geograficamente distintas, mas que compartilham a maioria das espécies, as dinâmicas e os processos ecológicos, nos quais, no longo prazo, as interações são críticas para a sobrevivência.
Ecossistema Termo criado por Tansey, em 1935, que inclui todos os fatores físicos e biológicos (elementos bióticos e abióticos) do ambiente e suas interações, o que resulta em uma diversidade biótica com estrutura trófica definida e a troca de energia e matéria entre esses fatores

de uma área. Assim, os vegetais, animais e micro-organismos que vivem numa região constituem uma comunidade biológica e estão ligados por uma intrincada rede de relações que inclui o ambiente físico.

Ecossistema natural Designa o ecossistema que não está sujeito à influência da atividade humana ou antrópica.

Ecossistema receptor de resíduos Um ambiente aquático ou ecossistema aquático é um exemplo de receptor de resíduos, cuja origem e concentração podem torná-lo impróprio à vida. Esse impacto fica evidente em sistemas lênticos (lagos, represas, etc.), onde há uma menor renovação da água do que nos sistemas lóticos (rios, córregos etc.), nos quais há um maior poder de autodepuração. Esse ambiente é também denominado corpo receptor.

Ecossonda ou ecobatímetro Ver *Ecobatímetro*.

Ecótipos São populações de espécies que ocupam grande extensão geográfica, localmente adaptadas, com graus ótimos e limites de tolerância adequados às condições do lugar em que vivem. São fenômenos de adaptação fisiológica aos limites de tolerância de uma mesma espécie, frequentemente fixados nas formas locais por um mecanismo genético. Exemplo: espécies de ervas que crescem eretas no interior (ecótipo interiorano), mas prostradas na praia marítima.

Ecótono Transição entre duas ou mais comunidades diferentes. É uma zona de união ou um cinturão de tensão, com uma extensão linear considerável, porém mais estreita do que as áreas das comunidades adjacentes. A comunidade do ecótono pode conter organismos de cada uma das comunidades que se entrecortam, além dos organismos característicos.

Edáfico Termo genérico que se refere às características gerais dos solos, tais como a textura, drenagem, teor de matéria orgânica, características químicas etc.

Edema pulmonar Doença que ocorre quando aumenta a pressão sanguínea dos capilares pulmonares. Provoca acúmulo de líquido nos alvéolos, impedindo as trocas respiratórias. Suas principais causas: vícios valvulares do coração (estenose ou insuficiência mitral ou aórtica); infarto do miocárdio; fibrilações; complicações de uma broncopneumonia, do infarto do pulmão ou de lesões capilares provocadas por substâncias químicas. Os sintomas são sensação de opressão no tórax; progressiva dificuldade na respiração; emissão de líquido espumoso, e cianose.

Educação Polidez; cortesia; instrução; formação das faculdades intelectuais e do conhecimento.

Educação ambiental Processo de aprendizagem e comunicação de problemas relacionados à interação dos homens com o ambiente natural. É o instrumento de formação de uma consciência, pelo conhecimento e a reflexão sobre a realidade ambiental para haver um desenvolvimento sustentável.

Educação sanitária Prática educativa que induz a população a adquirir hábitos que promovam a saúde e previnam a doença.

Edutor ou ejetor Equipamento ou dispositivo que opera à custa de um fluido motriz, com o objetivo de succionar um outro fluido ou poeira muito fina ou ainda criar vácuo. São utilizados em diversas instalações industriais, sendo definidos conforme a combinação de fluidos, como sendo: edutor de jato de vapor (quando é utilizado como fluido motriz o vapor de água para aspiração de gases ou vapores). Operam gerando vácuo, efetuando exaustão ou termocompressão de vapor de água. Os edutores para obtenção de vácuo podem criar o vácuo individualmente ou em grupos de até 7 estágios, caso em que se alcançam baixíssimas pressões negativas (até 1 a 2 mm de Hg). Os do tipo exaustor têm capacidade para efetuar a exaustão de grandes quantidades de gases com pressões ligeiramente negativas. Os de termocompressão; edutor cujo fluido succionado é um vapor de baixa pressão e, usando vapor motriz de alta pressão, proporciona a termocompressão, resultando numa mistura com pressão intermediária. Os do tipo venturi fazem passar ar pelo venturi, criando uma depressão (sucção) que vai aspirar gases ou pós, de acordo com a finalidade proposta.

Efeito Resultado; produto de uma causa.

Efeito ambiental Ver *Impacto ambiental*.

Efeito Coanda Quando há um obstáculo no fluxo de um fluido, o seu escoamento próximo às superfícies limitantes acompanha as suas formas se as superfícies forem suavemente curvas. Ex.: as asas dos aviões; os corpos dos pássaros, e todas as formas aerodinâmicas. Esse comportamento de um fluido é chamado de efeito Coanda em homenagem ao engenheiro inglês que o descobriu e analisou. Na Física, um escoamento desse tipo é denominado laminar. Quando o obstáculo tem curvas abruptas ou cantos, o escoamento não segue mais a superfície e forma vórtices. Neste caso, o escoamento é turbulento.

Efeito da aceleração de Coriolis Em um sistema de referência em rotação uniforme, os corpos em movimento vistos por um observador no mesmo referencial parecem sujeitos a uma força perpendicular à direção do seu movimento. Essa força é chamada de Força de Coriolis, uma componente suplementar da força centrífuga, sentida por um corpo em movimento relativo a um referencial em rotação, como acontece, por exemplo, nas engrenagens de uma máquina. A força de Coriolis dá origem a diversos fenômenos na superfície da Terra: influencia o movimento das massas de ar; desvia a trajetória de projéteis de longo alcance; modifica o plano do movimento de um pêndulo, como demonstrado por Foucault na sua experiência de 1851, no Panteão. Uma experiência que evidencia a força de Coriolis é: uma pessoa senta-se em uma cadeira giratória com os braços estendidos e com halteres nas mãos e faz a cadeira girar em torno do seu eixo. Se essa pessoa encolher os braços e aproximar os halteres de seu corpo, sua rotação acelerará. Para um observador, o fenômeno é a conservação do momento angular, mas para a pessoa sentada, a interpretação é diferente: seu referencial gira com um vetor de rotação vertical e se ela aproximar os halteres de seu corpo, eles adquirem uma velocidade horizontal. Como resultado, em um referencial em rotação, aplica-se uma força de Coriolis perpendicular à velocidade de deslocamento dos halteres e ao eixo de rotação e essa força exerce um torque sobre a pessoa sentada e amplifica sua rotação.

Efeito da chaminé A chaminé permite uma melhor dispersão dos poluentes do ar que emana, impedindo o acúmulo no nível do solo.

Efeito da depressão É a depressão da linha freática em caso de bombeamento em poços para a obtenção de água ou em caso de rebaixamento do nível d'água, para permitir escavações a seco. O efeito mais provável desse rebaixamento é a subsidiência ou recalque das fundações diretas das edificações.

Efeito da estrada O efeito socioeconômico e ambiental de uma estrada é a expansão de indústrias em seu entorno, com o surgimento de núcleos populacionais, nem sempre acompanhados da necessária infraestrutura urbana, com poluição nos corpos d'água locais pelo lançamento de efluentes não tratados, eventualmente uma deterioração da qualidade do ar etc.

Efeito da irrigação Melhoria do sistema solo--água-planta, que leva a uma melhor eficiência da produção agrícola.

Efeito da poluição da água Deterioração da qualidade faz com que haja restrição de certos usos, morte de seres que habitam esse corpo d'água, efeitos visuais e olfativos deletérios.

Efeito da poluição do ar Aparecimento de doenças respiratórias, ardência e lacrimejamento dos olhos, em especial em crianças e idosos. Em casos mais graves, pode provocar mortes.

Efeito da poluição sonora Aparecimento de sintomas como irritação, disfunções no sono etc.

Efeito da radiação Os estudos dos mecanismos da radiobiologia permitem análises microscópicas do que ocorre com a passagem da radiação e a liberação de energia em células ou parte delas. A energia liberada produz ionização e excitação dos átomos e quebra das moléculas, com a formação de íons e radicais livres altamente reativos, que podem atacar moléculas de DNA do núcleo da célula, causando danos. A destruição de uma molécula de DNA resulta numa célula capaz de continuar vivendo, mas incapaz de se dividir. Assim, a célula morre e não se renova. Quando ocorre em um número muito grande de células, há um mau funcionamento do tecido constituído por essas células e sua morte.

Efeito da radioatividade O efeito da radioatividade no ser humano depende da quantidade acumulada no organismo e do tipo de radiação. É inofensiva para a vida humana em pequenas doses, mas se a dose for excessiva provoca lesões no sistema nervoso, no aparelho gastrintestinal, na medula óssea etc., até a morte, em poucos dias ou em dez a quarenta anos, por leucemia ou outro tipo de câncer.

Efeito da tiragem ou de chaminé Ver *Efeito da chaminé*.

Efeito da vibração sobre o homem Depende da frequência da vibração. As baixas frequências (de 1 a 100 Hz) são prejudiciais, porque provocam a ressonância das partes do corpo humano, um sistema mecânico complexo. Acima de 100 Hz, as partes do corpo absorvem a vibração, sem ressonância. Os principais efeitos da exposição à vibração no sistema mão-braço são de origem vascular, neurológica, osteoarticular e muscular. A exposição à vibração no corpo inteiro provoca problemas na região dorsal e lombar; gastrointestinais; no sistema reprodutivo; desordens visuais; nos discos intervertebrais, e degenerações da coluna vertebral.

Efeito do aquecimento global Ver *Efeito estufa*.

Efeito do congelamento Na água, o principal efeito do congelamento é o aumento do volume. Na água salgada, o congelamento provoca a separação em duas frações: a dessalinização da parte transformada em gelo e um aumento da concentração de sais na parte não

transformada em gelo (princípio da dessalinização por congelamento).
Efeito do ruído na população Ver *Efeito da poluição sonora*.
Efeito Doppler É a alteração de frequência em virtude do movimento relativo de aproximação ou afastamento entre uma fonte de ondas e um observador. Embora seja um fenômeno característico de qualquer propagação ondulatória, o efeito Doppler sonoro é mais comum no cotidiano. Por exemplo, quando um automóvel aproxima-se buzinando, o som da buzina é mais agudo (maior frequência) do que se o veículo estivesse em repouso. Quando o automóvel afasta-se buzinando, o som é mais grave (menor frequência) do que se o veículo estivesse em repouso
Efeito estufa Efeito do aumento progressivo do dióxido de carbono no ar, resultante da queima de combustíveis fósseis, com o resultado de um aumento progressivo da temperatura média da Terra, fenômeno comprovado cientificamente. O termo efeito estufa baseia-se na analogia entre o comportamento do dióxido de carbono na atmosfera e o vidro de uma estufa. Na estufa, o vidro facilita a passagem das ondas curtas de energia solar, para que seja absorvida pelos objetos em seu interior, que é aquecido e irradia ondas longas em direção ao vidro. Com um vidro relativamente opaco em relação a essa forma de onda, resulta que a energia penetra no interior da estufa com mais facilidade do que pode sair e, portanto, aquece. Do mesmo modo, na atmosfera, o dióxido de carbono é transparente à energia solar e opaco às ondas longas de energia reirradiadas a partir da terra. À medida que cresce o nível de dióxido de carbono, a energia solar que chega não é afetada, mas a terra tem mais dificuldade para reenviar essa energia ao espaço. O equilíbrio entre as duas é perturbado, pois chega mais energia do que sai e, assim, a terra se aquece mais do que antes. O efeito estufa é um componente natural do clima da terra e responsável pela vida no planeta. O que é preocupante é o aumento progressivo da temperatura, que pode derreter as geleiras e aumentar, segundo alguns cientistas, em até 6 m o nível médio dos mares, catastrófico para a maioria das cidades litorâneas. Apesar de aceito pela maioria, alguns cientistas contestam essa teoria.
Efeito magnus O efeito acontece, por exemplo, quando uma bola é lançada ao ar, girando rapidamente. O efeito depende da velocidade de rotação da bola e também da quantidade de ar que a bola arrasta quando gira. Quanto menos lisa for, mais ar ela arrasta e maior é o efeito. Para potencializar tal efeito é que a bola de tênis é peluda.
Efeito tampão Substâncias como os hidróxidos, carbonatos, bicarbonatos, boratos, silicatos, fosfatos e ácidos orgânicos aumentam a alcalinidade da água, provocando o chamado efeito tampão, que é a capacidade de neutralizar ácidos. Em condições normais, numa água sem tais substâncias, ao se adicionar um ácido, a tendência é uma diminuição do valor do pH. Quando existe alcalinidade, o ácido reage e forma sais que são precipitados e o pH continua com o mesmo valor anterior.
Efêmero Passageiro, transitório.
Efervescência Excitação; comoção política; fervura; ebulição.
Eficácia biológica Diz-se de um produto com o qual se deseja atingir um determinado efeito sobre animais ou plantas.
Eficiência Virtude de produzir o efeito desejado.
Eficiência Biológica Relativa – EBR É um índice da eficiência da radiação ao produzir uma resposta biológica. A EBR é definida pela razão D_{250}/D_{tr}, em que D_{250} e D_r são, respectivamente, as doses de raios X de 250 Kvps e da radiação teste r para produzir o mesmo efeito biológico. O valor da EBR depende do objetivo em que é empregado.
Eficiência da bomba Relação entre a potência no eixo do motor e a potência hidráulica.
Eficiência de tratamento Em relação a um determinado parâmetro, é a relação percentual entre as concentrações dele na entrada (Ce) e na saída do tratamento (Cs). Matematicamente, é: $E = [(Ce - Cs)/Ce] \times 100$.
Eflorescência Formação e aparecimento da flor. Diz-se também do aparecimento de um depósito esbranquiçado e pulverulento de sais minerais à flor do solo e das rochas, característico de climas áridos, por efeito da evaporação das águas.
Eflorescência de algas Aparecimento de algas num corpo d'água, por efeito da eutrofização.
Efluente Substância líquida, com predominância de água, contendo sólidos em suspensão formados por moléculas orgânicas e inorgânicas. Um exemplo é a água residuária lançada na rede de esgotos ou nos corpos d'água receptores.
Efluente clorado Clorar o efluente é uma das formas de destruição parcial de organismos patogênicos.
Efluente decantado Deveria ser chamado de efluente clarificado. Aquele que passou pela unidade de sedimentação de sólidos (chamada impropriamente de decantador).

Efluente do filtro Efluente que passou pelo processo de filtragem.
Efluente final Esgoto tratado.
Efluente industrial O mesmo que esgoto industrial.
Efluente pluvial urbano Trata-se das águas de chuva.
Efluente primário Esgoto que passou pelo tratamento primário: grades, caixa de areia e clarificador primário.
Efluente radioativo Efluente que contém radionuclídeos.
Efluente terciário Esgoto tratado em nível terciário.
Efusão Ato de expandir, expansão.
Eixo Linha reta que passa pelo centro de um corpo. É também a linha em torno da qual um corpo executa o movimento de rotação.
Eixo de coordenadas Eixos das abcissas e das ordenadas de uma planta ou mapa. Nas abcissas o sentido é leste-oeste e, nas ordenadas, norte-sul.
Eixo geométrico Ver *Eixo*.
Ejetor Ver *Edutor ou ejetor*.
Elaboração de orçamento Estimativa do custo para a execução de um projeto.
Elasticidade Propriedade de corpos de recuperar a forma inicial quando cessa a causa que os desviou.
Elastômero É um tipo de polímero que, à temperatura ambiente, pode ter alongado o seu comprimento em duas ou mais vezes, retornando rapidamente ao seu comprimento original ao se retirar a força que o alongava. Possui a propriedade da elasticidade. Popularmente, os elastômeros são conhecidos como borrachas.
Elemento Em química, é cada um dos elementos relacionados na tabela periódica, caracterizados pelo seu número atômico e de que são formadas as substâncias existentes no nosso planeta. Ex.: hidrogênio, nitrogênio, fósforo, ferro etc.
Elemento ambiental Nos processos de análise ambiental, usam-se os termos elemento, componente e fator ambiental para designar uma das partes que constituem um sistema ambiental (ou um ecossistema), embora com pequenas diferenças de significado: elemento é um termo de ordem geral (o ar, a água, a vegetação, a sociedade); componente costuma designar uma parte de um elemento tomado isoladamente (a temperatura da água, uma espécie da flora ou da fauna); fator ambiental designa a função específica do elemento ou o componente no funcionamento do sistema ambiental.

Elemento combustível Passível de combustão, com liberação de energia.
Elemento potencialmente tóxico Elemento químico que pode se formar a partir de determinadas concentrações. Alguns deles podem ser benéficos aos seres vivos em concentrações mais baixas e outros são até essenciais nessas concentrações. Ex.: arsênio, cobre, zinco. Outros, como o mercúrio e o chumbo, são acumulados nos organismos vivos, trazendo sérias complicações à saúde.
Elemento químico Ver *Elemento*.
Elemento-traço Compõe os seres vivos, denominado elemento organógeno ou bioelemento. Classifica-se de acordo com a sua concentração em: majoritários, traços e microtraços. Os elementos em quantidades muito pequenas, traços e microtraços, são denominados oligoelementos. Por exemplo: os bioelementos no ser humano, ordenados por ordem de abundância são: Majoritarios – oxigênio, carbono, hidrogênio, nitrogênio, cálcio, fósforo, enxofre, potássio, sódio, cloro e magnésio; Traços – ferro, zinco, cobre, flúor, bromo e selênio; Microtraços ou ultratraços – iodo, manganês, vanádio, silício, arsênio, boro, níquel, cromo, molibdênio e cobalto. Ver também *Elemento potencialmente tóxico*.
Eletricidade estática É o fenômeno de acumulação de cargas elétricas em um material condutor, semicondutor ou isolante. No material isolante, esse efeito é facilmente detectado, pela dificuldade de deslocamento de cargas; quando o material isolante é eletrizado, ou seja, de alguma forma sofre um desequilíbrio entre cargas positivas e negativas, a natureza tende a restabelecer o equilíbrio, mas isso leva algum tempo e, durante esse intervalo, o material é capaz de atrair ou repelir outros isolantes devido à força columbiana. Nos condutores, o desequilíbrio de cargas altera o potencial elétrico do material, e surge uma diferença de potencial entre o material condutor eletricamente carregado e a Terra, cujo potencial é considerado absoluto (V = 0). Em consequência dessa diferença de potencial, podem ocorrer descargas elétricas a fim de restabelecer o equilíbrio, só que o deslocamento de cargas ocorre num tempo muito curto, e pode causar choques, faíscas, ruídos e outros fenômenos físicos capazes de provocar acidentes.
Eletricista Pessoa que exerce funções relacionadas com a eletricidade.
Eletroacústica Música eletroacústica tem uma modalidade de composição feita em estúdio analógico ou digital, o que não serve para

diferenciá-la das outras músicas que, cada vez mais, usam os mesmos veículos eletroacústicos: *techno*, *dance* etc.

Eletrodeposição de metal É o recobrimento de peças com um metal condutor ou outra substância, como resultado da migração de partículas eletricamente carregadas através de uma solução aquosa iônica, com o auxílio da passagem de corrente elétrica contínua. A finalidade é proteger a peça, tornando-a mais resistente à corrosão, à oxidação ou ao ataque de bactérias.

Eletrodiálise Técnica eletroquímica que utiliza membranas de troca iônica para remover íons, pela aplicação de um campo elétrico. Essa técnica é aplicada no tratamento de diversos tipos de efluentes, no tratamento de águas industriais e na produção de água potável, a partir de águas salobras.

Eletrodiálise Reversa (EDR) Variante da eletrodiálise, na qual a polaridade e a função de cada célula é revertida periodicamente com a finalidade de evitar o *fouling* e manter uma melhor performance do processo de eletrodiálise.

Eletrodo Terminal utilizado para conectar um circuito elétrico a uma parte não metálica. Ele é constituido de um material condutor de eletricidade como, por exemplo, metal, grafite, platina. O objetivo do eletrodo é proporcionar uma transferência de elétrons entre o circuito e o meio no qual está inserido. É usado em eletroquímica e eletrônica.

Eletrodo de íon específico Muito usado em análises químicas, mais comum para medir o valor do pH. Consiste em uma pequena câmara com um eletrodo inerte, envolto num eletrólito e que se comunica com a solução externa (que será medida) por uma membrana que permite a passagem apenas do íon analisado. A membrana pode ser de plástico especial (por exemplo, para medir oxigênio dissolvido ou CO_2), de vidro especial (pH), ou de cristais especiais (cloreto, fluoreto etc). É usado com um eletrodo de referência.

Eletroforese Migração ou movimento de proteínas ou partículas coloidais sob a ação de um campo elétrico.

Eletrogalvanização É a aplicação de uma camada protetora de zinco a um metal, principalmente o ferro, para inibir a sua corrosão de forma eletrolítica.

Eletrolisar Separar ou direcionar íons de um eletrólito sob a ação de um campo elétrico.

Eletrólise Fenômeno que ocorre nas águas salinas (que transmitem a energia elétrica), em que ocorre a migração de íons de um polo positivo (cátodo) para o polo negativo (ânodo), sob a ação de uma corrente elétrica contínua.

Eletrolítico Relativo à eletrólise.

Eletrólito Substância cuja molécula fundida ou em solução é capaz de liberar íons.

Elétron É uma partícula subatômica que circunda o núcleo dos átomos. Foi identificada em 1897 pelo inglês John Joseph Thomson. De carga negativa, é responsável pela criação de campos magnéticos e elétricos. O elétron é responsável pelo balanceamento de carga dos átomos. Na escala de dimensão dos átomos, o comportamento da partícula é regido pela mecânica quântica, segundo a qual os elétrons ficam de forma ordenada, espalhados pela maior parte do átomo, o que é às vezes descrito como uma nuvem eletrônica. No núcleo, localiza-se a carga positiva do átomo.

Eletrônica Ramo das ciências físicas que estuda o comportamento dos elétrons livres e seu emprego nos aparelhos eletroeletrônicos.

Eletroquímica Ciência que estuda as relações entre a energia elétrica e a energia química.

Eletrosmose Movimento de um líquido através de uma membrana semipermeável, provocado por uma diferença de potencial elétrico entre as duas faces dela.

Elevação de água por meio de ar comprimido Trata-se de um dispositivo dotado de dois tubos, um interno ao outro. No tubo interno, injeta-se ar comprimido de cima para baixo. O ar irá subir pelo tubo externo, carregando a água que se quer elevar.

Elevação do coroamento de um dique Isso é feito com a finalidade de evitar o transbordamento ou passagem da água sobre o dique em épocas de cheias do rio. Nas emergências, usam-se sacos de areia.

Elevação do nível do mar Fenômeno de longa duração que indica a elevação do nível médio do mar, numa determinada região.

Elevação do nível freático O nível do lençol freático do solo varia durante o ano. A elevação desse nível ocorre durante as chuvas.

Elutriação É um processo utilizado para separar partículas finas, de dimensões variadas, não suscetíveis de serem separadas por peneiras. O meio empregado para a separação pode ser um líquido ou um gás. A técnica de elutriação feita com gás é importante para determinar o tamanho de poeiras contaminantes e costuma-se empregar um equipamento conhecido como analisador Roller. A classificação é feita por tamanho ou pela densidade do material. A separação consiste em comunicar à suspensão um movimento ascendente em tubo vertical com velocidade superior à velocidade terminal de sedimentação das partículas finas. As partículas maiores, que sedimentam com velocidade maior do que o fluido ascendente, são coletadas no fundo da coluna, e as menores são arrastadas pelo topo, juntamente ao fluido. Usam-se diversas colunas, de diferentes diâmetros, em série, para se conseguir melhor resultado nessa separação.

Eluviação Empobrecimento dos diferentes níveis do solo, como consequência do transporte de seus constituintes solúveis, sobretudo pelo deslocamento de materiais no estado coloidal para níveis inferiores, pela ação das águas de infiltração.

Emanação Origem; eflúvio; exalação; desprendimento.

Emanação gasosa malcheirosa Exalação de gases malcheirosos.

Embarcação que transporta veículos para cruzar rios e estuários O mesmo que balsa.

Embebição Ação ou efeito de embeber, ensopar.

Embicar ou abicar Termo usado na engenharia marítima para indicar quando as embarcações embicam na praia (ou chegam com a proa em terra).

Êmbolo O mesmo que pistão.

Embreagem Mecanismo que permite a mudança de marchas em veículos. A embreagem faz a união suave de um motor em rotação com uma transmissão que não está girando, através do controle da patinagem entre eles, que funciona com o atrito entre o platô de embreagem, por meio da sua placa de pressão e o volante do motor.

Embrião Ser vivo nas primeiras fases de desenvolvimento; o feto até o terceiro mês da vida intrauterina.

Embrulhar Empacotar; enrolar; complicar.

Embuchamento Colocação da bucha.

Emenda Correção; melhoria; regeneração; remendo.

Emergência Circunstância ou conjuntura crítica, que exige cuidados imediatos.

Emergente Que surge; que aparece; recente.

Emissão Lançamento de substâncias poluentes no ar ambiente, seja de um ponto localizado ou como resultado de reações fotoquímicas ou cadeia de reações iniciada por um processo fotoquímico.

Emissão de motor a combustão Gases resultantes da queima ocorrida nos motores a combustão. Os maiores problemas ocorrem quando o combustível utilizado apresenta impurezas, que geram particulados ou resultam na queima incompleta, com a geração de gases como o CO, NO_x, SO_x, H_2S etc., considerados poluentes do ar.

Emissão do escapamento de motores Ver *Emissão de motor a combustão*.

Emissão específica A emissão específica de gases de efeito estufa depende do teor de carbono do combustível. O cálculo da emissão pelo conjunto dos combustíveis deve levar em conta os teores de carbono dos hidrocarbonetos, e as diferentes misturas que satisfazem as especificações.

Emissão primária Poluentes emitidos diretamente no ar por fontes identificáveis. Caracteriza-se por: sólidos finos (diâmetro menor de 100 micra); partículas (diâmetro maior de 100 micra); compostos de enxofre; compostos orgânicos; compostos de nitrogênio; compostos de oxigênio; compostos halogenados ou compostos radioativos.

Emissão secundária É o produto das reações que ocorrem no ar poluído, como nas reações fotoquímicas da atmosfera. Os poluentes secundários incluem o ozônio, os formaldeídos, os hidroperóxidos orgânicos, os radicais livres, o óxido de nitrogênio etc.

Emissário a céu aberto Quando o emissário é um canal. Ver *Emissário de esgoto*.

Emissário de esgoto É a canalização de esgoto que não recebe contribuição ao longo de seu percurso, conduzindo apenas a descarga recebida de montante; destinado a conduzir o líquido coletado pela rede de esgoto até a estação de tratamento ou ao local adequado de despejo.

Emissário submarino Quando a tubulação de lançamento de efluentes está situada no mar.

Emissividade Ato de emitir, liberar, publicar, pôr em circulação.

Emissões fugitivas Poluentes lançados no ar ambiente, que não passaram por algum tipo de tratamento, ou chaminé ou condutor, para tratar, dirigir ou controlar seu fluxo.

Emissor Aquele que libera, emite ou envia alguma coisa.

Empalhamento vertical É uma técnica para mitigar parcialmente os efeitos da compactação de solos agrícolas sobre a zona crítica de raízes das árvores. São feitos furos com trado de 50 cm de diâmetro, a uma distância de cerca de 2,50 m do tronco da árvore. Esses furos são preenchidos com areia, pedregulho ou mistura de ambos, para promover a entrada de água e ar na zona crítica das raízes.

Empenamento Ato de empenar, deformar-se, entortar, desviar-se da linha de prumo ou do alinhamento.

Empinamento de onda Variação da altura da onda devido à variação da profundidade.

Empoçamento Ato de represar, de formar poças.

Empolamento Aumento do volume de uma massa, com consequente diminuição do peso específico. Ocorre nas estações de tratamento de esgoto, por exemplo, com o floco oriundo do reator de lodos ativados que apresenta excesso de bactérias filamentosas. Estas aumentam seu volume e diminuem sua capacidade de sedimentação no clarificador secundário.

Empolamento devido ao congelamento Aumento de volume devido ao congelamento. Este é um fenômeno característico da água.

Empregar peças de uma máquina em outra Também conhecido como canibalismo industrial.

Emprego Função, cargo, ocupação, com remuneração.

Empreitada global Quando se contrata uma empresa para fazer tudo em um empreendimento, ou seja, a empresa encarrega-se do que for necessário para finalizar o empreendimento; muitas vezes o proprietário apresenta a ideia e um plano diretor, no qual é descrito o que se deve realizar e a empresa se encarrega do projeto, coordenação e construção.

Empreitada por preço global Quando se tem um projeto executivo bem detalhado, com uma boa estimativa de custo, é possível contratar a execução desse projeto a preço global pré-fixado.

Empreiteiro O executor da obra, aquele que ajusta obra de empreitada.

Empresa de serviço público Empresa que pertence a um órgão municipal, estadual ou federal da administração pública.

Empresa privada de serviço de utilidades Quando há a privatização de serviços públicos, ou a concessão a uma empresa privada.

Empresa que presta serviços públicos essenciais Relaciona-se às áreas da saúde (médicos e hospitais); da segurança (polícia e corpo de bombeiros); do transporte público (trens, metrôs); da geração e distribuição de energia elétrica; da produção e distribuição de derivados do petróleo etc.

Empréstimo Ato de tomar emprestado, com compromisso de devolver ao emprestador. Na maioria das vezes paga-se um ônus.

Empréstimo de terra Local de onde se extrai terra para aterrar outras áreas.

Empurrar Impulsionar; impelir.

Empuxo Força de impulsão.

Empuxo ascensional Força de impulsão que ocorre de baixo para cima. Como exemplo, o empuxo da água que faz com que um corpo diminua o seu peso quando imerso na água.

Empuxo ativo do solo Ver *Empuxo de terra*.

Empuxo de terra Pressão exercida pelo solo sobre as paredes verticais das estruturas que estão em contato com ele. É classificado: como empuxo em repouso, quando a estrutura em contato com o solo não pode se deslocar lateralmente, exemplos: as galerias enterradas, subsolo de edifícios etc.; empuxo ativo, quando pressionada pelo solo, a estrutura pode sofrer deslocamento lateral, exemplo: os muros de arrimo por gravidade; e empuxo passivo, quando o solo é pressionado pela estrutura e ela pode sofrer deslocamento lateral em direção ao solo, como é o caso de estruturas atirantadas.

Empuxo hidrostático Empuxo provocado pela água e que age em todas as direções. É calculado multiplicando-se o peso específico da água pela profundidade.

Empuxo passivo do solo Ver *Empuxo de terra*.

Emulsão É uma mistura de dois líquidos imiscíveis, em que um deles (a fase dispersa) encontra-se em forma de finos glóbulos no outro líquido (a fase contínua). Exemplos de emulsão incluem manteiga, margarina, maionese, café expresso e alguns cosméticos, como cremes e loções. A emulsão mais conhecida é de água e óleo. As emulsões são instáveis termodinamicamente e não se formam espontaneamente, mas por energia, agitação, homogeneizadores, ou processos de *spray*. Com o tempo, as emulsões tendem a retornar ao estado estável de óleo separado da água. Os agentes emulsificantes (ou surfactantes) são substâncias adicionadas às emulsões para aumentar a sua estabilidade cinética, tornando-as razoavelmente estáveis e homogêneas. Os materiais mais eficientes como agentes emulsificantes são os tensioativos, alguns materiais naturais e sólidos finamente divididos. Tais materiais formam um filme adsorvido ao redor das gotas dispersas e ajudam a prevenir a floculação e a coalescência.

Emulsionador Substância ou dispositivo que ajuda a promover a mistura entre dois líquidos naturalmente imiscíveis. Ver *Emulsão*.

Emulsoide Nome dado às suspensões coloidais de tamanho tão reduzido que não podem ser vistas no microscópio comum.

Encaixamento Ato ou efeito de encaixar.

Encaixe Cavidade destinada a receber uma peça saliente; união.

Encaixe a quente É comum nas peças de encaixe tipo macho-fêmea, e exigem ajuste fino. Promove-se o aquecimento da peça fêmea e consegue-se o aumento das dimensões, o que permite seu encaixe na peça macho.

Encalhado Que está impedido de locomoção, ou de ter sua sequência normal.

Encalhar Encalhar na praia; bater no fundo; caminhar rapidamente com uma embarcação na direção do fundo.
Encanador Pessoa encarregada de serviços de encanamentos, de montagem de tubulações e suas peças acessórias.
Encanador diarista Que trabalha contratado para receber por dia de trabalho, até a execução do serviço.
Encanamento Sistema que permite a condução de fluidos, composto pelos tubos e peças acessórias.
Encapsulação Colocação de elementos ou substâncias em cápsulas, com a finalidade de promover a sua liberação num local e de forma mais lenta, preservando suas características originais ou tornando seus efeitos eficazes ou mais duradouros.
Encargos diferidos Numa empresa, são os gastos de organização e de administração, bem como os encargos financeiros líquidos referentes à sua fase pré-operacional, incluindo-se estudos e projetos.
Encharcado O mesmo que ensopado, molhado com água; inundado.
Encharcamento Ato de encharcar.
Encharcar Molhar, ensopar com água.
Enchente Inundação, cheia, superabundância do fluxo num corpo d'água fazendo com que saia do seu leito menor e atinja níveis mais altos do que o normal.
Enchente anual Aquela que ocorre pelo menos uma vez por ano.
Enchimento do núcleo Em engenharia marítima, refere-se ao material de que é constituído o núcleo de um quebra-mar. Em barragens de terra, trata-se do material constituinte do núcleo da barragem.
Encolher Retrair, encurtar.
Encolhimento Ato ou efeito de encolher.
Encontro Choque; confluência; conclave; reunião científica.
Encosta (à meia) Relaciona-se àquilo que está situado na parte inclinada de um morro, colina ou serra. Um aterro de estrada, à meia encosta, caracteriza-se por um corte voltado para a parte superior, e por um aterro na parte voltada para a parte inferior da encosta. Nos trechos de serra, a estabilização de aterros à meia encosta é um dos maiores desafios da geotecnia de estradas.
Encosta É a parte inclinada de um morro, colina ou serra.
Endêmico Peculiar a determinada população ou região.
Endemismo É o isolamento de uma ou mais espécies em um espaço terrestre, após uma evolução genética diferente da ocorrida em outras regiões. O endemismo insular (nas ilhas) permite aos biólogos o estudo de ecossistemas antigos que sobreviveram ao longo do tempo.
Endotérmico Diz-se do sistema físico ou químico que absorve calor.
Endrin Endrin, Aldrin, Isodrin, Dieldrin pertencem a uma família de pesticidas (do grupo dos organoclorados), utilizados na agricultura, pecuária e armazenagem, contra pragas, ácaros, formigas e parasitas. Seu uso é restrito em vários países e totalmente proibido na maioria dos países europeus. Pertence ao grupo dos POPs (Poluentes Orgânicos Persistentes), regulados pela Convenção de Basel (que regula o lixo tóxico) e pelo Tratado PIC Global (informação e consentimento prévio em caso de comércio ou transporte internacional). Como a maioria dos POPs, uma vez liberados no ambiente, não são facilmente degradados e entram na cadeia alimentar. Acumulam-se nos tecidos adiposos dos animais, são de difícil metabolização, pois não são solúveis em água, o que provoca sua bioacumulação, afetando os animais do topo da cadeia alimentar, entre os quais está o homem. Sua ação no organismo está associada a má-formação de fetos, anormalidade de desenvolvimento de animais e seres humanos, diversas formas de câncer e redução da resistência a infecções, e pode causar tumores hepáticos e na tireoide.
Endurecimento Ato ou efeito de endurecer.
Endurecimento da água Ver *Dureza da água*.
Energia Capacidade de realizar trabalho ou de produzir; atividade vigorosa; firmeza; força.
Energia artesiana Energia da água aprisionada sob pressão no solo. Acontece quando aquíferos permeáveis estão sob pressão, confinados entre camadas impermeáveis do solo. Isso permite que, ao fazer um furo na camada impermeável, haja aflorações com pressão suficiente para formar até um jato d'água.
Energia cinética Capacidade de um corpo em movimento de realizar trabalho.
Energia cinética das ondas Soma da energia cinética das partículas do fluido em movimento numa onda marítima ou lacustre.
Energia crítica Ver *Declividade crítica*.
Energia da fissão nuclear Energia liberada quando ocorre a fissão (quebra) do núcleo de átomos específicos. Essa energia é liberada pela divisão do núcleo em duas partes menores e massas comparáveis (núcleos pesados). Ocorre também a fissão em mais de dois pedaços, mas é muito rara, uma em um milhão para o urânio. A fissão do núcleo raramente ocorre de

forma espontânea na natureza, mas pode ser induzida com núcleos pesados bombardeados com um nêutron que, ao ser absorvido, torna o núcleo instável.

Energia da fusão nuclear É a energia liberada num processo em que dois ou mais núcleos atômicos se juntam e formam um outro núcleo de maior número atômico. A fusão nuclear requer muita energia para acontecer, e liberta muito mais energia do que consome. Quando ocorre com elementos mais leves do que o ferro e o níquel (que possuem as maiores forças de coesão nuclear de todos os átomos, portanto, mais estáveis) ela libera energia e, com elementos mais pesados, ela consome. Até o início do século XXI, o homem não conseguiu encontrar uma forma de controlar a fusão nuclear, como acontece com a fissão.

Energia de biomassa Energia obtida a partir de fontes variadas de matéria orgânica não fóssil, e que inclui as plantas (aquáticas e terrestres), os resíduos florestais e da agropecuária (bagaço de cana-de-açúcar, esterco etc.), os óleos vegetais (biodiesel de buriti, babaçu, mamona, dendê etc.), os resíduos urbanos (aterros sanitários, lodo de esgoto etc.) e alguns resíduos industriais (da indústria madeireira, de alimentos, bebidas, papel e celulose, beneficiamento de grãos etc.). Tal energia é renovável, ou é produzida continuamente e está disponível (caso dos resíduos), ou em pouco tempo obtém-se novamente a matéria-prima necessária para produzi-la.

Energia de posição O mesmo que energia potencial ou energia acumulada, que pode ser liberada sob certas condições. Por exemplo: uma criança sentada no topo de um escorregador tem energia potencial para se deslocar até a base. O valor dessa energia é dado por mgh (massa x aceleração da gravidade terrestre x altura vertical do escorregador). Quando a criança movimenta, a energia se dissipa em forma de energia cinética, cujo valor é dado por mv^2, em que v é a velocidade de deslocamento naquele momento. Quando a criança atinge a base, ela dissipou toda a energia potencial inicial.

Energia de pressão Na fórmula de Bernoulli, usada para estudar o escoamento de líquidos sob pressão, a energia ou carga de pressão é expressa por p/γ, em que p é a pressão (em N/m^2) e γ é o peso específico do líquido (em N/m^3), desta forma transformada em metros de coluna do líquido.

Energia eólica Energia cinética obtida do ar em movimento (ventos). Tecnologia recente em grande escala de produção (cerca de 35 anos), considerada limpa e renovável, mas depende de situações propícias, com vento constante e certa velocidade.

Energia específica Ver *Declividade crítica*.

Energia fóssil Energia obtida a partir da queima de combustíveis fósseis.

Energia fotovoltaica Ver *Energia solar*.

Energia limpa Nome dado ao processo de obtenção de energia que não gera ou gera pouco resíduo e/ou poucas emissões, que não causam impactos negativos no ambiente.

Energia nuclear Energia liberada através de reações de fissão ou de fusão nuclear dos átomos de certos elementos químicos. No caso de fusão nuclear, os núcleos de dois elementos leves (por exemplo, o hidrogênio) são combinados para formar núcleos mais pesados (hélio, por exemplo). Com isso, libera-se uma grande quantidade de energia. No caso da fissão, o núcleo de átomos de um elemento pesado (como o urânio), é bombardeado com nêutrons, fragmenta-se e libera grande quantidade de energia e novos nêutrons, numa reação em cadeia. É essa a reação que ocorre no interior de um reator nuclear. Embora livre de impactos de emissões atmosféricas prejudiciais ao ambiente, a geração de energia elétrica a partir da fissão nuclear gera resíduos radioativos, altamente prejudiciais a qualquer forma de vida.

Energia potencial Ver *Energia de posição*.

Energia potencial das ondas Altura da onda em relação a um determinado nível de referência.

Energia renovável Nome dado aos processos de obtenção de energia a partir de fontes renováveis, ou seja, que podem se recompor num rítmo capaz de suportar sua utilização sem restrições ou risco de esgotamento.

Energia solar Energia eletromagnética proveniente do sol. Não causa impactos negativos ao ambiente, pode ser considerada limpa e praticamente inesgotável em uma escala de tempo. Sua disponibilidade depende da estação do ano e das condições atmosféricas locais. Para aquecimento ou produção de energia elétrica, utilizam-se coletores solares específicos, que transformam a energia solar em calor para aquecer a água ou em energia elétrica através de células fotovoltaicas, que são feitas de silício, um material semicondutor.

Enfermidade Doença, moléstia.

Enferrujamento Ato ou efeito de criar ferrugem ou óxidos de ferro.

Enfisema Infiltração anormal ou aumento de ar nos tecidos. Não confundir com edema, que é o aumento anormal de água nos tecidos ou nas

cavidades do organismo, proveniente dos vasos sanguíneos.
Enfiteuse ou enfiteuta Ver *aforamento público*.
Enfoque Ato ou efeito de colocar em foco, de focar.
Engastamento Travamento.
Engenharia Ciência de construir, edificar.
Engenheiro Profissional habilitado em engenharia.
Engenho de açúcar Fábrica de açúcar.
Enlatado Alimento embalado em latas.
Enlatamento Ato de colocar em latas.
Enquete Pesquisa de opinião.
Enrocamento Preenchimento com pedras.
Ensaio Experiência, exame, teste; dissertação curta sobre determinado assunto.
Ensaio a carga constante Quando a verificação de resistência ou adequação de uma fundação ou estrutura é feita sob carga de mesmo valor (constante).
Ensaio biológico Que envolve experiência com seres vivos.
Ensaio com ortotolidina A ortotolidina é um líquido incolor quando misturado a uma água sem cloro, mas adquire uma cor amarelada, mais acentuada quando maior for a concentração de cloro na água. Pela comparação com padrões de cor, é usada como indicativo para determinar o valor aproximado da concentração do cloro residual numa água.
Ensaio com ortotolidina-arsenito Usado para medir a concentração de cloro residual em águas. Baseia-se no fato de que a reação do cloro com o produto (OTA) provoca a mudança da cor da água de transparente para amarela. Quanto mais forte a cor, maior a concentração e, através de padrões de cores, consegue-se saber a concentração de cloro na água.
Ensaio com protótipos É quando se fazem previamente experiências em modelos de menor capacidade ou de escala menor do que o do projeto original.
Ensaio corrente Experiência mais utilizada para obter determinadas informações.
Ensaio de absorção É realizado em blocos de concreto ou de argila para conhecer a sua capacidade de absorção de água, diretamente relacionada com a sua porosidade e tem como consequência imediata o aumento do peso das peças.
Ensaio de aceitação Experiências com materiais ou equipamentos comprados, para verificar se atendem às normas ou às condições de uso. Item importante para evitar problemas.
Ensaio de aquífero É feito por bombeamento em um poço, para verificar as condições de atendimento às vazões pretendidas, ou com instalação de pequenos trechos de ponteiras filtrantes a vácuo, para verificar as condições de rebaixamento de lençol, que permitem a execução de obras subterrâneas.
Ensaio de bomba Testes realizados nas bombas hidráulicas para determinar ou confirmar suas curvas características: vazão x altura manométrica; vazão x eficiência; vazão x NPSH; vazão x potência no eixo do motor.
Ensaio de campo Teste realizado no local em que se vai construir. Os resultados de alguns testes de campo, como de determinação do coeficiente de permeabilidade do solo é mais confiável e mais representativo do que os testes realizados em laboratório com amostras.
Ensaio de classificação São ensaios realizados no solo, como de granulometria, índices de Atterberg etc., que permitem classificar os solos e verificar sua adequação a determinados tipos de utilização.
Ensaio de compactação Teste feito com solos que utilizados em aterramentos, com o objetivo de determinar a umidade e a densidade ótimas, para que se faça o controle de compactação e se obtenham os melhores resultados de resistência dos aterros.
Ensaio de floculação ou de jarros Teste de laboratório, usado nas estações de tratamento de água de abastecimento, para determinar a melhor condição de floculação de uma água bruta, em termos de otimização da quantidade de produtos químicos adicionados e resultados, em termos de eficiência na remoção de cor e turbidez.
Ensaio de granulometria Teste realizado por peneiramento e por precipitação em meio líquido, para determinar os percentuais de areia, silte e argila de um solo.
Ensaio de laboratório Ensaio feito em amostras coletadas e levadas a um laboratório.
Ensaio de palheta ou de molinete Ensaio feito no campo, para determinar a resistência ao cisalhamento das argilas moles.
Ensaio de peneira Ver *Ensaio de granulometria*.
Ensaio de percolação Testes realizados no campo, para verificar as condições de escoamento da água através dos vazios dos solos. Às vezes, tem a finalidade de determinar ou de confirmar o valor do coeficiente de permeabilidade dos solos.
Ensaio de permeabilidade Teste realizado no campo ou em laboratório, para determinar o coeficiente de permeabilidade do solo. No campo, é feito com testes de infiltração em sondagens ou ensaios de bombeamento em poços.

No laboratório, com a utilização de permeâmetros, nos quais são testadas as amostras representativas de solo coletadas.

Ensaio de poço Teste de bombeamento feito em poços escavados para diversas finalidades: determinação do coeficiente de permeabilidade, determinação de vazões que podem ser extraídas etc.

Ensaio de pressão É um dos testes da pressão interna de recebimento de tubos para verificar a resistência dos tubos e de suas juntas a essas condições.

Ensaio de recebimento Ver *Ensaio de aceitação*.

Ensaio de sedimentação Realizado em colunas estáticas ou não, para verificar as condições de sedimentação de sólidos, tanto em estações de tratamento de água de abastecimento quanto de águas residuárias.

Ensaio de vazamento Teste realizado para verificar se existem ou não vazamentos numa tubulação recentemente instalada, num reservatório.

Ensaio destrutível Quando o material ensaiado é destruído durante o teste.

Ensaio destrutivo O mesmo que *Ensaio destrutível*.

Ensaio em modelo Quando é difícil tratar teoricamente fenômenos com diversos fatores envolvidos, é feito em modelos reduzidos, que reproduzem a obra ou equipamento que se quer testar.

Ensaio não destrutivo É quando o material ou dispositivo ensaiado não é destruído durante o teste.

Ensaio no local O mesmo que ensaio *in loco* ou ENSAIO DE CAMPO.

Enseada Reentrância da costa marítima no continente, bem aberta em direção ao mar, porém com pequena penetração deste, ou uma baía de tamanho menor, na qual aparecem dois promontórios distanciados um do outro.

Enseada ou baía de forma semicircular Reentrância abaulada da costa que forma uma enseada ou baía aberta com formato semicircular.

Ensecadeira Dique construído de pedra e selado com solo argiloso, executado em corpos d'água, com a finalidade de preservar a área de construção da água.

Entalhe Abrir corte para fazer encaixe de peças de madeira.

Entalpia É a grandeza física que descreve a energia interna total de um sistema. No Sistema Internacional de Unidades, a unidade da entalpia é o Joule por mol.

Enterobactérias aerógenas Coliforme termotolerante que pode contaminar alimentos. O gênero enterobactéria pertence à família *Enterobacteriaceae* e se diferencia do gênero *Klebsiella*. As enterobactérias são móveis, de urease negativa e ornitina descaboxilase positiva; são resistentes a cefalotina e cefoxitina enquanto *Klebsiella* spp são suscetíveis a esses agentes. Tais espécies são associadas a infecções hospitalares.

Enterococos São micro-organismos anaeróbios facultativos, que podem crescer em condições extremas e numa grande variedade de meios, como solo, alimentos, água e animais. O seu principal *hábitat* natural é o tubo digestivo dos animais, incluindo o do homem, e representam uma porção significativa da flora normal. Em menor número encontram-se nas secreções orofaríngeas e vaginais. Por viver mais tempo na água do mar do que os coliformes, os enterococos são considerados pela EPA um indicador mais preciso de doenças de transmissão hídrica.

Enterro ou enterramento Sepultamento ou aterramento de cadáveres em valas, a sete palmos de profundidade, para evitar a sua putrefação ao ar livre.

Entidade Que constitui a essência de uma coisa; existência; individualidade; grêmio; associação; empresa pública ou privada.

Entidade de pesca Associação ou empresa que se ocupa de assuntos relacionados à pesca.

Entidade poluidora ou poluidor No Brasil, segundo definido pela Lei Federal nº 6.938, de 1981, é a pessoa física ou jurídica, de direito público ou privado, responsável, direta ou indiretamente, por atividade causadora de degradação ambiental. Ver *Atividade poluidora*.

Entomofilia Polinização feita pelos insetos.

Entomologia Parte da zoologia que estuda os insetos.

Entranhamento Penetração no interior ou nas entranhas de alguma coisa.

Entremarés Zona de variação entre as marés. *Intertidal microorganism* são aqueles que se adaptam nesta zona.

Entropia É uma medida natural de degeneração termodinâmica, ou seja, é a quantidade relativa da energia perdida de modo natural e inevitável num sistema físico-químico, conforme a segunda lei da termodinâmica. Enquanto a energia perdida aumenta, o sistema aproxima-se cada vez mais do estado de equilíbrio.

Entulho Restos da construção civil ou da demolição de edifícios. É composto por pedaços de madeira, tijolos, recobrimentos cerâmicos, restos de massas de cal, cimento etc.

Entulho de construção civil e de demolição Ver *Entulho*.

Entulho de demolição Ver *Entulho*.

Entupimento Obstrução; entulhamento; bloqueio de passagem.

Entupir Obstruir; entulhar; bloquear a passagem.

Envenenamento Intoxicação; introdução de toxinas no organismo, que podem causar sequelas e até a morte do indivíduo.

Envenenamento devido a peixes É provocado pela ingestão da carne de espécies de peixes tropicais que têm seu *hábitat* nos recifes coralinos. É uma das mais sérias formas de envenenamento, pois ao comer um peixe envenenado, o homem fecha a cadeia alimentar, com a toxina. No Nordeste brasileiro, o envenenamento pela peçonha do peixe *Thalassophryne nattereri* (niquim) é comum no litoral dos Estados de Alagoas e Bahia. Os sintomas clínicos são: dor imediata e intensa, edema e inflamação seguida de necrose tecidual local.

Envenenamento por algas Algumas cepas de algas, em especial do grupo cianofíceas ou cianobactérias, podem produzir toxinas potentes (hepatoxinas e neurotoxinas) e metabólitos que causam gosto e odor, alterando as características organolépticas das águas. Inúmeros trabalhos publicados relatam mortandades de animais domésticos e selvagens, inclusive intoxicação humana, pelo consumo de águas com algas tóxicas e/ou toxinas liberadas pelas florações. A toxina de cianobactérias em águas para consumo humano implica sérios riscos à saúde pública e por isso é importante o monitoramento ambiental da densidade algácea e dos níveis de cianotoxinas nas águas.

Envenenamento por chumbo O chumbo não é metabolizado no organismo humano, mas complexado por macromoléculas, e diretamente absorvido, distribuído e excretado. Os compostos de chumbo inorgânico entram no organismo por inalação (rota importante na exposição ocupacional) ou ingestão (predominante na população). Somente os compostos orgânicos de chumbo são capazes de penetrar através da pele íntegra. São relatados efeitos clínicos neurológicos, hematológicos, cardiovasculares e renais, que podem levar à insuficiência do rim.

Envenenamento por fluoretos Fluoreto é uma molécula que contém o elemento flúor combinado com outros elementos. Ao ser adicionado à água, é o ácido hexafluorosilícico (H_2SiF_6) ou o hexafluorosilicato de sódio (Na_2SiF_6). O fluoreto é encontrado em qualquer lugar, como algumas folhas de chá, algas marinhas, solo e rochas. Ele é colocado em cremes dentais e antissépticos bucais para prevenir cáries, e também adicionado em inseticidas e veneno para ratos. A maioria dos casos de toxicidade por fluoreto ocorre quando alguém ingere o veneno ou o inseticida, que atinge o estômago e forma ácido fluorídrico, e irrita e corrõe a parede do estômago. Quando o trato gastrointestinal absorve o fluoreto, causa fortes dores de estômago e diarréia, além de sérios problemas gastrointestinais e, em doses acima de 3 mg/kg, convulsões. Em doses de 5 a 10 g em um adulto, ou 500 mg em uma criança, o envenenamento por fluoreto pode lesar órgãos vitais e causar a morte. Os cientistas discutem a fluoretação da água e alertam para uma forma menos imediata que pode ser consequência da ingestão de água hiperfluoretada por um período de tempo significativo. Nesse tipo de envenenamento por fluoreto, os efeitos relatados são as fluoroses dentária e esquelética, condições que enfraquecem os dentes e os ossos.

Envenenamento por mercúrio A síndrome neurológica causada por severos sintomas de envenenamento por mercúrio é mais conhecida como Doença de Minamata. Os sintomas incluem distúrbios sensoriais nas mãos e nos pés, danos à visão e audição, fraqueza e, em casos extremos, paralisia e morte. É assim conhecida após o envenenamento de centenas de pessoas por mercúrio, ocorrido na cidade de Minamata, no Japão. Em maio de 1956, quatro pacientes foram internados no hospital local. Os médicos ficaram confusos com os sintomas: convulsões severas, surtos de psicose, perda de consciência e coma. Finalmente, depois de febre muito alta, todos os quatro pacientes morreram. Os médicos ficaram chocados com a mortalidade da nova "doença", que foi diagnosticada em outras treze pessoas, incluindo alguns moradores de pequenas aldeias pesqueiras, próximas de Minamata, que morreram com os mesmos sintomas, assim como animais domésticos e pássaros. Descobriu-se que o fator comum a todas as vítimas eram os peixes da Baía de Minamata. Pesquisadores chegaram à conclusão que o mal não era uma doença, mas envenenamento por substâncias tóxicas. Ficou claro que o envenenamento estava relacionado a uma fábrica de acetaldeído e PVC. Com o tempo, a equipe de pesquisa médica chegou à conclusão de que as mortes foram causadas por envenenamento com mercúrio pelo consumo de peixe contaminado: o mercúrio era usado na fábrica como catalisador.

Envenenamento por metal Os chamados metais pesados ou elementos potencialmente tóxicos mais relacionados a problemas de envenamento são: arsênio, cádmio, cobre, chumbo, cromo, mercúrio, molibdênio, níquel, selênio e zinco. Alguns desses elementos, em pequenas concentrações, com menos de 0,01% da massa corporal, são denominados oligoelementos e são necessários ao organismo (arsênio, cobre, cromo (IV), molibdênio, selênio, zinco etc.) No entanto, se todos os metais são absorvidos em concentrações maiores do que o necessário, tendem a acumular nos tecidos do cérebro, dos rins e do sistema imunológico. É um tipo de envenenamento insidioso e de difícil diagnóstico, que ocorre ao longo do tempo. Entre os sintomas do envenenamento por metais pesados podem ocorrer: dores de cabeça, fadiga, dores musculares, anemia, tendência à indigestão, constipação, e pruridos na pele. Além disso, as vítimas podem ter dificuldade em se concentrar e coordenar movimentos. O envenenamento por metais é um problema grave em nosso tempo e esquecido ou desconhecido pelos especialistas em saúde.

Envenenamento por monóxido de carbono – CO O envenenamento por CO ocorre com exposição anormal a gases de qualquer tipo de combustão, sejam aquecedores ou veículos em lugares fechados, e podem provocar complicações neurológicas e psiquiátricas severas e até a morte. Nos Estados Unidos, cerca de 40.000 pessoas são hospitalizadas por ano devido a esse problema. Recentes pesquisas demonstraram que o envenenamento por monóxido de carbono pode ter efeitos imediatos, e consequências futuras: quase 40% dos pacientes que apresentaram danos cardíacos tinham histórico de algum tipo de acidente com o monóxido de carbono.

Enviesado Cortado obliquamente.
Envoltória Que envolve; capa; embrulho; faixa.
Envoltório Ver *Envoltória*.
Envolvimento de poço com pedregulho A ideia é filtrar a água que chega ao poço, ou seja, permitir a livre passagem da água e barrar a entrada de sólidos.
Enxada Instrumento utilizado para carpir ou aplanar manualmente o solo agrícola; misturar massa de construção civil etc.
Enxaguar Lavar com abundância com água; tirar o sabão das roupas.
Enxofre Elemento químico do grupo dos metaloides, símbolo S, peso atômico 32,06 e número atômico 16. É um nutriente essencial às plantas. Sua importância ambiental está mais relacionada aos seus compostos, alguns tóxicos, como o gás sulfídrico (H_2S), outros extremamente corrosivos, como o ácido sulfúrico (H_2SO_4).

Enxurrada Termo popular para a torrente de água de chuva.
Enzima Diástase ou fermento solúvel.
Eólico O termo eólico vem do latim *aeolicus*, pertencente ou relativo a Éolo, deus dos ventos na mitologia grega. Pertencente ou relativo ao vento.
Eolotrópico Que apresenta diferentes propriedades na velocidade de transmissão da luz, condutibilidade do calor ou da eletricidade, compressibilidade etc., em diferentes direções; não isotrópico.
Epibentos Organismos vivos encontrados na superfície dos sedimentos bentônicos, ou seja, sedimentos depositados no fundo de lagos, represas, mares etc.
Epidemia Surto de doença contagiosa que atinge, ao mesmo tempo, um grande número de pessoas.
Epidêmico Referente à epidemia, contagioso.
Epidemiologia Ciência que estuda, previne e combate as doenças epidêmicas.
Epiderme Camada superficial e não vascularizada da pele.
Epifilo Epiderme superior da folha, em oposição ao hipófilo, que é a inferior.
Epífita ou epífito Qualquer espécie vegetal que cresce ou se apoia fisicamente sobre outra planta ou objeto, retirando seu alimento da chuva ou de detritos e resíduos que coleta de seu suporte. Segundo definição da Resolução Conama 12, de 1994, são plantas que crescem sobre uma outra planta sem retirar alimento ou tecido vivo do hospedeiro.
Epifitologia Ciência que estuda o caráter, a ecologia e causas de doenças em plantas causadas por substâncias, insetos ou micro-organismos que vivem sobre elas.
Epilímnio Em limnologia, é a camada superficial dos lagos que apresenta estratificação. As características químicas, físicas e biológicas da camada são diferentes das subjacentes, principalmente em: temperatura; epilímnio, que é mais quente e tem maior concentração de oxigênio dissolvido; luminosidade; maior concentração de algas etc.
Episódio crítico Ocorrência anormal, acima de limites preestabelecidos.
Episódio crítico de poluição do ar No Brasil, segundo definição da Resolução Conama 3, de 1990, trata-se da presença de altas concentrações de poluentes na atmosfera, em curto período de tempo, resultante da ocorrência de condições meteorológicas desfavoráveis à dispersão deles.
Epizootiologia Estudo das doenças que atacam muitos animais ao mesmo tempo e num mesmo lugar.

Época Tempo; período; era; estação.
Época pleistocênica Foi o período quaternário da Terra, que ocorreu entre 1,8 milhões e 11.000 anos atrás. A biologia pleistocênica era moderna, pois muitos gêneros e espécies de coníferas pleistocênicas, musgos, plantas, flores, insetos, moluscos, pássaros, mamíferos e de outros seres vivos sobrevivem até hoje. O pleistoceno caracterizou-se também pelos mamíferos e pássaros gigantes. Mamutes e seus primos, os mastodontes, búfalos, tigres-dentes-de-sabre e outros mamíferos grandes viveram no pleistoceno. No fim do pleistoceno, todas essas criaturas foram extintas. Foi durante o pleistoceno que ocorreram os episódios mais recentes de glaciações, ou de idades do gelo.
Época recente Engloba os últimos 5.000 anos de história da Terra. É a época caracterizada pelo domínio das herbáceas e da evolução do homem.
Equação Igualdade que contém incógnitas e que só é satisfeita para determinados valores dessas incógnitas.
Equação da continuidade No campo da hidráulica, equação que estabelece a relação entre a velocidade (v) do fluido, a área da seção de escoamento (A) e a vazão (Q). Escreve-se: $Q = v \cdot A$.
Equação de Darcy-Weisbach Essa equação, também conhecida como fórmula universal para o cálculo da perda de carga em tubulações, tem uma longa história. Tem o nome dos dois engenheiros hidráulicos que viveram em meados do século XIX, embora outros também tenham dado importantes contribuições. Julies Weisbach (1806-1871), natural da Saxônia, em 1845, propôs a equação usada atualmente: $\Delta H = f \cdot L/D \cdot V^2/2g$, na qual ΔH é a perda de carga; L é o comprimento do tubo; D é o diâmetro de tubo; V é a velocidade média; g é a aceleração da gravidade, e f é o fator de atrito.
Equação de Dupuit Equação que descreve o fluxo d'água para um furo, num aquífero livre em regime estacionário, para pequenos rebaixamentos.
Equação de Laplace É uma equação diferencial, descritora de comportamentos em vários campos da ciência, como, por exemplo, a astronomia, o eletromagnetismo, a mecânica dos fluidos, formulando-lhes as funções: potencial gravitacional, elétrica, fluídica, entre outras aplicações. A teoria geral de soluções para a equação de Laplace é conhecida como teoria do potencial.
Equação de Manning No campo da hidráulica, é a equação do escoamento livre, que estabelece a relação entre a velocidade (v) do fluido,

o raio hidráulico da seção de escoamento (R_H), a inclinação longitudinal do conduto (I) e o coeficiente de rugosidade do conduto (n): $v = (R_H^{2/3} \cdot I^{1/2})/n$.
Equação de Navier-Stokes É uma equação diferencial que descreve o escoamento de fluidos. Equação a derivadas parciais que permite determinar os campos de velocidade e de pressão.
Elevação do Ponto de Ebulição – EPE Diferença entre o ponto de ebulição (ou temperatura de ebulição) de uma solução e o ponto de ebulição da água pura.
Equação química Notação usada para descrever como os átomos se combinam para formar moléculas.
Equação relativística de Einstein Em física, a equivalência massa-energia é o conceito de que qualquer massa possui uma energia associada e vice-versa. Na relatividade, essa relação é expressa pela fórmula de equivalência massa-energia: $E = m \cdot c^2$ na qual E = energia, m = massa e c = velocidade da luz no vácuo (cerca de 3×10^6 km/s).
Equalização Ato ou efeito de homogeneizar, equalizar, equilibrar.
Equilibrar Manter-se no centro de gravidade, não oscilar mais para um lado do que para o outro, não pender.
Equilíbrio Estado de repouso em que se encontram os corpos solicitados por forças iguais e contrárias.
Equilíbrio da natureza No seu ambiente natural as espécies de vida estão em equilíbrio. Se, por exemplo, um animal carnívoro se multiplica depressa demais, os animais com que se alimenta tornam-se escassos. Assim, viver fica mais difícil e o número desses carnívoros volta ao nível normal. Essa redução pode ocorrer por emigração, perda de fertilidade, lutas pela sobrevivência etc. Com frequência, o homem perturba o equilíbrio ecológico, sobretudo quando tenta reduzir ou eliminar certas formas de vida que ele considera uma praga. Por exemplo, a eliminação de uma cobra venenosa das Antilhas fez aumentar a população de ratos com os quais ela se alimentava. Na Austrália, a explosão populacional de coelhos introduzidos pelo homem só foi contida com o uso de veneno, e acabaram mortos muitos outros animais e insetos, alterando o equilíbrio natural.
Equilíbrio ecológico Nos rios, mares, campos e florestas, as plantas, animais e micro-organismos estabelecem entre si e o ambiente um relacionamento que garante a sobrevivência de todos e a preservação dos recursos naturais oferecidos pelo meio em que vivem. Essa situação

de estabilidade é chamada de equilíbrio ecológico. O relacionamento dos seres vivos entre si e com o meio ambiente resulta em sistemas complexos, chamados de ecossistemas, que são constituídos por organismos (fatores bióticos) e condições naturais (fatores abióticos), com uma contínua passagem de matéria e energia entre eles.

Equilíbrio Ghyben-Herzberg, G-H Nos estudos de intrusão da cunha salina nas águas doces continentais o equilíbrio G-H é uma simplificação que consiste em assumir que a água doce subterrânea está em equilíbrio hidrostático com a água do mar.

Equilíbrio hídrico Em fisiologia, é o equilíbrio entre a água ingerida e a perdida na respiração, transpiração, urina e fezes. É controlado pelo hipotálamo, através da ativação do mecanismo da sede.

Equilíbrio hidrológico No ciclo hidrológico, pode-se dar um macroexemplo: o fluxo de água que evapora dos oceanos é cerca de 47.000 km^3/ano. É maior que o fluxo que nele cai em forma de precipitação. Esse excedente indica a quantidade de água que é transferida dos oceanos para os continentes nos processos de evaporação e precipitação. Essa água retorna aos oceanos através do escoamento pelos leitos dos rios e pelos fluxos subterrâneos. Então, toda a água que sai dos oceanos é devolvida depois de certo tempo sob a forma de precipitação ou de fluxos superficiais e subterrâneos. A quantidade total de água na Terra permanece constante, mantendo o equilíbrio hidrológico do planeta.

Equilíbrio químico Quando ocorre uma reação química, nem todos os reagentes são usados para formar os produtos. A solução atinge um equilíbrio químico, no qual além do produto, poderá haver reagentes residuais.

Equinócio O equador celeste e a eclíptica são dois grandes círculos na esfera celeste, definidos a um ângulo de 23,5°. Os dois pontos onde eles se interceptam são chamados de equinócios. O equinócio vernal tem coordenadas RA = 0 hora, Dec = 0 grau. O equinócio outonal tem RA = 12 horas, Dec = 0 grau. Os equinócios são importantes para demarcar as estações do ano. Como eles se situam na eclíptica, o sol passa em cada equinócio todos os anos. Quando o sol passa pelo equinócio vernal (normalmente em 21 de março), ele atravessa o equador celeste de sul para norte, significando o fim do inverno no hemisfério Norte. De forma semelhante, quando o Sol passa para o equinócio outonal (normalmente em 21 de setembro), ele atravessa o equador celeste de norte para sul, significando o fim do inverno no hemisfério Sul.

Equinócio vernal Ver *Equinócio*.

Equinócio outonal Ver *Equinócio*.

Equipamento Em controle da poluição, é todo e qualquer dispositivo, industrial ou não, poluidor ou destinado ao controle da poluição.

Equipamento absorvedor Em controle da poluição do ar, é um equipamento de absorção de gases, projetado para promover o perfeito contato entre um gás e um solvente líquido, com a finalidade de permitir a difusão dos materiais. O contato entre o gás e o líquido pode ser alcançado pela dispersão do gás no líquido ou vice-versa. Os equipamentos absorvedores que dispersam o líquido compreendem as torres recheadas, as câmaras e torres de aspersão e os lavadores venturi. Os equipamentos que usam a dispersão do gás incluem as torres e vasilhas com equipamento de aspersão.

Equipamento urbano Conjunto de edificações e espaços, predominantemente de uso público, nos quais se realizam atividades complementares à habitação e ao trabalho, ou nos quais se oferecem à população os serviços de bem-estar social e de apoio às atividades econômicas.

Equística É a ciência que estuda os assentamentos humanos.

Equivalente ecológico São grupos de espécies com nichos semelhantes em comunidades diferentes.

Equivalente humano de Roentgen Unidade de dose de radiação que expressa todos os tipos de radiação numa escala comum.

Equivalente populacional Em termos de parâmetros poluidores, significa transformar a concentração do poluente em número de habitantes que produziriam o mesmo efeito.

Era cenozoica Com 65 milhões de anos de duração, a Era Cenozoica é dividida em dois períodos muito desiguais: o Terciário (que compõe quase todo o Cenozoico), e o Quaternário, que representa os últimos dois milhões de anos. O Terciário é dividido em dois subperíodos: o Paleógeno e o Neógeno. Nessa era é que o mundo assumiu sua forma moderna. Invertebrados, peixes, répteis eram modernos, mas mamíferos, pássaros, protozoários e plantas com flores evoluíram e se desenvolveram durante este período.

Era mesozoica A era mesozoica teve uma duração de aproximadamente cento e quarenta milhões de anos. Na escala do tempo geológico, ocorreu após a era primária e antes da era cenozoica. A era mesozoica representa a idade média da evolução da vida e divide-se em três períodos: Jurássico, Triássico e

Cretássio. Essa era não foi marcada por transformações orogênicas, ou seja, não houve a formação de cadeias montanhosas. Os movimentos orogenéticos observados através das grandes revoluções alpinas ocorreram somente na era terciária.

Era paleozoica A Era Paleozoica é limitada por dois importantes eventos da história da Terra: o seu início, há 545 milhões de anos, marca o começo da expansão da vida, e seu final, há 248 milhões de anos, marca a maior extinção em massa que já ocorreu no nosso planeta.

Era pré-cambriana O Pré-Cambriano está compreendido entre o aparecimento da Terra, há cerca de 4,5 bilhões de anos, até o surgimento de uma grande quantidade de fósseis, que marca o início do período Cambriano da era Paleozoica, há cerca de 540 milhões de anos.

Era quaternária Na verdade o quaternário não é uma era, mas um período da era cenozoica, cujo início se reporta há 2 milhões de anos. Ver *Era cenozoica*.

Eritema Rubor congestivo da pele, que desaparece momentaneamente à pressão do dedo, habitualmente temporário e devido à congestão dos vasos sanguíneos.

Eritrócito Glóbulo vermelho do sangue.

Erodir Ato de causar a erosão,

Erosão Ver *Erosão do solo*.

Erosão acelerada Ver *Erosão do solo*.

Erosão anormal Ver *Erosão do solo*.

Erosão causada pelas ondas Ver *Erosão do solo*.

Erosão da água Ver *Erosão do solo*.

Erosão da praia Retirada e carreamento de material da praia pela ação das ondas, correntes, marés ou ventos.

Erosão do solo Processo de desagregação do solo e transporte dos sedimentos pela ação mecânica da água dos rios (erosão fluvial); da água da chuva (erosão pluvial); dos ventos (erosão eólica); do degelo (erosão glacial); das ondas e correntes do mar (erosão marinha). O processo natural de erosão pode ser acelerado pela ação humana. A remoção da cobertura vegetal e a destruição da flora pelo efeito da emissão de poluentes em altas concentrações na atmosfera são exemplos de fatores que provocam erosão ou aceleram o processo erosivo natural.

Erosão fluvial Processo natural e contínuo de desagregação e transporte dos solos, por ação das águas correntes, na superfície do globo terrestre. Ocorre erosão nas partes mais acidentadas de uma bacia hidrográfica, onde o curso d'água apresenta maiores declividades, e deposição dos materiais carreados nas partes baixas, formando os solos aluvionares.

Erosão pluvial Fenômeno de desagregação e transporte das partículas de solo pelo impacto das gotas da chuva no solo desprotegido e seu consequente transporte pelo escoamento superficial das águas, levando à deposição nas partes baixas, o que gera problemas de entupimento de redes de drenagem pluvial e assoreamento dos corpos d'água.

Erosão regressiva Ocorre em camadas de solos finos não coesivos (areia fina e silte), em terrenos de relativa declividade, onde ocorre o escoamento da água de chuva, não só na superfície, mas também subsuperficialmente. A água, ao sair nos pontos mais baixos, carreia o solo e faz a erosão caminhar no sentido contrário ao escoamento. É o fenômeno que ocorre nas chamadas voçorocas ou boçorocas.

Erosão retrógrada Ver *Erosão regressiva*.

Erosão sob forma de boçoroca Ver *Erosão regressiva*.

Erosão subsuperficial Ver *Erosão regressiva*.

Erro Ocorrência não desejada ou não esperada.

Erro absoluto Diferença entre o valor de um parâmetro observado em uma medição e o valor real desse parâmetro.

Erro padrão Desvio padrão dos erros absolutos de medição de um mesmo parâmetro.

Erva daninha Plantas que nascem em meio às culturas agrícolas, sem valor comercial e que atrapalham o desenvolvimento da planta cultivada.

Erva daninha tipo ruderal Ver *Ruderal*.

Esboço Primeiro delineamento de um desenho técnico ou artístico; plano inicial; resumo.

Escada de peixes A escada de peixes é uma obra acessória e hoje obrigatória nas grandes barragens brasileiras, para permitir que os peixes de piracema possam subir os rios para a desova.

Escafandro Aparelho de mergulho em grande profundidade.

Escala anemométrica de Beaufort Escala indicativa da velocidade dos ventos no mar (numerada de 0 a 12), que correlaciona o valor da velocidade do vento (de 1 a 65 milhas náuticas por hora) com o tipo de ocorrência, desde a calmaria até os furacões. Foi originalmente organizada por Francis Beauford, em 1805 e modificada pelo USNHO (*United States Navy Hydrographic Office*), que ampliou a escala dos furacões até o número 17 (desde 65 até 118 milhas náuticas por hora).

Escala Celsius de temperatura A escala de temperatura Celsius foi concebida de forma a que o ponto de congelamento da água correspondesse ao valor zero, e o ponto de ebulição correspondesse ao valor 100, a uma pressão atmosférica padrão. Como existem cem graduações entre esses dois pontos de referência, o termo original para este sistema foi centígrado (100 partes).

Escala de desenho Relação entre a dimensão real e a dimensão expressa em desenhos e projetos. Ex.: escala 1:1.000 significa que as dimensões reais foram diminuídas 1.000 vezes, ou que 1 m real significa no desenho 1 mm.

Escala de Mohs Quantifica a dureza dos minerais, isto é, a resistência que um determinado mineral oferece ao risco ou à remoção de partículas da sua superfície. Por exemplo, o diamante risca o vidro, portanto, é um material mais duro do que o vidro. Friedrich Mohs, o criador dessa escala, atribuiu valores de 1 a 10. O valor de dureza 1 foi dado ao material menos duro, que é o talco e o valor 10, ao diamante que é a substância mais dura existente na terra. Essa escala não corresponde à dureza absoluta dos materiais, por exemplo, o diamante tem dureza absoluta 1.500 vezes superior ao talco.

Escala de Ringelmann É uma escala gráfica para avaliar a colorimetria da densidade de uma fumaça, constituída de seis padrões com variações uniformes de tonalidade, entre o branco e o preto. Os padrões são apresentados por quadros retangulares, com redes de linhas de espessuras e espaçamento definidos, sobre um fundo branco. É usada para medir a opacidade da fumaça emitida de chaminés e outras fontes. Os tons de cinza simulam várias densidades de fumaça e são numerados (os tons cinza) de 1 a 5. Ringelmann n° 1 equivale a uma densidade de 20% e o n° 5, a uma densidade de 100%.

Escala Douglas Série de números de 0 a 9, indicativos do estado do mar e recomendados para uso internacional a partir da Conferência Internacional de Meteorologia de Copenhagen, em 1929. Segundo essa escala, quanto maior o número, mais agitado está o mar.

Escala granulométrica Gráfico com as características granulométricas de um solo, ou seja, o resultado do ensaio de granulometria. Nas ordenadas do lado esquerdo, colocam-se os percentuais de solo que passam pelas diversas peneiras; nas ordenadas da direita, os percentuais retidos nas peneiras. Nas abcissas superiores, a bitola ou número das peneiras e nas abcissas inferiores, o tamanho relativo dos grãos dos solos.

Escala "φ" (phi ou fi) Transformação logarítmica dos graus da escala Wentworth de classificação de sedimentos e baseada no logarítmo negativo de base dois do diâmetro da partícula.

Escalvação ou desnudação Ato de escalvar, de tornar desnudo ou estéril pela retirada da vegetação. O mesmo que descalvação.

Escama Lâmina ou placa que reveste os peixes. Diz-se também da carepa ou pequena lâmina que se desprende dos metais ferrosos ao serem aquecidos e trabalhados na forjaria.

Escamação Ato de escamar.

Escarificar Cortar previamente a rocha decomposta ou o solo de consistência dura, com equipamentos específicos (escarificadores), para facilitar a escavação posterior com equipamentos normais.

Escarpa Talude ou ladeira íngreme.

Escarpa da praia Trecho de praia quase perpendicular ao mar, formado pela ação de ondas com altura variável entre algumas polegadas e poucos pés, conforme a natureza e composição do material da praia.

Escarpa de terreno Ver *Escarpa*.

Escarpa, penedo ou falésia Superfície rochosa, alta, escarpada. As falésias podem ser compostas de areias de várias tonalidades, como as que ocorrem em diversas praias do Nordeste brasileiro.

Escarro Mais conhecido como catarro, é uma liberação de muco causado pelo inchaço das mucosas do corpo. O escarro amarelado pode indicar alguma infecção no aparelho respiratório.

Escassez de água Falta d'água.

Escatol Composto químico originado da decomposição de proteínas no intestino, particularmente do triptofano. Um dos responsáveis pelos odores desagradáveis das fezes.

Escatologia Tratado acerca dos excrementos. No campo religioso, doutrina das coisas que deverão acontecer no apocalipse, ou fim do mundo.

Escavação Ato de escavar, remover, desentulhar, abrir corte, depressões ou valas.

Escavação de rocha A escavação de rocha em grande escala é feita com explosivos. Em menor escala, pode-se utilizar o método das cunhas hidráulicas (darda).

Escavação eólica Escavação feita pelo vento.

Escavação hidráulica Escavação feita por bombeamento da água com o solo com dragas.

Escavação nuclear O ensaio Sedan, de 1962, foi uma experiência dos Estados Unidos no uso de armas nucleares para escavar grandes quantidades de solo. As consequências ambientais dessa técnica impediram o seu desenvolvimento e aplicação.

Escavadeira Equipamento usado na escavação de valas.

Escavadeira mecânica Ver *Escavadeira*.
Escavar Remover o solo, o entulho; abrir corte em solo; abrir valetas.
Escherichia coli Grupo de bactérias presentes em grande número (na faixa de 10^8 UFC/g) no trato intestinal humano e dos animais de sangue quente, eliminadas nas fezes. É um grupo de micro-organismos indicativos de poluição fecal e, portanto, suscetível de conter organismos patogênicos.
Esciófito Que vive na sombra; que gosta de sombra.
Escleromórfica O mesmo que xeromórfica; plantas adaptadas a climas semiáridos (como o cerrado brasileiro) e desérticos, ou então em regiões úmidas, mas salinas, como os manguezais. As estruturas vegetais de algumas dessas plantas incluem o caule retorcido, ou caules e folhas carnudos para armazenar água ou, alternativamente folhas reduzidas ou coreáceas, às vezes cobertas por uma camada de cera para diminuir a evaporação. Outra adaptação que ocorre são as raízes longas para que possam alcançar o lençol freático. Exemplos destes tipos de plantas são as cactáceas.
Escoamento Fluxo de fluido.
Escoamento adiabático Fluxo de fluido sem ocorrência de trocas térmicas com o exterior.
Escoamento ascendente Fluxo de fluido de baixo para cima.
Escoamento através de bocal Fluxo de fluido através de um dispositivo com formato de funil.
Escoamento axial Ocorre na direção de um eixo, por exemplo, nos clarificadores retangulares, onde a entrada de fluido é feita por um dos lados da unidade e a saída, por vertedores situados no lado oposto da unidade, ou seja, o fluxo ocorre no sentido do eixo da unidade.
Escoamento bidimensional Aquele em que o vetor velocidade depende apenas de duas variáveis espaciais.
Escoamento capilar Escoamento de fluido de estruturas porosas como o solo, por exemplo, no qual as dimensões dos poros são muito pequenas ou capilares.
Escoamento contínuo O contrário de intermitente, ou seja, quando o escoamento ocorre sem interrupções de fluxo.
Escoamento crítico Definido como aquele no qual o número de Froude é igual à unidade.
Escoamento de água sobre a terra Fluxo de água superficial ao solo.
Escoamento de ar Fluxo de ar.
Escoamento de chuva ou de neve pelas árvores Em hidrologia, o termo *stemflow* retrata o fluxo da água de chuva ou de neve interceptada pelo tronco ou caule de uma planta. O escoamento da água pelo tronco é responsável pela transferência de nutrientes da copa para o solo. Em florestas tropicais, onde este tipo de fluxo pode ser substancial, pode formar sulcos de erosão na base do tronco. No entanto, em climas temperados esse fluxo é menor e tem pouco poder erosivo.
Escoamento de Couette Na dinâmica de fluidos, refere-se ao fluxo laminar de um fluido viscoso, no espaço entre duas camadas paralelas de líquido, uma das quais apresenta movimento relativo em relação à outra, ou seja, apresentam velocidades diferentes.
Escoamento de fluido compressível As variações da massa específica do fluido transportado influenciam nesse escoamento.
Escoamento de fluido incompressível Sofre a ação da compressão dos fluidos no escoamento. Em geral, considera-se incompressível um escoamento ocorrido a uma velocidade de até 1/3 da velocidade do som nesse fluido.
Escoamento de Knudsen Descreve o movimento de gases com altos valores do número de Knudsen, no qual as características dimensionais do espaço destinado ao fluxo é igual ou menor do que a ordem de grandeza do livre caminho médio das partículas. Um gás flui através de uma pequena abertura em uma parede delgada, sob regime de escoamento de Knudsen, e o número de moléculas que passam através da abertura é proporcional à pressão do gás e inversamente proporcional ao seu peso molecular.
Escoamento de terra Também chamado de solifluxo. É quando o solo rompe e desliza em meio a muita água infiltrada.
Escoamento de transição Em termos de escoamento de líquidos, é o tipo de fluxo entre o regime de escoamento laminar, com número de Reynolds (Re < 2000) e o turbulento (Re > 4000).
Escoamento em canais Na superfície livre do líquido, atua sob pressão atmosférica.
Escoamento em canal aberto Ver *Escoamento em canais*.
Escoamento em conduto fechado Aquele em que o líquido ocupa toda a seção do tubo, com pressão diferente da atmosférica.
Escoamento em orifícios Aquele que ocorre através de uma abertura de pequeno tamanho na parede de um reservatório.
Escoamento em tubos Ver *Escoamento em conduto fechado*.
Escoamento fluvial ou deflúvio Água corrente na calha de um curso d'água, correspondente à quantidade total de água que chega até ele;

inclui-se o imediato escoamento pluvial e o mais lento escoamento subsuperficial.

Escoamento fundamental ou escoamento de base Vazão de um curso de água que é alimentado por água subterrânea por longos períodos, sem a ocorrência de precipitação.

Escoamento hipersônico Com velocidade Mach 5, ou seja, aquele cuja relação entre a velocidade do objeto e a velocidade do som é superior a 5.

Escoamento isotérmico Que ocorre sem variação de temperatura.

Escoamento laminar Em contraposição ao escoamento turbulento, o laminar ocorre quando as partículas do fluido em movimento mantêm-se na mesma posição relativa em relação à seção transversal da tubulação. O número de Reynolds menor que 2.000 caracteriza o escoamento laminar.

Escoamento livre Em contraposição ao escoamento forçado ou sob pressão, o escoamento livre se dá com pressão atmosférica e age na superfície do líquido em movimento.

Escoamento molecular Caracteriza-se pelo livre caminho médio do gás, maior do que as dimensões das tubulações ou recipientes.

Escoamento na camada limite O escoamento na camada limite é laminar, mesmo num regime de escoamento turbulento. A camada limite é definida como a camada de fluido em contato com as paredes de um corpo num escoamento turbulento. É medida a partir do contato com o corpo (paredes de um tubo, por exemplo, nas quais a velocidade do fluido é nula), até um ponto que a velocidade do fluido implique a passagem de um escoamento laminar para turbulento. Esse fenômeno de variação de velocidade ocorre devido à viscosidade do fluido (atrito viscoso).

Escoamento não uniforme É aquele no qual o vetor velocidade, em módulo, direção e sentido, não é idêntico em todos os pontos, em um instante qualquer.

Escoamento permanente No regime de escoamento permanente não há variação no tempo e no espaço das variáveis, ou seja, o gradiente da velocidade e do nível são nulos, sem variação de estado no sistema. Essa situação não ocorre na maioria dos problemas hidrológicos de escoamento superficial em rios e canais.

Escoamento por gravidade Ocorre por ação da aceleração da gravidade.

Escoamento radial Ocorre na direção radial, por exemplo, nos clarificadores circulares, quando a entrada de fluido é feita pelo centro da unidade e a saída, através de vertedores situados na periferia da unidade, ou seja, o fluxo ocorre do centro para a periferia, seguindo a direção do raio do clarificador.

Escoamento subcrítico Aquele em que a profundidade de escoamento é maior do que a profundidade crítica e a velocidade menor que a crítica.

Escoamento subsônico A velocidade Mach é menor do que a unidade, ou seja, a relação entre a velocidade do objeto e a velocidade do som é inferior a 1 ou, mais especificamente, inferior a 0,8.

Escoamento subsuperficial Escoamento da água nos interstícios do solo.

Escoamento subterrâneo Ver *Escoamento subsuperficial*.

Escoamento supercrítico A profundidade de escoamento é menor do que a profundidade crítica e a velocidade maior que a crítica.

Escoamento superficial Porção de água precipitada sobre o solo que não se infiltra e escoa até alcançar os cursos d'água, e pode carrear poluentes do ar e do solo para os corpos receptores. Hoje esse fenômeno é conhecido como poluição difusa.

Escoamento superficial de águas pluviais Escoamento das sarjetas (calha formada por faixas da via pública e o meio-fio e pelos sarjetões que cortam as demais ruas).

Escoamento turbulento As partículas do líquido em movimento não mantêm a mesma posição em relação à seção tranversal do conduto. O número de Reynolds maior que 4.000 caracteriza o regime turbulento.

Escoamento uniforme O vetor velocidade, em módulo, direção e sentido é idêntico em todos os pontos.

Escoar Correr; escorrer; deslizar.

Escombros Entulhos; ruínas.

Esconsidade Inclinação; obliquidade; tortuosidade.

Escoramento Obra provisória de retenção das paredes laterais de uma vala com pranchas de madeira ou metálicas, para garantir as condições de segurança aos trabalhadores que montam a tubulação enterrada.

Escoramento contínuo Quando as pranchas de escoramento são colocadas uma ao lado da outra, apoiadas longitudinalmente em longarinas e transversalmente em estroncas, formam uma proteção contínua.

Escoramento de vala Ver *Escoramento*.

Escoramento descontínuo Quando as pranchas de madeira são posicionadas a cada 1,35 m uma da outra, apoiadas longitudinalmente em longarinas, e transversalmente em estroncas, com trechos não escorados, formam uma proteção descontínua.

Escória Restos; coisa desprezível; ralé; resíduo silicoso que se forma com a fusão de metais.
Escorregamento Rompimento com posterior deslocamento; deslizamento.
Escorregamento de solo Rompimento de massa de solo (corte ou aterro), com posterior deslocamento.
Escorregamento de solo provocado pela chuva A água age nos interstícios do solo, aumenta o peso da massa e, ao mesmo tempo, diminui a resistência ao cisalhamento, pelo aumento da pressão neutra.
Escorvador Dispositivo e/ou instalação para fazer a escorva.
Escorvador de bomba Dispositivo e/ou instalação para fazer a escorva (retirada de ar da tubulação) de uma bomba.
Escorvar Introduzir água para retirar o ar de uma tubulação.
Escova de Kessener É um tipo de aerador de palhetas ou escovas, de eixo horizontal, muito utilizado nos reatores de lodo ativado, tipo valo de oxidação.
Escrube Ver *Caatinga*.
Escuma Conjunto de bolhas na superfície de um líquido, formadas por uma mistura de detergentes, óleos, graxas e sólidos em suspensão.
Esfoliação Separação em folhas, em lâminas.
Esfoliar-se Separar-se em folhas, em lâminas.
Esforço Ato de despender energia; tensão; coragem; determinação.
Esforço admissível Valor da tensão usada em projeto, dado pela razão entre a tensão de ruptura de um material ou estrutura, e um coeficiente de segurança, para assegurar a manutenção da situação de esforço, sem ruptura.
Esforço de tração Ato ou esforço de puxar.
Esfregadura Esfregação, esfrega; ato de friccionar um corpo em outro.
Esfriamento Ato de esfriar, de diminuir a temperatura de algo com temperatura acima da normal. O mesmo que ARREFECIMENTO.
Esfriar Arrefecer; esmorecer; desanimar.
Esgotamento Remoção da água de um poço ou de um reservatório, até a última gota.
Esgotar Gastar; exaurir; tirar até a última gota.
Esgoto Despejo líquido, fruto da utilização das águas de abastecimento no suprimento das necessidades básicas do homem, atividades industriais etc., e que deve ser conduzido a uma estação de tratamento ou a um destino final adequado.
Esgoto afluente Esgoto que chega a uma unidade.
Esgoto anóxico Esgoto sem oxigênio dissolvido, mas com nitratos, fosfatos, sulfatos etc.

Esgoto bruto Esgoto ainda não tratado.
Esgoto clarificado Aquele que passou pelo tratamento de sedimentação dos sólidos.
Esgoto combinado Quando o esgoto sanitário é coletado com as águas de chuva.
Esgoto de águas pluviais Sistema de coleta das águas de chuva.
Esgoto de sistema unitário Quando o esgoto sanitário é coletado separadamente das águas de chuva. O termo *sewerage* é usado quando esgoto industrial é coletado juntamente com o esgoto doméstico.
Esgoto de um aparelho sanitário Efluente dos aparelhos sanitários, como bacias sanitárias, lavatórios, mictórios etc.
Esgoto decantado O mesmo que esgoto clarificado.
Esgoto desinfetado Aquele que passou por algum tipo de desinfecção (destruição dos micro-organismos) com cloro, ozônio, radiação ultravioleta, permanganato de potássio etc.
Esgoto diluído ou fraco Aquele com concentrações baixas de poluentes.
Esgoto doméstico São os efluentes líquidos resultantes da ação de higiene pessoal e limpeza dos seres humanos. Pode ser decomposto em águas efluentes das bacias sanitárias (com fezes e urina) e águas resultantes de outros usos, com sabões e detergentes, gorduras, restos de comida etc.
Esgoto fresco O esgoto é mantido fresco quando há entrada de oxigênio no meio líquido, que evita a proliferação das bactérias anaeróbias, pois, de outro modo, seria séptico.
Esgoto industrial Efluente líquido decorrente das atividades de produção industrial com uso de água. Inclui o esgoto do tipo doméstico, decorrente do uso de banheiros pelos funcionários.
Esgoto institucional Provém de instituições, como escolas, orfanatos, prédios públicos em geral.
Esgoto interceptor O termo é mais utilizado para tubulações que correm paralelamente aos cursos d'água, e recebem a contribuição dos coletores-tronco, evitando o lançamento direto nos corpos d'água.
Esgoto misto Pode ser entendido com aquele em que o esgoto doméstico está misturado com água de chuva ou com esgoto industrial. O mesmo que esgoto combinado.
Esgoto misturado com água de chuva Há duas situações: na primeira, o esgoto sanitário é coletado com água de chuva; no sistema unitário de coleta, quando há falhas na fiscalização e ocorre essa mistura. No Brasil, é proibido o

lançamento da água de chuva na tubulação de esgoto sanitário, mas, por falta de fiscalização, é comum acontecer isso.

Esgoto pluvial Composto de águas de chuva que chegam ao solo ou aos telhados sem suas qualidades naturais, por sua passagem pela atmosfera, de onde podem trazer impurezas.

Esgoto pluvial de edifício Sistema de coleta composto pelo telhado, calhas, condutores etc. Essa água é lançada na sarjeta e nunca na tubulação de esgoto sanitário, quando o sistema é separador absoluto.

Esgoto sanitário No Brasil, segundo a definição da norma ABNT-NBR-9648, de 1986, é o despejo líquido constituído de esgoto doméstico e industrial, água de infiltração (água do lençol freático que penetra nas redes pelas falhas de juntas ou de poços de visita), e da contribuição pluvial parasitária (água de chuva que penetra indevidamente na rede). Pelas características, pode ser lançado *in natura* nas redes públicas de esgotos, mas tem um alto poder poluente e, na maioria dos casos, exige tratamento para ter um destino final adequado.

Esgoto sedimentado Ver *Esgoto clarificado*.

Esgoto séptico É o esgoto sanitário, em plena fase de decomposição anaeróbia, sem oxigênio livre e que gera maus odores.

Esgoto sujo e malcheiroso O mesmo que esgoto séptico.

Esgoto tratado Aquele que passou por uma estação de tratamento e que teve diminuído o seu poder poluente.

Esguicho Jato líquido.

Esmalte Substância usada em pinturas de revestimento.

Esmalte vitrificado Substância vitrificável usada sobre metais ou porcelana como ornamento.

Esôfago Canal que vai da faringe ao estômago.

Espaçamento entre poços Distância horizontal entre poços.

Espaço amostral Em um experimento ou teste aleatório, é o conjunto de todos os resultados possíveis. Por exemplo, se o experimento é lançar uma moeda e verificar a face voltada para cima, o espaço amostral é o conjunto {cara, coroa}. Para o lançamento de um dado de seis faces, o espaço amostral é {1, 2, 3, 4, 5, 6}. Qualquer subconjunto de um espaço amostral é chamado de evento, enquanto subconjuntos de um espaço amostral com um único elemento é chamado evento elementar. Para alguns tipos de experimento, podem existir dois ou mais espaços amostrais. Por exemplo, quando se tira uma carta de um baralho de 52 cartas, uma possibilidade poderia ser o valor dela (de Ás até o Rei), enquanto outra poderia ser o naipe (copa, ouro, espada ou paus). Uma descriçao completa dos resultados especifica ambas: nome e naipe, e um espaço amostral que descreve cada carta pode ser construído através do produto cartesiano dos dois espaços amostrais.

Espargidor Dispositivo para espargir ou espalhar líquido.

Espargimento Ato de espargir.

Espargir Espalhar um líquido em forma de *spray*.

Especiação Em biologia, é o processo evolutivo das espécies de seres vivos, que pode ser uma transformação gradual de uma espécie em outra (anagênese) ou a divisão de uma espécie em duas por cladogênese. Há quatro tipos principais de especiação: alopátrica, simpátrica, parapátrica e peripátrica. A especiação também pode ser induzida artificialmente, por cruzamentos selecionados ou experiências laboratoriais. Em química, é a determinação dos tipos e concentrações dos íons ou moléculas que estão numa amostra.

Especialista Pessoa detentora de conhecimentos profundos sobre determinado assunto.

Especialista em meio ambiente Pessoa que conhece o assunto meio ambiente.

Especialização Aperfeiçoamento técnico, científico ou literário.

Especializado Aquele que passou pelo processo de especialização, de aperfeiçoamento.

Espécie Subdivisão do gênero nas classificações de animais e plantas.

Espécie biológica indicadora É aquela que tem exigências ambientais específicas. Pode indicar poluição ou perturbações antrópicas, e a realidade ambiental em que vive, a qual nem sempre é fácil de ser visualizada pelo pesquisador.

Espécie endêmica ou nativa Diz se de uma espécie cuja distribuição é limitada por uma zona geográfica; em geral, é encontrada nas regiões de origem.

Espécie exótica Espécie presente em uma determinada área geográfica da qual não é originária.

Espécie pioneira No Brasil, segundo definição da Resolução Conama nº 12, de 1994, é aquela que se instala em uma região, área ou *hábitat* anteriormente não ocupada por ela, iniciando a colonização da área desabitada.

Espécie protegida Aquela que desfruta de proteção legal, para evitar que seja objeto de caça, colecionismo ou para evitar que seja extinta.

Espécies Conjunto de seres vivos que descendem uns dos outros, de genótipo muito parecido (donde sua similitude morfológica, fisiológica e etológica) e que, nas condições naturais, não se cruzam por causas gênicas, anatômicas, etológicas, espaciais ou ecológicas com seres vivos de outro grupo. É a menor população natural considerada suficientemente diferente de todas as outras para merecer um nome científico, porque permanecerá diferente de outras, ainda que ocorram eventuais intercruzamentos com espécies próximas.

Espécies em perigo de extinção ou ameaçadas de extinção Qualquer espécie que esteja em perigo de extinção ou que se encontre em perigo de extinção em um futuro previsível, na totalidade ou em uma porção significativa de seu território. Estão incluídas as espécies da flora e da fauna selvagem, de valor estético, científico, cultural, recreativo e/ou econômico, protegidas contra a exploração econômica pelo comércio internacional, de acordo com a "Convenção sobre o Comércio Internacional das Espécies da Flora e da Fauna Selvagens em Perigo de Extinção", firmada em Washington, em 3 de março de 1973, e aprovada no Brasil, pelo Decreto Legislativo nº 54, de 24 de junho de 1975.

Especificação Ato ou efeito de pormenorizar, especificar; documento que especifica como fazer algo.

Especificação de inspeção Documento que determina ou ensina a fazer a inspeção de determinado equipamento ou procedimento.

Especificação de projeto Documento que tanto pode especificar como fazer o projeto, os valores e parâmetros que devem ser adotados etc., como pormenorizar a forma de execução das diversas atividades inerentes ao projeto.

Espectro Imagem alongada e de cores específicas, resultante da decomposição da luz branca. É também a disposição da frequência de uma radiação em ordem crescente.

Espectro contínuo É o espectro emitido por materiais sólidos incandescentes. Um metal aquecido, por exemplo, emite um espectro contínuo, ou seja, que possui todas as cores que o ser humano consegue enxergar.

Espectrofotometria É um tipo de análise óptica utilizada nas investigações biológicas e físico-químicas. O espectrofotômetro é um instrumento que permite comparar a radiação absorvida ou transmitida por uma solução que contém uma concentração desconhecida de soluto, e uma concentração padrão ou conhecida da mesma substância. Todas as substâncias podem absorver energia radiante, mesmo o vidro, que parece transparente, absorve comprimentos de ondas do espectro visível. A água absorve na região do infravermelho. A absorção das radiações ultravioletas, visíveis e infravermelhas dependem das estruturas das moléculas, e é característica de cada substância química. Quando a luz atravessa uma substância, parte da energia é absorvida (absorbância); a energia radiante não pode produzir nenhum efeito sem ser absorvida. A cor das substâncias se deve à absorção de certos comprimentos de ondas da luz branca que incide sobre elas, transmite aos nossos olhos apenas os comprimentos de ondas não absorvidos.

Espectrofotometria infravermelha A espectrofotometria infravermelha é um método rápido de análise química que fornece em segundos os resultados de múltiplas propriedades em amostras não preparadas. Os compostos orgânicos, por exemplo, absorvem radiações na região do infravermelho (IV) do espectro. Apesar da radiação infravermelha não ter energia suficiente para excitar os elétrons e provocar transições eletrônicas, ela faz os átomos ou grupos de átomos vibrarem com maior rapidez e amplitude em torno das ligações covalentes que os unem. Estas vibrações são quantizadas e, quando ocorrem, os compostos absorvem energia IV em certas regiões do espectro. Nas vibrações, as ligações covalentes comportam-se como se fossem pequenas molas unindo os átomos. Quando os átomos vibram, só podem oscilar com certas frequências, e as ligações sofrem várias deformações. Quando a ligação absorve energia, ela sofre alterações e, ao retornar ao estado original, libera essa energia que, então, é detectada pelo espectrômetro.

Espectrofotômetro Ver *Espectrofotometria*.

Espectrógrafo É um equipamento que faz registros fotográficos de um espectro luminoso. Existem diversos tipos: os de física medem a espectrofotogrametria ou espectroscopia de feixes luminosos visíveis ou não; os de astrofísica, similares aos primeiros, cuja energia luminosa medida tem origem estelar; os de química são divididos em dois tipos: de chama, que fazem a medição de elementos com testes destrutivos das amostras; e o de absorção atômica por feixe luminoso (não destrutivo da amostra), que se divide em diversos tipos, cujos principais são: o geração de energia luminosa por lâmpada de arco voltaico; de geração de energia luminosa por lâmpada de filamento; e o de geração de energia luminosa por lâmpada de vapor de deutério. Não podem ser excluídos os espectrógrafos de absorção atômica a lêiser, além de outros, que são utilizados em análises clínicas e físico-químicas.

Espectrograma É a decomposição da luz em suas cores constituintes, por um sistema óptico. Com essa técnica, é possível analisar a luz emitida por uma determinada fonte. Se a decomposição for feita com boa resolução, ou seja, com bom nível de detalhamento, é possível analisar a composição química da fonte emissora.

Espectrometria É um conjunto de conhecimentos e recursos que permite identificar a estrutura das partículas que constituem as substâncias. Existem diversas técnicas baseadas na espectrometria: de absorção atômica; de emissão; de massa; infravermelha; infravermelha não dispersiva; fluorescência de raios X; por lêiser e por ultravioleta.

Espectrometria de emissão Em 1975, foi introduzido no mercado o primeiro espectrômetro de emissão ótica com fonte de plasma induzido (ICP-AES). Desde então, essa técnica tornou-se uma poderosa ferramenta analítica para a determinação de metais, semimetais e não metais, em diversos tipos de amostras. Com essa técnica, um gás, normalmente o argônio, é ionizado num campo elétrico forte por uma corrente elétrica direta ou por radiofrequência. Ambos os tipos de descarga produzem um plasma: o de corrente direta (*Direct Current Plasma* – DCP) ou o de acoplamento indutivo (*Inductively Coupled Plasma* – ICP). Hoje, os ICPs de argônio são as fontes de excitação mais utilizadas nas análises multielementares sequenciais ou simultâneas. O plasma tem energia suficiente para excitar a maioria dos elementos químicos. A produção do espectro ocorre pela nebulização da amostra no ambiente do plasma. A principal vantagem desse método é a possibilidade de determinar a concentração de uma grande quantidade de elementos numa única operação. É preciso que a amostra seja previamente preparada (a US Environmental Protection Agency - USEPA tem normas para esse procedimento).

Espectrometria de massa É uma técnica que permite identificar inúmeras espécies químicas, caracterizar sua natureza, e proporcionar informações qualitativas e quantitativas. A detecção de compostos é conseguida para quantidades muito pequenas (com 10^{-12} mg), o que significa que os compostos são identificados em concentrações muito baixas, em misturas quimicamente complexas. A espectrometria de massa é aplicada nas áreas da química, física, engenharia de controle de processos, bioquímica, biologia etc. Os princípios científicos baseiam na geração de íons a serem detectados. A sofisticação está nos métodos usados para a geração desses íons e na maneira como são analisados.

Espectrometria infravermelha É um tipo de espectroscopia de absorção que utiliza a região do infravermelho do espectro eletromagnético. Como as demais técnicas espectroscópicas, ela pode ser usada para identificar um composto ou investigar a composição de uma amostra. A espectroscopia no infravermelho se baseia no fato de que as ligações químicas das substâncias possuem frequências de vibração específicas, e correspondem a níveis de energia da molécula chamados de níveis vibracionais. Essas frequências dependem da forma da superfície, da energia potencial da molécula, da geometria molecular, das massas dos átomos e, eventualmente, do acoplamento vibrônico. Se a molécula receber radiação eletromagnética com a mesma energia de uma dessas vibrações, então a luz será absorvida, desde que sejam atendidas determinadas condições. Para que uma vibração apareça no espectro IV, a molécula precisa sofrer uma variação no seu momento dipolar durante essa vibração.

Espectrometria infravermelha não dispersiva A instrumentação de infravermelho, com o princípio interferométrico (técnica não dispersiva), apresenta uma série de vantagens, quando comparada a técnicas dispersivas (que utilizam prismas, redes de difração, fendas etc.), como: ganhos na velocidade e na sensibilidade de realização da varredura; decréscimo no nível de ruídos; calibração e alinhamento automáticos; possibilidade de processamento – registro e armazenamento dos espectros; ausência de partes móveis, e eliminação da radiação espúria.

Espectrometria por fluorescência de raios X O espectrômetro de fluorescência de raios X é um instrumento que determina quantitativamente os elementos de uma amostra através da aplicação de raios X na superfície dela e a posterior análise dos fluorescentes raios X emitidos. A técnica de fluorescência de raios X é não destrutiva para todos os tipos de amostras sólidas, líquidas, em pó, discos etc. Por isto é utilizada para pesquisa e controle de qualidade em uma ampla área de atuação.

Espectrometria por lêiser As ferramentas usadas nos sistemas a lêiser são armadilhas magnéticas para produzir, resfriar e armazenar um grande número de átomos e moléculas a temperaturas abaixo de um kelvin, e a espectroscopia a lêiser de alta resolução é usada para o estudo dessas amostras e interação com elas.

Espectrometria ultravioleta A espectroscopia no ultravioleta visível (UV/VIS) envolve a espectroscopia de fótons (espectrofotometria).

Utiliza luz na faixa do visível, do ultravioleta (UV) próximo e do infravermelho próximo. Nessas faixas de energia, as moléculas sofrem transições eletrônicas moleculares.

Espectrômetro Aparelho ou dispositivo para se fazer espectrometria.

Espectrômetro de aerossol O plasma é um gás parcialmente ionizado, no qual as amostras são introduzidas de forma líquida e, após os processos de dessolvatação, dissociação, atomização, e ionização, obtém-se a produção de íons simples dos elementos da amostra simultaneamente. Existem muitas formas de introduzir amostras líquidas ou gasosas no plasma; a mais comum é através da nebulização da solução de uma amostra aquosa. A principal função do nebulizador é produzir um aerossol introduzido no plasma através do tubo interno da tocha. Os nebulizadores mais utilizados são do tipo pneumático, como os concêntricos e os de fluxo cruzado, embora o ultrassônico, apresente vantagens sobre os primeiros.

Espectroscopia Em Química e Física, o termo espectroscopia abrange as técnicas de levantamento de dados físico-químicos através da transmissão, absorção ou reflexão da energia radiante incidente em uma amostra.

Espessador Dispositivo ou unidade para tornar algo mais espesso. Por exemplo, numa Estação de Tratamento de Esgoto, o espessador de lodo tem a função de diminuir a quantidade de água do lodo, para possibilitar menores dimensões nas unidades posteriores de tratamento.

Espesso Denso; consistente; grosso.

Espessura Grossura, densidade.

Espigão ou dique Estrutura natural ou construída nas margens de um curso d'água, que estanca, retém ou controla o nível das águas de um rio, lago ou mar, ou que controla a ocorrência de erosão. Barragem contra inundação.

Espigão ou guia corrente Estrutura usada para manter abertas saídas de rios e canais que deságuam no mar, para evitar assoreamentos. Na Inglaterra é também chamada de *warf* e *pier*.

Espiroqueticida Produto ou substância que destrói os espiroquetas; bactérias em forma de saca-rolhas que se movem com um movimento ondulante, semelhante ao de uma hélice, classificadas na ordem *Spirochaetales*.

Esporão Ponta de areia formada às margens de uma laguna costeira pelo trabalho de erosão e deposição de sedimentos, resultante da força dos ventos, das correntes e, em menor intensidade, da força de Coriolis.

Esporo Célula assexuada reprodutora dos criptógamos (plantas que não dão flores); forma de resistência das bactérias; célula do ciclo sexuado dos esporozoários.

Espuma O mesmo que ESCUMA.

Esquema Resumo; síntese; sinopse.

Esquema da fiação O mesmo que diagrama da fiação, ou seja, forma gráfica ou desenho da distribuição da fiação num projeto.

Esquistossomíase ou esquistossomose Parasitose provocada por vermes trematódios do gênero *Schistossoma*. O hospedeiro é um tipo de caramujo que vive em lagoas e, após cerca de 30 dias, libera na água as cercárias. As pessoas são infectadas quando se banham nessas águas, e as cercárias penetram em sua pele e se alojam no tronco da veia porta. Os sintomas são: crises diarreicas e fezes com estrias de sangue; sensação de peso e de dor no reto e no ânus; dores abdominais intensas e fezes mucossanguinolentas; manifestações hepáticas; estado congestivo; hepatite aguda; hepatite crônica; cirrose do fígado; manifestações do sistema nervoso; crises epileptiformes; alterações do caráter; irritabilidade; estado vertiginoso, e depressão.

Estabelecimento comum ou do porto Na área marítima, é o estabelecimento do porto, ou seja, o valor correspondente ao intervalo lua-preamar (HWI) nos dias de sizígia ou na passagem da lua nova pelo meridiano superior ao meio-dia, ou da lua cheia pelo meridiano inferior também ao meio-dia. Desta forma, o HWI, neste caso especial, corresponderá à hora verdadeira do local da preamar.

Estabelecimento corrigido Na engenharia marítima, é a média dos intervalos das preamares para todos os estágios de maré. Usualmente, é 10 a 15 minutos menor do que o estabelecimento comum ou estabelecimento do porto.

Estabilidade Propriedade dos sistemas mecânicos, elétricos ou dinâmicos, pela qual o sistema volta ao estado de equilíbrio depois de sofrer uma perturbação ou oscilação.

Estabilidade de barranco Ver *Estabilidade de talude*.

Estabilidade de ecossistemas É a capacidade de o sistema ecológico retornar a um estado de equilíbrio após um distúrbio temporário. Quanto mais rapidamente e com menor flutuação ele retorna, mais estável ele é.

Estabilidade de solo Ver *Estabilidade de talude*.

Estabilidade de talude Ângulo de inclinação de talude, no qual, para um tipo específico de solo, dotado de coesão e/ou ângulo de atrito (componentes da resistência ao cisalhamento dos solos), as forças atuantes são menores do que as forças resistentes, conferindo segurança quanto a uma possível ruptura.

Estabilização Processo ou ação para tornar estável.

Estabilização de margem Obras de contenção, como muros de arrimo ou taludes consolidados, de forma a conferir estabilidade em caso de erosão e/ou deslizamentos.

Estabilização de solo Obras e/ou medidas para melhorar as condições do solo desnudo, de forma a conferir-lhe maior resistência e estabilidade.

Estaca Um dos tipos de fundação de obras civis, construída em concreto ou metal. As de concreto podem ser premoldadas e, posteriormente são cravadas no solo com bate-estacas. Podem ser também moldadas *in loco*. As estacas servem de fundação de obras civis ou como escoras.

Estaca de aço Na fundação de obras civis, as estacas de aço são usadas quando o terreno firme encontra-se a grandes profundidades, pelo fato de se poder soldar um elemento a outro, aumentando-lhe o comprimento, até atingir a nega.

Estaca de atrito As estacas resistem às cargas colocadas sobre elas, por atrito lateral e por resistência de ponta. Quando predominam as forças de atrito, é uma estaca de atrito.

Estação chuvosa Parte do ano com predomínio de chuvas.

Estação compacta É uma estação em que as unidades são colocadas de forma monolítica, compacta. Utilizada para tratar vazões de água de abastecimento ou de esgoto relativamente pequenas. Como é comercializada em módulos, pode-se ampliar as vazões tratadas com a instalação de novos módulos.

Estação compacta de tratamento de esgoto Ver *Estação compacta*.

Estação de dessalinização Instalação destinada a remover o sal da água para usos diversos.

Estação de peixamento de rio Instalação de criação de alevinos, com posterior reposição no rio.

Estação de referência Na engenharia marítima, é o local em que as constantes da maré foram previamente determinadas e que serve para comparação de observações simultâneas de outras estações. A estação é dotada de tábuas de pressão, de marés ou de correntes de marés.

Estação de Transbordo ou transferência de lixo–ETs São unidades instaladas perto do centro de massa de geração de resíduos urbanos (lixo), para onde os caminhões de coleta cheios se dirigem e despejam o material coletado, de forma a retornarem o mais rápido possível para completar os roteiros de coleta. O transporte para os aterros sanitários é feito por caminhões de maior capacidade.

Estação de tratamento Conjunto de instalações, dispositivos e equipamentos destinados ao tratamento de águas. Quando trata água bruta para uso público ou industrial, é chamada de Estação de Tratamento de Água (ETA); de esgoto sanitário, é chamada de Estação de Tratamento de Esgotos (ETE); de esgotos industriais, é chamada de Estação de Tratamento de Despejos Industriais (ETDI) ou Estação de Tratamento de Efluentes Industriais (ETEI). Ver *Tratamento*.

Estação de tratamento de água Instalação para potabilizar a água de abastecimento público ou torná-la adequada a determinados usos industriais. Não é muito comum o tratamento de água para irrigação, a não ser uma filtragem para os casos em que exija uma água mais clarificada para não entupir os dispositivos de rega.

Estação de tratamento de esgoto Remoção dos sólidos do esgoto que conferem alto poder poluente. Há diversos processos ou técnicas de tratamento de esgoto: lodos ativados; filtros biológicos; lagoas aeradas; lagoas de estabilização aeróbias ou anaeróbias; biodisco, e tratamento por escoamento superficial no solo. Existem estações que utilizam reatores anaeróbios de fluxo ascendente e manto de lodo. A estação convencional por lodos ativados é dotada de grades (para remover sólidos grosseiros), unidades para remoção de areia, clarificadores primários, nos quais são removidos os sólidos sedimentáveis pelo próprio peso (lodo primário), reatores biológicos aeróbios, nos quais o esgoto é aerado para o suprimento de oxigênio dissolvido. Nos reatores biológicos, os sólidos finamente particulados e os dissolvidos são adsorvidos nos flocos biológicos (biomassa) e ali estabilizados. É necessária uma unidade de remoção desses flocos – o clarificador secundário. A maior parte dos flocos biológicos (lodo secundário) retorna ao reator (sistema de recirculação de lodo) e o restante é descartado do sistema. Na fase líquida, tratada em nível secundário, o principal objetivo é a remoção da carga orgânica. O efluente pode sofrer um tratamento adicional ou terciário, em novas unidades, ou por adaptação das unidades normais, para a remoção de nutrientes (nitrogênio e fósforo solúveis), metais, desinfecção etc. Os lodos primários e secundários (fase sólida) sofrem um adensamento para diminuir a quantidade de água; uma digestão para diminuir a putrescibilidade, feita em ambiente anaeróbio; um condicionamento químico para melhorar as condições de desaguamento, possibilitando o destino final do lodo em aterros sanitários com o lixo urbano, ou em aterros exclusivos para lodo. Sob certas condições, é aproveitado em solos agrícolas ou na recuperação de solos degradados; é inertizado em massas cerâmicas, em cimento; é misturado com outros resíduos orgânicos, nas estações de compostagem, ou transformado em óleo combustível (patente francesa).

Estação ecológica No Brasil, de acordo com a Lei nº 6.902, de 1981, é uma área representativa de ecossistemas brasileiros, destinada à realização de pesquisas aplicadas de ecologia, à proteção do ambiente natural e ao desenvolvimento da educação conservacionista.

Estação elevatória É o conjunto de moto-bombas, tubulações e acessórios que possibilitam a elevação da cota altimétrica da água transportada nos serviços de abastecimento público de água ou de coleta, transporte e tratamento de esgoto.

Estação maregráfica Instalação na qual são realizadas as observações e medições das marés. São denominadas estações primárias, quando já foram feitas observações contínuas durante muitos anos. As chamadas estações secundárias são operadas por curto espaço de tempo e destinadas a observações com finalidades específicas.

Estaca-prancha É uma prancha metálica cravada no solo e acoplada uma na outra para garantir estanqueidade, utilizada em obras de assentamento de tubulações enterradas, para o escoramento de solos saturados. Permite a escavação de forma segura e, em obras marítimas e fluviais, permite o ensecamento.

Estacas cravadas na água Ver *Estaca-prancha*.

Estacional ou sazonal É o movimento ou evento que ocorre com regularidade (repete-se), em subperíodos de um período de tempo fixo. Por exemplo, chuvas intensas são fenômenos que ocorrem num determinado período do ano, em função das características hidrometeorológicas de cada local.

Estacionalidade ou sazonalidade Ver *Estacional ou sazonal*.

Estacionário Imóvel; parado; que não progride nem retrocede.

Estado da arte ou estado atual do conhecimento sobre um assunto Estágio do conhecimento científico sobre um determinado assunto. É comum fazer o estudo e a apresentação escrita do estado da arte em monografias, dissertações, teses etc.

Estado do mar Descrição do estado das ondas do mar num dado momento. Existem várias escalas: a *Douglas Scale* (DS); a *Sea Conditions* (SC); a *U.S. Naval Office Scale* (USNOS).

Estafilococia Infecção por estafilococos.

Estafilococos Micro-organismos patogênicos de forma esférica, que crescem e se agrupam em formato de cachos de uva.

Estágio Fase de aprendizado, de preparação, situação transitória.

Estágio capilar Ver *Estágio pendular*.

Estágio da bomba As bombas centrífugas podem ter um ou mais estágios ou rotores para aumentar a pressão conferida ao líquido (altura manométrica).

Estágio funicular Ver *Estágio pendular*.

Estágio na vida de um artrópode Trata-se de um termo genérico para um estágio larval de alguns artrópodes holometábolos (aqueles insetos que só atingem o estado adulto depois de passar por uma série dramática de alterações durante o processo da metamorfose). Diferenças entre ínstares podem frequentemente ser observadas nas alterações de proporções do corpo ou de números de segmentos. O termo só é utilizado até o momento em que o animal atinge a maturidade sexual.

Estágio pendular Em vários processos industriais que utilizam partículas muito finas como matéria-prima, é comum se fazer a aglutinação das mesmas em grânulos de maior tamanho, que apresentam algumas vantagens para o prosseguimento do processo. Na indústria cerâmica, por exemplo, um dos métodos disponíveis é a granulação por pulverização de líquido sobre o pó, que ocorre em três estágios; o estágio pendular que se apresenta com baixos níveis de umidade, sendo que as partículas são unidas pelo líquido em forma de anéis. A adesão ocorre devido às forças de tensão superficial da interface líquido/ar e devido à pressão de sucção hidrostática nas pontes de líquido. Quando todo o ar entre as partículas for deslocado, tem-se o estágio capilar e as partículas se mantêm unidas devido à sucção capilar na interface líquido/ar que está, agora, somente na superfície do grânulo. O estágio funicular é uma fase intermediária entre os estágios pendular e capilar.

Estagnação Estado de estabilização, de inércia, de água parada.

Estaleiro Lugar onde se constroem ou se consertam barcos e navios.

Estanho Elemento químico metálico, símbolo Sn, de peso atômico 118,8 e número atômico 50. Muito utilizado para estanhar, soldar ou melhorar a ligação em contatos elétricos.

Estanque Impermeável; estancado; parado; estagnado.
Estanqueamento Ato de estancar, de não permitir vazamentos; impermeabilizar.
Estanqueidade Qualidade daquilo que é estanque, impermeável.
Estatística Ciência que reúne e classifica fatos, dados, resultados de pesquisas e, com base em seus números ou frequências, obtém informações sobre determinados fenômenos, e possibita conclusões a respeito.
Estatístico adj. Relativo à estatística.
Estatístico, o profissional Aquele que se ocupa da estatística.
Estator É a parte de um motor ou gerador elétrico que mantém a carcaça fixa e tem por função conduzir energia elétrica, às vezes, para rotacionar motores e, outras, para transformar a energia cinética do induzido (geradores). Nas máquinas assíncronas e síncronas pequenas, é nele, com as bobinas, que se forma o campo magnético capaz de induzir no rotor uma corrente.
Esteira Tecido de junco, taquara, madeira, etc., feito de tiras entrelaçadas; rastro.
Estepe Planície árida e deserta; pneu sobressalente.
Estequiometria É o estudo e o cálculo das relações (mensuráveis) quantitativas de reagentes e produtos em reações químicas ou equações químicas.
Estequiométrico Relativo à estequiometria.
Éster Designação genérica dos compostos oriundos da ação de um ácido sobre um álcool ou fenol.
Esterco Excremento animal.
Estéril, árido Improdutivo, seco, infecundo.
Esterilidade Infecundidade, improdutividade.
Esterilização Destruição de todo organismo vivo, mesmo microbiológico, durante pelo menos 30 minutos, à temperatura de 170ºC. A esterilização da água pode ser feita por meios químicos (cloro e seus compostos, ozônio etc.) ou físicos (ultravioleta). Para saber mais sobre desinfecção de esgotos veja Nuvolari (2011, cap. 10).
Esterilizador de solo Produto químico ou dispositivo que provoca a destruição de sementes e/ou a morte dos organismos do solo. A secagem em estufas ou em dispositivos que aumentam o efeito da exposição ao sol é usada para esterilizar os solos usados na produção de mudas, inutilizando as sementes de ervas daninhas ou outros organismos não desejáveis.
Esterilizante Que tem o poder de esterilizar.
Estética como ciência Filosofia das belas-artes;
ciência que trata do belo, na natureza e na arte.
Estético Belo; harmonioso; agradável.
Estiagem Falta ou cessação de chuva; período seco, sem chuvas.
Estibordo ou boreste Lado direito de uma embarcação, quando o observador embarcado olha para a proa (parte dianteira de uma embarcação).
Estimativa Avaliação; cálculo aproximado; consideração sobre os efeitos de algum fenômeno.
Estímulo Incentivo, impulso.
Estíptico Produto que tem ação adstringente, hemostática ou antidiarreica.
Estirâncio ou largura da praia Largura horizontal da praia, medida transversalmente entre os batentes das marés de preamares e baixa-mares.
Estirâncio, estirão ou zona lavada Trata-se da faixa de terra que margeia qualquer corpo d'água e exposta ou sujeita à ação de ondas ou de marés. Quando essa faixa é composta de material não consolidado, é chamada de praia.
Estirão Caminho longo; caminhada; trecho do rio que corre em linha reta.
Estivação Termo também conhecido como "sono de verão", é um estado de dormência dos animais um pouco semelhante à hibernação. Ocorre normalmente durante a estação quente e seca, não necessariamente nos meses de verão.
Estivador Trabalhador portuário.
Estofa Períodos em que ocorrem as inversões das correntes de maré e as velocidades se anulam. O termo também se aplica a todo período próximo à mudança de sentido das correntes de maré, quando as velocidades são muito pequenas.
Estratégia mundial para a conservação Documento elaborado em 1980 pela União Mundial para a Conservação (UICN), o Programa das Nações Unidas para o Meio Ambiente (PNUMA) e o *World Wildlife Fund* (WWF), que introduziu o termo desenvolvimento sustentável e enfatizou três objetivos para a conservação do planeta Terra: os processos ecológicos essenciais e os sistemas de sustentação da vida devem ser mantidos; a diversidade genética deve ser preservada; qualquer utilização de espécies e de ecossistemas deve ser sustentável. Esses objetivos foram testados em mais de cinquenta países, com a preparação de estratégias de conservação nacionais e locais.
Estratificação Disposição em camadas ou estratos; processo social que leva à superposição de camadas sociais, ou seja, à formação de um sistema social, mais ou menos fixo e rígido de estados, classes ou castas.

Estratificação por densidade Ocorre nos líquidos de diferentes densidades, muitas vezes no mesmo líquido, quando sob diferentes temperaturas, como é o caso da estratificação térmica em lagos mais profundos.

Estratificação química Na maioria dos casos, a estratificação térmica condiciona a estratificação química. Pode haver zonas nas quais o pH, os níveis de OD, de CO_2 e outros parâmetros sejam diferentes nas diferentes profundidades de um corpo d'água represado ou lago.

Estratificação térmica Ocorre em lagos, nos quais se constata a presença de camadas de temperaturas diferentes nas massas de água, com as camadas superficiais mais quentes do que as camadas mais profundas.

Estratigrafia Descrição geológica dos terrenos estratificados.

Estrato Pode ser definido como camada ou capa. Em ecologia, refere-se às camadas de vegetação, de diferentes alturas, que caracterizam a cobertura vegetal de uma área. Em geologia, são as camadas de rochas metamórficas e sedimentares em que se dispõem os minerais.

Estrato-cúmulo Nome dado às grandes nuvens.

Estratosfera Alta região da atmosfera, compreendida entre 12 e 70 quilômetros de altura.

Estreito ou braço de mar Braço que liga dois mares ou duas partes do mesmo mar. Canal limitado ou confinado entre duas ilhas ou uma ilha e o continente, sujeito à forte corrente de maré.

Estreptococia Infecção por estreptococos.

Estreptococos Micro-organismos patogênicos esféricos, dispostos em cadeias.

Estreptococo fecal Estreptococo de origem fecal, ou encontrado nas fezes.

Estria Sulco; traço; aresta.

Estribo Peça de metal ou madeira na qual o cavaleiro firma o pé; pequena plataforma em forma de degrau nos veículos, para facilitar o embarque.

Estricção O mesmo que constrição ou estreitamento.

Estroboscópio Sistema indicador por meio do qual um objeto em rotação parece estacionário, iluminando-o com uma luz que acende e apaga com uma certa frequência. Serve para medir o número de rotações por unidade de tempo.

Estronca O mesmo que escora; peça de madeira (geralmente troncos roliços de eucalipto de 20 a 30 cm de diâmetro) ou metálica (perfis H ou I), que fazem o travamento transversal nos escoramentos de vala.

Estrôncio Elemento químico metálico, símbolo Sr, de peso atômico 87,63 e número atômico 38. Devido à elevada reatividade, o metal se encontra na natureza combinado com outros elementos formando compostos. Reage rapidamente com a água e libera hidrogênio para formar o hidróxido.

Estrume O mesmo que esterco; excremento de animais, adubo, fertilizante orgânico.

Estrutura Disposição e ordenamento de cada uma das partes que constitui um todo.

Estrutura costeira Estruturas construídas nas costas marítimas.

Estuarino Referente a estuário.

Estuário É uma extensão de água costeira, semifechada, que tem uma comunicação livre com o alto-mar, muito afetada pela atividade das marés, em que se misturam a água do mar (em geral de forma mensurável) com a água doce da drenagem terrestre. São exemplos as desembocaduras dos rios, as baías costeiras, as marismas (terrenos encharcados à beira do mar) e as extensões de água barradas por praias. Consideram-se os estuários ecótonos entre a água doce e o *hábitat* marinho, embora muitos de seus atributos físicos e biológicos não sejam de transição, mas únicos. São ecossistemas delicados, usados como local de desova dos peixes.

Estudo citológico Estudo das células.

Estudo de Impacto Ambiental – EIA É um dos documentos do processo de avaliação de impacto ambiental. Trata da execução das tarefas técnicas e científicas destinadas a analisar sistematicamente as consequências da implantação de um projeto no meio ambiente, por meio de métodos de AIA e técnicas de previsão de impacto. O estudo realiza-se sob a orientação da autoridade ambiental responsável pelo licenciamento do projeto, que, por meio de termos de referência específicos, indica a abrangência do estudo e os fatores ambientais a serem considerados. O estudo de impacto ambiental compreende: a descrição das ações do projeto e suas alternativas, nas etapas de planejamento; construção; operação e, no caso de projetos de curta duração, desativação; a delimitação e o diagnóstico ambiental da área de influência; a identificação, a medição e a valoração dos impactos; a comparação das alternativas e a previsão da situação ambiental futura da área de influência, nos casos de adoção de cada uma das alternativas, inclusive no caso de o projeto não se executar; a identificação das medidas mitigadoras; o programa de gestão ambiental do empreendimento, que inclui a monitoração dos impactos; e a preparação do Relatório de Impacto Ambiental (RIMA).

Estudo de viabilidade Estudo prévio ao desenvolvimento de uma ideia, projeto etc., no qual se verifica sua factibilidade, em termos técnicos, econômicos e ambientais.

Estudo em modelo reduzido Estudo em modelo reduzido dos fenômenos hidráulicos. Nos estudos de hidráulica marítima e/ou engenharia costeira, usam-se os modelos bidimensionais em canais de ondas (regulares ou irregulares) para estudos de estabilidade, e os modelos tridimensionais de agitação ou de estabilidade.

Estudo geotérmico Há uma variação de temperatura no interior da Terra com a profundidade. Esse gradiente varia de local para local, dependendo do fluxo regional de calor e da condutividade térmica das rochas. O gradiente geotérmico médio está próximo dos 25 K/km de profundidade (ou a cada 40 m, 1°C). Junto com essa variação, varia também a velocidade das ondas sísmicas, cujo estudo permite conhecer o gradiente geotérmico em zonas mais profundas do interior da Terra.

Estufa Aparelho de laboratório para a secagem de resíduos, esterilização de instrumentos científicos, cultura de micro-organismos etc.

Estufa a gás Utiliza-se um gás combustível para aquecer o ambiente da estufa.

Estufa para plantas Construção envidraçada, com o objetivo de obter e manter o aquecimento do ambiente sob luz solar, para a cultura de plantas de clima quente, como por exemplo, as orquídeas, as bromélias e outras.

Esvaziamento Ato ou efeito de esvaziar.

Esvaziar Tornar vazio; despejar; esgotar.

Éter Fluido hipotético com que alguns físicos explicam os fenômenos do calor e da luz. O que provém teoricamente da desidratação de um álcool ou fenol. Substância orgânica, líquida, volátil e inflamável, de fórmula $(C_2H_5)_2O$.

Etologia É a ciência que pesquisa a conduta comparada entre os animais e entre os homens. Seu objeto é a conduta do indivíduo e da espécie (o indivíduo é um exemplar representativo de sua espécie) enquanto realidade observável, mensurável e reproduzível. A conduta, como conjunto de alterações e manifestações quantitativas e qualitativas no espaço e no tempo, ou seja, a conduta como processo.

Etologia animal É o estudo do comportamento do animal e de suas reações em determinado meio.

Etologia humana É o estudo do comportamento do homem e de suas reações em determinado meio.

Eurialino Diz-se do organismo que suporta uma grande variação de salinidade no ambiente em que vive.

Euritérmico Relativo à euritermia ou ao processo pelo qual o corpo humano ou de certos animais suportam as variações de temperatura.

Euritópico Capacidade de adaptação a uma ampla gama de condições ambientais. Termo usado para plantas e animais.

Eutroficação ou eutrofização Os termos eutroficação ou eutrofização significam a adição em excesso de um ou mais compostos orgânicos ou inorgânicos (principalmente nutrientes) aos ecossistemas naturais, causando uma elevação anormal nas suas concentrações. O processo é de ação lenta e tende a transformar um lago em um charco ou brejo, e, ao final, assume condição terrestre e desaparece. Durante a eutrofização, o lago fica tão rico em compostos nutritivos, especialmente nitrogênio e fósforo, que as algas e outros microvegetais se tornam superabundantes e sufocam-no, até causar sua eventual secagem. A eutrofização pode ser acelerada por muitas atividades humanas, principalmente pelo lançamento de esgoto sanitário.

Eutrófico Termo usado para a situação do ambiente de um lago ou lagoa. Em oposição ao ambiente distrófico, um ambiente eutrófico ou eutrofizado é rico em nutrientes, tendo como consequência a proliferação das plantas e organismos aquáticos, em especial as algas.

Eutrofização acelerada ou cultural Ocorre quando é provocada pela ação humana (antrópica), principalmente pelo lançamento de dejetos humanos nos cursos d'água, ou pela poluição difusa causada pela lavagem de nutrientes das terras agrícolas pelas águas de chuva.

Evacuação O termo pode ter vários sentidos, por exemplo: ato de retirar ou mandar retirar (de um lugar perigoso) para um lugar de maior segurança; criar vazio ou vácuo, removendo o ar ou outro conteúdo de determinado recipiente; no sentido fisiológico, a eliminação de urina ou a excreção de fezes etc.

Evaporação Formação lenta de vapores na superfície de um líquido exposto ao ar livre.

Evaporação por queda de pressão Ocorrência inerente ao fenômeno de ebulição ou de início de evaporação de um líquido. A temperatura para um líquido entrar em ebulição depende da pressão a que esse líquido está submetido: quanto menor a pressão, tanto menor será a temperatura de ebulição, chamada de temperatura de saturação de vapor; a respectiva pressão é chamada de pressão de saturação de vapor, ou simplesmente tensão de vapor.

Evaporação potencial Máxima quantidade de água que pode evaporar de uma superfície com disponibilidade ilimitada. Ex.: evaporação de água da superfície de rios, lagos e oceanos.

Evaporação relativa Relação entre a evaporação real de uma superfície do solo ou de água e o poder evaporante da atmosfera nas mesmas condições atmosféricas.

Evaporímetro É o dispositivo utilizado na medição da perda de água por uma superfície saturada.

Evapotranspiração É a perda de água do solo por evaporação e a perda de água da planta por transpiração. Esses dois processos ocorrem concomitantemente e, devido à sua necessidade de mensuração (ou de estimativa), denominou-se evapotranspiração.

Evolução Desenvolvimento; progresso; movimento regular; transformação.

Evulsão ou avulsão Ver *Avulsão ou evulsão*.

Exame bacteriológico Determinação em laboratório da presença de determinados tipos de micro-organismos num meio que pode ser a água, o solo ou um órgão corporal.

Exame da água Um ou mais ensaios laboratoriais padronizados, visando determinar as concentrações de impurezas ou de micro-organismos que podem comprometer a qualidade da água, determinando a sua adequação ou não para um determinado tipo de uso.

Exame do local Na fase anterior à elaboração de programas, projetos, obras manda a boa técnica que se faça uma ou mais visitas ao local pretendido, com registros em filmes, fotos, execução de sondagens, ensaios, etc., para examinar as condições de adequabilidade daquilo que se pretende fazer.

Exame físico Trata-se do conhecimento por mapas geológicos, topográficos, de topografia complementar, da geografia local, tipo de solo e suas características, cobertura vegetal, condições de drenagem, córregos, rios, lagos etc.

Exame legal Para a elaboração de programas, projetos, obras etc., deve-se examinar a legislação para verificar se é possível a implantação do que se pretende, naquele local específico.

Exame microscópico Análises através da microscopia, para verificar aquilo que não pode ser visto a olho nu.

Exame polarográfico Técnica voltamétrica em que os dados são obtidos por registro da intensidade de corrente em função do potencial aplicado.

Exame visual Com a experiência adquirida, verificação de tudo que pode ser visto a olho nu.

Examinar cuidadosamente Examinar em detalhes.

Exaustão Ato ou efeito de ventilar ou renovar o ar ambiente; cansaço.

Excêntrico Fora de centro; anormal; extravagante; esquisito.

Excesso Diferença para mais, entre duas quantidades; sobra; violência.

Excesso de lodo ativado Num processo de tratamento de esgoto por lodos ativados, é o lodo secundário (biomassa) descartado do processo, ou seja, aquele não recirculado para o reator.

Excreção Evacuação ou expulsão de excrementos.

Excreta O mesmo que excremento ou fezes.

Excreta humano Fezes humanas.

Exequibilidade Factibilidade.

Exequível Aquilo que pode ser realizado.

Exigência técnica Ato de exigir o cumprimento de normas técnicas para se evitar falhas, ou seja, para se atingir determinados objetivos.

Exotérmico Que libera ou desprende calor.

Exótico Estrangeiro; esquisito; extravagante; desajeitado; que não é originário daquele local.

Expansão nos filtros A expansão nos filtros é causada no momento da retrolavagem para limpeza.

Expansibilidade Dilatabilidade, característica inerente aos gases que procuram ocupar o maior espaço possível, ou todo o espaço disponível.

Expectativa de vida Estudo estatístico referente à idade média de sobrevivência da população de um país ou região. A expectativa de vida humana aumentou com as novas descobertas da medicina, as condições mais propícias de moradias, a alimentação mais sadia, maior segurança no trabalho etc. Nas grandes metrópoles, há uma crescente perda de vidas prematuras em função da violência.

Explorador com vareta sensível O mesmo que rabdomancia.

Exportação É a comercialização de produtos que saem do país.

Expropriação Ato de desapropriar ou de tirar a posse da propriedade de alguém, por meios legais e mediante indenização.

Expurgo Depuração; limpeza.

Externalidades O conceito de externalidade é de Alfred Marshall, em 1920. Desde então, recebeu várias contribuições e diferentes denominações: fenômenos externos, efeitos externos, economias/deseconomias externas, custos externos etc. As externalidades aparecem quando, no funcionamento normal da atividade econômica, ocorrem interdependências "extramercado" entre as empresas e os indivíduos. Há externalidades no consumo quando qualquer bem ou serviço procurado pelo consumidor tem um efeito direto sobre o bem-estar de outro consumidor, em vez de um efeito indireto através do mecanismo de preços (os bens são definidos de modo amplo, como qualquer coisa que tenha utilidade). Existem externalidades na produção quando as atividades produtivas de uma firma afetam as atividades produtivas de outra firma (as economias de escalas externas e as deseconomias de escala são casos particulares de externalidades na produção). Um exemplo de externalidades no consumo: em busca de privacidade, A constrói um muro alto, o que reduz a capacidade de iluminação solar da janela de B. São exemplos de externalidades na produção: a firma A lança efluentes em um rio, o que aumenta os custos da firma B a jusante; a firma C cria uma escola de treinamento em programação de computadores, o que aumenta a oferta de programadores para a firma D. Naturalmente, pode haver externalidades mistas, no consumo e no produto. Por exemplo: voos noturnos de aviões a jato podem causar a perda de horas de sono aos residentes próximos ao aeroporto, afetando, assim, sua capacidade de trabalho; motoristas em férias podem congestionar uma estrada, aumentando assim os custos das empresas de transporte rodoviário. A essência das externalidades na produção e no consumo é que seus custos e benefícios não se refletem nos preços de mercado.

Externo Aquilo que está ou que vem de fora. Nome do osso frontal e central, situado na caixa torácica do homem.

Extinção Extermínio; destruição.

Extinguir Matar; destruir; aniquilar.

Extinguir cal virgem É fazer reagir a cal viva ou cal virgem com água.

Extintor Dispositivo usado para extinguir.

Extintor da cal virgem Processo industrial para obtenção da cal hidratada ou cal extinta. Trata-se do tratamento da cal virgem, que é mantida em alta concentração num tanque com água e com agitação constante. O resultado é uma reação exotérmica que vai gerar calor e vapor e o produto é a cal extinta (essa que normalmente é usada na construção civil).

Extintor de espuma Ver *Extintor de incêndio*.

Extintor de incêndio Recipiente dotado de dispositivo acionador, com produtos usados para apagar incêndios (CO_2, espuma, pó químico etc.).

Extirpamento Ato de extirpar, de arrancar, de cortar.

Extração Ato ou efeito de extrair ou arrancar.

Extravasão Ato de vazar o excesso.

Extravasor Estrutura ou canalização destinada a escoar o excesso de água de uma rede coletora ou de um reservatório.

Extravasor de barragem Também chamado de vertedor, é a estrutura destinada a deixar passar o excesso de água, ou seja, aquela parcela de água que não se quer ou não se pode reter.

Extravasor de sistema combinado de esgoto Trata-se de um vertedor ou controlador do nível de água, colocado estrategicamente num ponto do sistema de coleta de esgoto, que permite controlar a vazão máxima desejada no sistema, descartando para um corpo d'água receptor o excesso de vazão de uma chuva intensa, por exemplo.

Extremo Final, distante, elevado.

Extrusão Processo usado na moldagem de peças cerâmicas, PVC, metais fundidos ou plásticos em geral, no qual a massa a ser moldada é forçada a penetrar num molde da saída do sistema, impulsionada por mecanismos do tipo parafuso sem fim, ou qualquer outro método de pressurização. Alguns dispositivos extrusores são dotados de sistemas de vácuo para a remoção do ar das massas a serem moldadas, de forma a diminuir o índice de bolhas ou de vazios das peças.

Ff

Fábrica Local onde são produzidos artigos.
Fácies Em geologia é o conjunto de características litológicas e/ou paleontológicas que definem uma unidade de rocha e a diferencia das demais. Em ecologia, é o aspecto ou paisagem formada pela vegetação de um agrupamento vegetal ou a fisionomia de uma associação vegetal.
Fácies lênticas São corpos de água doce estagnados ou sem movimento.
Fácies lóticas Água corrente ou águas doces que se movimentam constantemente.
Facilidade governamental Instituições governamentais destinadas ao atendimento das necessidades da população ou ao relacionamento governo-sociedade.
Facilidades Ver *Instalação*.
Factibilidade O mesmo que exequibilidade ou possibilidade de execução.
Faculdade Local onde se promove o ensino superior. Disposição ou possibilidade de fazer alguma coisa.
Facultativo Que dá a faculdade ou o poder de decidir sobre algo que pode ser feito mas não é obrigatório.
Fadiga Cansaço; estafa. Em termos de materiais a fadiga é uma característica que pode causar uma ruptura por esforços repetitivos.
Fadiga devido ao ambiente As pessoas que vivem em ambientes naturais degradados ou trabalham em ambientes desorganizados e sujos podem desenvolver estresse emocional. Diz-se dos materiais que sofrem algum tipo de ataque, devido às condições do ambiente, como a corrosão de metais pela maresia em áreas litorâneas.
Fadiga do material Ver *Fadiga*.
Fadiga funcional É aquele estresse que acomete as pessoas que, em função da atividade que exercem, estão permanentemente sob pressão. Um exemplo são os médicos que trabalham no atendimento de urgência em hospitais, prontos-socorros, etc.
Fahrenheit Escala de temperatura que leva o sobrenome de seu idealizador. O ponto de fusão da água é de 32°F e o ponto de ebulição de 212°F. Assim, 1,8°F equivale a 1°C. Para transformar uma medida de graus Fahrenheit para graus Celsius, usa-se a expressão: °C = (°F − 32)/1,8. Para se fazer o contrário, ou seja, de C para F, usa-se: °F = °C × 1,8 + 32.
Faixa de domínio do álveo Nas áreas urbanas, ao longo das águas correntes, é obrigatória a reserva de uma faixa não edificável de 15 m de cada lado, salvo maiores exigências da legislação específica, conforme Lei n° 6.766/1979 que dispõe sobre o Parcelamento do Solo Urbano. É considerada de preservação permanente, por força do art. 2° do Código Florestal, instituído pela Lei Federal n° 4.771, de 15 de setembro de 1965, com as alterações e acréscimos da Lei Federal n° 7.803, de 16 de julho de 1989, as florestas e demais formas de vegetação situada ao longo dos rios ou de qualquer curso de água em faixa marginal, cuja largura mínima será de 30 m para os rios com menos de 10 m de largura, e de 50 m para os cursos que tenham de 10 m a 50 m de largura.
Faixa de praia permanentemente submersa O termo *upper shoreface* refere-se à faixa da praia permanentemente submersa, de pouca profundidade, de tal forma que a areia ou o cascalho de fundo estão sempre sujeitos à oscilação devido à ação das ondas. O termo *lower shoreface* refere-se à zona desse ambiente costeiro, na qual apenas as ondas maiores produzidas durante as tempestades têm o poder de agitar o fundo do mar.
Faixa verde de proteção contra erosão As raízes das árvores e arbustos, e a serapilheira que se forma nos bosques e florestas (folhas e galhos no solo, em processo de decomposição e formadores do húmus) são um ótimo protetor natural do solo contra os efeitos da erosão.
Falda ou sopé Na descrição das paisagens acidentadas, refere-se à base das montanhas, colinas ou serras.
Falésia Termo usado indistintamente para designar as formas abruptas ou escarpadas de relevo litorâneo, ou um desnivelamento de mesmo aspecto no interior do continente. Deve-se reservá-lo exclusivamente para definir tipo de costa, no qual o relevo aparece com fortes desníveis abruptos. O mesmo que penedo ou escarpa.
Falha Fenda; defeito; omissão; lacuna.
Falha geológica Corresponde à região de contato entre duas placas tectônicas.
Falhas de mercado Definem-se como a incapacidade de o mercado levar o processo econômico a uma situação social ótima. Deixa-se

de incluir nos custos e nos preços os efeitos externos (externalidades) ou a redução dos lucros de outros agentes que não diretamente envolvidos nas transações de mercado e atividades afins. Com relação aos bens e serviços ambientais, destacam-se as externalidades referentes à poluição, à exploração dos recursos e à degradação de ecossistemas. As falhas de mercado impedem que se faça a alocação dos recursos no interesse da sociedade.

Falta de estanqueidade A falta de estanqueidade das juntas nas tubulações sob pressão produz vazamentos. No caso de tubulações de coleta de esgoto, que funcionam por gravidade, pode provocar o vazamento do esgoto para fora da tubulação, com possibilidade de contaminação do lençol freático, e a infiltração de água do lençol freático nas tubulações abaixo dele.

Falta de simetria Desarmonia provocada por uma desigualdade das dimensões em relação a um eixo ou a um padrão.

Família Agrupamento de gêneros vegetais ou animais, ligados por caracteres comuns. Os nomes dos vegetais têm o sufixo "-áceas", e dos animais, o sufixo "-idas". Conjunto composto por pai, mãe e filhos, ou pessoas de mesmo sangue. É considerada a unidade fundamental da sociedade.

Fanerógamo Planta que têm o órgão sexual aparente. Grande divisão do reino vegetal, que compreende as plantas que dão flor.

Faringe Cavidade músculomembranosa situada entre a boca e a parte superior do esôfago.

Farmacêutico Inerente à farmácia. Profissional que tem o conhecimento da preparação de medicamentos e que pode, por lei, exercer a sua comercialização, ou tomar conta de uma farmácia.

Fase de adaptação ou de lento desenvolvimento Período de tempo durante o qual os micro-organismos adaptam-se a um tipo de substrato ou alimento e crescem num ritmo lento.

Fase de crescimento logarítmico É a fase de crescimento dos micro-organismos unicelulares que se reproduzem por divisão celular, quando não há limitações para esse crescimento (não há falta de alimentos, oxigênio etc.). Nesse caso, o crescimento populacional ao longo do tempo apresenta um caráter logarítmico. Por exemplo, as bactérias heterotróficas, nessas condições, têm capacidade de se duplicar a cada 20 ou 30 minutos. Assim, após um período de 12 horas, apenas uma bactéria torna-se responsável por uma população superior a 16 milhões de outras bactérias.

Fator Aquilo que concorre para um resultado.

Fator biótico Em ecologia, chamam-se fatores bióticos todos os fenômenos provocados pelos organismos em um ecossistema e que condicionam as populações que o formam.

Fator de amplificação Na área da engenharia marítima, trata-se da relação entre a altura real de uma onda num recinto abrigado e a altura da onda incidente na estrutura de proteção.

Fator de carga ao lodo No reator de lodos ativados, usado no tratamento de esgoto, a relação entre a carga média de DBO aplicada (a vazão média multiplicada pela concentração média de DBO) e a carga de sólidos totais no reator (o volume do reator multiplicado pela concentração de sólidos totais no reator).

Fator de carga ao lodo volátil Num reator de lodos ativados, usado no tratamento de esgoto, a relação entre a carga média de DBO aplicada (vazão média x concentração média de DBO) e a carga de sólidos voláteis no reator (volume do reator x concentração de sólidos voláteis no reator).

Fator de emissão Pode ser definido como a quantidade média de um poluente lançado na atmosfera, relacionado com a quantidade de um produto processado. É expresso em kg/100 kg.

Fator de profundidade da onda Ver *Coeficiente de empinamento da onda*.

Fator de risco Em epidemiologia, é a variável associada à probabilidade de ocorrência de doença ou infecção, conforme a frequência de exposição ao fator determinante. O fator de risco é correlacional e não causal. Por exemplo, uma pessoa jovem não irá contrair rubéola por ser jovem, mas o risco de contrair a doença é maior do que para as pessoas que já foram expostas a várias epidemias e com maior probabilidade de terem adquirido imunidade.

Fator de segurança Razão entre os esforços resistentes e os esforços atuantes. Os esforços resistentes devem ser maiores do que os atuantes para que se tenha segurança.

Fator de Silte – FS, Índice de Densidade de Silte – IDS, Índice de Coloides – IC ou Índice de Fouling – IF É mais utilizada a sigla em inglês SDI. Trata-se de um teste que mede o potencial de contaminação das membranas (utilizadas nos processos de separação sólido-líquido) por sólidos suspensos. Neste caso a definição de silte é totalmente diferente da mecânica dos solos; aqui são as partículas em suspensão de todos os tipos, que normalmente ficam acumuladas na superfície das membranas, diminuindo-lhes a permeabilidade. São aqui considerados os coloides orgânicos, ferro, produtos de corrosão, precipitado de hidróxido de ferro, algas e algumas partículas orgânicas especiais. O teste é padronizado pela norma norte-americana ASTM-D4189 e basicamente é feito medindo-se o tempo necessário para filtrar um volume fixo de água através de uma membrana de microfiltração (com tamanho padrão de poros de 0,45 µm) sob pressão constante de 30 psi (2,07 bar). A diferença entre o tempo inicial e o tempo de uma segunda medição, feita normalmente após 15 minutos representa o valor da SDI.

Fator ecológico Qualquer variável do meio capaz de impactar a vida de um ou mais organismos, em pelo menos uma fase de seu ciclo de desenvolvimento. É classificado em: climático, fisiográfico, edáfico ou biótico e pode ser direto, indireto ou remoto.

Fator étnico Fator relativo à população, ao povo de uma região ou país.

Fator limitante Em biologia, é o fator que limita as variações que ocorrem nos organismos de uma população. Num processo biológico de tratamento, por exemplo, limita o crescimento microbiológico, que pode ser a concentração de matéria orgânica, de oxigênio dissolvido, ou de nutrientes disponíveis no meio.

Fator meteorológico Relativo às condições do tempo.

Fator, elemento ou componente ambiental Em análise ambiental, usam-se os termos elemento, componente e fator ambiental para designar uma das partes que constituem um sistema ambiental (ou um ecossistema), com pequenas diferenças de significado: elemento é um termo geral (o ar, a água, a vegetação, a sociedade); o componente designa uma parte de um elemento, tomado isoladamente (a temperatura da água, uma espécie da flora ou da fauna); fator ambiental designa o elemento ou o componente segundo sua função no funcionamento do sistema ambiental.

Fatura Relação que acompanha a remessa de mercadorias expedidas, na qual são relacionadas as quantidades, marcas, peso, preços etc.

Fauna Conjunto dos animais de uma região ou de um período geológico.

Fauna bentônica Conjunto de animais que vivem nos sedimentos depositados no fundo dos corpos d'água.

Fauna e flora fluviais Conjunto de seres vivos que habitam os rios.

Fauna herpética Conjunto de répteis de uma região.

Favela Nas grandes metrópoles, é o conjunto de assentamentos humanos sem infraestrutura e serviços de saneamento básico. Nas favelas, as casas são construídas pelos próprios moradores, ocupando áreas de domínio público ou em propriedades particulares abandonadas. Surgem quase sempre em terrenos de menor valor imobiliário, situados em encostas (com riscos de deslizamentos), ou sujeitos a inundações, como resultado de problemas econômico-estruturais. Nas cidades brasileiras, o número de favelas cresceu na década de 1970, em consequência do êxodo da população das zonas rurais para as cidades, em busca de emprego.

Faxina Limpeza, asseio.

Febre amarela Moléstia infecciosa e contagiosa provocada por um vírus filtrável, e transmitida pelo mosquito *Stegomya fasciata*. É epidêmica em alguns países. O período de incubação dura cerca de uma semana: o início é rápido e manifesta-se com febre elevada, cefaleia, náusea e vômito. Depois de alguns dias, a temperatura corpórea diminui e surge a icterícia, acompanhada de hemorragia e vômito escuro.

Febre do feno Afecção alérgica provocada pelo pólen de diversas plantas, com sensibilização da mucosa nasal. Os afectados com esse tipo de alergia, sentem intensa queimação no globo ocular, no nariz e, às vezes na boca. Seguem-se sintomas de vermelhidão ocular, fotofobia, lacrimejamento contínuo. A secreção nasal torna-se abundante e o doente espirra repetidamente. Na fase aguda da doença surgem febre, acessos asmáticos, cefaleia, diarreia ou prisão de ventre.

Febre tifoide Também conhecida por tifo, é uma moléstia infecciosa aguda provocada pelo bacilo de Eberth (*Salmonella typhosa*). O contágio dá-se por contacto com doentes ou pela ingestão de água ou de alimentos contaminados. No caso da água contaminada, o processo pode ter caráter epidêmico. No período inicial, observam-se cefaleias, hemorragias frequentes, anorexia. A seguir, esplenomegalia (aumento do volume do baço), sonolência, tontura, secura da garganta, evacuação de fezes liquefeitas e esverdeadas. As autoridades sanitárias devem ser imediatamente comunicadas dos casos de tifo. A mortalidade era bastante alta, mas hoje, pode ser controlada com o antibiótico cloranfenicol.

Fecundidade Facilidade de fecundação, de produção.

Federal Relativo à federação, ao governo central.

Feitor Supervisor de trabalhadores, administrador de bens alheios.

Feno Tipo de gramínea utilizada na alimentação de animais.

Fenóis Grupo de compostos que resultam da substituição de um ou mais átomos de hidrogênio do núcleo dos hidrocarbonetos cíclicos por outros tantos oxidrilos ou ácidos fênicos.

Fenolftaleína É um indicador de pH (fórmula $C_{20}H_{14}O_4$). É um sólido em pó branco, insolúvel em água e solúvel em etanol. É incolor com valores de pH menores que 8,2; rosa com valores de pH entre 8,2 e 9,8. Acima de pH 9,8 apresenta uma cor carmim ou fúcsia (rosa mais forte).

Fenologia Estudo dos fenômenos periódicos da vida vegetal e animal em relação às condições ambientais.

Fenômeno da concentração-polarização Ocorre nos processos de separação sólido-líquido através de membranas. Por exemplo, na dessalinização de águas salinas ou salobras por meio de membranas de osmose reversa, a água pura é forçada a passar através da membrana, sob efeito de alta pressão. Aos poucos, uma camada de alta concentração de sais vai acumulando junto à lateral de alimentação da membrana, atingindo níveis de concentração bem maiores do que nas demais áreas da membrana. Isto pode causar vários problemas, e o principal deles é que a pressão osmótica na superfície da membrana vai se tornando muito maior do que a pressão no fluxo de massa, causando a redução da pressão no líquido de condução e diminuindo a eficiência do processo.

Fenômeno de Mills-Reincke A mortalidade diminui em todas as enfermidades, como resultado do adequado tratamento da água de abastecimento.

Fenômeno fotoelétrico É a emissão de elétrons pela matéria sob a ação da luz.

Feófitas Grupo de algas de cor parda, pluricelulares, de grande tamanho (podem atingir dezenas de metros de comprimento). São conhecidas cerca de 1.500 espécies. Também conhecidas por feófitos.

Fermentação Processo que ocorre em ambiente anaeróbio, pelo qual, grupos de organismos decompõem substâncias orgânicas, com liberação de energia. O mais comum é a ruptura de hidratos de carbono mediante a digestão de levedura e bactérias, dando lugar a dióxido de carbono e álcool ou outros compostos orgânicos, como butanol, acetona, ácido acético etc. É um processo de óxidorredução bioquímica, sob a ação de micro-organismos denominados fermentos, leveduras, diástases ou enzimas. Trabalhos mais recentes mostram que as fermentações não se devem aos micro-organismos, mas a produtos solúveis de seu metabolismo. O teor de oxigênio determina a fermentação ou a respiração. A fermentação ocorre na ausência do oxigênio (anaerobiose) ou em presença de fracas concentrações de oxigênio (menos que 0,5 mg/ℓ). Em meio líquido, se a concentração de oxigênio é maior que 1 mg/ℓ, ocorre apenas a respiração. Em alguns casos, os dois processos se desenvolvem simultaneamente. Ver *Tratamento biológico anaeróbio*, no qual, nas duas primeiras fases ocorre a fermentação.

Fermento Também conhecido por levêdo ou levedura, é uma substância que provoca trocas químicas.

Ferradura Dispositivo de ferro que se aplica no casco de animais de carga, como cavalos e burros, de forma a protegê-los do desgaste.

Ferramentas de perfilagem Ver *Testemunhagem elétrica*.

Ferreiro ou ferrador Artífice que trabalha com ferro.

Ferrita Material feito de cerâmica, com propriedades eletromagnéticas, utilizado como núcleo de transformadores elétricos.

Ferro Elemento químico metálico, símbolo Fe, de número atômico 26 e peso atômico 55,84. É considerado um micronutriente para as plantas. O ferro tem uma função própria: recolhe, movimenta elétrons, e é responsável pela produção de energia respiratória. Os citocromos são um grupo de enzimas reguladas pelo ferro, que funcionam como um transportador intermediário da energia do elétron, nos processos de oxidação da planta. A deficiência do ferro, em algumas plantas, acha-se associada ao definhamento, devido à menor produção de energia respiratória. Ocorre baixa disponibilidade do ferro às plantas pela formação de precipitados insolúveis como (Fe_2O_3 nH_2O) sob pH alto. O ferro é mais solúvel com pH mais baixo, mas ainda adequado para o crescimento das plantas. Ao aumentar o pH, aumenta-se a oxidação química e microbiológica desse elemento, e sua atividade iônica diminui como com o manganês. Acima do pH 6,5, prevalecem os óxidos de ferro insolúveis. A assimilação de ferro pelas plantas relaciona-se com a quantidade de outros minerais que existem na solução. Os fosfatos, por exemplo, inibem a assimilação de ferro, formando algum complexo insolúvel.

Ferrobactéria Micro-organismo capaz de metabolizar o ferro reduzido e os compostos orgânicos de ferro solúveis, presentes no seu *hábitat* aquoso, depositando-os, na forma de hidróxido férrico hidratado, em suas secreções mucilaginosas. Apresentam interesse para a área de saneamento ambiental por produzirem alterações nas propriedades organolépticas da água (cor, sabor e odor), por causarem problemas de incrustações nas tubulações de distribuição de água e manchar as roupas lavadas com a água que as contenham. Esse organismo não produz seu próprio alimento e não requer luz do sol para se desenvolver. A atividade biológica das ferrobactérias, em especial as do gênero Gallionella e Leptotrix, oxida o ferro ferroso solúvel a ferro férrico insolúvel, e parte é utilizada pelas bactérias e parte precipita no meio. As ferrobactérias produzem filamentos longos, comumente denominados "limo". A sua proliferação em um sistema de distribuição de água é problemática, pois provoca a adesão de precipitados, ou partículas, nas paredes das tubulações. O limo adsorve as partículas e cria aglomerações gelatinosas que podem entupir as tubulações.

Ferro doce Ferro praticamente puro. Pode ser obtido do minério, por fusão, sob forte corrente de ar.

Ferro forjado Também conhecido como ferro batido, é comercialmente puro, com apenas uma pequena quantidade de carbono (não mais que 0,15%), mas com escórias. É resistente, maleável, dúctil e facilmente soldável, todavia, é macio demais para o uso em lâminas.

Ferro fundido Liga de ferro em mistura eutética com elementos à base de carbono e silício. Forma uma liga metálica de ferro, carbono (entre 2,11 e 6,67%), silício (entre 1 e 3%), e pode conter outros elementos químicos. Os ferros fundidos dividem-se em três tipos principais: branco, cinzento e nodular.

Ferro fundido branco Menos comum do que o ferro fundido cinzento, é utilizado em peças que necessitem elevada resistência à abrasão. Este tipo de ferro fundido não tem grafite livre em sua microestrutura.

Ferro fundido cinzento Entre os ferros fundidos, o cinzento é o mais comum, devido ao baixo custo (em geral é fabricado com sucata); elevada usinabilidade, pela presença de grafite livre na microestrutura; alta fluidez na fundição, que permite o trabalho de peças com paredes finas e complexas; e facilidade de fabricação, por não exigir equipamentos complexos para o controle de fusão e solidificação.

Ferro fundido dúctil ou nodular Classe de ferro fundido, em que o carbono (grafite) permanece livre na matriz metálica, em forma esferoidal, o que torna a ductilidade superior, conferindo ao material características que o aproximam do aço. As esferas ou os nódulos de grafite mantêm as características de boa usinabilidade e razoável estabilidade dimensional. Seu custo é ligeiramente maior quando comparado ao do ferro fundido cinzento, devido às estreitas faixas de composição química utilizadas.

Ferro galvanizado Ferro ou aço que foi revestido com uma camada de zinco para proteger contra a corrosão. A galvanização é um método eficiente para proteger o ferro, porque mesmo que a superfície esteja riscada, o zinco atua como metal de sacrifício, e se oxida para proteger o ferro.

Ferro guza É o produto resultante da redução do minério de ferro pelo coque ou carvão e calcário num alto forno. Contém até 5% de carbono, o que o torna um material quebradiço e sem grande uso direto. Nos processos industriais, é considerado uma liga de ferro e carbono, com 4 a 4,5% de carbono e outros elementos residuais como, por exemplo, silício, manganês, fósforo e enxofre.

Ferro maleável O ferro maleável é obtido a partir de um tratamento térmico (recozimento de maleabilização), que transforma o ferro fundido branco (obtido no estado bruto de vazamento) em ferro maleável.

Ferrolho Tranca corrediça de ferro para trancar portas e janelas.

Ferrovia Estrada de ferro, via férrea.

Ferrugem Resulta da oxidação do ferro, em contato com o oxigênio da água e do ar. Dessa reação surge a ferrugem, que deteriora aos poucos o material original.

Ferrugem em vegetais Doença comum das gramíneas, especialmente do trigo, assim como da laranja, da cana-de-açúcar, e da ferrugem asiática da soja.

Ferrule Em redes de distribuição de água de abastecimento, o ferrule é um registro de derivação que permite fazer a ligação domiciliar em carga.

Fertilidade Capacidade de produção ou de reprodução.

Fertilidade do solo Capacidade de produção do solo pela disponibilidade equilibrada de elementos químicos nutrientes, subdivididos em macro e micronutrientes. Os macronutrientes orgânicos são: o carbono, o hidrogênio e o oxigênio; os macronutrientes primários são: o nitrogênio, o fósforo e o potássio; os macronutrientes secundários são: o magnésio, o cálcio e o enxofre. Os micronutrientes essenciais são: manganês, zinco, ferro, cobre, boro e molibdênio. Os micronutrientes funcionais são: sódio, vanádio, cobalto, silício e cloro, cujas funções ainda não são bem conhecidas. O que se sabe é que qualquer nutriente essencial ou benéfico pode tornar-se tóxico quando assimilado em doses elevadas. Além dos nutrientes, a fertilidade também é função da conjunção de outros fatores como água, luz, ar, temperatura e estrutura física do solo.

Fertilização Tornar fértil por meio de processos artificiais, como colocar fertilizantes nos solos; métodos para a concepção feminina etc.

Fertilizante Substância natural ou artificial que contém elementos químicos e propriedades físicas para aumentar o crescimento e a produtividade das plantas, melhorar a natural fertilidade do solo ou devolver os elementos retirados do solo pela erosão ou por culturas anteriores.

Fertirrigação Consiste em distribuir fertilizantes diluídos na água de irrigação.

Ferver Aquecer; tornar possível a ebulição.

Feto vegetal Nome genérico dado a numerosas plantas criptogâmicas (que não dão flores), como as samambaias, o feto-macho etc.

Fezes Excremento pastoso ou líquido evacuado pelos animais.

Fiança Garantia ou responsabilidade financeira numa operação.

Fibra Cada um dos filamentos que, dispostos em feixes, formam tecidos animais ou vegetais ou substâncias minerais.

Fibriolite Tipo de placa de construção constituída de cimento e amianto.

Fígado Víscera situada na parte superior direita do abdômen, com diversas funções, como secretar o líquido biliar.

Filiforme Com a forma de fio.

Filódio Pecíolo muito largo das plantas, que tomou a forma de uma folha.

Filogenia O mesmo que evolucionismo, transformismo. Fenômeno por que passam as formas vivas inferiores ao longo do tempo, ao se modificarem para produzirem outras, cada vez mais evoluídas.

Filosofia de projeto Aspectos que direcionam as alternativas de um projeto, para ressaltar aspectos sociais, econômicos ou outros.

Filtrabilidade Capacidade de filtração.

Filtração Separação do conteúdo sólido de uma massa líquida por retenção na passagem por um meio poroso.

Filtração a vácuo Aplica-se vácuo parcial num recipiente para o qual se deseja que passe o filtrado. É usado para facilitar uma filtragem mais difícil. Em laboratório, o kitassato é um desses dispositivos.

Filtração biológica Processo de tratamento aeróbio de águas residuárias, que consiste na utilização de um filtro biológico, unidade composta por um tanque preenchido com material grosseiro (pedra britada, escória de ferro, ardósia, tubos, placas finas, ou módulos plásticos). A água residuária é distribuída intermitentemente sobre o material de enchimento, formando uma biomassa aderida (zoogleia) sobre a sua superfície, que retém e oxida a matéria orgânica da água residuária.

Filtração de esgoto Separa os sólidos suspensos dos sólidos dissolvidos, através de uma filtragem a vácuo, utilizando o kitassato, com passagem do líquido por um filtro com bitola de 1 mícron. Muitas vezes, o líquido filtrado é utilizado para fazer a determinação da DBO solúvel das amostras coletadas nos reatores de lodos ativados ou no efluente dos clarificadores secundários.

Filtração lenta Usada nas pequenas comunidades para filtrar água de abastecimento. É bastante eficiente, porém demanda um tempo maior de filtração. Nas grandes Estações de Tratamento de Água, como as áreas de filtragem são muito grandes, realiza-se a filtragem rápida.

Filtração por membrana É um procedimento físico de separação das partículas de um meio líquido, pela retenção em membranas semipermeáveis. Existem quatro tipos de tecnologias, de acordo com o tamanho das partículas ou moléculas que têm de ser removidas: microfiltração (usada para partículas de 0,1 μm a 1 μm), ultrafiltração (entre 0,1 e 0,01 μm), nanofiltração (entre 0,01 e 0,001 μm) e osmose reversa (partículas menores que 0,001 μm).

Filtração rápida Ver *Filtração lenta*.

Filtrado É aquilo que passa pelo filtro.

Filtro Dispositivo para fazer a filtração, composto por camadas de materiais de granulometrias diferentes, nos quais os sólidos ficam retidos.

Filtro a vácuo Ver *Filtração a vácuo*.

Filtro biológico Ver *Filtração biológica*.

Filtro biológico convencional de baixa taxa É aquele cuja taxa de aplicação hidráulica está entre 1 e 4 m^3/m^2.dia, que corresponde à divisão da vazão média pela área superficial do filtro. É pouco utilizado, pois resulta em unidades muito grandes e possibilita a proliferação de moscas na sua superfície.

Filtro biológico de alta taxa A taxa de aplicação hidráulica varia na faixa de 10 a 60 m^3/m^2.dia. É o mais utilizado, com características adicionais: taxa de aplicação orgânica de 0,6 a 1,8 kg de DBO/m^3.dia; taxa de recirculação do efluente tratado: 1 a 3; área dos furos localizados na laje inferior: 15% da área superficial do filtro; área de ventilação: 1% da área do fundo. Profundidade de 1 a 3 m para enchimento com pedras, e pode chegar a 12 m de profundidade quando preenchido com módulos plásticos.

Filtro de manga Um dos muitos processos usados para eliminar partículas grandes e intermediárias (maiores que 20 micra de diâmetro) do ar por meio de filtros de tecido. Este aparelho opera de modo similar à bolsa de um aspirador de pó, deixando passar o ar e as partículas menores e retendo as maiores.

Fiorde Golfo estreito (longo, estreito e profundo braço de mar), entre montanhas, comum nos países escandinavos.

Físico-química Inclui os campos da termodinâmica, eletroquímica, química quântica, e cinética.

Fisiografia Estudo das formas físicas da Terra, de suas causas e das relações entre elas.

Fisiologia Parte da biologia que estuda as funções dos órgãos nos seres vivos, animais e vegetais.

Fisionomia Conjunto de caracteres especiais; aspectos e feições do rosto.

Fisioterapia Tratamento das doenças por agentes físicos.

Fissão Fragmentação.

Fissão nuclear Cisão ou fragmentação nuclear.

Físsil Aquilo que pode ser fragmentado; diz-se do elemento que, sob ação de nêutrons lentos ou rápidos pode sofrer a cisão nuclear.

Fitogeografia Descrição da distribuição das plantas no globo terrestre.

Fitógrafo O mesmo que botânico; aquele que se dedica à fitografia ou à botânica (descrição natural e metódica dos diversos tipos vegetais, quanto à classificação).

Fitômetro Aparato de laboratório para medir a transpiração em plantas. Consiste na utilização de um recipiente no qual é plantada a variedade a ser estudada. É feita a irrigação em quantidades conhecidas, e a única troca permitida é aquela advinda da transpiração da planta. Determina-se a perda d'água por gravimetria, ou seja, pesando-se o sistema antes e após um período de tempo.

Fitoplâncton Conjunto de micro-organismos aquáticos que realizam a fotossíntese e vivem dispersos, flutuando em corpos d'água naturais.

Fitossociologia O mesmo que sociologia vegetal; parte da botânica que trata dos agrupamentos vegetais.

Fitotoxicidade Efeito tóxico que determinadas substâncias provocam nas plantas, determinando a sua morte ou a diminuição de sua produtividade.

Fitotóxico Elemento ou substância tóxico às plantas.

Fixação de nitrogênio Transformação microbiológica do nitrogênio molecular do ar atmosférico (na forma gasosa N_2), nas formas que podem ser absorvidas por plantas ou pelos micro-organismos (NH_3 ou NO_3^-).

Flambagem É a deformação que sofrem as peças verticais, longas e esbeltas como pilares, estacas etc., quando submetidas a cargas excessivas.

Flange Dispositivo de ligação entre peças de uma tubulação ou equipamentos, provido de porcas e parafusos que facilitam a montagem e desmontagem das tubulações e equipamentos.

Flange cego ou flange sem furos Peça terminal de tubulação, que não deixa passar o fluido.

Flare Instalação com queimador e chaminé, utilizada em petroquímicas, refinarias de petróleo, operações de tratamento térmico, instalações de gás liquefeito de petróleo etc., para queimar misturas ricas em gases combustíveis, e evitar o seu lançamento direto na atmosfera. Diferencia-se do pós-queimador por necessitar apenas de uma chama piloto, dispensando outro combustível auxiliar.

Fletir Flexionar.

Flexibilidade Qualidade daquilo que é flexível.

Flexômetro Dispositivo ou equipamento destinado a medir a resistência de certos materiais quando solicitados à flexão.

Floco No tratamento de água de abastecimento, o floco é o resultado da aglutinação de partículas de pequeno tamanho, para que se possa remover por sedimentação. A floculação ocorre após a coagulação, ou seja, a neutralização de cargas elétricas, pela adição de agentes químicos, como polímeros, sulfato de alumínio, cloreto férrico etc.

Floco biológico ativo Ocorre no tanque de aeração dos processos de tratamento de esgoto por lodos ativados. É uma aglutinação de micro-organismos (bactérias formadoras de flocos, bactérias filamentosas, protozoários, rotíferos etc.), em meio a uma matriz de polissarídeos, formada por enzimas exógenas expelidas pelas bactérias e na qual são adsorvidos os sólidos dissolvidos e os finamente particulados do esgoto a ser tratado. Neste caso, a formação dos flocos acontece naturalmente e é necessária para a remoção dos sólidos (que não têm peso suficiente para sedimentar por si mesmos).

Floco produzido por sulfato de alumínio Ver *Floco*.

Floculação É a agregação de partículas finas em suspensão em um líquido, chamados flocos ou floculados. A coagulação e a floculação são fenômenos sequenciais, e não um único fenômeno. Na prática, os floculantes têm características físicas e químicas diferentes das dos coagulantes. O mecanismo da coagulação/floculação para separar sólidos da água abrange três etapas: 1) criação de microflocos por desestabilização da solução coloidal, ou coagulação propriamente dita; 2) criação de macroflocos, a partir dos microflocos, através de agitação, aumentando as possibilidades de encontro dos floculantes que estabelecem os pontos de contato entre as partículas (floculação propriamente dita); 3) sedimentação dos floculados.

Floculação biológica Ver *Floco biológico ativo*.

Floculação ortocinética A floculação ortocinética decorre do movimento imprimido ao fluido para aumentar a probabilidade de choque entre as partículas durante a floculação. No fenômeno de formação dos flocos, as partículas são previamente desestabilizadas (na etapa de coagulação), e depois recebem agitação controlada, para aumentar a probabilidade de haver choques. A fenomenologia da floculação baseia-se em dois mecanismos complementares: adesão e transporte. A adesão está relacionada às cargas superficiais das partículas, que devem ser alteradas durante a coagulação para que os choques sejam efetivos. O transporte refere-se à agitação introduzida ao meio e pode ser dividido em: movimento browniano (floculação pericinética); movimento do fluido (floculação ortocinética), e sedimentação diferencial.

Floculador Unidade na qual ocorre a floculação.

Floculador tipo Alabama Unidade de floculação composta de vários compartimentos, nos quais a passagem de um para o outro é sempre feita pela parte inferior. O líquido, ao entrar num compartimento, é direcionado no sentido ascendente e, para passar ao seguinte, deve descer. Os flocos das correntes ascendentes e descendentes acabam se chocando e aumenta o tamanho dos flocos.

Flocular Ato ou efeito de produzir flocos.

Flóculo Floco de pequeno tamanho.

Flor Órgão de reprodução das plantas fanerógamas, geralmente odoríferas e de cores vivas, para atrair insetos que promovem a polinização.

Flora Conjunto de plantas de uma região ou o tratado acerca dessas plantas.

Flora bentônica Conjunto de plantas que vivem na região profunda de lagos, mares e outros corpos d'água.

Floração ou bloom de algas Proliferação ou crescimento exagerado da biomassa de fitoplâncton, que pode ocorrer de forma sazonal, como consequência do enriquecimento das águas com nutrientes (fenômeno conhecido como eutrofização), o que leva a uma perda de transparência, coloração e de odor e sabor nas águas.

Florescimento de algas de cor laranja ou maré vermelha Trata-se de um desequilíbrio causado por uma excessiva proliferação de algas microscópicas (Pirrófitas) nos estuários ou no mar, causada por espécies de dinoflagelados em número suficiente (milhares ou milhões de células por milímetro) para produzir uma mudança de cor na água, que se torna vermelha ou marrom. A alta concentração desses micro-organismos impede a passagem da luz solar e alguns deles liberam toxinas, provocando o envenenamento das águas e ameaçando a sobrevivência de outras espécies marinhas.

Floresta estacional Segundo definição da Resolução Conama 12, de 1994, é a floresta que sofre ação climática desfavorável (seca ou frio), com perda de folhas.

Floresta estadual Área de domínio público estadual, delimitada com a finalidade de manter, criar, manejar, melhorar ou restaurar potencialidades florestais, com o propósito de aproveitar seus recursos.

Floresta homogênea Define-se como o conjunto de espécimes vegetais de porte arbóreo composto por três ou mais gêneros de árvores, propagados espontânea ou artificialmente, e cujas copas cubram o solo em mais de 40% de sua superfície.

Floresta mista Não há um tipo específico de vegetação, pois reúne diversas composições arbóreas, ou seja, corresponde a uma área de transição onde ocorre a floresta caducifólia e taiga. Nessas áreas, identifica-se a vegetação de folha caduca e de folhas permanentes, especialmente coníferas. Essa configuração vegetativa desenvolve-se em regiões de clima temperado, com grande incidência de chuvas, e índices pluviométricos elevados.

Floresta nacional Área de domínio público federal, delimitada com a finalidade de manter, criar, manejar, melhorar ou restaurar potencialidades florestais, com o propósito de aproveitar seus recursos.

Floresta ombrófila Segundo definição da Resolução Conama 12, de 1994, é a floresta que ocorre em ambientes sombreados, onde a umidade é alta e constante ao longo do ano.

Floresta ou mata Ecossistema complexo, no qual as árvores são a forma vegetal predominante, que protegem o solo contra o impacto direto do sol, dos ventos e das precipitações. A maioria dos autores considera matas e florestas sinônimas, embora alguns atribuam à floresta maior extensão que às matas.

Floresta ou mata ciliar Faixa de mata que margeia um corpo d'água, considerada pelo Código Florestal Federal brasileiro (lei 4.771/65), área de preservação permanente. Sua presença é importante, pois protege as margens contra a erosão e o transporte de solo para os corpos d'água, evitando o seu assoreamento.

Floresta primária No Brasil, segundo definição da Portaria Normativa nº 54, de 1991, da Presidência do Ibama, trata-se de uma floresta ombrófila, constituída por vegetação arbórea densa de fanerófitas, de folhagem sempre verde e com baixa resistência a períodos de seca. Apresenta no dossel superior árvores sem folhas durante alguns dias, e árvores que variam de 24 a 40 m de altura, além do sub-bosque, que varia de ralo a denso, ou seja, é uma formação densa, na qual as copas formam cobertura contínua, mesmo que tenham sido exploradas.

Floresta tropical É composta por grande quantidade de espécies vegetais e animais, apesar de o solo ser muito pobre, pelo fato de haver uma camada de areia que facilita a infiltração rápida da água, e com alto índice de decomposição da matéria orgânica (folhas, galhos, fezes de animais etc.), por causa da sombra, do calor e da umidade, com a formação de uma camada de cerca de 50 cm de húmus. A temperatura média anual é sempre em torno de 20°C, com uma pluviosidade anual de 1.200 mm, de localização média na faixa entre os trópicos, daí a denominação de floresta tropical. Uma das principais características da floresta tropical é a biodiversidade vegetal e animal. Em torno de 60% de todas as espécies do planeta encontram-se nesse ecossistema.

Florístico Relativo à flora.

Flotação Processo de separação dos sólidos contidos em águas residuárias, realizado por elevação da matéria sólida suspensa para a superfície do líquido, na forma de escuma, com sua remoção subsequente através de raspadores superficiais. É necessário um prévio condicionamento com produtos químicos para facilitar a floculação dos sólidos, e sua elevação é feita num tanque, na parte inferior do qual é feita a liberação de líquido com grande concentração de ar dissolvido, que, ao subir, carrega consigo os flocos.

Flotação eletrolítica É um processo simples, no qual os gases hidrogênio e oxigênio gerados por eletrólise no fundo da unidade, ao subirem para a superfície, levam consigo os sólidos da água.

Flotação por espuma É um processo de separação de partículas que ocorre em meio líquido, na presença de bolhas de ar, baseando-se em suas propriedades hidrofílicas e hidrofóbicas.

Fluido Substância que se deforma continuamente quando submetida a uma tensão de cisalhamento, não importando quão pequena seja essa tensão. É um subconjunto das fases da matéria, e inclui os líquidos, os gases, os plasmas e os sólidos plásticos.

Fluido compressível Característica dos gases, ou seja, diminui de volume quando comprimido.

Fluido de lubrificação para corte É usado para diminuir o atrito e a temperatura das ferramentas que cortam metais.

Fluido de perfuração É usado para diminuir o atrito e a temperatura de brocas que perfuram o solo ou rochas, na abertura de poços de água ou de petróleo.

Fluido não newtoniano Ver *Fluido newtoniano*.

Fluido newtoniano É aquele em que a viscosidade dinâmica μ é independente da taxa de deformação (gradiente de velocidade), isto é, a viscosidade, na expressão da lei de Newton, é uma constante para cada fluido newtoniano, a uma dada pressão e temperatura.

Fluidodinâmica Estudo dos fluidos em movimento.

Flúor Elemento químico metaloide, gasoso, símbolo F, de número atômico 9, e peso atômico 19. O flúor é usado na água de abastecimento, em concentrações de 0,5 a 1 mg/ℓ, para diminuir a incidência de cáries dentárias. Em concentrações superiores, pode causar fluorose dentária.

Fluoração Ver *Fluoretação*.

Fluorescência Iluminação especial de algumas substâncias quando expostas a um tipo de radiação, especialmente emitida por cristais de fluorina (mineral resultante da combinação de flúor e cálcio). Os gases rarefeitos encerrados em tubos apropriados, utilizados em iluminação e placas de publicidade, iluminam-se pela ação de descargas elétricas, mas perdem sua luminosidade quando cessam as descargas.

Fluorescência por raios X Técnica que permite análises qualitativas (identificação dos elementos de uma amostra), e análises quantitativas (concentração de cada elemento na amostra). Ver *Espectrometria por fluorescência de raios X*.

Fluoretação Adição de flúor em forma de fluoretos na água potável distribuída à população, para prevenir a cárie dentária. É feita em concentrações de 0,5 a 1 mg/ℓ de flúor.

Fluoreto Designação genérica dos sais e ésteres do ácido fluorídrico e das combinações do flúor com os elementos metálicos.

Fluorimetria Medida da concentração de flúor na água.

Fluorímetro Aparelho usado para medir a concentração de flúor na água.

Fluorometria Certos metais podem ser transformados em complexos orgânicos associados a íons ou quelatos fluorescentes, que têm a característica de absorver a luz de um comprimento de onda e, em seu lugar, emitir luz de outro comprimento de onda. A luz emitida ou fluorescência é proporcional à concentração do analisado. É relativamente barato e muito sensível, porém há várias ordens de magnitude melhores do que a espectrofotometria. Utiliza-se para determinar elementos traço em amostras biológicas e em alimentos que são mais difíceis de analisar com outras técnicas.

Fluorômetro Equipamento que permite aplicar a técnica da fluorometria.

Fluorose Mancha, em geral esbranquiçada, de forma simétrica, que aparece nos dentes por causa do excesso de flúor. Acomete crianças de 1 a 12 anos. Costuma ser o primeiro sinal da intoxicação por excesso de fluoretos.

Flutuação Ato ou efeito de flutuar. Fenômeno resultante das forças de flutuação, ou seja, do empuxo vertical sofrido pelos corpos emersos nas águas.

Flutuação diária do nível do lençol freático O mesmo que VARIAÇÃO DIÁRIA DO NÍVEL DO LENÇOL FREÁTICO.

Flutuação do nível de água Variação do nível de água.

Flutuação freática Variação do nível do lençol freático no solo, que ocorre em função dos fenômenos de recarga por infiltração da água de chuva, por drenagem natural subterrânea ou por evaporação da água do solo.

Flutuante Que flutua.

Flutuar Boiar; andar sobre as águas.

Fluvial Que diz respeito a rios, próprio de rios; que vive nos rios.

Fluviômetro registrador ou fluviógrafo Instrumento que serve para registrar a altura d'água numa seção de um rio.

Flux Substância em pasta, pó ou líquido para soldar; fluxo em jorros.

Fluxo Correnteza; corrente líquida ou gasosa.

Fluxo artesiano Ocorre quando a superfície do aquífero subterrâneo encontra-se sob pressão acima da atmosférica. Isso é, quando o aquífero composto de materiais permeáveis está confinado entre camadas impermeáveis e com recarga acima do nível da superfície freática.

Fluxo ascendente Fluxo que acontece de baixo para cima.

Fluxo ascendente de água de corrente subterrânea Fluxo ascendente de água numa formação arenosa devido a um desequilíbrio de pressão hidrostática.

Fluxo do rio O mesmo que correnteza ou caudal.

Fluxo em pistão No fluxo em pistão, as reações ocorrem ao longo do trajeto com diferenças de características, que variam desde a entrada até a saída do reator. O fluxo pistonado acontece quando o comprimento do reator é bem maior do que a largura.

Fluxo em que a vazão é máxima para uma energia específica O mesmo que fluxo em regime crítico.

Fluxo energético Quantidade de energia acumulada ou que passa através dos componentes de um ecossistema, em um determinado intervalo de tempo. Pode ser mensurada através da circulação, entrada e saída de nutrientes no ecossistema, afetada pelo comportamento animal, especialmente alimentar e reprodutivo.

Fluxo laminar Ocorre quando o número de Reynolds é menor de 2.000, e as correntes líquidas não se cruzam, mantendo uma posição relativamente constante ao longo do trajeto.

Fluxo permanente não uniforme Ver *Escoamento não uniforme*.

Fluxo superficial É o escoamento superficial das águas de chuva.

Fluxo turbulento No fluxo turbulento, as partículas de líquido seguem trajetórias erráticas. É definido quando o número de Reynolds é maior de 4.000.

Fluxo variável não uniforme Ver *Escoamento não uniforme*.

Focalização isoelétrica Ver *Ponto isoelétrico*.

Foice Tipo de alfange; Instrumento agrícola usado para roçar mato, podar árvores etc.

Fole Utensílio manual para produzir vento e ativar uma combustão ou limpar cavidades.

Folha Nome dado a órgãos apendiculares, de formas variadas, planos e de cor geralmente verde, que se desenvolvem no caule e nos ramos das plantas, com importante função na troca com a atmosfera (respiração/transpiração).

Folha dos vegetais Ver *Folha*.
Foliação Tempo em que começam a brotar as folhas das plantas.
Fonte Ponto da superfície do solo onde há surgência natural de água. A fonte é um manancial de água, geralmente de boa qualidade por ter sido filtrada no solo. Resulta da infiltração e circulação das águas nas camadas permeáveis do solo.
Fonte de sopé de tálus Água que nasce no sopé de montanhas e onde existe tálus, ou seja, uma grande massa de solo que se movimenta lenta e intermitentemente ao longo do tempo, sob ação da força da gravidade, influenciado por chuvas etc.
Fonte estacionária de poluição do ar É um local fixo de emissão de poluentes, como uma chaminé de indústria, por exemplo. Em oposição estão as fontes móveis (veículos automotores).
Fonte móvel de poluição do ar Fonte de poluição do ar que se desloca, como os veículos automotores.
Fonte poluidora Ponto ou lugar onde há emissão ou lançamento de poluentes.
Fonte pontual de poluição das águas Aquela que lança a carga poluidora na massa d'água num ponto bem localizado, como uma tubulação que lança esgoto bruto num rio.
Fonte voclusiana Fonte de água que aparece em terrenos calcários.
Fontes difusas de poluição das águas São fontes de poluição não pontuais, difíceis de delimitar geograficamente, e a carga poluidora que aporta aos corpos d'água relaciona-se a acontecimentos climáticos (precipitação, tempestades), incontroláveis pelo homem. Um exemplo é a carga orgânica carregada para os corpos d'água receptores, pela lavagem de uma cidade com águas de chuva e carreadas pela rede de drenagem ou o carreamento de nutrientes e defensivos agrícolas aplicados em excesso nas lavouras e carreados pela chuva para os corpos d'água da região.
Fontes fixas de poluição do ar Ver *Fonte estacionária de poluição do ar*.
Força axial Força aplicada na direção de um eixo.
Força de Coriolis É uma força perpendicular que surge na direção do movimento em um sistema de referência em rotação uniforme, quando visto por um observador no mesmo referencial.
Força de inércia Força necessária para iniciar o movimento de um corpo.
Força de tração É o nome dado às forças que atuam ou que são aplicadas em cabos, cordas ou fios.
Força intermolecular É responsável pela união de moléculas diferentes. Pode ser classificada como força dipolo induzido; dipolo permanente, e ponte de hidrogênio.
Força no cabo de amarração Forças que surgem nos cabos de amarração ou amarras de embarcações, decorrentes dos movimentos induzidos num navio atracado. Os movimentos são causados por ondas, correntes, ventos ou marés.
Foreiro ou enfiteuta Que tem o domínio útil de um prédio e paga foro ao senhorio direto. Ver *Aforamento público*.
Formação de canais Fluxo desigualmente distribuído, não desejável, que pode ocorrer, por exemplo, em um filtro de areia, uma célula de eletrodiálise, ou em uma membrana de osmose reversa.
Formação vegetal Denominação genérica ao tipo de cobertura vegetal que ocupa uma região geográfica, e empresta-lhe fisionomia de suas espécies dominantes. No caso de ocupar extensa área geográfica, caracteriza-se como um bioma.
Formações costeiras Termo que designa os diferentes tipos de costas marítimas, vinculados às formações geológicas.
Fórmica Substância plástica usada no revestimento de móveis.
Formol Também conhecido como formaldeído, é um composto líquido claro com várias aplicações, usado como preservativo, desinfetante e antisséptico, e para embalsamar peças de cadáveres. É útil na produção de seda artificial, celulose, tintas e corantes, soluções de ureia, tioureia, resinas melamínicas, vidros, espelhos e explosivos. O formol é utilizado para dar firmeza aos tecidos; na produção de germicidas, fungicidas agrícolas, borracha sintética e na coagulação da borracha natural. É empregado no endurecimento de gelatinas, albuminas e caseínas. É também usado na fabricação de drogas e pesticidas. O formol é tóxico quando ingerido, inalado ou quando entra em contato com a pele, por via intravenosa, intraperitoneal ou subcutânea. Em concentrações de 20 ppm (partes por milhão) no ar causa irritação nos olhos. Em forma de gás é mais perigoso do que em estado de vapor.
Fórmula de Chezy Leva o nome do cientista que a inventou, e foi apresentada em 1769. Permite obter a velocidade média na seção de um canal. Estabelece que: $v = C(R_H \cdot I)^{1/2}$, em que v = velocidade média na seção; C é o coeficiente de Chezy; R_H é o raio hidráulico e I é a declividade longitudinal do canal.
Fórmula de Hazen-Williams Usada no dimensionamento hidráulico de tubulações sob pressão.

Fórmula de Manning Usada no dimensionamento hidráulico de canais ou tubos que funcionam com escoamento livre.

Fórmula química Notação usada para descrever os elementos constituintes e os respectivos números de átomos, presentes nas moléculas. Por exemplo, a fórmula química da água é H_2O (ou seja, em cada molécula de água existem dois átomos de hidrogênio e um de oxigênio).

Fórmula racional Utilizada na estimativa de vazões em pequenas bacias hidrográficas. $Q = C \cdot I \cdot A$, em que C é o valor do coeficiente de escoamento superficial; I é a intensidade da chuva com tempo de recorrência (o tempo de duração da chuva é igualado ao tempo de concentração da bacia), e A é a área superficial da bacia.

Fórmula racional de escoamento superficial Ver *Fórmula racional*.

Forno de mufla Equipamento utilizado em laboratório, que atinge temperaturas de até 1.200°C.

Foro, cânon ou pensão No Brasil, é a contribuição anual e fixa que o foreiro ou enfiteuta paga ao senhorio direto, em caráter perpétuo, para o exercício de seus direitos sobre o domínio útil do imóvel.

Forragem Plantas e grãos utilizados na alimentação de animais.

Fortuito Evento humano imprevisível e inevitável; acidental; eventual. Um acidente é um acontecimento fortuito que provoca danos às pessoas.

Fosfato Designação genérica dos sais e ésteres do ácido ortofosfórico.

Fosforescência Variedade de fotoluminescência, ou seja, emissão de luz mesmo depois de acabada a excitação que a provocou. Algumas substâncias tornam-se luminosas ao serem friccionadas ou submetidas a uma descarga elétrica.

Fósforo Elemento químico metaloide, luminoso na obscuridade e que arde em contato com o ar; símbolo P, peso atômico 31,02 e número atômico 15. É um dos nutrientes essenciais das plantas.

Fosforoso Diz-se do oxiácido derivado do fósforo cuja fórmula é H_3PO_3.

Fossa Cavidade na qual é despejado o esgoto doméstico, em especial nas zonas rurais ou nas cidades desprovidas de rede de coleta de esgoto.

Fossa negra É um poço sem revestimento interno, usado em algumas regiões para o lançamento do esgoto sanitário. O líquido com sólidos cai diretamente no solo, e parte se infiltra e outra parte é decomposta na superfície de fundo, quando não há nenhum efluente. É o tipo de instalação que só deve ser empregada em último caso, pois pode ser responsável pela contaminação da água do lençol freático. Quando utilizada, deve ficar distante de poços rasos de coleta de água de consumo.

Fossa ou garganta submarina Depressão no fundo oceânico, de formato largo e comprido.

Fossa seca São escavações com paredes revestidas de tábuas não aparelhadas com o fundo, em terreno natural, e cobertas na altura do piso por uma laje, onde é instalado um vaso sanitário. Difere da fossa negra por não utilizar água no transporte dos sólidos, ou seja, os dejetos sólidos (fezes) e os líquidos (urina) vão diretamente para o fundo da fossa e são ali decompostos, ao longo do tempo.

Fossa séptica Tanque de cimento ou alvenaria para o lançamento de esgoto doméstico de pequenas vazões (poucas edificações). É uma unidade classificada como decanto-digestor, ou seja, a parte sedimentável do esgoto acumula-se no fundo do tanque e sofre digestão anaeróbia. A parte líquida passa e sai do tanque com uma pequena remoção de 20 a 40% de DBO. O líquido efluente contém uma alta carga orgânica e deve se dirigir a uma rede pública, ou a uma unidade de tratamento posterior, caso se pretenda lançá-lo em um corpo d'água. Para esse tratamento, utilizam-se os filtros anaeróbios de fluxo ascendente ou as chamadas valas de filtração. Pode-se fazer uma disposição final conveniente em solos com certa permeabilidade, e utilizar os sumidouros ou as chamadas valas de infiltração.

Fosso para esgoto Ver *Fossa*.

Fotografia Processo ou arte de registrar numa chapa sensível, por meio da luz, ou através de registros ou arquivos digitais, a imagem colocada à frente de uma câmara fotográfica.

Fotogrametria Fotografia de apoio a levantamentos topográficos, tirada com câmaras a bordo de um avião, de foguetes específicos ou de satélites orbitais.

Fotoionização Para provocar esse fenômeno, num ambiente apropriado, utiliza-se uma luz (geralmente um feixe de raios X ou ultravioleta) para despedaçar o átomo. Como numa colisão, os elétrons (cargas negativas) vão para um lado e os íons (cargas positivas) para outro. Detectada a direção e a energia das partículas, obtêm-se informações sobre a estrutura do átomo e as interações entre seus constituintes, regidas pela física quântica.

Fotólise É o fenômeno de dissociação de moléculas orgânicas complexas por efeito da radiação eletromagnética. Por exemplo, na fotossíntese, um dos processos mais importantes é a fotólise da água associada à clorofila, neste processo, a molécula de água é dividida nos seus componentes, liberando elétrons que são depois usados em outras reações, enquanto o oxigênio produzido é liberado para a atmosfera. A fórmula química da reação é: $2H_2O \rightarrow 4H^+ + 4e^- + O_2$

Fotometria Utilização de fotômetros para medir a intensidade da luz.

Fotometria de chama É o mesmo que Espectrometria de Emissão Atômica por Chama.

Fotômetro Instrumento com que se mede a intensidade da luz.

Fotomicrografia O mesmo que microfotografia, ou seja, o registro fotográfico de cortes ou lâminas microscópicas.

Foto-oxidação O fenômeno ocorre por meio de um mecanismo que envolve radicais livres formados proporcionalmente à intensidade dos raios ultravioleta. Esse mecanismo leva à formação de hidroperóxidos, cetonas e aldeídos, que provocam reações e rupturas adicionais induzidas pela radiação ultravioleta.

Fotoperiodismo Termo usado em botânica para descrever os efeitos e adaptações das plantas ao fotoperíodo, que representa o comprimento de um dia, durante o período de luz de um determinado lugar, dependendo da latitude e da estação do ano. Incluído no fotoperíodo, tem-se o período de luz útil, que mostra a duração da intensidade luminosa, maior que o limiar de compensação fotossintética.

Fotoquímica Parte da ciência que estuda a ação das radiações sobre as substâncias e as relações entre as energias luminosas e químicas.

Fotossíntese É o processo pelo qual o grupo de seres autotróficos produz seu próprio alimento, que incluem as plantas e alguns outros organismos, como as algas. Eles transformam energia luminosa em energia química ao processar o dióxido de carbono (CO_2), água (H_2O) e minerais em compostos orgânicos e produzem oxigênio gasoso (O_2). A equação simplificada do processo é a formação de glicose: $6H_2O + 6CO_2 \rightarrow 6O_2 + C_6H_{12}O_6$. É um processo do anabolismo, em que a planta acumula energia a partir da luz para uso no seu metabolismo, formando adenosina trifosfato, o ATP, a chamada moeda energética dos organismos vivos.

Fototropismo Mudança de cor em certos minerais sob a ação da luz; mudança de direção que a luz provoca em certas espécies vegetais.

Foz ou desembocadura de rio É o ponto mais baixo no limite de um rio, ou seja, o ponto onde ele deságua, pode ser um lago, uma lagoa, o mar ou um outro rio. A forma da foz é classificada em dois tipos: em delta e em estuário.

Fração de amostragem Fragmentação em amostras de menores volumes da amostra geral colhida, para fazer vários ensaios.

Fração de partículas retiradas na peneira de 200 mesh A fração que passa na peneira de 200 mesh (abertura das malhas de 0,075 mm) é constituída de partículas finas. Quanto menor o número da peneira, maior a sua abertura e, portanto, de granulometria mais grosseira o material retido. A peneira de 100 mesh, por exemplo, apresenta abertura de 0,15 mm.

Fracionamento Fragmentação; divisão em partes menores.

Frágil Pouco durável; quebradiço; fraco.

Fragilidade ambiental É a vulnerabilidade ou suscetibilidade do ambiente a qualquer tipo de dano, inclusive a poluição. Daí a definição de ecossistemas ou áreas frágeis como aqueles que, por suas características, são particularmente sensíveis aos impactos ambientais adversos, de baixa resiliência e pouca capacidade de recuperação. Por exemplo, são ambientalmente frágeis os lagos, as lagunas, as encostas de forte declividade, as restingas, os manguezais.

Fragilidade física Fraqueza; pouca resistência física.

Fragmentar Fracionar; quebrar; dividir.

Fragmento Trecho; fração; pedaço; parte.

Framboesia ou bouba É uma afecção infectocontagiosa, que não é venérea nem congênita, determinada pelo *Treponema pertenue*, e caracteriza-se por lesões cutâneas e ósseas, de aspecto mais ou menos constante, e de estrutura histológica especial.

Franja capilar Região situada acima do nível d'água do solo, onde ocorre a umidificação por efeitos capilares, ou seja, onde a água sobe pelos pequenos interstícios do solo.

Frasco Recipiente de gargalo estreito; garrafa; vidro.

Frasco de Erlenmeyer Vidraria utilizada em laboratórios químicos, de formato cônico: de base alargada e boca estreita, muito utilizada quando se precisa agitar as amostras sem risco de derramamento.

Frasco graduado Vidraria na qual se verifica o volume de forma expedita.

Fratura em geologia Descontinuidade que aparece isolada em uma massa rochosa, que não corresponde a uma junta, nem a uma falha.

Freático Superfície que, nos solos em profundidade, delimita a zona de saturação da zona de aeração, abaixo da qual a água subterrânea preenche todos os espaços porosos e permeáveis das rochas e/ou solos.

Freatófitas Grupo de plantas que crescem ao longo dos corpos d'água e cujas raízes atingem a franja capilar.

Freio Breque ou dispositivo usado para diminuir ou cessar o movimento de máquinas e veículos automotores.

Frente Face; dianteira; parte frontal.

Frente fria É a massa de ar frio que avança e faz a massa de ar quente recuar. Como a massa de ar frio é mais densa, pois o ar frio é mais pesado, ela obriga o ar quente a subir, provocando a formação de nuvens. Na maioria das vezes, as frentes frias são acompanhadas de chuvas.

Frente meteorológica Em meteorologia, é a zona de transição entre duas massas de ar com temperaturas e densidades diferentes. Estende-se na horizontal e na vertical, passando pela superfície da Terra. Há frentes frias, quentes, estacionárias, oclusas e as chamadas linhas secas, que são zonas que separam massas de ar úmido e seco.

Frente oclusa Também conhecida como oclusão, é uma zona de transição onde uma frente fria move-se depressa, ultrapassa e obstrui uma frente quente, fazendo todo o ar quente se elevar bruscamente. A chuva é característica das frentes frias, seguida por aguaceiros associados às frentes quentes.

Frequência Repetição de fatos e acontecimentos; número de pessoas em reuniões em geral.

Frequência de cheias Em estudos estatísticos, é a relação entre os valores das máximas vazões anuais (às vezes das máximas cotas anuais atingidas) numa determinada seção de um curso d'água, e os tempos de recorrência associados.

Frequência de descargas Ver *Frequência de cheias*.

Frequência de ressonância Qualquer objeto material tem uma ou mais frequências naturais de vibração. Quando é excitado por algum agente externo em uma de suas frequências naturais, ocorre a ressonância, e o objeto vibra nessa frequência com amplitude máxima, só limitada por amortecimentos. Um exemplo é a lenda de que um regimento de Napoleão entrou marchando em uma ponte e a frequência do compasso da marcha coincidiu com a frequência natural de vibração da ponte. Deu-se a ressonância, a ponte oscilou com grande amplitude e desabou. A partir desse desastre, os soldados passaram a quebrar o passo sempre que atravessavam uma ponte.

Nos Estados Unidos, uma ponte, desabou quando entrou em ressonância com o vento. Um exemplo positivo da ressonância é a sintonização de uma emissora de rádio ou TV: significa fazer o receptor entrar em ressonância com a onda da emissora. Ao girar ou apertar um botão, de algum modo, altera-se a frequência natural de vibração do circuito eletrônico do receptor.

Frequência de vazões mínimas Em estudos estatísticos, é a relação entre os valores das mínimas vazões anuais (às vezes das mínimas cotas anuais atingidas) numa seção de um curso d'água e os tempos de recorrência associados.

Frequência do som O ouvido humano consegue distinguir sons numa faixa de frequência entre 20 Hz e 20.000 Hz. Acima e abaixo dessa faixa estão o ultrassom e o infrassom, respectivamente. Seres humanos e vários animais percebem sons com o sentido da audição, com os dois ouvidos, o que permite saber a distância e posição da fonte sonora: é a chamada audição estereofônica.

Fresar Operação mecânica para a fabricação de peças de máquinas, engrenagens, roscas metálicas etc.

Fresco Recente; de temperatura agradável; arejado; em contraposição a pútrido, malcheiroso.

Fresta Fenda; greta; abertura; racho.

Frete Pagamento pelo transporte de alguma coisa.

Friabilidade É a propriedade dos metais serem quebradiços, oposta à maleabilidade. O bismuto e o antimônio são exemplos de metais friáveis.

Friabilização Ação de reduzir em fragmentos.

Frigorífico Geladeira ou local onde se conservam os alimentos a baixas temperaturas.

Frio O oposto de quente; sem calor; sem entusiasmo; indiferente; inexpressivo.

Fronteira Limites; divisa entre territórios.

Fruta Designação dos frutos comestíveis.

Fulgor É a temperatura a partir da qual um combustível libera vapor ou gás em quantidade suficiente para formar uma mistura inflamável por uma fonte externa de calor. O ponto de fulgor não é suficiente para manter a combustão.

Fuligem Também conhecida como negro de fumo, é uma das variedades mais puras de carvão, na forma amorfa, constituindo uma dispersão coloidal de partículas muito finas.

Fumaça Suspensão de partículas sólidas ou líquidas (vapor de água) em um gás. Emitida por uma fonte fixa, após operações de transformação química ou física, em particular a oxidação (combustão), ou a redução (alto-forno), tem a propriedade de absorver parcialmente a luz. Em poluição atmosférica, chama-se fumo a uma reunião de fragmentos de carvão, cinza, óleo, gordura e partículas microscópicas de metal, o que totaliza 10% dos fragmentos totais. Dos 90% de gases invisíveis que sobram, metade é monóxido de carbono, invisível, inodoro e tóxico.

Fumante Pessoa que inala a fumaça de cigarros, charutos, cachimbos etc.

Fumante passivo Inalação involuntária de fumaça de cigarro, charutos, cachimbos etc.

Fumigação Uso de substâncias químicas para eliminar insetos ou roedores. Ver *Fumigante*.

Fumigante Substância ou mistura de substâncias químicas com a propriedade de fácil volatilização e de exterminar insetos ou roedores. Deve ser utilizada em ambientes que possam ser fechados, para reter o fumigante.

Fumo Ver *Fumaça*.

Função de sobrevivência É a probabilidade de uma determinada observação não falhar até um tempo. Usada nas análises de sobrevivência, é o estudo de dados relacionados ao tempo da ocorrência de um evento de interesse (uma falha), a partir de um tempo inicial até um tempo final (tempo de falha). Aplica-se nas áreas de medicina e industrial.

Função do ecossistema Relacionada ao conjunto de condições e processos que permitem ao ecossistema manter sua integridade, como a produtividade primária, a cadeia alimentar e os ciclos biogeoquímicos. Nessas funções estão processos como decomposição, produção, ciclos e fluxos de nutrientes e de energia.

Função social Em sociologia, é um termo que exprime a ideia de uma sociedade vista como um organismo vivo, na qual cada parte tem uma função, como na biologia. Critica-se a tendência a classificar partes como mais importantes (seus orgãos vitais), o que justificaria a existência, manutenção ou extinção daqueles considerados menos importantes, como se fossem partes descartáveis da sociedade .

Função social da propriedade rural O poder de domínio que o proprietário de bem público ou particular exerce sobre o solo rural só é tutelado juridicamente se atender aos requisitos de aproveitamento e utilização dos recursos naturais, se observar as disposições que regulam as relações de trabalho e oferecer bem-estar aos proprietários e empregados.

Função social da propriedade urbana A propriedade consiste no poder de domínio de um sujeito sobre um bem, classificado em público e privado. A propriedade do solo urbano é protegida pela função social quando atende às exigências de ordenação do plano diretor da cidade.

Fundação como pessoa jurídica É a pessoa jurídica formada por um patrimônio destinado a socorrer e obter determinados fins, antecipadamente tratados. Não há sócios, não se rege por contrato social, tem apenas dirigentes atrelados aos fins para os quais ela foi instituída. Segundo Hely Lopes Meirelles (2007), as fundações serão sempre pessoas jurídicas de personalidade privada, da espécie entes de cooperação, do gênero paraestatal, sujeitos ao controle administrativo da entidade estatal instituidora, por meio do órgão a que se vinculam, sem integrar a Administração Direta ou Indireta. As fundações instituídas pelo Poder Público prestam-se à realização de atividades não lucrativas de interesse coletivo, como a educação, a cultura, a pesquisa científica, merecedoras do amparo estatal, mas nem sempre conveniente que fiquem a cargo de entidade ou órgão público.

Fundação de barragem As barragens de concreto são assentadas sobre rocha sã. As barragens de terra são assentadas sobre solos de boa consistência, com cuidados especiais no tocante à sua permeabilidade; quando muito permeáveis, podem permitir uma percolação exagerada.

Fundação de uma obra de engenharia Base de sustentação das obras num solo. Pode ter alicerces, brocas, sapatas corridas, sapatas isoladas, estacas, tubulões etc.

Fundação em rocha É uma obra assentada sobre rocha.

Fundação isolada Suporta apenas a carga de um pilar, que pode ser um bloco em concreto simples ou ciclópico, com grande altura em relação a base, ou uma sapata em concreto armado, de pequena altura em relação a base.

Fundição Ato de fundir metais; local onde se fundem metais.

Fundo Nacional do Meio Ambiente–Funama No Brasil, o Funama é um fundo criado pela Lei nº 7.797, de 10 de julho de 1989, e regulamentado pelo Decreto nº 98.161, de 21 de setembro de 1989, para o desenvolvimento de projetos ambientais nas áreas de Unidades de Conservação, pesquisa e desenvolvimento tecnológico, educação ambiental, manejo florestal, controle ambiental, desenvolvimento institucional e aproveitamento sustentável da flora e da fauna. Seus recursos provêm de dotações orçamentárias, doações de pessoas físicas e jurídicas, e outros, destinados por lei.

Fungicida Substância com capacidade para matar os fungos.

Fungo Vasto grupo de organismos do reino *Fungi*, domínio *Eukaryota*. Incluem-se neste grupo organismos de dimensões consideráveis, como os cogumelos, e muitas formas microscópicas, como bolores e leveduras. Foram descritas 70.000 espécies, mas talvez existam até 1,5 milhões de espécies, a maioria ainda não identificada e descrita pelos especialistas.

Fungos patogênicos Os cogumelos microscópicos, ou microfungos, causam no homem uma série de doenças, genericamente chamadas de micoses. A maioria dos fungos patogênicos vem do solo ou é parasita vegetal. Há numerosos fungos que provocam doenças em culturas agrícolas, como a murcha e a antracnose no algodão; o carvão e a podridão das raízes da cana, a podridão seca e a podridão rosada da espiga do milho etc.

Furacão Fenômeno climático (ciclone) caracterizado pela formação de um sistema de baixa pressão. Forma-se em regiões tropicais, classificado na escala Saffir-Simpson de 1 a 5, de acordo com a força dos ventos. A escala 1 é de ventos de baixa velocidade, e a escala 5 apresenta ventos muito fortes. Quando ganha força, transforma-se em catástrofe natural, e destrói cidades inteiras. Há casos em que os ventos ultrapassaram 200 km/h.

Furo de sondagem Perfuração feita no subsolo para retirar amostras, para conhecer a espessura, a resistência, os tipos de materiais, informações necessárias ao projeto de obras de engenharia.

Fusão Derretimento de substâncias pela ação do calor.

Gg

Gabarito Medidas ou formatos que devem ser observados quando se constrói uma obra.
Gabião Telas metálicas resistentes, em formato de caixa, preenchidas com pedras de mão, para servir como estruturas de contenção de taludes.
Gabinete à prova de congelamento Banheiro que não possui água na bacia sanitária e tem a válvula sifonada e a válvula de descarga instaladas abaixo da linha de congelamento.
Gabro É uma rocha intrusiva, de cor escura e granulação grosseira, composta de plagioclásios básicos e clinopiroxênio. Originam-se do arrefecimento em profundidade de magmas basálticos (magma quimicamente básico), e o gabro equivale ao plutônico ou intrusivo do basalto.
Gado Reses; rebanhos.
Gado bovino Rebanho de bois e vacas.
Gado vacum para reprodução O termo *vacum* inclui o boi e algumas espécies de búfalos.
Gaiola de barras ou tela metálica para descer na água Usada em trabalhos ou estudos no mar, em regiões infestadas de tubarões.
Galão por minuto Medida de vazão: 1 galão por minuto é igual a 0,06309 ℓ/s.
Galeria de água pluvial É o conduto que transporta as águas de chuvas nas cidades.
Galgamento, sobrelevação ou transposição Subida da água sobre uma estrutura ou praia. O mesmo que *uprush*.
Galvanização Processo para ligar o zinco metalurgicamente ao aço, e proporcionar-lhe o revestimento anticorrosão mais avançado e eficiente em termos de custo. O aço galvanizado é utilizado onde a corrosão é uma ameaça.
Galvanização a fogo Entre os processos desenvolvidos de proteção à corrosão, um dos mais antigos e bem-sucedidos é a zincagem por imersão a quente, ou, como é mais conhecida, a galvanização a fogo.
Galvanização a quente Ver *Galvanização a fogo*.
Galvanoplastia É um tratamento aplicado às superfícies metálicas ou não, para embelezar ou proteger contra a corrosão. Foi desenvolvido por Galvani (físico e químico que fez estudos sobre a eletricidade). Processo utilizado na prateação, niquelagem, cromagem, zincagem etc. O processo de galvanoplastia consiste em submergir um metal num banho (água mais sais específicos). Ao aplicar uma corrente elétrica contínua, haverá transferência de íons de uma superfície para a outra (metálica ou não), pelo fenômeno da eletrólise.
Gama de valores Série ou faixa de valores.
Gametocida Substância capaz de destruir gametos, cada uma das células sexuais animais ou vegetais, que ao se fundirem, durante a fecundação, dão origem a um novo indivíduo.
Ganga Minério que é uma mistura de ouro, prata ou pedras preciosas.
Garagem Abrigo para veículos automotores.
Garantia Fiança; responsabilidade; direito; proteção.
Garganta de rio Passagem estreita no curso de um rio.
Garrafa de Nansen É um tubo com capacidade para 1,25 litros, provido de válvulas em cada extremidade, preso a um fio que se baixa do navio até a profundidade desejada. O conjunto de garrafas de Nansen presas por um mesmo fio recebe o nome de roseta, usada para obter amostras da água para a análise de salinidade, conteúdo de oxigênio e de nutrientes. A temperatura é registrada por um termômetro de reversão de alto-mar acoplado à garrafa.
Gás Substância compressível, aeriforme, muitas vezes odorífera. Em inglês, o termo também é usado para designar a gasolina.
Gás carbônico Composto químico constituído de dois átomos de oxigênio e um átomo de carbono (CO_2). Em condições normais é um gás essencial à vida no planeta, pois é um dos compostos essenciais para a realização da fotossíntese – processo dos organismos fotossintetizantes transformarem a energia solar em energia química. Essa energia química é distribuída para todos os seres vivos por meio da teia alimentar. Este processo é uma das fases do ciclo do carbono.
Gás da água É uma mistura de monóxido de carbono com hidrogênio, produzido quando se faz passar vapor de água superaquecido sobre o carvão. É usado para fazer gás combustível.
Gás de combustão Qualquer gás que saia por uma chaminé, um escapamento de veículo ou de outro sistema de escapamento de gases após combustão, seja ele queimado, bruto ou produto de emissões, é considerado gás de combustão.
Gás de digestão de lodo Ver *Gás de digestor*.

Gás de digestor A decomposição anaeróbia que ocorre no digestor resulta em uma mistura de gases composta de metano (de 60 a 70%) e gás carbônico (30 a 40%), além de outros gases em menores quantidades (H_2S, escatóis, mercaptanas etc.).

Gás de escapamento O mesmo que gás de combustão.

Gás de esgoto É o gás resultante da decomposição da matéria orgânica dos esgotos ou produzido durante a digestão do lodo. Seu principal componente combustível é o metano.

Gás hélio À temperatura ambiente, o hélio encontra-se no estado gasoso. Apresenta nível de energia completo, com propriedades de um gás nobre, ou seja, é inerte pois não reage como os demais elementos.

Gás inerte Aquele que não reage como os demais elementos.

Gás liquefeito de petróleo, GLP É uma mistura de gases de hidrocarbonetos, utilizado como combustível em aplicações de aquecimento, como em fogões e veículos. O GLP se mantém no estado líquido quando armazenado em botijões ou tanques de aço sob pressões de 6 a 8 atmosferas (6 a 8 kgf/cm^2). É um dos subprodutos do petróleo, como gasolina, diesel e os óleos lubrificantes, produzido nas refinarias de petróleo.

Gás natural É o resultado da degradação da matéria orgânica em ambiente anaeróbio. As grande jazidas provêm de matéria orgânica soterrada a grandes profundidades. Por isto, sua degradação ocorre fora do contato com o ar, a grandes temperaturas e sob fortes pressões. Compõe-se de uma mistura de hidrocarbonetos leves, com mais de 70% metano.

Gás nocivo Apresenta risco para a saúde humana e animal. Estão incluídos o H_2S (gás sulfídrico); NH_3 (amônia gás), CN (gás cianídrico), CO (monóxido de carbono) etc.

Gás ofensivo Aquele que apresenta odores ofensivos.

Gás pobre É uma mistura de ar, água e do gás produzido pela passagem de uma mistura de ar e vapor através do coque aquecido. O calor gerado quando o gás produzido mantém a temperatura do coque suficientemente alta para permitir que o gás pobre seja formado.

Gás sulfídrico ou sulfeto de hidrogênio O H_2S é o resultado da decomposição anaeróbia da matéria orgânica. Nas refinarias de petróleo aparece como resultado da destilação de petróleo que contém enxofre. Tem cheiro característico de ovo podre. É mais pesado do que o ar, o que dificulta sua dispersão quando ocorrem vazamentos. É perceptível ao olfato humano a partir de concentrações de 0,0047 ppm. Em altas concentrações (acima de 250 ppm), inibe o olfato humano e torna-se letal.

Gaseificação Combustão incompleta de combustíveis sólidos.

Gases de efeito estufa Ver *Efeito estufa*.

Gasogênio É uma mistura de gases combustíveis, produzida a partir de processos de gaseificação, ou seja, de combustão incompleta de combustíveis sólidos. Utiliza-se, por exemplo, madeira, carvão ou outros combustíveis ricos em carbono, sem oxigênio suficiente para a queima completa e, em alguns casos, vapor de água.

Gasolina Da destilação do petróleo, um dos produtos é a nafta. Da padronização da nafta, com a adição de certos produtos conforme certos critérios comerciais, como grau de pureza, octanagem etc., é produzida a gasolina.

Gasolina com chumbo tetraetila O chumbo tetraetila é um produto altamente tóxico. Era utilizado como aditivo da nafta, para aumentar a octanagem da gasolina. No nosso País, foi abolido e substituído pelo álcool.

Gasolina sem chumbo A gasolina sem chumbo, substituído por qualquer outro produto que aumente a octanagem, torna-se menos perigosa, pela alta toxicidade do chumbo tetraetila.

Gasômetro Aparelho para medir gás; fábrica ou reservatório de gás.

Gaxeta Dispositivo colocado entre o eixo rotatório e a carcaça de máquinas hidráulicas como bombas, turbinas etc., para evitar o vazamento do líquido.

Geada Orvalho congelado em dias muito frios, que forma uma camada branca sobre as superfícies. É um evento temido pelos agricultores, pelo alto poder de destruição de certas culturas.

Gêiser Fonte natural de água quente, com jatos de grandes alturas. Quase sempre são erupções intermitentes, que trazem para a superfície muitos sais em solução.

Gel É aparentemente um sólido de material gelatinoso, formado de uma dispersão coloidal, em que o meio disperso está no estado líquido e o meio dispersante, no estado sólido.

Gel coloidal Substância de consistência gelatinosa, formada pela coagulação de um líquido coloidal.

Geleira Gelo perene em grandes quantidades, que se forma nas cavidades das altas montanhas ou em regiões de clima extremamente frio, como nos polos.

Gelificação Formação de um gel por abaixamento de temperatura de uma solução que contém moléculas gelificantes.

Gelo Água em estado sólido, cristalizada no sistema hexagonal, por efeito da diminuição da temperatura ambiente a valores abaixo de 0°C. A água é a única substância que aumenta de volume com a diminuição da temperatura.

Gelo fino sob o qual a água abaixou A formação do gelo ocorre com diminuição da temperatura abaixo de 0°C e com a expansão (aumento de volume). Quando o gelo superficialmente formado se derrete nos lagos congelados, formam-se vazios entre a água e a fina camada de gelo superficial. Essa ocorrência é muito temida por quem transita ou patina, pelo risco de ruptura da camada fina de gelo e, se a pessoa cair, o salvamento é difícil.

Gelo intersticial Em regiões muito frias, a água que ocupa os interstícios (vazios entre os grãos) dos solos pode se transformar em gelo.

GEMS/ÁGUA Um dos projetos do Programa das Nações Unidas para o Meio Ambiente (PNUMA), para o controle mundial da qualidade da água.

Gênero Reunião de espécies ou conjunto de seres com qualidades ou características comuns entre si. Propriedade da maioria dos substantivos da língua portuguesa de indicar o sexo dos seres pela terminação ou pelo significado.

Genética Área das ciências biológicas que estuda a hereditariedade e sua evolução nos seres organizados.

Genético Relativo à genética ou à gênese; que diz respeito à geração.

Geodésia Ciência que estuda a forma e a grandeza da Terra ou de uma parte da sua superfície. Arte de medir e dividir áreas de grandes dimensões, onde a curvatura da terra influencia o cálculo das distâncias.

Geofísica Estudo da estrutura física da Terra.

Geografia Ciência que estuda a Terra na sua forma, acidentes físicos, clima, produções, populações, divisões políticas etc.

Geógrafo Homem versado em geografia.

Geo-hidrologia O mesmo que hidrogeologia.

Geologia Ciência que estuda a origem e a constituição da Terra ou as características geológicas de uma região como apoio às decisões do projeto de grandes obras.

Geologia de engenharia Segundo a ABGE, é a ciência dedicada à investigação, estudo e solução dos problemas de engenharia e meio ambiente, decorrentes da interação entre obras e atividades do homem e o meio físico geológico, assim como ao prognóstico e ao desenvolvimento de medidas preventivas ou reparadoras de riscos geológicos.

Geológico Relativo à geologia.

Geomorfologia Parte da geografia que estuda as formas da superfície terrestre. Descreve os relevos e explica os processos e estruturas que os determinaram, principalmente pela litologia, clima, drenagem e tectonismo.

Geomorfologia costeira Parte da geomorfologia que descreve as diferentes formações geológicas costeiras.

Geoquímica Envolve o estudo da composição química da Terra e de outros planetas; os processos químicos e as reações que regem a composição de rochas, solos, corpos d'água continentais e dos oceanos; os ciclos de matéria e energia que os componentes químicos da Terra transportam pelo tempo e espaço. É um ramo da geologia e da química, que se vale de outras ciências, como a a ecologia e a oceanografia química.

Geotérmico Relativo ao calor interno da Terra. A cada 40 m de profundidade, a temperatura da Terra aumenta em 1°C.

Geotropismo Propriedade de raízes e caule das plantas de tomarem determinada direção sob a influência da terra; a raiz apresenta geotropismo positivo, ou seja, aprofunda-se na terra, enquanto o caule apresenta geotropismo negativo, isto é, eleva-se ou se afasta da terra.

Geração Ato ou efeito de criar, produzir, gerar.

Gerador Equipamento usado para gerar energia.

Germicida Substância que mata os germes.

Germinação Fenômeno natural pelo qual a plântula sai da semente.

Germoplasma Material hereditário que as plantas e os animais transmitem à descendência por meio dos gametas.

Gesso É gipsita cozida em baixa temperatura. Em contato com a água, forma uma argamassa que depois endurece. Usa-se em moldagens de esculturas, peças de decoração interna etc.

Gestação Tempo de desenvolvimento do embrião no útero materno, desde a concepção até o nascimento.

Gestão ambiental O conceito original de gestão ambiental refere-se à administração do governo do uso dos recursos ambientais, por meio de ações ou medidas econômicas, investimentos e providências institucionais e jurídicas, com a finalidade de manter ou recuperar a qualidade ambiental, assegurar a produtividade dos recursos e o desenvolvimento social. Esse conceito ampliou-se nos últimos anos, para incluir os programas de ação desenvolvidos por empresas, nos modernos sistemas de gestão, para administrar suas atividades com qualidade sem prejuízo ambiental (programas calcados nas normas ISO 9.000, 14.000 e 18.000). Trata-se da difícil e necessária tarefa de administrar o uso produtivo dos recursos renováveis ou não, obedecendo às leis, normas e aos padrões, sem reduzir a produtividade e a qualidade ambiental no curto, médio ou longo prazo e manter o desenvolvimento de suas atividades, atendendo à qualidade de vida, aos anseios e necessidades das comunidades limítrofes.

Gestão da qualidade da água No Brasil, são as atividades dos comitês de Bacias Hidrográficas, com o objetivo de acompanhar a evolução da qualidade da água de um corpo d'água; tomar decisão sobre outorga, autorização para lançamento de efluentes; aplicação de padrões de lançamento de efluentes; cobrança pelo uso da água; definição de obras de melhoramento etc.

Gestão de bacia hidrográfica Ver *Gestão da qualidade da água*.

Glaciação Ação exercida pelas geleiras sobre a superfície da terra.

Glacial Gelado, relativo a gelo, muito frio.

Glaciofluvial Ação conjunta do gelo ou da neve (avalanches ou derretimento e consequente escoamento da água em rios), que provoca deslizamentos de terra, erosões etc.

Glaciologia Parte da geografia física que estuda as geleiras, o gelo e sua composição (que pode retratar a composição atmosférica passada ou atual) e os fenômenos naturais relacionados.

Glândula Célula ou grupo de células que fabrica uma ou mais substâncias destinadas a atuar no organismo ou a ser total ou parcialmente eliminadas dele. A de secreção interna lança o hormônio que produz diretamente na corrente sanguínea (tireoide, hipófise etc.); a de secreção externa lança seu produto no intestino ou ao exterior (fígado, glândulas sudoríparas etc.); a mista, como o pâncreas, produz a insulina (secreção interna) e a lípase (secreção externa), lançada no intestino com a função de desdobrar as gorduras.

Glicocálix Camada externa à membrana, composta de carboidratos, presente na maioria das células animais. Protege a célula contra agressões físicas e químicas, retém nutrientes e enzimas e participa do reconhecimento intercelular, uma vez que diferentes células possuem glicocálix e glicídios diferentes.

Glicose Substância orgânica, açúcar muito comum na natureza, especialmente nas frutas.

Golfo Porção de mar que adentra profundamente a terra, de abertura muito larga. O mesmo que baía, mas maior.

Golpe de aríete É um fenômeno no interior de condutos fechados, quando o fluxo do líquido é bruscamente interrompido e ocorrem oscilações bruscas na pressão d'água. Caracteriza-se por ondas sucessivas de sobrepressões e subpressões anormais nas tubulações, que podem acarretar o seu rompimento. Um exemplo é o desligamento brusco de uma bomba, que pode estabelecer o golpe de aríete na tubulação de recalque, se não forem adotadas medidas preventivas (geralmente pela instalação de válvulas antigolpe).

Goniômetro Instrumento usado para medir ângulos.

Gordura Substância formada por glicerina e ácido graxo.

Gosto organoléptico Propriedades das substâncias que impressionam o sentido do paladar.

Gota Pingo de líquido. Em português, também designa uma doença causada por excesso de ácido úrico no organismo e que causa dores nas articulações, reumatismo e artritismo.

Gotejamento Ato ou efeito de gotejar.

Gotejar Deixar cair gota a gota.

Gotícula Pequena gota, gotinha.

Governo Ato ou efeito de administrar uma cidade, um estado ou um país. Em países democráticos, os governantes são escolhidos pelos cidadãos nas eleições.

Gradação Aumento ou diminuição gradual.

Grade Dispositivo composto de barras metálicas presas a um quadro, igualmente espaçadas, e que servem para reter sólidos grosseiros em ETEs, ETAs, ou galhos, troncos etc., nas tomadas de água de hidrelétricas etc.

Grade com limpeza mecanizada Grade dotada de rastelos, com acionamento por motor elétrico, e que remove as impurezas retidas automaticamente. Nas entradas das Estações de Tratamento de Esgoto, a norma brasileira NBR-12.209, da ABNT, recomenda utilizar grades com limpeza mecanizada sempre que o condutor esteja muito profundo (acima de 4 m), e quando as vazões forem superiores a 250 ℓ/s.

Grade fina Tem um espaçamento de 1 a 2 cm entre as barras.

Grade grosseira Tem um espaçamento de 4 a 10 cm entre as barras.

Gradeamento Operação de remoção de sólidos relativamente grosseiros, em suspensão ou flutuantes, retidos por grades ou telas. O dispositivo é colocado na entrada de estações de tratamento de água ou de esgoto, com o objetivo de evitar o entupimento dos equipamentos a jusante. É também usado na entrada da tomada de água das hidrelétricas para proteger as turbinas.

Gradear Prover de, ou limitar com grades.

Gradiente Mudança mais ou menos contínua do valor de temperatura, velocidade, pressão, altitude etc., por unidade de distância, numa direção específica. Pode ser a Inclinação ou razão de ascensão ou descida de uma encosta, rodovia, tubulação etc.

Gradiente ambiental O gradiente referente às propriedades ambientais se reflete nas alterações dos parâmetros biológicos.

Gradiente biológico Avalia a curva dose/resposta ou o tempo de exposição/resposta, ou seja, o aumento da exposição a uma condição ocasiona um aumento do risco de doença? Alguns autores consideravam o gradiente biológico um critério de intensidade.

Gradiente crítico Em geotecnia, é o valor máximo do gradiente hidráulico em solo saturado, acima do qual se verifica fluidez ou erosão interna.

Gradiente de densidade Taxa de variação da densidade da água com a profundidade, que ocorre em alto-mar ou nos lagos. Em uma determinada faixa de temperatura (acima de 4°C), as águas mais quentes são menos densas e tendem a ser superficiais, enquanto as mais frias (mais densas), tendem a se localizar nas zonas mais profundas.

Gradiente de salinidade Variação da salinidade de uma água com a profundidade.

Gradiente geotérmico Aumento de 1°C na temperatura a cada 40 m de profundidade da Terra. Ver *Estudo geotémico*.

Gradiente hidráulico Ângulo ou percentual de inclinação do lençol freático, calculado pela relação entre o desnível e a distância entre dois pontos considerados. Pode ocorrer naturalmente pelo relevo e pelas características das camadas de solo, ou artificialmente (barragens, bombeamento etc.).

Gradiente hidráulico natural Quando é proporcionado apenas pelo relevo e pelas características mais ou menos permeáveis das camadas de solo.

Graduação alcoólica Percentual de álcool medido em graus Gay Lussac, de uma mistura com 100 litros. Uma mistura de 11° tem 11 litros de álcool puro para cada 100 litros de mistura.

Gráfico Representação gráfica na qual são utilizados eixos coordenados com valores numéricos para expressar uma reta ou curva, representativos de um determinado fenômeno observado ou medido. Existem diversas outras formas de representação, como: circular com setores (pizza); barras verticais ou horizontais; dispersão (X, Y); radar; bolhas; superfície; área; rosca etc. Seu uso e exemplos estão no *software Microsoft Excel*.

Gráfico circular com setores Popularmente conhecido como pizza, é muito utilizado para exprimir participações percentuais de um total. Por exemplo: de um total de 180 milhões de habitantes do Brasil, percentualmente, quantos são brancos, amarelos, pardos, negros etc.

Grafite Pó ou aglomerado cilíndrico da grafita; mineral romboédrico, uma variedade cristalina de carbono, utilizado na fabricação de minas (grafite para lapiseiras), lápis. O pó é utilizado para lubrificar fechaduras, dobradiças etc.

Granel, a Em grande quantidade.

Granito Rocha granular da crosta terrestre, constituída dos minerais: quartzo, feldspato e mica. O granito tem uma radioatividade natural.

Granizo Pedras de gelo que caem com a chuva. O granizo se forma quando as gotas de chuva são arrastadas por grandes correntes de ar para locais em que a temperatura está abaixo do ponto de congelamento da água.

Grânulo Pequeno grão; cada uma das saliências de uma superfície áspera.

Grão Semente de cereais; unidade de medida correspondente a 65 miligramas.

Grão por galão Unidade de medida correspondente a 17 miligramas por litro.

Grãos hidraulicamente equivalentes Partículas que sedimentam com a mesma velocidade quando sujeitas às mesmas condições.

Grau de tratamento Medida da eficiência de remoção, resultante de um processo de tratamento, segundo parâmetros indicadores de poluição: concentração de sólidos, de matéria orgânica, de patogênicos, de nutrientes, ou outro parâmetro específico.

Grau de urbanização É a proporção da população total em zonas classificadas como urbanas, em uma unidade político-administrativa e territorial, seja um país, um estado ou município.

Grau geotérmico Ver *Gradiente geotérmico*.

Graúdo Grande; desenvolvido; poderoso.

Gravidade Força que atrai todos os corpos para o centro da Terra; qualidade do que é grave.

Gravimetria Em laboratório, é o processo de aferição ou medida por pesagem.

Gravimétrico Que é medido por pesagem.

Gravitação Força de atração mútua das massas, cuja formulação matemática é a Lei de Newton: a matéria atrai a matéria em razão direta das suas massas e no inverso do quadrado de suas distâncias. A força de atração é exercida pelos astros: o sol e os planetas do sistema solar, mantidos permanentemente em suas órbitas, através desse fenômeno.

Graxa Pasta preparada com materiais graxos, usada em lubrificação de peças móveis.
Greda É uma variedade de argila macia, friável, originária de rochas calcárias, mais ou menos arenosa, que contém sílica e argila.
Greda arenosa Ver *Greda*.
Gregário Que vive em bandos; que faz parte de um rebanho.
Greide O mesmo que inclinação longitudinal, ou seja: relação entre o desnível e a distância entre dois pontos.
Grelha Grade de ferro usada para assar carnes e outros alimentos. Dispositivo usado para evitar entrada de materiais indesejáveis em redes de coleta de água pluvial, estações de tratamento de efluentes etc.
Gripe ou influenza Infecção do sistema respiratório cuja principal complicação é a pneumonia. Inicia-se com febre alta, em geral acima de 38°C, seguida de dor muscular, dor de garganta, dor de cabeça e tosse seca. O sintoma mais importante é a febre, que dura em torno de três dias. Outros sintomas respiratórios como a tosse e outros, tornam-se mais evidentes com a progressão da doença e mantêm-se em geral por três a quatro dias após o desaparecimento da febre.
Grosa Lima grossa usada para desbastar ferro, madeira etc. Medida correspondente a 12 dúzias ou 144 unidades.
Grua Tipo de guindaste usado na construção de edifícios.
Grudento Viscoso; que cola, gruda.

Grupo de ondas gaussianas Grupo isolado de ondas marítimas com cristas infinitamente longas na perpendicular, em direção da propagação, com comprimento de onda constante, forma senoidal, e modelada por uma curva de probabilidade (curva de Gauss).
Grupo de solo – classificação Existem classificações de solo para diversos fins: geotécnicos, agronômicos, construção de estradas, barragens etc.
Grupo de velocidade de ondas Velocidade de um grupo de ondas. Em águas profundas, essa velocidade é igual à metade da velocidade das ondas individuais do grupo.
Guerra biológica Uso deliberado de micro-organismos, ou de suas toxinas, como arma de guerra, para causar toxi-infecções ou danos psicológicos, com a consequente desestruturação dos inimigos. Mesmo em sociedades primitivas, como as dos indígenas, já se empregavam como armas as toxinas de anfíbios e o curare. Com o desenvolvimento da microbiologia, o problema assumiu uma proporção mais alarmante.
Guerra química É o termo utilizado para denominar armas fabricadas por processos químicos: sintetizam-se moléculas que causam danos aos seres vivos, como gás mostarda, gás cloro (Cl_2), cianídrico (HCN), gás sarim, agente laranja ou o napalm.
Gunitagem Proteção de solo erodível com concreto projetado sobre tela de alta resistência.

Hh

Habilitação Aptidão; ato ou efeito de habilitar.
Habitação Moradia; residência; casa.
Habitante Morador de um determinado local.
Hábitat É o lugar onde vive ou pode ser encontrado um organismo. É onde ele obtém alimento, abrigo e condições de reprodução. O *hábitat* pode se referir também ao lugar ocupado por uma comunidade inteira. É um termo mais específico porque se refere à permanência de ocupação.
Haleto Composto químico que contém átomos dos elementos do grupo VII halogênios: flúor (F), cloro (Cl), bromo (Br), iodo (I), e astato (At) em estado de oxidação –1. Suas características químicas e físicas são parecidas do cloreto até o iodeto, com exceção do fluoreto.
Halófilo ou halófico Ser vivo que necessita de altas concentrações salinas para o seu desenvolvimento. Em termos de vegetação, é a alga marinha, a vegetação dos mangues ou a vegetação das áreas arenosas marítimas.
Halófito ou halófita Planta capaz de viver em solos salinos.
Halofreatófito Ambiente onde as plantas recebem água de lençol com certa salinidade.
Halogenação É uma reação química na qual um átomo de hidrogênio é substituído por um átomo de halogênio. Uma descrição é mais exata de acordo com o halogênio substituído: fluoração, cloração, bromação e iodação.
Halogênio Na tabela periódica, é o grupo dos elementos cloro, bromo, iodo e flúor.
Halógenos Grupo de substâncias químicas com cloro, flúor, bromo ou iodo na sua molécula.
Hélice Dispositivo propulsor de navios, barcos, aviões, misturadores, aeradores etc.
Heliófito Planta que só pode crescer e reproduzir-se sob insolação completa; planta de sol, como a *Splecklinia rupestris*, sobrevive a pleno sol sobre as rochas das montanhas de Minas Gerais.
Heliotermômetro Aparelho para medir a intensidade do calor solar.
Hematita O mesmo que limonita, mineral romboédrico, sesquióxido de ferro, o mais importante minério de ferro.

Hematologia Ramo da histologia que estuda as células do sangue e dos órgãos hematopoéticos.
Hematoquímica Química do sangue.
Hemoglobina Pigmento dos glóbulos vermelhos do sangue dos vertebrados, destinado a fixar o oxigênio no sangue e cedê-lo aos tecidos.
Heptacloro Produto altamente tóxico, persistente no ambiente, bioacumulável, encontrado em ecossistemas remotos. Tem uma meia-vida de dois anos no solo. O heptacloro é usado no controle de insetos do solo e de térmitas, contra as pragas do algodoeiro, gafanhotos e no combate à malária. Está fora de comercialização em vários países.
Herbáceo Que diz respeito a ervas, que tem o porte e a consistência das ervas.
Herbário Coleção de espécimes vegetais que passaram por um processo de prensagem e secagem, foram catalogados e descritos de forma sistemática, servindo de referência taxonômica para a identificação e classificação das plantas.
Herbicida Agente químico que tem a propriedade de ser facilmente absorvido pelos tecidos das plantas e transportado pela seiva, matando as células e, eventualmente, a planta. É aplicado na agricultura, com a finalidade de eliminar ou impedir o crescimento de arbustos ou de ervas daninhas, para preservar a espécie cultivada da concorrência por nutrientes.
Herbicida seletivo É o herbicida que tem especificidade de ação, ou seja, quando aplicado na área de plantio, não afeta de forma danosa à cultura.
Herbívoro Animal que se alimenta de ervas ou de vegetais.
Hermético Recipiente ou ambiente completamente fechado, que impede a entrada ou saída de ar ou de gases.
Hermetismo Propriedade daquilo que é hermético.
Heterogeneidade Mistura; qualidade do que é heterogêneo.
Heterogêneo Misturado; de gênero ou de espécie diferente.
Heterotrófico ou heterótrofo Ser que não produz seu próprio alimento, não sintetiza, por si próprio seus constituintes orgânicos, ou seja, utiliza matéria orgânica sintetizada por outros organismos como fonte de energia. Por exemplo, os animais superiores, a maioria dos fungos e as bactérias decompositoras.
Hexadecanol É usado na criação e/ou manufatura de flagrâncias e odores concentrados de todos os tipos.
Hibernação Entorpecimento ou sono letárgico de certos animais e vegetais durante o inverno.

Hidrante Coluna dotada de válvula conectada aos sistemas públicos de abastecimento d'água, que permitem sua manobra na altura do solo em situações de emergência (combate a incêndios).

Hidratação Ato de hidratar, de combinar um óxido metálico com água, para formar um hidróxido. O óxido de cálcio ou a cal virgem, quando hidratados, produzem o hidróxido de cálcio (cal hidratada ou cal extinta). Em medicina, é a administração de soro líquido para restabelecer o equilíbrio hídrico do organismo.

Hidratar Tratar com água; transformar um óxido metálico em hidróxido, com a adição de água.

Hidrato Combinação de uma substância com uma ou mais moléculas de água; o mesmo que hidróxido. Ex.: hidróxido de carbono ou carboidrato.

Hidrato de carbono Também conhecido como carboidrato, glicídio, sacarídio ou açúcar. Substância sintetizada pelos organismos vivos, tem uma função estrutural na membrana celular (construtora ou plástica), fornecimento de uma fração significativa de energia, armazenamento energético nos animais, sob a forma de glicogênio, e principalmente nos vegetais, sob a forma de polissacarídeos.

Hidrato de cloro As soluções de cloro em água têm propriedades oxidantes, germicidas e alvejantes. Abaixo de +9,6°C ocorre deposição de cristais de hidrato de cloro ($Cl_2 \cdot 8H_2O$). Processos que usam cloro e água devem ser mantidos acima dessa temperatura, para prevenir a formação de hidrato de cloro sólido, que pode causar entupimentos em válvulas e tubulações.

Hidráulica Ciência ou arte que se ocupa das construções para armazenamento, transporte e uso das águas. Parte da mecânica que estuda a dinâmica dos líquidos.

Hidrazina É um composto químico, cuja fórmula química é N_2H_4. É usado como propelente para satélites artificiais. A hidrazina é um líquido com propriedades similares à amônia, porém, a disposição espacial de seus dois átomos de hidrogênio faz com que seja muito mais reativa.

Hidreto Designação genérica das combinações do elemento hidrogênio com os elementos metálicos.

Hídrico Relativo à água.

Hidrobiologia Estudo dos seres vivos que vivem na água.

Hidrocarboneto Ver *Hidrocarbonetos minerais*.

Hidrocarboneto clorado O DDT é o mais conhecido e mais usado inseticida de hidrocarboneto clorado e foi o primeiro a ser proibido em 1972, nos Estados Unidos, por sua toxicidade e persistência. No Brasil, um projeto de lei em tramitação no Congresso Nacional, de autoria do Senador Tião Viana, proíbe a fabricação, importação, exportação, a manutenção em estoque, a comercialização e o uso do DDT (diclorodifeniltricloretano) em todo o território nacional.

Hidrocarboneto halogenado É um composto orgânico obtido por halogenação, ou seja, pela substituição de pelo menos um átomo de hidrogênio de um hidrocarboneto por átomo de halogênio.

Hidrocarbonetos minerais Substâncias minerais de origem orgânica, em cuja composição predominam os elementos hidrogênio e carbono. Apresentam-se na mistura de numerosos hidrocarbonetos que, no estado líquido, são chamados de petróleo ou de petróleo cru; no estado gasoso, de gás natural; no estado sólido, de xisto, asfalto ou betume.

Hidrocinética Estuda o movimento dos fluidos.

Hidrodessulfuração Processo em que os compostos orgânicos com enxofre são convertidos em gás sulfídrico (H_2S) e respectivos hidrocarbonetos. Exige condições de elevada temperatura (350°C), pressão de 30 a 100 bar, além de grandes quantidades de hidrogênio, o que o torna um processo caro e de impacto ambiental.

Hidrodinâmica Ramo da física que estuda as leis do movimento, equilíbrio e peso dos líquidos.

Hidrofilia Qualidade do ser ou substância que tem afinidade com água, avidez por água.

Hidrófilo Ávido por água, que tem afinidade com água.

Hidrófito Que vive na água.

Hidrófobo Que tem aversão por água.

Hidrofólio É um aerofólio para água. Quando usado em um jet-ski, por exemplo, proporciona menor área em contato com a água e daí menor atrito e maior velocidade.

Hidrofone Transdutor de som para eletricidade. Permite a escuta de sons debaixo d'água.

Hidrófugo ou à prova de umidade Material impermeável, que não absorve ou não deixa passar a água.

Hidrogenação Combinação com hidrogênio.

Hidrogênese Teoria sobre a formação das massas de água da Terra.

Hidrogênio Elemento químico de grande abundância na Terra, símbolo H, n° atômico e peso atômico 1. Dois átomos de hidrogênio e um átomo de oxigênio formam a água, a substância mais importante para os seres vivos.

Hidrogeologia Estudo das águas espalhadas pela superfície da Terra.

Hidrografia É a representação gráfica da vazão de um rio, ao longo do tempo. Ciência que estuda o regime das águas de uma região; topografia marítima para fins de traçado do mapa das costas, ilhas etc.

Hidrográfico Relativo ou pertencente à hidrografia.

Hidrógrafo Pessoa especializada em hidrografia.

Hidrograma Gráfico representativo da variação, no tempo, de diversas observações hidrológicas, tais como chuvas, níveis, descargas, velocidades, cargas sólidas etc.

Hidrograma Unitário – HU Processo usado na previsão de vazões de cheias. Baseia-se no hidrograma de um escoamento superficial de volume unitário (uma altura de chuva unitária adotada de 1 cm). Trata-se de uma constante da bacia hidrográfica para chuvas de duração igual à que produziu o hidrograma, refletindo as características de escoamento na seção considerada. Assim, para cada duração de chuva tem-se um hidrograma unitário. A vazão de pico é tanto maior quanto menor a duração da chuva (ou maior a intensidade de chuva).

Hidrograma Unitário Sintético – HUS Na prática, faltam dados históricos, principalmente nas médias bacias (acima de 1 a 2 km^2), nos quais o método racional não é aconselhável, então utiliza-se o HUS. Existem diversos métodos baseados em dados obtidos em outras bacias e adaptados à bacia em questão.

Hidrolacólito Área de congelamento perene, contínua ou descontínua, consiste em uma massa de gelo abaixo de uma camada de solo (cuja altura pode ser maior ou igual a 10 m e o comprimento maior ou igual a 100 m). O solo é coberto por uma vegetação característica (tundras).

Hidrólise Hidrólise de íons significa quebra ou ruptura de moléculas pela água. É uma reação entre um ânion ou um cátion e a água, com fornecimento de íons OH^- ou H^+ para a solução. A hidrólise enzimática consiste em uma reação química catalisada por uma enzima (uma hidrolase) que utiliza água (H_2O) para quebrar uma molécula em duas outras. Um dos produtos da reação catalisada recebe um grupo OH^- e, o outro produto, um próton de hidrogênio é incorporado à estrutura química.

Hidrologia Ciência que se ocupa dos fenômenos naturais relacionados à água (intensidade e distribuição de chuvas, vazões e velocidades de rios etc.).

Hidrologia da zona tipo Karst Os geógrafos do final do século XIX deram o nome de *karst* (ou carst) às áreas onde a hidrologia subterrânea (hidrogeologia) e os fenômenos de dissolução de rochas calcárias desempenharam um papel preponderante na modelação do relevo.

Hidrologia das geleiras É mais conhecida por glaciologia. Estuda a água, na forma de gelo e de neve na natureza.

Hidrologia de águas subterrâneas Mais conhecida como hidrogeologia, estuda a água subterrânea.

Hidrologia estocástica Baseia-se nas características estatísticas das variáveis hidrológicas para resolver problemas, com base nas propriedades estocásticas da variável. A variável estocástica tem o valor determinado por uma função probabilística qualquer. Como exemplo, dados de precipitação e de vazão.

Hidrologia paramétrica Baseia-se na análise e no desenvolvimento de relações entre as características físicas nos acontecimentos hidrológicos e o uso destas relações para gerá-los ou sintetizá-los.

Hidrologia urbana Ramo da hidrologia que estuda as zonas urbanas e metropolitanas, onde predominam as superfícies quase impermeáveis e um relevo artificial do solo, e analisa os impactos do desenvolvimento urbano.

Hidrológico Relativo à hidrologia.

Hidromancia Para a comunidade científica, é uma superstição; para muitas pessoas, é um método útil de achar água subterrânea de boa qualidade, para a abertura de poços. Ver *Rabdomancia*.

Hidrometeorologia Ramo das ciências atmosféricas (meteorologia) e da hidrologia, que estuda a transferência de água e energia entre a superfície e a atmosfera, particularmente a baixa troposfera, onde se encontra a Camada Limite Planetária.

Hidrometria Medições envolvendo a água, velocidade, vazão, pressão etc.

Hidrômetro Aparelho para medir vazões acumuladas ou volumes de água num determinado tempo.

Hidrosfera A parte líquida da superfície do globo terrestre.

Hidrosfera terrestre Ver *Hidrosfera*.

Hidrossol Uma suspensão coloidal, cujo meio de dispersão é a água.

Hidrossolúvel Diz-se das substâncias solúveis na água.

Hidrossulfito de sódio Pó branco, higroscópico, facilmente solúvel em água ou em soluções alcalinas, com aplicações na indústria alimentícia (refino de açúcar); na recuperação de resinas; na síntese de produtos químicos; no beneficiamento de sabões em pedra; no alvejamento de óleos; em papel e celulose; em cargas minerais; e como redutor no tratamento de efluentes.

Hidrostática Parte da física que estuda o equilíbrio dos líquidos e as pressões estáticas que exercem.

Hidrovia São caminhos predefinidos para o tráfego aquático em países desenvolvidos, para transportes de grandes volumes a longas distâncias, mais barato do que rodovias e ferrovias.

Hidróxido O mesmo que hidrato.

Hidróxido de cálcio Sólido branco, inodoro, produzido pela reação do óxido de cálcio com água. Também conhecido por cal hidratada ou cal extinta, é um composto químico de fórmula $Ca(OH)_2$. Trata queimaduras por ácidos e atua como antiácido. É usado em argamassas, tintas e asfaltos na construção civil; no refino de açúcar; na correção da acidez em solos; no tratamento de água e de efluentes; e como aditivo em processos químicos.

Hidróxido de magnésio É um composto sólido branco que ocorre naturalmente como mineral brucita e pode ser preparado fazendo-se reagir sulfato de magnésio com solução de hidróxido de sódio. Também conhecido como leite de magnésia, é uma base de fórmula química $Mg(OH)_2$. É usado na refinação do açúcar e no processamento de urânio. Na Medicina é usado como antiácido e laxante.

Hidróxido de sódio Também conhecido como soda cáustica, é um hidróxido cáustico usado na indústria (principalmente como uma base química) na fabricação de papel, tecidos, detergentes, alimentos e biodiesel. No uso doméstico é usado para desentupir encanamentos e sumidouros, pois dissolve gorduras e sebos. É corrosivo e pode produzir queimaduras, cicatrizes e cegueira devido à sua elevada reatividade.

Hietógrafo É um diagrama de barras para mostrar a intensidade da chuva ao longo do tempo.

Higiene Limpeza; asseio. Área da medicina que ensina a conservar a saúde individual e da comunidade.

Higrófito Vegetal que vive na umidade.

Higrometria Ramo da física que se dedica à determinação da umidade atmosférica.

Higrômetro Instrumento usado para medir a umidade dos gases no ar atmosférico. É utilizado em estudos do clima, também em locais fechados onde a umidade excessiva ou abaixo da normal poderia causar danos, como em peças de museus, documentos de bibliotecas e elementos de laboratório. Os higrômetros são compostos de substâncias como os sais de lítio, com capacidade de absorver a umidade atmosférica (higrômetro de absorção). O higrômetro de sais de lítio baseia-se na variação de condutividade desses sais, que têm uma resistência variável, de acordo com a água absorvida. Um amperímetro com a escala calibrada fornece os valores de umidade do ar. Outra maneira de medir a umidade relativa é calcular a velocidade de evaporação da água (higrômetros de bulbo úmido). Para isso, dois termômetros idênticos são expostos ao ar: um traz o bulbo descoberto; o outro tem o bulbo coberto por gaze umedecida (bulbo úmido). A temperatura do segundo termômetro é inferior à do primeiro, porque a água evaporada da gaze resfria o bulbo. Quanto menor a umidade do ar, tanto maior é o resfriamento da gaze. A partir da diferença de leitura dos dois termômetros, e com a ajuda de uma tabela, pode-se encontrar o valor da umidade relativa.

Higrômetro de absorção Ver *Higrômetro*.

Higrômetro de bulbo úmido Ver *Higrômetro*.

Higroscópico Que absorve a umidade do ar.

Hileia Amazônica Nome dado pelo cientista alemão Humboldt (1769-1859) à grande floresta equatorial úmida, que se estende das vertentes orientais dos Andes, pelo vale do rio Amazonas, até as Guianas.

Hipersensibilidade Excesso de sensibilidade.

Hiperventilação pulmonar A hiperventilação pulmonar pode ser secundária a uma doença pulmonar. Pode ocorrer como resposta quimioceptora do organismo, em consequência de hipoxemia, disfunção do sistema nervoso central ou mecanismo de compensação ventilatória, pela acidose metabólica.

Hipocloração Uso de compostos do cloro, como o hipoclorito de sódio ou de cálcio, na desinfecção de água de abastecimento, na desinfecção de efluentes tratados ou no branqueamento de polpa, na indústria do papel.

Hipoclorador Tanque ou equipamento para se fazer a hipocloração.

Hipoclorito Designação genérica dos sais e ésteres do ácido hipocloroso.

Hipoclorito de cal Fabricado a partir de uma reação química entre a cal e o gás cloro, o hipoclorito de cálcio ou cal clorada, mais conhecido por sua aplicação no tratamento de piscinas, tem usos mais abrangentes na higienização de salas de ordenha; salas de evisceração de pescados; caiação de caules de árvores frutíferas, no combate a fungos e bactérias que prejudicam o desenvolvimento deles.

Hipoclorito de cálcio Ver *Hipoclorito de cal*.

Hipoclorito de lítio Composto químico (fórmula LiClO), usado na desinfecção de águas.

Hipoclorito de sódio É um composto químico (fórmula NaClO), cuja solução é usada como desinfetante e como agente alvejante; frequentemente chamado apenas de alvejante.

Hipolímnio É a camada mais profunda de um lago, abaixo da termoclina, ou seja, é um local isento da influência das águas de superfície, caracterizado por um gradiente de temperatura relativamente baixo.

Hipótese de Gaia O nome vem da divindade grega Gaia, deusa da Terra. A hipótese foi formulada por James Lovelock e Lynn Margulis, em 1979, que considera o planeta Terra como um único e complexo organismo, capaz de se autorregular e se auto-organizar. De acordo com essa hipótese, os organismos vivos têm importante papel na manutenção do equilíbrio climático da terra: os elementos bióticos atuam na moderação do clima, e geram condições químicas e físicas favoráveis para todas as formas de vida do planeta.

Hipoxia Baixo teor de oxigênio nos tecidos orgânicos. Pode ser causada por uma alteração em qualquer mecanismo de transporte de oxigênio, desde uma obstrução física do fluxo sanguíneo em qualquer nível da circulação corpórea à anemia ou deslocamento do indivíduo para áreas com concentrações baixas de oxigênio no ar.

Hipsometria Uso de cores convencionais para a representação altimétrica do relevo de uma região no mapa.

Hipsômetro Instrumento usado para medir a altitude de um lugar, com base na correlação com a temperatura necessária ao início da ebulição da água.

Histerese Propriedade de substâncias de conservar a imantação após cessada a causa que a provocou.

Histograma Em estatística, é representação gráfica da distribuição de frequências de uma série de medições, em um gráfico de barras verticais, composto por retângulos justapostos, em que a base de cada um corresponde ao intervalo de classe, e a altura, à respectiva frequência.

Histologia Anatomia microscópica dos tecidos e órgãos; estudo dos tecidos orgânicos.

Histórico de ondas passadas Levantamento histórico das cartas sinóticas dos tempos e das características das ondas que provavelmente ocorreram em tempos passados.

Holismo ou holístico Teoria filosófica, aplicada às ciências ambientais, para a compreensão das relações entre os componentes do meio ambiente, pela qual os elementos vivos (todos os organismos, inclusive o homem) e não vivos interagem como um "todo", de acordo com leis físicas e biológicas bem definidas. O termo holístico significa total, abrangente, que considera as inter-relações de todos os componentes do meio ambiente.

Holofítico Que apresenta todas as características de uma planta, que produz o seu próprio alimento através da fotossíntese.

Hologênese Teoria biológica segundo a qual cada espécie se desenvolve e dá origem a outras, desaparecendo a primitiva.

Holomítico Característica padrão dos lagos, nos quais não ocorre a estratificação térmica, ou seja, neles a coluna d'água mantém-se homogênea em seus aspectos físico-químicos.

Holozoico Que se alimenta como os animais, exclusivamente de substâncias orgânicas.

Homeostase ou homeostasia *Homeo* significa igual e *stasia* significa estado. Trata-se de um conjunto de fenômenos que ocorrem, e interferem nos ecossistemas, ou em certos organismos, para corrigir desvios, eliminar excessos, controlar forças antagônicas, às vezes para introduzir novos fatores, para manter o conjunto em equilíbrio e o seu funcionamento correto e normal. Os mecanismos homeostáticos são verdadeiros *feedbacks* dos ecossistemas. É um processo de autorregulagem, com o qual os sistemas biológicos, como células e organismos, trabalham para manter a estabilidade do ecossistema, o ajuste das condições necessárias para um ponto ótimo de sobrevivência, e resistir a alterações, permanecendo em estado de equilíbrio dinâmico.

Homeotermo Homeotermo ou endotermo são aplicados aos animais que mantêm sua temperatura corporal relativamente constante. Isso ocorre pela alta taxa metabólica gerada pela intensa combustão de alimento energético nas células. É uma característica dos animais de sangue quente, incluindo o homem.

Homogeneizar Tornar homogêneo, ou seja, com as mesmas características.

Homogêneo Diz-se de um corpo cujas partes são de mesma natureza. Uma mistura homogênea, quando ensaiada, conserva as mesmas características.

Honorários Remuneração aos que exercem profissão liberal como engenheiros, médicos, dentistas, advogados etc.

Hora civil de Greenwich Hora solar média, na qual o dia começa à meia-noite sobre o meridiano que passa na cidade inglesa de Greenwich. Também chamada hora universal. Ver *Hora média de Greenwich*.

Hora cotidial Intervalo médio entre a passagem da lua sobre o meridiano de Greenwich e o tempo seguinte preamar em qualquer lugar. Esse intervalo pode ser expresso em tempo solar ou lunar. Em tempo solar, equivale ao intervalo de preamar de Greenwich e, em tempo lunar, corrige-se com a multiplicação do anterior por 0,966.

Hora média de Greenwich Nos EUA, essa expressão substituiu hora civil de Greenwich, em 1º de janeiro de 1953.

Hora universal Ver *Hora civil de Greenwich*.

Horas extras Horas trabalhadas além das estabelecidas.

Horizontal – perfeitamente Algo feito perfeitamente na horizontal.

Horizonte Em termos geológicos, são camadas distintas da rocha, do solo ou estratos caracterizados por tipos particulares de rocha. Na linguagem comum, é a linha ou círculo visível que faz divisão entre o céu e a terra ou o mar.

Horizonte astronômico Plano tangente à terra no local do observador e que se estende até a esfera celeste (horizonte sensível). Círculo maior da esfera celeste, cujo plano é paralelo ao horizonte sensível de um lugar particular e que passa pelo centro da terra (horizonte astronômico ou celestial).

Horizonte confinante Horizonte ou estrato confinante aplica-se às camadas subsuperficiais de solo, normalmente argilosas, de características impermeáveis, sobrepondo-se a uma camada permeável saturada de água sobre outra camada impermeável. Neste caso, o aquífero está confinado, e pode apresentar pressões hidrostáticas acima da atmosférica na sua linha freática.

Horizonte confinante negativo Quando a camada impermeável da parte superior do aquífero impede que ele receba águas de chuvas por infiltração.

Horizonte confinante positivo Quando a camada impermeável está na parte inferior do aquífero, permite que receba águas de chuvas por infiltração e as retenha.

Horizonte de argila impermeável Ver *Horizonte confinante*.

Horizonte geológico do solo Ver *Horizonte*.

Horticultura Arte de cultivar hortas e jardins.

Hospedeiro É um organismo que abriga outro em seu interior ou o carrega sobre si, seja um parasita, um comensal ou um mutualista.

Hospedeiro intermediário Ser que abriga o parasita apenas em uma fase inicial de seu crescimento, quase sempre em relação a sua dispersão e para facilitar seu ingresso no hospedeiro primário.

Húmico Relativo a húmus.

Humo ou húmus Material orgânico coloidal, de cor escura, encontrado nos solos, resultante da decomposição microbiana da matéria orgânica. É composto por 60% de carbono, 6% de nitrogênio, e menores percentuais de fósforo e enxofre. A decomposição da matéria orgânica do solo fecha um ciclo e devolve os nutrientes ao meio, para possibilitar que sejam novamente utilizados pelas plantas. O húmus não se caracteriza em termos físico-químicos, e apresenta características físicas parecidas com a argila mineral, como a alta retenção de umidade e a alta capacidade de adsorção de metais.

Ii

IC – Índice de Coloides Ver *Fator de Silte*.
Iceberg Bloco de gelo flutuando nos mares.
Idade Tempo decorrido entre o nascimento e o momento da medição.
Idade da onda Relação entre a velocidade da onda e a velocidade do vento.
Idade do lodo É um dos principais parâmetros de dimensionamento e operação dos tanques de aeração (reatores biológicos), no sistema de lodos ativados. É definida como a relação entre a massa de sólidos do reator e a massa de sólidos que sai do sistema. Nos reatores sob taxa convencional, a idade do lodo varia de 3 a 10 dias. Nos sistemas de aeração prolongada, varia de 18 a 30 dias. Para saber mais ver Nuvolari (2011, Cap. 9).
Identificação Ato de identificar.
Identificação de poluente Foram estudadas técnicas para identificar poluentes em diversos ambientes: água, ar, solo, organismos vivos etc. Cada técnica depende do poluente e do meio. Alguns cientistas pesquisam com bioindicadores: em ambiente aquático, estudam a produção de peixes geneticamente modificados, capazes de indicar se a água em que estão está ou não contaminada por poluentes. Esses peixes, modificados por técnicas de engenharia genética e biologia molecular, são uma alternativa aos complicados testes para a identificação de poluentes na água. A técnica consiste em extrair genes de medusas fluorescentes e injetá-los em ovos de peixes paulistinhas (*Danio rerio*), para o corpo dos peixes produzir uma coloração fluorescente vermelha ou verde. Para desencadear o funcionamento desses genes, os cientistas utilizam promotores que os induzem a funcionar como interruptores que ativam ou não a coloração fluorescente dos peixes. Assim, foram produzidos peixes capazes de identificar dois tipos de substâncias químicas na água: estrógenos e metais pesados. Os peixes começam a indicar a presença das substâncias ao serem colocados na água contaminada, mudando de cor. Atualmente as cores são o vermelho e o verde, mas é possível adicionar até cinco cores a cada peixe, cada uma para indicar um tipo diferente de poluente.
IDS – Índice de Densidade de Silte Ver *Fator de Silte*.
IF – Índice de Fouling Ver *Fator de Silte*.
Igarapé Estreito canal natural entre duas ilhas, ou entre uma ilha e a terra firme.
Ignição Início de combustão.
Ilha Porção relativamente pequena de terra cercada de água doce ou salgada por todos os lados.
Ilha fluvial É a porção de terra circundada apenas por água doce, no leito de um rio ou em meio a um lago.
Ilha ou restinga protetora Parte de uma restinga contida entre duas barras.
Ilha protetora A presença de ilhas ao longo da costa marítima pode ter um efeito protetor em relação ao efeito destrutivo de ondas, proporcionando uma praia de águas mais calmas.
Ilhas de calor São áreas situadas nas partes centrais das cidades, caracterizadas pelas temperaturas maiores (de 3°C a 11°C a mais) do que nas áreas circunvizinhas, em decorrência do alto consumo de energia e da proximidade entre as construções, que dificultam a ventilação.
Ilhota Pequena ilha costeira, de topografia baixa e plana, constituída de areia ou de coral.
Iluminação Colocação de luz; claridade.
Iluminação profusa Exuberante, em abundância.
Ilustração Ato ou efeito de ilustrar; figuras que auxiliam o entendimento de um assunto ou de um texto.
Iluviação Processo de deslocamento subsuperficial de materiais como argilas, sesquióxidos, carbonatos etc., por infiltração de água da chuva ou de irrigação ao longo de um perfil de solo, ou seja, de uma camada para outra.
Imersão Mergulho ou penetração na água ou em outro líquido.
Imersão para têmpera Ou têmpera por imersão é aquela em que o aquecimento é produzido pela imersão da peça em banho de metais, de sais fundidos ou outro meio líquido adequado.
Imiscibilidade Propriedade daquilo que não pode ser misturado.
Imissão Ato de fazer entrar ou estabelecer a posse de um direito.
Impactação Ato ou efeito de impactar.
Impactação úmida Princípio utilizado em captadores de pó e gases. O funcionamento se dá por ação centrífuga e dinâmica do ar contaminado em contato com água em movimento, proporcionando três mecanismos no coletor: impactação, interceptação e difusão. A corrente de ar com o material entra tangencialmente no

corpo cilíndrico, e forma uma turbulência que obriga as partículas e os gases a serem captados pela água. Na parte superior do equipamento, um sistema helicoidal de arraste retém o material aspirado.

Impactador Tipo de equipamento utilizado no controle de poluição do ar.

Impactador do tipo cascata Equipamento de amostragem do ar, no qual ele é impelido por uma série de aberturas, de encontro a uma série de lâminas. As partículas do ar aderem às lâminas microscópicas, cobertas por uma substância adsorvente. As aberturas são dimensionadas para permitir a distribuição das partículas por tamanho.

Impacto Choque; embate; encontrão; resultado ou reação a uma determinada ação.

Impacto ambiental Na definição da Resolução Conama nº 1, de 1986, é "qualquer alteração das propriedades físicas, químicas e biológicas do meio ambiente, causada por qualquer forma de matéria ou energia resultante das atividades humanas que, direta ou indiretamente, afetem: (I) a saúde, a segurança e o bem-estar da população; (II) as atividades sociais e econômicas; (III) a biota; (IV) as condições estéticas e sanitárias do meio ambiente; (V) a qualidade dos recursos ambientais". O impacto ambiental é uma relação de causa e efeito, a diferença entre as condições ambientais de uma área ou região, que existiriam com a implantação de um projeto e as condições ambientais sem essa ação. O impacto pode ser positivo ou benéfico quando a ação resulta na melhoria da qualidade de um fator ou parâmetro ambiental. Um exemplo é a criação de novos empregos numa área carente. Pode ser negativo ou adverso quando a ação provoca um dano à qualidade de um fator ou parâmetro ambiental. Um exemplo é a poluição causada pelo lançamento de efluentes pela atividade proposta. O impacto pode ser direto, resultante de uma simples relação de causa e efeito (também chamado impacto primário ou de primeira ordem), ou indireto, quando resulta de uma reação secundária à ação, ou quando é parte de uma cadeia de reações (também chamado impacto secundário ou de enésima ordem: segunda, terceira etc.), de acordo com sua situação na cadeia de reações. O impacto é local quando a ação afeta o próprio local e suas imediações, mas pode ser regional quando é sentido além das imediações do local da ação. O impacto é estratégico quando o componente ambiental afetado tem relevante interesse coletivo ou nacional; é imediato quando o efeito surge no instante em que se dá a ação ou no médio ou longo prazo, quando se manifesta após a ação. Pode ser temporário, quando seus efeitos têm duração determinada ou permanente; quando, uma vez executada a ação, os efeitos não cessam de se manifestar num horizonte temporal conhecido. O impacto é cíclico quando o efeito se manifesta em intervalos de tempo determinados; é reversível quando o fator ou parâmetro ambiental afetado, cessada a ação, retorna às suas condições originais; ou irreversível, quando, uma vez ocorrida a ação, o fator ou parâmetro ambiental afetado não retorna às suas condições originais no prazo previsível. O impacto é cumulativo quando deriva da soma de outros impactos ou das cadeias de impacto, gerado por um ou mais empreendimentos isolados, porém contíguos, num mesmo sistema ambiental.

Impacto ecológico Ver *Impacto ambiental*.

Impedância Relação entre o valor da tensão eficaz aplicada ao circuito elétrico e a corrente que a percorre; o mesmo que resistência aparente.

Impedância elétrica Ver *Impedância*.

Impedância mecânica É o quociente complexo de uma força alternada aplicada, dividida pela velocidade linear alternada resultante, na direção da força e no seu ponto de aplicação. A componente real é chamada de resistência mecânica, e a componente imaginária, reatância mecânica. A unidade de impedância mecânica é o ohm mecânico, ou dina segundo por centímetro.

Impenetrabilidade Impossibilidade física de dois ou mais corpos ou substâncias ocuparem o mesmo lugar no espaço.

Impermeabilidade ou estanqueidade Tem o significado de impenetrabilidade. Em relação à penetração e percolação da água no solo é, por exemplo, uma característica inerente aos solos argilosos, cuja passagem de água pelos vazios entre grãos é muito menor do que nos solos arenosos e siltosos. A impermeabilização dos solos nas cidades já é uma consequência direta da pavimentação de ruas, calçadas, construções etc., tendo como resultado o aumento do volume de águas pluviais que escoam superficialmente, incrementando os problemas de enchentes e, ao mesmo tempo, deixando de alimentar os lençóis subterrâneos.

Impermeabilização Ato de impermeabilizar.

Impermeável Que não deixa passar a água ou outros fluidos.

Impingidela Engano; fraude.

Implementação conjunta Mecanismo estabelecido pelo Protocolo de Quioto, que permite

a execução conjunta de medidas para reduzir as emissões de gases de efeito estufa entre os países industrializados, reunidos no chamado Anexo I. Ver *Comércio de emissões*.
Implosão Técnica de demolição com explosivos, para derrubar construções de forma mais rápida e controlada. É considerada uma explosão controlada. A quantidade de explosivos é definida por estritos procedimentos de engenharia, que asseguram um caráter não catastrófico ao evento. É controlada por disparos ligeiramente defasados no tempo, e cargas em pontos específicos da estrutura da construção, a fim de enfraquecê-la e permitir que a gravidade se encarregue de causar a queda do edifício.
Importação de água Obtenção de água proveniente de outro estado, município ou bacia hidrográfica.
Importância de um impacto ambiental Trata-se da ponderação do significado de um impacto para a sociedade, em relação ao fator ambiental afetado e a outros impactos.
Importar Fazer vir, trazer, introduzir mercadorias de outro país.
Imposto Ver *Tributo ou taxa*.
Imposto de renda Contribuição para o erário público de um percentual da renda do indivíduo.
Improdutivo Árido; estéril; seco; não produtivo.
Impulsor Estimulador; impulsionador.
Imunidade Propriedade de um ser vivo de manter-se livre de uma determinada doença. Privilégios e/ou vantagens conferidas a alguém, em virtude do cargo que exerce.
Imunologia É o estudo das respostas do organismo à imunidade, ou seja, à proteção contra as doenças. O sistema imune fornece mecanismos de defesa contra uma variedade de antígenos, substâncias estranhas ao nosso corpo, que podem ser vírus, células sanguíneas, células de bactérias e células de fungos, ou moléculas de proteínas. O sistema imune é uma organização complexa de tecidos, células, produtos de células e mediadores químicos biologicamente ativos que interagem para produzir a resposta imune.
Inalação Ato ou efeito de aspirar; inspiração. Procedimento médico para atenuar problemas do sistema respiratório, como asmas, bronquites, resfriados fortes etc.
Inalterado Estabilizado; fixo.
Inaproveitamento Não aproveitamento.
Incêndio Destruição pelo fogo.
Incentivo Aquilo que estimula, que excita, que exorta.

Incerteza Característica de um fenômeno ou de uma situação que não se concretiza da mesma maneira, ainda que se repitam as condições em que ela se realizou, e não se sabe sequer a probabilidade de ocorrência dos seus possíveis resultados.
Inchado Inflado; inflamado.
Inchamento Intumescimento.
Inchar Intumescer; aumentar o volume de.
Incineração Processo de redução de volumes ou de potencial poluidor, que usa a combustão controlada para queimar resíduos como lodos de estação de tratamento de esgoto, lixo, ou outros, de diferentes naturezas e origens. A finalidade é reduzir o potencial poluidor ou o volume de disposição final. O material resultante são as cinzas, de umidade proporcional à umidade higroscópica do ar. Existem inúmeras pesquisas e exemplos de aproveitamento dessas cinzas, como a incorporação em cerâmica, mistura com cimento ou concreto etc.
Incinerador Equipamento no qual é feita a incineração.
Incinerador predial Não muito comum no Brasil, o incinerador de resíduos prediais, do ponto de vista de controle da poluição do ar, é mais aceitável se tomados os devidos cuidados. A incineração ao ar livre provoca poluição do ar (gases e partículas lançados livremente). Os incineradores centrais, pelo tamanho e pelos dispositivos de lavagem dos gases, produzem menor poluição.
Incitações fiscais São ações para estimular o poluidor a modificar seu comportamento. Elas podem vir em forma de tratamento fiscal preferencial reservado a certas atividades, de subvenções diretas não reembolsáveis, de créditos de impostos, de isenções ou de deduções, ou de vantagens fiscais para investimentos pouco poluidores. Os incentivos fiscais influem sobre os lucros, enquanto a diferenciação pelo imposto age através do preço dos produtos e pode se traduzir em preços mais favoráveis para os produtos que respeitam o meio ambiente. Os empréstimos com juros preferenciais podem ser considerados uma forma de ajuda financeira, pois as taxas de juros estão abaixo do valor de mercado.
Inclinação Tendência; propensão; ângulo de um objeto ou camada com a linha do horizonte.
Incômodo Importunação; estorvo; algo desagradável; fadiga; doença passageira.
Incompetente Que não tem competência; inábil; despreparado.
Incompressível Que não pode ser comprimido. Um exemplo é a água que, sob pressões nor-

mais de transporte em canalizações, não pode ser comprimida.

Incondensável Que não pode ser condensado.

Incrustação Depósito de matéria sólida, geralmente indesejável, em outras superfícies.

Incrustação em membranas Aqui foi usado o termo incrustação, mas ainda não existe um termo genérico em português que defina exatamente o *fouling* e por esse motivo tem sido usado aqui também este termo. Esse fenômeno é a principal causa da perda de rendimento (perda da permeabilidade), nos processos que utilizam a separação sólido-líquido por meio de membranas. Mas as fontes causadoras do *fouling* são conhecidas e podem ser divididas em quatro categorias: substâncias que causam incrustações, tais como o sulfato de cálcio ($CaSO_4$), o hidróxido de magnésio ($Mg(OH)_2$) e o carbonato de cálcio ($CaCO_3$); materiais finamente particulados, em especial as sílicas (SiO_2) e os siltes; crescimento de micro-organismos (*biofouling*), e o *fouling* orgânico (óleos, graxas etc.).

Incrustante Diz-se das substâncias que têm a propriedade de, indesejavelmente, cobrir as superfícies com uma crosta mineral, formada por carbonato de cálcio, e outras substâncias.

Incubação Período de preparação para a germinação de uma semente; desenvolvimento de micro-organismos; manifestação de uma doença.

Incubadora Aparelho para incubação artificial, propicia condições consideradas ótimas para o desenvolvimento que se pretende. Por exemplo, uma incubadora para o teste da DBO mantém a temperatura a 20°C, como determina a norma do ensaio.

Indenização Ressarcimento; reparação.

Independência Liberdade; autonomia.

Indexação Em economia, é um sistema de reajuste automático de preços e salários em situações inflacionárias. Assim, na medida em que a inflação aumenta, os preços são ajustados para não ficarem defasados.

Indicador Na área das ciências ambientais, é um organismo, uma comunidade biológica, ou um parâmetro físico, químico, social, que serve como medida das condições de um fator ambiental, ou de um ecossistema. Fornece informações ou descreve um fenômeno, uma qualidade ambiental ou uma área, significando mais do que aquilo que se associa ao parâmetro.

Indicador ambiental Reflete uma relação significativa entre um aspecto do desenvolvimento econômico e social e um fator ou processo ambiental.

Indicador de desenvolvimento É a quantificação de um fator que permite a comparação entre os graus de desenvolvimento econômico de diversas economias nacionais. Um exemplo é o PIB *per capita*.

Indicador de impacto É o elemento ou parâmetro de uma variável que fornece a medida da magnitude de um impacto ambiental. Pode ser quantitativo, quando medido e representado por uma escala numérica, ou qualitativo, quando classificado simplesmente em categorias ou níveis.

Indicador ecológico ou espécie indicadora São organismos, ou tipos de organismos, tão associados a certas condições ambientais específicas, que sua presença indica a existência dessas condições naquele ambiente.

Indicadores de desenvolvimento sustentável Ferramentas capazes de avaliar progressos no desenvolvimento sustentável, e permitem medir a sustentabilidade do desenvolvimento. Como se propõem a medir e avaliar progressos em direção a um novo modelo de desenvolvimento, percebem mudanças na tradicional perspectiva excludente de fatores ambientais e sociais arraigadas no modelo anterior.

Indicadores de pressão ambiental Descrevem as pressões que as atividades humanas exercem sobre o meio ambiente, inclusive a quantidade e a qualidade dos recursos naturais.

Indicadores de resposta social Medidas que mostram em que grau a sociedade responde às mudanças ambientais e às preocupações com o meio ambiente. Referem-se às ações coletivas e individuais para mitigar, adaptar ou prevenir os impactos ambientais negativos induzidos pelo homem, e parar ou reverter danos ambientais ocorridos.

Indicadores de sustentabilidade Os indicadores de sustentabilidade podem ser divididos em três grupos principais: a) de resposta social, que indica as atividades que se realizam na sociedade, como o uso de minérios, a produção de substâncias tóxicas, a reciclagem de material; b) de pressão ambiental, que indica as atividades humanas que influenciam diretamente no estado do meio ambiente e nos níveis de emissão de substâncias tóxicas; c) de qualidade ambiental, que indica o estado do meio ambiente, a concentração de metais pesados no solo, os valores de pH nos lagos, etc. A maioria dos indicadores de sustentabilidade, desenvolvidos e utilizados até hoje pertence ao grupo dos indicadores de pressão ambiental ou de qualidade ambiental.

Índice Em controle ambiental, é um número adimensional que compara a situação de um fator ambiental com um valor de referência (padrão, limite aceitável) na avaliação da qualidade de um fator, um ecossistema ou um sistema ambiental.

Índice da pressão central em furacões Mínima pressão barométrica estimada no olho ou centro de um furacão específico. O CPI é considerado o índice mais estável para se aferir a intensidade das velocidades periféricas ao furacão. As maiores velocidades dos ventos estão associadas aos fenômenos com menores valores de CPI.

Índice de cloretos Concentração ou percentual de cloretos do meio, indicado em mg/ℓ quando em meio líquido, ou ppm (partes por milhão) em meios gasosos.

Índice de coliformes No Brasil, a vigilância ambiental em saúde pública ou ambiental utiliza como indicadores de contaminação da água os organismos termotolerantes (coliformes fecais), quantificados por ensaio de laboratório, cujos resultados são dados em NMP/100 mℓ, ou seja, número mais provável em 100 mℓ de água. A Resolução Conama 357/2005 fixa limites para as diversas classes de águas doces, salobras e salinas.

Índice de Densidade do Iodo – IDL Também conhecido como Índice de Sujidade (IS), é um teste usado nas estações de tratamento de água para calcular a concentração de coloides na água, derivada da velocidade de entupimento de um filtro de 0,45 mícron em condições normais.

Índice de dispersão É a razão entre a variância e a média da amostra (s^2/x), indicando um ajuste através da série de Poisson, quando a razão é igual a um, e agregada, quando se afasta da unidade.

Índice de Langelier Utilizado para avaliar a tendência de precipitação ou de dissolução do carbonato de cálcio em águas em processo de tratamento. É conhecido como Índice de Saturação (IS). Águas agressivas dissolvem o carbonato de cálcio com valores de pH entre 6,5 e 9,5. Há uma fórmula para cálculo de IS: se o resultado for maior que zero, haverá precipitação do cálcio com característica incrustante. Se o valor de IS for menor que zero, ocorre dissolução do carbonato de cálcio e a água apresenta característica agressiva.

Índice de plasticidade Ver *Limites de Atterberg*.

Índice de poluição do ar Os padrões de qualidade do ar definem legalmente o limite máximo de concentração de um poluente na atmosfera, para garantir a proteção da saúde e do meio ambiente. Os padrões de qualidade do ar são baseados em estudos científicos dos efeitos produzidos por poluentes específicos e são fixados em níveis que possam propiciar uma margem de segurança adequada.

Índice de Qualidade das Águas – IQA Criado em 1970, nos Estados Unidos, pela "NSF – National Sanitation Foundation", a partir de 1975 foi adotado pela CETESB, no Estado de São Paulo. Nas décadas seguintes, outros Estados brasileiros também adotaram o IQA, e hoje é o principal índice de qualidade da água utilizado no país. Foi desenvolvido para avaliar a qualidade da água bruta visando seu uso para o abastecimento público, após tratamento. São nove parâmetros, analisados em cada amostra coletada nos postos de monitoramento. Cada parâmetro tem um peso relativo (w) no cálculo do índice: oxigênio dissolvido (w = 0,17), coliformes termotolerantes (w = 0,15), pH (w = 0,12), $DBO_{5,20}$ (w = 0,10), temperatura da água (w = 0,10), nitrogênio total (w = 0,10), fósforo total (w = 0,10), turbidez (w = 0,08) e resíduo total (w = 0,08). Além do peso relativo, cada parâmetro possui um valor de qualidade, obtido do respectivo gráfico de qualidade em função da medida de sua concentração na amostra coletada. O cálculo do IQA é feito por meio do produtório ponderado dos valores de qualidade dos nove parâmetros.

Índice de refração Relação entre a velocidade da luz em um determinado meio e a velocidade da luz no vácuo.

Índice Volumétrico do Iodo – IVL Teste de laboratório para aferir as condições de sedimentação de um lodo nos clarificadores secundários dos sistemas de tratamento de esgoto por lodos ativados. Define-se como o volume ocupado por um grama de lodo após um tempo de sedimentação de 30 minutos em uma coluna de sedimentação. Valores de IVL de 0 a 50 indicam uma sedimentação ótima; de 51 a 100, boa; de 101 a 200, média; de 201 a 300, ruim; e de 301 a 400, péssima.

Infecção Ação de infectar ou estado daquele que está infectado. Penetração de micro-organismos patogênicos em um organismo vivo que se desenvolvem e afetam seu equilíbrio. O termo infestação reserva-se aos parasitas não microbianos.

Infestação Ação de infestar ou estado daquele que está infestado. Penetração em um organismo vivo e desenvolvimento de parasitas não microbianos, que afetam o seu equilíbrio.

Influente Em fluxo de fluidos, é o fluido que entra no processo.

Influenza ou gripe Ver *Gripe ou influenza*.

Infraestrutura urbana Conjunto de obras ou facilidades que constituem os suportes do funcionamento das cidades e possibilitam o uso urbano do solo, isto é, o conjunto de redes básicas de condução e distribuição: rede viária; água potável; rede de esgotamento sanitário; energia elétrica; gás; telefone; que viabilizam a movimentação das pessoas; o abastecimento, tratamento e despejo de resíduos e efluentes; a dotação de combustíveis básicos; a condução das águas; a drenagem e a retirada dos despejos urbanos.

Ingestão Ato de ingerir, de engolir.

Inibição Impedimento; embaraço momentâneo de origem psíquica.

Inoculação de lodo Colocação de lodo trazido de um reator biológico, cujo processo já está em andamento, ou seja, os micro-organismos estão adaptados e em plena atividade num reator novo, contribuindo para diminuir o tempo de adaptação dos micro-organismos a esse novo reator.

Inoculante Na agronomia, é uma opção para fornecer nitrogênio às plantas com menor custo ambiental do que os fertilizantes nitrogenados minerais, como a ureia, por exemplo. O inoculante para a Fixação Biológica de Nitrogênio (FBN) é um produto desenvolvido a partir de bactérias do solo, capaz de estabelecer uma associação com as plantas e possibilitar o fornecimento de nitrogênio a elas.

Inóculo No tratamento de efluentes, o inóculo é um micro-organismo adaptado para degradar determinado tipo de efluente, portanto, capaz de acelerar o processo de degradação da matéria orgânica do efluente. Com essa finalidade são colocados nas unidades de tratamento biológico, no início da operação.

Inorgânico Sem órgãos; morto; desorganizado. Na química, diz-se dos corpos do reino mineral.

Insalubre Prejudicial à saúde; nocivo.

Inseticida Substância de ação letal sobre insetos, uma das categorias de pesticidas.

Inseto Pequeno animal provido de três pares de patas articuladas com o tórax e que respira por traqueias.

Inseto vetor O inseto podem ser um agente transmissor de doenças de duas formas: pela transmissão mecânica, por exemplo, a mosca-doméstica pode carregar nas patas milhões de micro-organismos que, dependendo da quantidade, causam doenças. Moscas que pousaram em fezes, por exemplo, contaminam alimentos e bebidas. Essa é uma forma de contrair doenças como a febre tifoide, a disenteria e até a cólera. As moscas também transmitem o tracoma, a principal causa de cegueira no mundo. A barata é suspeita de transmissão mecânica de doenças. Segundo especialistas, o recente surto de asma, principalmente em crianças, está relacionado com a alergia a baratas. A outra forma de transmissão ocorre quando insetos hospedeiros de vírus, bactérias ou parasitas infectam as vítimas pela picada ou por outros meios. Embora haja milhares de espécies de mosquitos, apenas os do gênero *Anopheles* transmitem a malária, doença contagiosa que mais mata no mundo, depois da tuberculose. Há outras doenças disseminadas por mosquitos. Segundo um relatório da OMS, o mosquito é o mais perigoso de todos os insetos vetores, pois é o transmissor da malária, da dengue e da febre amarela. Essas doenças combinadas matam todo ano milhões de pessoas e fazem adoecer outras centenas de milhões. A mosca tsé-tsé transmite o protozoário causador da doença do sono; a mosca-negra transmite um parasita que provoca a cegueira; o mosquito-pólvora pode abrigar o protozoário que causa a leishmaniose. A pulga comum pode transmitir a solitária, a encefalite, a tularemia e até a peste. Piolhos, ácaros e carrapatos transmitem diversas formas de tifo, além de outras doenças. Nas zonas temperadas, os carrapatos são os agentes transmissores da debilitante doença de Lyme, mais comum nos Estados Unidos e na Europa. Depois dos mosquitos, segundo alguns especialistas, os carrapatos são os artrópodes que mais transmitem doenças ao homem.

Insolação É definida como a quantidade de radiação solar direta incidente, por unidade de área horizontal. É um parâmetro variável em cada região, segundo as condições climáticas e a existência ou não de poluição atmosférica. Nas cidades, além das condições atmosféricas, a insolação depende também da concentração de partículas e da turbidez do ar. É nociva às pessoas que permanecem sob exposição direta dos raios solares durante muito tempo.

Insolúvel em água Não solúvel; que tem baixíssima solubilidade, considerada desprezível. Em química, é a medida da capacidade de uma substância dissolver-se num líquido.

Inspeção Vistoria, exame, fiscalização.

Inspecionar Vistoriar, fiscalizar.

Inspetor Aquele que realiza a inspeção.

Instalação Diz-se das unidades, aparelhos, recursos, meios e acomodações de uma estação de tratamento, um porto, um aeroporto, ou de qualquer outra atividade.

Instituição Fundação; estabelecimento; criação; regra; norma.

Instrução para amostragem Deve ser seguida na coleta de amostras para ensaios, para evitar

problemas de contaminações, reações indesejadas, representatividade etc.
Instruções São atos administrativos normativos para orientar subordinados hierárquicos no desempenho de suas atribuições, ou no cumprimento de leis ou regulamentos, válidos na própria administração.
Instrumento de política Mecanismo de que se vale a Administração Pública para implantar e perseguir os objetivos de uma determinada política. Inclui aparatos administrativos, sistemas de informação, licenças e autorizações, pesquisas e métodos científicos, técnicas educativas, incentivos fiscais, outras medidas econômicas, e os relatórios informativos.
Instrumento de topografia São os teodolitos, níveis, goniômetros (medidor de ângulos), trenas, balizas etc.
Instrumentos de política ambiental São os instrumentos para alterar os processos sociais de modo que se transformem e se compatibilizem com os objetivos ambientais. São classificados em: a) instrumentos corretivos, destinados a tratar e corrigir casos de degradação ambiental resultantes de ações passadas, e incluem o controle ambiental de atividades econômicas instaladas sem as devidas medidas de proteção ao meio ambiente; os investimentos em pesquisa; equipamentos e obras; os incentivos fiscais; os planos de recuperação da qualidade de sistemas ambientais (baías, restingas, bacias hidrográficas etc.), e as auditorias ambientais; b) instrumentos preventivos, que visam evitar a ocorrência de novas formas de degradação, como o licenciamento ambiental, a avaliação de impacto ambiental, os planos diretores do uso do solo e de outros recursos ambientais, a criação de unidades de conservação da natureza; c) os instrumentos de potencialização do uso dos recursos tratam de melhor aproveitá-los, com a reciclagem de materiais, o reaproveitamento de rejeitos, a economia e a racionalização do uso de energia ou de água, o emprego de fontes de energia não convencionais, as tecnologias limpas; d) instrumentos de persuasão visam à mudança de comportamento da sociedade, para melhor harmonizar suas atividades com a proteção ao meio ambiente, e incluem as diversas formas de educação ambiental, de informação e de incentivos para a adoção de práticas ambientalmente sustentáveis. No Brasil, a Lei nº 6.938/1981 instituiu a política nacional do meio ambiente no artigo 9º e as modificações do inciso VI do artigo 1º da Lei nº 7.904/1989. Definiu: I) o estabelecimento de padrões de qualidade ambiental; II) o zoneamento ambiental; III) a avaliação de impactos ambientais; IV) o licenciamento e a revisão de atividades efetiva ou potencialmente poluidoras; V) os incentivos à produção e instalação de equipamentos e à criação ou absorção de tecnologia, voltados para a melhoria da qualidade ambiental; VI) a criação de espaços territoriais protegidos pelo Poder Público Federal, Estadual e Municipal, como áreas de proteção ambiental e de relevante interesse ecológico, e reservas extrativistas; VII) o sistema nacional de informações sobre o meio ambiente; VIII) o Cadastro Técnico Federal de Atividades e instrumentos de defesa ambiental; IX) as penalidades disciplinares ou compensatórias ao não cumprimento das medidas necessárias à preservação ou correção da degradação ambiental; X) a instituição do Relatório de Qualidade do Meio Ambiente, a ser divulgado anualmente pelo Instituto Brasileiro do Meio Ambiente e dos Recursos Naturais Renováveis – Ibama; XI) a garantia da prestação de informações relativas ao Meio Ambiente, obrigando-se o Poder Público a produzi-las quando inexistentes; XII) o Cadastro Técnico Federal de atividades potencialmente poluidoras e/ou que utilizem recursos ambientais. Alguns estados brasileiros adotaram por lei outros instrumentos, como a auditoria ambiental e alguns instrumentos econômicos. A educação ambiental, embora não expressa na lei, é considerada um dos mais importantes instrumentos de política ambiental.
Instrumentos econômicos Em política ambiental, são instrumentos para influenciar no processo de decisão dos agentes econômicos relevantes, como os consumidores, os produtores e os investidores. Tal abordagem leva à aplicação de incentivos econômicos ou estímulos de mercado, cuja motivação é um comportamento ambiental mais apropriado que se torne vantajoso em termos financeiros aos olhos dos agentes envolvidos. As opções podem se tornar mais ou menos atraentes economicamente, pela aplicação de cobrança ou encargos, subsídios, implementação de taxas diferenciadas etc. Deste modo, as questões ambientais podem ser internalizadas e alterar o comportamento do agente, mais do que alterar suas preferências ou estruturas de valor.
Insuflador Aquilo que sopra, que introduz gás ou vapor mediante sopro.
Insuflador de ar Também conhecido como soprador, é o equipamento que insufla ou sopra o ar num sistema.
Insular Aquilo que é isolado, destacado; próprio de ou pertencente a uma ilha ou ilhas.

Intemperismo Conjunto de processos atmosféricos, físico-químicos e biológicos que ocorrem na terra e causam a desintegração e modificação das rochas e dos solos. Pode ser físico, pela expansão diferencial na superfície e crescimento de cristais estranhos (gelo), ou químico, pela cristalização de sais, e a ação do CO_2 e de ácidos orgânicos etc. As ações biológicas são a penetração de raízes e a atividade bacteriana, que dependem da umidade e do calor. Todos esses fatores causam a desintegração e modificação das rochas e dos solos. O intemperismo (mecânico e químico) é a primeira etapa da pedogênese. Alguns autores usam o termo meteorização.

Intemperizado Aquilo que sofreu os efeitos do intemperismo.

Intendente Pessoa que dirige ou administra alguma coisa. Hoje, no nível municipal, é o prefeito.

Intensidade Força; energia.

Intensidade da chuva Quantidade de precipitação durante um determinado período de tempo. Por exemplo, a intensidade de uma chuva foi de 100 mm/h.

Intensidade de luz A força da radiação de uma fonte de luz é medida pela unidade chamada candela (cd) ou potência de vela. A energia total, desde a fonte de luz, até o calor e a radiação eletromagnética, é chamada de radiação luminosa, expressa em watts. A luminescência é a medida em lúmens (lm) da intensidade da luz apreendida pelo olho humano. A radiação luminosa é uma medida da saída total na fonte; a luminescência apenas mede a porção que é apreendida. Trata-se de uma sensação relativa, por exemplo, uma vela num quarto escuro parecerá brilhante a quem a vê, mas isso não acontecerá à luz do sol.

Intensidade de precipitação Ver intensidade da chuva.

Interação mútua de organismos Também conhecida como mutualismo, compreende o crescimento e a sobrevivência de duas populações sem que uma consiga sobreviver em condições naturais sem a outra.

Intercepção O mesmo que interceptação; ato ou efeito de deter, de interceptar.

Interceptor de esgoto Conduto, geralmente de grande diâmetro, construído ao longo dos cursos d'água ou na praia, para impedir o lançamento direto de esgoto nos corpos d'água. Recebe o lançamento dos coletores-tronco de esgoto e leva para as estações de tratamento.

Interconexão indesejável Pode-se citar como exemplo uma interligação de redes de água de abastecimento público com uma rede de esgoto. É indesejável, pois haveria contaminação da água distribuída à população. Outro exemplo é o lançamento de águas pluviais nas redes de esgoto em sistemas de coleta do tipo separador absoluto.

Interdependente Aquele que apresenta um determinado grau de dependência mútua.

Interdição de atividade É o ato administrativo do Poder Público de proibir empresas de praticar suas atividades industriais ou comerciais, em função de terem infligido leis e/ou regulamentos que resultam em dano à sociedade ou ao meio ambiente.

Interditar uma obra É o ato administrativo do Poder Público de proibir empresas de dar continuidade a uma obra em execução, em função de não terem atendido às normas ou leis relativas à segurança dos trabalhadores e da própria sociedade ou provocado danos ao meio ambiente.

Interestadual Que abrange dois ou mais estados de uma mesma união política.

Interface ar/água Superfície de contato entre o ar atmosférico e a água.

Interferometria É uma técnica de sobreposição de duas ou mais ondas (de entrada), com o resultado de uma nova e diferente onda que pode ser usada para explorar as diferenças entre as ondas de entrada. A interferometria é aplicável a uma vasta gama de áreas de estudo, que incluem astronomia, fibras ópticas, metrologia óptica, oceanografia, sismologia e mecânica quântica.

Interligação acidental ou perigosa como entre água e esgoto Ver *Interconexão indesejável*.

Interlandense Refere-se à região que se estende da costa marítima ao interior da terra.

Internacional Que se realiza entre as nações.

Internalização de custos Consiste na conversão dos custos externos em internos, com o fim de conseguir que pessoas ou empresas paguem os custos ou as consequências sociais negativas gerados por sua conduta ou atividade.

Interstício Espaço ou intervalo entre moléculas, células etc. Espaço que separa dois grãos contíguos. Espaço vazio entre partículas. Os interstícios do solo são medidos pelo seu índice de vazios. Os vazios entre os grãos de solo são preenchidos por água ou ar.

Interstício capilar Vazios de pequena dimensão entre as partículas de solo, que se comportam como tubos capilares pelos quais a água sobe acima do nível freático.

Interstício supercapilar Em geologia, são os interstícios (vazios entre grãos de um solo) grandes demais para reter, por meio da tensão superficial, a água acima da superfície livre, ou seja, são vazios de tamanho maior do que um interstício capilar.

Intervalo Espaço entre dois pontos, dois fatos, duas épocas, dois valores extremos; pausa de eventos etc.

Intervalo de Greenwich Intervalo de tempo entre a passagem da lua pelo meridiano de Greenwich, com ponto de referência para o trânsito da lua pelo meridiano local.

Intervalo de maré vazante Intervalo entre o trânsito da lua sobre o meridiano do lugar, e o tempo de ocorrência da maior intensidade da maré vazante sucessiva.

Intervalo de recorrência de cheias Ver *Período de recorrência ou tempo de recorrência*.

Intestino Víscera musculomembranosa abdominal, que vai do estômago até o ânus.

Intimação Documento emitido por autoridades competentes, para levar ao conhecimento do interessado uma ocorrência, a fim de que o intimado possa se defender, segundo as regras da legislação, ou fique sujeito às sanções.

Intoxicação Envenenamento.

Intoxicação alimentar Envenenamento por alimentos.

Intumescimento Aumento; crescimento; inchaço.

Intumescimento de lodo Condição indesejável do lodo ativado num clarificador secundário, causada pelo excesso de micro-organismos filamentosos, que impede a necessária sedimentação do lodo na unidade de tratamento.

Intumescimento provocado por Sphaerotilus Ver *Intumescimento de lodo*.

Inundação É a ocupação do leito maior de um curso d'água, resultante de fenômenos meteorológicos como chuvas intensas em bacias de pequena área; chuvas de longa duração em bacias de grandes áreas; ciclones e/ou degelo, causando acumulações temporárias de água em áreas com deficiência de drenagem, o que impede sua descarga acelerada. Nas cidades, esse fenômeno está ligado à impermeabilização das áreas, que aumenta a parcela de escoamento superficial das chuvas, muitas vezes agravada pelo entupimento de redes de água pluvial e córregos, pelo lançamento de lixo pela população.

Inundação de um filtro biológico Ocorre quando há proliferação exagerada de moscas na superfície, ou quando há suspeita de entupimento em algumas partes dele. A inundação é seguida de drenagem para transporte das larvas e/ou limpeza das áreas entupidas.

Invadir Penetrar; entrar; ocupar outro território ou país por meios bélicos.

Invasão Entrada sem permissão num determinado local; ocupação bélica.

Inventário Em estudos ambientais, é o levantamento sistemático de dados sobre um ou mais fatores ambientais de uma área.

Inventário de emissões ou de fontes de emissão É a coleta sistemática, seguida da comparação de informações detalhadas, das emissões de poluentes no ar, numa certa área. Listam-se os tipos de fonte e as contribuições de composição e das razões de descarga de cada poluente. Como informação complementar, pode-se incluir o número e a distribuição das fontes, a descrição dos processos, das matérias-primas e das medidas de controle.

Inventário de espécies Censo ou contagem da flora ou da fauna de uma área. O detalhamento depende dos objetivos do estudo, que pode ser uma simples lista das espécies predominantes ou um estudo mais completo.

Inventário do meio ambiente Levantamento numa área, com informações de: geologia, pedologia, topografia, hidrologia, relevo, vegetação, uso do solo etc., lançados em plantas temáticas, com o Sistema de Informação Geográfica (SIG).

Inventário hidrológico Coleta de dados numa área, com informações de hidrologia, que reúne as subáreas: hidrometeorologia, que trata da água na atmosfera; limnologia, estuda os lagos e reservatórios artificiais; fluviologia, estuda os córregos e rios; glaciologia ou criologia, estuda a neve e o gelo na natureza; e hidrogeologia, estuda as águas subterrâneas.

Inverno Estação do ano quando o sol está mais distante da terra, caracterizando um clima mais frio do que nas demais estações.

Inversão de temperatura Ver *Inversão térmica*.

Inversão térmica Condição atmosférica na qual uma camada de ar frio é aprisionada por uma camada de ar quente, de modo que a primeira não pode se elevar. Tal fenômeno dificulta a mistura de ar em ascensão vertical e os poluentes não se dispersam e se acumulam na camada de ar aprisionada junto à superfície da terra. Constata-se uma inversão térmica quando a temperatura aumenta com a altura, inversamente ao que ocorre em condições normais. Esse fenômeno é quase sempre responsável pelos grandes desastres da poluição atmosférica.

Invertebrado Diz-se do animal que não tem vértebras.

Investimento Em sentido estrito, investimento é o gasto em bens reais de capital. Significa qualquer despesa ou a realização de qualquer operação que envolve um sacrifício inicial

seguido de benefícios. Como exemplo, cita-se a compra de ações na bolsa de valores ou a decisão de cursar uma universidade como um investimento pessoal.
Involução Movimento regressivo, contrário à evolução.
Invólucro Tudo aquilo que serve para envolver, encobrir, embrulhar, revestir.
Iodeto Designação genérica dos sais e ésteres do ácido iodrídico e dos compostos do iodo com outros elementos.
Iodeto de prata É um composto químico usado em fotografia, e antisséptico na medicina. É altamente insolúvel em água e tem uma estrutura cristalina similar ao gelo, que lhe permite induzir a solidificação (nucleação heterogênea) na semeadura de nuvens para provocar chuvas artificiais.
Iodo Elemento químico do grupo dos metaloides, sólido, n° atômico 53, peso atômico 126,932. Com esse elemento faz-se a experiência da sublimação: passagem direta do estado sólido para o gasoso, sem a fase líquida intermediária.
Íon Átomo, radical ou molécula eletricamente carregada, ou seja, é um átomo que ganhou ou perdeu elétrons.
Ionização Formação de íons por dissociação eletrolítica ou pela ação de radiações.
Ionização de chama O efeito de ionização de chama é usado em dispositivos detectores na quantificação de compostos orgânicos voláteis em amostras gasosas. Baseia-se na ionização de substâncias orgânicas queimadas numa chama de oxigênio/hidrogênio. Forma-se um campo elétrico entre o eletrodo cilíndrico superior (ânodo), que cerca a chama e o eletrodo inferior (cátodo), que acelera os íons formados em direção aos eletrodos. Uma corrente de ionização, proporcional ao número de átomos de carbono, é gerada e medida. Assim, a concentração de substâncias orgânicas da amostra gasosa é proporcional à intensidade da corrente de ionização resultante.
Íon divalente Aquele que contém uma carga dupla, seja positiva ou negativa. Exemplos: Mg^{2+}, Fe^{2+}, S^{2-}.
Ionização na água Duas moléculas de água podem interagir e produzir dois íons: um cátion, o hidrônio (H^+), e um ânion, o hidróxido (OH^-). É uma reação com transferência de próton de uma molécula de água para outra. Tal dissociação é chamada de autoionização.
Íon monovalente Aquele que contém uma carga simples, seja positiva ou negativa. Exs.: Na^+, Cl^-.

Irradiação Expansão; propagação.
Irreversível ou irreversibilidade Uma situação natural é irreversível quando, uma vez atingida, torna-se impossível voltar ao estado inicial, ou resulta em custos muito altos, ou demandaria muito tempo para se fazer a reversão, em comparação com o tempo decorrido para chegar a ela. Em todo processo de alteração do meio ambiente, deve-se estudar sua irreversibilidade e os custos ou o tempo de retorno ao estado inicial.
Irrigação Processo artificial de fornecimento de água às culturas, para viabilizar ou aprimorar a produção agrícola.
Irrigação com água subterrânea Irrigação que usa, parcial ou exclusivamente, água subterrânea.
Irrigação com águas residuárias ou esgoto Utilização de esgoto sanitário diluído na água de irrigação. A OMS impõe restrições a esse tipo de irrigação. Deve-se evitá-la na cultura de alimentos que são consumidos crus. Para saber mais, ver Nuvolari (2011, Cap. 11).
Irrigação com águas superficiais Irrigação que só usa água superficial.
Irrigação complementar ou suplementar Irrigação feita apenas em períodos de falta de chuva ou em períodos críticos do desenvolvimento da cultura.
Irrigação em curvas de nível Irrigação por sulcos traçados em nível.
Irrigação localizada Método de irrigação que coloca a água ao pé da planta. Exige uma extensa rede de tubulações. Exs.: microaspersão, gotejamento e mangueiras perfuradas. São os métodos que menos desperdiçam água de irrigação.
Irrigação por aspersão Nesse método de irrigação, um jato de água é lançado sob pressão para o ar através de um emissor giratório ou fixo (aspersor, orifício, bocal ou *spray*), que parte o jato de forma que água caia uniformemente sobre o cultivo, em pequenas gotas, sobre uma área circular ou parte de um círculo. A irrigação pode ser convencional (as mudanças de posição são feitas manualmente) ou mecanizada, com equipamentos mecânicos. Há diversos tipos de irrigação por aspersão mecanizada: autopropelido, montagem direta, pivô central, lateral rolante e pivô linear.
Irrigação por chuvisco, pulverização ou nebulização Método de irrigação por aspersão, com gotas muito pequenas, indicado para melhorar o microclima ou refrescar o solo ou as plantas.
Irrigação por corrugação Método de irrigação com sulcos estreitos, traçados no sentido do

maior declive, só utilizado em condições adequadas de relevo e de solo.

Irrigação por faixas Método semelhante à irrigação por sulcos, largos, rasos e transversalmente em nível.

Irrigação por fluxo contínuo É a irrigação por sulcos, na qual o fluxo da água no sulco é contínuo.

Irrigação por gotejamento Neste tipo de irrigação, a água é levada ao pé da planta ou a um cocho úmido por uma extensa rede de tubulações fixas e de baixa pressão. A liberação da água para o solo é feita por pontos, com dispositivos gotejadores, ou seja, distribuída em gotas e com vazões bastante reduzidas (de 1 a 10 litros por hora e por gotejador).

Irrigação por inundação, por tabuleiros, por bacias ou ainda por áreas de retenção Consiste em cobrir o terreno com uma lâmina d'água permanente ou temporariamente. É necessária uma topografia relativamente plana e uniforme, que permita a divisão do terreno em tabuleiros limitados por diques.

Irrigação por mangueiras porosas ou perfuradas. Método que utiliza mangueira porosa ou perfurada para a distribuição da água. A extremidade final da mangueira é fechada, e água sob pressão atravessa os poros ou furos da mangueira.

Irrigação por microaspersão Método de irrigação por aspersão, cujos emissores são microaspersores com pequenos raios de alcance, que colocam a água junto ao pé da planta, como no gotejamento.

Irrigação por sulcos Consiste em distribuir a água em pequenos sulcos ou canaletas abertas no solo, localizados paralelamente à linha das plantas, durante o tempo necessário para umedecer o solo na zona das raízes.

Irrigação subsuperficial A água é aplicada no interior do solo por intermédio de tubos perfurados ou porosos, ou provocando a elevação do nível do lençol freático, aplicável em regiões de várzeas.

Irrigação superficial por superfície ou por gravidade Processo pelo qual a água caminha ou fica estacionada na superfície do terreno enquanto infiltra no solo. A água é distribuída por ação da gravidade, e compreende os métodos de irrigação por sulcos, por inundação e por faixas.

Irrupção de areia Fenômeno que ocorre no fundo de um corpo d'água, quando a água subterrânea sob pressão irrompe um leito de areia ou atravessa de baixo para cima.

Irrupção das ondas do mar Avanço da água na praia após a arrebentação.

Isca Em controle de vetores, é um produto em forma de pó, granulado ou líquido, associado a um atrativo, destinado a combater insetos ou roedores. Pode estar pronto ou exigir o preparo no momento de usar.

ISO 14.000 Grupo de normas editadas pela ISO (*International Organization for Standardization*), concernente à estruturação de Sistemas de Gestão Ambiental (SGA) nas empresas (EMS – *Environmental Management System*).

Isoalina Linha que une os pontos de mesma salinidade num corpo d'água marinho.

Isóbare De igual pressão atmosférica.

Isóbata Linha que une os pontos de mesma profundidade.

Isocinética Na medicina, é uma técnica de avaliação da capacidade muscular, cujos dispositivos impõem uma velocidade fixa e uma resistência variável para avaliar a capacidade de resposta do músculo.

Isoclora Pesticida usado como desinfetante, registrado como de uso irrestrito.

Isócrona Simultâneo; aquilo acontece em tempos iguais, ao mesmo tempo.

Isoieta Linha que liga os pontos de igual precipitação pluvial em um período.

Isolação Separação; isolamento.

Isolador de luz monocromática Os lêiseres, principalmente do tipo diodo e corante, têm a estabilização em frequência bastante perturbada pela realimentação de luz, devido às reflexões parasitas nas superfícies dos elementos ópticos que compõem uma montagem experimental. Para evitar esse tipo de problema, é necessário um diodo ou isolador óptico, que permite a passagem de luz do lêiser para o experimento, e impede a passagem no sentido inverso.

Isolador elétrico Corpo ou substância que interrompe ou dificulta a transmissão de corrente elétrica.

Isolamento Segregação; separação.

Isômero Que tem a mesma fórmula molecular, mas propriedades diferentes.

Isopleta Linha que une pontos de igual valor de uma função de duas variáveis, como, por exemplo, determinado elemento hidrológico, representado em função das horas do dia ou meses do ano. Esses dados são geralmente lançados em mapas. Exs.: mapa da velocidade máxima do vento numa região em função da altura de medição e em determinada hora do dia ou época do ano; mapa de igual concentração de nutrientes, algas ou elementos tóxicos presentes num lago, em função da profundidade e largura do mesmo etc. Neste último caso costuma ser chamada de mapa de hidroisopleta.

Isoterma Que tem a mesma temperatura.

Isoterma de absorção Isoterma ou curva de umidade de equilíbrio de um produto é a representação gráfica da umidade de equilíbrio e da umidade relativa do ar sob temperatura constante.

Isótopo Elemento químico resultante da modificação da massa atômica. É a alteração do número de nêutrons no núcleo, mas com o mesmo número de prótons e elétrons, conservando as propriedades físico-químicas do elemento. Alguns ocorrem naturalmente e outros são obtidos em laboratório, com a transformação nuclear induzida artificialmente, quase sempre de curtos períodos ativos.

Isótopo de iodo Os isótopos radioativos Iodo-123 e Iodo-131 são utilizados em medicina nuclear para estudar a glândula tireoide. O Iodo-131 é usado na terapia de alguns tipos de câncer da tireoide, graças ao seu decaimento com produção de partícula beta.

Isótopo do oxigênio Os isótopos ambientais oxigênio-18 e deutério são utilizados como traçadores nas amostras de águas, para fins de pesquisas científicas. É uma importante técnica para a resolução de alguns problemas hidrológicos em estudos sobre recarga, dinâmica e origem dos diferentes depósitos de água.

Isótopo estável Não apresenta decaimento radioativo. A técnica de traçadores com isótopos estáveis é uma excelente ferramenta de trabalho nas diversas áreas das ciências básicas e aplicadas. Dos isótopos empregados, os de hidrogênio (1H, 2H), de carbono (12C, 13C), de nitrogênio (14N, 15N), de oxigênio (16O, 17O, 18O) e de enxofre (32S, 33S, 34S, 36S) são os mais utilizados, uma vez que são estáveis nos elementos básicos que compõem a estrutura dos carboidratos, lipídeos, proteínas, aminoácidos, ácidos nucleicos (DNA, RNA) e fazem parte de mais de 90% de todos os tecidos vivos. Participam dos grandes ciclos naturais, como o ciclo da água, do dióxido de carbono, do nitrogênio e oxigênio, essenciais para a vida. Sua versatilidade e a ausência de radioatividade tornaram-nos potencialmente úteis às ciências médicas, biológicas, biomédicas e biológicas correlatas, por serem inócuos aos seres humanos e ao meio ambiente.

Isótopo radioativo Radioisótopo ou isótopo radioativo apresenta um núcleo atômico instável que emite energia quando se transforma num isótopo mais estável. A energia liberada pode estar na forma de uma partícula alfa, beta ou de uma radiação gama. É detectado por um contador Geiger, com uma película fotográfica ou uma câmera de ionização.

Isotropia Apresenta as mesmas características em todas as direções.

Isotrópico Relativo à isotropia.

Istmo Faixa de terra que une uma península a um continente.

Jj

Jacinto d'água Ver *Aguapé*.
Jarda Medida inglesa de comprimento, com 0,914 m.
Jardim Terreno cultivado com plantas ornamentais.
Jardineiro Aquele que faz ou cuida de jardins.
Jarra Recipiente para água ou flores.
Jarra de poeira sedimentável Forma de purificação da água usada pelas civilizações antigas. A água era deixada na jarra durante um tempo e o tratamento era a simples sedimentação das partículas.
Jato Fluido (líquido ou gás) em alta velocidade.
Jato de água que ultrapassa uma barreira como um quebra-mar ou muralha de cais Jato de água que ultrapassa, como um repuxo, a crista de um quebra-mar ou muralha de cais.
Jato de areia Técnica usada para limpar peças metálicas, antes da pintura.
Jato de raios cósmicos É um jato de plasma disparado por enormes buracos negros encontrados no núcleo de certas galáxias. Segundo os cientistas, tem origem em campos magnéticos intensos, que atuam como versões cósmicas dos motores dos aviões a jato, que miram e disparam o material em alta velocidade.
Jazidas Volumes de substâncias minerais ou fósseis, encontrados na superfície ou no interior da terra, com valor econômico, constituindo a riqueza mineral de um país ou região. Consideram-se jazidas todas as substâncias minerais de origem natural, mesmo de origem orgânica, como carvão, petróleo, calcário etc.
Joelho de canalização O mesmo que curva, geralmente de raio longo.
Judicial Relativo aos tribunais ou à justiça.
Juiz Árbitro; aquele que julga; juiz de direito.
Junção O mesmo que meio de ligação.
Junta Acessório colocado entre flanges para promover a estanqueidade.
Junta colada Junta de encaixe para tubos e conexões de plástico.
Junta de anel Junta para flanges com anel de vedação metálico ou de elastômeros.
Junta de chumbo Tipo de junta para tubos de ferro fundido tipo ponta e bolsa.
Junta de colar Forma de se executar uma derivação em tubos de aço por meio de colares, com a ligação por solda de topo, solda de encaixe e a rosca.
Junta de construção Descontinuidade do maciço de concreto em uma estrutura.
Junta de dilatação Permite a livre dilatação dos materiais, sem causar danos às estruturas.
Junta de encaixe de tubos Tipo de ligação em que o tubo é introduzido em uma bolsa. Pode ser colado ou soldado.
Junta de expansão Destinada a absorver movimentos de expansão de estruturas e de tubulações.
Junta de flange Meio de ligação entre tubos, conexões e acessórios dotados de parafusos, porcas e juntas, os quais facilitam as montagens e desmontagens para manutenção.
Junta de papelão hidráulico Junta laminada de elastômeros e fibras para vedação de ligações flangeadas.
Junta de ponta e bolsa Meio de ligação entre tubos e conexões por meio de ponta e bolsa, em que a vedação se dá por um anel elástico.
Junta de topo O mesmo que solda de topo.
Junta de tubo Meios de ligação entre tubos.
Junta estanque Junta sem vazamentos.
Junta flangeada Junção entre tubos ou conexões, efetuada através de flanges.
Junta flexível Meio de ligação entre tubos que apresenta relativa flexibilidade.
Junta flexível tipo Victaulic Junta patenteada para ligação entre tubos e conexões, de fácil montagem e desmontagem.
Junta geológica A junta é uma fenda de retração nas massas magmáticas consolidadas, durante o seu resfriamento. Pode ser pequena ou de comprimentos significativos. Forças de compressão, tensão ou cisalhamento atingem grande parte da massa rochosa, de maneira a constituir uma rede de juntas. As juntas são zonas onde os processos de meteorização e de erosão são ativos.
Junta mecânica Tipo de junta com anel elástico.
Junta meia-face Junta para flanges com ressalto.
Junta parafusada Meio de ligação cujo aperto é feito com parafusos.
Junta plana Junta para flanges de face plana.
Junta rebitada Meio de ligação cujo aperto é feito com arrebites.
Junta rosqueada Meio de ligação cujo aperto é feito com roscas.
Junta similar à de Dresser Junta que utiliza os princípios da Dresser.

Junta tipo Dresser Tipo de junta patenteada pela Dresser, destinada a facilitar a montagem e desmontagem de tubulações entre dois pontos fixos.

Junta travada Tipo de junta que substitui o bloco de ancoragem em uma tubulação de ferro fundido.

Junta travada interna Tipo de junta com elementos metálicos incorporados ao anel elástico, cujo objetivo é travar o tubo e a conexão, substituindo o bloco de ancoragem.

Juntar-se a Unir-se a; associar-se a.

Jurisdição Competência administrativa ou jurídica; território sobre o qual um juiz ou outra autoridade qualquer exerce a sua competência.

Jurisdição federal Quando a competência está relacionada às leis, ao governo ou a um juiz federal.

Juros Percentuais calculados sobre o montante principal, a serem pagos nos empréstimos de dinheiro.

Jusante Significa na direção da corrente, ou rio abaixo. Termo usado para denominar uma área que fica abaixo da outra, ao se considerar uma determinada corrente de fluxo. Por exemplo, um poço de visita de jusante, num determinado trecho de rede de esgoto, fica na posição mais baixa desse trecho. Costuma-se empregar a expressão "relevo de jusante" ao descrever uma região numa posição mais baixa em relação ao ponto considerado. O oposto de jusante é montante.

Ll

Lã de escórias A escória é o subproduto da fundição de minério para purificar metais. É uma mistura de óxidos metálicos e pode conter sulfitos metálicos e átomos de metais na sua forma elementar. A lã feita com escórias é utilizada como isolante térmico, acústico e inibidor de propagação de chamas.
Lã mineral É uma fibra obtida de minerais naturais ou sintéticos, ou de óxidos metálicos. Inclui as lãs de vidro, as fibras cerâmicas e minerais. Sua principal aplicação é no isolamento térmico e na filtração.
Lã ou fibra de vidro É fabricada em alto forno a partir de sílica e sódio, aglomerada por resinas sintéticas. Por suas propriedades físicas e químicas, é um dos mais tradicionais isolantes térmicos usados no mundo. Na construção civil, contribui para o conforto térmico e acústico das edificações comerciais e residenciais.
Laboratório Lugar onde se realizam experiências científicas.
Laca É um verniz natural, obtido de plantas da família das *anacardiáceas*, em geral das espécies *Rhus succedanea*, *R. vernicina* e *Melanorhoea lacifera*, originárias do Extremo Oriente. Colhido através da incisão na casca dessas árvores, o exsudado (látex de aspecto cremoso) é purificado por várias filtragens e preservado contra a ação do ar e da luz em recipientes hermeticamente fechados. É utilizada no acabamento final de instrumentos musicais de madeira, em peças de artesanato etc.
Lacre Substância ou dispositivo usado para lacrar, fechar, para evitar fraudes.
Lacrimejamento Derramamento de lágrimas.
Lacrimogêneo Que provoca ou produz lágrimas.
Lactobacilos São micro-organismos com forma de bastonetes, chamados de bacilos e transformam, pela fermentação, o açúcar do leite (lactose) em ácido lático. Por isso são chamados de lactobacilos. O ácido láctico é responsável por acidificar o meio intestinal e favorecer o aumento dos micro-organismos benéficos e a morte dos micro-organismos patogênicos. Existem diferentes tipos de lactobacilos utilizados na fabricação de iogurtes, coalhadas, queijos, com a finalidade de conferir diversos sabores, texturas e aromas após a fermentação.
Lacuna Vazio; vão; falta; omissão.
Lacustre Relativo a lagos; que está ou que vive nos lagos.
Lado de onde sopra o vento Também conhecido como barlavento.
Lago Depressão natural do solo preenchida com água, ou uma área artificialmente inundada pela elevação do nível de água, em consequência de obras de barramento de rios. É um corpo d'água confinado e de fluxo relativamente tranquilo (ou lêntico), conforme a área e o volume. As formas, profundidades e extensões são muito variáveis. É alimentado por um ou mais "rios afluentes", e possui um "rio emissário", que evita transbordamentos.
Lago artificial Lago criado pelo homem através de escavações no solo ou a partir do represamento de corpos de água corrente (rios, córregos etc.).
Lago congelado No inverno e em locais de clima frio, a superfície dos lagos é transformada em gelo, com camadas de várias espessuras, de acordo com a temperatura ambiente e o tempo de baixas temperaturas.
Lago distrófico Lago com água marrom amarelada, típico de regiões planas e pantanosas. A cor da água deve-se à alta concentração de ácidos húmicos e fúlvicos, com frequente aparição de turfa em suas margens.
Lago eutrófico Lago ou represamento com água rica em nutrientes, cuja consequência é um crescimento excessivo de algas. Os nutrientes podem advir da poluição difusa em áreas agrícolas ricamente adubadas ou do lançamento de efluentes urbanos.
Lago glacial É um lago originado de uma geleira derretida.
Lago meromíctico Pouco ocorre a circulação vertical, devido a sua elevada profundidade relativa (muito profundo em relação à pequena área).
Lago oligotrófico Lago ou represamento pobre em nutrientes, caracterizado por poucas algas planctônicas.
Lago rico em nutrientes O mesmo que lago eutrófico.
Lago salino Ver *Lagoa*.
Lagoa Lago de pequena dimensão e profundidade, de formas variadas, geralmente circulares, de água salgada ou doce. É muito comum denominar "lagoa" as lagunas nas bordas litorâneas que se ligam com o oceano.
Lagoa aerada Lago natural ou artificial, utilizado para o tratamento de águas residuá-

rias. A aeração é artificial, feita por aeradores mecânicos de alta velocidade (flutuantes), como forma de suprir o meio líquido de oxigênio para as reações de oxidação biológica da matéria orgânica, num ambiente aeróbio.

Lagoa aeróbia Em tratamento de esgoto, considera-se que a única lagoa essencialmente aeróbia é a aerada de mistura completa. Antes, chamava-se de aeróbia a lagoa, hoje chamada de facultativa. Pelo fato de ocorrer a digestão anaeróbia do lodo depositado no fundo desse tipo de lagoa, a nomenclatura mais aceita é lagoa facultativa.

Lagoa anaeróbia Tipo de lagoa de estabilização, na qual o processo biológico de tratamento de esgoto é anaeróbio, pois ocorre pela ação de micro-organismos que conseguem estabilizar a matéria orgânica na ausência de oxigênio dissolvido. Há diversas espécies que fazem a decomposição da matéria orgânica em várias fases: solubilização ou hidrólise e acidogênese (bactérias fermentativas); produção de hidrogênio e de acetato (bactérias específicas) e a metanogênese (bactérias metanogênicas redutoras de CO_2 ou das bactérias metanogênicas acetoclásticas). Em termos de dimensionamento, as cargas orgânicas lançadas numa lagoa anaeróbia são muito maiores do que nas lagoas facultativas, resultando numa menor área ocupada pelas anaeróbias. Em contraposição, as lagoas anaeróbias apresentam uma eficiência menor do que as lagoas facultativas na remoção da carga orgânica.

Lagoa de barreira Lagoa formada grosseiramente, paralela à costa, e separada do oceano por ilhas alinhadas como barreiras. É também um corpo d'água circundado por ilhas ou arrecifes de coral, e chama-se lagoa de atol.

Lagoa de esgoto Lagoa na qual é depositado o esgoto. Quando a intenção é o tratamento, ver *Lagoa de estabilização*.

Lagoa de estabilização ou de oxidação Nome genérico dado às lagoas primárias, secundárias ou terciárias, anaeróbias, facultativas ou de maturação, nas quais, através da construção de um lago artificial, e sob determinadas condições de dimensionamento em termos de cargas orgânicas lançadas, consegue-se estabilizar os dejetos orgânicos pela ação de bactérias.

Lagoa de evaporação Tem a finalidade de provocar a evaporação da água.

Lagoa de lodo Lagoa na qual é depositado o lodo líquido gerado nas estações de tratamento de esgoto. Era muito comum na Alemanha e em alguns outros países armazenar o lodo para posterior aproveitamento em solos agrícolas.

Lagoa de oxidação de esgoto Ver *Lagoa de estabilização*.

Lagoa facultativa Lagoa de oxidação na qual o processo biológico de tratamento, na parte superior da lagoa, é aeróbio, com seu funcionamento baseado no perfeito equilíbrio entre algas e bactérias, o que se consegue por um adequado dimensionamento de cargas orgânicas lançadas na lagoa. As bactérias decompõem a matéria orgânica e produzem gás carbônico e nutrientes usados pelas algas. Estas, pela ação da luz solar, transformam o gás carbônico em hidratos de carbono, e liberam oxigênio, utilizado de novo pelas bactérias, num ciclo fechado e repetitivo. No fundo dessa lagoa, os níveis de oxigênio dissolvido são muito baixos e o material orgânico sedimentado (lodo de fundo) sofre mais lentamente o processo de decomposição por micro-organismos anaeróbios.

Lagoa terciária ou de maturação Lagoa mais rasa do que as demais, usada como refinamento do tratamento prévio em lagoas primárias, secundárias ou outro qualquer processo biológico. A principal finalidade é remover organismos patogênicos e sólidos em suspensão (algas), nutrientes, e uma parcela da DBO remanescente.

Laguna Depressão com água salobra ou salgada, localizada na orla litorânea. São ecossistemas situados abaixo do nível do mar, e dele separados por cordões litorâneos. A separação das águas da laguna e do mar ocorre pela existência de um obstáculo mais ou menos efetivo, mas não raro existem canais que comunicam as duas águas. Na maioria das vezes, o termo "lagoa" é usado erroneamente no lugar de "laguna".

Laje Obra de concreto armado que serve de teto ou piso de edificações; pedra de superfície plana.

Lama Mistura de solo argiloso e água; lodo.

Lama azul Variedade de lama do fundo do mar, com coloração azul acinzentada, por causa da matéria orgânica e dos sedimentos finos de sulfeto de ferro. O carbonato de cálcio tem quantidades variáveis, atingindo percentuais às vezes maiores que 35%.

Lama vermelha Lama de cor marrom avermelhada, que se acumula no fundo dos mares, nas regiões vizinhas a desertos, afastadas das desembocaduras de grandes rios. Contém mais de 25% de carbonato de cálcio.

Lamaçal Lugar em que há muita lama.

Lamelar Em forma de lâminas ou lamelas.

Lâmina Placa delgada ou membrana; folha de instrumentos cortantes.

Lâmina aderente Aqui trata-se da lâmina d'água aderente, característica de alguns vertedores hidráulicos.

Lâmina d'água a jusante de uma barragem É a espessura da água na parte do rio após o represamento.

Lâmina d'água a montante de uma barragem É a espessura da água no lago formado pelo barramento.

Laminação Ação ou local destinado à produção de chapas ou lâminas.

Laminador Aquele ou aquilo que transforma em placas ou lâminas.

Lâmpada Dispositivo para se produzir luz; bulbo de vidro com vácuo, dotado de filamentos ou gases inertes, os quais, ao se fazer passar uma corrente elétrica, tornam-se incandescentes, produzindo um foco luminoso.

Lançamento de efluentes Termo genérico que designa a descarga de águas residuárias, tratadas ou *in natura* nos corpos d'água.

Lançamento de títulos financeiros Entrada ou expansão de venda de ações de empresas ou governos na bolsa de valores.

Lançamento marítimo Quando a descarga de efluentes (tratados ou não) é feita no mar.

Lançamento submarino de esgoto Os emissários submarinos são uma opção para dar um destino final ao esgoto de cidades litorâneas, contando com o alto poder de diluição dos oceanos. Deve ser precedido por um tratamento preliminar. O projeto do interceptor deve incluir estudo das correntes marítimas para determinar a sua localização e comprimento, para evitar o retorno do esgoto às praias.

Lapso de tempo Espaço de tempo.

Lar A casa onde habita uma família; a terra natal; a pátria.

Largo em dimensão Que apresenta grande dimensão transversal, no sentido da largura.

Largura de estrada de ferro Bitola ou distância entre os trilhos de uma estrada de ferro.

Laringe Órgão musculomembranoso do corpo humano, revestido de mucosa, essencial à fonação e situado acima da traqueia.

Laringite Inflamação da laringe.

Larva Primeira fase da metamorfose dos insetos, depois de saírem do ovo; lagarta; estado imaturo.

Larvicida Substância que mata as larvas.

Lasca Fragmento ou estilhaço de madeira, pedra ou metal.

Lastro Camada de concreto ou de materiais permeáveis, como areia ou pedra britada, colocada como base de tubulações, de dormentes nas estradas de ferro. Material colocado nos porões dos navios para garantir a estabilidade. Barras de ouro ou de outros materiais preciosos, colocados nos bancos oficiais para garantir o valor das notas de dinheiro circulante num país.

Lastro marítimo Por ocasião de um desastre, carga ou equipamento lançado fora da embarcação, para aliviar o peso.

Lata Folha de flandres ou de ferro estanhado usada para acondicionar alimentos industrializados, tintas, vernizes etc.

Lata à prova de ferrugem Ver *Lata*.

Latão O mesmo que cobre amarelo; liga de cobre e zinco. Designação popular de uma lata de grandes dimensões.

Laterita Denominação genérica dos solos de cor vermelha, em zonas inter-tropicais e de clima úmido, cujos principais constituintes são os hidróxidos de ferro e de alumínio.

Laterização Fenômeno característico das regiões inter-tropicais de clima úmido e estações chuvosas alternadas com estações secas. Tais condições favorecem a remoção da sílica dos solos e rochas e o seu enriquecimento com ferro e alumina. Quando o processo se completa, tem-se os chamados "solos lateríticos" ou solos que foram praticamente transformados em rochas.

Latitude Distância de qualquer ponto da Terra ao Equador, medida no meridiano desse ponto em graus.

Latrina É uma estrutura para defecar.

Laudêmio No Brasil, é um tributo federal obrigatório, cobrado nas transações imobiliárias de compra e venda com escritura definitiva, e que envolvam imóveis localizados em terrenos de Marinha ou em áreas "aforadas". Foi criado nos tempos coloniais, quando todas as terras brasileiras pertenciam à coroa portuguesa e cujo interesse era colonizar o País com a distribuição de porções do território nacional a quem se dispusesse a cultivá-las. Em troca, cobrava-se uma contribuição, que pode ser comparada a um pedágio, e passou-se à classificação de terras aforadas. Até hoje, todas as vezes que tais terrenos são comercializados, tem de ser pago o laudêmio.

Lava Material sólido natural, fundido pelas altas temperaturas das profundezas da Terra, e expelido pela cratera dos vulcões.

Lavado, salpicado, molhado Situação de um objeto agitado, salpicado ou lavado pelas ondas do mar ou pelas marés.

Lavador Equipamento, ou pessoa que lava.

Lavador de gás de combustão Ver *Lavador de gases*.

Lavador de gases Tipo de equipamento usado no controle de poluição do ar, para remover particulados e/ou gases dos sistemas exaustores industriais. Em sistemas de controle da poluição atmosférica, o termo *scrubber*, em inglês, refere-se a equipamentos que usam líquidos para remover poluentes indesejados das correntes de gases de exaustão. Recentemente, passou-se a usar o termo para descrever sistemas que injetam um reagente seco ou lama num fluxo de gases para remover gases ácidos.

Lavador de gases tipo Venturi Em controle da poluição do ar, é um equipamento absorvedor de partículas e gases, no qual a corrente de gases de exaustão passa através de um tubo Venturi, em cujo trajeto se adiciona água. O Venturi tem uma seção convergente, uma estrangulada e uma divergente. O fluxo de gases entra pela seção convergente, e como a área diminui, a velocidade do gás aumenta e a pressão diminui. A água é introduzida na seção convergente ou na seção estrangulada e a alta velocidade dos gases resulta num grande número de finas gotículas de água que, ao entrarem em contato com as substâncias a serem removidas, acabam por absorvê-las. Na seção divergente, as condições de pressão e velocidade se alteram e a água com as partículas ou gases absorvidos são retirados do fluxo. O Venturi é usado para remover particulados e gases poluentes, mas são mais efetivos na remoção de particulados.

Lavagem Ato ou efeito de lavar, de remover a sujeira das superfícies; restos de comida usados, em alguns locais, na alimentação de porcos.

Lavagem de filtro A lavagem ou retrolavagem de filtros, numa estação de tratamento de água, é feita em intervalos de tempo, para a limpeza da sujeita retida.

Lavagem de gás Ver *Lavador de gases*.

Lavagem por inversão da corrente líquida Usada nos filtros de estação de tratamento de água, para remover a sujeira retida e permitir nova carreira de filtração.

Lavanderia Ver *Casa de lavagem*.

Lavra É a exploração econômica de uma jazida, o conjunto de operações com o objetivo de aproveitar uma jazida, da extração ao beneficiamento.

Legenda Explicação; letreiro; rótulo; lenda.

Legenda de desenho Explicação de símbolos, tipos de traço, abreviaturas etc., para uma melhor compreensão dos desenhos técnicos.

Legislação Corpo ou conjunto de leis; ciência das leis; direito de fazer leis.

Legislação ambiental Conjunto de regulamentos jurídicos, dirigidos às atividades que afetam direta ou indiretamente a qualidade do ambiente.

Legislação sobre o ruído Corpo ou conjunto de leis que tratam do ruído.

Legislativo Relativo ao poder de criar ou modificar leis.

Legume Fruto simples, apocárpico (quando os órgãos femininos da flor são compostos por duas divisões foliáceas distintas que concorrem para a formação do fruto), característico da família das leguminosas.

Legume forrageiro Legume usado na alimentação do gado.

Lei antipoluição do ar No Brasil, o assunto é regulamentado pelas Resoluções do Conama (Conselho Nacional de Meio Ambiente). Por exemplo: a Resolução Conama nº 5/1989 dispõe sobre o Programa Nacional de Controle da Poluição do Ar – Pronar. A mais nova, a Resolução Conama nº 403/2008 dispõe sobre a nova fase de exigência do Programa de Controle da Poluição do Ar por Veículos Automotores – Proconve – para veículos pesados.

Lei das águas No Brasil, vigoram o Decreto nº 24.643/1934 (conhecido como Código das Águas), regulamentado pelos Decretos-Lei nº 852/1938 e nº 3763, de 1941, regulamentados por diversas Resoluções do Conama.

Lei de Chick A lei de Chick-Watson, de inativação bacteriana, é expressa pela equação: $dN/dt = - k' \cdot N$, na qual k' é uma constante. A integração dessa equação resulta em: $\ln N/N_0 = - k' \cdot t$, na qual ln representa o logaritmo Neperiano (base e) e N/N_0 é a fração de bactérias sobreviventes após um tempo de contato t, com o agente inativador.

Lei de crimes ambientais Denominação dada à Lei Federal nº 9.605, de 12 de fevereiro de 1998, regulamentada pelo decreto 3.179, de 21 de setembro de 1999, que dispõe sobre as sanções penais e administrativas derivadas de condutas e atividades lesivas ao meio ambiente. Essa lei consolida, num único dispositivo legal, boa parte dos aspectos criminais da legislação ambiental. Veja <http://www.planalto.gov.br/ccivil_03/leis/L9605.html>.

Lei de Dalton Refere-se à solubilidade de gases na água: numa mistura de gases (caso do ar atmosférico), cada um exerce pressão sobre o líquido e essa pressão parcial é proporcional à participação de cada gás na mistura (% em volume).

Lei de Darcy Da autoria do engenheiro hidráulico francês, Henry Darcy, postula que a vazão de escoamento em meios porosos (por exemplo, águas subterrâneas) pode ser expressa por $Q = K I A$, em que Q é a vazão de escoamento, K é o coeficiente de permeabilidade do solo, I é o gradiente hidráulico, calculado pela diferença de cargas hidráulicas h_1 e h_2 entre dois pontos (1 e 2), dividido pela distância entre esses pontos, e A é a seção transversal de passagem da água.

Lei de Gause Pela Lei ecológica de Gause, duas espécies (ou subespécies), não podem ocupar o mesmo nicho ecológico. A principal consequência é que a nossa espécie (*Homo sapiens*) desaloja, de forma contínua, todas as demais espécies, e ocupa o espaço. A cada mata destruída ou vila construída, é retirado o espaço de centenas de espécies.

Lei de Henry Ligada à solubilidade de gases na água: a massa de um gás dissolvido num líquido, sob temperatura constante, é diretamente proporcional à pressão que esse gás exerce sobre o líquido.

Lei de Horton Relacionada ao manejo de bacias hidrográficas, é também conhecida como Lei do Número de Canais (LNC) ou Razão de Bifurcação (RB), definida como a relação entre o número de canais de uma dada ordem (n) e o número de canais de ordem imediatamente superior (n + 1). A ordem 1 começa nos pontos mais altos da bacia e aumenta à medida que se aproxima da foz ou do ponto em questão, conforme definido por Sthraler. Calculam-se os RB para todas as ordens da bacia e obtém-se a média aritmética simples desses valores. Horton verificou que o número de canais diminui com o aumento da ordem de canais de forma regular, ou seja, há uma relação geométrica simples entre esses dados, dada pela relação $Nu = RB^{(k-u)}$, na qual Nu é o número de canais (de ordem u), RB é a razão de bifurcação média, k é a ordem da bacia e u, uma dada ordem.

Lei de Raoult Na química, a lei de Raoult tem o nome de François-Marie Raoult (1830-1901), que afirma que a pressão parcial de cada componente em uma solução ideal depende da pressão de vapor dos componentes individuais e da fração molar dos mesmos componentes.

Lei de Stokes da mecânica dos fluidos Refere-se à força de fricção de partículas esféricas em movimento num fluido viscoso, em regime laminar de escoamento (número de Reynolds de valores baixos). A lei de Stokes é válida para o movimento de partículas esféricas pequenas, que se movem em velocidades baixas.

Lei do ar limpo Ver *Lei antipoluição do ar*.

Lei do mínimo de Liebig Diz que o sucesso de um organismo no ambiente em que vive depende de nenhum fator de sobrevivência exceder seu limite de tolerância. Ou seja, para um ser continuar vivo, todos os fatores necessários à sua sobrevivência devem existir, pois de nada adianta haver excesso de muitos e um faltar.

Lei dos mares Determina que todos os países têm o direito de controlar até 200 milhas de distância de sua costa, o que equivale a 370 km.

Leigo Pessoa que desconhece um determinado assunto.

Lêiser Em inglês, é a abreviatura de *laser–Light Amplification by Stimulated Emission of Radiation*, raio de luz concentrado obtido por emissão de radiação estimulada.

Leito Qualquer superfície em que se assenta outro corpo. O leito de rio é lugar por onde ele corre.

Leito confinado que retarda a percolação O confinamento é proporcionado por materiais semipermeáveis (solos arenoargilosos), que retardam, mas não evitam a percolação da água.

Leito confinante que evita ou retarda infiltração Ver *Leito confinado que retarda a percolação*.

Leito das águas Lugar por onde correm as águas de um rio ou córrego.

Leito de cascalho Leito de um rio formado por cascalho.

Leito de enchimento Unidade confinada e preenchida com pedras (brita 4), ou módulos plásticos usados no tratamento de esgoto por filtros biológicos, e nos quais a biomassa adere. Outros tipos de enchimento metálico (anéis de Rashig) são usados nas torres de destilação fracionada (do petróleo, por exemplo), para diminuir a temperatura e a velocidade ascensional dos gases e permitir a condensação dos produtos, sob condições mais controladas.

Leito de rio Ver *Leito das águas*.

Leito de secagem Unidade usada para secar lama ou lodo.

Leito de secagem de lodo Unidade usada no desaguamento de lodo de esgoto, no qual parte da água infiltra, e parte evapora.

Leito de secagem de lodo coberto O leito sem cobertura permite a re-hidratação por chuvas. Para evitar isso, em alguns locais os leitos são cobertos.

Leito fluidizado Refere-se a um leito de sólidos finamente divididos, através do qual um gás passa. Encontra-se num estado intermediário de um leito estático e de outro no qual os sólidos estão suspensos no fluxo gasoso, como ocorre no transporte pneumático. Os reatores de leito fluidizado para tratamento biológico aeróbio de águas residuárias são tanques nos quais os sólidos permanecem durante certo tempo, para permitir a degradação aeróbia da matéria orgânica. Os processos de aeração ocorrem por difusão ou por aeração mecânica, com a finalidade promover a necessária agitação e a introdução do oxigênio na massa líquida. Os micro-organismos responsáveis pela degradação da matéria orgânica reúnem-se em flocos altamente viscosos, com a capacidade de adsorver as partículas orgânicas do líquido, desde que entrem em contato com elas. Por esta razão agita-se o líquido através do sistema de aeração.

Leito fluvial Ver *Álveo ou Leito das águas*.

Leito impermeável Quando o material do leito de um rio ou lago é composto de argila ou rocha sã, que impedem a entrada de água por percolação do lençol freático ou a saída por infiltração da água no solo.

Leito maior Calha alargada de um rio, ocupada anualmente durante a época das chuvas ou das maiores cheias.

Leito maior sazonal O mesmo que calha maior. Conforme a definição da Resolução Conama nº 4, de 1985, é a calha alargada ou maior de um rio, ocupada em períodos anuais de cheia.

Leito menor Canal ocupado pelo rio no período mais seco ou de águas baixas.

Leito móvel de carvão ativado Quando o carvão ativado é misturado ao líquido, para remover substâncias adsorvidas pelo carvão.

Leito móvel Existe uma variante do processo de tratamento de esgoto por lodos ativados, o chamado reator MBBR, no qual a unidade é preenchida com módulos plásticos soltos no meio líquido. A biomassa adere e também são agitados e aerados, como no caso dos reatores tradicionais. Esses reatores dispensam a recirculação do lodo.

Leito permeável Quando o material do leito de um rio ou lago é composto por areia ou pedregulho, que permitem a entrada de água por percolação do lençol freático, ou a saída, por infiltração da água.

Leito seco de rio Ver *Vádi*.

Leito secundário de um rio É a seção da chamada várzea, ocupada pelo rio em épocas de enchentes. Ver *Leito maior*.

Leito sob a água Ver *Leito menor*.

Leitoso Propriedade daquilo que tem aspecto de leite.

Leme Equipamento ou dispositivo usado em embarcações, aviões etc., para alterar a sua direção.

Lente hídrica de Ghyben-Herzberg Relaciona-se ao equilíbrio água doce/água salina em regiões costeiras.

Lenticela Poro ou papila na casca do caule dos vegetais, com papel idêntico ao dos estômatos. Os estômatos são pequenas estruturas epidérmicas das folhas, mas podem ser encontrados em frutos, flores e caules jovens. São formadas por duas células estomáticas (células guardas), que delimitam uma fenda (ostíolo), duas ou mais células anexas (acessórias ou subsidiárias) adjacentes e uma câmara subestomática, em conexão com os espaços intercelulares. Através dos estômatos há uma comunicação direta do interior da planta com a atmosfera, para as necessárias trocas gasosas: gás carbônico, oxigênio e vapor de água, da planta com o ambiente.

Leque aluvial O mesmo que "cone aluvial" ou "cone de dejeção". Depósitos de material detrítico, de granulometria variada, que se formam no sopé das montanhas, onde os talvegues dos vales encontram uma área plana, quase sempre coincidente com uma planície aluvionar ou uma área lacustre.

Leucemia Doença que afeta os órgãos hematopoéticos, caracterizada pelo aumento do número de leucócitos no sangue e hiperplasia (aumento numérico das células) do tecido linfoide do baço, dos gânglios linfáticos e da medula óssea. Popularmente conhecida como câncer do sangue.

Leucócito Glóbulo branco do sangue.

Levantamento biológico Estudo feito para subsidiar um Estudo de Impacto Ambiental (EIA), com base em seis critérios: descrição do *hábitat* amostrado; concordância entre *hábitat* e grupos analisados; descrição dos métodos de levantamento; utilização de métodos quantitativos; nível de identificação taxonômica; e riqueza de espécies por grupo analisado.

Levantamento causado pelo congelamento Ocorre no solo pelo congelamento e consequente aumento de volume.

Levantamento da qualidade do ar Investigação quantitativa dos parâmetros relacionados à qualidade do ar (particulados, NO_X, SO_X, O_3, etc.).

Levantamento ou enquete Coleta de elementos ou opiniões para estudos e demonstrações estatísticas.

Levantamento topográfico Medida das divisas, altitudes, pontos relevantes, etc. de uma área.

Levantar Erguer; suspender.

Leve De pouco peso; fácil; delicado.

Levedura É constituída de fungos sob forma unicelular. A palavra levedura tem origem no termo latino *levare* cujo sentido é crescer ou fazer crescer, pois as primeiras leveduras des-

cobertas estavam associadas a processos fermentativos de pães e de mostos, que provocam um aumento da massa do pão ou do volume do mosto pela liberação de gás e formação de espuma.
Lhanos Grandes planícies de vegetação herbácea da América do Sul.
Liana Tipo de cipó lenhoso.
Libra por pé quadrado ou PSF Medida inglesa de pressão equivalente a 4,88 kgf/m^2 (quilogramas-força por metro quadrado), ou 4,88 x 10^{-4} kgf/cm^2 (quilogramas-força por centímetro quadrado) ou 47,8 Pa (Pascal).
Libra por polegada quadrada ou PSI Medida inglesa de pressão equivalente a 702,2 Kgf/m^2 (quilogramas-força por metro quadrado) ou 0,0702 kgf/cm^2 (quilogramas-força por centímetro quadrado) ou 6,88 KPa (quilopascal).
Licença É um ato administrativo vinculado e definitivo, através do qual o Poder Público, entendendo que o interessado atendeu a todas as exigências legais, faculta-lhe o desempenho de atividades, antes vedadas ao particular.
Licença ambiental É um documento expedido pelo órgão de proteção ambiental (no nosso País é competência do governo estadual ou, em certos casos, com intervenção do Ibama), que atende o requerimento do interessado, atestatório de que, do ponto de vista da proteção ao meio ambiente, o empreendimento ou atividade está em condições de prosseguir. Sua vigência é subordinada ao cumprimento das condições de sua expedição. São tipos de licença: Licença Prévia – LP; Licença de Instalação – LI; e Licença de Operação – LO.
Licença de Instalação – LI No Brasil, é uma licença expedida com base no projeto executivo final. Autoriza o início da implantação do equipamento ou atividade poluidora, subordinada às condições de construção, operação e outras especificadas no estudo de impacto ambiental ou em outros instrumentos de controle.
Licença de Operação – LO No Brasil, é expedida pelo órgão estadual de proteção ambiental, com base em vistoria, teste de operação ou qualquer outro meio técnico de verificação. Autoriza a operação de equipamento ou de atividade poluidora subordinando sua continuidade ao cumprimento das condições de concessão da LI e da LO.
Licença Prévia – LP No Brasil, é expedida pelo órgão estadual de proteção ambiental, na fase inicial do planejamento da atividade. Fundamentada em informações prestadas pelo interessado, especifica as condições a serem atendidas durante a instalação e funcionamento do equipamento ou atividade poluidora. Sua concessão implica o compromisso da entidade poluidora de manter o projeto final compatível com as condições do deferimento.
Licenças intercambiáveis ou licenças negociáveis Instrumento econômico de política ambiental, pelo qual o Poder Público autoriza "os poluidores" a operar segundo alguns limites de emissão de poluentes por múltiplas fontes, e permite que negociem as licenças até os limites estabelecidos. Tais sistemas também podem operar no caso de licenças para uma única fonte de emissão. Se um poluidor emitir menos poluição do que o permitido, a empresa pode vender ou negociar as diferenças entre suas descargas reais e as descargas autorizadas com outra empresa, que passa a ter o direito de emitir mais do que o limite que lhe foi imposto. O intercâmbio pode ocorrer na própria fábrica, entre fábricas da mesma empresa ou entre diferentes empresas.
Licenciamento ambiental Instrumento de política ambiental instituído no País, em âmbito federal, pela Lei nº 6.938, de 31 de agosto de1981, e regulamentado pelo Decreto nº 88.351, de 1º de junho de 1983, que consiste em um processo destinado a condicionar a construção, a instalação, o funcionamento e a ampliação de estabelecimento de atividades poluidoras ou que utilize recursos ambientais ao prévio licenciamento, por autoridade ambiental competente. A legislação prevê a expedição de três licenças ambientais, todas obrigatórias, independentes de outras licenças e autorizações exigidas pelo Poder Público: Licença Prévia (LP), Licença de Instalação (LI) e Licença de Operação (LO), conforme art. 20 do referido decreto.
Lidar É uma tecnologia ótica sensível para medir as propriedades da luz dispersa e/ou outras informações de um alvo distante. É aplicada em arqueologia, geografia, geologia, geomorfologia, sismologia, sensoriamento remoto e física atmosférica.
Liderança Função de um líder; forma de dominação baseada no prestígio pessoal e aceita pelos dirigidos.
Lignina Complexo de substâncias aromáticas, que impregnam o caule das plantas, conferindo-lhe a sua dureza. Tais substâncias são consideradas recalcitrantes ou de difícil degradação biológica.
Lignita Carvão fóssil da era secundária ou terciária, que ainda mantém vestígios de organização vegetal.

Limiar de odor É o limite da percepção humana para uma determinada concentração de gás odorífero.

Limitação administrativa No Brasil, é uma forma de intervenção do Estado na propriedade ou atividade privada, e se caracteriza por ser ordenatória, abstrata e geral, limitativa do exercício de liberdades e de direitos, gratuita, permanente e indelegável. Visa condicionar o exercício do direito de propriedade ao bem-estar coletivo. É baixada por atos gerais, lei ou decreto regulamentar, mas sem importar na coibição total do exercício do direito que só seria possível com um ato expropriatório.

Limite de concentração de radiação A Comissão Internacional de Radioproteção (ICRP, na sigla em inglês), uma instituição científica independente, estabeleceu em 1977 três princípios que devem ser obedecidos por todas as empresas ou instituições públicas ou privadas, para garantir o desenvolvimento seguro de atividades que envolvem o uso da radiação. O primeiro princípio é a justificativa da prática. Nenhuma atividade que envolve exposições à radiação deve ser realizada, a menos que gere benefícios aos indivíduos expostos ou à sociedade, e compensem os riscos da radiação. O segundo determina que, para qualquer fonte de radiação usada em uma atividade, a magnitude das doses individuais, o número de pessoas expostas e a eventualidade da ocorrência de exposições (quando não há certeza se isso acontecerá) devem ser mantidos no mais baixo nível razoavelmente aceitável (ALARA, sigla em inglês: *As Low As Reasonably Achievable*), levando em conta os fatores sociais e econômicos. O terceiro princípio é a limitação de dose: a exposição de indivíduos, em todas as práticas relevantes de uma atividade, deve obedecer a limites de dose ou algum tipo de controle de risco, para assegurar que ninguém seja exposto a riscos considerados inaceitáveis. Esses princípios significam que é aceitável desenvolver atividades que envolvem o uso da energia nuclear, desde que represente um benefício para o ser humano, e sem riscos. No Brasil, tais princípios constituem a base de atuação do Instituto de Radioproteção e Dosimetria (IRD), vinculado à Comissão Nacional de Energia Nuclear (CNEN), órgão federal encarregado de regulamentar, normatizar e fiscalizar todas as práticas que envolvem o uso da energia nuclear.

Limite de consistência ou de plasticidade Ver *Limites de Atterberg*.

Limite de liquidez Ver *Limites de Atterberg*.

Limite odorífero da percepção humana Limite de concentração de substâncias odoríferas, a partir do qual há percepção humana de odor. Uma unidade de odor é definida como: a quantidade de qualquer substância odorífera ou mistura que, quando dispersa em uma unidade de volume de ar limpo (1 pé cúbico = 28,3 ℓ), produz uma resposta de odor praticamente imperceptível. Então, quando uma amostra gasosa de odor contém 10 unidades de odor por pé cúbico, e for diluída com 9 partes de ar limpo, o odor da mistura resultante será praticamente imperceptível.

Limites de Atterberg Ao estudar as características de solos argilosos, Atterberg realizou dois diferentes ensaios para determinar os teores de umidade do solo correspondentes aos limites: de plasticidade (LP) e de liquidez (LL). A diferença numérica entre LL e LP é chamada de Índice de Plasticidade (IP), e serve para diferenciar grupos de solos argilosos.

Limnímetro Consiste num flutuador que acompanha as variações do nível da superfície da água de corpos d'água (rios ou lagos) e cujo movimento é transmitido a um dispositivo de leitura ou de registro. Quando há o registro das leituras em função do tempo, o dispositivo é chamado de limnígrafo.

Limnígrafo Ver *Limnímetro*.

Limnologia Termo criado em 1892 pelo suíço F. A. Forel, para designar a aplicação dos métodos de oceanografia ou da oceanologia às águas continentais de baixo fluxo (lagos). À limnologia interessam todos os fatores da vida nas águas de baixo fluxo. Posteriormente, durante o I Congresso Internacional de Limnologia, realizado em Kiel, em 1922, propôs-se que o termo limnologia designasse a ciência da água doce, aplicada ao conjunto de águas continentais ou interiores, separadas das águas oceânicas.

Limnômetro Instrumento para medir o nível dos lagos.

Limo Biomassa composta por algas filamentosas de água doce.

Limpeza pública No Brasil, incluem-se: estudos, planos, projetos, implantação, ampliação ou melhoria dos serviços de limpeza urbana de ruas; coleta, tratamento e disposição final de resíduos sólidos urbanos; implantação ou adequação de aterros sanitários; centrais de reciclagem e de compostagem; equipamentos para coleta e acondicionamento; remediação de lixões; inserção social dos catadores; organização de cooperativas de trabalho; outros trabalhos sociais relacionados, e capacitação e desenvolvimento institucional.

Limpeza química Operação feita no próprio local, com a finalidade de restaurar as condições anteriores ou desejáveis de funcionamento, como por exemplo; para remoção do *fouling* (incrustações que surgem nas membranas usadas na separação sólido-líquido e que atrapalham seu correto funcionamento) ou para remoção de incrustações que tenham surgido nas superfícies de transferência térmica de calor (pois estas causam a diminuição da desejada transferência de calor) etc.

Linfócito Tipo de leucócito ou glóbulo branco do sangue, fabricado pela medula óssea vermelha. É responsável pela produção de anticorpos e pela imunidade celular.

Língua ou pontal de areia Faixa de deposição de areia, com formato alongado, situada nas praias litorâneas.

Linha cotidial Linha que une pontos de iguais níveis de maré.

Linha da praia Intersecção de um plano d'água com a praia, formando uma linha que define a separação entre o mar e a parte terrestre.

Linha das preamares Ver *Batente das preamares*.

Linha de barca Linha graduada usada para medir a velocidade de uma embarcação ou de uma corrente marítima.

Linha de corrente Ver *Linha de barca*.

Linha de detritos Linha demarcatória do alcance mais distante das ondas de tempestade, caracterizada pelo limite de detritos lançados pelo mar na praia e arredores.

Linha de espuma Após a arrebentação, frente de uma onda que avança em direção à praia.

Linha equipotencial O mesmo que linha isopiezométrica.

Linha freática No escoamento de água subterrânea, é a linha que separa a zona saturada da zona situada acima dela, caracterizada por uma pressão igual à atmosférica.

Linha isopiezométrica O mesmo que linha equipotencial ou aquela que une os pontos de mesma pressão total na água do solo.

Linha isotérmica Linha que liga pontos de mesma temperatura.

Linha nodal Em um local com ondas marítimas estacionárias, é uma linha ao longo da qual não há subida nem descida da onda.

Linha piezométrica Mostra a pressão da água em cada ponto, ao longo de uma tubulação forçada. O mesmo que linha de pressão.

Linhita O mesmo que lignita.

Linho Nome comum a várias espécies de plantas da família das Lináceas, de cujas hastes se tiram fibras para fabricar tecidos e rendas.

Linter de algodão É o nome que se dá ao material constituído pelas fibras relativamente curtas, que continuam no caroço do algodão depois da operação de descaroçamento. São retiradas do caroço por uma segunda ou terceira operação de descaroçamento, e o material é chamado de linter de segundo ou terceiro corte.

Lipídeos ou gorduras Substâncias orgânicas encontradas nos animais e vegetais, solúveis em éter, clorofórmio, benzeno, xilol etc. Dividem-se em simples ou gorduras neutras; e compostos ou lipoides. Os primeiros exercem função energética e os segundos, função plástica, pois fazem parte da constituição celular.

Liquefação Passagem de um corpo ao estado líquido.

Líquen Criptógamo (plantas sem flores, cujos orgãos reprodutores da fase sexuada são pouco evidentes), avascular (que não possuem vasos), resultante da simbiose entre algas e cogumelos.

Liquidez Qualidade ou estado daquilo que é líquido.

Liquidificação Ato de liquidificar, de tornar líquido.

Líquido consistente e lodoso O mesmo que lama, lodo.

Líquido de esgoto ou esgoto O esgoto sanitário coletado nas cidades, uma mistura de esgoto doméstico, industrial, água de infiltração e contribuições pluviais parasitárias.

Líquido de viscosidade variável Também chamado de não newtoniano, apresenta viscosidade variável em função de agitação externa.

Líquido do tanque de aeração Ver *Liquor*.

Líquido, em contraposição a bruto No sentido de peso ou carga líquida. Por exemplo: a carga bruta de um caminhão é de 15 toneladas (inclui o peso do próprio caminhão) e a carga líquida é de 12 toneladas.

Líquido em contraposição a sólido Fluido na forma líquida.

Líquido miscível Líquido que se pode misturar com outro.

Líquido perfeito Na estatística dos fluidos, é o líquido ideal incompressível e sem atrito interno que não existe na prática, servindo apenas para simplificar estudos na área da física.

Líquido saturado Em CNTP, quando se aquece um líquido, ele tende a se dilatar, isso é, seu volume específico aumenta (ou a massa específica diminui). No caso da água, isso acontece até que a temperatura atinja 100°C. Nessa nova condição, há o processo de vaporização, ou seja, a passagem da fase líquida para a fase

vapor. O líquido que está na condição de início da vaporização é chamado de líquido saturado.
Líquido sobrenadante O mesmo que LIQUOR SOBRENADANTE.
Liquor Trata-se da mistura de água + flocos biológicos + bactérias e outros micro-organismos dispersos + eventuais sólidos dissolvidos ou finamente particulados, não aderidos ao floco biológico, em constante agitação no interior de um reator de lodos ativados.
Liquor sobrenadante É uma mistura de água, flocos biológicos, bactérias e outros micro-organismos dispersos, sólidos sedimentáveis, sólidos finamente particulados ou dissolvidos, quando retirados das unidades onde ocorre o adensamento, o desaguamento ou a sedimentação de lodos primários ou secundários. Numa Estação de Tratamento de Esgoto, o sobrenadante é bombeado para ser novamente tratado (lançado antes do clarificador primário).
Lisímetro Aparelho que mede a evapotranspiração dos sistemas solo/planta. Apresenta mecanismos de manutenção de pressão negativa, ou tensão, na coluna de solo colocado nele. É acoplado a uma balança de precisão, de modo que a variação do peso do sistema corresponde à evapotranspiração no intervalo de tempo considerado.
Listagem de controle Método de avaliação de impacto ambiental caracterizado pela elaboração de uma listagem com todos os parâmetros e fatores ambientais que possam ser afetados por uma proposta ou empreendimento. Pode incluir ou não diretrizes quanto à possível medição e interpretação dos dados dos parâmetros. Há quatro amplas categorias: listagem de controle simples (de parâmetros sem indicações de como os dados devem ser medidos e interpretados); listagem descritiva de controle; listagem escalar de controle, similar à descritiva, com instruções para a atribuição de uma escala de valores subjetivos aos parâmetros; e listagem escalar ponderada de controle, que compreende a escalar, com instruções para a atribuição de pesos a cada parâmetro, por uma avaliação subjetiva da sua importância em relação aos demais parâmetros.
Litargírio Protóxido de chumbo ou chumbo branco.
Litificação O mesmo que petrificação, ou transformação de material friável, não consolidado, principalmente sedimentar, em rocha maciça. Envolve vários processos, como desidratação, compactação, cimentação, recristalização, laterização e outros.
Litígio Disputa; contenda; demanda.

Litoclase Qualquer fratura nas rochas.
Litologia Ramo da geologia que estuda as rochas. Tratado dos cálculos e concreções que se formam no organismo.
Litoral ou linha da costa Faixa de terra imersa, banhada pelo mar. Inclui toda a região entre a plataforma continental e as áreas sob a influência da maré mais alta (mangues, bancos de espartina, praias, costões, estuários etc.). Tecnicamente, a linha da costa determina o limite entre a costa e a praia; *shore* (praia) é a linha que determina o limite entre a terra e a água.
Litosfera A crosta ou parte sólida da Terra.
Litro por segundo Medida de vazão.
Lixão Disposição inadequada dos resíduos sólidos municipais (lixo) a céu aberto, sem cobertura, nem controle de infiltração do chorume, ou seja, de maneira social e ambiental danosa, com a presença de catadores e possibilidade de proliferação de vetores (aves, ratos, insetos) e doenças.
Lixívia O mesmo que barrela; água alcalinizada proveniente da fervura de cinzas, usada para lavagem de roupas. Pode ser o líquido proveniente do processo de lixiviação.
Lixívia negra Na indústria papeleira, o liquor negro ou lixívia negra é um fluido resultante do processo de cozimento da madeira, feito com a finalidade de retirar componentes indesejáveis do processo de fabricação do papel, tais como lignina, extrativos e cinzas.
Lixiviação Processo natural que ocorre pela percolação ou passagem da água da chuva sobre as rochas e solos. Nas regiões intertropicais de clima úmido, os solos podem tornar-se estéreis com poucos anos de uso ou de exposição, pelos efeitos da lixiviação, pois a água remove as substâncias solúveis dos solos ou rochas. A lixiviação também pode ocorrer em vazadouros e aterros de resíduos, quando são dissolvidos e carreados grupos de poluentes dali para os corpos d'água superficiais e/ou subterrâneos. Nesses casos, o líquido lixiviado é chamado de chorume e tem altas concentrações de Demanda Química de Oxigênio (DQO).
Lixiviar Aplicar barrela, lavar com lixívia. Ato de remover substâncias solúveis do solo, das rochas, de depósitos de resíduos etc.
Lixo É o material considerado imprestável, resultante de diversas atividades humanas. Conhecido tecnicamente como resíduo sólido urbano.
Lixo domiciliar Resíduos recolhidos das residências.
Lixo domiciliário – restos de cozinha Parte orgânica do lixo: restos de comida, cascas de frutas etc.

Lixo inorgânico Papéis, vidros, plásticos, madeira, restos de construção etc., considerados imprestáveis.

Lixo triturado O lixo orgânico é triturado quando se pretende transformá-lo em composto orgânico, pois a eficiência do ataque de micro-organismos no processo de compostagem relaciona-se com o tamanho das partículas orgânicas: quanto menor a partícula, maior a eficiência.

Lixo urbano Resíduos recolhidos das residências, do comércio, de indústrias, escolas etc.

Locação Aluguel; arrendamento; demarcação de uma obra.

Locais de interesse turístico No Brasil, conforme definido na Lei nº 6.513, de 20 de dezembro de 1977, "consideram-se de interesse turístico as Áreas Especiais e os locais abaixo referidos, como os bens de valor cultural e natural, protegidos por legislação específica, e especialmente os bens de valor histórico, artístico, arqueológico ou pré-histórico; as reservas e estações ecológicas; as áreas destinadas à proteção dos recursos naturais renováveis; as manifestações culturais ou etnológicas e os locais onde ocorram paisagens notáveis; as localidades e os acidentes naturais adequados ao repouso e à prática de atividades recreativas, desportivas ou de lazer; as fontes hidrominerais aproveitáveis; as localidades que apresentem condições climáticas especiais; e outros que possam vir a ser definidos na forma desta Lei".

Local, no (in situ). Ensaios geotécnicos realizados no próprio local são mais confiáveis e representativos do que no laboratório, com amostras.

Lodo Mistura de água, terra e matéria orgânica formada no solo pelas chuvas ou acumulada no fundo dos mares, lagos, estuários etc. Também denomina-se lodo o sólido acumulado e separado dos líquidos, de água bruta ou de água residuária, durante o processo de tratamento de água para abastecimento ou de esgoto.

Lodo ativado É um processo de tratamento biológico aeróbio de águas residuárias. O esgoto, após passar por grades, caixas de remoção de areia e pelo clarificador primário, é lançado num tanque de aeração e agitação. Nesse tanque, uma biomassa cresce e flocula após a inclusão e a manutenção de uma concentração de oxigênio dissolvido (de 1 a 2 mg/ℓ). A biomassa é composta por bactérias do tipo zoogleia e outros micro-organismos que expelem enzimas exógenas e formam uma matriz de polissacarídeos, na qual se reúnem (flocos biológicos). A matéria orgânica finamente particulada ou dissolvida do líquido é adsorvida no floco, no qual ocorrem as reações bioquímicas de estabilização. Na unidade seguinte (clarificador ou clarificador secundário), o floco sedimenta e o lodo sedimentado é removido: uma parte é descartada (lodo secundário) e a maior parte é recirculada (lodo de retorno), e bombeada de volta ao tanque de aeração. Esse sistema fechado permite que a biomassa permaneça mais tempo no sistema do que a fase líquida, com reações bioquímicas de estabilização. Procura-se manter no tanque de aeração uma grande concentração de flocos (de 1.400 a 4.500 mg/ℓ de sólidos totais), o que aumenta a probabilidade de choque e adsorção da matéria orgânica no floco.

Lodo bruto Também chamado de lodo não digerido, é o lodo de esgoto removido dos tanques de sedimentação (clarificadores) antes da decomposição avançada.

Lodo com menos de 10% de umidade É o lodo que passou pelo processo de incineração ou de secagem térmica.

Lodo cru O mesmo que lodo bruto.

Lodo de esgoto Água residuária com 0,5 a 10% de teores de sólidos, contendo os sólidos removidos no processo de tratamento de esgoto.

Lodo de esgoto sanitário Ver *Lodo de esgoto*.

Lodo de lago Sedimentos depositados no fundo de lagos.

Lodo de reações químicas Material depositado no fundo das unidades onde ocorrem as reações químicas.

Lodo de retorno Ver *Lodo ativado*.

Lodo denso Lodo com alto teor de sólidos.

Lodo desaguado artificialmente Ver *Lodo desaguado ou torta*.

Lodo desaguado em filtro-prensa Ver *Lodo desaguado ou torta*.

Lodo desaguado em filtros Ver *Lodo desaguado ou torta*.

Lodo desaguado ou torta Pela consistência de sólido pastoso, o lodo desaguado é chamado de torta, e tem de 25 a 40% de teores de sólidos, de acordo com o tipo de equipamento ou método de desaguamento: leitos de secagem; centrífugas; filtros prensa (de esteira ou de placas); filtros a vácuo etc.

Lodo digerido Lodo estabilizado sob condições anaeróbias ou aeróbias, até o ponto em que os sólidos voláteis se reduzam, ou seja, quando os sólidos já estejam inofensivos e não putrescíveis.

Lodo digerido seco Lodo que passa pelo processo de digestão e secagem térmica.

Lodo em excesso ou lodo excedente No processo de tratamento de esgoto por lodos ativados, é o lodo a ser descartado do processo, para não haver concentrações excessivas de sólidos no tanque de aeração, porque dificulta a sedimentação no clarificador (decantador secundário).

Lodo fresco Lodo não digerido.
Lodo líquido O lodo de esgoto sanitário (com 0,5 a cerca de 10% de teor de sólidos) é considerado um líquido. Quanto maior o teor de sólidos, maior consistência e viscosidade. Com 10% até 15% de sólidos, o lodo muda aos poucos de um estado de líquido pastoso a uma torta ou sólido bastante úmido (15 a 40%).
Lodo intumescido O intumescimento do lodo ocorre pela presença excessiva de micro-organismos filamentosos (bactérias ou fungos) nos processos de lodos ativados. É um lodo que dificilmente sedimenta e se acumula na superfície dos clarificadores secundários.
Lodo primário Lodo removido dos clarificadores primários.
Lodo primário fresco Lodo primário não digerido.
Lodo recentemente sedimentado O mesmo que LODO FRESCO.
Lodo recirculado O mesmo que LODO DE RETORNO. Ver *Lodo ativado*.
Lodo secundário Ver *Lodo ativado*.
Lodo secundário fresco Lodo secundário não digerido.
Lodo sedimentado fresco Lodo não digerido, que fica no fundo dos clarificadores (decantadores) ou nas tubulações de descarte e de retorno.
Lodo sedimentado ou lodo de fundo Lodo no fundo dos clarificadores (decantadores).
Lodo séptico Lodo que entrou em processo de decomposição anaeróbia.
Lodo sinterizado – patente brasileira É o material resultante do tratamento térmico de lodos com temperaturas acima de 1.000°C.
Lodo terciário Lodo proveniente de processos terciários de tratamento de esgoto, como os processos de filtração por membranas, por exemplo.
Lodoso Com aspecto e consistência de lodo.
Loess Tipo de argila chinesa usada na fabricação de objetos de porcelana, formada de finas partículas de quartzo angulosas, em meio a um solo argiloso, de cor amarela pela presença de óxidos de ferro, e que, às vezes, contêm partículas calcárias.
Lona Tecido resistente, feito de linho grosso ou cânhamo, também de substâncias plásticas, usado para fazer sacos, velas de embarcações, coberturas provisórias etc.
Longarinas de escoramento Num escoramento de vala, são as vigas longitudinais que recebem a carga diretamente das pranchas e as transmitem às estroncas (vigas transversais).
Longevidade Vida longa.
Lote Parcela de terreno, urbano ou rural, de pequenas dimensões (até 1.000 m^2).
Lote de terra em loteamento Ver *Lote*.

Loteamento Forma de parcelamento de terras. A maioria dos municípios exige a abertura de ruas, a execução de pavimentação, redes de água, energia elétrica, esgoto e outras utilidades, parques e jardins etc., para oferecer uma condição urbana apropriada à construção de novas edificações.
Loteamento industrial No Brasil, é também denominado distrito industrial, no qual se projeta a subdivisão de uma gleba maior em lotes destinados a edificações exclusivamente industriais, com abertura e pavimentação de novas vias de circulação, e prolongamentos ou ampliação das existentes. Localiza-se a uma distância segura da área urbana.
Lotear terras Fazer o parcelamento de terras com a finalidade de comercializá-las.
Lótico No ambiente lótico, a água é doce e corrente, composto por rios, riachos, córregos etc.
Lubrificação Ato de lubrificar.
Lubrificante Óleo, grafite ou outra substância usada para lubrificar.
Lubrificar Tornar lúbrico ou escorregadio, para diminuir o atrito entre os corpos.
Lucro Ganho ou vantagem obtida em transações comerciais.
Lucro bruto Ganho ou vantagem total obtido em transações comerciais, incluídas as despesas.
Lucro líquido Ganho ou vantagem obtido em transações comerciais, excluídas as despesas.
Lugar de desembarque Ponto saliente, natural ou artificial, adjacente à costa, que permite o desembarque de um pequeno grupo de pessoas.
Luminescência Fenômeno físico que consiste na irradiação de luz em ambientes com temperaturas relativamente baixas.
Luva de união Peça utilizada em tubulações para fazer a união entre dois tubos ou entre tubos e conexões.
Luva flexível União que permite a expansão ou o deslocamento em determinados sentidos.
Luva rosqueada União com acoplamento por rosca.
Luz Claridade que torna os objetos visíveis.
Luz anódica Fenômeno luminoso que acompanha uma descarga elétrica em um gás sob certas condições de pressão e de distância entre os eletrodos.
Luz piloto – lâmpada ou chama A chama piloto é uma pequena fonte de chama de gás natural ou GLP, usada como fonte de ignição para uma fonte maior num forno ou aquecedor a gás. A luz piloto é colocada em painéis de controle (de veículos), que indica anomalias ou utilizações. Ex.: a luz piloto de falta de óleo acende para indicar essa anomalia.

Mm

Macacão para exposições Vestimenta específica para execução de trabalho com exposição à radiação, a produtos químicos etc.

Macaco hidráulico ou mecânico Dispositivo usado para levantar peso, acionado por mecanismos hidráulicos.

Macadame O termo é uma homenagem ao escocês Mac Adam, que propôs o método de reforço da base e sub-base de pavimentos de ruas e estradas, pela compactação de materiais granulares como pedra e areia, adensados por vibração e com água (macadame hidráulico), seguidos de materiais granulares, também adensados por vibração, sobre os quais são lançados produtos betuminosos a quente (macadame betuminoso).

Maçaneta Mecanismo para abertura das portas.

Macaréu ou pororoca Avanço de marés, enchentes em rios e estuários, caracterizado por um aumento muito rápido do nível d'água e no qual o avanço da água apresenta uma frente abrupta, às vezes de altura considerável. Ocorre em estuários rasos, nos quais a amplitude da maré é grande. No estuário do Rio Amazonas recebe o nome de pororoca.

Maçarico Dispositivo por onde sai o gás que alimenta a chama (mantida numa extremidade), nos processos de solda, derretimento de metais ou para manter chama em fornos.

Macerador Recipiente ou local onde se faz a maceração, isto é, introdução de uma substância sólida num líquido, para que se impregne de substâncias solúveis; ou imersão de uma peça anatômica num líquido para a remoção dos tecidos moles ou para deixá-la transparente; ou o amolecimento de um corpo por embebição.

Machado Instrumento cortante com cabo, para rachar madeira.

Macho Animal do sexo masculino.

Macho para abrir rosca Dispositivo para fazer roscas internas. Também conhecido como cossinete. Para roscas externas, usa-se a tarracha.

Maciço Compacto; sólido; que não é oco.

Maciço de barragem Corpo da barragem de terra, pedras ou de concreto.

Macroclima Compreende o clima geral das grandes regiões e zonas climáticas da terra, como resultado da situação geográfica e orográfica. O macroclima torna-se mesoclima quando aparecem modificações locais em algumas de suas características.

Macroelemento Na área da bioquímica, é qualquer elemento químico cuja necessidade diária para o corpo humano é maior do que 100 mg. Na área agronômica, os macroelementos ou macronutrientes são aqueles que as plantas necessitam em maior quantidade para o seu pleno desenvolvimento e produtividade, como: hidrogênio, carbono, oxigênio, nitrogênio, fósforo, potássio, cálcio, magnésio e enxofre.

Macrofauna Em biologia marinha e limnologia, é o conjunto dos animais que vivem no substrato dos ecossistemas aquáticos e que são visíveis a olho nu.

Macrófitas Grupo de plantas herbáceas que crescem na água, em solos cobertos por água ou em solos saturados de água. Incluem-se desde as macroalgas até as plantas vasculares. Algumas espécies são utilizadas nos sistemas de tratamento de efluentes denominado *wetlands*. Podem viver livres, enraizadas ou flutuantes, como é o caso do aguapé, a alface-d'água (*Pistia satratiotes*) e as plantas dos gêneros *Salvinia*, *Lemna* e *Azolla*. Para se manterem flutuantes, elas possuem o pecíolo (base da folha) cheio de tecido esponjoso. A azola, também chamada de murerê rendado, musgo-d'água ou pasta, é comum nos brejos e pântanos. Os pesquisadores estudaram sua aplicação na adubação verde dos arrozais, pois uma alga microscópica que vive nas folhas da azola retira nitrogênio do ar e pode torná-lo disponível para o arrozal. Entre as macrófitas aquáticas enraizadas, a taboa e o junco são espécies bem comuns nos brejos brasileiros. As plantas de aquário, como as dos gêneros *Elodea*, *Cabomba* e *Mayaca* enraízam, mas vivem completamente submersas. Há ainda as espécies de vida livre e que também crescem completamente submersas. Uma das mais comuns no Brasil é do gênero *Utricularia*, com várias espécies encontradas nos lagos e represas do Brasil. As plantas desse gênero apresentam uma peculiaridade que é a estrutura chamada utrículo, um tipo de armadilha que, quando desarmada, forma um turbilhão capaz de arrastar para dentro pequenos animais, que são digeridos.

Macrometeorologia É o estudo do tempo em larga escala, por observações superficiais, distanciadas de 200 km para cima, e da alta atmosfera.

Macro-organismo Organismo vivo, composto de um grande número de órgãos individuais, ou em outras palavras, qualquer organismo vivo que pode ser visto a olho nu.

Macroporo Nos solos, considera-se macroporo o vazio entre os grãos com dimensões maiores de 20 micra (20 µm). Um microporo tem dimensões menores de 0,1 µm e um poro capilar tem dimensões entre 0,1 µm e 20 µm.

Madeira Material para diversas utilizações, obtido com o corte das árvores.

Madeira compensada Tipo de madeira fabricada com finas placas de entalhes de madeira, na qual as camadas são coladas umas às outras, cada uma com as fibras perpendiculares às camadas adjacentes, para maior resistência.

Madeira petrificada São fósseis minerais, que ocorrem por um processo chamado de permineralização da madeira. Toda a matéria orgânica presente é substituída por minerais (na maioria das vezes um silicato de quartzo), porém, mantendo a estrutura original da madeira. Diferentemente de outros tipos de fósseis, que são tipicamente impressões ou compressões, a madeira petrificada é uma representação tridimensional do material de origem. O processo de petrificação ocorre no subsolo, quando a madeira fica enterrada sob os sedimentos e é inicialmente preservada em razão da falta de oxigênio que inibe a decomposição aeróbia.

Magnésio Elemento químico metálico, símbolo Mg, peso atômico 24,82 e número atômico 12. É empregado em liga com o alumínio. Outros usos incluem flashes fotográficos, pirotecnia e bombas incendiárias.

Magnetita Óxido de ferro magnético (Fe_3O), excelente minério de ferro.

Magnetoaerodinâmica Ver *Magneto-hidrodinâmica*.

Magneto-hidrodinâmica A magneto-hidrodinâmica (MHD) é a ciência que estuda os fenômenos de circulação em gases fortemente ionizados ou em líquidos de grande condutividade elétrica, na presença de campos magnéticos internos ou externos, conhecida pelos nomes: magnetofluidodinâmica, magnetodinâmica ou hidromagnetismo. Uma aplicação direta são os chamados geradores MHD, que produzem energia elétrica com a utilização de gases condutores de cargas elétricas que se deslocam em grandes velocidades. A novidade é o emprego do plasma, denominação do gás condutor de corrente elétrica. Os geradores MHD estão entre os conversores diretos, porque substituem o turbogerador em rotação dos sistemas dinâmicos por uma tubulação ou condutor em repouso; ou seja, não há peças móveis.

Magnificação biológica Ver *Bioacumulação*.

Magnitude do impacto ambiental Um dos atributos principais de um impacto ambiental é a grandeza do impacto em termos absolutos, definida como as medidas de alteração nos valores de um fator ou parâmetro ambiental, ao longo do tempo, em termos quantitativos ou qualitativos.

Mais-valia É a parte do valor criado pelo trabalho e que fica nas mãos dos capitalistas. Do valor total criado pelo trabalho, uma parcela é usada como capital variável, isto é, como meio para manter e reproduzir a força de trabalho, e a outra parcela é apropriada pelos capitalistas, constituindo o que se convencionou chamar de mais-valia, ou o lucro auferido no processo de produção.

Malatião É um inseticida organofosforado usado na medicina para o tratamento da pediculose (infestação de piolhos), e na agricultura, para o controle de pulgões.

Malha para cálculo de pressões e velocidades em redes de água As redes de água em formato de malha são calculadas pelo método de Hardy-cross.

Mamífero Animal que têm mamas ou que é alimentado com leite materno nos primeiros meses de vida.

Manancial O mesmo que fonte de água.

Manancial de água Qualquer corpo d'água, superficial ou subterrâneo, utilizado para o abastecimento humano, industrial ou animal, e na irrigação.

Mancal Dispositivo de ferro ou de bronze no qual giram os eixos de máquinas.

Mancal antifricção Ver *Mancal*.

Mandril Peça usada para alisar furos grandes em tarefas mecânicas.

Manejo Ação de manejar, administrar, gerir. Termo aplicado ao conjunto de ações destinadas ao uso de um ecossistema ou de um ou mais recursos ambientais, com finalidade conservacionista e de proteção ambiental. Esse termo, muitas vezes seguido do adjetivo sustentável ou integrado, é aplicado nas mais diversas áreas, como no manejo florestal, manejo de solos, manejo de fauna etc.

Manejo florestal Aplicação dos métodos comerciais de negócio e dos princípios da técnica florestal às operações de uma propriedade florestal.

Manganês Elemento químico metálico, símbolo Mn, peso atômico 54,93 e número atômico 25. É considerado um micronutriente das plantas. Supõe-se que o manganês ative a enzima fosfolipase, que participa da síntese dos fosfolipídeos, a partir de moléculas graxas mais simples. A deficiência de manganês diminui a fotossíntese, e o sintoma característico é a mancha na folha, ou o amarelecimento entre as nervuras. O manganês destrava o sistema enzimático (fosfolipase), para oferecer um envelope aos cloroplastos, no qual ocorre a fotossíntese. Sem fotossíntese não há crescimento e sem apropriada quantidade de manganês, a fotossíntese é limitada. A baixa disponibilidade para as plantas ocorre pela formação de precipitados, como MnO_2, com pH alto, sob condições de alta oxidação. A maior disponibilidade do manganês para as plantas ocorre entre pH 5 e 6,5. Abaixo do pH 5, o manganês é absorvido por óxidos ou pelos silicatos de ferro e alumínio, formando complexos insolúveis. Em condições normais, há bastante oxigênio nos solos, e aumenta o pH, que favorece a oxidação química e biológica do manganês. A disponibilidade do manganês está diretamente relacionada com o estado de oxidação, ou seja, quanto mais oxidado, ou com maior carga positiva, menos disponível se torna o manganês. Em alguns solos ácidos, encontram-se níveis tóxicos de manganês nos tecidos das plantas. A aplicação de calcário ajuda a mudar o pH para uma zona neutra, em que o manganês é menos solúvel e, portanto, menos disponível.

Manganobactérias Embora menos frequentes agem de maneira semelhante às ferrobactérias, oxidando o manganês solúvel em glóbulos insolúveis, que precipitam e produzem uma massa gelatinosa em meio aquático, capaz de causar entupimentos de tubulações. Ver *Ferrobactéria*.

Mangue Ver *Manguezal*.

Manguezal É um ecossistema litorâneo, em terrenos baixos, sujeitos à ação da maré, e localizado em áreas relativamente abrigadas, como baías, estuários e lagunas. É constituído de vasas lodosas de formação recente, com solos de areia ou de argila orgânica mole, aos quais se associa um tipo particular de flora e fauna.

Manilha cerâmica Usada na construção das redes de esgoto, com diâmetro de até 350 mm.

Manilha – tubo Tubo cerâmico utilizado para a condução de esgoto sanitário. Ver *Manilha cerâmica*.

Manilha vidrada Ver *Manilha cerâmica*.

Manômetro Instrumento ou dispositivo utilizado para medir a pressão.

Manômetro de mercúrio Nesse manômetro, o líquido manométrico é o mercúrio, cuja densidade é 13,6 (numa escala em que a água tem densidade 1).

Manômetro diferencial Mangueira ou tubo de vidro em formato de U, na qual se pode medir um diferencial de altura para equilibrar uma coluna de líquido manométrico, que pode ser o mercúrio, o tetracloreto de carbono etc.

Manual Relativo a mão; feito à mão; livro pequeno; compêndio.

Manuseio Ato de manusear.

Manutenção Ato ou efeito de manter algo em funcionamento. Pode ser classificada em preditiva, preventiva ou corretiva.

Manutenção de qualidade do ar Medidas de controle de indústrias, da circulação de veículos etc., para manter o ar nos padrões aceitáveis para a vida humana.

Manutenção da vida Criação de condições socio-econômicas e ambientais, para que a vida seja preservada.

Manutenção em períodos pré-programados Também conhecida como manutenção preditiva e/ou preventiva.

Mão francesa Espécie de braço ou cantoneira de ferro ou de madeira usado para sustentar beirais de telhado, caixas d'água, longarinas em escoramentos etc.

Mão de obra Trabalho manual do qual resulta um produto; despesa ou custo de construção de uma obra.

Mão de obra direta Faz diretamente determinado serviço. Ex.: o pedreiro que assenta os tijolos numa obra de edificação.

Mão de obra indireta Indiretamente necessária para que determinado serviço seja executado. Ex.: o auxiliar administrativo que faz a compra dos tijolos para que o pedreiro os assente.

Mão de obra qualificada Indivíduos com qualificação ou especialização num determinado tipo de serviço.

Mapa Representação gráfica (em planta), de um local, região ou país.

Mapa com curvas de nível Também conhecida como planta planialtimétrica, na qual a altimetria é representada por linhas de mesma altitude.

Mapa de hidroisopletas Ver *Isopleta*.

Mapa de superfície piezométrica Teoricamente, a superfície piezométrica representa a superfície que une todos os pontos os quais o nível d'água alcançaria, caso não estivesse confinado por uma camada impermeável ou semi-impermeável. Nas regiões onde esta superfície está acima do nível do terreno ocorre o chamado artesianismo jorrante. Esta superfície pode ser representada, em mapa, por curvas de mesma pressão de água.

Mapa ou carta temática Na escala escolhida, desenhos sobre um fundo topográfico ou geográfico representam dados geográficos, geológicos, de uso do solo, demográficos, econômicos etc., visando ao estudo, à análise e à pesquisa dos temas, no seu aspecto espacial.
Mapa piezométrico Ver *Mapa de superfície piezométrica*.
Mapa pluviométrico O mesmo que mapa de alturas de chuva.
Mapa topográfico Mostra as dimensões em relevo de uma área através de curvas de nível.
Mapeamento Representação cartográfica de informações ou dados sobre um ou mais fatores ambientais.
Mapeamento aéreo Execução ou auxílio na execução de um mapa com fotos aéreas.
Maquete do relevo do terreno É uma representação tridimensional, em escala reduzida, de um local, loteamento ou obra a ser construída, com a reprodução do relevo do terreno.
Máquina Equipamento destinado a desencadear, manter movimento ou aproveitar energia de um agente natural, visando a uma determinada finalidade (princípio geral de transformação de energia).
Máquina hidráulica Bombas, turbinas que usam a energia da água para executar trabalho.
Mar calmo ou banzeiro Mar relativamente calmo, com ondas pequenas e rugosas e com um período muito curto.
Mar cruzado Estado confuso e irregular do mar, pelos diferentes grupos de ondas de diversas direções provocadas por ventos locais.
Mar de morros Definição do geógrafo francês Pierre Deffontaines para as colinas dissecadas, que formam verdadeiros níveis na zona das Serras do Mar e da Mantiqueira. Um mar de morros é um conjunto de morros de formas arredondadas, em diferentes altitudes, como por exemplo, na paisagem do médio Paraíba (Rio Paraíba do Sul, em São Paulo).
Marca das preamares Marca de referência feita sobre uma estrutura, indicando o nível máximo das marés ou cheias.
Marceneiro Profissional especializado em executar serviços de precisão com madeira: móveis, instalações, forros etc.
Marco de referência Peça de concreto enterrada no chão, com a ponta superior visível, dotada de uma chapa metálica, que demarca um ponto, conhecido em coordenadas geográficas e altitude e serve como apoio para locar obras.
Marco ou sinal Objeto visível, natural ou artificial, posicionado em terra ou próximo a ela, que serve para a orientação. Quando situado no mar, é chamado de *seamark* em inglês.
Maré Elevação ou fluxo (preamar). É o abaixamento ou refluxo (baixa-mar) das águas nos oceanos e grandes lagos, de ocorrência periódica e resultante da ação gravitacional da lua e do sol sobre a Terra.
Maré atmosférica Variação da altura da atmosfera, que ocorre devido à ação gravitacional da lua e do sol, de maneira análoga à que se produz nos mares.
Maré baixa Nível mínimo de uma maré vazante.
Maré composta Maré composta por vários fatores, que ocorre em águas rasas.
Maré de apogeu Maré de menor amplitude, que ocorre quando a Lua se encontra no apogeu, isto é, no ponto de sua órbita mais afastado da Terra.
Maré de dupla vazante Corrente de maré vazante com dois picos de velocidades máximas, separados por um intervalo de velocidades menores.
Maré de perigeu Maré de maior amplitude, que ocorre quando a Lua se encontra no perigeu, isto é, no ponto de sua órbita mais próximo da Terra.
Maré de quadratura Quando o Sol e a Lua formam com a Terra um ângulo reto, como quando a Lua está em quarto crescente ou quarto minguante, a maré é mais baixa do que a normal, chamada de maré de Quadratura, ou maré de Águas Mortas.
Maré de sizígia Na lua nova e cheia, o efeito das marés lunares e solares somam-se, produzindo uma grande amplitude, caracterizada pelas maiores marés altas e as menores marés baixas.
Maré diurna Maré com uma preamar e uma baixa-mar por dia.
Maré dupla Preamar ou baixa-mar com dois picos de alturas próximas, separados por um intervalo de tempo.
Maré enchente Período entre uma baixa-mar e uma preamar sucessivas, quando a altura da maré aumenta.
Maré eólia ou eólica Alteração nos níveis da maré prevista na Tábua de Marés, por efeito de ventos. Ver *Maré meteorológica*.
Maré meteorológica É a diferença entre a maré observada e aquela prevista pela Tábua de Marés. As causas desse fenômeno são as variações da pressão atmosférica e a troca de momento linear entre o vento e a água, causando níveis mais baixos ou mais altos do que os previstos na Tábua. O fenômeno conhecido como res-

saca, é acompanhado de uma maré meteorológica intensa. Para que ocorram extremos de maré meteorológica, o vento deve soprar paralelamente à costa e o fenômeno terá sua intensidade máxima, pelo efeito de rotação da terra, que "empurra" a água para a esquerda, da direção do vento no Hemisfério Sul.

Maré morta Ver *Maré de quadratura*.

Maré negra Termo usado pelos ecologistas para designar as grandes manchas de óleo provenientes de vazamentos que ocorrem, acidentalmente ou por descuido, nos terminais de óleo e navios petroleiros, e que poluem grandes extensões da superfície dos oceanos.

Maré vazante Período entre uma preamar e uma baixa-mar sucessivas, quando a altura da maré diminui.

Maré vazante máxima É a corrente de maré vazante na hora de sua maior velocidade.

Maré vermelha É um desequilíbrio natural, mas suspeita-se que, muitas vezes, pode ter origem antrópica, pelo lançamento excessivo do nutriente fósforo (principalmente dos detergentes) nas águas dos mares. Ocorre pela proliferação ou bloom de um tipo de plâncton de cor avermelhada e que costuma causar mortandade de peixes.

Marégrafo Instrumento que registra automaticamente a altura das águas do mar.

Marégrafo automático Aparelho que registra automaticamente a subida e a descida das marés. Alguns aparelhos registram as alturas em intervalos regulares, enquanto outros registram de forma contínua.

Marégrafo de pressão Marégrafo que se baseia na mudança de pressão do fundo de uma porção d'água, devida às subidas e descidas da maré.

Maregrama Registro gráfico da subida e descida das marés. É uma curva na qual o tempo é representado nas abcissas e as alturas das marés, nas ordenadas.

Marés de perigeu Maré com amplitudes maiores que ocorrem mensalmente quando a lua está em perigeu (ponto mais próximo da terra).

Marés equatoriais Ocorrem semimensalmente, como resultado da presença da lua sobre o Equador, a qual produz um desequilíbrio diurno mínimo na maré.

Marés equinociais Marés que ocorrem perto do tempo dos equinócios.

Marga Calcário friável que contém sílica, fosfato de cálcio ou argila. O mesmo que greda.

Marga argilosa Calcário argiloso ou argila com maior ou menor teor de calcário.

Marga lacustre Marga argilosa formada pela deposição de material no fundo de lagos.

Marina É o conjunto de instalações necessárias aos serviços e comodidades dos usuários de um pequeno porto para embarcações de recreio. É uma área abrigada e equipada de atracadores, flutuadores e boias, para pequenas embarcações.

Marna O mesmo que marga.

Marnéis São pré-concentradores de sal, em valas de infiltração abertas paralelamente a lagunas ou enseadas; em braços de água barrados com diques; ou em braços de lagoa de pouca profundidade, barradas pelos salineiros com diques de terra. Têm comportas para dar entrada às águas ou esgotá-las após as chuvas.

Marola Mar agitado; onda impetuosa.

Marta Mamífero carnívoro, cuja pele é muito apreciada para fazer casacos.

Martelete pneumático Dispositivo utilizado para romper concreto, asfalto e/ou rochas decompostas, através de um sistema de ar comprimido que age sobre a ferramenta de corte.

Martelo Instrumento de ferro com cabo de madeira, destinado a bater, quebrar e cravar pregos.

Máscara de oxigênio Dispositivo que possibilita o fornecimento individual de oxigênio. Nas aeronaves, é usado quando há despressurização; nos hospitais, para doentes com problemas respiratórios.

Máscara de proteção Dispositivo individual de proteção contra inalação de gases nocivos ou de germes. As indústrias podem ter filtros especiais, com ar mandado, conjunto autônomo com cilindros de ar acoplados etc.

Mascaramento Ato de disfarçar com máscara, de dissimular, de ocultar.

Massa Quantidade de matéria de um corpo.

Massa anisotrópica Que não conserva as mesmas características em todas as direções. Por exemplo, um solo bem compactado é uma massa anisotrópica com relação ao coeficiente de permeabilidade, ocorrendo diferenças entre a permeabilidade no sentido vertical e no horizontal.

Massa de água de escoamento superficial Parcela da chuva que escoa superficialmente.

Massa de zoogleia Biomassa ou flocos nos reatores biológicos aeróbios, com bactérias heterotróficas decompositoras da matéria orgânica, do tipo zoogleia. As bactérias Zoogleia ramigera, cujas colônias produzem grande massa gelatinosa, tinham importância no processo biológico. Posteriormente, verificou-se que, em meio de cultura como o esgoto, inúmeras outras bactérias podem participar da formação de flocos. Assim, verificou-se que a floculação está mais relacionada com as condições de vida ou o estado fisiológico das bactérias. A massa bacteriana de natureza coloidal e suas atividades metabólicas proporcionam os fenômenos de floculação.

Massa específica A massa específica (μ) de uma substância é a razão entre a massa (m) de uma quantidade da substância e o volume (V), ou seja: μ = m V. No SI (Sistema Internacional), a unidade é o kg/m^3.

Massa solidificada É um volume de rocha sedimentar, no qual algum tipo de cimento mineral preencheu os vazios entre os grãos, provocando a solidificação da massa.

Massapé Solo argiloso formado pela decomposição dos calcários cretáceos, quase sempre de cor preta, bom para o cultivo de cana-de-açúcar.

Mata Ver *Floresta ou mata*.

Mata Atlântica Área com um milhão de quilômetros quadrados que se estende ao longo das encostas e serras da costa atlântica brasileira, desde uma pequena extremidade no sudoeste do Estado do Rio Grande do Norte, passando pelos Estados da Paraíba, Pernambuco, Alagoas, Sergipe, Bahia, Espírito Santo, Minas Gerais, Rio de Janeiro, São Paulo, Paraná, Santa Catarina, até uma faixa estreita no Estado do Rio Grande do Sul, com uma grande variação de latitudes (desde 6º até cerca de 30º ao sul do equador). As florestas tropicais úmidas que cobriam essa imensa faixa estão hoje reduzidas a 4% de sua cobertura original. Na Constituição Federal de 1988, a Mata Atlântica foi considerada patrimônio nacional, e condicionou-se a utilização de seus recursos naturais à preservação e proteção do meio ambiente.

Mata ciliar ou mata de galeria Ver *Floresta ou mata ciliar*.

Matadouro Lugar onde se abatem bovinos, ovinos, suínos, aves etc. em escala industrial, para venda e consumo.

Matéria coloidal Aquela com partículas cujas dimensões estão entre 10^{-3} e 1 mícron.

Matéria em suspensão Sólidos com partículas de dimensões acima de 1 mícron, ou seja, ficam retidas num filtro cuja bitola tem em torno de 1 mícron.

Matéria não sedimentável São partículas solúveis, coloidais e finamente particuladas, de uma água, e que, individualmente, não têm peso suficiente para sedimentar.

Matéria orgânica Seres vivos, ou em processo de decomposição, que contêm o elemento carbono.

Matéria Orgânica Biodegradável – MOB É o percentual de matéria orgânica de um efluente, passível de ser decomposto por ação de micro-organismos, em condições ambientais. É medido por ensaio de demanda bioquímica de oxigênio (DBO), expressa em termos de concentração (mg de O_2/ℓ) ou de carga (kg de DBO/dia).

Matéria orgânica dissolvida Parcela da matéria orgânica que passa pelo filtro com bitola de 1 mícron.

Matéria orgânica do solo São todos os elementos vivos e não vivos do solo que contêm compostos de carbono. O húmus é uma parte dos elementos não vivos. Os elementos vivos, cerca de 3%, do total são raízes de plantas, minhocas, formigas, cupins, ácaros, bactérias e fungos. Os outros 97% são elementos não vivos, como restos de plantas em diferentes estágios de decomposição e húmus.

Matéria orgânica em decomposição Parcela da matéria orgânica morta, atacada por micro-organismos decompositores.

Matéria sobrenadante Sólidos do liquor sobrenadante.

Matéria volátil Aquela que é volatilizada quando colocada a temperaturas de 600°C.

Materiais com radioatividade natural Há radioatividade em maior ou menor grau em quase todas as substâncias naturais. O granito, o fosfogesso, o café torrado, e a castanha-do-pará têm uma radioatividade mais alta do que as demais.

Material particulado em suspensão Material carreado pelo ar, composto de partículas sólidas e líquidas de diâmetros que variam de 20 micra até menos de 0,05 mícron. Segundo alguns autores, podem-se identificar mais de vinte elementos metálicos na fração inorgânica dos poluentes particulados. A fração orgânica é mais complexa, por conter um grande número de hidrocarbonetos, ácidos, bases, fenóis, e outros componentes.

Material perigoso Resíduos perigosos são da classe 1 da NBR-10.0004/2004, e apresentam riscos à saúde pública e ao meio ambiente, exigindo tratamento e disposição especial, em função da: inflamabilidade, corrosividade, reatividade, toxicidade ou patogenicidade.

Material persistente É todo material que, ao ser abandonado intencionalmente ou não, no meio ambiente, prejudica os ecossistemas. Por exemplo, redes e fios de pesca, sacos e embalagens de plástico ou alumínio, placas de madeira ou ferro, bitucas de cigarros etc. Alguns orgânicos persistentes são: a celulose e a lignina, os

produtos químicos como o DDT, o ácido trifluoracético e muitos outros.
Material poroso Material com vazios entre os grãos. Como exemplo, pode-se citar o concreto, a cerâmica, o solo etc.
Matéria-prima Que serve para fabricar alguma coisa.
Mato Terreno não cultivado em que crescem plantas agrestes.
Matriz de interação É uma das alternativas dos métodos de avaliação de impacto ambiental. Consiste na elaboração de matrizes que dispõem, em um dos eixos, os fatores ambientais e, no outro, as ações realizadas para a implantação de um projeto. Nas quadrículas definidas pela intercecção das linhas e colunas, assinalam-se os prováveis impactos diretos de cada ação sobre cada fator ambiental. Assim, identifica-se o conjunto de impactos diretos gerados pelo projeto, destacando-se os efeitos de cada ação e a soma das ações que se combinam para afetar um determinado fator ambiental.
Matriz de zoogleia Ver *Massa de zoogleia*.
Matupá É uma espécie de ilha ou pedaço de barranco flutuante, que se desprende das margens dos rios e é levada pela corrente. É coberta de vegetação e conhecida também por periantã.
Maturação Ato de maturar; estado de amadurecido.
Maturação biológica Para alguns, a maturação biológica refere-se a uma série de processos, estudados separadamente para formular uma teoria. Para outros, tais processos são complexos e ocorrem em diferentes níveis da organização biológica, desde a molecular, celular até o organismo todo.
Maturação do lodo Relacionada com o lodo que já passou pelo processo de digestão aeróbio ou anaeróbio.
Maturidade sexual Idade em que o indivíduo está pronto para ter relações sexuais, para reproduzir.
Mau tempo Tempo chuvoso, tempestuoso, de ventos fortes; nevasca.
Meandro Sinuosidade.
Mecânica das rochas Inclui os estudos relativos ao comportamento físico e mecânico das rochas e maciços rochosos e a aplicação desse conhecimento para o melhor entendimento de processos geológicos e no campo da engenharia.
Mecânica dos fluidos Área de estudo que se subdivide em estática (estuda os esforços nos fluidos quando não existe movimento relativo entre as porções de fluido) e dinâmica (estudo do movimento e deformações nos fluidos), provocada por esforços de cisalhamento.

Mecânica dos solos Envolve os estudos teóricos e práticos do comportamento dos solos, conforme a solicitação da Engenharia.
Mecânica quântica É o estudo dos sistemas físicos com dimensões próximas ou abaixo da escala atômica, como moléculas, átomos, elétrons, prótons e outras partículas subatômicas. A teoria quântica generaliza a mecânica clássica e fornece descrições exatas para muitos fenômenos, como a radiação de corpo negro e as órbitas estáveis do elétron.
Mecanismo Disposição das partes constitutivas de um equipamento, de uma máquina.
Mecanismo de desenvolvimento limpo Estabelecido pelo Protocolo de Quioto, permite que a redução das emissões de gases de efeito estufa, resultantes de projetos promova a sustentabilidade do desenvolvimento em países não incluídos no Anexo I (países em desenvolvimento), seja utilizada por países industrializados para atingir parte de seus compromissos de redução, mediante pagamento. Ver *Comércio de emissões*.
Média aritmética É obtida dividindo-se a soma dos valores observados pelo número deles.
Média estatística É uma propriedade das amostras, que auxilia os estatísticos nas delimitações do comportamento probabilístico. Na maior parte dos casos refere-se ao comportamento médio da população, representativo dos diversos, obtidos na amostragem. Quanto mais prevalecente um determinado comportamento (a preferência pelo chocolate, por exemplo) mais peso terá na determinação do comportamento médio.
Média ponderada Nos cálculos de média aritmética simples, todas as ocorrências têm a mesma importância, e pode-se afirmar que elas têm o mesmo peso relativo. Há casos em que as ocorrências têm importância relativa diferente, então, o cálculo da média deve levar em conta tal peso relativo. No cálculo da média ponderada, multiplica-se cada valor do conjunto por seu "peso", isto é, por sua importância relativa, e divide-se pela soma dos pesos.
Mediação É uma das maneiras de negociar a solução de problemas e conflitos de interesse quanto ao uso e à proteção dos recursos ambientais. Também é usada para promover a participação social e melhorar a eficácia do processo de avaliação de impacto ambiental, quando há interesses antagônicos entre os grupos sociais afetados pelo projeto. O principal objetivo é facilitar acordos e evitar ações judiciais. Inclui um mediador, que não tem autoridade para impor um acordo, mas é trei-

nado e hábil para ajudar as partes a resolver suas diferenças.

Mediana Na teoria da probabilidade e estatística, é uma medida de tendência central, um número que caracteriza as observações de uma determinada variável de forma que a mediana de um grupo de dados ordenados separa a metade inferior da amostra, população ou distribuição de probabilidade, da metade superior. Ou seja, metade da população terá valores inferiores ou iguais à mediana e a outra metade da população terá valores superiores ou iguais à mediana.

Mediana da amostra Ver *Mediana*.

Mediana da vazão de um rio Ver *Mediana*.

Medicamento Substância que se aplica ou que se prescreve; remédio.

Medição Ato ou efeito de medir, de tomar a medida de.

Medição de descarga Ato de medir vazões.

Medição de ruído Ato de medir a intensidade do ruído.

Medição de vazão Ver medição de descarga.

Medicina Ciência que atenua ou cura as doenças dos seres humanos.

Medicina veterinária Ciência que atenua ou cura as doenças dos animais.

Médico O profissional preparado para exercer a medicina.

Medida de peso equivalente a 2240 LBF ou tonelada longa Medida da força peso: uma LBF = 1 libra força equivale a 0,453 kgf (quilogramas-força). Assim, 1 long ton pesa cerca de 1.015 kgf.

Medidas compensatórias Medidas tomadas pelos responsáveis pela execução de um projeto, destinadas a compensar impactos ambientais negativos, como custos sociais que não podem ser evitados ou uso de recursos ambientais não renováveis.

Medidas corretivas Medidas que têm o objetivo de remover o poluente do ambiente, e restaurar o ambiente que sofreu degradação. Compreende os impactos ambientais de empreendimentos instalados.

Medidas mitigadoras Ações destinadas a prevenir impactos negativos ou reduzir sua magnitude. A maioria dos danos ao meio ambiente, quando não podem ser evitados, só podem ser mitigados ou compensados. Compreende os impactos identificados e que vão acontecer em função do empreendimento a ser instalado.

Medidas preventivas Medidas destinadas a prevenir a degradação de um componente do meio ambiente ou de um sistema ambiental.

Medidor Pessoa ou equipamento que realiza medidas.

Medidor Geiger Ver *Detector Geiger*.

Medidor Parshall Ver *Calha Parshall*.

Megalópole Equivale ao termo conurbação. Designa uma grande área contínua e construída, na qual vivam mais de 10 milhões de pessoas.

Meia-vida Em termos de radioisótopos, é o tempo necessário para desintegrar metade da massa do isótopo, que pode ocorrer em segundos ou em bilhões de anos, conforme o grau de instabilidade do radioisótopo. Ex.: 100 kg de um material de meia-vida de 100 anos; depois de 100 anos, há 50 kg de material. Mais 100 anos e há 25 kg, e assim sucessivamente.

Meia-vida biológica É um parâmetro farmacocinético que verifica o tempo necessário para que metade da massa de uma substância seja removida do organismo por um processo químico ou físico.

Meio ambiente ou ambiente Em biologia, sobretudo na ecologia, inclui todos os fatores que afetam o metabolismo, o comportamento de um ser vivo ou de uma espécie, incluindo a luz, o ar, a água, o solo (chamados fatores abióticos) e os seres vivos que habitam nesse ambiente e os que recentemente deixaram de viver constituem o meio ambiente biótico. Tanto o meio ambiente abiótico quanto o biótico atuam um sobre o outro para formar o meio ambiente total dos seres vivos e dos ecossistemas.

Meio de cultura Em biologia, é uma substância nutritiva, geralmente de consistência pastosa ou líquida, na qual se cultivam tecidos ou micro-organismos.

Meio filtrante A filtração é utilizada para separar um sólido de um líquido ou de um fluido em suspensão, pela passagem do líquido ou fluido através de um meio filtrante, ou seja, um meio poroso capaz de reter as partículas sólidas. Para cada finalidade há um meio filtrante diferente.

Meio poroso Ver *Meio filtrante*.

Meio-fio de rua Guia situada no limite entre a rua e a calçada.

Melaço Líquido viscoso resultante da centrifugação ou decantação no processo de fabricação de açúcar. Contém açúcares redutores e parte de sacarose não cristalizada. É utilizado na fermentação para produzir álcool, em especial o etanol; como matéria-prima para fabricar cachaça, rum, e fermentos biológicos.

Melhoramento Benfeitoria; progresso.

Membrana Millipore Tipo de membrana filtrante, utilizada no controle microbiológico de águas e bebidas, em testes de esterilidade de produtos farmacêuticos ou para monitorar a qualidade microbiológica do ar de áreas críticas.

A empresa Millipore comercializa diversos tipos de membrana, uma para cada finalidade.

Membrana superficial da água Fenômeno mais conhecido como tensão superficial na água, ocorre também em outros líquidos, porque as moléculas do interior do líquido são atraídas em todas as direções pelas moléculas vizinhas e, por isso, a resultante das forças que atuam sobre cada molécula é praticamente nula. As moléculas da superfície sofrem apenas atração lateral e inferior. Essa força para o lado e para baixo cria a tensão na superfície, que faz com que ela se comporte como uma película ou membrana elástica.

Mercado Define-se em função da oferta e da procura. Existe mercado quando compradores dispostos a trocar dinheiro (moeda), por um bem ou serviço encontram vendedores desejosos de trocar bens ou serviços por dinheiro.

Mercadologia Sinônimo de comercialização ou de marketing. É o conjunto de atividades que orientam o fluxo de bens e serviços do local onde são gerados para os consumidores ou usuários. É o conjunto de técnicas coordenadas que permitem a uma empresa conhecer o mercado potencial para determinado produto, com a finalidade de maximizar o volume de vendas.

Mercúrio Elemento químico metálico, líquido, símbolo Hg, peso atômico 200,61 e número atômico 80. Também conhecido como azougue. Muito usado como líquido manométrico em medidores de pressão do tipo tubo em U, em medidores de temperatura (termômetros). É um elemento potencialmente tóxico, altamente volátil, responsável por casos de contaminação de pessoas no mundo todo (ribeirinhos de diversos rios da Amazônia, pescadores da Baía de Minamata, no Japão). O mercúrio causa sérios danos ao sistema nervoso central e, em certos casos, a morte.

Mergulhador Aquele que mergulha; pessoa que trabalha debaixo da água; ave da família dos Anatídeos.

Mergulhar Submergir; afundar.

Mergulho Ato de mergulhar.

Meromítico Diz-se do lago onde ocorre estratificação térmica e nos quais as camadas estratificadas raramente se misturam até o fundo.

Mésico O mesmo que mesológico. Conceito que atribui ao meio as consequências de algum fenômeno. Ex.: alguns autores atribuem ao meio em que vivem determinados indivíduos o fato de eles se tornarem delinquentes ou criminosos.

Mesoclima Diferencia-se do macroclima pelas modificações locais em algumas de suas características. O clima geral pode estar modificado de forma local por diversos aspectos da paisagem, como o relevo, a altitude das cidades etc.

Mesófilo Parte média da folha; parênquima. Micro-organismos que se desenvolvem numa faixa ótima de temperatura entre 25 a 40°C.

Mesolímnio O mesmo que metalímnio, ou termoclina. Camada de água em lagos com estratificação térmica, situada entre a camada mais quente e superficial (epilímnio) e a camada mais fria e profunda (hipolímnio). Essa camada (metalímnio) caracteriza-se pela grande variação de temperatura.

Mesotrofia Estado de transição entre oligotrofia (não eutrofizado) e eutrofia (eutrofizado), ou seja, ocorrência relacionada com a carga de nutrientes presentes em corpos de água represados ou lagos.

Mestre-encanador Profissional especializado em fazer encanamentos.

Meta Marco; limite; barreira; alvo; gol.

Metabolismo Conjunto de fenômenos químicos e físico-químicos responsáveis pela assimilação (anabolismo) e desassimilação (catabolismo) das substâncias necessárias à vida dos animais e dos vegetais.

Metabolismo animal Ver *Metabolismo*.

Metabolismo celular Ver *Metabolismo*.

Metacentro Ponto que determina a estabilidade dos corpos flutuantes.

Metais alcalinos São os elementos do Grupo 1A da Tabela Periódica, e constituem uma família ou uma série química formada pelos metais: lítio (Li), sódio (Na), potássio (K), rubídio (Rb), césio (Cs) e frâncio (Fr). Têm esse nome porque reagem facilmente com a água e formam hidróxidos (substâncias básicas ou alcalinas), liberando hidrogênio. Esses metais também reagem facilmente com o oxigênio, produzindo óxidos.

Metais alcalinoterrosos São os elementos químicos do grupo 2A da Tabela Periódica, que formam uma família ou uma série química: berílio (Be), magnésio (Mg), cálcio (Ca), estrôncio (Sr), bário (Ba) e rádio (Ra). Este último apresenta vida média muito curta. O nome alcalinoterroso provém do nome que seus óxidos recebiam: terras e pelas propriedades básicas (alcalinas). São metais de baixa densidade, coloridos e moles. Reagem com facilidade com halogênios e formam sais iônicos; com a água (não tão rapidamente como os metais alcalinos) formam hidróxidos muito básicos. São todos sólidos.

Metais leves São de baixa densidade: alumínio (Al), lítio (Li), sódio (Na), magnésio (Mn), e reagem facilmente com a água, formando hidróxidos.

Metais pesados Segundo a ABNT, são metais que podem ser precipitados por gás sulfídrico em solução ácida: chumbo, prata, ouro, mercúrio, bismuto, zinco e cobre. Os ambientalistas preocupam-se com os elementos que, a partir de certas concentrações, podem tornar-se tóxicos aos seres vivos (homens, animais e plantas), e acumula-se na cadeia alimentar. Alguns órgãos ambientais (como a Environmental Protection Agency dos EUA, por exemplo) preocupam-se com os seguintes elementos: arsênio, cádmio, cobre, cromo, chumbo, mercúrio, molibdênio, níquel, selênio e zinco. No entanto, alguns desses metais, em pequenas concentrações, são essenciais à nutrição de plantas, homens e animais.

Metal Elemento ou substância simples, de brilho próprio, bom condutor de calor e de eletricidade. Em meio líquido e sob certas condições, libera cátions, ou seja, na eletrólise, os íons se dirigem para o polo negativo.

Metalímnio Ver *Mesolímnio*.

Metalúrgica Local onde se aplicam os tratamentos físicos e químicos sobre os minérios para extrar os metais. Local onde se aplica qualquer tipo de transformação nos metais para fabricar peças e/ou dispositivos metálicos.

Metamorfismo hídrico Processo que transforma ou recompõe a mineralogia de um solo ou de uma rocha por ação das águas (transporte, deposição, mineralização e outros fenômenos).

Metamorfose Transformação, mudança de forma ou de estrutura na vida de insetos e batráquios.

Metano Gás combustível (fórm. CH_4), componente do gás do pântano ou de qualquer decomposição anaeróbia da matéria orgânica, na proporção de 60 a 70%. Sob certas condições de proporção ar/metano, é chamado de grisu e se torna autoexplosivo.

Metanobactérias A digestão anaeróbia de compostos orgânicos é considerada um processo de dois estágios: no primeiro, um grupo de bactérias facultativas e anaeróbias, denominadas formadoras de ácidos ou fermentativas, convertem os orgânicos complexos em compostos mais simples. Os compostos orgânicos complexos como carboidratos, proteínas e lipídios são hidrolisados, fermentados e biologicamente convertidos em materiais orgânicos mais simples, principalmente ácidos voláteis. No segundo estágio ocorre a conversão dos ácidos orgânicos, gás carbônico e hidrogênio, em produtos finais gasosos: o metano e o gás carbônico. Essa conversão é efetuada por um grupo de bactérias denominadas formadoras de metano, metanogênicas ou metanobactérias, estritamente anaeróbias. As bactérias metanogênicas dependem do substrato fornecido pelas acidogênicas, configurando uma interação comensal. Como as bactérias metanogênicas são responsáveis pela maior parte da degradação do resíduo, a sua baixa taxa de crescimento e de utilização dos ácidos orgânicos é o fator limitante no processo de digestão. As bactérias metanogênicas produzem um gás insolúvel (o metano), possibilitando a remoção do carbono orgânico do ambiente anaeróbio, e utilizam o hidrogênio, favorecendo o ambiente para que as bactérias acidogênicas fermentem compostos orgânicos com a produção de ácido acético, convertido em metano.

Metanol Também conhecido como álcool metílico (CH_3OH), é líquido, inflamável, possui chama invisível, e funde-se a cerca de –98°C. Pode ser produzido pela destilação de madeiras ou pela reação do gás de síntese, gás natural de origem fóssil (uma mistura de H_2 com CO) passando sobre um catalisador metálico a altas temperaturas e pressões. Pode ser produzido a partir da cana-de-açúcar. O metanol é um solvente industrial, pois dissolve alguns sais melhor do que o etanol. É utilizado na indústria de plásticos, na extração de produtos animais e vegetais, e como solvente em reações farmacológicas, como no preparo de colesterol, vitaminas e hormônios. É também a matéria-prima na produção de formaldeído e no processo de transesterificação da gordura para produzir biodiesel. Inalado, causa irritação nas membranas das mucosas. Tem efeito tóxico no sistema nervoso, particularmente no nervo óptico. Os sintomas da exposição incluem dor de cabeça, náusea, vômito, cegueira, coma e até a morte. Ingerido, é altamente tóxico. Pode causar intoxicação e cegueira. Dose fatal: 100 a 125 mℓ.

Metassomatismo Em geologia, é o processo de alteração e/ou transformação química de uma rocha, pela ação de fase fluida reagente, resultando em entrada e/ou saída significativa de componentes químicos da rocha, com modificação de seus minerais (reações metassomáticas). A rocha transformada chama-se metassomatito. Muitas vezes, os processos metassomáticos ocorrem sobre rochas mais reativas, como calcários, mas podem se dar em qualquer tipo de rocha desde que ocorra conflito geoquímico entre fluido e rocha e em condições termodinâmicas adequadas para as reações de substituição de minerais. Os ambientes preferenciais de metassomatismo são regiões de falhas, de chaminés vulcânicas, de encaixantes de intrusivas ricas em fluidos como: sienitos alcalinos etc., permeadas por fluidos H_2O e/ou CO_2, F, Cl, B etc., muito aquecidos.

Meteorização Alteração mecânica e física das rochas, pela ação dos agentes atmosféricos, como parte inicial do processo de intemperismo. É um processo de desintegração física e química de rochas e minerais, de caráter muito complexo, que varia com a profundidade e com a intensidade dos agentes envolvidos. Ver *Intemperismo*.

Meteorógrafo Instrumento para fazer observações meteorológicas. Aquele que escreve sobre meteoros.

Meteorologia Ramo da física que estuda os meteoros, os fenômenos atmosféricos, o tempo.

Meteorologia dinâmica Trata dos movimentos atmosféricos e sua evolução temporal, e sua abordagem baseia-se nas leis da Mecânica dos Fluidos e da Termodinâmica Clássica. É a base dos atuais modelos atmosféricos de previsão do tempo nos principais centros de previsão dos países desenvolvidos. Sua principal ferramenta são os computadores. Com a sofisticação dos métodos de análise e previsão do tempo, a distinção entre a Meteorologia Sinótica e Dinâmica está diminuindo.

Meteorologia sinótica Relaciona-se com a descrição, análise e previsão do tempo. Na sua origem, baseava-se em métodos empíricos desenvolvidos na primeira metade do século XX, seguindo a implantação das primeiras redes de estações que forneciam dados simultâneos (isto é, sinópticos) do tempo sobre grandes áreas. Atualmente utiliza os conhecimentos gerados pelas diversas disciplinas da meteorologia, em especial a meteorologia dinâmica.

Metilorange Substância química usada como indicador em operações de titulação. A sua faixa de pH de atuação varia de 3,1 a 4,6. Acima de 3,1 tem a coloração vermelha e abaixo de 3,1, laranja.

Método Ordem seguida na investigação da verdade, nos estudos científicos ou na busca de um determinado fim.

Método ad hoc Ver *Ad hoc*.

Método analítico A Química Analítica identifica ou quantifica espécies ou elementos químicos. Utiliza métodos padronizados (receita de procedimentos ou métodos analíticos), que permitem a identificação ou quantificação e respostas compatíveis com a finalidade pretendida, mesmo na presença de outros componentes e interferentes na matriz da amostra.

Método da carga de ensaio Usado no teste de fundações, consiste em executar a fundação e testá-la antes de construir a obra sobre ela, com determinado valor de carga, medindo deformações ou recalques. Também chamado Prova de carga.

Método de amostragem Maneira de fazer uma coleta de amostras para obter um resultado confiável (representatividade, não contaminação etc.).

Método de análise espectroquímica Ver *Espectrometria*.

Método de Hardy-Cross Usado nos projetos de rede de distribuição de água em circuito fechado (ou malhadas), para determinar o sentido e as velocidades nos diversos trechos, e as pressões nos nós ou pontos de encontro entre eles.

Método de irrigação por escoamento superficial Ver *Irrigação superficial por superfície ou por gravidade*.

Método de rebaixamento de lençol freático por ponteira filtrante Ver *Abaixamento do nível do lençol freático*.

Método de referência Método de amostragem ou de análise laboratorial de poluentes que, a critério do órgão ou instituição oficial competente, forneça respostas para a comparação das amostras e dos resultados da análise com os respectivos padrões de qualidade.

Método do caminho crítico Usado na elaboração de planejamento de obras, com o cronograma PERT-CPM. O caminho crítico não tem folgas. As atividades não podem ser atrasadas em relação ao cronograma previsto, sob pena de atraso geral da obra.

Método fotométrico Ver *Fotometria*.

Método gravimétrico Ver *Gravimétrico ou gravimetria*.

Método ou técnica Delphi Criado nos EUA, nos anos 1950, é usado para assessorar diversos tipos de tomada de decisão, em que é necessário prever, de forma rápida, implicações futuras de uma ação ou empreendimento complexo, e serve também para coletar informações a custos reduzidos. São feitas consultas a especialistas, que devem responder a uma pequena série de questionários. As respostas são intercambiadas para a interação e o consenso das opiniões dos especialistas.

Método padrão É aquele cujos resultados podem ser comparados, ou seja, nos estudos científicos, usam-se métodos padronizados, para que outros possam reproduzir os mesmos estudos.

Método racional Utilizado na estimativa de vazões de pequenas bacias (até 100 ha). A fórmula utilizada é $Q = C \cdot I \cdot A$, na qual Q é a vazão, I é a intensidade da chuva para um determinado tempo de duração e para um determinado tempo de recorrência, e A é a área de drenagem da bacia.

Método titrimétrico É baseado na operação de titulação de uma solução por outra, cujas características devem ser perfeitamente conhecidas. Apesar de serem técnicas relativamente antigas, elas representam economia e confiabilidade nos laboratórios mais modestos, e são utilizadas na identificação da grande maioria de agentes químicos.

Metodologia Tratado dos métodos; arte ou ciência de direcionamento para obter a verdade dos fatos, para o ensino de uma disciplina, para obter dados científicos etc.

Métodos de Avaliação de Impactos Ambientais (AIA) São métodos adequados a cada situação, a critério da equipe, para coletar, analisar, comparar e organizar informações e dados sobre os impactos ambientais de um projeto ou empreendimento. Incluem os meios para a apresentação escrita e visual dessas informações ao público e aos responsáveis pela tomada de decisão.

Metro Unidade padrão de comprimento. A atual definição foi estabelecida por uma comissão internacional de pesos e medidas, em 1983: o metro é o comprimento do percurso da luz no vácuo, em 1/299.792.458 segundos, ou seja, a velocidade da luz é de 299.792.458 metros por segundo.

Metro linear Ver *Metro*.

Metro por segundo Medida padrão de velocidade.

Mexilhão Nome popular dos moluscos lamilibrânquios, da família dos Mitilídeos.

Micela Estrutura globular formada por um agregado de moléculas surfactantes, ou seja, compostos com características polares e apolares simultaneamente, dispersos em um líquido que constitui um das fases de um coloide. São estruturas globulares, que podem ser elipsoides, cilíndricas e em camadas. Seu formato e tamanho é função da geometria molecular dos surfactantes, e das condições da solução: concentração, temperatura, pH e força iônica. As partículas variam de 0,1 a 0,001 micra de diâmetro em soluções coloidais, e ficam em constante e errático movimento, chamado browniano, pela repulsão entre elas por causa das cargas elétricas. A formação de micelas ocorre apenas a partir de uma concentração mínima chamada de concentração micelar crítica. Com a formação de micelas, várias propriedades físicas da solução são afetadas, como viscosidade, condutividade elétrica, tensão superficial e pressão osmótica.

Micobactéria São grupos de bacilos finos, estritamente aeróbios, diferentes das demais bactérias principalmente pela quantidade e tipos de lipídeos que acumulam na parede celular.

Micorriza Trata-se de uma associação mutualista (não patogênica) entre certos fungos do solo e as raízes da planta que, através da fotossíntese, fornece energia e carbono para a sobrevivência e multiplicação dos fungos, enquanto eles absorvem nutrientes minerais e água do solo, transferindo-os para as raízes da planta. O efeito benéfico mais marcante da micorriza é a maior eficiência no crescimento das plantas, mediante o aumento da absorção de nutrientes menos solúveis, como fósforo, zinco e cobre, resultando em plantas mais nutridas e vigorosas, com mais resistência às condições ambientais adversas.

Micróbio ou micro-organismo Organismo microscópico ou de tamanho muito pequeno, como as bactérias, as algas, os fungos, os protozoários, os rotíferos etc.

Microbiologia Estudo ou tratado dos micro-organismos.

Microbiologia aquática Estudo dos micro-organismos de vida aquática.

Microbiologia do solo Estudo dos micro-organismos que vivem no solo.

Microbiota Conjunto formado pela microfauna e microflora de um ambiente.

Microclima Clima próximo do solo. Refere-se a uma área de menores proporções, como uma rua, uma praia, uma casa ou um compartimento. Está inserido no mesoclima e no macroclima, e apresenta diferenças em certas características. Pode ser dividido em tantas classes quanto são os tipos de superfície.

Microclimatologia Estudo do microclima.

Microcrivo Espécie de peneira de pequena bitola usada em laboratórios para separar da água: sólidos suspensos, sedimentos, algas, ovos de vermes etc. O tamanho dos furos (bitola do microcrivo) deve ser especificado para cada uso particular.

Microelemento ou elemento traço É um elemento que ocorre em plantas e animais em pequenas concentrações, nas faixas de 10^{-6} a 10^{-12} por grama de tecido úmido e requerido nas dietas em concentrações de 0,1 a 400 mg/kg. São microelementos: arsênio, cobre; cobalto; cromo; ferro; flúor; Iodo; magnésio; manganês;

molibdênio; selênio; silício e zinco. Alguns elementos traços são necessários em quantidades muito reduzidas, e dispensa-se sua inclusão nas dietas, pois ocorrem em quantidades suficientes nos macronutrientes, na água, ou como impurezas nos suplementos minerais.

Microfauna e microflora Ver *Microbiota*.

Micrófilo É aquele que gosta de coisas pequenas, de coisas insignificantes. Em botânica, o micrófilo é uma folha pequena, ou filamento sem vascularização ou vascular simples, sem interstício, folhas associadas ao traço.

Micrófito Vegetal microscópico.

Microflora Flora constituída por vegetais microscópicos.

Microfone capacitivo Também conhecido como microfone condenser, usa o princípio de um capacitor variável, que consiste em um diafragma montado perto de uma placa fixa. Uma carga elétrica polarizada fixa é mantida entre a placa e o diafragma e, conforme ele se move com a pressão sonora, a voltagem entre a placa e o diafragma varia analogamente. Esse microfone tem alta sensibilidade e menor saturação de sinal.

Microfone de pressão Apresenta uma única superfície exposta à fonte sonora, e o sinal de saída corresponde à pressão sonora instantânea que atinge a cápsula.

Microfone dinâmico Consiste em um diafragma fino acoplado a uma bobina móvel dentro de um campo magnético. Quando o som atinge o diafragma, este se move para dentro e para fora, e o movimento da bobina dentro de um campo magnético produz uma variação de corrente na bobina (e uma variação de tensão em seus terminais) análoga à variação da pressão que atua no diafragma. O microfone dinâmico tem pouca sensibilidade, mas é fácil de usar, pois não requer alimentação elétrica e, por isso, é preferido para uso ao vivo.

Microfone eletreto Atualmente, a carga polarizada, usada na maioria dos microfones capacitivos é implantada com um eletreto pré-polarizado, uma camada carregada permanentemente na placa ou na parte posterior do diafragma, o que dispensa a polarização por meios externos, usada somente nos microfones de estúdio da mais alta qualidade.

Microfone piezoelétrico Também conhecido como cerâmico ou cristal, gera uma força eletromotriz a partir da deformação de um cristal. O cristal tem características piezoelétricas, ou seja, eletricidade por pressão.

Micrometeorologia É o ramo da meteorologia que se dedica ao estudo dos escoamentos atmosféricos de escala temporal inferior a uma hora, e espacial inferior a 1.000 m. Entre os fenômenos tratados pela micrometeorologia estão: a turbulência atmosférica; a dispersão de gases na atmosfera; a dinâmica e termodinâmica da Camada Limite Planetária; os fluxos de energia (momento e massa entre as superfícies e a atmosfera) e a modelagem numérica da turbulência e da Camada Limite Planetária.

Mícron A milionésima parte do metro ou a milésima parte do milímetro. O seu plural é micra.

Micronutriente Nutriente necessário às plantas, em pequenas quantidades. A vida e todo o processo de crescimento dos vegetais dependem dessa pequena molécula metalorgânica. Todo micronutriente é um ativador metabólico, que age como chave para que determinadas enzimas da planta ou da semente sejam ativadas. São considerados micronutrientes para as plantas os seguintes elementos: manganês (Mn), zinco (Zn), ferro (Fe), cobre (Cu), boro (B) e Molibdênio (Mo). Existem também os micronutrientes funcionais: sódio (Na), vanádio (V), cobalto (Co), silício (Si) e cloro (Cl). Em termos de maior solubilidade dos micronutrientes, ou seja, de pH 5 (exceto o molibdênio), os micronutrientes podem estar em excesso, ou seja, em níveis tóxicos para as plantas. Quando o nível de micronutrientes é alto, deve-se fazer a calagem do solo para pH 6,8. Se houver pouco micronutriente, deve-se levar para pH 6,5. Também pode ocorrer deficiência de micronutrientes quando, no campo, ocorrerem as seguintes condições: elevado teor de matéria orgânica (>6%); elevados teores de fósforo, com baixos níveis de micronutrientes; elevado teor de areia no solo; solos extremamente secos; compactados e com pH acima de 7 (exceto para o molibdênio). A raiz alimenta a planta da forma mais eficiente com cada elemento, quando há disponibilidade de pH 5 a 6. As radicelas criam na água do solo ao seu redor um ambiente ácido, e as raízes de algumas plantas são mais hábeis do que outras. Tal ambiente proporciona aos micronutrientes maior capacidade de assimilação, motivo pelo qual, às vezes se observam duas variedades crescendo lado a lado, uma com deficiência e a outra não.

Micro-ondas Também designadas SHF (*Super High Frequency*), ondas eletromagnéticas com comprimentos de onda maiores do que dos raios infravermelhos, mas menores do que o comprimento de onda de rádio, variando de 10 cm (3 GHz de frequência) a 1 mm (30 GHz de frequência). É uma tecnologia usada em

fornos domésticos para cozimento de alimentos.
Microporo Poros de dimensões micrométricas.
Microquímica A tecnologia microquímica surgiu no início dos anos de 1990, voltada ao estudo de processos de engenharia química e aos princípios dos microequipamentos e microssistemas. Por causa da pequena dimensão dos microrreatores, as áreas superficiais específicas aumentam, e o efeito de superfície se intensifica e os fenômenos de transporte (vazão, transferência térmica e transferência de massa), levam a aumentos nas taxas de transferência, que excedem de duas a três ordens de grandeza aquelas dos equipamentos de tamanho convencional.
Micro-organismo O mesmo que micróbio.
Micro-organismo aquático Aquele de vida aquática.
Micro-organismo de solo Que vive no solo.
Micro-organismo marinho Que vive no mar.
Microscopia Conjunto de estudos e observações microscópicos. A aplicação dos microscópios.
Microscopia eletrônica Estudos e observações através de microscópios eletrônicos, que permitem observar objetos com tamanhos de 0,002 a 0,1 micra (2×10^{-9} a 1×10^{-7} m).
Microscópio Instrumento para observar objetos microscópicos. O microscópio óptico é constituído de um sistema convergente de curto foco, chamado objetiva, e de outro sistema convergente chamado ocular, com o mesmo eixo principal em relação à objetiva e que desempenha o papel de lente em relação à imagem. Permite observar objetos de tamanhos de 10 a 200 micras (1×10^{-5} a 2×10^{-4} m).
Migração Deslocamentos coletivos periódicos de espécies humanas ou animais), mais ou menos prolongados no tempo e/ou no espaço, em busca de situações favoráveis, provocados pela combinação de um estímulo externo com um estímulo interno. Esses deslocamentos implicam um gasto energético compensado no comportamento migrador.
Migração capilar Diz-se, por exemplo, da ascensão da água de lençol freático do solo para as regiões acima da superfície freática, passando pelos vazios do solo por efeito capilar.
Migração de peixes A mais simples migração consiste no deslocamento dos adultos entre dois sítios principais: o de alimentação e o de reprodução. Algumas espécies apresentam migrações mais complexas, por incluírem um terceiro sítio: o de refúgio. A migração é denominada reprodutiva quando ocorre em direção ao sítio de reprodução. A migração alimentar ou trófica ocorre em direção ao sítio de alimentação. A direção da migração, se a jusante (descendente) ou a montante (ascendente), depende das condições locais. A migração reprodutiva, por exemplo, pode ser descendente ou ascendente. No Brasil, as pessoas estão mais familiarizadas com a piracema, que é a migração reprodutiva ascendente. Os peixes de piracema são muito importantes para a nossa cultura e economia, pois a grande maioria dos peixes de valor para pesca é de piracema como o surubim, o dourado, o curimba, o pacu, o jaú, a piramutaba, entre outros.
Migração vertical A migração vertical se dá nos oceanos, no sentido da profundidade (vertical), para a obtenção de alimentos, a reprodução e também como refúgio contra predadores.
Milha náutica Milha náutica, milha geográfica ou milha marítima é uma unidade de comprimento equivalente a 1.852 m.
Milha terrestre Unidade inglesa de comprimento equivalente a cerca de 5.280 pés ou 1.609 m.
Miligramas por litro – mg/ℓ Medida usual de concentração em peso de substâncias por litro de um líquido.
Milimícron A milésima parte do mícron, ou seja, 1 milimícron corresponde a 10^{-9} m.
Mina Escavações feitas no solo para extrair minérios, combustíveis, água etc. Em tempo de guerra bomba colocada no solo ou na água para destruir invasores da área minada.
Mineração Exploração e beneficiamento de minérios.
Mineração com jatos de água ou mineração hidráulica Forma de escavação baseada na desagregação e transporte do solo escavado pela ação de jatos de água.
Mineração por operação hidráulica Ver *Mineração com jatos de água*.
Mineração superficial Quando os minérios são extraídos na superfície do solo ou da rocha.
Mineral Qualquer substância inorgânica que se encontra naturalmente na litosfera.
Mineral argiloso Forma genérica de denominação dos minerais secundários silicatados e dos minerais oxídicos de ferro e alumínio. Os minerais secundários são formados pela desintegração e alteração dos minerais primários através do intemperismo. Constituem a fração mais fina do solo – as argilas.
Mineralização ou estabilização Processo pelo qual elementos combinados em forma orgânica, como o nitrogênio, o fósforo etc., presentes em proteínas ou aminoácidos provenientes de

organismos vivos ou mortos, ou sintéticos, são reconvertidos em formas inorgânicas, e voltam a ser úteis ao crescimento das plantas, recomeçando um ciclo biogeoquímico. A mineralização de compostos orgânicos ocorre através da oxidação e metabolização por animais vivos, os micro-organismos heterotróficos.

Mineralogia Parte da geologia que estuda os minerais.

Minério Substância mineral retirada das minas e da qual se pode extrair industrialmente um determinado produto comercial metálico ou não.

Minério de ferro São rochas a partir das quais se obtém o ferro de maneira economicamente viável. O ferro encontra-se sob a forma de óxidos, como a magnetita e a hematita ou como um carbonato, a siderita.

Mínima enchente anual Nível mínimo de um corpo d'água durante o ano.

Mínima vazão mensurável por um hidrômetro Conforme a vazão nominal, todo hidrômetro de transmissão magnética ou mecânica possui uma faixa inferior de medição, em que os erros de medição são maiores, em função da sensibilidade do medidor. Por exemplo, uma caixa d'água domiciliar provoca uma amortização das vazões de consumo, então, a perda por sensibilidade também é função do consumo, pois quanto menor o consumo, menores serão as vazões, e maiores as perdas.

Mirmecófito É um tipo de planta que vive em associação (possivelmente simbiótica) com uma colônia de formigas. Muitas vezes possui órgãos especializados nos quais as formigas habitam.

Mixobactérias Aquelas que vivem em ambientes com muita matéria orgânica em decomposição. Secretam substâncias que matam outras bactérias, das quais elas se alimentam.

Mixotrófico Ambiente caracterizado por médias quantidades de produção e influxo de matéria orgânica total.

Modelo É a representação simplificada de uma realidade, expressa em termos físicos (modelo físico), ou matemáticos (modelo matemático). Visa facilitar a descrição, a compreensão do funcionamento atual e do comportamento futuro de um sistema, fenômeno ou objeto.

Modelo de Leontief Usado em macroeconomia.

Modelo determinístico Modelo matemático no qual o estado de um sistema é definido por causas que se podem determinar e identificar, e descrito sem recorrer a elementos probabilísticos.

Modelo estocástico Modelo matemático que incorpora elementos probabilísticos. As variáveis respondem a uma distribuição específica, sem oferecer soluções únicas, mas uma distribuição de soluções associadas a uma probabilidade, segundo uma determinada distribuição de probabilidades.

Modelo hidráulico Diz-se do estudo feito em modelos reduzidos, como auxílio ao dimensionamento de obras, cujo comportamento hidráulico é considerado complexo demais para ser feito apenas por fórmulas empíricas ou científicas.

Modelo matemático É uma representação ou interpretação simplificada da realidade, ou uma interpretação de um fragmento de um sistema, segundo uma estrutura de conceitos mentais ou experimentais. O modelo só apresenta uma visão ou cenário de um fragmento e, para estudar um determinado fenômeno complexo, criam-se vários modelos. Os modelos matemáticos são utilizados em todas as áreas científicas, como na biologia, química, física, economia, engenharia e na matemática pura.

Modelo reológico Leva em conta as propriedades reológicas de um fluido não newtoniano. Este, diferentemente dos fluidos newtonianos, não apresenta viscosidade constante, que varia com a magnitude das tensões de cisalhamento a que o fluido está submetido e é chamada de viscosidade aparente. Os modelos mais utilizados são de Bingham; de Ostwald; de Waale; de Herschell-Buckley; de Casson; e de Robertson-Stiff.

Modelos de simulação É uma das alternativas de método de avaliação de impacto ambiental, empregado na elaboração de planos de gestão ambiental. São modelos matemáticos dinâmicos, destinados a representar a estrutura e o funcionamento dos sistemas ambientais, explorando as complexas interdependências entre os fatores físicos, biológicos e socioeconômicos a partir de um conjunto de hipóteses ou pressuposições.

Moderação Comedimento; diminuição; afrouxamento; prudência; mediania.

Moderação de nêutrons Técnica baseada na perda de energia dos nêutrons rápidos (com energia entre 1 e 10 MeV) que, através de choques com os núcleos de outros elementos, são transformados em nêutrons térmicos (com energia < 0,1 MeV). A obtenção de nêutrons térmicos ocorre pela desaceleração de nêutrons com energias maiores que, em contato com diversos tipos de materiais, perdem parte de sua energia devido ao choque com núcleos pesados e médios, por colisões elásticas, e núcleos leves, por colisões inelásticas. Esse fenômeno é conhecido como termalização. O hidrogênio é um bom moderador de nêutrons rápidos e, por isso, uma das aplicações dessa técnica determina a umidade dos solos.

Modificação de clima Esse termo é mais conhecido como mudança climática e refere-se à variação do clima em escala global ou dos climas regionais da Terra, ao longo do tempo. Inclui as mudanças de temperatura, precipitação, nebulosidade e outros fenômenos climáticos comparados com as médias históricas. As mudanças alteram as características climáticas de maneira a mudar a classificação didática, de acordo com a classificação do clima de Köppen, ou de Thornthwaite ou de Martonne. Estas alterações podem ser causadas por processos internos ao sistema Terra/atmosfera, por forças externas naturais (como, por exemplo, variações na atividade solar) ou pelo resultado da atividade humana. Ver *Efeito estufa*.

Modificação de processo A modificação de processo nas indústrias procura melhor resposta do processo de fabricação quanto à minimização de resíduos, produção mais limpa etc.

Modulação Ato ou efeito de modular. Na música, é a mudança de um modo, ou de um tom para outro.

Módulo Quantidade que se toma como unidade de qualquer medida. Pode-se referir a uma parte de um todo, um subconjunto, um módulo de um sistema, ou seja, uma parte bem definida de um sistema.

Módulo de compressibilidade ou de elasticidade volumétrica Expressa a compressibilidade dos fluidos. Sempre que um fluido é submetido a um acréscimo de pressão (ΔP), o seu volume original (V) tende a diminuir, ocorrendo uma variação negativa de volume ($-\Delta V$). O módulo de compressibilidade (B) é definido como a relação: $B = -[\Delta P/(\Delta V/V)]$.

Módulo de elasticidade Também conhecido como módulo de Young (E), é um parâmetro mecânico que proporciona uma medida da rigidez de um material sólido. É definido pela relação entre a tensão ou pressão (F/A) exercida sobre o material e a deformação unitária ($\Delta L/L$) sofrida, ou seja: $E = (F/A \div \Delta L/L)$, em que L é a extensão inicial e ΔL é o incremento de extensão sofrido pelo material, por efeito da pressão exercida.

Módulo de rigidez O módulo de cisalhamento de um material (G), algumas vezes chamado de módulo de rigidez ou módulo de torção, é definido como a razão entre a tensão de cisalhamento aplicada ao corpo e a sua deformação específica: $G = [(F/A)/(\Delta H/H)] = [(F \cdot H)/(\Delta H \cdot A)]$, em que F/A é a tensão de cisalhamento aplicada, e $\Delta H/H$, a deformação ocorrida.

Módulo de Young O mesmo que módulo de elasticidade.

Moer Triturar; esmagar; reduzir a pó.

Mofo ou bolor Camada biológica de fungos formada sobre superfícies úmidas, com matéria orgânica, visível a olho nu e com odor característico.

Moinho Equipamento usado para moer.

Moinho a martelos Nas indústrias cerâmicas, tipo de equipamento usado na moagem (diminuição do tamanho dos grãos) de argilas duras em estado seco, ou com baixa umidade. Sua eficiência é maior quando a argila estiver mais dura e petrificada.

Moinho de vento Dispositivo que usa a energia do vento para moer.

Mola Dispositivo metálico que confere impulso, resistência, fixação ou amortecimento em equipamentos e outros dispositivos.

Moldura Caixilho para guarnecer e/ou embelezar quadros, estampas etc.

Molécula-grama Massa molecular de uma substância, expressa em gramas.

Moléstia O mesmo que doença.

Moléstia de veiculação hídrica Doença de transmissão hídrica.

Moleza da água A moleza da água, assim como a dureza, está relacionada com a presença de sais de cálcio e de magnésio, expressos em termos de concentração (em mg/ℓ) de carbonato de cálcio ($CaCO_3$) nessa água. A água é considerada mole quando a concentração está numa faixa entre 0 e 135 mg/ℓ de $CaCO_3$. Ver *Dureza da água*.

Molhabilidade Capacidade de ser molhado ou umedecido.

Molhar ou molhagem Ato de banhar, de umedecer.

Molhe Muro que avança pelo mar ou quebra-mar, no qual o lado protegido é usado como cais para desembarque. Para os britânicos, molhe é sempre uma ligação com a terra.

Molibdênio Elemento químico metálico, símbolo Mo, peso atômico 96 e número atômico 42. É considerado um micronutriente para os vegetais. Sua falta acentua a diminuição nos teores de duas vitaminas na planta: ácido ascórbico e niacina. Em geral, as plantas não são capazes de utilizar o nitrogênio se houver carência de molibdênio. Na presença da enzima redutase de nitrato, ativada pelo molibdênio, o nitrato é convertido em amônia, que se une aos compostos de carbono por um sistema enzimático ligado ao cobre, para sintetizar aminoácidos. Quando há carência de molibdênio na planta, é produzida pouca amônia, elevando-se o teor de açúcar. A solubilidade do molibdênio aumenta com o pH, o contrário do que acontece com a maioria dos outros metais. Abaixo do pH 5, o molibdênio é inativado, com a formação de molibdatos de ferro e alumínio. Na faixa intermediária, o aumento da alcalinidade favorece a oxidação para o sal MoO_4 solúvel.

Molinete Instrumento para medir a velocidade da água nos rios.

Molusco Espécie do reino animal que compreende os animais de corpo mole, sem vértebras nem articulações. Alguns são envolvidos por conchas que os protege de predadores, como ostras, caracóis e lesmas. Um molusco problemático é o caramujo transmissor da esquistossomose.

Moluscocida Substância que mata moluscos.

Momento de inércia Ver *Raio de giro*.

Momento dipolar Grandeza vetorial resultante do produto da carga elétrica de um dos polos pela distância entre os dipolos. O vetor é orientado do polo positivo para o polo negativo. Quando se conhece o vetor momento dipolar, é possível determinar a geometria de um composto. Por exemplo, o dióxido de carbono tem geometria linear por possuir momento dipolar nulo. O carbono é o polo positivo, enquanto o oxigênio possui polo negativo. No caso da água, o vetor momento dipolar apresenta um módulo de $1,7 \times 10^{-18}$ D, o que permite concluir que ela é uma molécula polar, que forma um ângulo de 105° entre os átomos de hidrogênio.

MONB – Matéria Orgânica Não Biodegradável É o percentual de matéria orgânica em um efluente, não biodegradável ou pouco suscetível à decomposição por ação de micro-organismos, nas condições ambientais ou em condições pré-estabelecidas.

Monção Vento que sopra em direções opostas, conforme a estação do ano. Vento favorável à navegação.

Monitoração, monitorização ou monitoramento Coleta, armazenamento e análise de parâmetros medidos ou de observações sistemáticas e comparáveis em um espaço de tempo e visando a um propósito predeterminado, de maneira a se ter uma visão abrangente ou uma amostra representativa do fenômeno que se estuda.

Monitoragem de emissão Coleta de dados de medição para verificar se determinada emissão de poluentes atinge ou ultrapassa os valores limites.

Monitoramento Ver *Monitoração, monitorização ou monitoramento*.

Monitoramento de impactos ambientais É o processo de medições e análises repetidas, no tempo e no espaço, de um ou mais elementos ou indicadores da qualidade ambiental, após o início da implantação de um projeto, atendendo aos programas pré-estabelecidos à avaliação de impactos ambientais do projeto, para acompanhar o que foi estimado a respeito dos impactos das ações sobre o meio ambiente.

Monitoramento do meio ambiente É o processo de medições e análises repetidas, no tempo e no espaço, de um ou mais elementos ou indicadores ambientais, com finalidades predeterminadas.

Monitoramento ou amostragem contínua Ver *Monitoração, monitorização ou monitoramento*.

Monitorar Acompanhar em detalhes; tomar decisões para a realimentação de um sistema proposto.

Monocotiledônea O mesmo que planta endógena, grupo de plantas que apresentam um cotilédone na semente.

Monocromador Dispositivo usado para pintura com uma só cor.

Monocultura Cultivo de uma só espécie de planta numa determinada região ou país. Esse sistema é extremamente instável, por estar sujeito a pressões econômicas na venda do produto. Ao mesmo tempo, o cultivo torna-se vulnerável à competição, às doenças, às pragas, ao parasitismo, à depredação e a outras ações negativas.

Monoespecífico O termo relaciona-se a ambientes propícios a determinadas espécies, ou a soros específicos para tratar de doenças causadas por agentes específicos. Por exemplo: num aquário comunitário, podem-se colocar várias espécies de plantas e de peixes, mas um aquário monoespecífico abriga só uma espécie, cujas necessidades devem ser levadas em conta ao se instalar o aquário.

Monografia Dissertação acerca de um ponto particular de uma área ou assunto.

Monolito Bloco único de pedra ou de concreto. É também um tipo de estrutura costeira, na qual suas partes são solidárias, de modo a atuarem como se fossem um único bloco.

Monomítico Diz-se dos lagos ou represas, cujas águas superficiais e profundas se misturam naturalmente apenas uma vez por ano.

Monopólio Tráfico; exploração; posse; direito ou privilégios exclusivos; compra de empresas concorrentes ou açambarcamento de mercadorias, com a finalidade de manter exclusividade

de vendas e, assim, manipular os preços, por falta de concorrência.
Monóxido de carbono Ver *Gás carbônico*.
Montador Aquele que faz a montagem ou a ordenação, preparação e ajustamento de peças de um móvel, dispositivo ou equipamento para que funcione.
Montanha Montanha ou monte é um acidente geográfico de altitude superior a uma colina, embora não exista uma altitude específica para essa diferenciação.
Montanha submersa no mar Montanha submersa tem altura superior a 900 m.
Montante É a direção oposta ao sentido da corrente d'água, ou lugar situado acima de outro, tomando-se como base de comparação a corrente fluvial que passa na região. O ponto a montante é aquele que está mais próximo das cabeceiras de um curso d'água, enquanto o de jusante está mais próximo da foz. No caso de redes de esgoto sanitário, ou de drenagem pluvial, o ponto a montante é o de altitude maior do que o referencial. O ponto a montante está sempre mais alto do que o ponto a jusante.
Monte Elevação de terra maior do que a montanha. O monte mais alto do mundo é o Everest, na cadeia do Himalaia, com cerca de 9.000 m de altura.
Monte ou elevação submersa Tipo de elevação submersa, de formato arredondado.
Montículo O mesmo que outeiro, pequeno monte.
Montmorilonita Mineral ocorrente na fração argila dos solos, composto de silicato de alumínio, magnésio e cálcio hidratado. Sua fórmula química é $(Na,Ca)_{0,3}(Al,Mg)_2 Si_4O_{10}(OH)_2 \cdot nH_2O$. A exemplo da ilita, as argilas montmorillonítícas não são aconselháveis para compor a base de rodovias. De composição e geometria semelhantes, são formadas por uma unidade de gibsita entre duas de sílica, superpostas indefinidamente. A interação (união) entre as duas camadas de silício é fraca, e permite a penetração de água entre elas, que produz alterações volumétricas (expansão/retração) sob o efeito da variação da umidade do solo. A ilita difere na composição da montmorillonita pelos íons de potássio entre as camadas de sílica (espaço intercélulas), por isso, menos expansiva e menos instável do que a montmorillonita, porém mantém um grau de incompatibilidade com obras rodoviárias.
Monumento arqueológico ou pré-histórico Jazida ou sítio de qualquer natureza, origem ou finalidade que apresente testemunhos da cultura de povos da antiguidade, como por exemplo, dos paleoameríndios do Brasil, que incluem relíquias como sambaquis, montes artificiais ou tesos, poços sepulcrais, jazigos, aterrados, estearias e outras de significado, segundo os arqueólogos.
Monumento natural Região, objeto ou espécie viva de animal ou planta, de interesse estético ou valor histórico e/ou científico, aos quais é dada proteção, com o fim de conservação. No Brasil, pode ser motivo para que se determine que uma região, um objeto, ou uma espécie isolada torne-se monumento natural inviolável, excetuando as pesquisas científicas autorizadas pelas autoridades, ou as inspeções oficiais.
Moraina Acumulação colinosa de detritos rochosos glaciais malclassificados dos lados ou à frente de uma geleira.
Morbidade ou morbidez Medida do número de pessoas enfermas ou de casos de uma doença em relação à população em que ocorre, independentemente de sua evolução, ou seja, da cura, dos casos de morte ou de sua cronicidade.
Mordente Em química, é um preparado que reúne tinta, cola, alúmen e outras substâncias. Utilizado como agregado ao tingimento de tecidos, tem a função específica de manter a durabilidade da cor, resistindo mais às lavagens e à exposição ao sol. Pode ter origem vegetal, como o tanino (substância extraída da seiva de algumas plantas, hoje também sintetizada) ou mineral com o alúmen (pedra-ume).
Moreia Também conhecida como mocreia, é um tipo de peixe, dotado de ossos, anguiliforme, da família dos murenídeos (*Muraenidae*). Sua principal característica é o corpo longo e cilíndrico. Há cerca de 200 espécies distribuídas por 15 gêneros, das quais a maior pode medir 4 m de comprimento. Habita cavidades rochosas, é carnívora e detecta a presa através de um sentido olfativo apurado. Não tem escamas e, para se proteger, algumas espécies segregam um muco que contém toxinas. A maior parte não tem barbatanas peitorais e pélvicas.
Morena lateral Ver *Moraina*.
Morena na base de uma geleira Ver *Moraina*.
Morena terminal Ver *Moraina*.
Morena, em geologia Ver *Moraina*.
Morfologia Tratado sobre as formas que a matéria pode tomar.
Morfometria de lago Medidas de comprimento, profundidade, largura de lagos.
Moribundo Agonizante; que está para morrer.
Morsa O termo em inglês *vise* refere-se a um dispositivo mecânico que serve para fixar peças,

para desenvolver trabalhos manuais como limar, cortar, furar, etc. O termo em inglês *walrus* refere-se a um animal que vive nas águas do Ártico e pode medir até 4 m de comprimento e pesar mais de uma tonelada. Possui o couro enrugado e áspero, que se torna vez mais espesso ao longo da vida, que pode durar de 15 a 30 anos. Para nadar, usa a nadadeira caudal. Desloca-se mal em terra, utilizando as nadadeiras anteriores e andando quase aos saltos. Seu focinho tem um sólido bigode e dois grandes caninos ou presas que chegam a 1 m de comprimento, e são usadas para arrancar moluscos e caranguejos do fundo do mar, mas elas se desgastam ao longo dos anos. As presas são visadas pelo marfim.

Mortalidade Número de mortes comparado ao número total de habitantes. É expressa em número de óbitos por mil habitantes, em um ano, e também conhecida como taxa de mortalidade.

Mortalidade de peixes Morte de peixes causada pelo lançamento de altas cargas orgânicas que causam a insuficiência de oxigênio dissolvido, ou devido ao lançamento de produtos tóxicos nos corpos d'água.

Mortalidade infantil Número de óbitos de crianças com até um ano de idade, durante um ano, em comparação com a população total dessa faixa etária, numa determinada região ou país.

Morte genética Desaparecimento de um gene nocivo.

Mosaico Em aerofotogrametria, trata-se da montagem de fotografias aéreas parcialmente superpostas, de modo a formar a representação fotográfica de uma área. Em paisagismo, é a estrutura ou trama espacial de disposição da cobertura vegetal sobre o terreno, que consiste na repetição de uma série de grupos ou tésseras de vegetação que se alternam, conservando certa homogeneidade quanto à forma e ao tamanho.

Mosca Classe de insetos alados da ordem dos dípteros. As sinantrópicas são as espécies mais importantes de moscas associadas às atividades humanas. Suas larvas se desenvolvem em ambientes úmidos com presença de matéria orgânica, como o lixo orgânico nas áreas urbanas, e a resultante de práticas rurais, relacionadas com o manejo e cuidado dos animais domésticos. O grau de relacionamento com os humanos varia, dependendo da ecologia e do comportamento da espécie. Algumas causam doenças, outras podem pousar em comida, contaminando-a com bactérias. Há séculos são consideradas vetores de inúmeras doenças.

Movimento Não estático; em fluxo.

Movimento acelerado Fluido em regime de fluxo acelerado.

Movimento browniano Movimento aleatório de partículas num fluido, como consequência dos choques das moléculas do fluido nessas partículas.

Movimento capilar É o movimento de um líquido num tubo capilar (de diâmetro muito pequeno).

Movimento do solo Pode ocorrer em taludes naturais ou construídos, quando as forças resistentes são superadas pelas forças atuantes. Decorrem do aumento de peso e da diminuição da resistência ao cisalhamento do solo, por efeito de percolação ou de água entre os poros.

Movimento ecológico Movimentos de ação social que, a partir da formação de grupos integrados, estimula uma atitude de defesa do equilíbrio ecológico e de uma melhor qualidade de vida. É organizado por grupos sociais diversos, ONGs (organizações não governamentais), associações de bairro, grupos conservacionistas, profissionais, clubes, igrejas e exercem pressão junto aos poderes públicos e às organizações privadas.

Movimento laminar Reinolds determinou experimentalmente que o movimento laminar de um líquido escoando sob pressão ocorre quando o número de Reinolds é menor que 2.000.

Movimento turbulento Reinolds determinou experimentalmente que o movimento turbulento de um líquido escoando sob pressão ocorre quando o número de Reinolds é maior que 4.000.

Mucilagem Grupo de polissacarídeos complexos, presentes nas paredes celulares das plantas aquáticas e nos tegumentos de outras espécies. É rígida quando seca, e pegajosa quando úmida. Tem uma função protetora e de âncora nas plantas. Ver *Massa de zoogleia*.

Mucilagem biológica Ver *Massa de zoogleia*.

Mucosidade O mesmo que mucilagem.

Muda Muda de penas, de pelos ou de pele. Planta em estágio inicial.

Mudança climática Ver *Modificação de clima*.

Multa administrativa É o ônus pecuniário a que está sujeito o infrator, a título de compensação pela infração cometida, e o valor é estimado por um juiz ou especialista.

Multinacional Empresa que age em diversos países.

Muralha costeira Estrutura construída ao longo da costa para protegê-la da ação das ondas e conter o solo no seu tardoz.

Muro de arrimo Ver *Muro de contenção*.
Muro de contenção O mesmo que muro de arrimo. Muro cuja finalidade é conter um terrapleno.
Muro de retenção O mesmo que muro de contenção ou muro de arrimo.
Musgo É uma planta criptógama, isto é, que possui o órgão reprodutor escondido, ou que não possui flores, como as pteridófitas. Prefere viver em lugares úmidos e com sombra (umbrófitas), pois dependem da água para a reprodução, cuja fase dominante é a gametofítica. Atingem poucos centímetros de altura por não possuírem vasos de condução de seiva.
Mutação Nome dado para a mudança do material genético, na maioria das vezes quando ocorre o processo de replicação do DNA.
Mutagênese Processo no qual ocorre dano à molécula de DNA, não reparado no momento da replicação celular e, assim, transmitido às gerações seguintes. Os agentes mutagênicos podem ser (1) físicos, como a radiação ionizante e os raios UVC, capazes de destruir as ligações químicas entre os nucleotídeos (mutações são mais raras nesses casos, pois a destruição da cadeia de DNA provoca a morte celular), e UVB, cujo espectro é absorvido pelo DNA. Os danos desses agentes são amplificados em presença de água e oxigênio. (2) Químicos são inúmeras substâncias cancerígenas que danificam as ligações químicas, ou substituem nucleotídeos normais por moléculas análogas. Os radicais livres também catalisam reações químicas danosas ao DNA. (3) Biológicos, pela ação de vírus e bactérias que injetam parte de seu DNA na célula hospedeira, ocasionalmente integrando-a à cadeia de DNA do hospedeiro. Também pode haver mutações por falhas genéticas.
Mutirão ambiental No Brasil, foi instituído pela Resolução Conama nº 3/1988, que estabelece critérios e procedimentos. São grupos constituídos por, no mínimo, três pessoas credenciadas por órgão ambiental competente, para a fiscalização de reservas ecológicas públicas ou privadas, APAs (Áreas de Proteção Ambiental), EE (Estações Ecológicas), ARIEs (Áreas de Relevante Interesse Ecológico) ou outras Unidades de Conservação, e demais áreas protegidas, com o objetivo de promover a participação de entidades civis com finalidades ambientalistas.
Mutualismo ou simbiose Interação entre duas espécies que se beneficiam reciprocamente, o que pode acontecer de diversas formas: por mutualismo obrigatório ou simbiose, em que as duas espécies não podem viver separadas. Um exemplo são os líquens, nos quais os fungos fazem a absorção e as algas, a fotossíntese. As espécies constituintes da associação perdem a sua identidade. Mutualismo facultativo ou protocooperação: as duas espécies podem viver independentes ou trocar de parceiro, como é o caso das aves que catam parasitas na pele do gado. Outros exemplos de mutualismo são os ruminantes e as bactérias em seu sistema digestivo; e o cupim e a triconinfa.

Nn

Nadadeira Órgão locomotor dos peixes, constituído por uma expansão cutânea em forma de lâmina, sustentada por um esqueleto ósseo ou cartilaginoso. Dispositivo usado por mergulhadores, popularmente conhecido como pé de pato.

Náilon Designação genérica de uma família de polímeros sintéticos conhecidos por poliamidas.

Nanoplâncton Micro-organismo do plâncton, com dimensões máximas de 2 a 63 µm (de acordo com o tamanho dos orifícios da malha das redes utilizadas para sua captura). O picoplâncton inclui componentes ainda menores, como as bactérias (só retidas por filtros). O nanoplâncton é mais abundante no fitoplâncton.

Não coesivo Que não apresenta a propriedade de coesão. Em solos, são os siltes e as areias.

Não paramétrico Os testes estatísticos podem ser divididos em dois grandes grupos, conforme fundamentem ou não os seus cálculos na premissa de que a distribuição de frequências dos erros amostrais é normal, as variâncias são homogêneas, os efeitos dos fatores de variação são aditivos e os erros independentes. Se tudo isso ocorrer, é muito provável que a amostra seja aceitavelmente simétrica, com apenas um ponto de máximo centrado no intervalo de classe onde está a média da distribuição, e o seu histograma de frequências tem um contorno que segue aproximadamente o desenho em forma de sino da curva normal. O cumprimento desses requisitos condiciona a primeira escolha do pesquisador e, uma vez preenchidos, ele utiliza a estatística paramétrica, cujos testes são mais precisos do que os da estatística não paramétrica, e devem ter a preferência do investigador. Quando um pesquisador utiliza testes não paramétricos, supõe-se que a distribuição de seus dados experimentais não seja normal, ou que ele não tenha elementos suficientes para poder afirmar que seja. Alguns desses testes usam números como variável; sinais + e ?; valores fixos, como 1 e 0; ou frequências. Os testes estão incluídos no grupo dos testes não paramétricos, porque não usam os parâmetros média e desvio-padrão em seus cálculos.

Não poluidor Aquele que não polui.

Não recuperável O mesmo que irrecuperável.

Não saturado Em química, diz-se de um composto cuja molécula apresenta uma dupla ou tripla ligação.

Não sedimentável Sólido presente num líquido que não tem peso suficiente para sedimentar.

Narcose É o nome dado à alteração do estado de consciência, devido à intoxicação por substâncias como narcóticos. Pode referir-se à narcose por gases inertes. Ver *Narcose por nitrogênio*.

Narcose por gás inerte Ver *Narcose por nitrogênio*.

Narcose por nitrogênio Quando um mergulhador desce a mais de 30 m de profundidade, seus reflexos e destreza manual ficam reduzidos, como se fosse um quadro de embriaguez. O nitrogênio, sob pressão atmosférica, é um gás inerte; quando está sob pressões maiores do que a atmosférica, deixa de ser inerte e começa a ser dissolvido nos tecidos do organismo e afeta a transmissão dos impulsos nervosos pelos neurônios, causando um efeito de retardamento. Parece que o nitrogênio, nessas condições, tende a se acumular na bainha de mielina, dificultando a passagem do impulso.

Nascente Conforme definição da Resolução Conama nº 4, de 1985, é o local onde aparece água por afloramento do lençol freático. É também conhecida como olho de água.

Nascente aluvial Nascente de água que surge em depósitos aluvionares, ou seja, em sedimentos transportados pelas águas.

Nascente anticlinal Nascentes de água que surgem em estruturas geológicas anticlinais, ou seja, em dobras com a concavidade voltada para cima.

Nascente calcária Nascente em região de calcário, cuja água tem um pH alcalino, e caracteriza-se por ser uma água dura, ou seja, difícil de ser usada para lavar roupas, por não fazer espuma com sabão.

Nascente carbonatada É uma nascente, cuja água tem dióxido de carbono misturado, transformando-se numa bebida agradavelmente ácida e refrescante.

Nascente constante Aquela que apresenta uma vazão relativamente constante ou perene.

Nascente ferruginosa Nascente, cuja água apresenta em sua composição o elemento ferro em boa quantidade e que pode ser usada no tratamento de anemias ferroprivas e estimular o metabolismo.

Nascente intermitente Aquela que não é perene, ou seja, que seca durante o período seco do ano.

Nascente monoclinal Nascente d'água que surge em estruturas geológicas caracterizadas por mergulho suave em uma só direção e, localmente, tem um mergulho mais acentuado.

Nascente perene Aquela que não seca, mesmo nos períodos secos do ano.

Nascente periódica O mesmo que nascente intermitente, ou seja, cuja água aflora somente em determinadas épocas do ano.

Nascente sinclinal Nascente de água em estrutura geológica sinclinal, ou seja, dobra com a convexidade voltada para baixo.

Natação Ação, exercício, esporte ou arte de nadar.

Natalidade Percentagem de nascimentos em uma comunidade, em um determinado período de tempo.

Nativo Indivíduo natural de uma terra, de um país. Aquele que nasceu no lugar onde habita.

Natural Que segue a ordem regular das coisas, sem interferência humana; relativo à natureza.

Natureza Conjunto dos seres e fenômenos que constituem e regem o universo; força ativa que conserva a ordem natural de tudo quanto existe.

Náuplio É o estágio larval, plantônico, típico da maioria dos crustáceos aquáticos. A larva, livre e nadadora, dispõe de três pares de apêndices e um pequeno olho (ocelo) mediano único na parte anterior da cabeça. O ciclo reprodutivo dos crustáceos começa com cistos hibernantes encubados (os ovos), que são embriões enclausurados, sem atividade metabólica. Quando os cistos se rompem, o embrião abandona a carapaça e então é chamado de náuplio. Completado o seu desenvolvimento, o náuplio emerge como um livre nadador. Alimenta-se de partículas de microalgas, bactérias e detritos. Os náuplios passam por 15 mutações em, no mínimo, oito dias, antes de atingir a fase adulta.

Náusea Sentimento de repulsão, repugnância, enjoo; ânsia de vômito.

Navegação Ato de navegar; viagem por mar; comércio marítimo.

Navegável Em que se pode navegar.

Navio Grande embarcação marítima.

Navio atracado Diz-se do navio atracado a um cais ou boia ou imobilizado por âncora ao largo.

Navios de desembarque Na marinha norte-americana, o termo é usado para designar os navios com mais de 200 pés (60 m), usados nas operações de desembarque.

Neblina Estado de obscurecimento atmosférico produzido por gotículas de água em suspensão. Ao compará-la com a névoa, a distância de visibilidade é menor, e chega a apenas alguns metros. Ver *Névoa*.

Nebulisilva Floresta tropical ou subtropical de montanha, sempre verde e coberta de nuvens no nível de sua abóbada.

Nebulizador Dispositivo que permite atomizar substâncias medicamentosas ou outras, para fins de análises espectrométricas.

Necrose Morte de um tecido em um organismo vivo.

Nécton Conjunto de organismos aquáticos como peixes, moluscos, cetáceos etc., que podem se locomover graças aos seus próprios movimentos.

Nefelômetro ou turbidímetro Instrumento utilizado para medir a turbidez da água. É dotado de uma fonte de luz, cuja finalidade é iluminar a amostra, e de um detector fotoelétrico com um dispositivo para indicar a intensidade da luz espalhada em ângulo reto ao caminho da luz incidente. O método baseia-se na comparação da intensidade de luz espalhada pela amostra, em condições definidas, com a intensidade da luz espalhada por uma suspensão considerada padrão. Quanto maior a intensidade da luz espalhada, maior será a turbidez da amostra analisada. O turbidímetro é o aparelho utilizado para a leitura. É constituído de um nefelômetro, e a turbidez é expressa em Unidades Nefelométricas de Turbidez (UNT).

Negligência Descuido; desleixo; preguiça.

Negociação Ato ou efeito de negociar, de conversar, de chegar a um acordo.

Negro de fumo Também conhecido como negro de carbono. É um pó constituído de partículas finamente divididas, obtido a partir da pirólise (decomposição térmica ou combustão parcial de hidrocarbonetos líquidos ou gasosos). O processo de produção do negro de fumo assemelha-se ao da formação da fuligem das lamparinas, lareiras ou motores a combustão. Sua utilização industrial está ligada a duas importantes propriedades: elevado poder de pigmentação (o que justifica seu uso na fabricação de tintas) e sua capacidade de elevar a resistência mecânica das borrachas (o que justifica o seu uso na fabricação de pneus). Consta que o aumento da vida útil de certos tipos de pneus pode passar de 8.000 km para até 129.000 km pela adição do negro de fumo.

Nematocida Substância que destrói os nematoides.

Nematoides Grupo de organismos, da ordem dos helmintos, cilíndricos, finos e alongados como um fio de linha. Vivem em diversos ecossistemas, em quase todas as regiões do mundo. Existem os do tipo saprófito, que se alimentam de restos de outros animais ou plantas, sem causar danos a outras espécies. Outros podem ser parasitas de animais ou plantas, como as conhecidas lombrigas, que parasitam os seres humanos. Outros parasitam plantas e são encontrados nas raízes e no solo e, muitas vezes, causam danos em grandes culturas como a soja ou as plantas ornamentais, seja na produção em larga escala ou em jardins domésticos. Os danos causados pelos nematoides são: a redução do desenvolvimento das plantas (órgãos de tamanho reduzido; necrose nas folhas e raízes; tubérculos e bulbos malformados; coloração anormal em folhas e flores). O controle preventivo é mais eficaz e econômico contra esta praga: o uso de substrato livre de nematoides, a aquisição de plantas sadias, e a destruição de restos de plantas infectadas. Em áreas maiores, como jardins, podem-se cultivar plantas antagônicas aos nematoides, como as crotalárias, de uso ornamental, ou *Tagetes* sp que, além de serem ornamentais, liberam substâncias nematicidas nos substratos. A falta de umidade interrompe o ciclo da praga, de forma que secar o substrato ao sol é uma eficaz medida de controle.

Neotropical Diz-se da região biogeográfica que compreende a América Central, a parte sul do México e da península da Baixa California, o sul da Flórida, todas as ilhas do Caribe e a América do Sul. Inclui não só regiões de clima tropical, mas também de clima temperado e de altitude. Possui grande biodiversidade, com ecossistemas tão diversos quanto a floresta amazônica, a floresta temperada valdiviana do Chile, a floresta subpolar magalhânica da Patagônia, o cerrado, a mata atlântica, o pantanal, os pampas e a caatinga.

Nerítica Zona de água do mar que cobre a plataforma continental, ou seja, desde a zona intertidal até a isóbata de 200 m.

Nesslerização Técnica para determinar o nitrogênio amoniacal da água.

Nêuston Comunidade aquática formada por organismos animais e vegetais de pequeno tamanho, que vivem na interface ar/água.

Neutralização Ato ou efeito de tornar sem efeito, neutro, de neutralizar.

Nêutron Partícula nuclear sem carga elétrica, também conhecida por neutrônio, que faz parte do núcleo atômico e tem massa igual a de um próton. Os nêutrons, por serem partículas pesadas e sem carga, têm propriedades que os tornam de grande interesse na ciência e tecnologia. No estudo dos átomos, as reações nucleares induzidas por nêutrons são muito importantes. Os nuclídeos produzidos artificialmente, fornecem informações sobre os núcleos, e são empregados em outras áreas, como Medicina, Química, Biologia e Agronomia.

Nevasca Precipitação de neve acompanhada de tempestade.

Neve Precipitação de água em pequenos flocos em estado sólido, quando ocorre a diminuição da temperatura, no inverno de países frios ou em locais de grandes altitudes.

Névoa Estado de obscurecimento atmosférico, produzido por gotículas de água geradas por condensação e em suspensão, com diâmetros menores de dez micra. Alguns autores consideram quando a visibilidade excede um quilômetro, mas é menor que dois quilômetros.

Nicho Pequena habitação; retiro; cavidade na parede para colocação de objetos.

Nicho ecológico Inclui o espaço físico ocupado por um organismo, e seu papel funcional na comunidade, como, por exemplo, sua posição na cadeia trófica ou como interage com os outros organismos, ou como reage às variações ambientais como temperatura, umidade, pH, solo e outras condições. Ver *Hábitat*.

Nimbo-estrato É a nuvem que traz chuva ou neve.

Ninfa Forma intermediária entre a larva e o inseto adulto.

Ninhal ou ninho Habitação das aves feita por elas mesmas para colocação dos ovos e criação dos filhotes. Na prática de controle de vetores, são os buracos escavados pelos roedores para abrigo e ninho.

Niple Elemento de união entre tubos.

Níquel Elemento químico metálico, símbolo Ni, número atômico 28 e massa atómica 58,7. À temperatura ambiente, encontra-se no estado sólido. É resistente à corrosão, e só pode ser utilizado como revestimento por eletrodeposição. Aproximadamente 65% do níquel consumido são empregados na fabricação de aço inoxidável austenítico e 12% em superligas de níquel. Os restantes 23% são repartidos na produção de outras ligas metálicas, baterias recarregáveis, reações de catálise, cunhagens de moedas, revestimentos metálicos e fundição. É um elemento considerado tóxico.

Nítido Límpido; limpo; polido; sem distorções.

Nitração É a introdução irreversível de um ou mais grupos nitro (NO_2) em uma molécula orgânica. O grupo nitro pode atacar um carbono para formar um nitrocomposto alifático ou aromático, um oxigênio para formar éster nitrado ou um nitrogênio para obter N-nitro compostos. O sistema ácido sulfúrico/ácido nítrico, denominado mistura sulfonítrica, é o reagente mais comum em nitração. Por exemplo, para a nitração da glicerina, aquece-se o ácido sulfúrico (catalisador da reação) com o composto que se quer nitrar, para formar um poderoso explosivo – a nitroglicerina. Depois acrescenta-se por gotejamento o ácido nítrico.

Nitrato Símbolo químico NO_3^-. Sal formado pela ação do ácido nítrico sobre os óxidos metálicos, hidróxidos e carbonatos. Uma das formas de nitrogênio encontradas na natureza, assimilável pelos vegetais, e um elemento essencial ao desenvolvimento das plantas.

Nitrificação Oxidação do nitrogênio na forma amoniacal (NH_3) para nitrito (NO_2^-), pela ação de bactérias autotróficas quimiossintetizantes (nitrossomonas), e posteriormente a nitratos (NO_3^-), pela ação das nitrobactérias.

Nitrito Ânion do ácido nitroso. Uma das formas de nitrogênio encontradas na natureza (NO_2^-), primeiro passo do processo de nitrificação. Nesta forma, de curta duração, o nitrogênio se torna tóxico aos seres aquáticos.

Nitrobactéria Micro-organismo autotrófico e quimiossintetizante, que oxida nitrito a nitrato para a obtenção da energia necessária à síntese de matéria orgânica.

Nitrogênio Elemento químico gasoso (O_2), o mais abundante no ar atmosférico (79% em volume). Na forma amoniacal, íon amônio (NH_4^+) e nítrica (NO_3^-), é assimilável pelas plantas, como um dos nutrientes mais importantes ao desenvolvimento vegetal.

Nitrogênio albuminoide O mesmo que nitrogênio orgânico (NH_2), ou seja, aquele das proteínas ou dos aminoácidos, importantes constituintes dos seres vivos.

Nitrogênio amoniacal Nitrogênio na forma de gás amônia (NH_3) ou dissociado em água como íon amônio (NH_4^+).

Nitrogênio nítrico Nitrogênio na forma de nitrato (NO_3^-). Ver *Nitrato*.

Nitrogênio nitroso Nitrogênio na forma de nitrito (NO_2^-). Ver *Nitrito*.

Nitrogênio orgânico Nitrogênio na forma do radical NH_2, imobilizado nas proteínas animais e/ou vegetais.

Nitrossomona Micro-organismo responsável pela oxidação do nitrogênio da forma amoniacal (NH_3) para nitrito (NO_2^-).

Níveis de qualidade do ar Concentrações em escala progressiva das substâncias poluentes, indicativas de condições cada vez mais perigosas para a saúde. No Brasil, os níveis de qualidade do ar foram baixados pela Resolução Conama nº 3, de 1990, como critério para a elaboração de planos de emergência em episódios críticos de poluição do ar. Essa resolução estabelece as condições de qualidade do ar: se as emissões e as condições meteorológicas desfavoráveis à dispersão de poluentes se mantiverem por mais de 24 horas, declaram-se níveis de atenção, de alerta e, em caso extremo, de emergência, e as autoridades ambientais tomarão as medidas necessárias para prevenir riscos graves à saúde da população. As medidas incluem a diminuição ou até a proibição do funcionamento de determinadas indústrias ou a restrição ou proibição de circulação de automóveis.

Nível Distância vertical em relação a um plano de referência – altitude. Instrumento topográfico usado para obter a altimetria dos terrenos.

Nível (estar em) Estar na horizontal.

Nível alto de ruído A exposição a altos níveis de ruído pode levar ao estresse e à perda da audição. A extensão do dano depende da intensidade do ruído, do tempo de exposição e da sensibilidade de cada pessoa. O ouvido humano é mais sensível na faixa entre 2 kHz e 5 kHz, e menos sensível para frequências extremamente baixas ou altas. O potencial de danos à audição depende de seu nível e de sua duração. Uma exposição de um minuto a 100 dB não é tão prejudicial quanto uma exposição de 60 minutos a 90 dB. Nos termos de legislação, a dose máxima permitida é de 85 dB(A) em uma jornada de trabalho de oito horas (NR15, que trata de Atividades e Operações Insalubres – MTE – Portaria Brasileira 3.214 de 8/6/1978).

Nível d'água Água de subsolo.

Nível d'água subterrâneo suspenso Quando a água de lençol está em material permeável e sobre material impermeável.

Nível de água provável máximo Nível de água hipotético máximo estimado, resultante da aplicação simultânea de combinações hidrometeorológicas, geosísmicas e geofísicas.

Nível de bolha O mesmo que nível de pedreiro.

Nível de coliformes Ver *NMP*.

Nível de jusante Nível de água rio abaixo ou nível de água de um ponto situado abaixo de outro ponto de referência. Ver *Jusante*.

Nível de montante Nível de água rio acima ou nível de água de um ponto situado acima de outro ponto de referência. Ver *Montante*.

Nível de pedreiro Dispositivo que contém uma bolha de ar num líquido, com o qual se pode

verificar se uma superfície está ou não na horizontal.
Nível do mar em repouso Cota da superfície do mar sem ondas e sem ventos. Em águas profundas, tal nível aproxima-se do nível da meia altura das ondas.
Nível do solo Nível da superfície do solo em determinado local.
Nível freático Lençol d'água subterrâneo, limitado superiormente por uma superfície livre ou linha freática, cuja pressão é igual à pressão atmosférica local. Ocorre em profundidades relativamente pequenas. Ver *Água freática*.
Nível freático livre Quando a superfície da água do lençol freático está sob pressão atmosférica.
Nível freático suspenso Aquíferos suspensos são acumulações de água na zona insaturada, que formam níveis em formato de lentes de aquíferos livres, acima do nível freático principal. A existência de aquíferos suspensos está ligada à presença de solos impermeáveis (argilosos), acima do aquífero permeável.
Nível médio dos mares Plano situado no centro do nível médio das preamares e das baixa-mares.
Nível subterrâneo O mesmo que nível freático.
Nível trófico Número de etapas, no tempo e no espaço, que marcam a ocorrência de um estado para outro por processos de transformação dos recursos. Por exemplo, a passagem de um elemento do estado mineral ao vegetal e, posteriormente, ao animal.
Nivômetro Recipiente usado para medir o equivalente líquido de neve precipitada. Trata-se de um coletor com uma resistência elétrica acoplada à sua entrada. Nele, a neve derrete assim que é coletada. O nivômetro difere do pluviômetro pela área de captação, de 400 cm^2 (a maioria dos pluviômetros tem 200 cm^2 de área de captação).
NMP – Número Mais Provável De acordo com a definição da ABNT, baseada na teoria estatística, é aquele que fornece a estimativa do número de bactérias em uma amostra. Expresso em densidade de organismos por 100 mℓ.
Nó Laço apertado feito com linhas ou cordões. Ponto de inserção dos galhos no tronco de uma árvore. Nome de uma unidade náutica de velocidade, igual a uma milha náutica por hora (1.852 m/h).
Nó de rede de condutos Numa rede de distribuição de água do tipo malhada ou interligada, o nó é o ponto da interligação entre vários condutos.
Nocivo Que causa danos, que prejudica.

Nódulo Em patologia, é uma lesão sólida, elevada, com mais de 1 cm de diâmetro. É bem delimitada e de origem epitelial ou conjuntiva.
Nomograma Ábaco no qual se obtém a resolução gráfica de problemas.
Norma Regra; modelo; paradigma ou forma de ação, que estabelece critérios e diretrizes para se fazer ou aceitar algo; inclui procedimentos ou parâmetros qualitativos ou quantitativos de aceitação, regula as ações de pessoas e instituições no desempenho de suas funções.
Norma de projeto Documento que fixa procedimentos, premissas, parâmetros e critérios para a elaboração de um projeto.
Normal Em geometria, é a perpendicular à tangente ou ao plano tangente, ou a reta perpendicular a um plano.
Nosso Futuro Comum Relatório da Comissão Mundial sobre Meio Ambiente e Desenvolvimento, divulgado em 1987. Um dos objetivos era definir uma agenda de ação e apontava o desenvolvimento sustentável como a saída para a grave crise ambiental. Definiu o desenvolvimento sustentável como aquele que atende às necessidades do presente, sem comprometer a capacidade das gerações futuras. Destacou três componentes desse novo modelo de desenvolvimento: proteção ambiental, crescimento econômico e equidade social, com a necessidade de mudanças tecnológicas e sociais para alcançar tais objetivos. O mesmo que Relatório Brundtland.
Notificação Documento que avisa de alguma ocorrência, fato ou ato que se praticou ou se deseja praticar.
Noturno Referente à noite; que se faz à noite.
Nucleação Os átomos dos metais, no estado sólido, vibram com certa frequência em torno de posições geométricas definidas e determinadas pelo tipo de arranjo cristalino específico do metal. No estado líquido, os átomos vibram sem posição definida, pois estão em movimento dentro do líquido. Por se movimentarem, entram em colisão, envolvendo milhares de átomos simultaneamente, o que origina um agrupamento momentâneo de átomos que formam um núcleo, com um arranjo atômico. O núcleo é um sólido que pode crescer ou se dissolver, conforme a temperatura do sistema. O crescimento do sólido ocorre por migração de átomos do líquido para o sólido, acoplando os átomos nas posições de equilíbrio do reticulado, que é específico do metal. Esse fenômeno é chamado de nucleação e pode ocorrer com a formação de núcleos a partir do líquido

(nucleação homogênea) ou com a formação de núcleos sobre superfícies pré-existentes (nucleação heterogênea).

Nucleína O bioquímico alemão Johann Friedrich Miescher (1844-1895) pesquisava os componentes químicos do núcleo celular com glóbulos brancos de pus, quando descobriu um composto de natureza ácida, rico em fósforo e nitrogênio, desprovido de enxofre e resistente à ação da pepsina (enzima proteolítica) e que denominou nucleína.

Núcleo A parte central e mais densa de uma célula, de um cometa, de um furacão etc.

Núcleo compactado de barragem Parte central da seção de uma barragem de terra, executada com solo argiloso compactado, para dificultar ao máximo a perda de água por percolação.

Núcleo de argila Ver *Núcleo compactado de barragem*.

Núcleo de condensação É a parte da nuvem na qual o vapor de água se condensa. Pode ser formada de sal, poeira, aerossóis etc.

Núcleo impermeável Ver *Núcleo compactado de barragem*.

Núcleo urbano Cada um dos assentamentos urbanos que integram o sistema urbano de uma determinada região. Inclui a cidade, a vila ou o povoado, desde que formador de um conjunto unitário da área urbana em relação ao território.

Nucleotídeos Compostos ricos em energia, que auxiliam em processos metabólicos da maioria das células, principalmente nas biossínteses. Funcionam como sinais químicos que respondem a hormônios e a outros estímulos extracelulares. São componentes estruturais de cofatores enzimáticos, intermediários metabólicos e ácidos nucleicos. São compostos por uma base nitrogenada, uma pentose e um grupo fosfato e funcionam como os monômeros da DNA/RNA, sendo o polímero o próprio DNA/RNA.

Número Expressão de quantidade; coleção de unidades ou partes de um todo.

Número de azul de metileno do carvão ativado O azul de metileno é usado para medir mesoporos do carvão ativado.

Número de Cauchy Relação entre as forças de inércia e de elasticidade: ($C_a = \rho v^2/\varepsilon$), em que ρ é a massa específica, v é a velocidade, ε é o módulo de elasticidade.

Número de Froude Relação entre as forças de inércia e de viscosidade: $F_r = v / (g \cdot y)^{0.5}$, na qual v é velocidade do líquido, g a aceleração da gravidade e y a profundidade da lâmina d'água no canal. Com ele pode-se classificar o regime de escoamento em canais abertos: $F_r < 1$ caracteriza o escoamento lento ou fluvial; $F_r = 1$, o escoamento crítico e $F_r > 1$, o escoamento rápido ou torrencial.

Número de Galileu Usado nos estudos de escoamento de água em meios porosos granulares (filtração), é definido por: $G_a = [D_e^3 \cdot g \cdot \rho_a (\rho_s - \rho_a)]/\mu^2$, em que: ($D_e$) é o diâmetro equivalente dos grãos; (g) é a aceleração da gravidade; (ρ_a e ρ_s) são, respectivamente, as massas específicas da água e dos grãos de areia e (μ) é a viscosidade absoluta da água.

Número de Hazen Em sedimentação de partículas, é a relação entre a velocidade média horizontal das partículas e a velocidade de sedimentação crítica (no caso, a menor velocidade de sedimentação), que corresponde à partícula de menor tamanho.

Número de iodo do carvão ativado É usado no teste para medir macroporos do carvão ativado.

Número de Mach É uma grandeza adimensional, definida pela relação entre a velocidade (C) do escoamento e a velocidade do som $(C_s)/M_a = C/C_s$.

Número de onda É a quantidade de ondas por unidade de distância, ou seja, o número de vezes que uma onda atinge a mesma fase em uma determinada distância de propagação.

Número de Prandtl É a razão entre a viscosidade cinemática (v) e o coeficiente de difusão térmica (D_T) / $\sigma = v/D_T$. Mede a importância relativa da viscosidade (dissipação da energia mecânica pelo atrito interno do fluido), comparada à difusão térmica, dissipação de energia pelo fluxo de energia térmica (calor). Para a água, à temperatura ambiente, o número de Prandtl é 7.

Número de pulsações cardíacas Refere-se ao número de batimentos cardíacos medidos em um minuto (BPM).

Número de rejeição Em controle de qualidade, o número de rejeição é igual ao número de aceitação +1 e representa o número de unidades defeituosas a partir do qual o lote é descartado. Se o número total de produtos com amostra que apresentem um determinado tipo de defeito for igual ou superior ao número de rejeição, a produção fracassou.

Número de Reynolds Relaciona-se ao regime de escoamento de líquidos sob pressão, definido como: $R = [(v \cdot D)/v]$, em que (v) é a velocidade média do fluido na tubulação, (D) é o diâmetro da tubulação e (v) é a viscosidade cinemática do líquido. Reynolds determinou experimentalmente que R < 2.000 define o regime laminar de escoamento; 2.000 < R < 4.000 define o regime de transição, e R > 4.000 define o regime turbulento.

Número de Weber Relação que mede a magnitude relativa das forças de inércia e de capilaridade. $W_e = (\delta \cdot v^2 \cdot L) / \tau_s$, na qual ($\delta$) é a densidade do fluido, (v) é a sua velocidade, (L) é a extensão e (τ_s) é a tensão superficial do fluido.
Número ímpar Aquele que termina em 1, 3, 5, 7 ou 9.
Número Mais Provável Ver *NMP*.
Número par Aquele que termina em 0, 2, 4, 6 ou 8.
Nutriente Elemento ou substância necessária ao crescimento e desenvolvimento dos organismos, como o carbono, o oxigênio, o nitrogênio na forma amoniacal iônica (NH_4^-) ou nítrica (NO_3^-), o fósforo, o potássio etc.
Nutriente básico Aquele que é essencial para o desenvolvimento e manutenção da vida.
Nutriente de planta Ver *Nutriente*.
Nutriente de reciclagem É aquele liberado após os restos de um determinado organismo morto ter sido atacado pelos micro-organismos saprófitos (decompositores).

Oo

Objetivo Objeto de uma ação, ideia ou sentimento, fim que se quer atingir.
Objetivo do projeto Ver *Objetivo*.
Objetivo múltiplo Propor uma ação ou projeto com diversos objetivos. Por exemplo, a construção de uma barragem hidrelétrica pode incluir o uso do reservatório para outros fins, como irrigação, manancial para abastecimento público de água, lazer, pesca etc.
Obstáculo Impedimento; barreira; estorvo; embaraço.
Obstrução Ato ou efeito de obstruir, de fechar, de tampar, de entupir.
Obstrução pelo ar Em tubulações de água sob pressão, é comum ocorrer o acúmulo de ar nas partes altas da tubulação, o que prejudica o fluxo, e pode ocorrer sua obstrução.
Obstruído por acumulação de ar Ver *Obstrução pelo ar*.
Obturador de ar Dispositivo que impede a passagem do ar.
Oceano Corpo de água contínuo dividido em diversos oceanos (Pacífico, Atlântico, Índico, Glacial Ártico e Antártico). Cerca de 71% da superfície da Terra é coberta por oceanos (aproximadamente 61% no Hemisfério Norte, e 81% no Hemisfério Sul). Mais da metade possui profundidades superiores a 3.000 m.
Oceanografia Também chamada oceanologia ou ciência do mar, estuda os oceanos, para compreender, descrever e prever os processos que ocorrem nesse ambiente. A oceanografia é multidisciplinar e estuda os oceanos sob quatro aspectos principais: físico, químico, biológico e geológico.
Oclusão Ato de fechar. o termo é usado para descrever a absorção de gases pelas substâncias porosas.
Oclusão de bolhas de ar Ver *Oclusão*.
Octadecanol O octadecanol é sinônimo do ácido estearílico, usado com outras substâncias na indústria cosmética.
Ocupação do solo Ato ou efeito de ocupar o solo, pela posse física, com a finalidade de desenvolver uma atividade produtiva ou de outra espécie, relacionada com a existência concreta de um grupo social, no tempo e no espaço geográfico.
OD – Oxigênio Dissolvido O OD, nas águas naturais, possibilita a respiração dos peixes, dos micro-organismos aeróbios e de todas as outras formas aeróbias de vida. É expresso em miligramas por litro, partes por milhão ou em percentuais de saturação. A concentração de saturação de OD numa água depende da constante de Henry "α" e da pressão parcial desse gás na atmosfera. A constante α depende da temperatura da água: quanto maior a temperatura menor é α (Ex.: a 20°C α = 43,8 mg/$\ell \cdot$atm; a 30°C α = 34,2 mg/$\ell \cdot$atm). A pressão parcial do oxigênio na atmosfera é função do percentual em volume de O_2 no ar (21%) e da pressão atmosférica local. No nível do mar, a pressão atmosférica é de 1 atm, e resulta PO_2 = 0,21 atm. Assim, no nível do mar e à temperatura de 20°C, $Od_{sat.}$ = 43,8 mg / L $\cdot$ atm x 0,21 atm = 9,2 mg/ℓ. Quanto maior a altitude, menor a pressão atmosférica e menor a concentração de saturação de OD, que depende da pureza da água (salinidade, sólidos em suspensão, DBO etc.), ou seja, quanto mais suja a água, menor a concentração de OD. Uma vez que a velocidade das reações bioquímicas que utilizam o oxigênio aumenta com o aumento da temperatura, os níveis de oxigênio dissolvido tendem a ser mais críticos no verão, em função do maior consumo de OD e da menor disponibilidade desse gás dissolvido na água.
Odor É a percepção, pelo aparelho olfativo, de substâncias voláteis, de cheiro característico, presentes no ar atmosférico. As percepções incluem perfumes naturais ou artificiais de cheiro agradável até o cheiro de ovo podre do gás sulfídrico (H_2S). O esgoto sanitário fresco tem cheiro fraco e desagradável, pela presença de mercaptanas e escatóis. Em estado de putrefação, há emanações de metano e gás sulfídrico, característicos da decomposição anaeróbia. Algumas algas têm cheiro forte de peixe em decomposição. Alguns fungos, ao decomporem a matéria orgânica, emanam forte cheiro de BHC.
Odorimetria Medidas de concentração de odor, sempre múltiplos da concentração absoluta que pode ser detectada, conhecida como concentração limiar de odor. A relação é determinada por amostragem: estabelecem-se quantas partes de ar puro precisam ser adicionadas (diluição com ar fresco exigida) para fazer com que o odor da amostra original seja apenas percebido. A quantidade de ar puro é

chamada de número de diluições para o limiar (NDL) ou diluições para o limite (DL). Os europeus definiram o termo unidade de odor (UO) como um ar odorífero com uma concentração de 100 UO/m^3 que exige 100 diluições com ar puro para que seu odor seja apenas percebido. Desta forma, unidades de concentração como (UO/m^3), (NL), ou (NDL) são equivalentes, isto é, um fator de diluição para alcançar um limite de detecção.

Óleo Designação genérica de substâncias gordurosas, líquidas à temperatura ambiente, de origem vegetal ou mineral.

Óleo combustível O óleo combustível derivado de petróleo, também chamado óleo combustível pesado ou óleo combustível residual, é a porção remanescente da destilação das frações do petróleo, e designadas como frações pesadas, obtidas em processos de refino. A composição dos óleos combustíveis depende do petróleo que os originou e do tipo de processo e misturas que sofreram nas refinarias, de modo que é possível atender às várias exigências do mercado consumidor numa ampla faixa de viscosidade. É utilizado na indústria de aquecimento de fornos e caldeiras, ou em motores de combustão interna para a geração de calor.

Óleo contra ferrugem É óleo fino, de baixa viscosidade, utilizado em proteção anticorrosiva de peças metálicas.

Óleo cru Refere-se ao petróleo bruto ou ao óleo diesel. O petróleo cru não tem nenhuma aplicação prática, a não ser como carga dos processos de refino para a obtenção de produtos mais nobres, como o óleo diesel, a nafta (gasolina não padronizada), o gás liquefeito de petróleo, óleo combustível etc.

Óleo de aquecimento É um óleo combustível escuro, viscoso, resultante da mistura de vários óleos residuais (óleos de fundo) de vários processos de refino e misturados a diluentes destilados, para atender às diversas normatizações do produto, que variam de um país para outro. Usualmente utilizado em fornos de aquecimento.

Óleo de mamona Óleo extraído pela prensagem das sementes da mamona: 90% são compostos por triglicerídios, principalmente da ricinoleína, componente do ácido ricinoleico, de fórmula molecular (C$_{17}$H$_{32}$OHCOOH). De características singulares, tem ampla gama de utilização industrial. É solúvel em álcool, e empregado em vários processos industriais, na fabricação de tintas, protetores e isolantes (depois de desidratado), lubrificantes, cosméticos, drogas farmacêuticas, corantes, anilinas, desinfetantes, germicidas, óleos lubrificantes de baixa temperatura, colas e aderentes, base para fungicidas e inseticidas, tintas de impressão e vernizes, além de náilon e matéria plástica. Transformado em plástico, sob a ação de reatores nucleares, adquire a resistência do aço e a leveza da matéria plástica. O uso do óleo como lubrificante é difundido em situações em que os óleos minerais tornam-se menos eficientes, como mancais ou engrenagens com esfriamento à água, e o grupo hidroxílico no derivado ricinoleico confere alta capacidade de aderência às superfícies umedecidas. Além do baixo ponto de solidificação, em torno de 30°C negativos, a resistência ao escoamento e a viscosidade elevada recomendam-no como lubrificante de turbinas de aeronaves ou de veículos automotores que operam em regiões geladas. Suas características físico-químicas favorecem a utilização como fluido para freios hidráulicos de veículos, por não atacar a borracha, os metais ou plásticos, a aplicação mais importante do óleo de mamona no Brasil. Estuda-se também a produção de biodiesel.

Óleo de peixe É um suplemento para a saúde, um alimento funcional que ajuda a regular a fluidez do sangue e o nível de triglicérides do organismo humano. É considerado a melhor fonte de Ômega 3, substância ótima para o cérebro e o coração.

Óleo de rícino O mesmo que óleo de mamona. Na medicina, encontra maior aplicação como antiadstringente (laxante).

Óleo de tungue Tungue é o nome popular de duas espécies de árvores das euforbiáceas. Nativas da Ásia, as árvores produzem um fruto de casca dura com quatro a cinco sementes, das quais é extraído um óleo usado pela indústria de resinas e tintas. É potencial matéria-prima para a fabricação do biodiesel.

Óleo destilado A destilação é feita para a obtenção dos chamados óleos essenciais, obtidos de plantas como o alecrim (*Rosmarinus officinalis*), anis (*Pimpenela anisium*), cipreste (*Cupressus sempervirens*), camomila (*Anthemis nobilis*), eucalipto (*Eucalyptus globulos*), hortelã-pimenta (*Menta piperita*), lavândula (*Lavendula officinalis*), poejo (*Menta pulegium*), tomilho (*Thymus vulgaris*).

Óleo diesel É um derivado da destilação do petróleo bruto, usado como combustível. É um composto formado por átomos de carbono, hidrogênio; e por enxofre, nitrogênio e oxigênio em baixas concentrações. É pouco inflamável, medianamente tóxico, pouco volátil, límpido, isento de material em suspensão e com odor forte e característico. Apesar de pouco inflamável, Rudolf Diesel descobriu que uma mistura desse óleo com o ar produzia uma forte explosão quando comprimida. Essa reação passou a ser utilizada para gerar energia e movimentar máquinas e motores de grande porte, ou seja, surgiram os motores de ciclo diesel.

Óleo em argila xistosa ou xisto betuminoso A argila xistosa é uma rocha sedimentária rica em substâncias orgânicas betuminosas (precursoras do petróleo). Pode-se aquecê-la num forno e acelerar o processo, mas custa quase três vezes mais do que a exploração de poços de petróleo. É um recurso não convencional que poderá se tornar importante, mas ainda incerto econômica e cientificamente.

Óleo incongelável Ver *Óleo de mamona*.

Óleo lubrificante Utilizado para reduzir o atrito, aumenta a vida útil das máquinas. Pode ser de origem animal ou vegetal (graxo), derivado de petróleo (mineral), produzido em laboratório (sintético), ou uma mistura de dois ou mais tipos (composto). As principais características são a viscosidade, o índice de viscosidade (I_V) e a densidade. Quanto mais viscoso um lubrificante (mais grosso), mais difícil de escorrer, portanto, maior capacidade de se manter entre duas peças móveis fazendo a lubrificação. A viscosidade dos lubrificantes varia com a temperatura: quando aumenta, a viscosidade diminui e o óleo escoa com mais facilidade. O I_V mede a variação da viscosidade com a temperatura. Quanto maior o I_V, menor será a variação de viscosidade do óleo lubrificante, quando submetido a diferentes temperaturas. A densidade indica se houve contaminação ou deterioração de um óleo lubrificante.

Óleo lubrificante animal Foi usado para lubrificar os roletes de madeira e ajudar no transporte de grandes blocos de pedra para a construção de esfinges e pirâmides; na Idade Média lubrificava eixos de carruagens, dobradiças de portões; hoje é obsoleto, por haver outros tipos mais eficientes.

Óleo lubrificante para usinagem Pode ser de origem mineral, com a desvantagem de um maior potencial tóxico do que de origem vegetal. Usado em operações de usinagem: retíficas; fresas; furadeiras; tornos; serras, rebolos diamantados, e demais operações de usinagem. A principal característica é a capacidade de absorção do calor gerado pelo atrito, determinada pelos testes de *flash-point* (a menor temperatura para formar uma mistura inflamável com o oxigênio do ar deve ser alta) e *auto-ignition* (alta temperatura de autoignição).

Óleo pesado Segundo a ANP (Agência Nacional de Petróleo), é o petróleo com densidade API entre 10 e 22. Com densidade muito próxima à da água (> 920 Kgf/m^3), dificulta operações de separação óleo/água. A densidade alta decorre da grande proporção de hidrocarbonetos de massa molar alta (mais de 15 átomos de carbono por molécula), que resulta num petróleo mais viscoso (que dificulta o transporte). Quando refinado, obtêm-se baixas quantidades dos chamados produtos nobres (GLP, gasolina, querosene, diesel), reduzindo o valor comercial.

Óleo residual É o óleo usado que contém resíduos. Exemplo: o óleo lubrificante usado contém resíduos metálicos de ferro, cromo, cádmio etc.; o óleo lubrificante de usinagem contém os resíduos da usinagem; e o óleo residual de frituras contém restos orgânicos daquilo que foi fritado. No Brasil, parte do óleo vegetal residual do consumo humano é destinada à fabricação de sabões. Há pesquisas que estudam sua utilização na produção de biodiesel.

Óleos e graxas Grupo de substâncias, incluindo gorduras, graxas, ácidos graxos livres, óleos minerais e outros materiais graxos, nas águas residuárias ou mesmo em águas naturais que receberam lançamentos. São originárias dos despejos das cozinhas, de indústrias como matadouros e frigoríficos, extração em autoclaves, lavagem de lã, processamento de óleos comestíveis e hidrocarbonetos da indústria do petróleo.

Olfato Órgão perceptor dos odores.

Olho Órgão da visão.

Olho d'água ou nascente Segundo a definição da Resolução Conama nº 4, de 1985, é o local onde aparece água por afloramento do lençol freático.

Olho de furacão O mesmo que centro do furacão.

Oligoaeróbio Organismo que suporta ambientes com baixos níveis de oxigênio.

Oligoqueta São anelídeos da classe *Oligochaeta*. A maioria se move por peristaltismo, tem uma segmentação bem desenvolvida e um prostômio simples (nódulo carnoso que lhes recobre a boca). Os primeiros oligoquetas habitavam sedimentos de água doce. Algumas linhagens invadiram substratos mais secos e originaram as minhocas; outras continuaram aquáticas e se adaptaram para viver em resíduos e algas soltos. O trato digestivo dos oligoquetas é adaptado para uma dieta de matéria orgânica em decomposição, em especial de origem vegetal.

Oligotérmico Organismo tolerante às baixas temperaturas.

Oligotrofia Diminuição da nutrição das partes do corpo.

Oligotrófico Ambiente aquático em que predomina baixo teor de nutrientes para plantas e animais. É um termo usado mais para corpos d'água com pequeno suprimento de nutrientes e daí uma pequena produção orgânica.

Ombreira de barragem É o terreno natural situado nas encostas do vale, que funciona como apoio lateral para o maciço da barragem ou de outras estruturas auxiliares.

Onda Em física, é uma oscilação de grandeza física no espaço e periódica no tempo. A oscilação espacial caracteriza-se pelo comprimento de onda, e a periodicidade no tempo é medida pela frequência da onda, que é o inverso do seu período. As duas grandezas estão relacionadas pela velocidade de propagação da onda. Fisicamente, é um pulso energético que se propaga através do espaço ou de um meio líquido, sólido ou gasoso. Nada impede que uma onda magnética se propague no vácuo, ou através da matéria, como é o caso das ondas eletromagnéticas no vácuo, ou dos neutrinos através da matéria, na qual as partículas do meio oscilam à volta de um ponto médio mas não se deslocam. Exceto pela radiação eletromagnética, e pelas ondas gravitacionais, que podem se propagar através do vácuo, as ondas existem em um meio cuja deformação é capaz de produzir forças de restauração através das quais elas viajam e transferem energia de um lugar para outro sem que as partículas do meio sejam deslocadas, isto é, a onda não transporta matéria. Entretanto, sempre há oscilações associadas ao meio de propagação.

Onda capilar Onda cujas forças de restauração são decorrentes de tensões superficiais. As de comprimentos menores de 2,5 cm são ondas capilares; entre 2,5 e 5 cm, estão na fronteira entre ondas capilares e gravitacionais.

Onda de águas profundas Onda de superfície em locais onde a profundidade do mar é maior do que a metade do comprimento da onda.

Onda de areia Formação sedimentar de areia em formato de onda, que ocorre em águas rasas. Pode atingir 100 m de comprimento e amplitudes de até 50 cm.

Onda de cheia ou de enchente Elevação do nível das águas de um rio até o pico e a subsequente recessão, que pode ser causada por um período de chuvas intensas ou de longa duração, fusão de neves, ruptura de barragem ou liberação de água por central elétrica.

Onda de crista curta Aquela cujo comprimento da crista é da mesma ordem de grandeza do comprimento da onda.

Onda de projeto Utilizada para o projeto de portos, quebra-mares, obras de abrigo em geral e definida em função dos critérios de seleção.

Onda estacionária É associada ao fenômeno de reflexão da onda em uma muralha de cais.

Onda oscilatória Onda marítima na qual cada partícula de fluido oscila ao longo de uma linha com pequena mudança em relação a um ponto médio. O termo é aplicado às ondas oscilatórias progressivas, nas quais somente a forma da onda avança, e o movimento das partículas ocorre em órbitas fechadas ou quase fechadas.

Onda refletida Onda que retorna em direção ao mar após se chocar com obstáculos como praias muito escarpadas, barreiras, molhes, ou outras superfícies de reflexão.

Onda sísmica oceânica Ver *Tsunami*.

Ondas cnoidais Tipo de onda que ocorre nas águas rasas (águas onde a profundidade é menor de 1/8 a 1/10 do comprimento da onda). O perfil da onda cnoidal é expresso em função jacobiana elíptica de Cnu, daí a origem do nome.

Ondas de pequena altura e longo período Ondas não detectáveis visualmente, que chegam antes das ondas decorrentes de uma tempestade.

Ondas longas e altas modificadas Ondas marítimas longas e altas, que tiveram suas alturas modificadas quase no limite de arrebentarem, pelo fato de passarem sobre baixios ou se propagarem em águas rasas. São ondas de período e comprimento muito grande. O mesmo que *tidal waves* (onda de maré), *shallow water waves* ou *very shallow water waves*.

Ondas monocromáticas Série de ondas geradas em laboratório, todas com o mesmo comprimento e período.

Onívoro São os animais que se alimentam de produtos de origem animal e vegetal. São predadores, com o aparelho digestivo adaptado a metabolizar diferentes tipos de alimentos. Por exemplo, os mamíferos onívoros têm dentes caninos menos desenvolvidos do que os carnívoros e os incisivos e molares menos complexos do que os herbívoros. São onívoros da classe *Mammalia* o ser humano, o urso, o morcego e o lobo-guará.

Ontogênese Ver *Ontogenia*.

Ontogenia Também chamada de ontogênese, é a parte da biologia que define a formação e o desenvolvimento do indivíduo desde a fecundação do óvulo até a morte.

Opacidade É uma propriedade óptica da matéria. Um material é considerado opaco quando não permite a passagem da luz em proporções apreciáveis. Em física, é a medida da impenetrabilidade à radiação eletromagnética ou de outros tipos de radiação, incluindo a luz visível, mais perceptível pelos humanos.

Opacidade equivalente Em biologia, a escala de MacFarland, que corresponde a uma série de tubos com uma solução de $BaSO_4$ em diferentes concentrações, apresenta graus de opacidade distintos. Compara-se a solução a esses padrões e verifica-se a opacidade equivalente em números.

Operação Ato ou efeito de operar. Cálculos matemáticos; ações policiais e militares; ações cirúrgicas; trabalhos rotineiros em estações de tratamento de água, esgoto, lixo etc.

Operação de sistemas de esgoto Ver *Operação*.

Órbita Linha elíptica que os corpos celestes seguem na trajetória em volta de um astro central. Na engenharia marítima, é a trajetória das partículas durante a movimentação das ondas. Em águas profundas, as órbitas são quase circulares, enquanto em águas rasas tornam-se elípticas.

Ordem de serviço Atos administrativos normativos ou ordenatórios relativos ao funcionamento de órgãos públicos, repartições e agentes ou autorização de serviços previstos em contratos, usada nos serviços públicos.

Ordem judicial Ordem emitida por um juiz para uma determinada causa.

Ordenamento ou ordenação ambiental Também chamado de ordenamento ecológico ou de ordenação ecológica, é o processo de planejamento formado por um conjunto de metas, diretrizes, ações e disposições coordenadas, destinado a organizar o uso dos recursos ambientais e outras atividades humanas, de modo a atender a objetivos políticos, ambientais, de desenvolvimento urbano, econômico etc. Ver *Planejamento ambiental*.

Oreografia Ver *Orografia*.

Oreográfico Ver *Orográfico*.

Orografia Estudo das variações do relevo de uma região.

Orográfico Relativo à orografia. Em hidrologia, o chamado efeito orográfico é bem conhecido; ocorre quando uma massa de ar úmido encontra uma encosta, para ultrapassá-la tem que começar a subir e, à medida que sobe, resfria e se transforma em chuva. Esse efeito causa as chamadas "chuvas de relevo ou chuvas orográficas".

Organicida O mesmo que pesticida.

Orgânico Relativo a órgãos ou seres organizados. Relativo a materiais originários de seres vivos ou mortos, com compostos do carbono em sua constituição, ou seja, passível de degradação por organismos decompositores ou saprófitos.

Organismo Disposição dos órgãos nos seres vivos ou do corpo dos seres vivos.

Organismo aquático Ser que vive nas águas.

Organismo autótrofo Aquele ser que sintetiza seu próprio alimento.

Organismo de deriva Organismo em suspensão na água ou no ar, ou seja, que não está fixado, que pode ser levado pelas correntes de ar ou de água.

Organismo do grupo coliforme As bactérias do grupo coliforme são consideradas os principais indicadores de contaminação fecal. O grupo coliforme é formado por um número de bactérias que inclui os gêneros klebsiella, escherichia, serratia, erwenia e enterobactéria. Todas as bactérias coliformes são gran-negativas manchadas, de hastes não esporuladas, associadas às fezes de animais de sangue quente e ao solo. As bactérias coliformes fecais (termotolerantes) reproduzem-se ativamente a 44,5°C e são capazes de fermentar o açúcar. O uso da bactéria coliforme fecal para indicar poluição sanitária mostra-se mais significativo do que o uso da bactéria coliforme total, porque as bactérias fecais estão restritas ao trato intestinal de animais de sangue quente. A determinação da concentração dos coliformes é um parâmetro indicador da existência de micro-organismos patogênicos, responsáveis pela transmissão de doenças de veiculação hídrica, como febre tifoide, febre paratifoide, desinteria bacilar e cólera.

Organismo do solo Ser que vive nos solos.

Organismo dominante Em uma comunidade, sofre o impacto do meio e responde de forma salutar, ao se manter no local e mudar o ambiente, provocando o aparecimento ou desaparecimento de outros organismos.

Organismo heterotrófico É aquele que depende de uma fonte externa de moléculas orgânicas para obter energia, ou seja, ao contrário do autótrofo, não é capaz de produzir o seu próprio alimento.

Organismo indesejável Aquele que causa danos ao seres vivos e que é alvo de campanhas de extermínio através de produtos químicos ou mesmo de controle biológico (no caso das plantas), com a introdução de organismos predadores.

Organismo indicador Pela presença ou vigor, indica as condições físicas ou químicas particulares de um local, ou a possível presença de outros organismos. Uma bactéria indicadora de contaminação fecal, por exemplo, caracteriza-se por: ser um constituinte normal da flora intestinal humana; estar presente, de forma exclusiva, nas fezes de animais homeotérmicos; apresentar-se em número mais elevado do que os organismos patogênicos; ser incapaz de se reproduzir fora do intestino dos animais homeotérmicos; tempo de sobrevivência igual ou um pouco superior ao das bactérias patógenas (sua resistência aos fatores ambientais deve ser igual ou superior à dos patógenos de origem fecal); ser de fácil detecção; não deve ser patógena; não ter crescimento inibido na presença de outras bactérias.

Organismo que realiza reduções químicas São exemplos os redutores de sulfato, de cromo, de ferro etc.

Organismo termotolerante Os coliformes termotolerantes, ou coliformes fecais, são os indicadores de contaminação fecal, com a possível presença de bactérias patógenas, e quanto maior é o seu número, maior é a probabilidade de encontrar patógenos.

Organismo transgênico ou geneticamente modificado Organismo cujo material genético foi artificialmente modificado. O objetivo inicial das alterações genéticas induzidas era aumentar a resistência de plantas a doenças e pragas. Alguns afirmam que os organismos geneticamente modificados possuem maior durabilidade e valor nutricional, mas ainda é uma assunto polêmico, por não se conhecerem os efeitos sobre a saúde de homens e animais no longo prazo.

Organismo ubíquo Organismo animal ou vegetal encontrado em todos os lugares.

Organização Ato ou efeito de organizar; estabelecimento ou empresa comercial, industrial, bancária etc.

Organoclorados Grupo de inseticidas organossintéticos, que contêm átomos de cloro, carbono e hidrogênio na sua molécula. Ex.: DDT, Aldrin e Dieldrin são substâncias não biodegradáveis e tóxicas e foram banidos na maioria dos países.

Organofosforados Grupo de pesticidas organossintéticos, com átomos de carbono, hidrogênio e fósforo na sua molécula. Ex.: Paration e Malation. Várias pesquisas demonstraram que o uso de tais produtos sem os devidos cuidados pode contaminar e causam distúrbios neuropsíquicos (apatia, depressão etc.), e até casos de suicídios foram relatados.

Organometálico Diz-se das substâncias resultantes da combinação de um radical orgânico com um metal.

Órgão de Corti É parte integrante do sistema auditivo, situado no ouvido interno. Apresenta em sua superfície células que reagem a sons, provocando vibrações de fibras nervosas e enviam ao cérebro um impulso de determinada frequência.

Origem de poluentes O mesmo que fonte de poluentes, local onde é gerado o poluente.

Orla São as linhas traçadas em planta, que definem as margens de um curso d'água ou lagoa e as respectivas faixas marginais de servidão, determinadas nos Projetos de Alinhamento de Rio (PAR), Projetos de Alinhamento de Lagoa (PAL), e Faixas Marginais de Proteção (FMP).

Orlon Fibra têxtil sintética de poliacrilonitrila, usada na fabricação de agasalhos de lã sintética.

Ornamental Relativo a ornamentos; próprio para adornar.

Ortofosfato É a principal forma de assimilação de fósforo pelos vegetais. É encontrado sob diferentes espécies iônicas em função do pH do meio: PO_4^{2-}; HPO_4^{2-}; $H_2PO_4^-$ e H_3PO_4.

Ortotolidina Reagente usado para determinar a concentração de cloro livre na água. Ao adicionar cinco gotas do reagente à água, na presença de cloro livre ela fica amarela, proporcional à concentração de cloro livre. Existe um disco de cores para determinar a concentração de cloro livre com uma boa aproximação.

Orvalho Depósito de gotas de água na superfície dos objetos, que ocorre à noite ou de madrugada. É um fenômeno associado à capacidade de incorporação e retenção de vapor de água pelo ar atmosférico, em função da temperatura. Quanto maior a temperatura, maior o teor máximo de vapor incorporado ao ar. Por exemplo, um ambiente a 30°C no nível do mar pode conter um máximo de 27 g de vapor/kg de ar seco. No mesmo ambiente, a 0°C, só existe um máximo de 4 g de vapor/kg de ar seco. O orvalho surge quando ocorre uma queda da temperatura no ambiente, pela condensação do excesso de vapor de água. Tal fenômeno é também conhecido como sereno ou rocio.

Orvalho de vento marítimo É o orvalho decorrente de nevoeiros que ocorrem no verão, em localidades onde as condições são favoráveis para o transporte de ar quente e úmido do continente em direção ao oceano. O ar proveniente do continente aquecido é resfriado ao passar sobre a superfície mais fria do oceano. Com vento moderado a forte, a turbulência pode manter uma abrupta taxa de resfriamento nas camadas inferiores, e formam-se nuvens estratiformes sob a inversão turbulenta. Com vento fraco, uma densa superfície de nevoeiro pode se desenvolver sobre o oceano. Esse nevoeiro volta para o continente por uma brisa marítima no meio da tarde, e volta para o oceano quando a brisa terrestre prevalece novamente. Esse tipo de nevoeiro também ocorre sobre grandes corpos d'água no continente.

Oscilação Tipo de movimento periódico, que se repete no decorrer do tempo, e que passou a generalizar qualquer movimento não constante e limitado, como flutuações aleatórias. Ex.: o movimento de um pêndulo.

Osmorregulação É a capacidade de manter a pressão osmótica constante, independentemente do meio externo, em uma faixa de variação. A maioria dos invertebrados marinhos possui fluidos corpóreos com a mesma pressão osmótica que a da água do mar: são isosmóticos em relação ao meio em que vivem. Quando ocorre uma alteração na concentração do meio, um animal pode reagir de duas maneiras: os isoconformadores alteram a concentração osmótica dos fluidos corpóreos para se adaptarem ao meio; os osmorreguladores mantêm a concentração osmótica, apesar das alterações externas. Um exemplo de osmorregulador típico é o caranguejo marinho, que mantém uma alta concentração salina de seus fluidos corpóreos, mesmo após ser transferido para águas salobras diluídas.

Osmose É um processo físico natural, muito importante para a sobrevivência das células. Trata-se do movimento da água entre meios de diferentes concentrações de solutos, quando separados por uma membrana semipermeável. A água passa através dessa membrana que permite a passagem de moléculas de água, mas impede a passagem de outras moléculas, e sempre de um meio hipotônico (menos concentrado em soluto) para um meio hipertônico (mais concentrado em soluto), com o objetivo de se igualar à concentração de ambos os meios, que se tornam isotônicos.

Osmose reversa É obtida artificialmente pela aplicação mecânica de uma pressão superior à pressão osmótica do lado da solução mais concentrada, e assim a água faz o caminho inverso do natural, ou seja, ela passa da solução mais concentrada para a mais diluída.

Osso É um tipo de tecido conjuntivo (tecido ósseo), que dá sustentação estrutural aos animais vertebrados. Caracteriza-se por uma matriz extracelular endurecida por compostos de cálcio.

Otimização Ato de otimizar, de melhorar até onde seja possível, de chegar ao nível ideal.

Otimização de Pareto na economia É um tipo de otimização vetorial, multiobjetivo e multicriterial, em busca do consenso entre objetivos antagônicos. As soluções são chamadas de ótimo de Pareto, vetor de máxima, pontos eficientes, soluções não inferiores ou não dominantes.

Ouro Elemento químico de número atómico 79 (79 prótons e 79 elétrons), de massa atómica 197 u, e símbolo Au. É utilizado na joalharia, indústria eletroeletrônica, e para reservas por causa do seu alto valor monetário.

Outono Estação do ano, depois do verão e antes do inverno. No início do outono, os dias e as noites têm a mesma duração de 12 horas, porque a posição do sol está exatamente na linha do Equador. Porém, o sol continua em direção do norte e os raios solares atingem o mínimo de inclinação no início do inverno, e, ao contrário do verão, os dias são mais curtos e as noites mais longas.

Outorga de direitos de água Instrumento do Poder Público que autoriza o usuário a utilizar as águas em seu domínio por tempo determinado e com condições preestabelecidas. No caso das águas de domínio da União, a Agência Nacional de Águas (ANA) é quem concede a outorga. Para as águas de domínio dos Estados e do Distrito Federal são os órgãos gestores dos Sistemas Estaduais que emitem a outorga, com base em legislações específicas de cada Estado, muitas vezes com participação dos conselhos estaduais e dos comitês de bacias. Em São Paulo, é o Departamento de Águas e Energia Elétrica (DAEE).

Ouvido externo É a porção do ouvido que capta o som e o transmite por um canal ao ouvido médio. É composto de duas partes: o pavilhão auditivo (orelha) e o conduto auditivo externo. A função da orelha é coletar sons, como um funil, e direcioná-los ao conduto auditivo. Outra função é filtrar o som, para localizar a sua origem. No caso dos humanos, o processo de filtragem seleciona sons na faixa de frequência da voz humana, facilitando o entendimento. O conduto auditivo externo tem a função de transmitir os sons captados pela orelha para o tímpano, e serve de câmara de ressonância, ampliando algumas frequências de som.

Ouvido interno Consiste de uma cóclea (órgão em forma de caramujo que pode esticar até

3 cm), canais semicirculares, e o nervo auditivo. A cóclea e os canais semicirculares são cheios de um líquido que transformam a energia da onda de compressão dentro do fluido em impulsos nervosos transmitidos ao cérebro.

Ovicida Diz-se de substância capaz de matar ovos ou óvulos.

Ovino Na pecuária, é um termo que se refere às ovelhas e carneiros.

Oxidação Fenômeno que ocorre em três circunstâncias: ao adicionar oxigênio à substância; quando uma substância perde hidrogênio; quando a substância perde elétrons.

Oxidação biológica Processo pelo qual bactérias e outros micro-organismos se alimentam de matéria orgânica e a decompõem. A autodepuração dos cursos d'água e os diversos processos biológicos de tratamento dependem desse princípio, como no caso do lodo ativado, do filtro biológico, das lagoas aeradas, das lagoas de estabilização etc.

Oxidação biológica aeróbia Ver *Degradação da matéria orgânica*.

Oxidação bioquímica Processo de oxidação promovido pelos seres vivos. Em uma reação, o elemento que doa elétrons sofre uma oxidação, e o elemento que recebe elétrons sofre uma redução. Para a maioria dos micro-organismos, os processos de armazenamento e consumo de energia para manter os processos vitais envolvem mudanças no estado de oxidação do carbono. Por exemplo, a oxidação de matéria orgânica de origem biológica, representada por CH_2O (carboidrato polimerizado), pelo oxigênio dissolvido na água, resulta na liberação de energia e na oxidação do carbono do número de oxidação 0 (CH_2O) para + 4 (CO_2). Ou, $(CH_2O) + O_2 \rightarrow CO_2 + H_2O$. Tal reação reduz a concentração de oxigênio dissolvido na água, o que pode comprometer a sobrevivência das espécies (peixes, crustáceos etc.) que dependem do oxigênio dissolvido.

Oxidação catalítica É uma reação química com catalisadores, sem mudanças nem consumo do catalisador. Um conversor típico é composto de um recipiente de aço inoxidável com um enchimento em formato de colmeia, com grande área específica. Essa superfície é revestida com metais nobres catalíticos como a platina e o paládio. Os conversores são encontrados em alguns veículos automotores para diminuir a emissão de gases poluentes.

Oxidação dos esgotos Ver *Oxidação bioquímica*.

Oxidantes fotoquímicos São poluentes atmosféricos secundários formados pela ação da luz solar sobre os óxidos de nitrogênio e hidrocarbonetos do ar. São contribuidores primários na formação do *smog* fotoquímico (fublina = fumaça mais neblina).

Oxigenação Introdução de oxigênio dissolvido no meio líquido.

Oxigênio O seu reservatório natural é o ar atmosférico, onde aparece na forma molecular O_2, com um percentual de 20,95% em volume, ou de O_3. Ver *Ozônio*.

Oxigênio consumido Quantidade de oxigênio necessária para oxidar a matéria orgânica e inorgânica de uma amostra.

Oxigênio disponível Concentração de oxigênio dissolvido em um dado momento, num determinado meio líquido.

Oxigênio dissolvido Ver *Oxigênio disponível*.

Oxigênio fotossintético É o oxigênio liberado nas reações de fotossíntese.

Oxissolo Oxissolo ou latossolo é o nome de uma classe de solos, cujas principais características são a inexistência de horizonte O superficial (A), que são depósitos de matéria orgânica morta, de espessura e concorrências líticas variadas e B latossólico rico em óxidos de ferro (formam alguns tipos de latossolo vermelho) e de alumínio (formam tipos de latossolo amarelo).

Ozônio Forma alotrópica instável do oxigênio na qual a molécula é formada por três átomos (O_3). Ocorre nas partes superiores da estratosfera e, em menor medida, nas baixas camadas da mesosfera, em alturas entre 20.000 e 35.000 m, estendendo-se para além dos 50.000 m. Os raios ultravioleta da radiação solar produzem ozônio, e agem sobre a molécula do oxigênio (O_2). Embora a concentração de ozônio seja sempre pequena, realiza duas funções: evita que altas doses de raios ultravioleta (letais para os seres vivos) cheguem à Terra; e tem importante papel no equilíbrio térmico. É um oxidante forte, gerado e utilizado em algumas estações de tratamento de esgoto para inativar organismos patogênicos dos efluentes tratados. Do ponto de vista de saúde pública, é um gás irritante, sem cor e tóxico. É um dos componentes do *smog* fotoquímico, considerado o principal poluente atmosférico quando ocorre nas camadas próximas à superfície.

Ozonização Aplicação de ozônio na água para desinfecção ou controle do gosto e odor, com o auxílio do ozonizador.

Ozonizador Aparelho que faz a ozonização.

Ozonosfera A ozonosfera ou camada de ozônio localiza-se na estratosfera, a 20 ou 35 km de altitude. Com 20 km de espessura, contém 90% do ozônio atmosférico.

Pp

Pá Instrumento para escavar e/ou remover o solo.

Pac O termo pac tem origem no inglês *pack* e, de modo geral, define uma junção de itens, substâncias ou produtos amarrados ou acondicionados, um pacote, uma cápsula de remédio etc.

Pac em poços Trata-se de um envoltório de cascalho e areia, construído ao redor de um poço de captação de água. Esse envoltório age como um filtro, retendo o solo e deixando passar apenas a água.

Pac estabilizado Envoltório de cascalho e areia de um poço já estabilizado.

Pacto do ar limpo Nome dado à lei federal norte-americana do ar limpo, que regula as emissões atmosféricas, que autorizou a agência norte-americana de proteção ambiental – EPA (*Environmental Protection Agency*) a estabelecer padrões nacionais de qualidade do ar, visando à proteção da saúde pública e do ambiente. A versão original é de 1963, e o programa de controle foi implantado com base na versão de 1970, quando se criou a EPA.

Padrão Padrão é a concentração, o nível ou o grau de qualidade de um elemento (substância ou produto), próprio ou adequado a um determinado propósito. O padrão é estabelecido pelas autoridades, como regra para medidas de quantidade, peso, extensão ou valor dos elementos. Na gestão ambiental, usa-se o padrão de qualidade ambiental e dos componentes do meio ambiente, e o padrão de emissão de poluentes.

Padrão de migração O mesmo que comportamento de migração.

Padrões de balneabilidade Os padrões nacionais de balneabilidade foram estabelecidos pela Resolução Conama nº 20, de 1986, substituída posteriormente pela Resolução Conama 357, de 2005. Trata das condições limitantes para a qualidade das águas doces, salobras e salinas destinadas à recreação de contato primário (banho público).

Padrões de desempenho Definem uma medida de desempenho no tratamento de efluentes. Por exemplo, o volume ou a concentração máxima de um poluente em um efluente ou a porcentagem de remoção de poluição após uma determinada operação de tratamento.

Padrões de drenagem É o posicionamento espacial dos canais fluviais, influenciados em seus formatos pela formação geológica, litológica, ou seja, pela evolução geomorfológica da região em que se encontram.

Padrões de efluentes líquidos Padrões a serem seguidos nos lançamentos diretos e indiretos de efluentes líquidos de atividades poluidoras, em águas interiores ou costeiras, superficiais ou subterrâneas.

Padrões de emissão Quantidade máxima de poluentes que se pode lançar no ar por uma única fonte, seja móvel ou fixa.

Padrões de potabilidade São as concentrações máximas fixadas por leis, decretos ou regulamentos regionais, toleradas nas águas de abastecimento, com relação aos diversos elementos ou substâncias poluentes, sem prejuízo da saúde da população. No Brasil, está em vigência a Portaria do Ministério da Saúde, de nº 2914/2011.

Padrões de processo Limites de emissão de poluentes associados a processos industriais específicos.

Padrões de produto Limite legal estabelecido para a quantidade ou a concentração total de poluentes que se pode lançar no ambiente, por unidade de produção (por exemplo, mg de poluente por kg de produto produzido). Referem-se também à proibição de se adicionar certas substâncias aos produtos.

Padrões de qualidade ambiental Condições limitantes da qualidade ambiental, muitas vezes expressas em termos numéricos, estabelecidos por leis e sob jurisdição específica, para a proteção da saúde e do bem-estar das comunidades.

Padrões de qualidade da água Plano para o controle da qualidade da água, com quatro aspectos principais: o uso da água (recreação, abastecimento, preservação dos peixes e dos animais selvagens, industrial, agrícola); os critérios para a proteção desses usos; os planos de tratamento para o necessário melhoramento dos sistemas de esgotamento urbano e industrial; a legislação antipoluição para proteger a água de boa qualidade existente. No Brasil, o estabelecimento desses padrões encontra-se na Resolução Conama nº 357, de 2005.

Padrões de qualidade do ar Fixam as máximas concentrações de poluentes no ar que, por lei, não podem exceder um determinado tempo e numa determinada área geográfica. Ver *Padrões primários de qualidade do ar.*

Padrões primários de qualidade do ar Fixação das concentrações de poluentes que, ultrapassadas, afetam a saúde da população. As concentrações máximas toleráveis de poluentes atmosféricos e as metas a serem alcançadas em curto e médio prazo foram estabelecidas pelo Pronar, através da Resolução do Conama nº 5, de 1989. Estabeleceu a obrigatoriedade de filtros, válvulas especiais nos tanques e injeção eletrônica em veículos automotores, de forma a diminuir a emissão de hidrocarbonetos na atmosfera.

Padrões secundários de qualidade do ar No Brasil, o Pronar, através da Resolução Conama nº 5, de 1989, definiu tais padrões como as concentrações de poluentes atmosféricos, abaixo das quais há efeito adverso sobre o bem-estar da população. Constituem metas de longo prazo o mínimo dano à fauna e flora, aos materiais e meio ambiente, entendidos como níveis desejados de concentração de poluentes.

Padronização Técnica gerencial ou normativa que visa reduzir a variação nos processos de pesquisa ou de trabalho, sem prejudicar sua flexibilidade. Os resultados devem atender às expectativas do usuário ou de clientes de forma regular e ao menor custo possível.

Paga O mesmo que taxa; emolumento etc.

Pagamento Ato ou efeito de pagar.

Painel Intergovernamental sobre mudanças do clima Núcleo de estudos e de avaliação estabelecido pela Organização Meteorológica Mundial (OMM) e pelo Programa das Nações Unidas para o Meio Ambiente (PNUMA) no ano de 1988, para avaliar de modo abrangente, objetivo e transparente as informações científicas, técnicas e socioeconômicas relevantes para a compreensão da mudança do clima induzida por atividades humanas, seus impactos potenciais e opções de adaptação e mitigação. Para saber mais, ver <http://www.ipcc.ch/about/about.html>.

País em desenvolvimento Aquele cujo padrão de vida da população é baixo, com base industrial em desenvolvimento e índice de desenvolvimento humano variando de médio a elevado. Termo utilizado para diferenciar países com grau de desenvolvimento intermediário, situados abaixo do nível dos países desenvolvidos, mas em estágio superior aos países menos desenvolvidos do mundo. Substitui a designação Terceiro Mundo, utilizada durante o período da Guerra Fria, para os países não desenvolvidos de economia capitalista. Outra nomenclatura utilizada é país emergente, dada aos países de Terceiro Mundo, que se industrializaram e continuam a se desenvolver, como a África do Sul, a Argentina, o Chile, o México, a Turquia e o grupo BRIC: Brasil, Rússia, Índia e China.

Paisagem É o território com todas as condições e circunstâncias geológicas e fisiográficas que ocorrem em uma região (ou país), o resultado de todas as características que aparecem em um território de forma integrada.

Paisagem cultural ou antrópica Paisagem resultante da intervenção antrópica, ou seja, paisagem modificada pela ação humana.

Paisagem natural Interação dos fatores físicos e bióticos do meio ambiente, sem que tenha sido transformada pelas atividades humanas.

Paisagismo Área ligada à arquitetura e agronomia que projeta, executa e mantém jardins e áreas verdes.

Palatabilidade da forragem Um bom indicativo da qualidade de uma forragem é o grau de aceitação pelos animais, o que depende da palatabilidade e digestibilidade da forragem.

Paleoclimatologia É o estudo das variações climáticas ao longo da história da Terra, através dos vestígios naturais que determinam o clima em épocas passadas.

Páleo-hidrologia Ciência que estuda e interpreta a hidrologia de uma região ao longo da história da terra.

Paleolimnologia Ciência que estuda e interpreta as condições limnológicas passadas, as alterações ocorridas e as possíveis causas, como um estudo conjunto da limnologia e da paleontologia.

Palinologia Ramo da paleobotânica que estuda a constituição, a estrutura e a dispersão do pólen e dos esporos, incluindo os fossilizados.

Palmo Antiga medida inglesa de comprimento, que se obtém com a mão toda aberta, e que vale cerca de 22 centímetros.

Paludícola Que habita ou se desenvolve em lugares pantanosos.

Palustre Em geologia, refere-se aos sedimentos que se acumulam num ambiente pantanoso. Em ecologia, refere-se ao ambiente de um pântano.

Pampa Termo de origem quéchua dado à região pastoril de planícies e pequenas colinas, entre o Estado do Rio Grande do Sul, no Brasil, e as províncias argentinas de Buenos Aires, La Pampa, Santa Fé, Entre Ríos e Corrientes, e a República Oriental do Uruguai. Ecologicamente, é um bioma caracterizado por uma vegetação composta por gramíneas, plantas rasteiras e algumas árvores e arbustos encontrados próximos a cursos d'água, que não são abundantes. Comparados às florestas e às savanas, os pampas ou campos têm importante contribuição na preservação da biodiversidade, por atenuar o efeito estufa e auxiliar no controle da erosão.

Pantanal É um dos mais importantes biomas brasileiros, uma extensa área localizada a oeste do Estado de Mato Grosso, com 388.995 km^2 e altitudes que variam de 100 a 200 m, nas proximidades dos rios da bacia do Paraguai. As enchentes dos rios, de outubro a março, cobrem vastas regiões que ficam secas de abril a setembro.

Pântano Terreno plano, inundado nas estações chuvosas, com solos saturados, junto aos rios. A vegetação é típica de áreas com solo coberto com alguns centímetros de água ou com lençol freático localizado alguns centímetros abaixo da superfície e de solo encharcado, com plantas lenhosas, fisionomia de savana, escrube, arvoredo ou floresta.

Papeira ou caxumba A parotidite epidêmica, popularmente conhecida como papeira ou caxumba, é uma infecção virótica aguda, sistêmica, contagiosa, com a característica do intumescimento de uma ou de ambas as glândulas parótidas. Pode haver o comprometimento de outras glândulas, como as salivares, as meninges, o pâncreas e as gônadas. Esse tipo de infecção aparece em crianças, que depois ficam imunes.

Papel Conglomerado de fibras unidas fisicamente (entrelaçadas com formato de uma malha) e quimicamente, por pontes de hidrogênio.

Papel adesivo Papel com um dos lados colante. Usado para fixação em paredes (papel de parede), em outros papéis (etiquetas etc.).

Papel de filtro Usado em laboratórios nas filtrações quantitativas, com uma ampla gama de porosidade, selecionada conforme a aplicação.

Papel endurecido Também conhecido como papel baquelizado, é um aglomerado de papel endurecido com cola ou resinas especiais (de acordo com o uso pretendido). Utilizado em isolação elétrica, cartuchos para enrolamento de fios têxteis e trabalhos de artesanato.

Papel estanhado Papel com superfície de aparência metálica, por ser recoberto de fina camada de estanho, usado para embalagem.

Papel manilha Usado para fazer embrulhos.

Par Termoelétrico–PTE Em 1822, o físico alemão T. J. Seebeck aproveitou as descobertas de Alessandro Volta, sobre o efeito da temperatura no potencial de contato (ou seja, se dois metais diferentes forem postos em contato, um deles fica ligeiramente negativo e o outro ligeiramente positivo), e construiu o par termoelétrico. Consiste em duas tiras de metais diferentes, torcidas em uma das extremidades. Submetidas a um aumento de temperatura, aparece uma tensão elétrica contínua entre os extremos livres dos fios, base das pilhas termoelétricas. Os PTE são sensíveis detectores de raios térmicos (infravermelhos), utilizados na construção de pirômetros, aparelhos que medem a temperatura, mesmo afastados dos pontos de medição. Eles são empregados como cruz térmica em amperímetros especiais para medidas de correntes alternadas de altas frequências.

Paráclase Em geologia, é uma falha ou fratura de rochas, causada por escorregamentos.

Parafuso de Arquimedes Consta de uma calha (meia-cana com inclinação) e a parte inferior mergulhada no poço de bombeamento e de um motor que faz girar um parafuso sem fim dentro dessa calha. Ao girar, o parafuso eleva o líquido. Também chamado de bomba de Arquimedes, é utilizado na elevação de líquidos com sólidos em suspensão (esgoto sanitário, por exemplo).

Paralelo Linhas situadas num plano e que nunca se cruzam.

Parâmetro É um elemento cuja variação de valor modifica a solução sem lhe modificar a natureza. O parâmetro serve como indicador para esclarecer a situação de determinado corpo físico com respeito a certa propriedade. Nos sistemas ecológicos, é a medida ou estimativa quantificável do valor de um atributo de um componente do sistema.

Parâmetro ambiental O parâmetro ambiental engloba todos os fatores que afetam: a saúde, a segurança e o bem-estar da população; as atividades sociais e econômicas; a biota; as condições estéticas e sanitárias do ambiente, e a qualidade dos recursos ambientais. O parâmetro das águas naturais engloba: pH; turbidez; concentração de oxigênio dissolvido; concentração de DBO; temperatura; concentração de sólidos suspensos ou dissolvidos, e concentração de nutrientes.

Parâmetro de projeto Fator que influi num determinado projeto, e quantificado, para um bom resultado final.

Páramo Ecossistema neotropical localizado nas grandes altitudes, entre a linha superior das florestas (abaixo de 3.800 m) e a linha de neve permanente (5.000 m). Situa-se em regiões acidentadas, forma vales cobertos de neve e planícies com lagos, brejos de solos turfosos, e acumulações de terra sobre camadas de neve ou gelo, entremeadas por vegetação de pequeno porte e pequenos trechos de florestas. Aproximadamente 57% desse ecossistema situam-se na Colômbia.

Parapeito Espécie de parede que forma uma barreira, até a altura do peito, situada na extremidade de um telhado ou na laje superior de um edifício. Serve para evitar quedas, ou tem função defensiva, de construção ou de estilo arquitetônico. Parte inferior das janelas, de madeira ou outro material, onde se pode debruçar.

Para-raios Haste de cobre ou de alumínio, colocada no ponto mais alto dos edifícios, com a função de protegê-los das descargas elétricas atmosféricas (raios), atraindo-os para as suas pontas e desviando-os para o solo através de cabos de pequena resistência elétrica.

Parasitismo Relação entre seres vivos na qual um organismo (parasita) vive à custa de outro organismo (hospedeiro), do qual depende bioquimicamente.

Parasita Ver *Parasitismo*.

Parasitologia Ciência que estuda parasitas, hospedeiros e as relações entre eles. Engloba o estudo dos: protozoários, nematódeos, anelídeos, platelmintos, e artrópodes do reino animal. Os protozoários são unicelulares, e os nematódeos, anelídeos, platelmintos e artrópodes são organismos multicelulares. Existe também parasitismo em plantas (holoparasita e hemiparasita), o caso do cipó-chumbo. Existe parasitismo por fungos (micose), por bactérias e por vírus.

Parasitologia sanitária Estuda as enteroparasitoses, um sério problema de saúde pública pelos quadros de desnutrição, diarreia crônica, comprometimento físico e intelectual. A parasitose relaciona-se aos padrões inadequados ou insuficientes de saneamento básico e higiene. Por isso, é necessária a educação preventiva.

Parcelamento do solo Forma de divisão de uma gleba em unidades menores autônomas, classificada em loteamento ou desmembramento, e regulamentada por legislação específica. Deve atender: à circulação, pela abertura de ruas e praças, segundo a conveniência pública; às leis de zoneamento, com suas testadas mínimas definidas; à defesa dos aspectos paisagísticos, das características ecológicas e do domínio público; à previsão de construção de vielas sanitárias, para situações adversas de drenagem e esgotamento sanitário.

Parecer, dar Manifestação oral ou escrita de membro de um colegiado ou órgãos técnicos específicos, sobre assuntos submetidos à sua consideração, de forma a respaldar decisões de um órgão colegiado ou de um órgão público.

Parede celular Estrutura que cobre as células de seres vivos, como plantas, fungos e outros. É uma parede semirrígida, o que não acontece com a glicocálix (camada externa à membrana da maioria das células animais). Assim, as células com parede celular têm menor possibilidade de modificar sua forma. A parede celular é uma estrutura permeável, que não controla as substâncias que entram ou saem.

Parede-diafragma Técnica de construção de paredes enterradas, para escavações de subsolos de edifícios, construção de estações de metrô etc. Sua principal característica é o uso da lama bentonítica para assegurar a estabilidade das valas escavadas. Essa lama tem a propriedade da tixotropia, ou seja, um comportamento fluido quando agitada, mas capaz de formar um gel quando em repouso. Trata-se de uma suspensão em água doce da argila bentonita, da família das montmorilonitas alcalinas de sódio. As principais funções da lama durante a escavação são três: dar suporte à face escavada; formar um selo que impeça a perda da lama no solo (função impermeabilizante do sódio), e possibilitar que as partículas sólidas do solo escavado permaneçam em suspensão na lama, evitando sua deposição no fundo da escavação.

Parque Área de domínio público usada para lazer ou preservação.

Parque estadual É uma área de domínio público estadual, delimitada por atributos excepcionais da natureza, a serem preservados, juridicamente inalienável e indisponível em seus limites inalteráveis, a não ser por ação de autoridade do Governo Estadual, de modo a conciliar os seus usos científicos, educativos e recreativos com a preservação integral do patrimônio natural.

Parte Subdivisão de um todo.

Parte superior de barragem Também chamada de crista.

Partes Por Milhão – PPM Unidade de concentração que significa um grama de soluto num milhão de gramas de solvente ou um miligrama de soluto por quilograma de solvente. Nas soluções aquosas, uma ppm equivale a um miligrama de soluto por litro (ou decímetro cúbico) de solução, uma vez que um litro de água pesa 1 kgf.

Participação pública, social ou da comunidade É uma atividade voluntária e organizada de um grupo social, com o objetivo de: expressar iniciativas, necessidades ou demandas; defender interesses e valores comuns; alcançar fins econômicos, sociais ou políticos; influir na tomada de decisão, de forma a melhorar a qualidade de vida da comunidade.

Partícula alfa Também conhecida por raio alfa, é um núcleo do átomo de hélio acelerado, produzida artificialmente nas reações atômicas ou naturalmente por decaimentos de radioisótopos.

Partícula beta Elétron de alta energia ou pósitron emitido a partir de núcleos atômicos, num processo conhecido como decaimento beta, que tem duas formas: β^- e β^+. No decaimento β^-, um nêutron é convertido num próton, com emissão de um elétron e de um elétron do tipo antineutrino (a antipartícula do neutrino). No decaimento β^+, um próton é convertido num nêutron, com a emissão de um pósitron e de um elétron do tipo neutrino. Partículas beta têm um alcance dez vezes maior do que partículas alfa e uma força de ionização de um décimo das partículas alfa. Elas são paradas por poucos milímetros de alumínio.

Partícula coloidal É uma partícula maior do que a molécula, mas não suficientemente grandes para se depositar pela ação da gravidade. Sua dimensão está entre 1 ηm (10^{-9} m) e 1 μm (10^{-6} m).

Partícula discreta Como uma partícula de areia, é aquela que consegue sedimentar isoladamente e pelo próprio peso, sem nenhuma interação com outras partículas e sem alteração da velocidade de sedimentação. Nos sistemas de tratamento de água ou de esgoto, tal fenômeno ocorre nas caixas de remoção de areia.

Partícula floculada Durante a sedimentação, a partícula interage e liga-se por coalescência, o que aumenta a sua massa e resulta num aumento da velocidade de sedimentação, na medida em que a massa das partículas aderidas ao floco aumenta. Tal fenômeno acontece na camada superior dos clarificadores primários de esgoto, pela remoção dos sólidos em suspensão no esgoto bruto e pela remoção de flocos quimicamente formados no processo de tratamento de água de abastecimento.

Partícula que se deposita Também conhecidas como sólido sedimentável pelo próprio peso.

Particulados Partículas sólidas ou líquidas finamente divididas no ar ou em uma fonte de emissão. Os particulados incluem poeiras, fumos, nevoeiro, aspersão e cerração.

Passadiço ou ponte de comando Convés situado na parte superior da superestrutura de um navio, de onde o comandante dirige as manobras e onde permanece o oficial de serviço.

Passagem Bilhete, tíquete (de refeição, transporte etc.).

Pássaro Ave passeriforme. O grupo é numeroso e diversificado, com cerca de 5.400 espécies, o que representa metade do total de aves. Os passerídeos são aves canoras de pequenas dimensões, e alimentação baseada em sementes, frutos e pequenos invertebrados.

Pássaro predador Quase todos são predadores de insetos. Os que atacam outros animais de pequeno porte (ratos, coelhos, etc.) são gaviões, águias, tucanos, que atacam ninhos em busca de ovos e filhotes.

Passivo ambiental Diz-se de uma área comprometida ou contaminada por processos inadequados de disposição de resíduos sólidos ou líquidos, cujo compromisso de recuperação é de quem tem a propriedade da área, causador ou não da contaminação. Existem empresas especializadas em levantar o histórico de uma área, para evitar compras desastradas por parte de empresas que pretendem usar essas áreas para novos empreendimentos.

Pastar Ato de se alimentar de leguminosas (pastagens).

Pasteurização No século XIX, Louis Pasteur descobriu que, ao aquecer certos alimentos e bebidas acima de 60°C, por um determinado tempo (o chamado binômio tempo x temperatura), evitava-se a deterioração, com a sensível redução do número de micro-organismos. Esse procedimento recebeu o nome de pasteurização, em homenagem a ele e foi aperfeiçoado. Há três tipos de pasteurização: a lenta, que utiliza valores menores de temperatura (~ 65°C) durante um intervalo maior de tempo (30 min); a rápida, mais conhecida como HTST (*High Temperature and Short Time*), que utiliza temperaturas mais elevadas (~75°C) durante curtos intervalos de tempo (de 15 a 20 segundos); a muito rápida, conhecida como UHT (*Ultra High Temperature*), ou longa vida, que utiliza temperaturas de 130°C a 150°C, durante três a cinco segundos.

Pasto Vegetação utilizada para a alimentação do gado. Antes da revolução verde e da produção de ração em grande escala, o pasto era a principal fonte de subsistência do gado (criação extensiva), que precisava de grandes áreas. A criação de gado em áreas pequenas, ou em confinamento, com alimentação baseada em ração, cana-de-açúcar, milho ou soja, é conhecida como criação intensiva.

Pasto forrageiro O tipo de pasto forrageiro e o nível tecnológico de manejo determinam a quantidade de animais numa área de 1 ha (um hectare = 10.000 m²). As pastagens são divididas em piquetes, com manejo rotacional e recebem correção, adubação do solo e irrigação, com melhores taxas de lotação (de 3 a 7 animais por hectare), dependendo do tipo forrageiro. Sistemas de baixo nível tecnológico caracterizam-se pelo manejo com taxas de lotação menores de um animal por hectare.

Patamar O patamar ou berma é construído a cada 8 ou 10 m de altura num talude de terra (de corte ou de aterro) e tem duas principais funções: amenizar a inclinação para melhorar as condições de estabilidade, e captar a água de chuva, para evitar a erosão provocada pelo escoamento em grandes extensões.

Patente Trata-se de um título de propriedade temporária sobre uma invenção ou modelo de utilidade, outorgados pelo Estado aos inventores ou autores, ou outras pessoas físicas ou jurídicas detentoras de direitos sobre a criação. Em contrapartida, o inventor revela todo o conteúdo técnico da matéria protegida pela patente. Durante o prazo de vigência da patente, o titular tem o direito de excluir terceiros de atos relativos à matéria protegida, como fabricação, comercialização, importação, uso, venda etc. Como a pesquisa e o desenvolvimento de novas tecnologias ou novos produtos requerem investimentos, a proteção do invento pela patente significa prevenir-se de competidores copiarem e venderem o invento.

Patogênicos Diz-se dos micro-organismos como bactérias, vírus, fungos, protozoários, helmintos e alguns tipos de vermes, que provocam doenças infecciosas em seus hospedeiros, em circunstâncias favoráveis. Podem se multiplicar no organismo do hospedeiro, causando lesões e outras complicações. Também chamados de agentes infecciosos.

Patologia É o estudo das doenças. Envolve a ciência e a prática clínica, voltada ao estudo das alterações estruturais e funcionais das células, dos tecidos e dos órgãos sujeitos a doenças.

Pavimentação Ato ou efeito de pavimentar, de construir pavimentos em ruas, estradas, aeroportos etc. O pavimento é uma estrutura construída sobre a superfície após os serviços de terrraplenagem, para a segurança e o conforto ao usuário.

Pavimentação com asfalto O pavimento asfáltico é considerado flexível, composto de várias camadas de diferentes características e resistências: uma camada de macadame hidráulico (areia, pedras e água, compactados sob a ação de rolos vibratórios); uma camada de macadame betuminoso (areia e pedras com pintura asfáltica antes e depois da camada); uma camada final de concreto asfático, que dá o acabamento.

Pavimentação com concreto É rígida, constituída de placas de concreto sobre o solo de fundação ou sobre uma camada de transição, a sub-base.

Pavimento não rígido Ver *Pavimentação com asfalto*.

Pé cúbico Medida inglesa e norte-americana de volume: um pé cúbico equivale a cerca de 28,3 litros.

Pé cúbico por segundo Unidade de vazão.

Pecilotérmico Em oposição ao termo homeotérmico, é um organismo cuja temperatura interna varia consideravelmente. Normalmente essa variação é consequência da variação da temperatura ambiente. O termo é usado como uma descrição mais exata do que "animal de sangue frio", que também pode se referir aos organismos ectotérmicos (que obtém o calor primariamente do ambiente). Animais pecilotérmicos incluem alguns vertebrados, especialmente peixes, anfíbios e répteis, bem como uma série de animais invertebrados.

Peçonha Substância tóxica, composta de proteínas e outras substâncias, produzida e inoculada por aparato inoculatório de um ser vivo produtor. Um exemplo é a peçonha de serpente ou cobra. O termo correto é peçonha de serpente e não veneno, porque as serpentes têm aparelho inoculador.

Pé-direito na construção civil É a altura que vai do piso até a laje de cada pavimento.

Pedologia É o estudo dos solos no ambiente natural: a pedogênese; a morfologia e classificação de solos.

Pedregulho ou seixo rolado de 64 a 256 mm Rocha de formato arredondado.

Pedreira Jazida de pedra, de onde são extraídos blocos posteriormente transformados em pedra britada (de diversos tamanhos) ou matacões, usados na construção civil.

Pedreiro Profissional da construção civil, que assenta tijolos, revestimentos etc.

Peitoril Ver *Parapeito*.

Peixaria Local onde se vendem frutos do mar.

Peixe Vertebrado aquático, ectotérmico (a fonte de calor corporal provém do meio exterior), de corpo fusiforme, membros transformados em nadadeiras sustentadas por raios ósseos ou cartilaginosos, guelras ou brânquias para respirar o oxigênio dissolvido na água (os dipnoicos usam os pulmões) e corpo coberto de escamas.

Pelágico Termo para incluir o plâncton, o nécton e o nêuston, ou o conjunto da vida em alto-mar em grandes profundidades oceânicas e distantes das bordas continentais.

Pele É o revestimento externo do corpo, considerado o maior órgão do corpo humano e o mais pesado, que integra o sistema tegumentar (com cabelos, pelos, unhas, glândulas sudoríparas e sebáceas). Sua função é proteger os tecidos subjacentes, regular a temperatura somática, reservar nutrientes e contém terminações nervosas sensitivas.

Pelego Instrumento dos peões de gado. É um pano grosso e dobrado ou uma pele de carneiro curtida com a lã, que se coloca em cima do arreio. Para funcionários de fábrica, é o sujeito que não adere às greves, o fura-greve.

Pelete de lodo É o resultado da secagem do lodo, sob temperatura controlada, com a transformação do produto final em pelotas (peletes) de 2 mm de diâmetro. Se a temperatura de secagem estiver abaixo dos 550°C, preserva-se a matéria orgânica do lodo e a utilização mais racional é a carga de fertilizantes organominerais. Outro uso do lodo misturado à argila é em produtos cerâmicos. Quando submetido a temperaturas mais altas (900 a mais de 1.000°C), o uso visa a fabricação de agregados leves, mistura com cimento etc.

Peletização Ato ou efeito de transformar em peletes.

Pé-libra Unidade inglesa de trabalho mecânico. Um pé-libra = 1,488 quilos por metro.

Película de sujeira biológica O termo *schmutzdecke* tem origem na língua alemã, mas é usado também no inglês; trata-se de uma camada biológica complexa que se forma na superfície de um filtro lento de areia, usado no tratamento de água de abastecimento de pequenas comunidades. Essa camada é benéfica pois ajuda na purificação da água potável, retendo partículas orgânicas e protegendo de contaminação a areia de suporte do filtro. A composição dessa camada varia, mas geralmente consiste de uma matriz gelatinosa, um biofilme de bactérias, fungos, protozoários, rotíferos e uma variedade de larvas de insetos aquáticos. Com o tempo pode também haver o desenvolvimento de algas e, assim, outros organismos aquáticos maiores podem estar presentes, incluindo alguns briozoários, caracóis e vermes anelídeos.

Pena d'água Instrumento precursor dos hidrômetros que, através de um orifício instalado no diafragma do registro de graduação, conforme as pressões normais de trabalho dos serviços de distribuição de água, visava regular um fornecimento máximo de aproximadamente 1.200 litros de água em 24 horas.

Pêndulo hidrométrico Dispositivo composto de um peso suspenso por um cordão, mergulhado numa corrente líquida, que permite medir a velocidade da corrente.

Penedo, escarpa ou falésia Superfície rochosa, alta e escarpada. A falésia compõe-se de areias de várias tonalidades, como em diversas praias do Nordeste brasileiro.

Peneira Dispositivo usado para separar sólidos de diferentes tamanhos.

Peptídeos Biomoléculas formadas pela ligação do tipo amida de dois ou mais aminoácidos, chamada de ligação peptídica. Classificam-se pelo número de aminoácidos: 2 aminoácidos, dipeptídeo; 3 aminoácidos, tripeptídeo; de 4 a 10 aminoácidos, oligopeptídeo; de 10 a 100 aminoácidos: polipeptídeo; mais de 100 aminoácidos: proteína.

Pequenos blocos flutuantes de gelo Os termos em inglês são usados quando não impedem a navegação.

Percentagem de água no solo O mesmo que teor de umidade.

Percentagem de murchamento permanente É a percentagem de água no solo a partir da qual os vegetais murcham sem recuperação.

Percentagem de umidade O mesmo que teor de umidade.

Percentagem do volume de vazios no volume total de solo O mesmo que índice de vazios.

Percevejo É a designação comum a diversos insetos da ordem dos hemípteros, subordem dos heterópteros (mais de 25.000 espécies). A maioria é fitófaga, alimenta-se da seiva de vegetais, com o aparelho bucal perfurador e sugador, que já aparece na fase de ninfa. Alguns são hematófagos (alimentam-se de sangue) ou perfuram e sugam o interior de outros insectos. As ninfas são semelhantes ao inseto adulto, mas sem asas.

Percolação Movimento da água por efeito da gravidade ou por diferencial de pressões, nos meios porosos, como nos interstícios (espaços vazios) entre as partículas dos solos. É um movimento de baixa velocidade, portanto laminar, e dá origem ao lençol freático.

Percolação capilar Movimento ascensional da água do solo acima da região saturada, por efeito de capilaridade.

Percolação no solo Ver *Percolação*.

Percolação supercapilar Movimento de infiltração da água de chuva, fluindo pelos interstícios (vazios entre grãos) de solos e rochas, acima da franja capilar, na chamada zona de água de gravidade. Essa percolação é a principal fonte de recarga de aquíferos.

Perda consuntiva Em uma bacia hidrográfica ou um reservatório de barragem, é quando diminui o volume de água por consumo não retornável.

Perda de água Num sistema de abastecimento público de água, as perdas classificam-se em dois tipos: físicas (decorrentes de vazamentos no sistema, de lavagem de filtros, descarga de lodos etc.); aparentes ou de caráter econômico, decorrentes de ligações clandestinas, fraudes, hidrômetros parados ou defeituosos.

Perda de carga No escoamento de líquidos sob pressão, a perda de energia (parcela da pressão total) deve-se ao atrito interno entre as partículas do fluido e as paredes do tubo. Depende da viscosidade do líquido em escoamento. Quanto maior a rugosidade da parede da tubulação, isto é, a altura das asperezas, maior a turbulência do escoamento e maior a perda de carga. Existem também as perdas devido à turbulência na passagem nas peças especiais das tubulações (curvas, tees, registros etc.).

Perda de carga hidráulica Ver *Perda de carga*.

Perda de carga localizada Ver *Perda de carga*.

Perda localizada Ver *Perda de carga*.

Perene Contínuo; não intermitente.

Perfil Desenho em corte longitudinal.

Perfilagem elétrica Ver *Testemunhagem elétrica*.

Perfil geológico Desenho em corte com as diversas camadas geológicas, obtidas por sondagens geológico-geotécnicas.

Perfuração rotativa Utilizada para ultrapassar as camadas de rocha nas sondagens, ou na perfuração de poços artesianos.

Perifíton Camada de pequenos animais ou plantas aderentes às superfícies, que se projetam acima do fundo de corpos d'água.

Perigeu É quando a Lua fica mais próxima da Terra.

Perímetro Soma dos comprimentos dos lados de uma figura geométrica.

Perímetro molhado Comprimento total de contato do líquido com as paredes e o fundo de um canal ou tubo.

Periodismo térmico É a influência das variáveis das temperaturas frias no comportamento de algumas plantas, como o trigo e o centeio, por exemplo, que necessitam de temperaturas frias para florescer e se desenvolver.

Período Intervalo de tempo.

Período da maré Intervalo de tempo entre duas fases idênticas da maré ou corrente da maré.

Período de detenção O mesmo que tempo de detenção. É o tempo médio de permanência de um líquido em uma unidade de tratamento, dado pela relação entre o volume (V) da unidade e a vazão média (Q) de entrada do líquido.

Período de recorrência ou tempo de recorrência Em estatística aplicada à hidrologia, é o período de tempo (em anos) em que determinado fenômeno torna a se repetir, por exemplo, uma chuva de determinada intensidade, estatisticamente, repete-se após um determinado intervalo de tempo.

Período de retenção O mesmo que período de detenção.

Período de retenção de sólidos Num sistema de lodos ativados, refere-se à chamada idade do lodo, ou seja, a relação entre a massa de sólidos do reator e a massa de sólidos que sai do sistema.

Período de retorno O mesmo que período de recorrência.

Período de seca Período do ano em que, probabilisticamente, o volume de chuva é menor numa localidade. Por exemplo, no Estado de São Paulo, o período de seca vai de maio a agosto.

Período geológico arqueano É o período de tempo compreendido entre 3,85 bilhões de anos e 2,5 bilhões de anos atrás.

Período significativo da onda Correspondente à média dos períodos das ondas consideradas para obter a altura significativa.

Período terciário Compreendido entre 66,4 e 5,3 milhões de anos atrás. Subdivide-se em cinco épocas: Paleoceno, Eoceno, Oligoceno, Mioceno e Plioceno. Durante o período terciário, houve muita atividade vulcânica, com a formação dos grandes maciços montanhosos do mundo, como os Andes, os Alpes e o Himalaia.

Perlita Tipo de vidro vulcânico usado como substrato para plantas, pela alta capacidade de aeração do solo. Cada partícula de perlita é composta por pequenas células de ar que não absorvem água, mas que a retém em seu exterior. É também um tipo de estrutura cristalina do aço.

Permanganato de potássio É um sal inorgânico ($KMnO_4$), forte agente oxidante. Na sua fase sólida e dissolvida em solução aquosa tem uma coloração violeta bastante intensa. Na proporção de 1,5 g por litro de água, a cor é um vermelho forte.

Permeabilidade É a capacidade dos solos de se deixar percolar pela água. A passagem da água ocorre pelos vazios, entre os grãos do solo. Solos finos argilosos compactados são de baixa permeabilidade ou impermeáveis, em comparação a areias e pedregulhos, de permeabilidade maior.

Permeabilidade anisotrópica A permeabilidade de um solo é diferente no sentido horizontal do vertical, característica própria de solos compactados ou orginários de rochas com estratificações.

Permeabilidade isotrópica A permeabilidade de um solo é a mesma em todas as direções.

Permeâmetro Dispositivo de laboratório que permite medir o coeficiente de permeabilidade de um solo.

Permeável Diz-se de solo com facilidade de escoamento da água pelos poros, como os pedregulhos e as areias, cujo coeficiente de permeabilidade varia de 10 a 10^{-4} cm/s.

Permissão É um ato administrativo negocial ou uma aquiescência que a administração pública julga conveniente, para um particular exercer atividades de predominante interesse coletivo.

Permissão de uso É um ato administrativo pelo qual o poder público manifesta sua aquiescência com o exercício, por um particular, de atividade de interesse coletivo, na utilização de um bem público. Por se tratar de ato administrativo discricionário, a administração pode revogá-lo. Exs.: a permissão de utilizar logradouros para o comércio ocasional, como de bebidas no carnaval ou permanente, de feiras de artesanato ou ambulantes, ou a ocupação de residências de domínio público por funcionários. Pode se fixar uma remuneração pelo uso, chamada "taxa de ocupação".

Permuta catiônica O mesmo que troca catiônica. Fenômeno conhecido dos agrônomos, que ocorre nos solos argilosos e húmicos. Decorrente do desequilíbrio de cargas elétricas nas extremidades das partículas do solo, o que influencia determinadas propriedades físico-químicas e tecnológicas do solo, incluindo a absorção de nutrientes pelas raízes das plantas. Os principais cátions envolvidos são: o sódio (Na), o cálcio (Ca) e o magnésio (Mg). Quando um solo recebe água com alto teor de sódio, ele desloca o cálcio e o magnésio adsorvidos, substituindo-os. O sódio endurece o solo e diminui a permeabilidade. Quando a água é rica em cálcio e magnésio, eles deslocam o sódio. Esta é uma das razões para se aplicar calcário nos solos agrícolas.

Peróxido O peróxido de hidrogênio ou água oxigenada (H_2O_2) é um líquido viscoso, incolor à temperatura ambiente e sabor amargo. Não é inflamável, mas um agente oxidante que pode sofrer combustão espontânea em contato com matéria orgânica ou metais como o cobre e o bronze.

Persistência Propriedade de um composto químico conservar por certo tempo sua estrutura química e ação bioquímica, em particular a toxicidade. Os hidrocarbonetos clorados ou fosforados são persistentes, o que provoca sua acumulação na natureza e nos organismos.

Perturbação Distúrbio; desarmonia.

Perturbação em ecossistemas por poluentes Os índices mais utilizados para avaliar o impacto de poluentes sobre as comunidades aquáticas são de três tipos: bióticos; de diversidade, e de comparação da comunidade. Os índices bióticos estabelecem a alteração da tolerância ou sensibilidade relativa dos organismos em uma situação de poluição; os índices de diversidade avaliam os efeitos da poluição na estrutura da comunidade; os índices de comparação da comunidade (também denominados índices de similaridade ou dissimilaridade) estabelecem os efeitos dos poluentes sobre a composição da comunidade.

Pés cúbicos por minuto Medida de vazão correspondente a 0,47195 ℓ/s.

Peso É a força gravitacional sofrida por um corpo na vizinhança de um planeta ou outro grande corpo. Define-se como a medida da aceleração que um corpo exerce sobre outro, pela força gravitacional. O peso é uma grandeza vetorial, portanto, apresenta intensidade, direção e sentido. Na Terra, a direção é a linha que passa pelo objeto e pelo centro da Terra. O sentido aponta para o centro da Terra, e a intensidade é obtida por P = m . g, na qual (m) é a massa do objeto e (g) a aceleração da gravidade (9,8 m/s^2). Devido às diferentes massas dos planetas do sistema solar, o peso de um objeto é diferente em cada um. Se o peso na Terra fosse um, em Mercúrio seria 0,378; em Vênus, 0,907; na Lua, 0,166; em Marte, 0,377; em Júpiter, 2,364; em Saturno, 1,064; em Urano, 0,889; em Netuno, 1,125; e em Plutão, 0,067.

Peso bruto É o peso de uma substância ou objeto com o peso do recipiente que o contém.

Peso específico Relação entre o peso e o volume de um objeto.

Peso específico absoluto Ver *Peso específico*.

Peso específico aparente Relaciona-se com substâncias como o solo, cujos vazios entre os grãos podem estar preenchidos com ar ou água e com variados graus de compacidade. Assim, um mesmo solo pode apresentar diversos valores de pesos específicos, em função da compacidade e do material de preenchimento dos vazios.

Peso específico do solo Ver *Peso específico aparente*.

Peso específico relativo Quando comparado a um determinado peso específico padrão, convencionalmente igual à unidade.

Peso líquido É o peso de uma substância sem o peso do recipiente que o contém.

Peso próprio, tara ou peso morto É o peso de um recipiente, de um caminhão, de um vagão de trem etc.

Pesquisa Define-se como o conjunto de atividades orientadas e planejadas para a busca de um conhecimento.

Pesquisa de opinião Realizada com questionários verbais ou escritos, aplicados a certo número de indivíduos, que permite identificar posicionamentos, tendências, percepções e sugestões a respeito de um produto ou serviço, de um candidato político, de uma empresa ou de qualquer outro assunto.

Pesquisa mineral É o conjunto de procedimentos técnicos necessários à definição da jazida de um mineral e sua avaliação para determinar se é viável o seu aproveitamento.

Pesquisa operacional Estudo da eficácia do comportamento humano, visando ao melhor uso de recursos em regime de escassez para servir a determinados fins. Nesse tipo de estudo, combinam-se: a observação, o experimento, a dedução e a indução, com o objetivo de ajudar os diretores de empresas ou de serviços públicos a tomar decisões.

Pesquisa por amostragem É um método indutivo para obter o conhecimento de um universo estatístico, por um número representativo de amostras aleatórias. Determina-se um número finito de indivíduos ou casos, para produzir um grupo representativo. Usado quando é difícil obter informações de todos os membros da população, como em análises biológicas ou epidemiológicas; no controle de qualidade industrial; em levantamento de dados sociais ou pesquisas eleitorais.

Pesticida ou defensivo Substância tóxica usada para matar micro-organismos, animais ou ervas daninhas que causam prejuízo às colheitas, às plantas ornamentais, ou à saúde dos animais domésticos e do homem. Todos os pesticidas interferem no processo metabólico normal dos organismos (pestes). Classificam-se de acordo com o tipo de organismo que combatem. Há os inseticidas, para combater insetos nocivos; os herbicidas, para o controle das ervas daninhas; os fungicidas, para o controle de doenças vegetais; os rodenticidas, para o controle de roedores; os germicidas, usados na desinfecção de produtos; os algicidas etc.

Petrificação Tipo de fossilização em que o organismo se transforma numa substância mineral. A petrificação pode ocorrer por permineralização (preenchimento de poros ou pequenas cavidades por uma substância mineral, sílica ou carbonato de cálcio); mineralização, e carbonização (transformação de um composto orgânico em carbono, geralmente por aquecimento).

Petrografia Ramo da petrologia cujo objeto é a descrição das rochas e a análise das suas características estruturais, mineralógicas e químicas.

Petróleo Combinação complexa de hidrocarbonetos alifáticos, alicíclicos e aromáticos. Pode conter pequenas quantidades de nitrogênio, oxigênio, compostos de enxofre e íons metálicos, principalmente de níquel e vanádio.

Petrologia Ciência que estuda os mecanismos físicos, químicos e biológicos que ocorrem na formação e transformação das rochas.

Petrologia sedimentar Ciência que estuda a composição e textura de rochas sedimentares como o calcário e o arenito, compostos por partículas sedimentares cimentadas por uma matriz de material mais fino.

pH ou potencial hidrogeniônico É o logaritmo do inverso da concentração de íon hidrogênio num meio líquido. Usado em química como uma escala numérica para a medida quantitativa da acidez ou alcalinidade de uma solução líquida. Em uma escala de zero a 14, o valor 7 representa o estado neutro; o valor zero, o mais ácido; o valor 14, o mais alcalino.

Picareta Ferramenta manual utilizada para escavar em solos muito endurecidos.

Picnômetro Vidraria de laboratório usada para medir a densidade relativa de um sólido. É um frasco de vidro construído de forma que o seu volume não apresente variações, de boca larga e uma tampa esmerilhada.

Picocurie O curie é a antiga medida para a intensidade de radioatividade de uma amostra de material radioativo. O picocurie é a trilionésima parte de um curie e representa 2,2 desintegrações por minuto. No sistema internacional, a unidade utilizada é o becquerel (Bq). Convencionou-se que um Bq = uma desintegração por segundo, portanto, 1 picocurie = 0,037 Bq.

Piezometria Medida da pressão neutra no solo, ou medida da pressão a que está submetida a água nos instertícios do solo.

Piezômetro Poço ou furo feito no solo para observação e medida do nível freático ou da altura piezométrica.

Piezômetro acionado a ar O mesmo que piezômetro pneumático. É uma célula pneumática instalada no solo, para medir a pressão neutra.

Pigmento Nome dado a diversas substâncias usadas para tingimento.
Pilão Dispositivo para socagem ou trituração de grãos, para tirar a casca do arroz, do café, fazer quirera de milho etc.
Pilar Estrutura vertical (ou coluna) que sustenta uma construção.
Pilha atômica Dispositivo que comporta a matéria, em que se faz a reação em cadeia (urânio 235, plutônio), e a matéria que se quer irradiar pelos nêutrons produzidos (urânio 238), reunidas a moderadores (grafito, água pesada) e a refletores de nêutrons. Comporta instalações de arrefecimento, de verificação e de proteção. Produz energia calorífica que pode ser transformada em energia elétrica, além de fornecer o plutônio, utilizado nas bombas atômicas, e inúmeros elementos artificiais.
Pilha de madeira Empilhamento de madeira.
Pilha elétrica Dispositivo que transforma reações químicas em energia elétrica.
Pilha termogalvânica Pilha que utiliza uma reação espontânea de oxirredução como fonte de energia. Nesse caso, as reações de oxirredução ocorrem quando os agentes oxidantes e redutores não estão em contato direto, portanto a pilha deve ser construída separando-se fisicamente a reação global em duas semirreações eletródicas, uma delas envolvendo a oxidação e a outra a redução. Os elétrons liberados no eletrodo com oxidação (ânodo) passam pelo circuito externo (fio de cobre, por exemplo) para o eletrodo com redução (cátodo).
Pináculo Uma coluna rochosa característica, perigosa à navegação. Uma alta torre, pilar ou rocha de forma afunilada. Uma crista ou cume isolado.
Pinho Madeira do pinheiro.
Piracema Movimento anual de subida de grandes cardumes de peixes rio acima, na época da desova. Em grande parte dos rios brasileiros, a piracema ocorre com as primeiras chuvas da primavera.
Pirâmide alimentar Ver *Cadeia alimentar*.
Pirâmide biótica ou cadeia alimentar Ver **Cadeia alimentar**.
Pireliógrafo ou actinógrafo Ver *Actinógrafo ou pireliógrafo*.
Pireliômetro Aparelho que mede a radiação solar num determinado instante.
Piretro Nome dado a diversas espécies de plantas da família das compostas, conhecidas por suas propriedades medicinais (combater dores nevrálgicas) e inseticidas (pó da pérsia). Uma das espécies é conhecida como matricária e monsenhor-amarelo.

Pirita Sulfureto de ferro. Mineral utilizado na fabricação de ácido sulfúrico.
Pirófito Planta que tolera o fogo. O termo é mais usado para árvores resistentes ao fogo devido ao conteúdo úmido da sua casca. Apesar de todas as árvores serem, até certo nível, resistentes ao fogo, algumas, como as sequoias e sobreiros, são pirofíticas.
Piroga Tipo de canoa comprida, estreita e veloz, utilizada pelos indígenas da América e da África.
Pirólise Degradação térmica de qualquer material orgânico, na ausência parcial ou total de um agente oxidante, ou em um ambiente com uma concentração de oxigênio capaz de evitar a gaseificação intensiva do material orgânico. Os produtos mais conhecidos obtidos por pirólise são o carvão vegetal, o alcatrão, o bio-óleo, que é um líquido preto utilizado como combustível para o aquecimento e a geração de energia elétrica. Para obtê-lo, a biomassa é submetida a altas temperaturas em um ambiente isolado, com pouco ou nenhum oxigênio.
Pirômetro Dispositivo que mede a temperatura sem contato direto com o corpo ou meio. É um instrumento que mede temperaturas superiores a 600°C, de metais incandescentes em fundições.
Pirômetro de radiação Determina a temperatura de gases, pela medição da radiação emitida por uma fonte de referência, antes e depois da radiação incidir sobre o gás, que absorve parte da radiação. A análise das diferenças do espectro do gás determina a temperatura.
Piscicultura Um dos ramos da aquicultura, que se dedica ao cultivo de peixes, e de outros organismos aquáticos.
Piscina de maré Poça de água nas depressões próximas às praias e arrecifes, que permanece após a descida das marés.
Pitômetro Também chamado de Pitot, é um instrumento empregado em pitometria para o registro contínuo das variações da velocidade de uma corrente líquida, para o cálculo de vazões.
Placa de Petri Recipiente cilíndrico, achatado, de vidro ou plástico, utilizado pelos biólogos para a cultura de micro-organismos. Tem uma base e uma tampa. A placa é parcialmente cheia com um caldo líquido (ágar) onde estão misturados alguns nutrientes, sais e aminoácidos, de acordo com as necessidades específicas do metabolismo do micro-organismo a ser estudado (é o chamado meio seletivo). Depois que o ágar solidifica, é colocada uma amostra contaminada pelo micro-organismo.

Plâncton Organismos microscópicos que flutuam na zona superficial iluminada da água marinha ou lacustre, composto por vegetais (fitoplâncton: algas e bactérias), ou animais (zooplâncton: crustácea, rotatória). É a principal fonte de alimento dos animais marinhos. Apesar de possuírem movimentos próprios, são arrastados por correntezas.

Planejamento Constitui uma série de atividades ordenadas, com o objetivo de resolver problemas; executar projetos ou obras. Identificam-se e analisam-se as prioridades e particularidades, estabelecendo metas realistas e factíveis. Às vezes são necessárias ações administrativas para ajudar na solução dos problemas, com base na avaliação de estratégias alternativas.

Planejamento alternativo Plano para substituir outro, em caso de mudança de situação, por se demonstrar que o plano original é inexequível ou desaconselhável. Popularmente conhecido como "plano B".

Planejamento ambiental É o estudo e a implementação de medidas para melhorar a qualidade de vida das comunidades, pela preservação e/ou do melhoramento contínuo do ambiente, levando-se em conta os aspectos ou parâmetros quantificáveis e não quantificáveis, mas presumíveis.

Planejamento de bacia hidrográfica Planejamento do uso e tratamento dos solos e águas, tendo em vista a sua utilização, conservação, e os interesses gerais de uma bacia. No Brasil, a Lei 9.433/1997, prevê o sistema de outorga e de pagamento pelo uso dos recursos hídricos de uma bacia.

Planície Grande área geográfica com pouca ou nenhuma variação de altitude, como um deserto ou um pântano. Superfícies com pequenos movimentos na crosta, quase completamente aplainadas. São delimitadas por aclives, e os processos de deposição superam os de erosão.

Planície aluvial ou aluvional O mesmo que planície fluvial.

Planície costeira Composta de materiais clásticos, caracteriza-se por estratos horizontais ou com pequena declividade, fronteiros à costa marítima. Decorre de uma faixa recentemente emersa do mar.

Planície de inundação Terras planas, próximas ao fundo de vale de um rio, inundadas quando o escoamento do curso d'água excede a capacidade normal do canal. Em planejamento de bacias, nessas planícies inundáveis devem-se preservar as matas ciliares. Nas cidades, para evitar problemas sociais, as áreas devem ser ocupadas apenas por parques e áreas de lazer.

Planície fluvial Formada pela deposição de material aluvial erodido nas áreas mais elevadas de uma bacia hidrográfica, transportado pelas águas e depositado nas regiões mais baixas e de fluxo mais lento do corpo d'água da bacia. O mesmo que planície aluvial.

Planície lacustre Formada pela ação de um lago.

Planície litorânea O mesmo que planície costeira.

Plano aluvial Ver *Planície fluvial*.

Plano de manejo É um documento elaborado com a finalidade de administrar ou manejar os recursos de uma determinada região ou área. A base para a fixação das ações necessárias são leis, normas, critérios e diretrizes.

Plano de manejo de unidades de conservação De acordo com os objetivos de cada categoria de Unidade de Conservação (UC), é o instrumento de planejamento que estabelece o zoneamento e as normas de uso e as diretrizes para o manejo dos recursos naturais.

Plano de referência Ver *Plano de referência de cotas*.

Plano de referência de cotas Plano a partir do qual se estabelecem as alturas de um projeto. Pode ser um nível arbitrário. Quando se refere ao nível médio dos mares, as cotas são chamadas de altitudes.

Plano diretor Leis e regulamentos municipais para disciplinar o uso do solo das áreas do município, em especial da área urbana. É de extrema importância para o planejamento, projetos e serviços de distribuição de água de abastecimento, coleta e tratamento de esgoto e de resíduos sólidos.

Plano Nacional de Gerenciamento Costeiro – PNGC No Brasil, foi instituído pela Lei Federal nº 7.661, de 1988, como parte integrante da Política Nacional do Meio Ambiente e da Política Nacional para os Recursos do Mar. Em seu artigo 2º é definido o objetivo principal dessa lei: orientar a utilização racional dos recursos na Zona Costeira, de forma a contribuir para a qualidade de vida de sua população, e a proteção do seu patrimônio natural, histórico, étnico e cultural.

Planta anfíbia Espécie vegetal aquática, que vive na água nos períodos de cheia e, durante o período de seca, sobrevive por períodos variáveis no solo livre de inundação.

Planta marinha O termo *seaweed* em inglês indica uma planta que cresce em água salgada e indica a presença de rochedos submersos.

Planta tóxica Toda planta tem algum nível de toxicidade, mas a denominação planta tóxica se aplica àquela cuja ingestão ou contato provoca sintomas de intoxicação.

Plasticidade É a ciência que estuda o comportamento de corpos que se deformam quando submetidos a ações externas, sem retornar ao estágio inicial, ou seja, o corpo muda de forma de modo irreversível ao ser submetido a uma tensão. Exs.: argilas, chumbo, alumínio etc.

Plástico Material orgânico sintético, polimérico, de constituição macrocelular, e grande maleabilidade (propriedade de adaptar-se a diferentes formatos), transformável sob calor e pressão, e que serve de matéria-prima para a fabricação de brinquedos, vasos, toalhas, cortinas, bijuterias, carrocerias de veículos, roupas, sapatos etc.

Plataforma continental É parte do fundo do mar que começa na linha da costa e desce com um declive suave até ao talude continental, onde o declive é muito mais pronunciado. A plataforma continental desce até uma profundidade de 200 m, até as bacias oceânicas.

Plataforma de abrasão Zona costeira ou litorânea onde as ondas do mar realizam a erosão e o depósito quando arrebentam. As áreas de depósito são relativamente planas (de pequena declividade), e formadas pelo trabalho prolongado das ondas do mar sobre a costa.

Plataforma insular Plataforma circundante de uma ilha, que segue até 100 braças (ou 183 m), com um pequeno declive, e depois cai abruptamente em direção ao fundo do mar.

Platina Elemento químico de símbolo Pt, número atômico 78, e massa atômica 195. À temperatura ambiente, a platina encontra-se em estado sólido. É empregada na fabricação de eletrodos e joias. É muito utilizada como catalisador em reações químicas.

Platô submerso ou banco de areia No mar, é responsável pelo encalhe de embarcações. Trata-se de uma elevação do fundo do mar, que abrange uma área grande, tendo à sua volta profundidades maiores e seguras para a navegação.

Pleurisia Pleurisia ou pleurite é uma inflamação das pleuras pulmonares (parietal e visceral), que pode ser seca ou ter aumento do líquido pleural (derrame pleural). Caso o líquido esteja infectado, é conhecido como empiema. Ocorre como complicação de outras enfermidades pulmonares, como pneumonia, tuberculose, neoplasia, e cirurgia torácica. Os sintomas são dor semelhante à da pneumonia, porém com maior intensidade, e pode irradiar-se para o ombro e abdômen, respiração curta e superficial, tosse seca e dolorosa, febre e mal-estar. À medida que aumenta a quantidade de líquido entre as pleuras, diminui a dor, mas acentua-se a dificuldade de respirar, devido à compressão sobre os pulmões.

Plêuston ou organismos de superfície Conjunto de seres que flutuam nos corpos d'água, graças à sua baixa densidade.

Pluvial Relativo às precipitações atmosféricas naturais ou chuvas.

Pluviografia Área da meteorologia que estuda o registro automático da precipitação (de chuva ou neve).

Pluviógrafo Aparelho registrador da intensidade de chuva. Tem uma área receptora de 200 cm^2. No Brasil, o modelo mais utilizado tem um sifão conectado ao recipiente coletor, que faz verter toda a água armazenada quando o volume retido atinge 100 mm de chuva. É dotado de um sistema de registro da intensidade da chuva (volume ao longo do tempo).

Pluviômetro Dispositivo para medir a chuva (em mm) de um dia. Consiste em um cilindro receptor de dimensões padronizadas, dotado de um funil com tela protetora, para evitar entupimentos da sua abertura menor. Abaixo do funil, um recipiente receptor armazena a água da chuva coletada pelo operador todos os dias, abrindo uma torneira e esgotando o recipiente. Á água é vertida numa proveta graduada e o resultado é registrado em planilhas apropriadas em mm de chuva das últimas 24h.

Pneu Também conhecido por pneumático, é um artefato circular feito de borracha, criado por Charles Goodyear. Pode ser maciço, com ou sem câmara de ar e utilizado em veículos, como carros de passeio, caminhões, tratores, bicicletas, carrinhos de mão etc.

Pneumática Ciência que estuda o uso de gás pressurizado e suas aplicações em ciência e tecnologia.

Pneumático Ver *Pneu*.

Pneumatóforo Raiz respiratória virada para cima, comum em espécies vegetais que habitam os mangues.

Pneumoconiose Doença respiratória provocada pela inalação do pó de carvão por períodos prolongados.

Pneumonia Infecção causada por bactérias, vírus, fungos, agentes infecciosos ou por substâncias químicas, que provocam a inflamação dos alvéolos pulmonares (onde ocorrem as trocas gasosas). Os alvéolos se enchem de pus, muco e outros líquidos, o que impede o seu funcionamento adequado. O oxigênio não alcança o sangue, e quando o oxigênio é insuficiente no sangue, as células do corpo não funcionam adequadamente. Pelo risco de a infecção se espalhar pelo corpo, a pneumonia pode ser fatal. Em muitos casos, essa doença ocorre depois de um resfriado ou gripe. Os

sintomas são febre e suor intenso, calafrios e tremores que começam lenta ou subitamente.
Pó Sólido finamente dividido.
Pobreza Carência de bens e serviços essenciais, como alimentação, vestuário, alojamento e cuidados de saúde.
Poço Escavação vertical no subsolo, para extrair água ou para investigações geotécnicas.
Poço abissínio Poço constituído de um tubo de extremidade pontiaguda, em cima da qual há perfurações, e introduzido em camadas de solo de dureza moderada.
Poço absorvente ou sumidouro Ver *Sumidouro*.
Poço amazônico Poço escavado no material aluvionar ao longo de um rio, para captar a água subalveolar que escoa por baixo da superfície do solo.
Poço artesiano Poço que atinge um aquífero artesiano ou confinado e no qual o nível de água se eleva acima do solo, sem necessidade de bombeamento.
Poço artesiano semissurgente Quando a pressão da água nas áreas confinadas do subsolo não é suficiente para levá-la até a superfície (situação mais comumente encontrada), necessitando, portanto de bombeamento. Também conhecido como POÇO SEMIARTESIANAO.
Poço artesiano surgente Quando a pressão da água nas áreas confinadas do subsolo é capaz de levá-la até a superfície.
Poço de alívio Poço preenchido com material drenante em forma de filtro (só permite a passagem da água). É executado em forma de bateria (diversos poços simétricos), instalado no pé de jusante das barragens de terra para evitar danos causados pela subpressão da água nas camadas subjacentes às camadas menos permeáveis. As pressões podem provocar *piping* (formação de um tubo, pelo carreamento de material do solo pela água). O *piping* é catastrófico, podendo levar à ruptura do maciço.
Poço de infiltração Ver poço para recarga de aquífero.
Poço de visita com tubo de queda O tubo de queda é instalado sempre que uma rede de esgoto chega ao poço de visita, e a altura da tubulação tem mais de 0,50 m em relação ao fundo. O tubo de queda permite que o esgoto entre pelo fundo.
Poço filtrante de pequeno diâmetro ou ponteira filtrante Ver *Abaixamento do nível do lençol freático*.
Poço freático É o poço cavado no terreno até encontrar a água do lençol freático. Às vezes é encontrada a poucos metros de profundidade e o poço é raso. Outras vezes, a água só é encontrada a grandes profundidades (200 m ou mais). Então é um poço profundo.
Poço horizontal Trata-se de um poço semi-horizontal, pela leve inclinação para permitir a drenagem natural. É instalado em encostas naturais para atingir determinados lençóis, para alíviar pressões neutras e estabilizar os taludes naturais.
Poço invertido para recarga de aquífero Ver *Poço para recarga de aquífero*.
Poço para ensaio de infiltração Ver *Ensaio de aquífero*.
Poço para recarga do aquífero Técnica de recarga artificial em que a água é bombeada diretamente nos poços. São utilizados quando não há zonas permeáveis na zona não saturada e quando os aquíferos são profundos ou confinados. A tecnologia para a implantação e os requisitos de qualidade da água de recarga são mais exigentes do que nos sistemas de recarga à superfície. Utiliza-se água pluvial coletada no telhado de casas, prédios, galpões etc. de melhor qualidade em comparação às de escoamento superficial.
Poço piloto Poço executado para verificar a possibilidade de atendimento a uma determinada vazão.
Poço profundo É utilizado para atingir aquíferos que propiciem grandes vazões, para o abastecimento de cidades. Tem a vantagem de usar extensas camadas de aquíferos, o que evita flutuação do nível d'água, garantindo um abastecimento regularizado.
Poço raso É considerado raso quando a profundidade não ultrapassa 30 m. É mais barato e fácil de escavar do que os profundos. Apresenta o inconveniente de maior oscilação do nível d'água, tornando incerto o abastecimento em determinadas épocas do ano e uma maior probabilidade de contaminação ou de perda de qualidade da água.
Poço semiartesiano Ver *Poço artesiano semissurgente*.
Poço surgente Ver *Poço artesiano*.
Poço teste O mesmo que poço piloto.
Poço tipo Ranney Serve para a captação de água subterrânea. É provido de drenos radiais de razoável comprimento, que aumenta a eficácia das vazões e da qualidade da água captada.
Poder adesivo Os produtos dotados de poder adesivo estão na categoria genérica de adesivos. Um adesivo é uma substância capaz de manter unidas duas superfícies, mediante uma adesão específica ou mecânica. A adesão específica realiza-se quando as forças interfaciais se caracterizam por forças de valência primária

ou secundária (ligações iônicas ou polares); a adesão mecânica realiza-se quando as forças interfaciais se constituem por forças de adesão por compenetração (superfícies porosas).

Poder calorífico É a quantidade de energia por unidade de massa (ou de volume no caso dos gases) liberada na oxidação de um combustível. Existem duas formas: Poder Calorífico Superior (PCS) e Poder Calorífico Inferior (PCI). O PCS é dado pela soma da energia liberada na forma de calor e da energia gasta na vaporização da água que se forma na operação. O PCI é medido pela energia liberada na forma de calor. Para combustíveis sem hidrogênio na sua composição, o valor de PCS é igual ao do PCI, porque não há formação de água e não há energia gasta na sua vaporização. Assim, o PCS é sempre maior ou igual ao PCI.

Poder calorífico líquido É a energia liberada pela combustão de uma substância, descontada a energia contida no vapor de água liberado pela câmara de combustão.

Poder de polícia Atividade administrativa através da qual o Poder Público pode interferir, e limitar o exercício das faculdades e direitos individuais, para assegurar um nível aceitável de convivência social.

Podzol Solo podzolizado é aquele em que houve translocação de materiais do horizonte A, acumulando-se no horizonte B. Ao contrário do latossolo, o solo podzolizado tem horizontes bem diferenciados, provocados pela translocação. Os solos com B podzol são muito pobres e ácidos, porque, quando a vegetação se decompõe, provoca grande acidez ao solo e o material de origem é muito pobre; os solos com B textural são mais férteis do que os com B podzol, apresentando mais argila no horizonte B que no horizonte A. Os solos com B podzol e os com B textural, em relevo acidentado, tendem a erodir por causa do material arenoso e sem estrutura que apresentam nesse horizonte. No caso do B textural, por causa da diferença de textura entre os horizontes, que dificultam a infiltração de água, o processo de erosão é favorecido.

Poeira ou pó Partículas sólidas levantadas e mantidas no ar por forças naturais, como vento, erupção vulcânica ou terremoto, ou por processos mecânicos, como trituração, moagem, esmagamento, perfuração, demolição, peneiramento, varredura etc. O tamanho das partículas de poeira é de 1 a 100 micra. Quando menores que 1 mícron, elas são classificadas como fumos ou fumaça.

Poeira sedimentável Aquela que pode sedimentar pelo próprio peso.

Polaridade A polaridade de uma molécula refere-se à concentração de cargas da nuvem eletrônica em volta dela. Divide-se em moléculas polares e apolares. As polares têm maior concentração de carga negativa numa parte da nuvem e maior concentração positiva no outro extremo. Nas moléculas apolares, a carga de elétrons está uniformemente distribuída, sem concentração.

Polarização Medida da variação do vetor campo elétrico de alguns tipos de onda, no decorrer do tempo. É uma propriedade das ondas tridimensionais, como a luz e outras radiações eletromagnéticas.

Polarização da luz Esse fenômeno mostra o caráter ondulatório da luz e ocorre porque a luz é uma onda transversal, que oscila em planos perpendiculares à direção de propagação. Alguns cristais têm a propriedade de polarizar a luz, isto é, só deixam passar a parte da onda que oscila num determinado plano, absorvendo a restante.

Polarografia Técnica analítica para determinar numerosas substâncias, especialmente as que se oxidam ou reduzem eletroquimicamente. A técnica baseia-se na aplicação de um potencial elétrico na amostra, por eletrodo imerso na solução. Um valor de potencial oxida ou reduz uma espécie, gerando uma corrente que flui pelo eletrodo. A intensidade da corrente gerada é proporcional à concentração da espécie da amostra.

Pôlder Terreno baixo protegido das inundações de um corpo d'água, ou da maré, com diques mais ou menos paralelos à margem ou à costa. É necessário drenar a área entre os diques e as terras secas. Muito utilizado em plantações de arroz (drenado/irrigado).

Polegada de mineiro Medida norte-americana de vazão variável.

Pólen Minúsculo grão produzido pelas flores das angiospermas (ou pinhas masculinas das gimnospermas), reprodutores masculinos ou microgametófitos, onde se encontram os gametas que fecundam os óvulos e que se transformarão em sementes. O pólen é o alimento mais completo da natureza, pois contém todos os aminoácidos essenciais ao organismo humano, e é rico em oligoelementos minerais, fibras, hormônios vegetais e vitaminas. O pólen estimula o funcionamento de todos os órgãos internos. Tem valor nutritivo superior à carne ou à proteína de soja; propriedade antioxidante, antianêmica e auxiliar no tratamento preventivo da prostatite e de anemias profundas, visto que eleva rapidamente a taxa de hemoglobina no sangue.

Polibutileno Líquido oleoso da família dos hidrocarbonetos, menos denso do que a água (densidade entre 0,81 e 0,91), incolor, inodoro. Fórmula química molecular: $(C_4H_8)_n$. Não é tóxico. É matéria-prima (princípio ativo) na fabricação de repelentes para pombos, armadilhas adesivas para ratos e insetos.

Polieletrólito É um polímero com cargas positivas ou negativas, também chamado de macroíon ou poli-íons. Pode ser poliânion ou policátion, é solúvel na água quando sua estrutura é linear. É utilizado como coadjuvante químico na clarificação de águas, no condicionamento químico de lodos para o desaguamento etc.

Poliéster Tipo de plástico usado na indústria de produção de tecidos para roupas. O poliéster $(C_{10}H_8O_4)_n$ é uma categoria de polímeros com o grupo funcional éster em sua cadeia principal. Existem poliésteres naturais, mas são os produtos sintéticos, como o plástico, que se destacam como o policarbonato e o politereftalato de etila (PET).

Polietileno Quimicamente, o polietileno é o polímero mais simples. É representado pela cadeia $(CH_2=CH_2)_n$. De grande produção mundial, é o mais barato e mais comum tipo de plástico. É quimicamente inerte. Obtido pela polimerização do etileno, de fórmula química $CH_2=CH_2$.

Polietileno de alta densidade Conhecido pela sigla PEAD (em inglês HDPE ou PE-HD). Sua densidade é igual ou menor que 0,941 g/cm³, considerada uma alta densidade. Tem um baixo nível de ramificações e altas forças intermoleculares. A produção de um bom PEAD depende da seleção do catalisador, como de Ziegler-Natta, cujo desenvolvimento lhe rendeu o Prêmio Nobel. Suas principais características são: resistência às baixas temperaturas; alta resistência à tensão; compressão; tração; baixa densidade quando comparado aos metais e outros materiais; é impermeável; inerte (ao conteúdo), baixa reatividade; atóxico e pouca estabilidade dimensional. Muito utilizado nas tubulações de ligações de água.

Poligonal topográfica principal No levantamento topográfico de uma área, é comum fazer-se um polígono principal interno à área, a partir do qual se detalham as divisas.

Polígono de Thiessen É a área de domínio de um posto pluviométrico. Considera-se que no interior dessa área a altura pluviométrica é a mesma do respectivo posto. O polígono é traçado da seguinte forma: dois postos pluviométricos adjacentes são ligados por um segmento de reta; traça-se a mediatriz do segmento de reta. A mediatriz divide de cada lado as regiões de domínio de cada um. Depois de fazer para os demais postos adjacentes, obtém-se o polígono.

Polimerização Reação química que dá origem aos polímeros. As unidades estruturais que dão origem às macromoléculas denominadas polímeros são monômeros. O número de unidades estruturais repetidas numa macromolécula é chamado de grau de polimerização.

Polímero Composto químico de massa molecular relativa, resultante de reações químicas de polimerização. Contém os mesmos elementos nas mesmas proporções relativas, mas em maior quantidade absoluta.

Polinização Ato de transferir os grãos de pólen de uma flor para o estigma de outra flor, ou para o seu próprio estigma. A polinização representa o ato sexual das plantas espermatófitas, pois é dessa forma que o gameta masculino pode alcançar e fecundar o gameta feminino. A polinização ocorre por agentes bióticos (com auxílio de seres vivos), ou abióticos (fatores ambientais). As principais formas de polinização são: anemofilia, pelo vento; entomofilia, por insetos, geralmente abelhas e moscas; cantarofilia, por besouros; psicofilia, por borboletas; falenofilia, por mariposas; quiropterofilia, por morcegos; ornitofilia, por aves; hidrofilia, pela água; artificial, pela ação do homem.

Polipropileno Polímero ou plástico derivado do propeno ou propileno. O polipropileno ou polipropeno é a forma inicial do plástico. A sua forma molecular é $(C_3H_6)_x$. É um tipo de plástico que pode ser moldado por aquecimento, ou seja, é um termoplástico. Suas principais propriedades são: baixo custo; elevada resistência à química e a solventes; fácil moldagem e coloração; alta resistência à fratura por flexão ou fadiga; boa resistência ao impacto acima de 15°C; boa estabilidade térmica; maior sensibilidade à luz UV e agentes de oxidação, com degradação mais rápida. É usado na fabricação de brinquedos; copos plásticos; recipientes para alimentos; remédios; produtos químicos; carcaças para eletrodomésticos; fibras; sacarias (ráfia); filmes orientados; tubos para cargas de canetas esferográficas; carpetes; seringas de injeção; material hospitalar esterilizável; autopeças (para-choques, pedais, carcaças de baterias, interior de estofos, lanternas, ventoinhas, ventiladores); peças para máquinas de lavar; material aquático (pranchas de *bodyboard*).

Polir Tornar um objeto lustroso pela fricção.

Política Estudo dos sistemas, das organizações e dos processos políticos; a estrutura (e as mudanças de estrutura) e os processos de

governo, ou qualquer sistema de organização que assegure segurança, justiça e direitos civis. Os cientistas políticos estudam instituições: corporações (ou empresas), uniões (ou sindicatos), igrejas, ou outras organizações, cuja estrutura e processos de ação se aproximem de um governo.
Política Como programa de ação administrativa de um governo, instituição ou grupo social, é a definição de objetivos, sua compatibilização e integração, com as condições necessárias para concretizá-los, mediante a elaboração e/ou utilização de um conjunto de programas, leis, regulamentos, projetos e decisões, e do estabelecimento da metodologia para implementá-los.
Política ambiental Política governamental (de um estado ou de um país) de proteção e gestão ambiental, subordinadas aos objetivos da política maior, e integrada às demais políticas setoriais e institucionais.
Política Nacional de Meio Ambiente – PNMA No Brasil, foi instituída pela Lei nº 6.938, de 1981 e tem por objetivo, conforme definido em seu artigo 2º: a preservação, melhoria e recuperação da qualidade ambiental propícia à vida, visando assegurar, no País, condições ao desenvolvimento econômico, aos interesses da segurança nacional e à proteção da dignidade da vida humana.
Polpa de madeira A madeira é constituída de fibras celulósicas aderidas umas às outras com uma espécie de cola (lignina). Para converter madeira em polpa, é necessário separar as fibras, removendo a lignina. Um processo para a obtenção da polpa é o processo mecânico, uma prensagem dos troncos contra pedras de moer com água, e, para maior eficiência, passa-se a madeira por refinadores. O desfibramento é completado com vapor. O produto é chamado de polpa termomecânica. A adição de reagente para a separação das fibras celulosas da lignina resulta em polpa termoquímica mecânica. No processo químico ou *kraft* (forte, em alemão), os cavacos são misturados com substâncias químicas e cozidos a alta pressão em vasos de pressão chamados digestores. A ação combinada das substâncias químicas e do calor dissolve a lignina e a separa das fibras. Papéis feitos de polpa química são muito fortes e usados para fazer sacolas de supermercado.
Polpa ou pasta de celulose Ver *Polpa de madeira*.
Poluente Substância líquida, sólida ou gasosa, lançada num ambiente natural, imprópria para uma finalidade específica ou causadora de alguma forma de poluição.
Poluente atmosférico No Brasil, segundo definição da Resolução Conama nº 3, de 1990, trata-se de "qualquer forma de matéria ou energia com intensidade e em quantidade, concentração, tempo ou características em desacordo com os níveis estabelecidos, e que tornem ou possam tornar o ar: I – Impróprio, nocivo ou ofensivo à saúde; II – Inconveniente ao bem-estar público; III – Danoso aos materiais, à fauna e flora; IV – Prejudicial à segurança, ao uso e gozo da propriedade e às atividades normais da comunidade".
Poluente atmosférico perigoso Todos os poluentes atmosféricos tornam-se perigosos à saúde humana a partir de determinadas concentrações.
Poluente primário Aquele que é emitido diretamente da fonte para a atmosfera.
Poluente radioativo Um poluente gasoso radioativo é o radônio. Esse gás provém do decaimento do urânio. O problema surge quando ele se acumula em lugares fechados, pois, em determinadas concentrações, é altamente nocivo.
Poluente secundário Resulta de reações químicas que ocorrem na atmosfera, das quais participam alguns poluentes primários.
Poluente tóxico Existem diversas substâncias tóxicas e proibidas na maioria dos países. As principais são: o Aldrin, o dieldrin, o endrin, o clordano, o DDT, o heptacloro, o Mirex, os PCBs, o toxafenol, as dioxinas e os furanos.
Poluentes biodegradáveis Compostos orgânicos que podem ser decompostos (mineralizados ou transformados em substâncias inorgânicas simples), pela ação de micro-organismos ou outros processos biológicos. São resíduos de natureza orgânica, como o esgoto sanitário, que se decompõem com rapidez por processos naturais. Os micro-organismos mais eficientes na biodegradação são os heterotróficos decompositores.
Poluentes não biodegrádáveis Substâncias orgânicas, naturais ou sintéticas, como: compostos fenólicos, ABS, lignina, celulose etc., que não são degradados ou não são rapidamente degradados pela ação de micro-organismos.
Poluentes qualitativos ou antrópicos São compostos sintéticos, produzidos e liberados no ambiente pela ação humana.
Poluentes quantitativos São substâncias naturais, do ambiente, liberadas pelo homem em quantidades adicionais significativas.
Poluição Define-se como a introdução de qualquer matéria ou energia num ambiente, a qual provoca alteração das propriedades físicas, químicas ou biológicas do meio, afetando a saúde das espécies animais ou vegetais que vivem nele, ou que provoquem modificações físico-químicas nas espécies minerais.

Poluição agrícola A poluição agrícola é atribuída aos agrotóxicos utilizados, que podem contaminar alimentos, o solo e as águas; e também ao desmatamento e às queimadas de preparação do solo, que diminuem a geração de oxigênio (desmatamento) e liberam gás carbônico e particulados na atmosfera (queimadas), contribuindo para o aquecimento global.

Poluição ambiental É a adição ou o lançamento de qualquer substância ou forma de energia (luz, calor, som), no meio ambiente, em quantidades que resulte em concentrações maiores do que as naturalmente encontradas. Os tipos de poluição são classificados em relação ao componente ambiental afetado (poluição do ar, da água, do solo), à natureza do poluente lançado (poluição química, térmica, sonora, radioativa), ou ao tipo de atividade poluidora (poluição industrial, agrícola). A lei federal 6.938, de 1981, define poluição como "Degradação ambiental, resultante de atividades que, direta ou indiretamente: a) prejudiquem a saúde, a segurança e o bem-estar da população; b) criem condições adversas às atividades sociais e econômicas; c) afetem desfavoravelmente a biota; d) afetem as condições estéticas ou sanitárias do meio ambiente; e) lancem materiais ou energia em desacordo com os padrões ambientais estabelecidos".

Poluição da água É o lançamento e a acumulação nas águas dos mares, dos rios, dos lagos e demais corpos d'água, superficiais ou subterrâneos, de quaisquer substâncias químicas, físicas ou biológicas que afetem as características naturais das águas e a vida ou que causem efeitos secundários adversos.

Poluição do ar ou poluição atmosférica É a acumulação de qualquer substância ou forma de energia no ar, em forma de particulados, gases, gotículas ou qualquer de suas combinações, em concentração suficiente para produzir efeitos mensuráveis no homem, nos animais, nas plantas ou em qualquer equipamento ou material.

Poluição do solo Acumulação no solo de substâncias poluentes derivadas da agricultura, da mineração, das atividades urbanas e industriais, dos dejetos animais, do uso de herbicidas ou dos processos de erosão.

Poluição térmica Efeito produzido pela introdução de calor no meio ambiente, como consequência das atividades humanas. O calor procede das centrais térmicas, clássicas ou nucleares, ou de processos industriais que descarregam a água de refrigeração em rios ou lagos.

Poluição transfronteiriça Poluição provocada pela exploração de recursos naturais ou qualquer outra atividade humana nos limites de jurisdição ou sob o controle de um país, produz dano ao meio ambiente em área ou recursos de outros países ou em regiões fora de sua jurisdição.

Poluição visual Refere-se às interferências do homem na paisagem natural ou antrópica, em desarmonia com os demais elementos que a definem, ou considerados desagradáveis.

Poluído Ambiente em que foi lançado algum produto poluente.

Poluidor ou entidade poluidora Pela definição da lei federal nº 6.938 de 1981, é "a pessoa física ou jurídica, de direito público ou privado, responsável, direta ou indiretamente, por atividade causadora de degradação ambiental".

Poluidor pagador Princípio que estabelece que o agente poluidor deve pagar por qualquer dano ambiental ocorrido. Tal princípio exime o Estado do ônus pela recuperação das áreas contaminadas pela poluição, transferindo-o para o causador da poluição. Estabelece que os recursos naturais estejam sujeitos à aplicação de instrumentos econômicos para que o seu uso e aproveitamento se processem em benefício da coletividade.

Poluir Ato de causar poluição.

Pomar Área de terreno de sítio, fazenda ou quintal urbano no qual são plantadas árvores frutíferas.

Ponta Ponto extremo de um cabo costeiro, ponto extremo de uma porção de terra que se projeta ao mar, menos proeminente do que um cabo.

Ponta e bolsa Tipo de ligação entre tubulações. A flexível tem um anel de vedação. A rígida é fixada com cola.

Ponta ou pico de cheia Cota ou altitude mais alta (pico ou ponta), atingida pela água durante uma cheia.

Ponta seca na rede de coleta de esgoto Primeiro poço de visita de uma rede (situado no ponto mais alto), e que não recebe nenhuma vazão.

Pontal Bancos de areia e pedregulhos baixos, dispostos de modo paralelo, oblíquo ou perpendicular à costa ou margeando um rio e que se prolongam sob as águas. Em certas circunstâncias, nas costas brasileiras, é também chamado de restinga, um tipo de formação semelhante à *barrier island* (ilha de restinga), com a diferença de ser conectada a terra por um lado.

Pontal estreito e comprido Língua ou cabo estreito e comprido, virado para a terra em sua extremidade.

Ponte Travessia sobre corpos de água.
Ponte levadiça Dotada de mecanismos de elevação que permitem a passagem de embarcações mais altas.
Ponteira de captação ou ponteira filtrante Ver *Abaixamento do nível do lençol freático*.
Ponto anfidrômico Ponto sem maré ou ponto de convergência das linhas cotidiais.
Ponto de arrebentação Ponto onde a onda curva-se sobre si mesma e se quebra. É também o ponto final de arrebentação das ondas antes do seu espraiamento.
Ponto de fulgor É a temperatura para um combustível liberar vapor ou gás em quantidade suficiente para formar uma mistura inflamável com o oxigênio atmosférico, que se inflama a partir de uma fonte externa de calor.
Ponto de fusão Temperatura a partir da qual uma substância passa do estado sólido para o estado líquido.
Ponto de inflamação O mesmo que ponto de fulgor.
Ponto de inflexão No campo do cálculo diferencial, é um ponto sobre uma curva na qual a curvatura (ou a derivada de 2ª ordem) troca de sinal, ou seja, a curva muda de uma curvatura côncava para convexa ou vice-versa.
Ponto de orvalho Em climatologia e meteorologia, refere-se à temperatura a partir da qual o vapor d'água de uma porção de ar se condensa. Quando a temperatura está abaixo do ponto de orvalho, tem-se a formação de neblina.
Ponto de orvalho ácido Limite de temperatura gasosa acima do qual não ocorre condensação de um determinado ácido.
Ponto de quebra O mesmo que ponto de inflexão.
Ponto de referência Valor específico para medidas.
Ponto estequiométrico Ver *Ponto final de titulação*.
Ponto eutetoide Na fabricação do aço, é a menor temperatura de equilíbrio entre a ferrita e a austenita, correspondendo a cerca de 0,77% de carbono a 727°C. Os aços podem ser eutetoides, hipoeutetoides ou hipereutetoides. O termo eutético se refere ao equilíbrio entre fases líquida e sólida. Nesse caso, usa-se o sufixo oide (= semelhante a) para indicar que o equilíbrio ocorre entre fases sólidas.
Ponto final de titulação É quando as quantidades de ácido e de base estão nas proporções estequiométricas da reação, verificáveis na equação, razão pela qual também é designado de ponto estequiométrico.
Ponto isoelétrico É o valor de pH em que uma molécula, um aminoácido ou uma proteína apresenta carga elétrica líquida zero e há equilíbrio entre as cargas negativas e positivas dos grupamentos iônicos de um aminoácido ou de uma proteína. A diferença entre os valores nas proteínas pode ser utilizada para separá-las, submetendo-as à migração eletroforética em um gradiente de pH, técnica denominada focalização isoelétrica.
Ponto nodal ou ponto neutro Designa um ponto ou região do litoral em que muda a direção predominante do transporte litorâneo. É um ponto ou região sem maré em uma região anfidrômica (onde é nula a ação da maré).
Ponto ótimo de coagulação No tratamento de água para abastecimento público, faz-se a correção do pH, com a cal, para ajustar o pH da água num ponto ótimo, que proporcione a melhor formação de flocos na coagulação.
População Indivíduos que vivem na mesma área. O número de indivíduos está em constante processo de alteração por crescimento (nascimento, imigração) ou por perda (morte, emigração). Numa população em estado natural, esse processo é limitado pela disponibilidade de emprego, habitação ou alimentos e outros fatores ambientais. As populações humanas são afetadas pelos costumes sociais que governam a reprodução, e pelas técnicas da civilização moderna, que reduzem a mortalidade e ampliam a vida. Em ecologia, o termo população, usado para designar um grupo de pessoas, ampliou-se para incluir grupos de indivíduos de qualquer classe de organismos.
População economicamente ativa É uma parcela da população total de uma região ou país, disponível para trabalhar na produção e na distribuição dos bens e serviços econômicos e para consumir.
População equivalente Nos projetos de sistemas de abastecimento de água e de coleta de esgoto, a população consumidora de água e a geradora do esgoto é um parâmetro no cálculo das vazões. Em áreas industriais inseridas em áreas residenciais, costuma-se transformar a vazão industrial em uma parcela distribuída para uma população equivalente para fins de dimensionamento. Ou seja, uma população corresponde à quantidade de contribuintes que gastam o mesmo volume de água consumido pela unidade fabril ou que gera a mesma carga orgânica da Demanda Bioquímica de Oxigênio (DBO), multiplicada pela vazão, no caso do esgoto.
População inicial Num projeto em que a população é um importante parâmetro de dimensionamento (distribuição de água, coleta de esgoto, por exemplo), a população inicial é

aquela do momento em que se desenvolve o projeto; a população final é aquela de quando toda a área estiver ocupada, segundo o uso definido no plano diretor local.

População total É o resultado da contagem total de homens e mulheres de todas as idades, residentes num país, em cada entidade federativa, em cada município ou em cada localidade.

Pororoca ou macaréu Fenômeno natural produzido pelo encontro das correntes fluviais com as águas oceânicas. O fenômeno das marés, ao elevar o nível das águas oceânicas, faz com que invadam a desembocadoura dos rios, e formam ondas de até dezenas de metros de largura, de 3 a 6 m de altura e velocidades de 30 a 50 km/h (10 a 15 milhas por hora). Essa onda pode durar de 15 a 30 min. O nome pororoca é dado mais especificamente ao fenômeno que ocorre na foz do Rio Amazonas.

Porosidade Propriedade dos materiais que têm vazios entre partículas, ou seja, uma estrutura não contínua, como os solos. Em mecânica dos solos, a porosidade é a relação entre o volume de vazios numa porção de solo e o volume total dessa porção.

Porosidade do solo Ver *Porosidade*.

Porosidade efetiva Parâmetro que representa o volume máximo extraído de uma rocha porosa, ou seja, relaciona-se com o grau de interligação entre os poros.

Poroso Característica de material que tem porosidade.

Portarias No Brasil, são atos administrativos internos, de caráter ordenatório, que os chefes de órgãos, repartições ou serviços expedem para as determinações a seus subordinados; designam comissões especiais para a execução de serviços ou designam servidores para funções e cargos secundários.

Portátil De fácil transporte.

Porto intermitente Porto acessível somente quando a maré sobe o suficiente para permitir a passagem das embarcações pela barra.

Portos pesqueiros Pequenos portos destinados ao abrigo e atracação de barcos pesqueiros.

Pós-clímax No modelo de desenvolvimento da vegetação clímax, o termo se refere às comunidades vegetais que diferem do clímax climático devido à ocorrência de condições mais frias e/ou úmidas, do que as características do clima regional. Ver *clímax*.

Pós-cloração Em oposição à pré-cloração (feita antes do tratamento da água), a pós-cloração é feita após o tratamento da água, com o intuito de desinfecção, e de dotá-la de cloro residual na rede de distribuição.

Pósitron É a antipartícula do elétron, de carga +1 e spin 1/2, e massa igual à do elétron. Quando o pósitron é aniquilado com um elétron, as massas dos dois são transformadas em fótons (radiação gama), ou outras partículas. Pode ser gerado por decaimento radioativo do tipo emissão beta, ou pela interação de fótons de alta energia (1.022 MeV), com a matéria. Esse processo é denominado elétron-pósitron, os dois gerados a partir da energia de fótons.

Pós-nascimento Tipo de controle de ervas daninhas que é feito após a sua germinação e relativo crescimento, utilizando-se herbicidas.

Pós-queimadores Também chamados incineradores a vapor, são equipamentos de controle da poluição do ar, nos quais a combustão transforma os materiais combustíveis dos efluentes gasosos em dióxido de carbono e água.

Posto de sedimentometria Local onde são coletadas amostras para análise de transporte de sedimentos em rios.

Posto fluviométrico Local onde são coletadas informações sobre altura de régua para cálculo de vazões de rios.

Posto pluviométrico Local onde é instalado o pluviômetro, instrumento que mede o volume de chuva acumulada durante um dia.

Potamologia O mesmo que fluviologia ou estudo dos rios.

Potassa cáustica Potassa cáustica ou hidróxido de potássio (KOH) é um sólido branco, vendido em lâminas ou barras, solúvel em água e em etanol e levemente solúvel em éter. É utilizado na fabricação de sabões e em laboratórios de química.

Potássio Um dos elementos essenciais à nutrição das plantas, e também importante ao organismo humano, constituindo 5% do conteúdo total de minerais. Assim como o cloro e o sódio, está envolvido no balanço e distribuição de água, no equilíbrio osmótico, no equilíbrio ácido-base, na regulação da atividade neuromuscular e no crescimento celular. É absorvido através do trato intestinal e excretado pela urina, fezes e suor. Os rins mantêm os níveis de soro pela habilidade de filtrar, reabsorver e excretar potássio.

Potável Água própria para consumo.

Potencial de oxidorredução ou redox Ver *Potencial redox*.

Potencial redox É a espontaneidade ou tendência de uma espécie química adquirir elétron e ser reduzida. Cada espécie tem seu potencial de redução.

Potencial Zeta – PZ Parâmetro utilizado nos estudos de coagulação/floculação. É o potencial elétrico na dupla camada de carga, ou no plano hidrodinâmico de cisalhamento que estabelece a interação entre as partículas em movimento browniano num meio líquido. O PZ depende da superfície da partícula e do dispersante. Pode ser afetado pelo pH ou pela força iônica do meio.

Potenciômetro Componente eletrônico com resistência elétrica ajustável. É um resistor de três terminais, com conexão central deslizante e manipulável. Quando os três terminais são usados, ele atua como um divisor de tensão. Serve também para aumentar ou diminuir o volume de um aparelho de rádio antigo.

Povoado Lugarejo com poucas casas; pequena povoação.

Pozolana A designação estendeu-se a materiais industrializados ou derivados de cinzas volantes de processos de queima industrial. Na sua origem, a pozolana é uma rocha de origem vulcânica, constituída de uma mistura bastante homogênea de materiais argilosos, siltes e areias, com maior ou menor agregação, resultante da alteração pelos agentes atmosféricos de materiais vulcânicos ricos em sílica não cristalina, com destaque para a pedra-pomes. Devido à sua riqueza em silicatos vítreos, a pozolana é considerada rocha sedimentar de natureza ácida, com um elevado teor de sílica reativa (SiO_2), capaz de reagir com o óxido de cálcio (CaO), dando origem a silicatos amorfos de caráter cimentante. A pozolana mais comum tem cor clara, mas em função dos óxidos metálicos pode ter colorações que variam do esbranquiçado ao cinzento-escuro, incluindo variedades avermelhadas e rosa. É um dos componentes do cimento utilizado na preparação dos concretos pozolânicos, em especial o chamado concreto hidráulico, pois melhora as características desses concretos (diminui a retração), e permite sua utilização para conter água.

Pradaria Planície vasta e aberta, onde não há sinal de árvores nem de arbustos, com capim baixo em abundância. Localiza-se em praticamente todos os continentes, com maior ocorrência na América do Norte. A pradaria brasileira é o campo.

Praga Insetos fitófagos alimentam-se de vegetais e, quando isso ocorre numa plantação agrícola, as plantas atacadas deixam de produzir a mesma quantidade que outras não atacadas. Diz-se que a planta atacada sofreu uma injúria e a perda de produção recebe o nome de dano econômico. Quando esse dano econômico tem um valor maior ou igual ao necessário para o controle do inseto, é considerado um dano significativo e o inseto é classificado de praga.

Praguicida, pesticida ou defensivo agrícola Produto químico usado no controle de pragas.

Praia Zona à beira-mar ou ao longo de vasta extensão de água constituída por sedimentos não consolidados, areias ou outros materiais trazidos pelas ondas.

Praia com seixos jogados por ondas Diz-se da região da praia com a formação de terraços naturais.

Praia de acumulação Praia criada ou aumentada, como consequência da deposição de sedimentos não coesivos (areia), transportados por agentes naturais como ondas, ventos ou correntes.

Prata de lei ou prata maciça A designação prata de lei foi criada pelo rei português D. Afonso II, que promulgou uma lei que punia quem alterasse o teor de mistura da prata. Mantém-se até hoje, para designar as duas ligas mais utilizadas na fabricação de objetos de prata: a prata 950 (com 5% de liga) e a prata 925 (com 7,5% de liga). A prata 900 é de menor valor, utilizada para banhar objetos feitos de outro tipo de metal.

Prateação É o ato de banhar com prata objetos metálicos de menor valor.

Pré-aeração Aeração prévia a algum processo.

Preamar Altura alcançada por uma maré alta. A altura pode decorrer das forças periódicas das marés ou da superposição de condições meteorológicas.

Preamar mais alta A mais alta de duas preamares de qualquer dia.

Preamar mais baixa A mais baixa de duas preamares de qualquer dia.

Preaquecedor Aquecimento prévio a algum processo. Em unidades industriais, um líquido do qual é necessário baixar a temperatura ao final de um processo é usado para aumentar a temperatura de outro que entra no processo. O equipamento é o trocador de calor.

Precipício Despenhadeiro; abismo; grande perigo.

Precipitação Sedimentação de sólidos presentes em líquidos.

Precipitação anual Chuva acumulada durante um ano num determinado posto pluviométrico.

Precipitação de partículas radioativas Refere-se às partículas radioativas precipitadas no solo terrestre após testes com bombas nucleares.

Precipitação diária Chuva acumulada durante um dia num posto pluviométrico.

Precipitação efetiva Na irrigação, a precipitação efetiva é definida como a parte que fica armazenada no solo até às raízes, disponível para o cultivo. É a diferença entre a precipitação total e as diferentes perdas por escoamento superficial, por percolação além da zona radicular do solo e por evaporação da água interceptada pela vegetação. A precipitação efetiva é um parâmetro de difícil determinação, influenciada por: intensidade da chuva declividade do terreno; tipo, textura, estrutura e umidade do solo; sistema de cultivo; práticas culturais e conservacionistas; profundidade do sistema radicular e demais características das culturas.

Precipitação eletrostática Método de filtragem do ar que remove partículas (pó, fumo) de cozinhas, indústrias, salas de hospitais etc.

Precipitação frontal Chuvas resultantes da aproximação de frentes frias.

Precipitação mensal Chuva acumulada durante um mês num posto pluviométrico.

Precipitação orográfica Chuva decorrente da ascensão de massas de ar por efeito de barreiras geográficas (montanhas em oposição à direção dos ventos).

Precipitação química Formação de um sólido durante a reação química, chamado de precipitado. É útil em aplicações industriais e científicas, nas quais a reação química produz um sólido que se pode separar da solução por filtração, sedimentação ou centrifugação.

Precipitação semanal Volume de chuva acumulado durante uma semana, num posto pluviométrico.

Precipitação térmica Processo utilizado na separação das proteínas do soro de leite, para a fabricação do requeijão. Quando o produto é aquecido a 95°C, as proteínas se aglutinam e podem ser separadas para a fabricação desse tipo de queijo.

Precipitado Ver *Precipitação química*.

Precipitador eletrostático Equipamento para a redução da poluição do ar, que remove material particulado dos gases, fazendo-os fluir através de um campo elétrico. É conhecido como processo Cottrell, por ter sido criado por Frederick Gardner Cottrell (1877-1948).

Precisão Em engenharia, ciência, indústria e estatística, precisão é o grau de variação de resultados de uma medição. A precisão tem como base o desvio padrão de uma série de repetições da mesma análise.

Pré-cloração Cloração anterior ao início do tratamento da água.

Predação Hábito de muitos animais (predadores), que se alimentam de outros animais (presas), como os leões, tigres; a maioria das aves e outros carnívoros terrestres; e muitos peixes, como os tubarões.

Predador Ver *Predação*.

Preme-gaxeta Dispositivo cuja finalidade é comprimir a gaxeta para torná-la estanque, evitando a saída de líquido no contato entre o eixo de uma bomba e a carcaça.

Prensa de esteira para desaguamento de lodo Dispositivo mecânico composto de esteiras e roletes. O lodo é prensado entre as esteiras e os roletes, e desaguado, para diminuir os volumes a serem dispostos.

Preparação do lodo É o condicionamento químico do lodo para facilitar o desaguamento, feito com cal e cloreto férrico, ou com polímeros.

Preparação ou condicionamento Ver *Preparação do lodo*.

Presa Ver *Predação*.

Presbiacusia Perda auditiva relacionada com o envelhecimento.

Preservação Ação de proteger contra a modificação, dano ou degradação de um ecossistema, uma área geográfica definida ou espécies animais e vegetais ameaçadas de extinção, com medidas preventivas e de vigilância.

Preservativo ou defensivo para proteger a madeira do ataque de pragas No passado usava-se o creosoto. Atualmente, as substâncias hidrossolúveis constituídas de sais metálicos que incluem na sua formulação substâncias químicas como arsênio, cromo, cobre, boro, zinco e flúor. Os sais contêm mais de uma substância química na sua formulação, com várias finalidades como a melhor fixação do produto, reação química com os componentes da madeira; redução de efeitos corrosivos sobre metais; proteção da madeira contra um maior número de agentes xilófagos. Outras medidas que se pode adotar: utilizar madeiras de resistência natural aos agentes biológicos, físicos e químicos; acrescentar acabamentos superficiais (vernizes, tintas), que lhe confiram maior resistência.

Pressão admissível no solo Valor de pressão admitida em projetos de fundações de edifícios, que leva em conta o fator de segurança em relação à pressão de ruptura do solo.

Pressão atmosférica normal Valor correspondente à pressão atmosférica ao nível do mar, à temperatura de 0°C. Há diversas unidades que podem representá-la: 1 atmosfera = 0,76 cm de mercúrio = 10,33 m de coluna de água = 1.013,28 milibares = 0,1013 MPa (mega Pascal).

Pressão atmosférica Decorre do peso da camada de ar sobre a superfície terrestre. O maior valor é encontrado ao nível do mar. À medida que a altitude aumenta, diminui a camada de ar e, portanto, diminui também a pressão atmosférica.

Pressão de saturação do concentrado Pressão correspondente à temperatura na qual um líquido concentrado (de sais, por exemplo, como a água do mar) começa a entrar em ebulição.

Pressão de vapor É a pressão a partir da qual um líquido começa a evaporar, e depende da temperatura. Por exemplo, a água a uma temperatura de 100°C começa a evaporar quando está sob pressão atmosférica, ao nível do mar.

Pressão hidrostática Pressão exercida pela água num ponto.

Pressão neutra Pressão da água nos instertícios do solo, isto é, nos vazios entre os grãos.

Pressão osmótica Pressão aplicada a uma solução para impedir a passagem do solvente através da membrana semipermeável.

Pressão padrão O mesmo que pressão atmosférica normal.

Pressão sanguínea O sangue bombeado pelo coração é transportado para todos os tecidos e órgãos do corpo humano através das artérias. A pressão sanguínea ou arterial é a força que o sangue exerce sobre as paredes das artérias. Ela atinge o valor máximo quando o coração se contrai e bombeia o sangue (pressão sistólica) e atinge o valor mínimo (pressão diastólica) quando o coração está em repouso, entre duas batidas cardíacas. A pressão sanguínea é dada por dois valores: sistólica e diastólica. A pressão é representada da seguinte maneira: 120/80 mm Hg: o primeiro valor é a pressão sistólica (valor mais alto) e o segundo valor é a pressão diastólica (valor mais baixo).

Princípio de Arquimedes Todo corpo submerso em um fluido experimenta um empuxo vertical para cima igual ao peso de fluido deslocado.

Princípio de competição/exclusão ou lei de Gause Pelo princípio de Gause da exclusão competitiva, duas espécies que conseguem seu sustento de maneira idêntica não podem coexistir.

Princípio poluidor/pagador O agente poluidor tem de pagar por poluir. Implica que o poluidor tem de pagar por todos os custos, incluindo o monitoramento e o cumprimento da lei.

Proa Parte dianteira de uma embarcação.

Problema social Designa uma situação social com um nível insatisfatório da qualidade de vida populacional ou uma perda de qualidade ambiental. A solução exige estudos aprofundados e decisões drásticas e polêmicas por parte do poder público. Um exemplo é a invasão de áreas de mananciais. O poder público, para não incentivar o crescimento da população nessas áreas, decide não disponibilizar a infraestrutura necessária para a melhoria da qualidade de vida dessa população. Sem serviços de coleta regular de lixo e de redes de esgoto as consequências caem sobre os mananciais de água de abastecimento, e a falta de água tratada agrava os problemas de saúde pública.

Procedimentos administrativos É uma sucessão de manifestações identificadas como um ato administrativo, coordenadas de maneira a atingir um objetivo único. Em Direito, é o modo de realizar um processo, ou seja, o rito processual, com um modo específico de ordenamento dos atos para a solução de uma controvérsia.

Procedimentos de avaliação de impacto ambiental São os ordenamentos dos atos administrativos e a atribuição das responsabilidades, tanto das partes que executam o empreendimento como das que exercem a ação de controle. São estabelecidos pelo Poder Público, visando a instauração do processo de avaliação de impacto ambiental e o atendimento às diretrizes da política ambiental.

Processo da oxidação úmida A oxidação úmida catalítica com catalisadores heterogêneos é uma boa técnica no tratamento de águas residuárias contendo poluentes orgânicos como os fenóis. Os catalisadores são usados no tratamento oxidativo sob condições mais moderadas de temperatura e pressão, que variam de 80 a 150°C e 0,1 a 2 MPa de O_2.

Processo de cloração ao ponto de quebra O cloro da água é livre e disponível, como o ácido hipocloroso e o íon hipoclorito. Quando há compostos amoniacais na água, o cloro reage rapidamente, formando as cloraminas (mono, di ou tricloraminas), dependendo do pH, da temperatura, do tempo e da razão inicial entre cloro e amônia. O cloro combinado quimicamente com o nitrogênio amoniacal, ou compostos nitrogenados orgânicos (proteínas e aminoácidos) é denominado cloro combinado disponível. Os residuais de cloramina declinam a um valor mínimo conhecido como *breakpoint*. Dosagens em excesso (acima do *breakpoint*) produzem residuais de cloro livre. A curva de *breakpoint* é particular para cada água testada, pois a demanda de cloro depende da concentração de amônia, presença de outros agentes redutores, período de contato entre a aplicação de cloro e o teste de residual.

Processo de lodos ativados Ver *Lodo ativado*.

Processo de oxidação catalítica tipo CAT-OX Ver *Oxidação catalítica*.

Processo de troca catiônica Ver *Permuta catiônica*.

Processo ergódico Em processamento de sinais, um processo estocástico é dito ergódico quando suas propriedades estatísticas (como sua média e variância) podem ser deduzidas a partir de uma suficientemente longa amostra única.

Processo Indore Um dos processos disponíveis para a compostagem de resíduos orgânicos do lixo.

Processo Zimpro É um dos processos de tratamento térmico de lodo (o outro é o sistema Porteus), cuja finalidade é o condicionamento do lodo fresco de esgoto sanitário para facilitar o seu desaguamento. Consiste em aquecer o lodo durante curtos períodos de tempo (geralmente 30 min), sob altas pressões. O resultado é a coagulação dos sólidos; a ruptura da estrutura gelatinosa, e uma redução da afinidade das fases sólidas e líquidas do lodo. Assim, o lodo é esterilizado, desodorizado, desidratado por processos mecânicos, sem necessidade de condicionamento químico. A diferença entre o sistema Zimpro e o Porteus é que este injeta vapor no reator. No sistema Zimpro, além do vapor também é injetado ar no reator. As temperaturas são de 150°C a 205°C e as pressões, de 10,5 a 21 kgf/cm^2 (1,03 a 2,06 Mpa).

Proconve – Programa Nacional de Controle da Poluição do Ar por Veículos Automotores Programa de gestão ambiental, de caráter nacional, instituído pela Resolução Conama nº 18, de 1986, com o objetivo de reduzir os níveis de emissão de poluentes por veículos automotores, para atender aos padrões de qualidade do ar, promover o desenvolvimento tecnológico e melhorar as características técnicas dos combustíveis. Participaram o Conselho Nacional do Petróleo, órgãos e entidades públicas relacionadas ao assunto, entidades governamentais de meio ambiente e associações de fabricantes de veículos, motores e demais equipamentos. Estabeleceram-se metas temporais de cumprimento de limites máximos de emissão de poluentes do ar para os veículos automotores novos, com motores do ciclo Otto e do ciclo diesel.

Produtividade Em economia, é a relação entre a produção de uma unidade econômica e os recursos necessários para obtê-la. Em ecologia, é a relação entre a produção de um ecossistema, em determinado período, e o conjunto dos fatores que concorreram nela.

Produtividade básica Em relação a um ecossistema, uma comunidade ou parte dela, é definida como a velocidade com que se armazena a energia pela atividade fotossintética ou quimiossintética de organismos produtores (plantas verdes), em forma de substâncias orgânicas suscetíveis de serem utilizadas como alimentos.

Produtividade biológica Em microbiologia, a produtividade relaciona-se ao crescimento e desenvolvimento das espécies fotossintéticas. Por exemplo, a eutrofização de um lago provoca o crescimento da produtividade biológica (algas) no ambiente.

Produtividade biológica primária Trata-se da conversão do carbono inorgânico (CO_2) em matéria orgânica, pela fotossíntese.

Produtividade bruta É a quantidade de matéria viva produzida durante a unidade de tempo, por um nível trófico determinado ou por um de seus constituintes.

Produtividade do solo Capacidade de um solo, no seu ambiente natural, de produzir uma planta ou sequência de plantas no sistema de manejo.

Produtividade líquida Em uma comunidade, é a proporção de matéria orgânica não utilizada pelos consumidores, armazenada pelos produtores durante um período de tempo. Corresponde à produtividade bruta menos a quantidade de matéria viva degradada por fenômenos respiratórios.

Produtividade primária Ver *Produtividade biológica primária*.

Produtividade secundária Relaciona-se a seres consumidores (nível trófico da cadeia alimentar), ou seja, com a matéria orgânica consumida.

Produto da diálise ou dialisado O dialisado é um termo originário da físico-química, referindo-se ao fluido e aos solutos que atravessaram uma membrana de diálise. Por exemplo, na diálise sanguínea, de um lado da membrana passa o sangue e do outro sai o produto da diálise (sangue purificado), sendo que a função da membrana é reter as substâncias indesejáveis.

Profundidade Distância vertical de uma referência a partir do nível da superfície da água até o fundo.

Profundidade de arrebentação Profundidade medida em relação ao nível de equilíbrio ou de repouso (*stillwater level*), no ponto de arrebentação de uma onda marítima.

Programa de retrofitação O termo *retrofitting* em inglês significa: voltar a adaptar, atualizar ou modernizar. Assim, pode-se considerar que fazer um programa de retrofitação de equipamentos significa promover a modernização deles, instalando dispositivos mais modernos para se obter um melhor funcionamento e/ou controle do mesmo.

Projeto com objetivos múltiplos O mesmo que projeto de usos múltiplos. Uma barragem pode ser feita com a finalidade de gerar energia elétrica, e também como manancial de abastecimento de água, lazer, transporte fluvial, pesca etc.

Proliferação Ato de criar uma prole, de se reproduzir.

Prolífico O mesmo que criativo; aquele que é capaz de gerar ou de criar.

Promontório Porção de terra elevada que avança para o mar.

Pronar – Programa Nacional da Qualidade do Ar Programa de gestão ambiental de âmbito nacional, gerenciado pelo Ibama, instituído pela Resolução Conama n° 5, de 1989, com o objetivo de regulamentar o controle da poluição do ar por meio da fixação de padrões de qualidade do ar, inventariar as fontes de emissão e incentivar o desenvolvimento tecnológico. Estabeleceu um sistema de enquadramento do território segundo os usos, e criou uma rede nacional de monitoração, com uma sequência de ações e os instrumentos de apoio e operacionalização do programa.

Propano Trata-se de um alcano de três carbonos, derivado do petróleo, também conhecido como Gás Liquefeito de Petróleo, GLP, uma mistura de propano com pequenas quantidades de propileno, butano e butileno, mais etanotiol como odorizante, para impedir que o inodoro propano seja inalado. Ele é usado como combustível de fogões e em motores de automóveis.

Propriedade Direito legal de uso extensivo de recursos e de exclusão de outras pessoas de sua posse, uso ou controle. Os recursos são tangíveis, como os pertences pessoais e os meios físicos de produção, mas podem ser intangíveis, como as ideias patenteadas.

Propriedade anisotrópica Ver *Anisotropia*.

Propriedade organoléptica É aquela que pode ser percebida com os sentidos humanos – visão, audição, olfato, paladar e tato.

Propriedade reológica A reologia é uma subárea da mecânica dos fluidos. Estuda as propriedades físicas que influenciam no transporte e na quantidade de movimento de um fluido. A viscosidade é a propriedade reológica mais conhecida, que caracteriza os fluidos newtonianos.

Proprietário Dono de bens móveis ou imóveis.

Prospecção da água Abertura de furos ou poços à procura de água subterrânea.

Próstata Glândula exócrina que faz parte do sistema reprodutor masculino.

Prostatite Inflamação aguda da próstata que pode levar ao câncer de próstata.

Proteção catódica Método de proteção contra a corrosão pelo uso direto de corrente elétrica produzida por uma fonte externa, em oposição à corrente de descarga da corrosão de áreas anódicas.

Protendido Aquilo que recebeu uma tensão prévia. Ver *Protensão*.

Protensão Numa estrutura, é a introdução de um estado prévio de tensões, para melhorar a resistência ou o comportamento sob a ação de diversas solicitações.

Proteólise Processo de degradação (digestão) de proteínas por enzimas, chamadas proteases, ou por digestão intramolecular.

Protocolo de Montreal Nome dado ao acordo multilateral global lançado em Montreal, Canadá, em 1987, e que entrou em vigor em 1989, sobre as substâncias que destroem a camada de ozônio. Os países signatários comprometem-se a adotar medidas de controle e de eliminação das emissões de substâncias que reduzem a camada protetora de ozônio. Para saber mais, ver <http://www.unep.org/ozone/ratif.shml>.

Protocolo de Quioto Nome dado ao documento elaborado na Convenção da ONU sobre mudanças de clima, realizada em 1997, em Quioto, no Japão. Os países industrializados devem reduzir as emissões de gases de efeito estufa em pelo menos 5% no período de 2008 a 2012, tendo como referência os níveis de 1990. Para saber sobre este assunto, ver <http://www.mct.gov.br/clima/quioto/protocolo.pdf>.

Protocooperação Ver *Mutualismo ou simbiose*.

Próton Partícula subatômica que faz parte do núcleo de todos os elementos. O próton tem carga elétrica positiva.

Protoplasma Sistema físico-químico de natureza coloidal, que passa facilmente do estado sólido ao líquido. Parte viva da célula, cujos constituintes químicos são as proteínas (aminoácidos, polipeptídeos), carboidratos, lipídios, substâncias minerais e água.

Protótipo Produto ou obra em fase de testes ou de planejamento em modelos físicos, laboratórios especializados de aerodinâmica, de hidrodinâmica ou de hidráulica.

Protozoários São seres do reino protista, que agrupa todos os organismos eucariontes (com núcleo celular organizado), unicelulares, hete-

rotróficos (que não realizam a fotossíntese), incluindo alguns autotróficos com locomoção própria por cílios ou flagelos, ou com movimento ameboide, mudando a forma do corpo pela emissão de pseudópodes (falsos pés).
Protuberância em tubo É formada por incrustações ou corrosões internas inerentes a tubos condutores de água de ferro fundido sem revestimento, ou tubos de aço.
Prova ou teste não destrutivo Aqueles cujas amostras não são destruídas durante o teste.
Pseudomona aeruginosa Bactéria que vive no solo, água e, até mesmo, em ambientes como banheiras de hidromassagem. Para a maioria das pessoas saudáveis, esta bactéria raramente causa problemas de saúde mais sérios. Infelizmente, o mesmo não acontece com pessoas debilitadas ou imunodeficientes.
Psicômetro Dispositivo com dois termômetros idênticos, um ao lado do outro. Usado para avaliar a quantidade de vapor de água contida no ar. A diferença entre os dois termômetros é que um deles trabalha com o bulbo seco e o outro com o bulbo úmido. Muito utilizado para determinar o ponto de orvalho e de umidade relativa do ar.
Pua Ferramenta manual que prende a broca para furar madeira.
Pulmão Órgão do sistema respiratório.
Purga de bomba Remoção do ar.
Purga de vapor Remoção da água condensada numa tubulação de vapor.
Purgador Dispositivo que permite a purga.
Putrefação ou apodrecimento Decomposição biológica de matéria orgânica, com exalação de odores desagradáveis, associada às condições anaeróbias de degradação.
Putrescibilidade Qualidade do que é putrescível.
Putrescível Aquilo que apodrece.

Qq

Quadrado Figura geométrica com os quatro lados formando ângulos retos e de igual comprimento.

Quadrícula É uma malha quadrada dos meridianos e paralelos de uma planta cartográfica associada a um sistema de projeção, no qual se definem as coordenadas cartográficas, graduadas em metros ou em graus.

Qualidade Conceito subjetivo da percepção de cada indivíduo. Influenciam a definição: cultura, modelos mentais, tipo de produto ou serviço prestado, necessidades e expectativas. Quanto aos produtos ou serviços vendidos no mercado, há várias definições para qualidade: "conformidade com as exigências dos clientes", "relação custo/benefício", "adequação ao uso", "valor agregado, que produtos similares não possuem" etc.

Qualidade ambiental São as características do ar, da água e do solo de uma região ou um ecossistema, relacionadas aos efeitos da ação antrópica, num determinado momento ou período de tempo. Os índices usados na análise comparam uma situação ideal, e podem ser obtidos a partir de medições dos parâmetros representativos, ou com a atribuição de valores a parâmetros como beleza, valor e qualidade de vida.

Qualidade da água Relação entre os parâmetros físicos químicos, e biológicos de uma água com o seu uso ou finalidade. A água pode ser de boa qualidade para um determinado uso e de má qualidade para outro, conforme suas características e as exigências requeridas para um uso específico.

Qualidade de vida É o conjunto de condições de uma região, relacionadas à saúde, segurança e ao bem-estar das comunidades que habitam ali. O conceito refere-se aos aspectos de bem-estar individual e coletivo, proporcionados pelas condições naturais e de infraestrutura existentes, e medidos pelo grau de atendimento aos anseios da comunidade.

Qualidade do ar ou qualidade do ar ambiente Descreve as características do ar, associado ou não à determinação quantitativa dos principais parâmetros de qualidade da concentração de particulados, de NO_x, de SO_x, de ozônio e outros. A qualidade do ar ambiente é caracterizada de boa a má, segundo a técnica de medição utilizada. Algumas técnicas discriminam a lista dos componentes medidos no ar, enquanto outras agrupam todos os componentes num índice numérico arbitrário.

Qualidade do meio ambiente Ver *Qualidade ambiental*.

Qualidade visual A qualidade visual de uma paisagem ou região relaciona-se ao potencial de beleza e bem-estar proporcionado, de acordo com o uso do solo e os esforços realizados para a sua conservação.

Qualimetria De maneira geral, o termo engloba estudos e atuações no campo do Controle Estatístico de Qualidade, Estatística Industrial e Previsão principalmente em termos de Gestão Empresarial.

Quantidade de movimento Grandeza física que relaciona massa e velocidade de um corpo (produto da massa pelo módulo da velocidade), associada à inércia de um corpo. Quanto maior a quantidade de movimento linear de um corpo, maior a força necessária para modificar a velocidade ou o vetor movimento desse corpo. O momento linear é uma grandeza vetorial com direção e sentido.

Quarteirão Porção de solo delimitada por ruas ou avenidas, acidentes naturais e/ou artificiais, limites imaginários ou outros critérios normativos, com ou sem edificações. É a quarta parte de um cento (conjunto de vinte e cinco unidades); quarta parte de um quartilho; grupo de casas isoladas que dá para quatro ruas ou travessas.

Quartil Em estatística descritiva, um quartil é um dos três valores que divide um conjunto ordenado de dados em quatro partes iguais. Cada parte representa 1/4 da amostra ou população.

Quarto O mesmo que dormitório. Cômodo da casa onde as pessoas dormem.

Quartzito Rocha metamórfica cujo componente principal é o quartzo (75%). O quartzito origina-se de arenitos quartzosos (mais comum), tufos, riolitos silicosos e *chert* silicoso.

Quartzo O mais abundante mineral da Terra (12% em volume), tem estrutura cristalina composta por tetraedros de sílica (dióxido de silício, SiO_2). O seu arranjo cristalino é um prisma de seis lados que termina em pirâmides de seis lados, embora distorcidas. É classificado no índice de dureza 7 da Escala de Mohs e tem diversas cores.

Quebra-mar Estrutura costeira que protege a costa ou um porto da ação das ondas do mar. É projetado para uma determinada altura de onda, com um período de retorno específico. O projeto de uma estrutura marítima desse porte, assim como de diques, molhes, portos é realizado por especialistas em engenharia hidráulica, que usam modelos físicos ou matemáticos. Ver *Onda de projeto*.

Quebra-mar de pedras soltas Estrutura de proteção contra a ação das ondas e correntes marítimas, feita com pedras soltas de grandes dimensões.

Quebra-mar isolado Quebra-mar que não está ligado à costa.

Quebra-mar pneumático Amortecimento das ondas do mar obtido pela ação de bolhas de ar desprendidas de tubos perfurados submersos ou flutuantes, nos quais se injeta ar comprimido.

Quebra-vento Anteparo natural ou artificial, com a finalidade de atenuar a velocidade e turbulência dos ventos.

Queda d'água Formação geológica em que os cursos de água correm por cima de uma rocha de composição resistente à erosão, formando uma súbita quebra vertical.

Queda de água de chuva pelas folhas das plantas Em Hidrologia, o termo em inglês *throughfall* descreve o fenômeno da queda das gotas de água de chuva, na superfície do solo, após terem sido interceptadas pelas folhas das árvores. Estas gotas podem ter um certo poder erosivo, porque elas são maiores do que as gotas de chuva, e o fenômeno é mais acentuado no caso de copas mais altas, superiores a 8 m.

Queimada agrícola Prática agrícola rudimentar que, no Brasil, foi proibida pelo artigo 27 do Código Florestal. Consiste na queima da vegetação natural, quase sempre matas, para preparar o terreno à semeadura ou plantação. Essa prática prejudica as características físicas, químicas e biológicas do solo, por influir na sua fertilidade. As queimadas provocam a volatilização da matéria orgânica do solo, a liberação dos sais minerais (ou nutrientes) nas cinzas, a liberação de CO_2 para a atmosfera, que contribui para aumentar o efeito estufa, um dos gases responsáveis pelo aquecimento global. As consequências para o solo são: nutrientes e também o solo carreados pela chuva, provocando erosões; empobrecimento, e até desertificação. O solo e os nutrientes carreados pela erosão podem provocar o assoreamento e a eutrofização dos corpos hídricos.

Queimadura por radiação Ocorre pela ação dos raios solares ou substâncias radioativas. A vítima fica com a pele avermelhada e inchada, e tem a temperatura do corpo alterada. Além da dor, formam-se bolhas. As substâncias radioativas causam graves queimaduras. Um exemplo é o acidente radioativo com o césio 137, acontecido em Goiânia, quando, por irresponsabilidade de algumas pessoas, uma cápsula de césio foi parar em um ferro-velho da cidade e várias famílias foram contaminadas, uma criança morreu e outras sofrem as consequências.

Querosene Produto da destilação do petróleo, a uma temperatura de ebulição de 150 a 290°C, situada entre a gasolina e o óleo diesel. É uma combinação complexa de hidrocarbonetos (alifáticos, naftênicos e aromáticos) com um número de carbonos no intervalo de C9 a C16. Usado como combustível de aeronaves, em lamparinas, como solvente etc.

Questionário Técnica de investigação com um número elevado de questões apresentadas por escrito, com o objetivo de chegar a um determinado conhecimento. Pode ser utilizado também para avaliar os estudantes nas provas escolares.

Quiescente Que está em período de descanso.

Química Ciência que estuda os elementos e as substâncias encontradas na natureza, características, propriedades combinatórias, processos de obtenção, aplicações e identificação. Estuda a maneira de os elementos se ligarem e reagirem entre si, e a energia desprendida ou absorvida durante as transformações.

Química analítica Ramo da química que identifica ou quantifica espécies ou elementos químicos. A análise qualitativa determina ou identifica as espécies ou elementos químicos de uma amostra. A análise quantitativa determina a concentração de uma espécie ou elemento químico de uma amostra.

Química inorgânica Ramo da química que estuda os elementos químicos e as substâncias da natureza que não possuem o carbono coordenado em cadeias, pesquisa as estruturas, propriedades e explica o mecanismo de suas reações e transformações. Há quatro grupos de funções inorgânicas: ácidos, bases ou hidróxidos; sais e óxidos.

Química orgânica Define-se como o ramo da química que estuda os compostos do carbono.

Químico O profissional habilitado em química.

Quimioluminescência Ocorre quando uma reação química gera uma espécie excitada eletronicamente, que emite luz ao voltar a um estado de menor energia. Encontra aplicações no campo técnico e científico. Por exemplo, a Espectroscopia de Emissão Atômica (AES), utiliza medições quantitativas da emissão óptica da espécie química excitada para determinar a concentração da substância analisável (analita). Ao contrário da AES, a quimiluminescência usa a emissão de moléculas energizadas e não de átomos excitados e ocorre na fase de solução e de gás, e serve para determinar quantitativamente muitas espécies orgânicas e inorgânicas em concentrações traços.

Quimiometria Ciência relacionada a medidas realizadas em um sistema ou processo químico, obtendo informações sobre o estado do sistema através da aplicação de métodos matemáticos ou estatísticos.

Quimiossíntese O conceito de quimiossíntese é semelhante ao da fotossíntese e significa sintetizar substâncias simples formando substâncias complexas com algum tipo de energia, neste caso, é a química. As bactérias autótrofas quimiossintetizantes resolvem o problema de carência de energia sem recorrer à luz solar (não dependem do sol). São capazes de produzir substâncias orgânicas em locais sem nenhuma iluminação, porque utilizam a energia liberada em reações químicas. A quimiossíntese é realizada por bactérias. As ferrobactérias, as sulfobactérias e as nitrobactérias, utilizam a energia do mineral que oxidam: respectivamente, ferro, enxofre e nitrogênio.

Quimissorção A adsorção química, na qual as moléculas ou átomos fixam-se à superfície de uma partícula pela formação de uma ligação química covalente, com tendência a encontrar locais que maximizem seu número de coordenação.

Quisto ou cisto É uma forma de resistência, usada pelos seres unicelulares. Ocorre, por exemplo, quando há pouco alimento disponível ou ressecamento do ambiente. Quando as condições voltam a ser propícias à sobrevivência do ser, ele retoma suas funções normais, como alimentação e reprodução. Na área médica, são pequenos nódulos de diversas origens e formas, que podem aparecer no útero, na mama, e outros locais e órgãos do corpo.

Quota O mesmo que parcela.

Quota de amortização A amortização é um procedimento financeiro que parcela o pagamento de uma dívida ou obrigação, de modo que, ao final de um prazo estipulado, o débito fica liquidado. Cada prestação é composta pela quota de amortização, ou seja, devolução parcelada do valor principal emprestado, mais os juros correspondentes.

Rr

Rabdomancia Adivinhação relativa à existência de água subterrânea num determinado local. O mesmo que RADIOESTESIA e RABDOSCOPIA.
Rabdomante Pessoa que pratica a radioestesia ou rabdomancia.
Rabdoscopia O mesmo que rabdomancia.
Rabo de andorinha Tipo de junção de madeira.
Ração Porção de alimento.
Racionamento de água Quando a água é distribuída de forma descontínua, usa-se o artifício de rodízios, por não haver disponibilidade para o atendimento contínuo.
Radar Do inglês *Radio Detection And Ranging*, significa detecção e telemetria por rádio. É um dispositivo que permite detectar objetos a longas distâncias com a emissão de ondas eletromagnéticas refletidas por objetos distantes. A detecção das ondas refletidas permite determinar a localização do objeto.
Radar meteorológico Dispositivo que emite ondas eletromagnéticas de alta energia, com alcance de longa distância. Ao passarem por uma nuvem, as ondas causam uma ressonância na frequência da onda incidente em cada gota, de modo a produzir ondas eletromagnéticas, irradiando em todas as direções. Parte da energia volta ao prato do radar e pelo momento em que o feixe de onda foi emitido e quanto tempo depois o sinal retornou, determina-se a distância do alvo ao radar. A intensidade do sinal de retorno depende do tamanho e da distribuição das gotas no volume focado pelo radar. O radar não mede diretamente a chuva. Ele recebe um sinal de retorno dos alvos de chuva, denominado refletividade, relacionada ao espectro de gotas observado e à correspondente taxa de precipitação.
Radiação Trata-se da emissão de energia eletromagnética (calor, luz, raios gama, raios X) e partículas subatômicas (elétrons, nêutrons, partículas alfa etc). Alguns elementos como o urânio, o tório, o potássio 40 são naturalmente radioativos, enquanto outros se tornam radioativos após bombardeamento com nêutrons ou outras partículas. As três principais formas de radiação são: alfa, beta e gama. Os raios X são semelhante à radiação gama, mas produzidos por equipamento, enquanto as radiações naturais são emitidas continuamente.
Radiação alfa Partícula formada por um átomo de hélio com carga positiva. A distância que uma determinada partícula percorre antes de parar é chamada alcance. Num dado meio, partículas alfa de igual energia têm o mesmo alcance e sabe-se que o alcance das partículas alfa é muito pequeno, o que faz com que elas sejam facilmente blindadas. Uma folha fina de alumínio barra completamente um feixe de partículas de 5 MeV. No entanto, a inalação ou ingestão de partículas alfa é muito perigosa, pois elas podem interagir diretamente com as mucosas do aparelho respiratório ou do digestivo causando danos às células.
Radiação de aniquilação Esse fenômeno ocorre quando um pósitron, após perder toda a energia cinética, interage com um elétron, para que a matéria seja convertida em energia, com a emissão de dois fótons em direções diametralmente opostas e energia de 511 keV.
Radiação gama Tipo de radiação eletromagnética produzida por elementos radioativos. Por causa de suas altas energias, os raios gama constituem um tipo de radiação ionizante capaz de penetrar na matéria mais profundamente que a radiação alfa ou beta, e causam danos ao núcleo das células. Por isso são usados para esterilizar equipamentos médicos e alimentos. A energia desse tipo de radiação é medida em Megaelétron-volts (MeV), correspondente a fótons gama de comprimentos de onda inferiores a 10^{-11} m ou frequências superiores a 10^{19} Hz.
Radiação infravermelha Radiação eletromagnética, não ionizante, emitida por corpos aquecidos. Tem comprimento de onda de um micrômetro a um milímetro. É ligeiramente mais longa do que a luz visível, e no espectro está entre a luz vermelha e as micro-ondas. Por ser uma onda eletromagnética, não necessita de um meio para se propagar: pode se deslocar no vácuo com a velocidade da luz. É assim que o calor viaja do Sol a Terra. Pode ser detectada por meio de células fotoelétricas e tem muitas aplicações no aquecimento de interiores e no tratamento de doenças de pele e dos músculos. É usada pelos astrônomos para tirar fotos de objetos distantes, encobertos pela atmosfera, e para observar estrelas e nebulosas que são invisíveis sob luz normal. Uma outra utilidade é nas fotografias infravermelhas, que ficam muito precisas.

Radiação luminosa Faixa de radiação eletromagnética com comprimentos de onda que vão desde o ultravioleta até o infravermelho.
Radiação natural ou de fundo O planeta Terra está repleto de radiações naturais que vêm do espaço e da própria Terra. O ar que se respira e quase toda a comida e bebida são naturalmente radioativos. Essa radiação não é produto da ação do homem. É chamada de radiação de fundo ou radiação natural e existe desde a origem do universo. A dose anual de radiação natural recebida pela população varia, mas a média está em torno de 2,4 mSv/ano (mili-sieverts por ano).
Radiação nuclear Tipo de radiação originada no núcleo de determinados átomos de elementos químicos não estáveis. As radiações nucleares são de vários tipos, principalmente de: partículas alfa (a), partículas beta (b) e radiação gama (g).
Radiação nuclear residual Radiação nuclear emitida pelo material radioativo depositado depois de uma explosão nuclear ou de um ataque por agentes de guerra radiológica.
Radiação radioativa Ver *Radiação*.
Radiação solar Conjunto de radiações emitidas pelo Sol que atingem a Terra. Sua principal característica é o curto comprimento de onda e a sua importância está diretamente relacionada à possibilidade de vida no nosso planeta.
Radiação sonora É um tipo de energia que se propaga através de ondas mecânicas (assim chamadas porque precisam de um meio material para se propagar). Esse movimento vibratório é transmitido através de meios elásticos, que podem ser sólidos, como a terra ou um pedaço de ferro; líquido, como a água; ou gasoso, como o ar. Na maioria das vezes, ouvimos sons transmitidos através do ar. Os meios de propagação são denominados meios elásticos, pela capacidade de se deformarem à passagem das ondas sonoras e restaurarem sua forma original após sua passagem. Qualquer meio material que propague uma onda sonora é considerado elástico.
Radiação térmica A irradiação ou radiação térmica é uma forma de transmissão de calor. Assim, um segundo corpo pode absorver as ondas caloríficas que se propagam pelo espaço em forma de energia eletromagnética, aumentando sua temperatura, pois os dois corpos estabelecem um intercâmbio da energia. Como as ondas eletromagnéticas podem se propagar no vácuo, a transferência de calor de um corpo a outro ocorre mesmo quando não há meio material entre os dois, ao contrário da condução térmica e da convecção. A maior parte da radiação térmica ocorre ao redor de um comprimento de onda específico, chamado de comprimento de onda principal de radiação, que depende da temperatura do corpo. Quanto maior a temperatura, maior é a frequência da radiação e menor é o comprimento de onda. Assim, objetos com temperaturas altas produzem uma luz mais azul, enquanto objetos com temperaturas não tão altas podem produzir uma luz mais vermelha. É possível que o corpo emita um comprimento de onda que não é visto pelo olho humano, quando a temperatura é baixa.
Radiação ultravioleta Radiação eletromagnética com comprimento de onda menor do que a da luz visível e maior do que a dos raios X (de 380 nanômetros a 1 ηm). O violeta é a cor visível com comprimento de onda mais curto e com maior frequência. Quanto aos efeitos à saúde humana e ao meio ambiente, classifica-se como UV-A (de 400 a 320 ηm, também chamada de luz negra ou onda longa), UV-B (320-280 ηm, ou onda média) e UV-C (280-100 ηm, ou UV curta ou germicida). A maior parte da radiação UV emitida pelo sol é absorvida pela atmosfera terrestre. A quase totalidade (99%) dos raios ultravioleta que efetivamente chega à superfície da Terra é do tipo UV-A. A radiação UV-B é parcialmente absorvida pelo ozônio da atmosfera e a parcela que chega à Terra é responsavel por danos à pele. A radiação UV-C é totalmente absorvida pelo oxigênio e o ozônio da atmosfera. Ressalte-se que as faixas de radiação não são exatas, por exemplo, o UV-A começa em torno de 410 ηm e termina em 315 ηm; o UV-B começa de 330 ηm e termina em 270 ηm. O efeito germicida da UV-C é utilizado em dispositivos que mantêm a assepsia de estabelecimentos comerciais ou como opção para desinfecção de esgoto tratado.
Radiação visível O universo é banhado por um imenso oceano de radiação eletromagnética ou luzes, das quais nossos olhos conseguem captar apenas uma pequeníssima fração, chamada de luz visível, luz branca ou apenas luz. A radiação visível vai de uma frequência de 384 x 10^{12} Hz ou comprimento de onda de 780 ηm (para o vermelho) até cerca de 769 x 10^{12} Hz ou comprimento de onda de 390 ηm (para o violeta).
Radical Há vários sentidos para o termo, conforme a área em que é aplicado. Por exemplo: em química, radical é o termo que designa o grupo de átomos combinados numa molécula, capaz de manter sua individualidade numa reação e passível de ser substituído integralmente por um elemento ou outro radical num

composto. Em biologia, ver *Radical livre*.

Radical livre É toda molécula que possui um elétron ímpar em sua órbita externa, fora de seu nível orbital, gravitando em sentido oposto aos outros elétrons. Esse elétron livre favorece a recepção de outras moléculas, inclusive as orgânicas, o que os torna extremamente reativos. Os radicais livres têm vida média de milésimos de segundo, mas podem estabilizar-se e desencadear reações biológicas lesivas. No nosso organismo, são produzidos pelas células durante o processo de combustão do oxigênio, utilizado para converter os nutrientes dos alimentos absorvidos, em energia. Os radicais livres podem danificar células sadias do corpo, entretanto, o organismo humano possui enzimas protetoras que reparam 99% dos danos causados pela oxidação, ou seja, nosso organismo consegue controlar o nível desses radicais produzidos pelo metabolismo.

Radier Tipo de fundação rasa que consiste na execução de uma laje contínua em toda a área da construção, distribuindo uniformemente a carga no terreno. É feita de concreto armado nas duas direções (armadura dupla), indicada para terrenos de baixa capacidade de carga.

Radioatividade Processo natural ou induzido em que o núcleo de certos elementos químicos sofre uma desintegração, liberando energia e formando novos elementos. Nesse processo, costuma haver emissão de um ou mais tipos de radiação, como raios (gama) ou partículas alfa e beta. Ver *Radiação*.

Radioatividade induzida Ver *Radiação* e *Radioatividade*.

Radioativo Diz-se do elemento ou substância que emite algum tipo de radiação.

Radiobiologia Ramo da biologia que estuda os efeitos das radiações sobre os sistemas biológicos, os mecanismos que levam a esses efeitos, o aproveitamento prático das radiações e os procedimentos de proteção contra as radiações.

Radiodermatite Reação inflamatória cutânea que ocorre pela exposição à radiação ionizante.

Radioecologia Ciência que estuda os efeitos que as substâncias radioativas podem ter no homem e no meio ambiente.

Radioestesia O mesmo que rabdomancia.

Radiografia Técnica baseada no princípio de que um corpo opaco, atingido por um feixe de raios X, transmite e absorve a radiação de acordo com as características e a constituição dos materiais que o formam. Para analisar essas variações, coloca-se atrás do objeto em exame uma tela, sobre a qual se faz o registro da imagem por filme fotográfico sensível à radiação X, ou uma placa de material que, atingido pelos raios X, emita luz. Se uma parte do corpo for mais espessa ou mais absorvente para os raios X, estes vão faltar nessa região, e na tela se vê uma sombra que assinala a heterogeneidade. Os ossos, por exemplo, contêm cálcio e são muito mais opacos à radiação do que as partes musculares. Essa técnica tem aplicações importantes na medicina, na indústria da construção mecânica (soldagem) e no estudo físico de metais e das ligas metálicas.

Radiointerferência Interferência é a superposição de duas ou mais ondas num mesmo ponto. Esta superposição pode ter um caráter de aniquilação, quando as fases não são as mesmas (interferência destrutiva), ou de reforço, quando as fases combinam (interferência construtiva). Um problema dos circuitos que recebem ondas de rádio, ou seja, que operam com radiofrequências, é que eles não distinguem dois sinais de mesma frequência, um verdadeiro, e outro que chega de forma indevida. Como existem muitos equipamentos de uso comum e fenômenos naturais que produzem ondas de rádio, há interferência indevida nos receptores. É o motivo da proibição de telefones celulares nas aeronaves.

Radioisótopo Um radioisótopo ou isótopo radioativo caracteriza-se por um núcleo atômico instável que emite energia quando se transforma num isótopo mais estável. A energia liberada na transformação é chamada de partícula alfa, beta ou gama e detectada por um contador Geiger, por uma película fotográfica ou por uma câmera de ionização.

Radioisótopo do arsênio O isótopo artificial ^{76}As é utilizado como traçador radioativo em toxicologia; na manufatura de tipos de vidros especiais, e no endurecimento de ligas de cobre e chumbo.

Radiometeorologia Estuda as influências meteorológicas na área de telecomunicações, para evitar interferências na transmissão e na captação de ondas.

Radioquímica Área da química que estuda reações químicas com técnicas radioativas. Com isótopos radioativos, determina-se o mecanismo e a extensão de reações químicas, seguindo o decaimento radioativo de reagentes, produtos e intermediários reacionais. As técnicas da radioquímica são aplicadas em áreas diversas, como a bioquímica, a geologia e a arqueologia.

Radiossensibilidade É a susceptibilidade relativa de células, tecidos, órgãos ou organismos aos efeitos nocivos da radiação ionizante.

Radiossonda Conjunto de equipamentos e sensores transportado por balões meteorológicos, que medem vários parâmetros atmosféricos e os transmitem a um aparelho receptor fixo. As radiossondas operam nas frequências de rádio de 403 MHz ou 1680 MHz, que podem ser ajustadas para mais ou para menos, caso seja necessário. Outro tipo de radiossonda, a *rawinsonde*, serve para medir a velocidade e a direção do vento.

RAFA – Reator Anaeróbio de Fluxo Ascendente e manto de lodo Tipo de reator dependente da temperatura (não é eficiente em temperaturas baixas), usado no tratamento de águas residuárias. A alimentação é feita pela parte inferior e a captação do efluente tratado através de vertedores da parte superior. Ao subir, parte das substâncias orgânicas da água residuária é retida nos grânulos biológicos formados, que contêm Matéria Orgânica (MO), micro-organismos anaeróbios responsáveis pela transformação da MO em gases como o CH_4 (metano), o CO_2 (gás carbônico), o H_2S (gás sulfídrico), diminuindo a carga poluidora da água, com 50 a 70% de eficiência na remoção de DQO. Internamente, há um dispositivo para separar os gases e minimizar a sua saída com o efluente tratado.

Raia, faixa, canal O termo *fairway* do inglês é aplicado a uma faixa destinada a uma atividade específica. Por exemplo, a faixa onde se pratica o jogo num campo de golfe, a faixa de navegação, livre e desempedida, numa hidrovia etc.

Raio Fenômeno atmosférico decorrente do choque entre nuvens carregadas, a mais violenta manifestação natural. Um raio pode produzir uma descarga de energia alta, de 125 milhões de volts, 200.000 ampères e 25.000°C. Embora esses valores nem sempre sejam alcançados, mesmo um raio menos potente ainda tem energia suficiente para matar, ferir, incendiar, quebrar estruturas, derrubar árvores e abrir buracos ou valas no chão.

Raio alfa O mesmo que partícula alfa ou radiação alfa.

Raio catódico Tipo de radiação na qual os elétrons emergem do polo negativo de um eletrodo, chamado cátodo, e se propagam na forma de um feixe de partículas negativas ou feixe de elétrons acelerados, devido à diferença de potencial entre os polos no interior de um tubo com gás rarefeito e ao efeito termoiônico provocado pelo aquecimento do metal que constitui o cátodo. O dispositivo que gera raios catódicos chama-se tubo de Crookes.

Raio cósmico Apesar do nome, não é raio, mas partículas de átomos penetrantes, dotadas de alta energia, que se deslocam a velocidades próximas à da luz no espaço sideral. Essas partículas, ao penetrarem na atmosfera terrestre, colidem com os núcleos dos átomos do ar, a cerca de 10.000 m acima da superfície do planeta, e dão origem a uma "chuva" de partículas com menor energia, os chamados "raios" cósmicos secundários. São inofensivos à vida na Terra, mas os raios cósmicos primários são perigosos para os astronautas ou tripulantes de aeronaves que transitam nessa faixa de altitude.

Raio de giro O raio de giro é definido na mecânica como a raiz quadrada do momento de inércia dividido pela massa do objeto. Caso toda a massa do objeto estivesse unida a um raio que tivesse essa distância, produziria o mesmo momento de inércia. O momento de inércia de um objeto é a relação entre um torque aplicado e a resultante da aceleração angular do objeto. O momento de inércia mede com que facilidade um objeto gira quando uma força é aplicada.

Raio gama O mesmo que radiação gama.

Raio geométrico Raio de uma circunferência é a distância do seu centro até a sua periferia, ou seja, é a metade do diâmetro da circunferência.

Raio hidráulico É definido como a relação entre a área molhada (área ocupada pelo líquido num conduto) e o perímetro molhado (perímetro atingido pelo líquido), numa seção de conduto.

Raio infravermelho Ver *Radiação infravermelha*.

Raio ultravioleta Ver *Radiação ultravioleta*.

Raios X Ver *Radiação*.

Raiz O termo em inglês *root* refere-se ao órgão das plantas abaixo da superfície do solo, com duas principais funções: servir como meio de fixação da planta no solo e como órgão absorvente de água, nutrientes, (nitrogênio, fósforo, potássio, enxofre etc.) É quase sempre subterrânea, mas há plantas com raízes especiais, como as figueiras, de raízes aéreas, e as epífitas (plantas que vivem sobre outras plantas).

Ramal predial Trecho da tubulação que fica nos limites da edificação, ou seja, que leva o esgoto dos aparelhos sanitários e outros até a ligação com a rede pública.

Ramal predial de água Trecho da tubulação de abastecimento d'água que fica nos limites da edificação.

Rampa Região com uma relativa diferença de altitude em um determinado espaço.

Rampa para barco ou carreira A carreira é um tipo de rampa de concreto, pedra ou qualquer outro material, construída em uma praia, com o objetivo de facilitar o carregamento ou des-

carregamento e para pôr ou retirar embarcações da água.
Raspador da borda do coletor de cinzas Dispositivo de um incinerador.
Raticida Produto usado na exterminação de ratos.
Ravina Sulcos resultantes de processos erosivos, de pequena proporção, produzidos nos solos pela ação das águas de escoamento superficial.
Razão ou taxa de umidade equivalente à porcentagem de murchamento permanente Trata-se do teor de umidade do solo a partir do qual a planta não consegue mais retirar água e murcha de forma permanente.
Reação em cadeia Sequência de reações provocadas por um elemento ou grupo de elementos que gera novas reações entre elementos possivelmente distintos. Ex.: uma fissão nuclear.
Reação fotoquímica Reação química que ocorre na fotossíntese e que usa a luz solar como fonte de energia. Numa reação fotoquímica ocorrem dois processos: a fotólise da água e a fotofosforilação, com a liberação do oxigênio para a atmosfera e a transferência dos átomos de hidrogênio para os transportadores de hidrogênio.
Reação nuclear Em física nuclear, é qualquer reação com a modificação de um ou mais núcleos atômicos, na qual dois ou mais átomos se unem ou um átomo sofre fissão nuclear. Não confundir com uma reação química, que ocorre com os elétrons periféricos do átomo.
Reação nuclear descontrolada Nêutrons produzidos no processo de fissão podem induzir a fissão em núcleos próximos, liberando mais nêutrons, que induzirão a fissão em outros núcleos, repetindo o processo e gerando uma reação em cadeia. O processo pode ser controlado (energia nuclear) ou descontrolado (armas nucleares).
Reação química É uma transformação da matéria em que ao menos uma ligação química é criada ou desfeita. Ocorrem mudanças qualitativas na composição química de uma ou mais substâncias reagentes, resultando em um ou mais produtos. Há mudanças nas ligações entre átomos ou íons, na geometria das moléculas das espécies reagentes ou na conversão entre dois tipos de isômeros.
Reaeração Renovação do suprimento de oxigênio dissolvido em um corpo d'água. Tal renovação pode ser natural (entrada do oxigênio contido no ar atmosférico, ação fotossintética das algas etc.), mas também pode ser artificial, através de aeradores mecânicos ou por ar injetado por meio de tubulações e difusores de ar.

Reaproveitamento da água O termo mais utilizado é reúso. Exige um tratamento em nível terciário de efluentes tratados em nível secundário, mas potencialmente poluidores e não potáveis que são reutilizados nos processos industriais ou na agricultura.
Reaquecedor ou trocador de calor É um dispositivo com tubulações independentes internas, que permitem dois fluxos diferentes. Num deles passa o líquido mais quente que se quer esfriar e, no outro, o líquido mais frio que se quer aquecer.
Reatância É a resistência oferecida à passagem de corrente alternada por indutância ou capacitância num circuito. É medida em Ohms e constitui a componente da impedância de um circuito não devida à resistência pura.
Reaterro Relaciona-se a obras com uma escavação prévia, para a instalação de tubulações enterradas, por exemplo. A reposição do solo na vala é chamado de reaterro.
Reativação Ação de reativar, de tornar novamente ativo.
Reator Aparelho utilizado em lâmpadas fluorescentes, submetidas às condições de seu funcionamento. É qualquer dispositivo ou unidade que provoque algum tipo de reação.
Reator a urânio natural O urânio tem três isótopos: ^{238}U (variedade mais abundante na natureza), ^{234}U (a mais rara) e ^{235}U, com apenas 0,72% do total, e a mais cobiçada, pois sustenta uma reação nuclear em cadeia. O ^{235}U decai 6 vezes mais rápido que o ^{238}U. Estima-se que, há dois bilhões de anos, o urânio-235 constituía 3%, aproximadamente o nível conseguido de modo artificial do urânio enriquecido para abastecer a maior parte das usinas nucleares. Na época, teriam ocorrido reações em cadeia espontâneas.
Reator completamente misturado No qual as eventuais amostras coletadas em pontos diferentes do reator tem praticamente as mesmas características.
Reator de fluxo contínuo Aquele com alimentação contínua.
Reator de fluxo contínuo completamente misturado Tipo de reator em que a alimentação é contínua; a massa biológica reúne-se em flocos e completamente misturada no líquido, ou seja, amostras coletadas em pontos diferentes do reator apresentam praticamente as mesmas características.
Reator de fluxo disperso ou difuso Aquele em que eventuais amostras coletadas em pontos diferentes do reator têm características diferentes, ou seja, não há homogeneidade.

Reator de fluxo em pistão Caracterizado por ser mais longo do que largo, e as reações ocorrem ao longo do reator. Em termos de DBO solúvel, por exemplo, há um decaimento contínuo de valor ao longo do reator, assim como o consumo de oxigênio.

Reator de lodos ativados Ver *Lodos ativados*.

Reator elétrico Ver *Reator*.

Reator em batelada Em contraposição ao de fluxo contínuo, é aquele em que a alimentação não é contínua, ou seja, é preenchido em bateladas.

Reator nuclear É uma câmara de resfriamento hermética, blindada contra a radiação, na qual as reações nucleares são controladas para a obtenção de energia, produção de materiais fissionáveis como o plutônio (para armamentos nucleares), propulsão de submarinos e satélites artificiais ou para pesquisas.

Rebaixamento Ver *Abaixamento do nível do lençol freático*.

Rebaixamento do lençol freático Ver *Abaixamento do nível do lençol freático*.

Rebaixamento freático Ver *Abaixamento do nível do lençol freático*.

Reboco Revestimento de paredes e teto de edificações, de argamassa com areia, cimento e cal. Às vezes, há pequenas porções de substâncias plastificantes.

Recalcar Com bombas hidráulicas, acrescenta-se pressão suficiente à água de forma a vencer a altura geométrica e as perdas de carga numa tubulação de recalque.

Recalcar, bombear ou elevar o nível da água Ver *Recalcar*.

Recalcitrância Ver *Bioacumulação ou acumulação na cadeia alimentar*.

Recalque Em obras de edificações, é o afundamento das fundações da estrutura que ocorre devido ao peso ter excedido a capacidade de suporte do solo. Há um recalque normal admissível, mas o mais temido é o recalque diferencial, quando não ocorre de forma homogênea em toda a estrutura, o que acarreta trincas, tanto mais graves quanto maior o desequilíbrio. No campo da hidráulica, ver *Recalcar*.

Recalque de aterro Quando o afundamento se dá em aterro.

Recalque diferencial em fundações Ver *Recalque*.

Recalque em excesso Quando o valor do recalque está acima do admissível.

Recarga do aquífero A recarga pode ser de forma natural, por infiltração de água de chuva; ou de forma induzida, com a introdução de água; de forma artificial, com o objetivo de aumentar a disponibilidade dos recursos hídricos subterrâneos.

Recarga do lençol subterrâneo Ver *Recarga do aquífero*.

Recarga induzida O mesmo que recarga artificial de aquífero.

Recarga natural Ver *Recarga do aquífero*.

Recenseamento Contagem de população.

Receptor telemétrico Dispositivo eletrônico de recepção de dados, usado para coletar informações a partir de locais remotos, via comunicação sem fio. Pode ser projetado e instalado como unidades separadas: receptor e transmissor, ou combinado em um dispositivo chamado de transceptor.

Reciclagem Envolve processos de recuperação ou reprocessamento para a utilização de restos ou de materiais considerados descartáveis, como matéria-prima alternativa.

Recife Elevação de corais perigosa para a navegação.

Recife de barreira Tipo de recife semelhante ao de franja, porém separado da costa por um canal profundo.

Recife de coral Os corais são organismos coloniais que constroem esqueletos calcários, responsáveis pela estrutura rochosa chamada recifes de coral. Crescem na região fótica de mares tropicais (região de alcance da luz solar), de ação de ondas forte o suficiente para manter disponível alimento e oxigênio dissolvido na coluna d'água. Para crescer, dependem de águas rasas, limpas, mornas e pobres em nutrientes.

Recife de franja Situado diretamente na costa e paralelo a ela, separado apenas por um canal estreito. Forma uma espécie de barragem com declividade suave na direção da costa, e abrupto na direção do mar.

Recife em atol Recife de coral em formato de anel. A parte emersa é uma ilha baixa de areia circundando uma porção de água.

Recife em pico Pequeno recife de corais que se eleva em uma lagoa, quase sempre próximo da superfície.

Reconhecimento Obtenção de informações por meio de observações visuais ou outros métodos de detecção, realizada para conhecer as características de uma determinada área, nos campos militar, da meteorologia, da hidrografia, da geografia, da geologia, da geotecnia etc.

Recozimento do aço Tratamento térmico que consiste no aquecimento a certa temperatura crítica, durante tempo pré-determinado e resfriamento controlado.

Recreação Ver *Uso da água ou uso benéfico da água*.

Recuperação de energia Busca-se isso em todos os processos industriais para aumentar a eficiência energética. Nas usinas de dessalinização por osmose reversa, há a possibilidade de se recuperar ou economizar energia, fazendo o retorno do concentrado sob pressão para o próprio sistema de bombeamento e, desta forma, aproveitar parte dessa pressão residual no processo. Os trocadores de calor são outro exemplo; muito utilizados onde há necessidade de aquecimento do produto a ser destilado e depois o resfriamento do produto já destilado, como ocorre nas destilarias de petróleo ou nas usinas de dessalinização por destilação.

Recuperação de nível do lençol freático Ver *Recarga do aquífero*.

Recurso combustível Material que pode ser usado como combustível: lenha, carvão, gases combustíveis, derivados do petróleo etc.

Recurso do solo Ver *Recursos minerais*.

Recurso não renovável ou exaurível Aquele que, depois de explorado, diminui de quantidade e, em função do rítmo de exploração, tem um prazo para se extinguir. Um exemplo é o petróleo.

Recursos Todo fator disponível numa determinada área ou região, passível de consumo pelos elementos de uma população, e que possibilita o crescimento ou a manutenção das condições da vida.

Recursos administrativos São os meios que propiciam o exame de decisão interna pela administração. No exercício de sua jurisdição, a administração aprecia e decide as pretensões dos administrados e de seus servidores, aplicando o direito cabível, segundo a interpretação dos órgãos técnicos e jurídicos.

Recursos ambientais São os elementos naturais, bióticos e abióticos, de que o homem dispõe para satisfazer suas necessidades econômicas, sociais e culturais. Incluem a atmosfera, as águas interiores, superficiais e subterrâneas, os estuários, o mar territorial, o solo, o subsolo e os elementos da biosfera.

Recursos ambientais compartilhados São os recursos ou sistemas ambientais utilizados por mais de um país, principalmente os das bacias hidrográficas, que abrangem territórios além de um único país, nos mares interiores, nas baías e nos golfos.

Recursos florestais São os elementos das áreas florestais passíveis de trocas mercantis ou de valor para os interesses humanos. A extração da madeira era o principal exemplo desse recurso. Hoje, considera-se a biodiversidade das florestas como o elemento mais precioso.

Recursos hídricos Relacionam-se à quantidade e qualidade das águas superficiais ou subterrâneas, disponíveis para qualquer tipo de uso, numa determinada região ou bacia.

Recursos humanos É a mão de obra disponível para determinados trabalhos.

Recursos minerais São as concentrações minerais da crosta terrestre, técnica e economicamente passíveis de extração e utilização.

Recursos naturais São os mais variados meios de subsistência de um país ou região, que abrangem os recursos não renováveis como as jazidas minerais, e os renováveis, como florestas e meios de produção.

Recursos naturais renováveis Um recurso natural é renovável quando, depois de aproveitado, pode ser aproveitado de novo após um período de tempo relativamente curto.

Redação técnica Inclui a descrição de peças e aparelhos, do funcionamento de mecanismos, de processos, experiências e pesquisas. Podem ser: artigos científicos, relatórios, dissertações, teses, manuais de instrução, sumários e resenhas científicas.

Rede alimentar, rede trófica ou teia alimentar É o complexo conjunto de relações alimentares entre espécies de uma comunidade biológica, que reflete o sentido do fluxo de matéria e energia do ecossistema.

Rede coletora de esgoto É a rede de tubulação instalada nas ruas, nas quais são feitas as ligações prediais, para coletar o esgoto das edificações.

Rede de água A rede pública de distribuição de água é uma rede de tubulações instalada nas ruas, nas quais são feitas as ligações prediais para o abastecimento das edificações.

Rede de drenagem Disposição dos elementos naturais (rios, córregos etc.) ou artificiais (tubulações, canais etc.), para a drenagem das águas de uma área.

Rede de esgoto Ver *Rede coletora de esgotos*.

Rede de esgoto sanitário O mesmo que rede coletora de esgoto.

Rede de fluxo Processo gráfico bidimensional para determinar a vazão de escoamento em meios porosos (fluxo da água nos solos), sempre que a área ou o comprimento de passagem não forem constantes. É composta por um conjunto de linhas equipotenciais, que unem pontos de mesma carga hidráulica total, e de linhas de fluxo associadas (linhas de escoamento da água subterrânea), fixadas para um conjunto de condições limítrofes.

Rede de percolação Ver *Rede de fluxo*.

Rede equipotencial Ver *Rede de fluxo*.

Redes de interação Método de avaliar o impacto ambiental para estabelecer a sequência de impactos indiretos desencadeados a partir de cada ação do projeto, através de gráficos ou diagramas, para traçar, a partir de um impacto, o conjunto de ações que o causaram. Essas redes são uma tentativa de reconhecer que uma série de impactos pode ser desencadeada por uma só ação. Definem um conjunto de possíveis redes de interação e permitem ao usuário identificar os impactos pela seleção e sequência apropriada das ações de um projeto.

Redução da capacidade normal Operação de uma máquina abaixo da sua potência máxima, a fim de prolongar sua vida útil. O termo é comumente aplicado a aparelhos elétricos e eletrônicos e aos motores de combustão interna.

Redução da dureza da água Para reduzir a dureza das águas, adiciona-se cal (método mais barato) ou usam-se resinas permutadoras de íons, que os sequestram, e impedem sua deposição nas canalizações e máquinas. Nas residências, usa-se o Calgon, sequestrante mais utilizado e eficiente, constituido de EDTA (ácido etilenodiaminotetracético).

Redução de Emissões por Desmatamento e Degradação – REDD Mecanismo ecônomico internacional cujo objetivo é contribuir para estabilizar os níveis de emissões de carbono. A ideia é criar valores econômicos para a floresta que é mantida em pé, ou para o desmatamento evitado, como tem sido chamado. Assim como em outros mercados do gênero, um poluidor poderá compensar suas emissões comprando créditos de quem ainda tem o que conservar, ou seja, se um dono de floresta mantiver sua mata em pé poderá ser compensado financeiramente.

Redução empregada em tubulação Trata-se de peça especial usada para aumentar ou diminuir o diâmetro no trecho seguinte da tubulação.

Redução química Consiste na diminuição algébrica da carga formal ou do número de oxidação de uma espécie química. Ocorre pela transferência de elétrons de outra espécie química.

Referência bibliográfica É o conjunto de informações que identifica uma obra. No Brasil, a forma de apresentação das referências bibliográficas (de livros, artigos de revistas, jornais, internet etc.) está definida na NBR-6023 da ABNT.

Referência de nível Altitude oficial de um ponto em relação ao nível do mar, registrada num marco topográfico, por exemplo, que serve de referência para o nivelamento do terreno ou para estabelecer uma rede de marcos.

Referência de nível de cartas náuticas Adota-se o nível mínimo das marés, mas tem sido adotado o nível médio dos mares.

Referência de nível primário Marco de referência de uma estação maremétrica para os demais marcos.

Referência de sondagem Referência de nível para uma sondagem.

Referência do nível do mar Nível médio do mar adotado como referência de nível. O nível médio sofre variações a cada ano, no entanto, a fixação de um deles, numa determinada data, é fundamental para a engenharia. Assim, após ser fixado, não deve ser modificado mais.

Refinação de petróleo O petróleo bruto contém centenas de diferentes tipos de hidrocarbonetos misturados e, para separá-los, é necessário refinar o petróleo, e obtêm-se produtos comerciais como o GLP, nafta (gasolina ainda não padronizada), querosene, óleo diesel, óleo combustível, asfalto etc. Esses produtos têm temperaturas de ebulição e condensação que aumentam progressivamente, o que possibilita separá-los pelo processo de destilação. A maneira mais antiga e comum de separar os componentes chamados de frações é usar as diferenças entre as temperaturas de ebulição. Essa técnica é chamada de destilação fracionada: o petróleo bruto é aquecido e lançado para evaporar e depois condensar em torres sob pressão atmosférica ou a vácuo. Técnicas mais recentes usam o processamento químico, térmico ou catalítico em algumas das frações para criar outras, em um processo chamado de conversão. O processamento químico, por exemplo, pode quebrar cadeias longas em menores, o que permite que uma refinaria transforme produtos mais pesados em produtos mais leves (mais nobres e de maior valor comercial).

Refinaria Local onde se faz, por exemplo, a refinação do petróleo.

Refletância Fração do fluxo de radiação incidente sobre um sistema, desviada por ele para o hemisfério de origem por reflexão à superfície, ou por retroespalhamento, devido a gases e partículas em suspensão, ou pelos dois fenômenos. Recomenda-se que esse termo seja aplicado apenas ao caso monocromático ou para intervalos espectrais bem definidos, para caracterizar o termo albedo como sinônimo de refletância média sobre toda a extensão do espectro solar.

Refletômetro Dispositivo que mede os fatores de reflexão de superfícies refletivas.

Reflorestamento Atividade que recompõe a cobertura florestal de uma área. O reflorestamento é realizado com o objetivo de recuperar o ecossistema original, pela plantação de espécies nativas ou exóticas, conforme as características ecológicas da área (reflorestamento ecológico), ou com objetivos comerciais, pela introdução de espécies de rápido crescimento e qualidade adequada, para corte e posterior comercialização (reflorestamento econômico). Há também o reflorestamento de interesse social, que se destina à produção de alimentos, energia ou material de construção para a população de baixa renda ou para a contenção de encostas.

Reforma agrária Sistema que tem por objetivo distribuir terras para pessoas que não possuem moradia. Além da distribuição justa de terras, a reforma agrária, em tese, descentraliza e democratiza a estrutura fundiária, favorece a produção de alimentos e, assim, a renda, além de diversificar o comércio rural, reduzir a migração e promover a cidadania e a justiça social.

Refração Mudança de direção dos movimentos vibratórios que passam de um meio para outro, no qual a velocidade de propagação é diferente. Na área marítima, é o encurvamento das cristas das ondas progressivas ao sofrerem a ação do fundo ou das correntes.

Refração da luz Mudança do sentido e velocidade da luz, quando ela passa do ar, um meio menos refrigente, para a água, mais refrigente, por exemplo. Quando a luz se dirige de um meio onde o índice de refração é menor para outro, com índice de refração maior, ocorre a refração. No entanto, a refração modifica a velocidade da luz, mesmo que a direção continue a mesma (caso a luz incida perpendicularmente à superfície).

Refratário Grupo de materiais cerâmicos que suportam altas temperaturas sem perder suas propriedades físico-químicas, como: resistência, baixa condutividade térmica e condutividade elétrica. Utilizam-se em fornos industriais, de laboratório de pesquisa e ensino, caldeiras, fornos domésticos e churrasqueiras (tijolo refratário) etc.

Refratividade Qualidade do que é refratário.

Refrigeração Diminuição da temperatura, abaixo da temperatura ambiente.

Refugo Aquilo que é inútil, sem serventia, excedente, cuja função é desnecessária ou inexistente, indesejável, evitável, refutável. Hoje existe um conceito mais amplo e o refugo de uns pode ser aproveitado por outros.

Rega Ato ou efeito de regar, de introduzir água no solo.

Regador Dispositivo usado para regar hortas e jardins.

Região Porção de território contínua e homogênea, que se distingue das vizinhas. A região tem os limites estabelecidos pela coerência e homogeneidade de determinados fatores, enquanto uma área tem limites arbitrados de acordo com as conveniências.

Região abissal Ver *Abissal*.

Região anfidrômica Área em torno de um ponto sem maré ou ponto anfidrômico, a partir do qual as linhas cotidiais irradiam-se e progridem através de todas as horas do ciclo da maré. As linhas cotidiais ligam pontos com a mesma maré simultânea.

Região árida Aquela de precipitação escassa ou nula. Também se diz das zonas com evaporação superior às precipitações.

Região bêntica ou bentônica Ver *Bental ou bentônico*.

Região de aproximação Em engenharia marítima, é a região do mar que se estende indefinidamente para o largo a partir da linha média de baixa-mar de sizígia.

Região fisiogeográfica Região com características próprias, distintas das demais.

Região geográfica Qualquer área geográfica que forme uma unidade distinta por suas características. Costumam ser menores do que um país.

Região ou zona industrial Área geográfica reservada ao uso industrial, sem uma estrutura natural de recursos que propicie o uso.

Região pluviométrica Região na qual a quantidade e a variação sazonal da precipitação obedece a um determinado tipo. Por exemplo, de acordo com a classificação climática de Köppen, os principais tipos de regiões pluviométricas são: deserto; com chuvas raras e irregulares; de inverno seco, com estação chuvosa principalmente no verão, característica de um clima de monção; de verão seco, com estação chuvosa no inverno, como um clima mediterrânico; de chuva em todas as estações, não uniformemente distribuídas ao longo do ano, mas com chuva em mais da metade dos dias em cada mês do ano.

Região trofogênica Camada de água onde a luz penetra, permitindo que ocorra a fotossíntese.

Região trofolítica Região mais profunda de um corpo d'água, onde a luz é escassa ou ausente e, portanto, não ocorre a fotossíntese.

Região tropical Área da Terra limitada pelo Trópico de Câncer e pelo Trópico de Capricórnio e cujo centro é a Linha do Equador.

Regime Em climatologia, caracteriza a distribuição sazonal de um ou mais elementos de um lugar. Ex.: regime de chuvas, de cheias etc.

Regime crítico Condições do escoamento livre, nas quais a vazão é máxima para determinada energia específica ou a energia específica mínima associada a determinada vazão.

Regime de propriedade É o conjunto de disposições legais que estabelecem a extensão, o objeto e o conteúdo de uma propriedade, a proteção de que goza e os meios para constituí-la.

Regime de um rio Ver *Regime hidrográfico ou fluvial*.

Regime hidrográfico ou fluvial É a variação de nível das águas do rio durante o ano. O escoamento depende do clima, daí a existência de rios de regime nival ou glaciário, que recebem água do derretimento das neves ou geleiras quando termina o inverno; rios de regime pluvial são alimentados pelas águas das chuvas, coincidindo as grandes cheias com a estação chuvosa.

Regime hidrológico Comportamento do leito de um curso d'água num período de tempo, por: descarga sólida e líquida, largura, profundidade, declividade, forma dos meandros etc.

Regimento Ato administrativo normativo que provem sobre a organização e o funcionamento de órgãos colegiados dos Três Poderes ou de qualquer grau federativo ou institucional. Por exemplo, o regimento das votações no Congresso Nacional; o regimento da Faculdade etc.

Regolito Fragmentos de rochas que cobrem a superfície da Lua. É o produto da erosão cósmica, processo conhecido como atomização ou meteorização das rochas, decorrente da brusca variação de temperatura, choque com outros meteoritos ou outros processos físicos.

Régua de maré Dispositivo para a medição da altura das marés. É uma régua vertical graduada, na qual é lida a altura da maré.

Régua fluviométrica Instalada numa seção de um rio, é usada para acompanhar a profundidade da água ao longo do tempo e auxilia em campanhas hidrológicas.

Regulador do crescimento de plantas Regulador de crescimento ou regulador vegetal inclui as formas natural ou sintética que, quando aplicados nas plantas, influenciam no crescimento e desenvolvimento. Os hormônios sintetizados quimicamente provocam reações similares às causadas pelos naturais. Os cinco grupos de hormônios naturais de plantas são: auxinas (IAA, IBA, ANA,) giberelinas (GAs em várias formas), citocininas (Zeatina, Cinetina, 6-BA), etileno (Etephon) e ácido abscísico (ABA).

Regulamento Ato administrativo por decreto, que especifica uma lei, ou provê situações ainda não disciplinadas por lei. É um ato ou decreto expedido pelo chefe do Executivo.

Reinjeção A reinjeção é um processo que pode ser utilizado com várias finalidades. Um exemplo é a reinjeção de gás natural em um reservatório de petróleo em processo final de extração, com a finalidade de aumentar a pressão no reservatório e, assim, induzir o fluxo de petróleo ou gás, que de outro modo não poderia ser removido.

Rejeição Não aceitação.

Rejeitos Ver *Resíduo*.

Rejeitos radioativos De acordo com a Resolução Conama nº 24/1994, é qualquer material resultante de atividades humanas que contenha radionucleídeos em quantidades superiores aos limites de isenção, regulamentados por norma específica da Comissão Nacional de Energia Nuclear (CNEN), e cuja reutilização é imprópria ou não prevista.

Relação água/cimento Relação entre o peso da água e do cimento empregados na mistura de um concreto. É conhecida a influência desse fator e, desde que permita uma boa homogeneidade e trabalhabilidade, quanto menor for essa relação, melhores são os resultados obtidos em termos de resistência e de impermeabilidade do concreto, pois minimiza as indesejáveis trincas e fissuras.

Relação biótica Relação entre dois seres vivos.

Relação carbono/nitrogênio Proporção de carbono em relação ao nitrogênio, contido num resíduo orgânico. A velocidade de decomposição do resíduo depende da relação C/N. O valor ideal é de 30:1 para que o tempo de degradação seja o menor possível. Quanto menor o valor da relação, mais fácil é a decomposição. Materiais ricos em nitrogênio, como os estercos e restos de leguminosas possuem menores valores dessa relação, entre 20:1 e 30:1, enquanto nas palhas a relação varia de 35:1 até 100:1.

Relação solo/água/planta Área de estudo que se dedica à irrigação das culturas agrícolas, para conhecer as necessidades de cada planta nas diversas fases de seu desenvolvimento. A disponibilidade ocorre por reposição natural (chuvas e evapotranspiração local), ou artificial quando necessário, conforme as características do solo em termos de capacidade de retenção ou drenagem.

Relatório Brundtland Ver *Nosso futuro comum*.

Relevo Forma na superfície do planeta. Há diversas formas de relevo: montanhas, planaltos, planícies, depressões, cordilheiras, morros, serras, vulcões, vales, abismos etc.

Relevo do solo Ver *Relevo*.

Relocação Mudança de posição, de lugar.

Relógio de ponto Dispositivo que registra a presença de funcionários de uma empresa. Antigamente esse registro era feito num cartão de ponto. Hoje há registros de acionamento eletrônico.

Remanso Fenômeno hidráulico de desaceleração do escoamento, decorrente da elevação do nível de água em uma seção do escoamento, a jusante de trecho de rio. Essa elevação de nível d'água pode ser causada pela ação das marés na foz de rios, por enchentes em confluências, por estrangulamento de seções ou pela construção de barragens em cursos de água.

Remédio O mesmo que medicamento; substância usada no tratamento e cura de doenças.

Remoção Ato ou efeito de remover.

Remoção de DBO A diminuição ou remoção da DBO ocorre pela degradação da matéria orgânica de um corpo d'água, provocada por micro-organismos decompositores aeróbios ou anaeróbios.

Remoção de DQO Utiliza-se como parâmetro de controle, quando o tratamento de efluentes é anaeróbio. Ver *Remoção de DBO*.

Remoção de matéria orgânica Ver *Remoção de DBO*.

Remoção de nitrogênio Ver *Remoção de nutrientes*.

Remoção de nutrientes A remoção de nitrogênio, fósforo ou outros nutrientes de um efluente é feita para diminuir a eutrofização dos corpos receptores.

Renovação ou regeneração urbana Ação de substituir construções antigas por modernas. É a forma mais comum de regeneração de cidades nos países desenvolvidos. As fontes de investimento tentam recuperar ou captar o alto potencial econômico das áreas centrais deterioradas, para o que é necessário demolir e edificar *in situ* novas construções de maior rentabilidade.

Reologia É o ramo da física que estuda as relações entre viscosidade, plasticidade, elasticidade e escoamento da matéria, ou seja, o fluxo e as deformações decorrentes dele, no caso de líquidos e as deformações, no caso de materiais sólidos.

Reotropismo Resposta de um organismo a uma corrente de água.

Repelente É a substância com a propriedade de repelir insetos ou outros animais. No controle de vetores, é aplicada em ambientes fechados e inacessíveis a pessoas e animais domésticos.

Repelente de insetos Ver *Repelente*.

Réplica Cópia de um objeto de arte; aquilo que não é original.

Represa Obra de engenharia destinada à acumulação de água, obtida pelo represamento dos cursos d'água, dando origem a lagos artificiais que podem causar transtornos e inconvenientes ecológicos, como o recrudescimento de endemias e até abalos sísmicos.

Represa de água Ver *Represa*.

Represamento Ato ou efeito de represar.

Reprodução Ato ou efeito de reproduzir.

Reserva biológica No Brasil é a reserva criada pelo Poder Público, "com a finalidade de resguardar atributos excepcionais da natureza, conciliando a proteção integral da flora, da fauna e das belezas naturais, com objetivos educacionais, recreativos e científicos" (Lei nº 4.771, de 15 de setembro de 1965).

Reserva biológica estadual É uma área de domínio público compreendida na categoria de Áreas Naturais Protegidas, criada com a finalidade de preservar ecossistemas naturais que abriguem exemplares da flora e fauna nativas.

Reserva ecológica No Brasil, é a área de preservação permanente mencionada no art. 81, itens II e V da Constituição, no art. 18 da Lei nº 6.938, de 31 de agosto de 1981, no Decreto nº 88.351, de 1º de junho de 1983 (Decreto nº 89.336, de 31.1.1984). A Resolução Conama nº 4, de 18 de setembro de 1985 considera as formações florísticas e as áreas de florestas de preservação permanente, mencionadas e definidas pelo Código Florestal como Reservas Ecológicas, define a extensão a ser preservada e nomeia os pousos de aves de arribação protegidos por convênios, acordos ou tratados internacionais; as florestas e demais formas de vegetação natural situadas ao longo de corpos d'água, ao redor das lagoas, lagos ou reservatórios naturais e artificiais, nas nascentes, nos olhos d'água e nas veredas, no topo dos morros e nas linhas de cumeada, em encostas de declividade de mais de 100%, nas restingas, nos manguezais e nas dunas, nas bordas de tabuleiros e chapadas e em terrenos de altitude superior a 1.800 m; menciona ainda a vegetação natural situada em áreas metropolitanas, quando em clímax ou em estágios médios ou avançados de regeneração.

Reserva extrativista No Brasil, foi definida pela Política Nacional do Meio Ambiente, Lei nº 7.804 de 18 de julho de 1989, como área de domínio público, na qual os recursos vegetais podem ser explorados racionalmente, com a condição de que o ecossistema não seja alterado.

Reserva florestal No Brasil são as áreas explicitadas no Decreto nº 23.793, de 23 de janeiro de

1934: "florestas remanescentes, cobertas com vegetação nativa, em condições primitivas, pouco alteradas ou restauradas; que formam os parques nacionais, estaduais ou municipais; em que abundam espécimes preciosos, cuja conservação se considera necessária por motivo de interesse biológico ou estético; que o Poder Público reserva para pequenos parques ou bosques de gozo público".

Reserva indígena De acordo com o Artigo 27 do Estatuto do Índio, é uma área de domínio da União, destinada a servir de *hábitat* a grupo indígena, dotada dos meios suficientes à subsistência. A reserva não é área de ocupação tradicional indígena, distinguindo-se nisto de terra ou área indígena, definida na Constituição de 1988.

Reserva particular do patrimônio natural É um tipo de Unidade de Conservação instituído pelo Decreto nº 98.914, de 31 de janeiro de 1990. É uma área destinada por seu proprietário e devidamente registrada pelo Ibama, em caráter perpétuo, para a recuperação ou preservação de espécies da fauna ou flora nativas no País.

Reservação O mesmo que acumulação; o ato de guardar água em reservatórios.

Reservas da biosfera Rede mundial de áreas de proteção ambiental implantadas como parte do programa MAB (O Homem e a Biosfera) da UNESCO, atendendo ao objetivo de conservação das áreas naturais da Terra e do seu material genético.

Reservas nacionais São as regiões estabelecidas no Decreto Legislativo nº 3, de 13 de fevereiro de 1948, para a conservação e utilização, sob a vigilância oficial, das riquezas naturais, nas quais se protege a flora e a fauna compatíveis com os fins para os quais estas reservas são criadas.

Reservatório Área de acumulação de água para atender às necessidades humanas. É formado por barragens nos rios ou pelo desvio da água para depressões no terreno ou construído como parte de sistemas de abastecimento de água, antes ou depois de estações de tratamento. Em epidemiologia, designa a fonte do agente infeccioso, representado por um ser animal ou vegetal.

Reservatório apoiado Aquele construído no nível do solo.

Reservatório de água subterrânea Ver *Aquífero*.

Resíduo É qualquer material considerado inútil, supérfluo ou sem valor, gerado pela atividade humana, e eliminado. Material cujo proprietário elimina, deseja eliminar, ou necessita eliminar. Numa visão moderna, denominada *zero waste*, é matéria-prima desperdiçada, que deve ser reaproveitada sempre que for economicamente viável.

Resíduo ácido de mina Gera uma solução aquosa ácida. Ocorre quando minerais sulfetados de resíduos de mineração (rejeito ou estéril) são oxidados na presença de água. É um dos mais graves impactos ambientais associados à atividade de mineração. A solução é um agente lixiviante dos minerais do resíduo e produz um percolado rico em metais dissolvidos, e ácido sulfúrico. Quando o percolado alcança corpos hídricos, pode contaminá-los e tornam-se impróprios para o uso por um longo tempo, mesmo após o término das atividades de mineração.

Resíduo agrícola Resulta da criação e abate de animais e do processamento da produção das plantações e cultivos.

Resíduo alimentício Origina-se do preparo da alimentação humana, rejeitado na cozinha. Aparece numa proporção de até 65% dos resíduos orgânicos totais dos RSU (Resíduos Sólidos Urbanos). Os demais 35% são folhas, galhos de podas de árvores; restos de feiras livres etc.

Resíduo atômico É o rejeito radioativo, que abrange o material não reutilizado e contém elementos radioativos, ou seja, não pode ser tratado como lixo comum. Inclui as escórias radioativas de processos como fissão nuclear, geradas nos reatores nucleares. Durante o funcionamento de um reator nuclear, isótopos radioativos perigosos como césio, estrôncio, iodo, criptônio e plutônio são criados. Há três categorias de lixo atômico: resíduo de alto nível (HLW, *High Level Waste*); resíduo de nível intermediário (ILW, *Intermediate Level Waste*); e resíduo de baixo nível (LLW, *Low Level Waste*), que indicam o grau de nocividade de cada resíduo atômico. O problema é onde depositar o lixo atômico, porque a radioatividade desses rejeitos se prolonga por milhares de anos e é extremamente nociva aos seres vivos.

Resíduo da indústria de papel O liquor negro ou lixívia negra é o principal e ambientalmente mais poluente resíduo da indústria de papel e celulose. Trata-se da água residuária resultante da cozedura da madeira, feita para remover os componentes indesejáveis no processo de fabricação do papel, como a lignina, extrativos e cinzas. Contém lignina, além de uma mistura de compostos químicos utilizados no processo produtivo e água. É queimado em uma caldeira de recuperação. Existem estudos para a utilização da água residuária misturada com carvão, na produção de éter dimetil, utilizado no exterior para queima nos aparelhos de aquecimento doméstico e como gás de cozinha.

Resíduo de alvejamento Nos processos de alvejamento e tingimento das indústrias têxteis, geram-se efluentes líquidos, misturados ao esgoto sanitário da própria empresa e tratados por processos biológicos, obtendo-se o resíduo lodo, substância semissólida, rica em óxido e carbonato de cálcio.

Resíduo de anodização O processo de anodização do alumínio gera uma grande quantidade de resíduo, em forma de torta (lodo) que, apesar de classificado como inerte, tem de ser depositado em aterros controlados. O resíduo contém elevado percentual de alumina e estuda-se sua utilização em produtos cerâmicos.

Resíduo de aves Os resíduos gerados na criação de aves de postura são excrementos, penas, restos de ração e material do piso do aviário. No caso de frangos de corte, acresce-se o material absorvente usado como cama, que varia de local para local. É mais comum a utilização de serragem de madeira, cascas de arroz ou de amendoim etc. Os elevados níveis de matéria orgânica e nutrientes (nitrogênio, fósforo etc.), outros sais e micro-organismos nesses dejetos são responsáveis pela degradação dos recursos naturais nos grandes centros produtores. No entanto, os resíduos podem ser utilizados como fertilizantes orgânicos, após compostagem com outros resíduos ou tratamentos em digestores anaeróbios.

Resíduo de cromação Usa-se o termo galvanoplastia para definir qualquer processo de deposição de metais por eletrólise. Cromação é a aplicação de cromo (um metal de cor branco-azulada de grande resistência) pelo processo de eletrodeposição, por imersão, seguindo uma sequência de banhos eletrolíticos (com carga elétrica). O resíduo do tratamento em banhos de cromação contém o metal cromo. O cromo VI é altamente tóxico e prejudicial a qualquer forma de vida e perigoso se lançado no ambiente.

Resíduo de curtume As indústrias de curtimento do couro produzem grandes quantidades de resíduos sólidos, incluindo rejeitos do processamento industrial e os resultantes do tratamento de efluentes. A preocupação com o lançamento indiscriminado no ambiente relaciona-se com a presença de substâncias orgânicas e inorgânicas, ricas em sais, sulfetos, no metal pesado cromo e em concentrações menores de zinco, chumbo, cobre e níquel.

Resíduo de dessalinização A dessalinização é um processo realizado por separação por membranas (osmose reversa, eletrodiálise ou eletrodiálise reversa) ou então por destilação térmica (processos diversos). Um dos mais utilizados é o processo de osmose reversa, no qual a água é forçada a passar por uma membrana sob alta pressão. Assim, parte do líquido passa pela membrana e outra parte constitui o chamado "concentrado" (água mais concentrada em sais), de pouca utilização. Em países do Oriente Médio, onde os processos de dessalinização são abundantes, o concentrado é transportado para grandes tanques de evaporação. Depois de um tempo, o sal cristalizado é carregado em balsas para ser lançado em mar aberto.

Resíduo de destilarias No Brasil, os resíduos do processamento da cana, nas usinas e destilarias de produção de açúcar e álcool, geram 320 bilhões de litros de vinhaça (ou vinhoto), 88 milhões de toneladas de tortas de filtro e 92 milhões de toneladas de bagaço da cana por ano. A torta de filtro, resíduo orgânico sólido obtido na produção do açúcar, é utilizada na adubação dos canaviais. O bagaço de cana é utilizado na geração de energia nas unidades industriais e também na geração de energia elétrica. A vinhaça é parcialmente aproveitada na irrigação das culturas da cana, mas há dúvidas quanto aos problemas de degradação e contaminação do solo e da água.

Resíduo de fabricação de celulose Inclui as sobras do processamento mecânico, físico ou químico que não são incorporadas ao produto final, como as cascas, a lama de cal, o lodo do tratamento biológico dos efluentes, o resíduo celulósico e as cinzas da caldeira resultantes da queima da biomassa. O volume de resíduos é alto: 48 toneladas de resíduos para cada 100 toneladas de celulose produzida.

Resíduo de fabricação de papel kraft O processo *kraft* é uma das opções para a extração da celulose da madeira. Os resíduos são *dregs*, *grits*, além da lama de cal e do lodo orgânico da estação de tratamento de efluentes líquidos. No branqueamento da celulose, os resíduos produzidos em maior quantidade são as cinzas de caldeira, resíduos de celulose e lama de cal.

Resíduo de frigorífico Está nos efluentes líquidos, é orgânico, altamente putrescível (entra rapidamente em estado séptico, gerando maus odores). Pode ter cromo, sulfeto de sódio e cal, utilizados na remoção de pelos e outras partículas fibrosas da pele dos animais, o que limita a sua aplicação em solos agrícolas.

Resíduo de galvanização É a borra e as cinzas de zinco, e o lodo do tratamento de efluentes. A borra de zinco contém aproximadamente

96% de zinco e 4% de ferro. As cinzas contêm óxido de zinco, zinco metálico e cloretos em proporções variáveis. O lodo do tratamento de efluentes resulta da precipitação de hidróxidos de zinco e de ferro, do tratamento físico-químico com adição de uma solução de 50% de hidróxido de sódio e pH 8 a 9.

Resíduo de hospitais Resíduo em estado sólido e semissólido com material orgânico e inorgânico proveniente de ambulatórios, centros de assistência, clínicas, centros cirúrgicos e outras atividades médicas.

Resíduo de indústria farmacêutica É constituído de medicamentos que foram devolvidos ou recolhidos do mercado, de descarte de medicamentos rejeitados pelo controle de qualidade, perdas inerentes aos processos e de embalagens que acondicionam os insumos e a matéria-prima na fabricação dos medicamentos.

Resíduo de indústria petroquímica É resíduo sólido e lodo do tratamento de efluentes, alguns considerados perigosos pelos compostos orgânicos tóxicos e metais pesados. Como exemplo, os resíduos de destilação associados às unidades de produção de acetaldeído, acetonitrila, cloreto de benzila, tetracloreto de carbono, nitrobenzeno, tricloroetano, tricloroetileno, anilina, clorobenzenos, dimetil hidrazina, dibrometo de etileno, tolueno dilamina, cloreto de etil, dicloreto de etileno, cloreto de vinil.

Resíduo de indústria siderúrgica Para produzir uma tonelada de aço, geram-se 600 a 700 kg de resíduos. As escórias de alto forno (~270 kg/t) são resíduos não metálicos da produção do ferro-gusa. Quando resfriada bruscamente (granulada) possui propriedades aglomerantes. As escórias de LD (~100 kg/t) decorrem do processo de fabricação e refino do aço em conversores LD, consistindo em silicatos de cálcio, óxidos de ferro e ferrita cálcica. Pós e lamas (~60 kg/t) são os pós da sinterização, pós e lamas de alto forno e as lamas de aciaria e de laminação. Carepas (~10 kg/t) e outros resíduos (~140 kg/t).

Resíduo de indústria têxtil É resíduo de algodão (fibras, cascas, terra), outras fibras, restos de tecido das confecções, lodos das estações de tratamento do tingimento e lavagem de tecidos.

Resíduo de indústrias pesqueiras Do beneficiamento (limpeza e industrialização) da indústria de pescados (peixes, camarões, lagosta, siris). São altamente putrescíveis, malcheirosos e poluentes quando lançados nos corpos d'água. Algumas indústrias transformam em fertilizantes, mas há um grande número de pesquisadores e produtores empenhados na obtenção da quitina e da quitosana a partir dos resíduos de siris, camarões e outros crustáceos, pelo elevado percentual (15 a 20% de quitina). A quitina, e seu produto, a quitosana, têm grande valor no mercado, o que torna viável o reaproveitamento desses resíduos.

Resíduo de laticínios Inclui embalagens e bombonas plásticas, embalagens de papelão, lixo doméstico, cinzas de caldeiras, aparas de queijos, lodos de estações de tratamento de efluentes etc.

Resíduo de lavanderias Na água de lavagem de roupas, ficam substâncias corantes, que não se fixaram no tecido, e detergentes. A maioria dos corantes contém metais pesados, como alumínio, ferro, cobre e até cromo, altamente tóxico. Os detergentes têm o elemento fósforo que, ao lado do nitrogênio, é responsável pela eutrofização de corpos de água. Conforme as vazões, o lançamento direto (sem tratamento) desses efluentes nas redes de esgoto sanitário pode causar problemas nas estações de tratamento.

Resíduo de madeira O resíduo da extração e industrialização de madeira é utilizado na conversão em energia através da queima; na produção de carvão ou são queimados a céu aberto. Além do desperdício de recursos naturais e do impacto ao meio ambiente, esses usos tradicionais não levam em conta o potencial econômico dos materiais. Estuda-se como minimizar o descarte, pois em alguns casos, de uma tora de madeira aproveitam-se apenas 35%, e os demais 65% são considerados resíduos, quando seriam aproveitáveis em compensados, laminados etc.

Resíduo industrial É o resíduo gerado nas atividades industriais. Pode ser comum ou perigoso.

Resíduo nocivo ou perigoso Ver *Resíduos industriais perigosos*.

Resíduo sólido Pela definição do Banco Mundial, é o material inútil ou indesejável, cuja composição ou quantidade de líquido não permite que escoe livremente.

Resíduo sólido agrícola Ver *Resíduo agrícola*.

Resíduo sólido comercial Ver *Resíduos comerciais*.

Resíduo sólido especial ou problemático São os animais mortos e outros.

Resíduo sólido urbano É o resíduo sólido e semissólido gerado em aglomerados urbanos, excetuados os resíduos industriais, hospitalares, sépticos e aqueles advindos de aeroportos e portos.

Resíduos comerciais São gerados por lojas, escritórios e outras atividades que não fabricam um produto.

Resíduos industriais comuns São todos os resíduos industriais sólidos e semissólidos com características físicas semelhantes às dos resíduos sólidos urbanos, sem periculosidade à saúde humana e ao meio ambiente quando dispostos adequadamente.

Resíduos industriais perigosos São os resíduos sólidos, semissólidos e líquidos não passíveis de tratamento convencional, resultantes da atividade industrial e do tratamento convencional de efluentes líquidos e gasosos que, por suas características, apresentam periculosidade à saúde humana e ao meio ambiente, requerendo cuidados especiais em acondicionamento, coleta, transporte, armazenamento, tratamento e disposição. São compostos químicos de alta persistência e baixa biodegradabilidade, formados por substâncias orgânicas de alta toxicidade ou reatividade, como: bifenilos policlorados (PCB) puros ou em misturas concentradas; trifenilos policlorados (PCT) puros ou em misturas concentradas; catalisadores gastos, não limpos, não tratados; hidrocarbonetos poliaromáticos, clorados e policlorados; solventes; pesticidas (herbicidas, fungicidas, acaricidas) de alta persistência; sais de cianatos, sais de nitritos; ácidos e bases; explosivos; cádmio e seus compostos; mercúrio e seus compostos; substâncias carcinogênicas.

Resiliência Na física, é a capacidade de um corpo recuperar sua forma e seu tamanho original, após ser submetido a uma tensão que não ultrapassa o limite de sua elasticidade. Na ecologia, aplica-se à capacidade de um ecossistema retornar ao estado de equilíbrio dinâmico, após sofrer uma alteração ou agressão.

Resiliência ecológica Ver *Resiliência*.

Resiliente Expressa a medida da capacidade dos sistemas ecológicos absorverem alterações de suas variáveis de estado ou operacionais e de seus parâmetros e persistirem. A resiliência determina a persistência das relações internas do sistema.

Resina Secreção produzida por plantas como as árvores coníferas, seringueiras etc. A sua extração é feita abrindo sulcos ou canais na casca da árvore, por onde a resina escoa lentamente, endurecendo com a exposição ao ar.

Resina epóxi É um tipo de plástico termofixo que endurece quando misturado a um agente catalisador ou "endurecedor". As resinas epóxi resultam de uma reação entre epicloridrina e bisfenol-a e tem rigidez dielétrica, dureza, aderência, resistência química, aplicadas à temperatura ambiente ou curadas em estufa. São aplicadas na indústria elétrica e eletrônica, como isoladores, encapsulantes, adesivos etc.

Resistência Ato ou efeito de resistir; oposição; obstáculo.

Resistência à ação de agentes etiológicos É a resistência do organismo ao ataque de agentes causadores de doenças.

Resistividade O oposto de condutividade. Em eletricidade, diferencia os materiais condutores dos não condutores de eletricidade.

Resistor termoelétrico Tipo de resistor cuja resistência varia significativamente com a temperatura, mais do que nos resistores comuns. São amplamente utilizados como limitadores de correntes elétricas de pico, sensores de temperatura, protetores de sobrecorrente e nos elementos de autorregulagem de aquecimento.

Resma de papel Uma resma correspondia a 480 folhas de papel. A resma para impressão tinha 516 folhas. Pela padronização internacional, a quantidade passou para 500 folhas. A nova definição reflete-se na comercialização de papel em pacotes de 500 folhas.

Resolução É um ato administrativo normativo expedido pelas autoridades do Executivo (não pelo Chefe, que só trata de decretos) ou pelos presidentes de tribunais e órgãos legislativos, para disciplinar matéria de sua competência específica. O Conama (Conselho Nacional do Meio Ambiente) expede resoluções da área ambiental. (Ver a relação de todas as resoluções do Conama entre 1984 e 2012 na página do livro no *site* da editora: <www.ofitexto.com.br>)

Respiração aeróbia Conjunto de reações bioquímicas, nas quais o oxigênio é um aceptor final de elétrons e ao longo do qual parte da energia de moléculas orgânicas é transferida para moléculas de ATP. Como resultado, os tecidos vivos liberam dióxido de carbono gasoso e água.

Respiração anaeróbia Envolve um aceptor de elétrons diferente do oxigênio. Existem vários tipos de bactérias capazes de usar uma variedade de compostos como receptores de elétrons na respiração: compostos nitrogenados, como nitratos e nitritos; compostos de enxofre, como sulfatos, sulfitos, dióxido de enxofre e enxofre elementar, dióxido de carbono, compostos de ferro, de manganês, de cobalto e até de urânio. No entanto, para todos, a respiração anaeróbia só ocorre em ambientes onde o oxigênio é escasso.

Respiração endógena No tratamento biológico de esgoto, os micro-organismos são os principais atores, porque necessitam da energia liberada na respiração aeróbia, além de outros nutrientes que não estejam em quantidades suficientes nos despejos para suas funções celulares, como reprodução e locomoção, ou seja, a síntese celular. Quando ocorre insuficiência de nutrientes no meio, parte morre e os micro-organismos sobreviventes alimentam-se do material liberado pela ruptura da membrana celular pós-morte das células. É esse o processo da respiração endógena.

Respirômetro Aparelho que mede a intensidade da respiração dos micro-organismos aeróbios, e avalia eventuais alterações metabólicas, quando há contato com diversos poluentes, incluindo as substâncias tóxicas. A partir dessa medição, é possível avaliar os processos de biodegradação do material orgânico e de nitrificação da amônia.

Responsabilidade por danos ao meio ambiente A Lei federal nº 9.605, de 1999, dispõe sobre sanções penais e administrativas derivadas de condutas e atividades lesivas ao meio ambiente e considera ações como crimes ambientais, prevendo multas e penas de prisão, e restritivas de direito, como prestação de serviços comunitários; proibição de assinar contratos com o poder público, de obter benefícios fiscais etc.; suspensão de atividades; pagamento à vítima ou à entidade pública com fim social, uma importância fixada pelo juiz para aqueles que a transgredirem. No caso de pessoas jurídicas, são responsabilizados: o diretor, o administrador, o membro de conselho ou de órgão técnico, o auditor, o gerente, o preposto ou o mandatário. A Seção III – Da poluição e outros crimes ambientais, do art. 54, prevê multa, pena de reclusão de 6 meses a 5 anos para quem "causar poluição de qualquer natureza em níveis tais que resultem ou possam resultar em danos à saúde humana, ou que provoquem a mortandade de animais ou a destruição significativa da flora".

Ressalto hidráulico No regime de escoamento livre de água em canal, é a zona de transição caracterizada por uma alteração da profundidade de escoamento (da menor para a maior) em uma pequena distância, como uma espécie de degrau de grande turbulência. O fenômeno ocorre sempre que se varia de um regime de escoamento supercrítico (ou torrencial ou de grande declividade), para um regime subcrítico (ou fluvial, ou de pequena declividade). Ex.: fluxo a jusante de vertedores de barragens, fluxo em medidores Parshall logo após o trecho onde o canal tem a seção contraída e a maior declividade.

Ressonador de Helmholtz É um dispositivo que demonstra o fenômeno que ocorre quando o ar passa por uma cavidade e ressoa. O ressonador foi criado em meados de 1860, por Hermann von Helmholtz, para demonstrar a variedade de tons. Um exemplo é o som criado quando alguém assopra pelo gargalo de uma garrafa vazia. Um instrumento musical que segue esse princípio é a ocarina.

Ressonância Fenômeno que ocorre quando um sistema físico recebe energia por excitações de mesma frequência de suas frequências naturais de vibração. Neste caso, passa a vibrar com amplitudes cada vez maiores. Cada sistema físico capaz de vibrar possui uma ou mais frequências naturais, características do sistema, da maneira como ele é construído, como por exemplo, as cordas de um violão ou uma ponte sobre um rio. Todos esses sistemas têm uma frequência natural, que lhes é característica. Quando ocorrem excitações periódicas sobre o sistema, como quando o vento sopra com frequência constante sobre uma ponte durante uma tempestade, acontece o fenômeno de superposição de ondas que alteram a energia do sistema, e modificam sua amplitude. Um exemplo ocorreu com a ponte Tacoma Narrows, em Washington, EUA, em 7 de novembro de 1940), que ruiu devido aos ventos de 70 km/h que entraram em ressonância com o movimento dos suportes da ponte.

Ressonância magnética nuclear A espectroscopia é uma técnica que determina propriedades de uma substância pela correlação entre a energia absorvida e a frequência aplicada, na faixa de megahertz (MHz) do espectro eletromagnético. Usa as transições entre níveis de energia rotacionais dos núcleos componentes das espécies (átomos ou íons) contidos na amostra, sob a influência de um campo magnético e a concomitante irradiação de ondas de rádio da faixa de frequência.

Ressurgência Em hidrologia, é uma volta ao ar livre, ao fim de um percurso subterrâneo, de um curso de água superficial desaparecido a montante. Em geologia, é a fonte de água que aparece em terrenos calcários, também chamada de fonte vauclusiana (de Vaucluse, França). Essas fontes caracterizam-se pela abundância de água e pela intermitência. Na maioria dos casos, são antigos cursos d'água sumidos que ressurgem. Em oceanografia, é um fenômeno que ocorre quando as águas da plataforma continental, tocadas pelo vento, correm para o alto-mar. Imediatamente uma corrente marítima percorre o talude, de baixo para cima, para substituir as águas da plataforma, trazendo nutrientes das profundezas para as águas de superfície. É quando surge o fitoplâncton, seguido do zooplâncton, depois o pescado, numa água rica de nutrientes, onde as cadeias tróficas surgem organizadas, e garantem a continuação da fertilidade ali. Essas áreas, em que a ressurgência se manifesta, são conhecidas pelos oceanógrafos como oásis do mar.

Restinga ou praia de barreira De acordo com a definição da Resolução Conama nº 4, de 18 de setembro de 1985, é uma acumulação arenosa litorânea, paralela à linha da costa, de forma alongada, produzida por sedimentos transportados pelo mar, onde se encontram associações vegetais mistas, conhecidas como vegetação de restinga.

Restos de alimentos ou lixo orgânico Parte orgânica contida nos resíduos sólidos urbanos. No Brasil constitui 60% do total de resíduos coletados numa cidade.

Restrição de uso Limitação imposta pelas normas legais urbanísticas aos prédios urbanos e suburbanos e a determinados territórios, com proibição para estabelecer usos ou atividades diferentes dos contemplados pelas disposições legais, com base nos planos territoriais ou urbanos correspondentes.

Resumo de um trabalho técnico ou científico É um texto curto, no qual o autor explica a ideia geral e resumida do conteúdo do trabalho. Deve conter informações sobre a importância do assunto; as pesquisas e os resultados mais importantes de outros autores (quando houver); a metodologia, os resultados e as conclusões.

Retardamento da maré Retardamento periódico no tempo de ocorrência da preamar e da baixa-mar devido às mudanças das posições relativas do sol e da lua.

Retardamento diário das marés Tempo de retardamento correspondente ao atraso das fases da maré que ocorrem em dias subsequentes.

Retardante Aquilo que provoca o retardamento de uma ação ou reação.

Retorta Dispositivo ou técnica de aquecimento de substâncias voláteis, para a destilação (processo baseado nas diferenças entre os pontos de ebulição das substâncias). O fracionamento do petróleo, a obtenção de alcoóis, a extração de essências, são alguns exemplos do emprego da técnica de purificação de substâncias.

Reunião ad hoc Ver *Ad hoc*.

Reúso da água Método de reutilizar águas residuárias com um conjunto de técnicas de tratamento, para chegar a níveis de qualidade da água, de forma compatível com o uso posterior que se pretende. O reúso urbano e industrial quase sempre inclui tratamentos avançados (nível terciário), como ultra e nanofiltração, osmose reversa etc.

Reversibilidade Propriedade de fatores ou sistemas ambientais afetados por uma ação humana a qual, cessada a ação, reverte ao estado de qualidade inicial, decorrido um período de tempo.

Revestimento Na área marítima, é um capeamento de pedras ou de concreto, destinado a proteger da ação das ondas ou das correntes uma estrutura costeira.

Revestimento do terreno com grama O termo *sod* em inglês indica um tipo de grama vendido na forma de tapetes, já pronto para ser estendido no solo. Ao contrário do plantio com sementes, dessa forma pode-se criar um gramado quase que imediato e geralmente isento de ervas daninhas.

Revolvimento de água em um lago ou inversão térmica Em lagos tropicais, costuma ocorrer uma estratificação térmica (temperaturas altas perto da superfície e baixas no fundo). No inverno ocorre o resfriamento da camada superficial do lago, que causa uma homogeneização da temperatura em toda a profundidade. Decorre uma similaridade entre as densidades. A camada superior resfriada tende a ir para o fundo do lago, deslocando a camada inferior, e causando um completo revolvimento do lago. É a inversão térmica. Em lagos com maior concentração de compostos reduzidos no fundo (hipolímnio), sua reintrodução na massa d'água de todo o lago pode causar uma deterioração da qualidade da água. A redução da concentração de oxigênio dissolvido, diante da demanda induzida pelos compostos orgânicos e inorgânicos reduzidos, e pela ressuspensão da camada anaeróbia do fundo, causa a mortandade de peixes.

RIMA – Relatório de Impacto ao Meio Ambiente É o documento no qual são apresentados os resultados dos estudos técnicos e científicos de avaliação de impacto ambiental. Consta o processo de avaliação de impacto ambiental e esclarece os elementos do projeto em estudo de modo compreensível, para que seja divulgado e apreciado pelos grupos sociais interessados e pelas instituições envolvidas na tomada de decisão. A sigla RIMA surgiu no Estado do Rio de Janeiro, na Norma Administrativa NA 1, estabelecida pela Deliberação CECA nº 3 de 28 de dezembro de 1977, e designava o Relatório de Influência no Meio Ambiente. O Decreto nº 88.351, de 1º de junho de 1983, ao regulamentar a Lei nº 6.938, de 31 de agosto de 1981, no § 2º do artigo 18, denomina Relatório de Impacto Ambiental RIMA o documento constituído pelo estudo de impacto ambiental exigido para fins de licenciamento das atividades modificadoras do meio ambiente.

Rio +10 Ver *Conferência de Joanesburgo*.

Rio +5 Sessão especial da Assembleia Geral da ONU, realizada em Nova Iorque, em junho de 1997. O objetivo era avaliar o progresso dos países, organizações internacionais e setores da sociedade civil em relação aos desafios levantados na Rio 92. Gerou certo desapontamento pelo pouco progresso alcançado. Para saber mais, veja <http://www.um.org/esa/earth-summit>.

Rio 92 Nome dado à Conferência da ONU sobre Meio Ambiente e Desenvolvimento (CNUMAD), realizada em junho de 1992, na cidade do Rio de Janeiro, Brasil. Chamou a atenção do mundo para uma questão nova na época: os problemas ambientais do planeta estão intimamente ligados às condições econômicas e à justiça social. Proclamou-se o conceito de desenvolvimento sustentável como meta a ser alcançada nos níveis local, nacional e global. Nessa conferência foram assinados três grandes acordos: a Agenda 21, a Declaração do Rio e a Declaração de Princípios das Florestas.

Rio distributário É o oposto de afluente, também conhecido como bifurcação, ou seja, é um rio que se ramifica ou se distancia do canal principal, e que ocorre geralmente nos deltas de rios de regiões planas, quando este se aproxima de um lago ou do oceano. Podem ocorrer em outros casos, quando se defrontam com obstáculos naturais alongados ou ainda quando se aproxima da confluência com um rio de maior fluxo. Em alguns casos, um distributário menor pode "roubar" tanta água do canal principal que pode ele vir a se tornar o principal.

Rio efluente Aquele que recebe água subterrânea das formações geológicas adjacentes.

Rio em equilíbrio Os rios modificam a forma de seu leito por erosão ou deposição, para estabelecer o equilíbrio entre erosão e resistência do leito. A tendência de um rio manter o equilíbrio envolve dez variáveis: vazão, carga sedimentar e nível de base local, largura, profundidade do canal, aspereza do leito, tamanho das partículas da carga sedimentar, velocidade, tendência para formar meandros ou anastomosar-se, declive ou gradiente do leito fluvial.

Rio influente Aquele que cede ou alimenta o lençol subterrâneo das formações geológicas adjacentes.

Rio intermitente Aquele que não é perene.

Rio jovem Rio em processo de erosão do leito.

Riólito Rocha ígnea vulcânica, correspondente extrusiva do granito. É densa, com granulação fina. Também chamado de quartzo-pórfiro. A composição mineral inclui quartzo, feldspatos alcalinos e plagióclase. Os minerais acessórios mais comuns são a biotita e a piróxena. Sua cor é cinza-avermelhada, rosada, e até preta.

Risco Toda possível fonte de perigo, produção de dano ou dificuldade.

Risco ambiental Toda possível fonte de dano ao meio ambiente, natural ou provocado por ação humana.

Risco antrópico Designação dos riscos decorrentes de ações humanas, que podem ameaçar a saúde e qualidade de vida.

Risco natural Probabilidade de alterações em uma região, em consequência de processos naturais, como chuvas intensas, furacões, vulcanismo, maremotos, classificadas como catástrofes e que afetam as atividades, e os assentamentos humanos.

Risco natural induzido Derivado de processos gerados ou acelerados pelas ações humanas. Verifica-se a relação entre os riscos e os impactos ambientais, sua mútua complementaridade como interferências meio/homem.

Risco ocupacional Risco a que se expõe o trabalhador em seu ambiente de trabalho, de acordo com o tipo de atividade.

Rizoma Tipo diferenciado de caule de algumas plantas: cresce horizontalmente, é subterrâneo e pode ter partes aéreas. Por exemplo, o caule da espada-de-são-jorge, do lírio-da-paz e da bananeira são totalmente subterrâneos. Algumas orquídeas desenvolvem rizomas parcialmente aéreos. Os rizomas são importantes como órgãos de reprodução vegetativa ou assexuada de diversas plantas ornamentais, como agapanto, espada-de-são-jorge, lírio-da-paz, samambaias e orquídeas.

Rizosfera Região de contato entre o solo e as raízes das plantas. O número de micro-organismos na raiz e à sua volta é muito maior do que no solo livre; os tipos de micro-organismos na rizosfera também diferem do solo livre de raiz. Técnicas de microscopia eletrônica permitem aos microbiologistas observarem os micro-organismos diretamente na superfície das raízes. Na rizosfera, as bactérias são os micro-organismos predominantes. O crescimento bacteriano é estimulado por nutrientes como aminoácidos e vitaminas liberados do tecido radicular.

Roça ou lavoura Solo de plantio agrícola.

Rocha Agregado natural de consistência dura, que contém um ou mais minerais, e às vezes vidro vulcânico. Em função da origem e da formação, as rochas são classificadas de ígneas (ou magmáticas), sedimentares e metamórficas. As rochas magmáticas são formadas pelo derramamento de lavas vulcânicas; as sedimentares, pela deposição de sedimentos com posterior compressão deles; as metamórficas por qualquer uma das primeiras duas categorias mas posteriormente modificadas pelos efeitos de temperatura e pressão (movimentos orogenéticos). Quando algum material orgânico deixa sua impressão numa rocha, classifica-se como fóssil.

Rocha arenosa Ver *Arenito*.
Rocha calcária coralígena Rocha calcária com muitos fragmentos de corais.
Rocha cristalina Rocha cujos minerais sofreram processo de cristalização. Muitos especialistas consideram cristalinas: as rochas ígneas não vulcânicas (granitos, dioritos, gabros) e as rochas metamórficas (gnaisses, xistos, filitos). É um termo (incorreto para alguns) que designa as rochas ígneas e metamórficas, em oposição às sedimentares.
Rocha de carbonato Rocha de carbonato de cálcio ou rocha calcária é a matéria-prima na obtenção da cal viva.
Rocha de fundação Rocha na qual é apoiada a fundação de uma obra. Algumas obras são fundadas em rocha, como as barragens de concreto que abrigam vertedores, casa de força etc.
Rocha ígnea Ver *Rocha*.
Rocha-mãe ou rocha matriz Rocha inalterada, não decomposta, o último horizonte do perfil do solo, o qual que dá origem aos solos.
Rocha metamórfica Ver *Rocha*.
Rocha permeável Aquela que se deixa percolar pela água. É sedimentar, de origem arenosa (arenitos), ou uma rocha com índice de fraturamento elevado.
Rocha saturada Aquela cujos vazios ou fraturas são completamente preenchidos com água.
Rocha sedimentar Ver *Rocha*.
Roda d'água tipo Fourneyron Benoît Fourneyron (1802-1867) foi um engenheiro francês que muito contribuiu para o desenvolvimento de turbinas hidráulicas. No projeto que leva o seu nome, o volante foi colocado na horizontal, ao contrário das rodas verticais das turbinas tradicionais, sendo que o fluxo se dá para fora da turbina. Montando dois conjuntos de lâminas, curvas em direções opostas, tinha por objetivo utilizar a força da água, da forma mais eficiente possível. Com esse projeto Fourneyron ganhou um prêmio de 6.000 francos, da Sociedade Francesa de Incentivo à Indústria pelo desenvolvimento da primeira turbina hidráulica em âmbito comercial.

Roda d'água tipo Jonval Projeto de turbina de fluxo axial ou paralelo, desenvolvido na França, por Feu Jonval, em 1843. Com a utilização de lâminas curvas, na época, proporcionou o triplo da eficiência de uma roda d'água convencional. Este tipo de turbina, no seu projeto original era eficiente na alimentação cheia ou total, mas na alimentação parcial era menos eficiente do que uma turbina Francis.
Rodamina Nome de uma família de compostos orgânicos, corantes chamados fluoronas. São usados como traçadores para determinar a vazão e direção de fluxos d'água. Os corantes de rodamina são fluorescentes e facilmente medidos, com baixo custo, com instrumentos chamados fluorímetros. Os corantes do tipo rodamina são usados em aplicações biotecnológicas como a microscopia de fluorescência, citometria de fluxo e testes Elisa.
Rodofícea Tipo de algas marinhas de tamanho pequeno ou médio e vermelha que vive em águas quentes e temperadas de todos os mares.
Rosa dos ventos Dispositivo naval de orientação baseado nas quatro direções fundamentais (norte, sul, leste e oeste), e seus ângulos intermediários, cobrindo a volta completa do horizonte. Surgiu da necessidade de indicar uma direção que nem mesmo os pontos intermediários determinavam, pois um mínimo desvio inicial torna-se cada vez maior à medida que aumenta a distância. Assim, todos os pontos na linha do horizonte são localizados com exatidão. Cada quadrante da rosa dos ventos corresponde a 90°: considera-se o norte a 0°; o leste a 90°; o sul a 180°, o oeste a 270°, e o norte a 360°.
Rosca fêmea Aquela localizada na parte interna da peça.
Rosca macho Aquela localizada na parte externa da peça.
RQMA – Relatório de Qualidade do Meio Ambiente Foi instituído como um instrumento da Política Nacional do Meio Ambiente (Lei nº 6.938 de 31 de agosto de 1981, modificada pela Lei nº 7.804 de 18 de julho de 1989), a ser divulgado anualmente pelo Ibama ou pelos órgãos estaduais de meio ambiente.
Ruderal Tipo de erva daninha que cresce sobre escombros, ruas, terrenos baldios, ruínas etc. As plantas têm grande capacidade de adaptação.
Rugosidade Conjunto de irregularidades, de pequenas saliências (picos) e de reentrâncias (vales) que caracterizam uma superfície. Essas irregularidades são avaliadas com aparelhos eletrônicos, a exemplo do rugosímetro.

Rugosidade absoluta É a altura máxima das irregularidades medidas na superfície interna de uma tubulação.

Rugosidade de um canal Em um canal natural, é entendida como a resistência que oferece ao escoamento. O coeficiente de rugosidade é um parâmetro para determinar a velocidade de escoamento.

Rugosidade relativa É a relação entre a rugosidade absoluta e o diâmetro da tubulação.

Ruído Todo som percebido, mas não desejado pelo receptor.

Ruído aerodinâmico É o ruído do ar sobre a superfície de veículos em movimento. Quando um veículo está acima de um limite de velocidade (para alguns especialistas em carros, acima de 100 km/h), predomina esse tipo de ruído, percebido e que obriga os ocupantes do veículo a aumentarem o volume do som do rádio ou da voz para conversar.

Ruído branco ou com todas as frequências Tipo de ruído produzido pela combinação simultânea de sons de todas as frequências. O adjetivo branco é uma analogia ao funcionamento da luz branca, obtida pela combinação simultânea de todas as frequências cromáticas.

Ruído de alta frequência É aquele de frequência superior a 5.000 Hz. Por exemplo, nos freios de veículos, é o ruído produzido pela vibração induzida pela fricção.

Ruído ocupacional Ruído a que se está exposto no ambiente de trabalho.

Ruído rosa ou mistura de várias músicas Caracteriza-se por manter a potência (energia) igual em todas as oitavas sonoras (e em qualquer outra escala logarítmica). Em uma banda de frequência constante, o ruído rosa decai 3 dB por oitava. Em altas frequências, o ruído rosa nunca é dominante como o branco.

Ruminante Subordem de mamíferos artiodáctilos, com estômago complexo, de três ou quatro câmaras, adaptado à ruminação, como os veados, girafas, bovídeos e por vezes os camelos.

Rupestre Tudo que é gravado, traçado ou desenvolvido sobre rocha. Rupícola ou rupestre, no sentido ecológico, aplica-se a organismos que vivem sobre paredes, muros, rochedos ou aflorementos rochosos.

Rupícola Ver *Rupestre*.

Rural Referente ao campo, em oposição à cidade.

Ss

Sabão Produto tensoativo usado com água para lavar e limpar. Pode ter a forma de barras sólidas ou líquidos viscosos. Do ponto de vista químico, o sabão é um sal de ácido graxo, produzido através da reação entre gordura e um álcali (base), como o hidróxido de sódio ou de potássio ou carbonato de sódio. A reação química que produz o sabão é a saponificação: a gordura e as bases são hidrolisadas em água; os gliceróis livres ligam-se com grupos livres de hidroxila para formar glicerina, e as moléculas livres de sódio ligam-se com ácidos graxos para formar o sabão.

Sabor da água A água potável não tem sabor, porém, sob certas condições dos mananciais, alguns tipos de alga conferem sabor desagradável à água tratada.

Sadio Livre de defeito ou de enfermidade.

Saída afogada Ocorre quando a água flui de um compartimento para outro, com carga hidráulica na saída submersa.

Sal Em química, define-se como um composto iônico (formado por cátions e ânions). Resulta de uma reação química entre: a) uma base e um ácido, como: $2NaOH + H_2SO_4 \rightarrow Na_2SO_4 + 2H_2O$; um metal e um ácido, como: $Mg + H_2SO_4 \rightarrow MgSO_4 + H_2$; um óxido ácido e um óxido básico, como: $CO_2 + CaO \rightarrow CaCO_3$.

Sal marinho Produto obtido por evaporação da água do mar, usado como ingrediente na cozinha, na alimentação de animais, em cosméticos etc. O seu conteúdo mineral tem um sabor diferente do sal de mesa, constituído de cloreto de sódio purificado a partir do sal marinho ou obtido de sal rochoso (salitre, mineral obtido por mineração de minas de sal). O sal de mesa às vezes contém aditivos, como iodetos (usados como suplemento alimentar) e vários agentes antiaglomerantes.

Salinação ou salinização Incremento do conteúdo salino da água, dos solos ou sedimentos etc. Provoca mudanças drásticas no papel ecológico, impedindo ou favorecendo a existência de seres vivos, a obtenção de colheitas etc.

Salinidade Medida da concentração de sais dissolvidos nas águas dos lagos, mares, reservatórios e solos. No solo e nas águas, a evaporação aumenta a concentração de sais e as chuvas diminuem a salinidade. A Resolução Conama 357/2005 define águas doces aquelas com salinidade ≤ 0,05%; águas salobras, com salinidade maior que 0,05% e menores que 3%, e águas salinas, com salinidade igual ou superior a 3%.

Salmonela Gênero de bactérias, da família *Enterobacteriaceae*. Tem esse nome em homenagem ao cientista norte-americano Daniel Elmer Salmon, que associou, pela primeira vez, um tipo de doença (a salmonelose) a esse gênero de bactérias.

Salmonelose Doença causada pela salmonela que, ingerida, fixa-se às paredes do intestino delgado, onde se multiplica e causa vômito, diarreia, náuseas, febre, anorexia (perda de peso intensa) e outros sintomas.

Salmoura Solução de água saturada de sal para conservar alimentos como carne, peixe e conservas. Também usada para fazer gargarejos em casos de inflamação na garganta, pois reprime a inflamação por algumas horas.

Salobro Ver *Água salobra*.

Samambaia Tipo de planta ornamental que não produz sementes. Reproduz-se por esporos que dão origem a um indivíduo insignificante e de vida curta (o protalo). Este, por sua vez, produz gametas que dão origem a uma nova planta.

Sambaquis Monumentos arqueológicos formados por acúmulo de moluscos marinhos, fluviais ou terrestres, feitos pelos índios. Nesses jazigos de conchas encontram-se ossos humanos, objetos líticos e peças de cerâmica.

Sanatório Local para doentes com tuberculose, completamente excluídos da sociedade. Ficava em locais altos e arejados, proporcionando um contato privilegiado com a natureza. No Estado de São Paulo, havia o sanatório de Campos do Jordão.

Saneamento Controle dos fatores do meio físico, afeitos à vida humana e que, na sua ausência, podem ter um efeito deletério sobre o bem-estar físico, mental ou social. O saneamento inclui a coleta e o tratamento de esgotos e do lixo, a distribuição de água potável à população etc.

Saneamento ambiental Conjunto de ações para conservar e melhorar as condições do meio ambiente em benefício da saúde, do bem-estar e da melhoria da qualidade de vida de uma população. Origina-se da aplicação dos princípios da Engenharia, Medicina, Biologia, Física, Química e outras áreas do conhecimento para o controle ambiental. Visa alcançar níveis crescentes de salubridade ambiental, por meio do abastecimento de água potável, coleta e disposição sanitária de resíduos líquidos, sólidos e gasosos, promoção da disciplina sanitária do uso e ocupação do solo, recuperação de áreas degradadas ou contaminadas, drenagem urbana, controle de vetores de doenças transmissíveis, e demais serviços e obras especializados.

Saneamento básico É a solução dos problemas relacionados a: abastecimento de água, disposição do esgoto sanitário e de resíduos sólidos gerados por uma comunidade, com ações, serviços e obras prioritários em programas de saúde pública. Alguns autores defendem a inclusão de outros problemas e, neste caso, sob uma ótica mais abrangente é melhor utilizar saneamento ambiental.

Saneamento de bacias O termo bacia hidrográfica refere-se à área delimitada por uma superfície sobre a qual a precipitação de água sobre qualquer lugar fluirá para um mesmo ponto. Ver *Saneamento ambiental*.

Sangradouro Em hidráulica, vertedouro, vertedor, sangrador ou sangradouro é um canal artificial que conduz a água através de uma barreira, uma barragem, por exemplo, ou auxilia a medição da vazão de um fluxo de água.

Sangradouro de barragem O excesso de água acumulada no reservatório de uma barragem, seja de uma usina hidrelétrica ou de outra barragem qualquer (irrigação, abastecimento, navegação etc.), deve ser extravasada de forma segura por um canal ou túnel, de montante a jusante. Assim, o vertedouro ou sangradouro é o órgão de segurança da represa. É o "ladrão" do reservatório.

Sanitário Termo relativo à saúde e higiene pública.

Sanitário ou banheiro Local apropriado para o destino final de resíduos inerentes às necessidades fisiológicas e higiênicas dos indivíduos.

Sanitarista Profissional que se ocupa dos aspectos relativos à saúde e higiene pública de uma comunidade.

Saponificação É a interação ou reação química que ocorre entre um ácido graxo de óleos ou gorduras com uma base forte, sob aquecimento. Ver *Sabão*.

Sapopema Nome de uma árvore que, na língua indígena, quer dizer raiz chata.

Sapróbio Organismo que se nutre de substâncias orgânicas em decomposição.

Saprobiose Vida dependente de matéria orgânica em decomposição.

Saprofítico Da natureza de um saprófito ou pertencente a ele. Planta saprofítica ou animal saprofítico obtém sua nutrição pela absorção de matéria orgânica dissolvida.

Saprófito Vegetal, inferior ou superior, desprovido de clorofila, que se nutre de animais e plantas em decomposição.

Saprófito de plantas Ver *Saprofítico* e *Saprófito*.

Saprólito Rocha decomposta por intemperismo químico, que dá origem a solos argilosos, variavelmente friáveis, de cores amarelas a avermelhadas ou em tons de cinza, dependendo da rocha original e do clima. Contém quartzo e outros minerais resistentes à alteração e preserva a estrutura da rocha sã que ocorre abaixo. Pode ter dezenas de metros de espessura em climas úmidos. Ocorre na base do manto de intemperismo, mas pode ser exposto por erosão dos níveis regolíticos. O chamado saibro, usado nas misturas com cimento e areia, é material saprólito da alteração de rochas graníticas e outras.

Sapropel Material natural, não consolidado, lamacento, composto de restos de plantas ou algas em estado de putrefação anaeróbia, depositado no fundo de lagos e mares rasos. A progressiva sedimentação de sapropel e outros sedimentos associados levam à diagênese e litificação do pacote sedimentar, formando níveis de carvão mineral sapropelítico ou sapropelito. Gás natural e petróleo podem se formar com a destilação de sapropel de um pacote sedimentar submetido à litificação e ao adequado aumento de temperatura.

Sarjeta Nas ruas e avenidas urbanas, é a parte construída de concreto, junto à guia, por onde correm as águas pluviais.

Sarjeta pavimentada Ver *Sarjeta*.

Sarmentose ou sarmentoso Tipo de açúcar.

Satélite meteorológico Tipo de satélite artificial usado para monitorar o tempo e o clima da Terra. Pode-se ver e monitorar outras informações ambientais, como as queimadas, os efeitos da poluição atmosférica, as tempestades de raios e de areia, as superfícies cobertas por neve e gelo, os limites das correntes oceânicas etc.

Saturação É um número que define o valor máximo que se pode esperar ou aceitar em uma situação. Pode ser a concentração de um poluente específico, numa água, solo ou sedimento, ou a concentração máxima de população numa área, em função do uso previsto para ela.

Saturado de água Contendo água, coberto de água ou totalmente cheio de água.

Saturnismo Doença causada pela intoxicação por chumbo e que afeta milhões de pessoas do mundo, além de outras espécies, como as aves aquáticas. As principais fontes de intoxicação nos seres humanos são as tintas com chumbo, baterias de automóveis, pilhas, soldas, e emissões industriais. Em outras espécies, soma-se o chumbo usado em projéteis para caça (que também são causa de saturnismo em humanos com projéteis alojados) e o chumbo usado como peso nas linhas de pesca que, às vezes, é ingerido pelos peixes, e estes, por sua vez, são digeridos pelas aves. O chumbo afeta múltiplos órgãos e tecidos, como cérebro, sangue, fígado, rins, testículos, esperma, sistema imunológico e pulmões. Em crianças, à medida que aumenta o grau de contaminação (acima de 10 µg/dℓ), agravam-se os sintomas: dificuldade de aprendizagem e atenção, apatia, dores de cabeça e convulsões, diminuição de QI, perda de audição, comportamento agressivo, retardamento mental, dores abdominais e nas juntas, nefropatia, anemia e, eventualmente, morte. Em adultos, a literatura médica relata: hipertensão, desordens do sistema nervoso, perda de memória, irritabilidade, dores de cabeça, encefalopatia, esterilidade e impotência, nefropatia, anemia e menor longevidade.

Saúde Segundo a OMS (Organização Mundial da Saúde) é o "estado de completo bem-estar físico, mental e social, e não apenas a ausência de doença".

Saúde ocupacional Consiste na promoção e prevenção da saúde dos trabalhadores, com uma abordagem de prevenção, rastreamento e diagnóstico precoce de agravos à saúde relacionados ao trabalho; e constata casos de doenças profissionais ou danos irreversíveis à saúde do trabalhador.

Saúde pública Promove, protege e recupera a saúde física e mental, por medidas de alcance coletivo e de motivação da população. É necessário o esforço conjunto e organizado da sociedade e do poder público para sanear o meio; controlar infecções; educar os indivíduos com os princípios da higiene pessoal; organizar serviços médicos e de enfermagem para o diagnóstico precoce, o tratamento preventivo das doenças; e desenvolver a máquina social para garantir, a cada indivíduo da comunidade, um padrão de vida adequado à manutenção da saúde.

Savana Região plana, com vegetação constituída de gramíneas, entremeadas por árvores esparsas e arbustos isolados ou em pequenos grupos. É a transição entre bosque e prado.

Sazonado Maduro; experiente.

Sazonal Que muda de características de acordo com a época do ano. Por exemplo, um rio sazonal muda seu curso conforme a época do ano, em função das estações do ano e da quantidade de chuva que cai em sua bacia de contribuição.

Sazonalidade Relativo às estações do ano; próprio de uma estação; qualidade do que é sazonal.

Sazonamento Deixar exposto ao tempo, às intempéries. Na indústria cerâmica, o sazonamento ou descanso é uma técnica de estocagem de argilas ao ar livre para que as intempéries atuem sobre elas, modificando-as para posterior uso. Com isso, consegue-se uma melhoria de suas características.

Sebo Gordura de origem bovina, de consistência pastosa à temperatura ambiente, cor esbranquiçada, odor característico, extraído de qualquer parte do animal. A principal utilização é na fabricação de sabão simples para limpeza, e de sofisticados sabonetes. Também usado na fabricação de ração, por ser uma boa fonte de energia; de lubrificante, para fins veterinários, conservação de couro etc.

Seca A seca ou estiagem é um fenômeno climático causado pela insuficiência de chuva numa região por um período de tempo relativamente grande. Provoca sérios problemas à agricultura, à pecuária, aos mananciais para abastecimento urbano. A seca ocorre quando a evapotranspiração ultrapassa a precipitação de chuvas por um período de tempo.

Secagem Processo de remoção da água.

Secagem de lodo Prefere-se usar desaguamento de lodo, uma vez que, por mais drástico que seja o processo (incineração, por exemplo), ainda assim o lodo conserva umidade, mesmo que seja apenas higroscópica (umidade do ar). Os demais processos de desaguamento (centrífugas, prensas de esteira ou de placas, vácuo) resultam num lodo com uma umidade que varia de 60 a 85%.

Seção contraída Em hidráulica, há uma ocorrência de seção contraída nos jatos de água, ao sair de um reservatório por um orifício de parede delgada. Verifica-se que o jato diminui sua seção em relação à área do orifício.

Seda Tecido macio, de boa condutividade térmica: é quente no inverno e frio no verão. Os fios da seda são extraídos do casulo fabricado pela larva de um tipo de mariposa (bicho-da--seda) que se alimenta exclusivamente das folhas da amoreira. De cada casulo extraem-se de 700 a 1.200 m de fio.

Sedimentação Processo físico pela ação da gravidade, de deposição de material suspenso levado pela água bruta, água residuária ou outros líquidos. Obtém-se a sedimentação ao reduzir a velocidade do líquido abaixo do ponto de arraste das partículas. É também chamada de clarificação. Em geologia, é o processo de deposição de sedimentos ou de substâncias passíveis de mineralização. Por exemplo, os depósitos sedimentares originam-se da desagregação ou da decomposição de rochas primitivas, os quais podem ter origem fluvial, marinha, glaciária, eólia, lacustre etc.

Sedimento em suspensão Material transportado por uma corrente fluida (água ou ar) e mantido suspenso pelas forças verticais de turbulência do escoamento, ou em suspensão coloidal.

Sedimentologia Ciência que estuda as partículas de sedimentos de origem na erosão de rochas ou de materiais biológicos que podem ser transportados por um fluido.

Seixo rolado ou pedregulho Pedra de formato arredondado e superfície lisa, resultante da rolagem produzida pelas águas dos rios em regiões de grandes declividades.

Seleção Escolha, de acordo com determinados critérios.

Seleção de ações São as atividades desenvolvidas no início de um processo de avaliação ambiental, para decidir se uma proposta de ação (projeto, plano, programa ou política) deve ser objeto de estudo de impacto ambiental. Conforme a legislação baseia-se em tópicos positivos de atividades sujeitas à avaliação de impacto ambiental, ou a uma avaliação preliminar dos impactos do projeto. Os critérios de seleção incluem a dimensão e o potencial de impacto da atividade e a fragilidade do sistema ambiental a ser afetado. A Resolução Conama nº 1, de 23 de janeiro de 1986, apresenta uma lista das atividades sujeitas à avaliação de impacto ambiental e alguns Estados da União contam com regulamentos que detalham os critérios de seleção.

Seletividade de membrana A seletividade de uma membrana relaciona-se à escolha da natureza das moléculas que a atravessam, a substância que se quer separar de um determinado fluxo no ar ou em meio aquoso. Por exemplo, é difícil conseguir uma membrana de separação de gases que conjugue duas características: a seletividade e a permeabilidade, relacionada com a velocidade das moléculas ao atravessarem a membrana.

Selo hidráulico Dispositivo que mantém uma quantidade de água armazenada, para evitar a saída de gases. É usado em tanques de armazenagem de produtos químicos, para evitar o escape de gases, principalmente durante o abastecimento do recipiente, quando o volume ocupado pelo gás tem de ceder espaço ao líquido.

Selo hidráulico de sifão Dispositivo utilizado em pias de cozinha ou em ralos sifonados dos banheiros, nos quais a presença constante de água armazenada evita a saída de gases do esgoto para dentro da cozinha ou do banheiro do edifício.

Selo hídrico O mesmo que selo hidráulico.

Selo verde Selo concedido a um produto cuja origem, processo e destinação final são ambientalmente saudáveis.

Selva Bioma florestal caracterizado por vegetação densa e grande biodiversidade. Refere-se às florestas úmidas das zonas equatoriais tropicais.

Semeadura Ato de plantar sementes.

Semeadura de lodo Colocação de lodo obtido em reatores em processo equilibrado de tratamento, com micro-organismos adaptados ao tipo de efluente, para dar partida em reatores novos e acelerar o seu processo de adaptação.

Semente Óvulo amadurecido e fecundado das plantas gimnospermas ou angiospermas. É formada pelo tegumento ou casca, embrião e endosperma que o envolve. Da semente nasce nova planta.

Semiárido Clima caracterizado pela baixa umidade e baixa precipitação pluviométrica (média entre 300 mm e 800 mm). O semiárido brasileiro estende-se por uma área que abrange a maior parte de todos os Estados do Nordeste (oito estados, 86,48%), além do Sudeste (13,52%), com uma área total de 974.752 km². Abrange os Estados: Piauí, Ceará, Rio Grande do Norte, Paraíba, Pernambuco, Alagoas, Sergipe, Bahia e a região setentrional de Minas Gerais.

Semidiurno Que tem um ciclo ou período correspondente a meio dia de maré. É o tipo predominante de maré, com duas preamares e duas baixa-mares. A corrente de maré é chamada semidiurna quando ocorrem duas enchentes e duas vazantes por dia.

Semiparasito De, relativo a, ou planta parasita que contém alguma clorofila e é capaz de realizar fotossíntese.

Semissurgência A água subterrânea retida entre camadas de solos ou rochas pouco permeáveis, como argila ou xisto, pode estar confinada sob pressão e neste caso o aquífero é chamado de artesiano. Se tal aquífero confinado é atingido por um poço, a água subirá acima do topo do mesmo, podendo até mesmo atingir a superfície do solo, caracterizando os chamados poços artesianos. No entanto, na maioria dos casos a pressão não é suficiente para levar a água até a superfície do solo e neste caso, ocorre a semissurgência e o poço é chamado de semiartesiano.

Sensibilidade Capacidade dos sistemas ambientais e ecossistemas de reação quando afetados por uma ação humana.

Sensoriamento remoto Técnica que utiliza sensores na captação e registro de informações e dados a longa distância. Alguns sistemas permitem interagir à distância, ao fechar ou abrir contatos elétricos, acionar motores, abrir válvulas, comportas, de acordo com as necessidades.

Separador de areia Também conhecido por caixa de areia, é instalado antes das tomadas d'água superficiais dos mananciais de água corrente e na entrada das estações de tratamento de esgoto, para evitar abrasão nos equipamentos de bombeamento.

Separador inercial É o equipamento mais usado na coleta de partículas de tamanho médio e grande do ar. Imprime uma força centrífuga à partícula a ser removida da corrente de ar que a carrega, direcionando o ar por um caminho circular ou através de mudanças bruscas de direção.

Septicidade Que está em estado séptico.

Séptico Estado ou meio que proporciona a putrefação da matéria orgânica, pela ação de micro-organismos. O esgoto fresco recebe injeção de oxigênio do ar na turbulência do escoamento nas tubulações. A entrada constante de oxigênio evita a septicidade. No esgoto séptico não há oxigênio, por descontinuidade de fluxo (entupimentos, poços de bombeamento etc.) e, por esse motivo, entra em processo de decomposição anaeróbia.

Septo É uma parede ou partição que separa duas cavidades ou dois espaços que abrigam um material menos denso. A palavra em latim significa "algo que contém". Um exemplo é o septo nasal, cartilagem que separa as duas narinas.

Sequestro iônico ou complexação É o processo de formação de íons complexos, espécies químicas formadas por um íon metálico central ligado a moléculas ou íons circundantes denominados ligantes.

Séries de Fourier Em matemática, são formas de representar funções como soma de exponenciais ou senoides.

Serpente Existem as espécies venenosas e as não venenosas, répteis predadores de roedores e anfíbios. Alguns outros animais só se alimentam de filhotes de cobras venenosas (caso da seriema), o que acaba mantendo no *hábitat* um equilíbrio ecológico perfeito.

Serpentina Duto metálico enrolado em forma de espiral, em espaço reduzido, usado para induzir trocas de calor entre o fluido interno circulante e o externo envolvente. É também a denominação de um grupo de silicatos hidratados de magnésio e ferro.

Serpentina de aquecimento Ver *Serpentina*.

Serragem Resíduo das operações de madeiras serradas, lixadas etc., ou seja, divididas em sobras menores.

Serraria Local onde se faz o beneficiamento da madeira bruta.

Serrote Ferramenta para serrar madeira.

Sertão É uma região afastada dos centros urbanos. O nome deriva de desertão, utilizado na época colonial para referir-se ao interior do país.

Serviço público Atividade administrativa direta ou indireta do governo municipal, estadual ou federal, para satisfazer as necessidades essenciais e secundárias da comunidade, apoiada em leis e regulamentos e sob condições impostas pelos próprios governos.

Serviço sanitário Atividade pública apoiada numa política de saúde, pela defesa dos direitos do cidadão no âmbito sanitário, de modo a proteger a saúde e a dignidade da pessoa humana.

Servidão administrativa ou pública Forma de intervenção do Estado na propriedade privada, que se caracteriza por ser parcialmente expropriatória, impositiva de ônus real de uso público, onerosa, permanente, não executória e de promoção delegável. O uso público de servidão administrativa significa a utilização para serviços de interesse público pelo Estado ou seus delegados. Pode ser constituída por lei, por decreto ou atos bilaterais. Como exemplo, o estabelecimento de faixas marginais a cursos d'água para uso exclusivo das autoridades encarregadas do policiamento das águas e somente para esse fim.

Servidão de passagem Estrada rural que passa por uma ou mais propriedades, estabelecida juridicamente entre os proprietários, com a função de facilitar o acesso às propriedades mais afastadas das estradas principais.

Servir uma área por gravidade Isto é, sem necessidade de bombeamento, quando se trata de canal ou conduto de irrigação.

Servomecanismo hidráulico O servomecanismo obedece a comandos. O acionamento é feito por dispositivos eletrônicos, hidráulicos ou pneumáticos.

Servomecanismo pneumático Ver *Servomecanismo hidráulico*.

Sesquióxido Em química, era a denominação de um óxido com três equivalentes de oxigênio e dois de outro elemento. Um exemplo: o sesquióxido de ferro (Fe_2O_3), que hoje é mais conhecido como óxido férrico.

Séssil Em morfologia botânica, séssil é um orgão que não possui pedúnculo ou haste de suporte, inserido diretamente no órgão principal (ex: folhas sésseis). Em zoologia, biologia marinha e limnologia, um organismo séssil não se desloca voluntariamente do seu local de fixação (mas não vive enterrado no substrato) como a maioria das macroalgas, as ostras e os corais.

Sesto ou séston Em biologia marinha e limnologia, é o conjunto de partículas, orgânicas ou não, dispersas na coluna de água, que constituem alimento para alguns organismos, e têm um papel importante na difusão da luz na água e, portanto, na produção primária.

Setor primário da economia Abrange todas as atividades de exploração direta dos recursos naturais de origem vegetal, animal e mineral: agricultura, pecuária, caça, pesca, extração de minerais e de madeira etc.

Setor secundário da economia Abrange atividades industriais de produção e transformação de bens. É dividida em três subsetores: a indústria da construção civil; os serviços públicos de geração e distribuição de energia elétrica, tratamento e distribuição de água à população, produção e distribuição de combustíveis e de gás encanado; e a indústria manufatureira.

Setor terciário Abrange as atividades econômicas de prestação de serviços.

Setores econômicos São três: primário, secundário e terciário.

Setorial Referente a um dos setores da economia.

Shigela Grupo de patógenos causadores de disenteria intestinal, bacilos não móveis gram-negativos anaeróbios facultativos, da família *Enterobacteriaceae*. As espécies que causam disenteria são: a S. dysenteriae, com sintomas mais graves; a S. flexneri, S. boydii e S. sonnei, com sintomas menos graves. As shigela são invasivas (agressivas), produzem a shiga-toxina que destrói os ribossomas das células humanas, impedindo a síntese proteica e matando a célula.

Sifão Dispositivo que transporta um líquido de uma posição mais alta para outra mais baixa, passando por um ponto mais alto. Em bacias sanitárias e lavatórios, os sifões criam um selo hidráulico para impedir a passagem dos maus odores provenientes dos gases do esgoto.

Sifão de aparelho sanitário Ver *Sifão*.

Sifão invertido Montagem de tubulação que transporta um líquido de uma posição mais alta para outra ligeiramente mais baixa, passando por um ponto bem mais baixo. Usado para passar por baixo de obstáculos como córregos, galerias etc., nas redes de esgotamento sanitário.

Sifonagem Método para esvaziar o conteúdo de um tanque ou reservatório, através de um sifão.

Sigla Iniciais da denominação de uma instituição, um sistema, etc. Ex.: ONU – Organização das Nações Unidas.

Significância Em estatística, um resultado é significante se não ocorreu por acaso. A significância estatística de um resultado é uma medida estimada do grau de veracidade, no sentido de que seja realmente o que ocorre na população, ou seja, de representatividade da população. O valor do nível-p representa um índice decrescente da confiabilidade de um resultado. Quanto mais alto o nível-p, menos confiável é o indicador da relação entre as variáveis na população. O nível-p representa a probabilidade de erro ao aceitar o resultado como representativo da população. Por exemplo, um nível-p de 0,05 (1/20) indica que há 5% de probabilidade de que a relação entre as variáveis, encontrada na amostra, seja um acaso feliz. Quando não há uma relação entre as variáveis na população, e o experimento de interesse é repetido várias vezes, em aproximadamente 20 realizações do experimento, em apenas uma espera-se que a relação entre as variáveis em questão seja igual ou mais forte do que a observada na amostra anterior. Em muitas áreas de pesquisa, o nível-p de 0,05 é tratado como um limite aceitável de erro.

Sílica Compostos de dióxido de silício, SiO_2, em várias formas, como sílicas cristalinas; sílicas vítreas e sílicas amorfas. A sílica e seus compostos constituem cerca de 60% do peso da crosta terrestre.

Sílica ativada É o silicato de sódio tratado com ácido sulfúrico, sulfato de alumínio, dióxido de carbono ou cloro. Quando usado no tratamento de água de abastecimento, como auxiliar de coagulação, apresenta as seguintes vantagens: aumenta a velocidade das reações químicas, reduz a dosagem de coagulante, aumenta a faixa de pH ótimo e produz um floco mais resistente e com melhor sedimentação.

Silicato Composto de silício e oxigênio (Si_xO_y), um ou mais metais e possivelmente hidrogênio. É um dos minerais mais abundantes nas rochas.
Silicato de sódio Sólido de cor branca que, solubilizado em água, resulta numa solução alcalina. Existem variados compostos: ortossilicato de sódio, Na_4SiO_4; metassilicato de sódio, Na_2SiO_3; polissilicato de sódio, $(Na_2SiO_3)_n$; pirossilicato de sódio, $Na_6Si_2O_7$, e outros. Todos são vítreos, incolores e solúveis em água.
Silicose Afecção pulmonar causada pela inalação de partículas finas (inferiores a 5 micra) de sílica ou silicatos, quartzo, areia, granito, pórfiro. Enfermidade profissional dos trabalhadores em pedreiras, em fábricas que utilizam o amianto como matéria-prima, nos serviços de jateamento com areia etc.
Silimanita Silicato de alumínio, cuja fórmula química é Al_2SiO_5.
Silo Construção impermeável rural para o armazenamento de produtos agrícolas, depositados no seu interior sem estarem ensacados.
Silo de cereais Ver *Silo*.
Silte Grão que entra na composição de um solo ou de uma rocha sedimentar. Existem diversas classificações granulométricas de solos (a Internacional, a da ABNT, do USBR etc.). Algumas consideram silte o solo com grãos de diâmetros entre 0,02 mm e 0,002 mm; outras, com diâmetros de 0,05 mm a 0,005 mm.
Siluriano Na escala de tempo geológico, o Siluriano ou Silúrico é o período da era Paleozoica do éon Fanerozoico, compreendido entre 443,7 milhões e 416 milhões de anos atrás.
Silvestre Espécie que nasce, cresce e se reproduz de forma espontânea num *hábitat*, sem intervenção humana.
Silvicultura Ciência que estuda métodos naturais e artificiais de regeneração e melhoria das espécies florestais com vistas às necessidades de mercado. Aplica os resultados do estudo para a manutenção, o aproveitamento e o uso racional das florestas.
Simbiose Relação vantajosa entre dois ou mais organismos vivos de espécies diferentes. Na relação simbiótica, os organismos agem em conjunto em proveito mútuo, o que acarreta especializações funcionais de cada espécie envolvida (isso distingue simbiose de comensalismo).
Simples Natural; não complicado.
Simulação Elaboração ou utilização de modelos de sistema real e de experimentos, para compreender o comportamento de um sistema, com a alteração de valores de uma ou mais variáveis. Serve para avaliar as possíveis estratégias de operação do sistema.
Simulação visual Uso de desenhos em perspectiva, modelos tridimensionais, fotografias ou outras técnicas de representação gráfica ou visual que ajudem a simular paisagens reais ou projetadas, em diferentes condições e pontos de vista.
Sindicato Instituição que representa as classes trabalhadoras.
Síndrome pluricarencial infantil aguda Forma grave de desnutrição energético-proteica em crianças.
Sinecologia Ramo da ecologia que estuda as comunidades, as relações entre as populações, como predador/presa.
Sinergia ou sinergismo Fenômeno químico observado nos efeitos do lançamento de diferentes poluentes num mesmo corpo d'água, no qual o efeito obtido pela ação combinada de duas ou mais substâncias químicas diferentes é maior do que a soma dos efeitos individuais dessas substâncias.
Sinérgico Que tem a capacidade de agir em sinergia ou ação cooperativa de agentes discretos, de tal forma que o efeito total é maior do que a soma dos efeitos independentes. Nas interações sinérgicas, o perigo da combinação de dois poluentes é superior à soma de todos os riscos que um único deles representa.
Singular Distinto; peculiar; individual.
Sínter Material heterogêneo, composto por frações variáveis de hematita, magnetita, ferrito, silicatos e espaços vazios (poros).
Sinterização Processo no qual um pó, com preparação cristalina ou não, uma vez compactado, recebe tratamento térmico, no qual a temperatura de processamento é sempre menor do que a sua temperatura de fusão. Esse processo cria uma alteração na estrutura microscópica do elemento base, devido a um ou mais métodos chamados mecanismos de transporte consecutivos ou concorrentes, com a finalidade de obter uma peça sólida.
Síntese Em química, é o fenômeno ou reação de formação de uma substância química mais complexa a partir de reagentes mais simples. É o processo contrário da análise química. Na microbiologia, é a formação de um novo ser, por exemplo, o surgimento de uma nova bactéria a partir da duplicação de uma célula-mãe.
Sinuosidade Atributo daquilo que é sinuoso, tortuoso.
Sismo Também chamado de terremoto, é um fenômeno de vibração brusca e passageira da superfície da Terra, resultante de movimentos subterrâneos de placas tectônicas, de atividade vulcânica, ou por deslocamento (migração) de

gases no interior da Terra, principalmente do metano. O movimento é causado pela liberação rápida de grandes quantidades de energia sob a forma de ondas sísmicas.

Sismo secundário Movimento que ocorre após o sismo principal, de menor magnitude, alguns minutos ou até horas após a ocorrência principal.

Sismógrafo Aparelho que registra as ondas sísmicas, ou seja, a intensidade dos terremotos. Detecta e mede as ondas sísmicas naturais ou induzidas e permite determinar, quando organizado em rede, a posição exata do foco (hipocentro) das ondas e do ponto da chegada na superfície terrestre (epicentro), para quantificar a energia desses terremotos, que é expressa na escala Richter.

Sismologia Ciência que estuda os sismos ou terremotos e os diversos movimentos que ocorrem na superfície do globo terrestre. Procura conhecer e determinar em que circunstâncias ocorrem os sismos naturais, suas causas e distribuição sobre o globo terrestre, a fim de prevê-los em tempo e espaço.

Sisnama – Sistema Nacional do Meio Ambiente No Brasil, foi instituído pela Lei nº 6.938, de 31 de agosto de 1981, que dispõe sobre a Política Nacional do Meio Ambiente. O Sisnama reúne os órgãos e entidades da União, dos Estados, do Distrito Federal, dos Territórios e dos Municípios, envolvidos com o uso dos recursos ambientais ou responsáveis pela proteção e melhoria da qualidade ambiental. Constituem o Sisnama: o Conama – Conselho Nacional do Meio Ambiente –, Órgão Consultivo e Deliberativo com a função de assistir o Presidente da República na formulação das diretrizes da Política Nacional do Meio Ambiente; o Ministério do Meio Ambiente e da Amazônia Legal, Órgão Central; o Ibama, Órgão Executor, encarregado de promover, disciplinar e avaliar a implementação dessa política; os órgãos, entidades e fundações estaduais, Órgãos Seccionais, responsáveis pelo planejamento e execução das ações de controle ambiental; os órgãos e entidades municipais, Órgãos Locais, responsáveis, em suas áreas de jurisdição, pelo controle e pela fiscalização das atividades modificadoras do meio ambiente.

Sistema Conjunto de unidades ou de elementos unidos por alguma forma de interação ou interdependência. Define o conjunto de fenômenos que ocorrem mediante fluxos de matéria e energia, que provocam relações de dependência entre os fenômenos. Como consequência, o sistema apresenta propriedades que diferem das propriedades dos seus componentes, como ter dinâmica própria e específica.

Sistema ambiental Nos estudos ambientais, a tendência é analisar o meio ambiente como um sistema, com os processos e interações do conjunto de elementos e fatores que o compõem: elementos físicos, bióticos e socioeconômicos; e fatores políticos e institucionais. O sistema ambiental, para efeito de estudo, pode ser subdividido em subsistemas, setores, subsetores, fatores, componentes ou elementos, com variações de nomenclatura e método de classificação, segundo a concepção de cada autor. Alguns consideram dois subsistemas: o geobiofísico e o antrópico ou socioeconômico, que separa o meio físico e biológico do cultural. Outros adotam três subsistemas: o físico, o biótico e o antrópico.

Sistema CGS de unidades Sistema de unidades em que o comprimento é o centímetro, a massa é o grama, e o tempo é o segundo.

Sistema circulatório Constituído pelo coração e vasos sanguíneos (artérias, veias e capilares), responsável pela condução, distribuição e remoção das mais diversas substâncias de e para os tecidos do corpo através do transporte do sangue. É essencial à comunicação entre os tecidos.

Sistema com um grau de liberdade Com zero grau de liberdade, tem-se um sistema determinado, que só admite uma solução para um conjunto de dados. Um sistema é indeterminado quando tem um ou mais graus de liberdade, mais variáveis do que equações independentes, e admite infinitas soluções.

Sistema combinado ou unitário de coleta de esgoto e águas pluviais O esgoto sanitário e a água pluvial são coletados no mesmo sistema, no mesmo conjunto de tubulações.

Sistema de abastecimento de água Conjunto composto pelas obras de captação de água em mananciais, transporte de água bruta, tratamento, reservação e distribuição de água potável.

Sistema de águas pluviais Sistema de tubulações para coleta e destinação das águas de chuva.

Sistema de corrente costeira É causado pela ação das ondas na zona de arrebentação ou perto delas. Consiste no transporte da massa de água em direção à costa; corrente ao longo da costa, corrente de retorno, e do movimento de expansão da corrente de retorno.

Sistema de disposição de resíduos sólidos Conjunto de obras, unidades, processos e procedimentos que visam à disposição final de resíduos (lixo) no solo, de forma a garantir a proteção da saúde pública e a qualidade do meio ambiente. O sistema de coleta, separação do material reciclável e disposição dos rejeitos em aterros sanitários é o mais recomendável. Em locais ou cidades com restrições a áreas disponíveis, incinera-se com posterior disposição controlada das cinzas, um processo muito caro para os países subdesenvolvidos.

Sistema de distribuição No caso dos sistemas de abastecimento de água são as tubulações que conduzem a água até a residência dos consumidores.

Sistema de esgotamento a vácuo Alternativa aos sistemas de coleta de esgotos sanitários que operam por gravidade (escoamento livre).

Sistema de esgoto É o conjunto de obras, dispositivos e equipamentos para coletar e transportar as águas servidas a um local adequado, assim como as águas excedentes da superfície ou do subsolo. O sistema do esgoto sanitário inclui o tratamento da água poluída, para evitar o mau cheiro, a deterioração dos corpos d'água receptores (principalmente a diminuição do oxigênio dissolvido e a eutrofização), além da possibilidade de contaminação do ambiente pelos micro-organismos. O sistema de esgoto pluvial afasta as águas de chuva que escoam superficialmente e também pode receber águas do subsolo. Os sistemas combinados ou unitários reúnem e transportam os despejos domiciliares, industriais, as águas pluviais e de qualquer origem. Um dos sistemas separadores conduz os despejos sanitários (domiciliares e industriais) e o outro, as águas de superfície e subsolo.

Sistema de esgoto separador Sistema de coleta de esgoto sanitário separado das águas pluviais.

Sistema de informação ambiental É um conjunto de programas e bancos de dados quantitativos e qualitativos, com informações cartográficas sobre os fatores ambientais e as atividades modificadoras do meio ambiente de uma área, e informações sobre a legislação e os procedimentos administrativos de gestão ambiental. Sua finalidade é fornecer informações para estudos técnicos, subsidiar a tomada de decisão e auxiliar a emissão de relatórios de qualidade ambiental.

Sistema de Informação Geográfica – SIG É um método gráfico computacional utilizado para registrar, organizar, mapear e processar uma informação sobre o meio ambiente de uma área, e prepará-la para a análise das interações das variáveis bióticas, abióticas, sociais e econômicas. Permite dispor espacialmente os dados de referência para tratar problemas complexos de planejamento e gestão.

Sistema de tratamento de esgoto Conjunto de dispositivos e equipamentos destinados ao tratamento do esgoto sanitário, que remove a maior parte dos sólidos. O sistema convencional é constituído de: grades (para a remoção de sólidos grosseiros); caixas de areia (para a remoção de areia); clarificadores (decantadores) primários (para remover os sólidos sedimentáveis pelo próprio peso), de um sistema biológico, como os lodos ativados ou os filtros biológicos, seguidos de clarificadores secundários (para a remoção dos sólidos dissolvidos ou finamente particulados) e de um eventual sistema de desinfecção do efluente tratado. O sistema inclui o tratamento e a preparação do lodo para disposição final: adensamento (para aumentar o teor de sólidos, e diminuir o volume a ser tratado); a digestão (anaeróbia, para diminuir a putrescibilidade); o condicionamento químico (para facilitar o desaguamento); o desaguamento em filtros prensa (de placas ou de esteiras, centrífugas etc.), e o destino final (com alternativas de simples descarte ou de utilização).

Sistema de tratamento de resíduos sólidos Conjunto de unidades, processos e procedimentos que alteram as características físicas, químicas e biológicas dos resíduos, para minimizar os riscos à saúde pública e à qualidade do meio ambiente.

Sistema digestivo O sistema digestivo é formado pelo tubo digestivo, a boca, a faringe, o esôfago, o estômago, os intestinos delgado, grosso e o ânus, além das suas glândulas anexas. Sua função é retirar os nutrientes necessários dos alimentos ingeridos para o desenvolvimento e a manutenção do organismo. O tubo digestivo tem a função de transformar alimento em nutrientes e absorvê-los, mantendo uma barreira entre o meio interno e o meio externo do organismo e possibilitando a excreção das sobras.

Sistema Nacional de Unidades de Conservação – SNUC No Brasil, foi instituído pela Lei Federal nº 9.985 de 18 de julho de 2000, estabelece critérios e normas para a criação, implantação e gestão das UC (Unidades de Conservação). Foi regulamentado pelo Decreto nº 4.340 de 22 de agosto de 2002. O SNUC classifica as UC em duas categorias: Unidades de Proteção Integral, com o objetivo de preservar a natureza, admitido apenas o uso indireto de seus recursos naturais; as Unidades de Uso Sustentável, que visam à conservação da natureza, admitindo o uso sustentável de uma parcela de seus recursos naturais. Na primeira categoria estão: Estações Ecológicas, Reservas Biológicas, Parques Nacionais, Monumentos Naturais e Refúgios de Vida Silvestre. Na segunda categoria estão: Áreas de Relevante Interesse Ecológico, Florestas Nacionais, Reservas Extrativistas, Reservas de Fauna, Reservas de Desenvolvimento Sustentável e Reservas Particulares de Patrimônio Natural.

Sistema não newtoniano A noção de variação das leis da física dá nome à teoria da relatividade, qualificada de especial ou restrita, por referir-se apenas aos sistemas que não levam em conta os campos gravitacionais e que explica fenômenos não explicados pela física newtoniana. A Teoria Restrita (ou Especial) da Relatividade, publicada por Albert Einstein em 1905, descreve a física do movimento na ausência de campos gravitacionais. Uma generalização é a Teoria Geral da Relatividade, publicada também por Einstein em 1915, com os campos gravitacionais. A maior parte dos físicos achava que a mecânica de Isaac Newton descrevia os conceitos de velocidade e força para todos os observadores (ou sistemas de referência). Hendrik Lorentz e outros comprovaram que as equações de Maxwell, que regem o eletromagnetismo, não se comportam de acordo com a transformação de Galileu quando o sistema de referência muda (por exemplo, quando se considera o mesmo problema físico a partir do ponto de vista de dois observadores com movimento uniforme um em relação ao outro). Esses são fenômenos não newtonianos.

Sistema nervoso Responsável pelo ajuste do organismo ao ambiente, sua função é perceber e identificar as condições ambientais externas, e do próprio corpo, para elaborar respostas a essas condições. A unidade do sistema nervoso denominada neurônio, que é uma célula estimulável, capaz de perceber as mínimas variações que ocorrem em torno de si, e reage com uma alteração elétrica que percorre sua membrana, chamada impulso nervoso. As células nervosas estabelecem conexões entre si para que um neurônio possa transmitir aos outros os estímulos recebidos do ambiente, gerando uma reação em cadeia.

Sistema respiratório O sistema respiratório supre o organismo com oxigênio pela entrada do ar atmosférico. É constituído por um par de pulmões e vários órgãos que conduzem o ar para dentro e para fora das cavidades pulmonares: as fossas nasais; a boca; a faringe; a laringe; a traqueia; e os brônquios, bronquíolos e alvéolos nos pulmões.

Sistema separador absoluto de esgoto É aquele em que o esgoto sanitário é coletado numa rede de tubulações específicas, separadamente das águas pluviais.

Sistema tegumentário Sistema de proteção do corpo dos seres vivos, constituído de pele, pelos e unhas. A pele é composta pelas camadas derme e epiderme (mais externa), e reveste todos os órgãos vivos. É como uma barreira de proteção contra a entrada de micro-organismos.

Sistema unitário de esgotos É aquele que coleta as águas residuárias com as águas pluviais.

Sistêmico Visão orgânica, lógica de um sistema.

Sítio arqueológico estadual É uma área de domínio público estadual, destinada a proteger vestígios de ocupação pré-histórica humana contra alterações e onde as atividades são disciplinadas e controladas de modo a não prejudicar os valores a serem preservados.

SLAP – Sistema de Licenciamento de Atividades Poluidoras No Brasil, foi instituído pela Lei Federal nº 6.938 de 31 de agosto de 1981, principal instrumento de execução da política ambiental. Como o processo de licenciamento é feito em âmbito estadual, as secretarias do meio ambiente estaduais estabelecem as normas complementares. O processo de licenciamento é realizado em três etapas, correspondentes às fases de implantação da atividade, cabendo a cada uma um tipo de licença: Licença Prévia (LP); Licença de instalação (LI); Licença de Operação (LO).

Smog Termo surgido em 1911, na Inglaterra, para designar o fenômeno de poluição atmosférica, no qual os contaminantes se misturam à névoa, dificultando a dispersão. Usa-se também a expressão "smog fotoquímico".

Sobrecarga Carga além da planejada ou projetada.

Soda cáustica O hidróxido de sódio (NaOH), também conhecido como soda cáustica, é um hidróxido cáustico usado na indústria como uma base química, na fabricação de papel, tecidos, sabões, detergentes, alimentos e biodiesel. No uso doméstico, desobstrui encanamentos e sumidouros, pois dissolve gorduras e sebos. É corrosivo e pode provocar queimaduras, cicatrizes e cegueira.

Sódio Elemento químico, metal alcalino, sólido à temperatura ambiente, macio, untuoso, de coloração branca, ligeiramente prateada. É utilizado em síntese orgânica como agente redutor. É também componente do cloreto de sódio (NaCl) ou sal de cozinha.

Sofioni Jato de vapor emitido do subsolo em regiões vulcânicas.

Soja Cereal rico em proteínas, cultivado como alimento para humanos e animais. A soja pertence à família Fabaceae (leguminosa), assim como o feijão, a lentilha e a ervilha.
Sol Estrela central do sistema solar. Em torno dele gravitam pelo menos oito planetas, quatro planetas anões, 1.600 asteroides, 138 satélites naturais e um grande número de cometas. Sua massa é 333.000 vezes maior do que da Terra e seu volume, 1.400.000 vezes. A distância do nosso planeta ao Sol é de cerca de 150 milhões de quilômetros ou 1 unidade astronômica (UA). A luz solar demora 8 minutos e 18 segundos para chegar à Terra.
Soleira de tubo Geratriz inferior interna das tubulações que transportam líquido por gravidade.
Sólido Estado da matéria com volume e forma definidos, isto é, corpo com resistência à deformação.
Sólidos dissolvidos em águas residuárias São as águas servidas de origem doméstica ou industrial. Os sólidos dissolvidos são definidos como aqueles com dimensões menores de 1 μm (1 micrômetro = 10^{-6} m). São classificados como coloides orgânicos ou inorgânicos.
Sólidos do lodo Durante o processo de tratamento, o lodo oriundo do tratamento de águas residuárias resulta da remoção das impurezas (sólidos sedimentáveis removidos nos clarificadores primários), acrescidas da massa biológica desse tratamento e que se junta em flocos onde os sólidos dissolvidos e finamente particulados aderem (lodo secundário), somados aos produtos químicos utilizados no tratamento.
Sólidos em suspensão São aqueles com dimensões maiores de 1 μm (1 micrômetro = 10^{-6} m).
Sólidos em suspensão não sedimentáveis São sólidos finamente particulados (que não têm peso suficiente para sedimentar) e sólidos dissolvidos.
Sólidos em suspensão no tanque de aeração Flocos biológicos compostos por uma matriz de polissacarídeos ou enzimas exógenas elaboradas pelos micro-organismos, na qual aderem centenas de micro-organismos decompositores (bactérias, protozoários, rotíferos etc.), acrescidas de partículas orgânicas e inorgânicas aderidas e partículas dispersas (não aderidas).
Sólidos filtráveis É a matéria sólida dissolvida ou finamente particulada de um líquido que consegue passar por um filtro com capacidade de reter sólidos de diâmetro maior ou igual a 1 mícron.
Sólidos fixos Quando os sólidos são submetidos a temperaturas de 600°C, transformam-se em cinzas. São também chamados de sólidos não voláteis.
Sólidos flutuantes ou matéria flutuante São os óleos, graxas, gorduras, outros sólidos e líquidos mais leves do que a água, e as escumas passíveis de serem removidas da superfície de um líquido.
Sólidos na água São impurezas sólidas separadas em sólidos em suspensão (partículas maiores de 1 mícron) e sólidos dissolvidos (partículas menores de 1 mícron).
Sólidos não sedimentáveis Ver *Sólidos em suspensão não sedimentáveis*.
Sólidos ou resíduos fixos São as cinzas resultantes da queima em mufla a uma temperatura de 600°C.
Sólidos secos em suspensão São sólidos suspensos com dimensões maiores de 1 mícron, submetidos à secagem em estufa a 105 ±5°C.
Sólidos sedimentáveis São sólidos passíveis de separação na fase líquida, durante 60 minutos, em um dispositivo que mede a sedimentação, denominado cone Imhoff.
Sólidos sedimentáveis em águas residuárias Ver *Sólidos sedimentáveis*.
Sólidos suspensos no esgoto Ver *Sólidos sedimentáveis*.
Sólidos suspensos, sólidos em suspensão ou sólidos não filtráveis São aqueles que não atravessam o filtro de bitola de 1 mícron, o que os diferencia dos sólidos filtráveis.
Sólidos totais São definidos como os resíduos que permanecem depois da evaporação à temperatura de 105 ±5°C.
Sólidos totais em suspensão São os sólidos com dimensões maiores de 1 mícron, submetidos à secagem em estufa a uma temperatura de 105 ±5°C.
Sólidos voláteis São calculados pela diferença entre os sólidos totais e os sólidos fixos, ou seja, volatilizam quando submetidos a uma temperatura de 600°C.
Sólidos voláteis em suspensão no tanque de aeração São os sólidos que volatilizam quando submetidos a uma temperatura de 600°C, calculados pela diferença entre os sólidos suspensos totais e os sólidos suspensos fixos.
Solo Define-se segundo três diferentes acepções: 1) é a parte desintegrada da camada superficial da crosta terrestre, constituída de material que se escava com facilidade, como, por exemplo, cascalho, areia, argila, silte, ou qualquer mistura desses materiais, formada pela desintegração físico-química e biológica da rocha matriz; 2) a geologia define solo como a parte superior do regolito, isto

é, a camada que vai da superfície até a rocha consolidada; 3) em economia, planejamento regional, urbano e territorial é terra, território, superfície em função das qualidades produtivas e possibilidades de uso, exploração ou aproveitamento.

Solo ácido Resulta da combinação de fatores como condições climáticas, em especial as altas temperaturas e a intensidade de chuvas, que favoreçam a rápida decomposição da rocha com lixiviação de bases trocáveis, a intemperização do solo e a consequente acidez. A maioria dos solos tropicais apresenta acidez elevada. A maioria das plantas cresce melhor em solos com pH entre 5,5 e 6,5. Para um solo muito ácido, o ótimo desenvolvimento da planta é alcançado corrigindo o solo com carbonato de cálcio.

Solo alcalino ou com alto teor de sais Solo com pH acima de 7 é alcalino. É rico em nutrientes, mas pode provocar ferrugem nas plantas mais suscetíveis. A maioria das plantas prefere um solo levemente ácido, com pH entre 5,5 e 6,5. Os solos alcalinos ocorrem em áreas de pouca pluviosidade, e ficam excessivamente alcalinos devido à presença de sais como Na_2CO_3 (carbonato de sódio). Os solos alcalinos podem ser tratados com alumínio ou sulfato de ferro.

Solo aluvial Solos sedimentares transportados pela água.

Solo aquático Situado em regiões permanentemente inundadas.

Solo argiloso Possuí consistência fina e é relativamente impermeável à água. Um dos principais tipos de solo argiloso é a terra roxa, encontrada nos Estados de São Paulo, Paraná e Santa Catarina. É bom para a agricultura e para a cultura de café.

Solo árido Corresponde ao clima árido ou semiárido, que sofreu processo de desertificação e empobreceu devido à retirada de nutrientes por intemperismo (ação do tempo, da natureza) ou ação antrópica (do homem).

Solo calcário Formado por partículas de rochas calcárias. É um solo seco e esquenta muito ao receber os raios solares, inadequado para a agricultura. É comum em regiões desérticas.

Solo-cimento Mistura de solo com cimento, com a finalidade de melhorar suas características.

Solo coesivo Apresenta coesão, característica dos solos argilosos.

Solo coluvial Solo sedimentar transportado por efeito da gravidade, encontrado no sopé das montanhas e montes.

Solo eólio Solo sedimentar transportado pelos ventos.

Solo erodido Solo que sofreu o processo de erosão.

Solo fértil Rico em nutrientes para as plantas.

Solo florestal A camada superficial é formada pela serapilheira (restos de folhas, galhos etc., em processo de decomposição), formando uma camada de húmus rica em nutrientes.

Solo impermeável Solo argiloso.

Solo isotrópico Que mantém suas principais características em qualquer direção (vertical, inclinada, horizontal). Tem o mesmo coeficiente de permeabilidade no sentido vertical e horizontal.

Solo não coesivo É o solo constituído de areias e siltes.

Solo orgânico Solo superficial bom às práticas agrícolas, com alto teor de matéria orgânica em decomposição, uma ativa microfauna decompositora (bactérias, fungos, minhocas etc.). São também os solos decorrentes da decomposição mais lenta (anaeróbia) de matéria orgânica soterrada por materiais sedimentares, e caracterizados por serem muito malcheirosos.

Solo ou chão Ver *Solo*.

Solo permeável Constituído por pedregulhos e areias.

Solo podzólico Ver *Podzol*.

Solo residual Formado pela ação de intempéries sobre a rocha-mãe e que permanece no local de origem.

Solo sedimentar Aquele que é transportado do seu local de origem para outro local, pela ação da gravidade, de derretimento de geleiras, da água de rios ou por ventos.

Solo sem coesão O mesmo que solos não coesivos.

Solo semi-impermeável Solo com algum teor de argila que lhe confere impermeabilidade.

Solo transportado O mesmo que solo sedimentar.

Solo turfoso É aquele em que predomina a turfa. Ver *Turfa*.

Solo vegetal O mesmo que solo orgânico.

Solubilidade Capacidade de uma substância de se dissolver em outra.

Solução Em química, solução é o nome dado às dispersões de moléculas menores que 1 nanômetro (10^{-9} m). A solução caracteriza-se por formar um sistema homogêneo (a olho nu e ao microscópio), pois é impossível separar o disperso do dispersante por processos físicos. A solução composta por moléculas ou íons comuns pode envolver sólidos, líquidos ou gases como dispersantes (solventes em maior quantidade na solução) e como dispersos (solutos). A solução também se apresenta nesses três estados da matéria.

Solução aquosa Solução em que o solvente é a água.

Solução concentrada Água contendo excesso de determinados solutos.

Solução de hipoclorito de sódio A solução de hipoclorito de sódio surgiu com a água de Javelle em 1792, que consistia em uma solução de hipoclorito de sódio e potássio. Em 1820, surgiu o liquor de Labaraque, uma solução de hipoclorito de sódio a 5% de cloro ativo por 100 mℓ, solução utilizada na área odontológica.

Solução diluída Mistura de águas com diferentes componentes e/ou graus de pureza.

Solução neutra Solução cujo valor do pH é igual a 7.

Solução-tampão ou tamponada Atenua a variação dos valores de pH (ácido ou básico), mantendo-o constante, mesmo com a adição de pequenas quantidades de ácidos ou bases. A solução-tampão é formada por um ácido fraco e um sal dele, ou por uma base fraca e um sal dela. É usada quando há necessidade de um meio com pH constante, e preparada dissolvendo-se os solutos em água.

Solum Composto formado por argilas naturais calcinadas para uso em aquários, especialmente para o cultivo de plantas ornamentais aquáticas.

Soluto Chama-se soluto ou disperso a substância de concentração minoritária numa solução ou a substância de interesse. Trata-se de um sólido numa solução líquida, sem que se forme uma segunda fase.

Solvatação Em química, solvatação é o fenômeno de dissolução de um composto iônico ou polar em uma substância polar, sem que se forme uma nova substância. As moléculas do soluto são envolvidas pelo solvente. A solvatação acontece tanto em soluções iônicas quanto moleculares.

Solvência do ecossistema Capacidade do ecossistema se adaptar aos problemas que surgem com eventuais mudanças.

Solvente Solvente, dissolvente ou dispersante é a substância que dispersa outra substância em seu meio. Como o solvente estabelece o estado físico de uma solução, é o componente que está no mesmo estado físico que ela. Ex.: a água marinha é uma solução de água e sais, a água é o solvente porque dispersa os sais do seu meio.

Solvente orgânico Produto químico orgânico com volatilidade e solubilidade, utilizado como diluente, dispersante ou solubilizante. É classificado como: hidrocarboneto alifático, aromático ou halogenado; alcoóis; cetonas; éteres e outros.

Solvente para limpeza a seco Produtos químicos derivados do petróleo ou benzina, usados para remover sujeira e manchas das roupas. Alguns já foram retirados do mercado devido aos seus efeitos sobre as pessoas e o meio ambiente. Outros, como o tetracloroetileno (ou percloroetileno, também conhecido como PERC), são usados por empresas de limpeza a seco ou em lavagem de carro. Devem ser manuseados com cuidado, pois a maioria emana vapores tóxicos.

Som É a propagação de uma frente de compressão mecânica ou onda longitudinal em meios materiais (com massa e elasticidade, como os sólidos, líquidos ou gases), ou seja, o som não se propaga no vácuo.

Sonar Aparelho usado para se conhecer a profundidade e a forma do fundo oceânico ou de lagos. Emite ondas sonoras que, ao se chocarem com o fundo, regressam e são captadas, permitindo que se calcule a distância percorrida.

Sonda Em medicina, é o conjunto de equipamentos ou dispositivos usados para investigação ou drenagem de órgãos. Em engenharia, a sonda é usada para medir a profundidade das águas, o interior de objetos, investigações geológicas, astronômicas ou interplanetárias.

Sonda de lodo Existem diversos dispositivos para medir a profundidade ou espessura de lodo, tanto em unidades de sedimentação quanto em lagos, lagoas etc. Os mais sofisticados funcionam à base do ultrassom e, ao serem deslocados, permitem o monitoramento contínuo de uma área.

Sonda de ozônio usada em meteorologia As sondas mais modernas são instaladas em balões atmosféricos que sobem até 30 km de altura. Constam de uma célula eletroquímica que estima a quantidade de ozônio na atmosfera por meio da reação entre uma solução de iodeto de potássio e as moléculas de ozônio (O_3) do ar. À medida que o balão sobe, uma bomba aspira o ar, introduzindo-o num recipiente com duas cavidades contendo diferentes concentrações de iodeto de potássio, separadas por uma ponte de íons com eletrodos de platina. A reação entre a solução e o O_3 provoca alterações na força eletromotriz gerada pela solução eletrolítica. Os sinais gerados são transmitidos por rádio à estação receptora em terra, onde são processados por um *software*.

Sonda de percussão Usada em sondagens à percussão do solo, com medida da resistência à penetração (SPT).

Sonda meteorológica Sonda enviada por balões atmosféricos para medir a temperatura, a pressão atmosférica, a concentração de poluentes gasosos etc. O balão tem dispositivos de captação de informações que são enviadas por telemetria para bases situadas em terra, onde os sinais são processados.

Sondagem As investigações geotécnicas e o levantamento topográfico são importantes para as obras de engenharia. Sem conhecer o solo, podem ser cometidos erros, levando uma obra à falência. Para melhor conhecer o solo, há vários tipos de sondagens e ensaios, escolhidos e utilizados conforme a obra e o tipo de terreno.

Sondagem acústica ou ecossondagem Avaliação indireta da profundidade da água, com o princípio da medida de tempo necessário para que uma onda sonora chegue ao fundo, haja reflexão e retorno à superfície. O instrumento usado chama-se ecobatímetro ou ecossonda.

Sondagem mista: rotativa e à percussão É usada quando podem surgir matacões ou é necessário penetrar na rocha de fundo.

Sondagem rotativa Utilizada para furos em rocha.

Sopé ou falda É a base de uma montanha.

Soprador de ar Equipamento usado para introduzir ar nos sistemas de aeração por difusão.

Sorção Designa o processo de adsorção e absorção. Não é a soma dos dois processos, mas um processo mais complexo e nem sempre bem compreendido do ponto de vista físico-químico.

Sorgo É o quinto cereal mais importante no mundo, antecedido pelo trigo, arroz, milho e cevada. Usado na alimentação humana em muitos países da África, Sul da Ásia e América Central, é importante componente da alimentação animal nos Estados Unidos, Austrália e América do Sul. Os grãos do sorgo são usados na produção de farinha para panificação, amido industrial, álcool e como forragem ou cobertura de solo.

Soro sanguíneo Componente líquido do sangue, com células sanguíneas suspensas. O plasma é um líquido de cor amarelada, o maior componente do sangue, com 55% do volume total. Contém água (92%), proteínas (7% de fibrinogênio, globulinas e albumina) e outras substâncias dissolvidas, como gases, nutrientes, excretas, hormônios e enzimas.

Sorvedouro Aquilo que conduz ou obriga a fazer gastos excessivos.

Sorvedouro de água Local situado no mar ou rio, onde a água faz remoinho e pode tragar objetos, levando-os para o fundo.

Sotavento Termo náutico que especifica o lado para onde sopra o vento.

Subaquático Que está abaixo do nível d'água.

Subárido O mesmo que semiárido.

Subestação elétrica Instalação em área urbana, na qual a voltagem usada na transmissão a longa distância é diminuída para valores mais apropriados à distribuição urbana de energia elétrica.

Sublimação Em química, é a passagem direta do estado sólido ao gasoso.

Submarino Que está submerso no mar. Embarcação que pode trafegar abaixo do nível da água do mar.

Submerso Aquilo que está abaixo do nível da água.

Subleito ou subgreide É o material de base da pavimentação, ou seja, o material natural abaixo da camada de pavimento.

Subornar Atrair com o objetivo de enganar, dar dinheiro ou presentes para conseguir objetivos contrários à lei.

Subpopulação Fração ou subdivisão de uma população, identificável por algum critério ou característica (raça, etnia, idade, comportamento, situação legal etc.). Escassez de população em determinado território, região, atividade etc.

Subpressão Pressão da água quando percola através da fundação das obras hidráulicas. É um dos maiores problemas de segurança das obras. Quase sempre é necessário executar obras de vedação, associadas à drenagem, para coibir a ação perniciosa que pode levar a rupturas.

Subproduto Qualquer material ou produto resultante de um processo para produzir outro produto. O custo de um subproduto é virtualmente zero. Há incentivos para encontrar usos ou mercados para os subprodutos, como escória de alto-forno, usada na construção de estradas. Quando não há uso, o subproduto é considerado resíduo.

Subsídio Ver *Subsídios*.

Subsídios Instrumento econômico de política ambiental que inclui doações e empréstimos a juros baixos, como incentivo para que os poluidores, ou usuários de recursos, mudem seu comportamento ou diminuam os custos da redução da poluição, arcados pelos poluidores.

Subsolo Camada da crosta terrestre abaixo do nível do solo, onde são encontradas as riquezas minerais: ouro, prata, cobre, ferro, pedras preciosas; e dois importantes combustíveis: o carvão mineral e o petróleo.

Substância insolúvel Em química, é a incapacidade de uma substância dissolver em outra, desde que uma delas esteja no estado líquido.

Substância para crescimento de plantas O mesmo que nutrientes.

Substância química Substância formada por dois ou mais elementos ligados numa proporção fixa e definida. Por exemplo, a água é uma substância química formada por hidrogênio e oxigênio na proporção de dois para um.

Substância solúvel ou dissolvida Substância que pode ser dissolvida ou que pode se comportar como um soluto na água. Ver *Solução*.

Substância tixotrópica Substância em estado sólido em repouso, e em estado líquido quando agitada.

Substância tóxica Qualquer substância ingerida em grandes quantidades torna-se tóxica. Entre os mais de doze milhões de produtos químicos conhecidos, cerca de 3.000 causam a maior parte das intoxicações. Os idosos e as crianças são particularmente vulneráveis à intoxicação acidental, cujos sintomas dependem do produto, da quantidade ingerida e das características físicas da pessoa que ingeriu.

Substâncias conservativas Aquelas que não se modificam por reação química ou biológica na água natural.

Substâncias perigosas Segundo a NBR-10004 da ABNT são enquadradas como: (a) inflamáveis: substâncias que se inflamam facilmente e causam risco de incêndio em condições normais (ex.: metais finamente divididos, líquidos com ponto de *flash* a 100°C ou menos); (b) corrosivas: substâncias que requerem armazenagem especial por sua capacidade de corroer (ex.: ácidos, anidridos ácidos e álcalis); (c) reativas: substâncias que requerem armazenagem e manuseio especial porque reagem espontaneamente com ácido ou emanação ácida (ex: cianidos, álcalis concentrados), reagem violentamente com vapor ou água (ex: fosfinas, ácidos concentrados ou álcalis) ou são instáveis ao choque ou ao calor (ex.: líquidos inflamáveis sob pressão), resultando em geração de gases tóxicos, explosão, fogo ou aumento de calor; (d) tóxicas: substâncias que, manejadas inadequadamente, podem liberar tóxicos em quantidade suficiente para causar efeito direto, crônico ou agudo à saúde, por inalação, absorção pela pele, ingestão ou levar à acumulação tóxica no meio ambiente e na cadeia alimentar (ex: metais pesados, pesticidas, solventes, combustíveis derivados de petróleo); (e) biológicas: substâncias que, manejadas inadequadamente, liberam micro-organismos patogênicos em quantidades suficientes para causar infecção; pólen, mofo ou irritantes em quantidades suficientes para causar reação alérgica em pessoas suscetíveis.

Sucata Material, produto ou resíduo descartados, passíveis de reciclagem na indústria.

Sucção Criação de um vácuo para a subida de líquidos até um limite de altura. Associa-se a pressões abaixo da atmosférica, ou seja, a ação se dá de acordo com o diferencial de pressão entre a pressão atmosférica e a região sob vácuo.

Sucessão Processo de prevalência de uma comunidade sobre outra, como consequência de uma modificação do ambiente e do desequilíbrio ocorrido, uma vez atingido o nível de saturação do ambiente.

Sucessão autogênica Mudanças ocasionadas por processos biológicos internos ao sistema.

Sucessão biológica em um ecossistema Alteração gradual, ordenada e progressiva no ecossistema, resultante da ação contínua de fatores ambientais sobre os organismos e da reação deles em função do ambiente.

Sucessão de ambiente aquático para terrestre Diz-se dos seres vivos que originalmente vieram de um ambiente úmido como um lago, por exemplo, para viver em ambiente terrestre.

Sucessão ecológica Processo natural que ocorre quando um organismo ou grupo de organismos toma o lugar de outro em um *hábitat*, com o passar do tempo.

Sulfato Trata-se do íon SO_4^{2-}, que consiste em um átomo central de enxofre associado a quatro átomos de oxigênio por ligações covalentes. O ânion sulfato forma produtos químicos iônicos solúveis em água, com exceção do $CaSO_4$, $SrSO_4$, e $BaSO_4$.

Sulfato cúprico ou sulfato de cobre Composto químico ($CuSO_4$), sal sob diversas formas, conforme o grau de hidratação. Na forma anidra, é um pó de coloração verde opaca ou cinzenta, e na forma pentahidratada ($CuSO_4 \cdot 5H_2O$), é azul brilhante. O sulfato de cobre pentaidratado tem ação fungicida. Quando misturado com cal, é chamado de mistura de Bordeaux ou calda bordalesa, utilizada para controlar fungos em uvas, melões, e outras frutas. Outra aplicação é como composto de Cheshunt, uma mistura de sulfato de cobre e carbonato de amônio, utilizado na horticultura, para evitar a queda das plântulas (embrião vegetal desenvolvido e ainda encerrado na semente). Seu uso como herbicida não está relacionado com a agricultura, mas com o controle de plantas aquáticas exóticas invasivas, algas e raízes de outras plantas invasivas próximas a captações para água de abastecimento.

Sulfato de alumínio Quimicamente, é $Al_2(SO_4)_3$ ou $Al_2O_{12}S_3$, produto químico muito usado em indústrias, produzido pela dissolução de hidróxido de alumínio $Al(OH)_3$ em ácido sulfúrico (H_2SO_4). É utilizado como agente floculante no tratamento de água para abastecimento público, aparecendo em grande quantidade no lodo do tratamento de água; como mordente em tingimento de têxteis; como antitranspirante ainda que, desde 2005, a Food and drugs administration (FDA) não o reconhece como absorvedor de umidade. Considera-se a relação entre o alumínio e o mal de Alzheimer.

Sulfato de alumínio com carvão ativado O carvão ativado é um auxiliar de floculação e coagulação no tratamento de água de abastecimento, quando se usa o sulfato de alumínio como floculante ou coagulante. Algumas pesquisas mostram que o carvão ativado pode ser usado na remoção dos ácidos húmicos e fúlvicos, conhecidos como precursores da formação de THMs (tri-halometanos).

Sulfato de amônio O sulfato de amônio, $(NH_4)_2 SO_4$, dissolvido em água forma uma solução condutora com os íons $NH_4^+(aq)$ e $SO_4^{2-}(aq)$. É utilizado como fertilizante e fonte de nitrogênio e enxofre.

Sulfato de cálcio Composto químico representado por $CaSO_4$, em que um cátion de cálcio se liga a um ânion de sulfato por uma ligação bivalente. Na natureza, é um composto mineral em forma de cristais de anidrita ou gipsita. É a matéria-prima da fabricação de giz. O gesso usado na construção e em ortopedia para imobilização, em caso de luxação, fratura óssea é o sulfato de cálcio hidratado ($2\ CaSO_4 \cdot H_2O$).

Sulfato de cobre Ver *Sulfato cúprico ou sulfato de cobre*.

Sulfato de sódio Sal de fórmula química Na_2SO_4. É produzido pela reação entre o ácido sulfúrico e a soda cáustica. O sulfato de sódio tem diversas aplicações nas indústrias de celulose, vidros e detergentes. É um subproduto de vários processos industriais. Tem efeitos laxativos, e usado no tingimento com cor avermelhada.

Sulfato férrico Também chamado de sesquissulfeto de ferro ou tersulfato de ferro, é um composto químico de ferro e sulfato. Sua fórmula química é $Fe_2(SO_4)_3$, mas se apresenta como penta-hidratado: $Fe_2(SO_4)_3 \cdot 5H_2O$. É usado como mordente em tingimentos; como coagulante no tratamento de águas residuárias industriais; em pigmentos e em banhos de decapagem para alumínio e aço. Na medicina é usado como adstringente e estíptico.

Sulfato ferroso Sal hepta-hidratado, $FeSO_4 \cdot 7H_2O$, com 20% de ferro elementar, também conhecido por melanterita. Na medicina, é um medicamento administrado por via oral, constituindo o produto de menor custo no tratamento das deficiências de ferro.

Sulfato ferroso hidratado Ver *Sulfato ferroso*.

Sulfeto Combinação de enxofre (no estado de oxidação -2) com um elemento químico ou um radical. Excetuando-se os compostos covalentes do enxofre, como o dissulfeto de carbono (CS_2) e o sulfeto de hidrogênio ou gás sulfídrico (H_2S), a maioria é de sulfetos metálicos e muitos deles são considerados potencialmente tóxicos por inalação ou ingestão. Os principais compostos ou minerais de sulfeto são: sulfeto de hidrogênio (H_2S); dissulfeto de carbono (CS_2); arsenopirita (FeAsS); argentita (Ag_2S); calcopirita ($CuFeS_2$); cinábrio (HgS); galena (PbS); pirita (FeS_2); realgar (AsS); estibina (Sb_2S_3); esfalerita/ blenda (ZnS); wurtzita (ZnS).

Sulfobactérias Micro-organismos quimioliototróficos (*Thiobacillus* sp.), que obtêm energia através da oxidação de compostos reduzidos de enxofre (oxidantes), em ambientes ácidos e outros em condições alcalinas; e as sulfobactérias quimiorganotróficas, que obtêm energia por respiração anaeróbia, reduzindo sulfatos ou outros compostos redutíveis de enxofre a H_2S.

Sulfonado Produto da sulfonação, processo químico pelo qual o grupo ácido sulfônico (HSO_3^-) ou o grupo haleto de sulfonila (XSO_2^-) é introduzido em compostos orgânicos, formando as ligações carbono-enxofre ou nitrogênio-enxofre.

Sumário Designa um pequeno resumo com a finalidade de informar sobre o conteúdo do texto.

Sumidouro ou poço absorvente Em hidrologia, é uma cavidade, em forma de funil na superfície do solo, que se comunica com o sistema de drenagem subterrânea, em regiões calcárias, causada pela dissolução da rocha. Em engenharia sanitária, é um poço construído para receber o efluente das fossas sépticas ou de filtros anaeróbios de fluxo ascendente e permitir sua infiltração no solo.

Sumidouro ou sorvedouro de carbono Qualquer processo, atividade ou mecanismo que absorva o dióxido de carbono (CO_2) do ar atmosférico. As florestas são consideradas ótimas sorvedouras de carbono, em função da capacidade da vegetação de utilizar o CO_2.

Súmula Em direito, é o verbete que registra a interpretação adotada por um Tribunal a respeito de um tema, com a finalidade de tornar pública a jurisprudência para a sociedade e de uniformizar as decisões.

Superaquecimento Aquecimento acima do esperado.

Superávit acumulado Em macroeconomia, é a diferença positiva entre o valor recebido pelas exportações e o valor pago pelas importações, acumulada durante um um ano.

Superelevação em curva de estrada Em função da força centrífuga, os veículos tendem a deixar a pista nas curvas. A superelevação compensa essa tendência, mais confortável para o motorista.

Superfície piezométrica Ver *Mapa de superfície piezométrica*.

Superposição de cartas ou mapas Método de avaliação de impacto ambiental, desenvolvido para estudos de planejamento urbano e regional, adaptável à análise e diagnóstico ambiental. Consiste na confecção de uma série de cartas temáticas de uma mesma área geográfica, uma para cada fator ambiental, com os dados organizados em categorias. As cartas são superpostas, para produzir a síntese da situação ambiental da área, elaboradas de acordo com os conceitos de fragilidade ou potencialidade de uso dos recursos ambientais, segundo se queira obter cartas de restrição ou aptidão de uso. Podem ser processadas em computador.

Surfactante aniônico Ver *Surfactantes*.

Surfactante catiônico Ver *Surfactantes*.

Surfactante não iônico Ver *Surfactantes*.

Surfactantes Substâncias tensoativas, compostas de moléculas grandes, ligeiramente solúveis na água. Uma característica comum a todos os surfactantes é a capacidade de formar agregados em solução aquosa a partir de uma determinada concentração. Os agregados são denominados micelas. A concentração a partir da qual se inicia o processo de formação das micelas (micelização) é chamada de Concentração Crítica Micelar (CMC), que é uma propriedade do surfactante. Provocam espuma nos corpos de água onde são lançados, e se mantêm na interface ar/água e, até 1965, os surfactantes dos detergentes sintéticos eram os maiores responsáveis pelo problema, pois não são biodegradáveis. Depois, passou-se a usar detergentes biodegradáveis, e o problema foi reduzido. A determinação de surfactantes é realizada pela mudança de cor de uma solução padronizada de azul de metileno e, por esse motivo, os surfactantes são também chamados de substâncias ativas do azul de metileno.

Suspensoide ou sol Os coloides dividem-se em suspensoides e emulsoides ou em sol e gel. Os suspensoides têm aspecto fluido e viscosidade baixa. Ex.: cristal de rubi, cristal de safira, ligas metálicas.

Sustentabilidade Ver *Desenvolvimento sustentável*.

Sustentabilidade ambiental Melhoria da qualidade da vida humana, respeitando a capacidade de assimilação dos ecossistemas. Define-se por duas funções do meio ambiente: fonte e receptor, que devem ser mantidas inalteradas durante o período em que se requer a sustentabilidade. Assim, a sustentabilidade ambiental é um conjunto de restrições de atividades que regulam a escala do subsistema econômico do homem: a assimilação da poluição e dos resíduos, no que se refere à função de receptor; o uso dos recursos renováveis e dos não renováveis, quanto à função fonte. A sustentabilidade ambiental é um conceito da ciência natural e obedece às leis biofísicas, mais do que às leis humanas.

Tt

Tabaco Nome comum dado às plantas do gênero *Nicotiana L.* (*Solanaceae*), em particular a *N. tabacum*, originárias da América do Sul e da qual é extraída a substância chamada nicotina. Usado para fabricar cigarros e charutos.

Tabela Dados numéricos ou informações resumidas em quadro, para a melhor visualização.

Tabela de riscos Segundo a norma do Ministério do Trabalho NR-9, de 1994, os riscos ambientais no trabalho podem ser divudos em cinco grupos, em função dos agentes: químicos (poeira, fumo, névoa, vapores, gases, produtos químicos em geral, neblina); físicos (ruídos, vibrações, radiações ionizantes ou não, pressões anormais, temperaturas extremas, iluminação deficiente, umidade); biológicos (vírus, bactérias, protozoários, fungos, bacilos, parasitas, insetos, cobras, aranhas); ergonômicos (trabalho físico pesado, posturas incorretas, falta de treinamento, trabalhos em turnos ou noturnos, atenção e responsabilidade excessivas, monotonia, ritmo excessivo); mecânicos (arranjo físico inadequado, máquinas e equipamentos sem proteção, ferramentais defeituosas, inadequadas ou inexistentes, iluminação inadequada, eletricidade/sinalização, perigo de incêndio ou de explosão).

Tabique O mesmo que divisória; taipa; tapume; estuque; biombo.

Tábuas de maré Tabelas com as previsões de marés e de correntes de marés para um ou vários locais.

Tabuleiro ou chapada A chapada caracteriza-se por grandes superfícies, a mais de 700 m de altitude. A Resolução Conama nº 4/1985, define como forma topográfica que se assemelha a um planalto, com declividade média inferior a 10% (6%) e extensão superior a 10 ha, que termina de forma abrupta.

Talha Tipo de guincho (para içamento de peças pesadas) que pode ser acionada manual ou mecanicamente.

Talude Inclinação natural ou artificial da superfície de um terreno. A inclinação do talude em obras de corte e aterro depende do tipo de solo, da presença ou não de água de lençol etc. Em taludes de estradas de ferro e de rodagem, é normal cortes com uma inclinação de 0,7 a 1 na horizontal e 1 na vertical. Nos taludes de aterro, a inclinação é de 1,5 a 2 na horizontal, e 1 na vertical. Nos taludes de barragens, a faixa de variação é maior, conforme o material e o método construtivo, podendo variar de 2,5 a 5 na horizontal, e 1 na vertical.

Talude natural Ver *Talude*.

Talude de barragem Ver *Talude*.

Talude de estrada Ver *Talude*.

Tálus Formação topográfica natural com grande massa de solo solto, na encosta de uma montanha, com movimentação intermitente, por estar no estado de estabilidade, conhecido como equilíbrio limite. Qualquer ocorrência que provoque mudança nas condições iniciais (aumento de peso por ocasião de chuvas, por exemplo) faz com que essa massa se movimente, e cause estragos em obras indevidamente situadas nessas áreas. Uma indicação prática é que algumas árvores dessas áreas apresentam uma inclinação contrária ao movimento da massa de solos.

Talvegue É o oposto de crista. É o perfil longitudinal de um rio ou linha que une os pontos de menor cota ao longo de um vale e que resulta da intersecção dos planos das vertentes com dois sistemas de declives convergentes.

Tamanho de malha O mesmo que bitola ou tamanho da abertura da malha de uma peneira.

Tambor rotativo usado no tratamento biológico de esgoto Técnica de tratamento em que a água residuária passa por tanques com tambores rotativos, parcialmente imersos que giram em pequena velocidade. Na superfície dos tambores forma-se uma biomassa aderida, responsável pela adsorção e biodegradação da matéria orgânica da água residuária. O processo é considerado aeróbio, e a aeração é realizada pelo contato com o ar atmosférico. Quando a finalidade é a desnitrificação, ou seja, a transformação do NO_3^- (nitrogênio na forma de nitrato) em N_2 (gás), o tambor é totalmente imerso no líquido, pois é um processo anóxico. O mesmo que BIODISCO.

Tanque de aeração Em tratamento biológico aeróbio de águas residuárias é o mesmo que reator biológico.

Tanque de aeração ou reator de fluxo contínuo do tipo mistura completa A principal característica é que as amostras coletadas em qualquer lugar desse tanque mantêm as mesmas características, por estarem completamente misturadas. Para saber mais, ver Nuvolari (2011).

Tanque de aeração ou reator de fluxo contínuo do tipo pistão É uma unidade mais comprida do que larga. As amostras coletadas ao longo do seu comprimento mudam de características à medida que a água residuária segue o seu percurso. Para saber mais, ver Nuvolari (2011).

Tanque Imhoff É um tipo de decantador digestor, a exemplo das fossas sépticas comuns, utilizado no tratamento primário de esgoto de pequenas comunidades. É um pouco mais eficiente e sofisticado, com uma câmara superior de sedimentação isolada da subida dos gases da decomposição anaeróbia (que prejudicaria a sedimentação) e de uma câmara inferior, destinada ao armazenamento e digestão do lodo sedimentado.

Tanque séptico Também conhecido como decantador digestor ou fossa séptica, é um tanque para o tratamento primário do esgoto, no qual os sólidos (sedimentáveis pelo próprio peso) são armazenados e digeridos. A parte líquida, que permanece pouco tempo no tanque, sai com todos os sólidos dissolvidos ou finamente particulados, responsáveis por uma carga poluidora de cerca de 70% da DBO original.

Taxa de aplicação superficial usada no dimensionamento de um clarificador É a relação entre a vazão máxima horária de esgoto que é tratado e a área do clarificador. É dada em m^3/m^2 hora. Para saber mais ver Nuvolari (2011, subitem 9.3.5).

Taxa de aplicação usada no dimensionamento de um filtro biológico Ver Nuvolari (2011, subitem 9.7).

Taxa de aplicação usada no dimensionamento de um sistema de lodos ativados Trata-se da relação entre as cargas de alimentos (DBO) e de micro-organismos (SSV), ou seja, entre a carga de DBO aplicada e a carga de sólidos voláteis do reator. Atualmente, o dimensionamento é feito em função da idade do lodo. Para saber mais ver Nuvolari (2011, subitem 9.3.6.2.3).

Taxa de concentração Em usinas de dessalinização é a relação entre a salinidade do rejeito concentrado (salmoura) e a salinidade da água de alimentação do processo. A taxa de concentração de salinidade da salmoura é limitada a cerca de duas vezes a da água de alimentação.

Taxa de deslocamento ou de transporte de sedimentos no litoral Quantidade de sedimentos transportados naturalmente pela ação de ondas ou correntes, em um ano, na zona litorânea; inclui o transporte longitudinal e o transversal.

Taxa de escoamento superficial Ver *Coeficiente de escoamento superficial*.

Taxa de mortalidade Ou coeficiente de mortalidade. É um dado demográfico do número de óbitos a cada mil habitantes, em uma região, num período de tempo.

Taxa de natalidade Número de crianças que nascem vivas em uma área, a cada mil habitantes, no período de um ano.

Taxa de produto Em política ambiental, instrumento econômico que adiciona um valor ao preço de um produto ou insumo que causa poluição (por exemplo, taxa sobre o conteúdo de enxofre em óleo mineral ou no mineral). A taxa diferenciada resulta em preços mais favoráveis para os produtos menos nocivos ao meio ambiente.

Taxa de urbanização Indicador que mede o crescimento percentual da população que vive em núcleos urbanos, em relação à população total de um município, estado ou país, em determinados períodos de tempo (geralmente anuais). Deduzem-se a partir do período entre dois censos consecutivos, feitos a cada dez anos.

Taxa ou tarifa cobrada em função da poluição causada Instrumento econômico de política ambiental, de caráter fiscal, que atribui um valor à poluição liberada no meio ambiente. É calculado com base na quantidade ou na qualidade de uma descarga de poluentes no meio ambiente.

Taxia Resposta comportamental inata a um organismo ou célula a um estímulo direcional, que pode ser positiva ou negativa. Os tipos de taxias identificadas têm o prefixo indicador do tipo: barotaxia (pressão); quimiotaxia (químicos); galvanotaxia (corrente elétrica); geotaxia (gravidade); hidrotaxia (água ou umidade); fototaxia (luz); reotaxia (corrente de fluxo); termotaxia (temperatura); tigmotaxia (contato ou toque).

Táxon Unidade taxonômica associada a um sistema de classificação. Táxons (ou taxa) estão em qualquer nível de um sistema de classificação: um reino é um táxon, assim como um gênero, uma espécie ou qualquer outra unidade de um sistema de classificação dos seres vivos. O táxon é o objeto de estudo da Taxonomia, que individualiza e descreve cada táxon, e da Sistemática, que organiza-o nos diferentes sistemas de classificação.

Taxonomia Ver *Táxon*.

Tchernozion Solo preto, muito fértil, de regiões de clima semiárido, com verão seco e quente e inverno muito frio, com grandes precipitações de neve (como na Sibéria e Ucrânia). Sua cor preta deve-se ao grande percentual de material orgânico (húmus).

Técnica Conjunto de procedimentos e de recursos de uma ciência.
Técnica Delphi Ver *Método ou técnica Delphi*.
Técnica ou processo de membrana filtrante Uma das aplicações da técnica da membrana filtrante é na contagem de coliformes, também realizada pelo método dos tubos múltiplos. O método da membrana filtrante só é possível no caso de amostras líquidas.
Técnicas de previsão de impactos ambientais São técnicas formais ou informais para prever a magnitude dos impactos ambientais, isto é, estimar as futuras condições de qualidade de fatores ambientais específicos, afetados por uma obra ou ação.
Tecnologia industrial Ver *Tecnologia*.
Tecnologia Termo que envolve o conhecimento técnico, científico e as ferramentas, processos e materiais criados e utilizados. Conforme o contexto, a tecnologia usa as ferramentas e as máquinas que ajudam a resolver problemas; as técnicas, conhecimentos, métodos, materiais, ferramentas, e processos resolvem problemas ou facilitam a sua solução. Um método ou processo de construção e trabalho é a tecnologia de manufatura, de infraestrutura ou espacial. A tecnologia também é usada para descrever o nível de conhecimento científico, matemático e técnico de uma cultura.
Teflon Marca registrada da empresa norte-americana DuPont, que identifica o polímero Politetrafluoretileno (PTFE), similar ao polietileno, no qual os átomos de hidrogênio são substituídos por flúor. É uma substância praticamente inerte, ou seja, não reage com outras substâncias químicas, exceto em situações muito especiais, pela proteção dos átomos de flúor sobre a cadeia carbônica. Essa característica determina uma toxicidade praticamente nula. É o material com o mais baixo coeficiente de atrito conhecido. Outra qualidade é a impermeabilidade, que mantém suas qualidades em ambientes úmidos, além da baixa aderência e aceitabilidade ótima pelo corpo humano, usado em diversos tipos de prótese.
Teia alimentar Ver *Cadeia alimentar*.
Telemedição Medição do consumo de água, energia elétrica etc. registrado pelos hidrômetros ou medidores eletrônicos. A transmissão de dados de qualquer medidor é feita por rádio, satélite, *modem*, redes etc.
Telemetria Tecnologia para a medição e a comunicação de informações. Funciona por transmissão sem fio (sinal de rádio), daí o nome telemetria. Muitas vezes é utilizada com o Datalog, que tem a função de gravar um período de tempo da leitura dos canais da telemetria. É muito utilizada em coleta de dados meteorológicos.
Telemetria elétrica Ver *Telemetria*.
Telemetria por rádio Ver *Telemetria*.
Telha Material de cobertura das edificações.
Telhado Conjunto de madeiramento e telhas que compõem a cobertura das edificações.
Têmpera É um resfriamento brusco, para conseguir determinadas características nos materiais. Na química de polímeros e na ciência dos materiais, a têmpera é usada para evitar processos que ocorrem em temperaturas mais baixas, em especial transformações de fase. Por exemplo, ao reduzir a cristalização, aumenta a rigidez de ligas e plásticos produzidos por polimerização.
Têmpera do aço Usada para obter uma microestrutura que proporcione propriedades de dureza e resistência mecânica elevadas ao aço, com a introdução de martensita. A peça a ser temperada é aquecida à temperatura austenítica e submetida a um resfriamento brusco, que o obriga a passar pelo seu ponto eutetoide, a uma temperatura em que a austenita se encontra instável, ocorrendo aumento de dureza. Durante o resfriamento, a queda de temperatura provoca transformações estruturais que acarretam o surgimento de tensões residuais internas, exigindo um tratamento após a têmpera (revenimento).
Têmpera mole A têmpera mole é utilizada em fios e cabos elétricos de cobre, para facilitar o manuseio.
Temperar Ato de efetuar a têmpera.
Temperatura Medida da energia cinética associada a um movimento aleatório (vibração) das partículas que compõem um sistema físico e que é associada à noção de frio ou calor. Várias propriedades físicas da matéria, em especial as suas fases (estado sólido, líquido, gasoso, plasma ou condensado de Bose-Einstein), a densidade, a solubilidade, a pressão de vapor e a condutibilidade elétrica dependem da temperatura, que também tem um papel importante na velocidade das reações químicas e bioquímicas. Existem três escalas de medida da temperatura: termométrica, Fahrenheit, na qual 32°F é o ponto de congelamento da água e 212°F é o ponto de ebulição da água; Celsius (antigamente chamada de centígrado), na qual 0°C é o ponto de congelamento e 100°C é o ponto de ebulição da água; Kelvin é aquela na qual a temperatura do ponto triplo da água é de 273,16 K. O intervalo de um grau é o mesmo da escala Celsius. Na escala termométrica, o

intervalo entre o ponto de ebulição e o ponto de congelamento da água é dividido em 100 intervalos, denominados graus.

Temperatura absoluta Não depende de medida nem da substância ou propriedade para medi-la. Kelvin é a escala de temperatura absoluta ou escala termodinâmica e o seu símbolo é K. Zero Kelvin é o zero absoluto, e equivale a –273,16°C. Alguns defendem a ideia de que cessa todo movimento molecular no zero absoluto. Tal noção é errônea e supõe que o conceito puramente macroscópico de temperatura esteja intimamente ligado ao conceito microscópio de movimento molecular. Quando se tenta estabelecer essa ligação, verifica-se que, ao se aproximar do zero absoluto, a energia cinética das moléculas tende para um valor finito, que é denominado energia do ponto zero. A energia molecular é mínima, mas não é nula, no zero absoluto.

Temperatura ambiente Temperatura do ar de um local, medida por um termômetro de bulbo seco. Em termos laboratoriais, é a temperatura entre 21 a 23°C (69 a 73 Fahrenheit ou 294 a 296 Kelvin).

Temperatura de ignição Também conhecida como temperatura de autoignição, é o valor mínimo de temperatura a partir do qual um gás inflamável ou uma mistura entram em ignição sem uma faísca ou chama. O valor de temperatura de autoignição se modifica com substâncias catalíticas.

Temperatura de saturação Valor da temperatura em que ocorre a vaporização de um líquido sob uma pressão de saturação.

Temperatura do bulbo seco Ver *Temperatura do bulbo úmido*.

Temperatura do bulbo úmido O psicrômetro é um instrumento utilizado para medir a umidade relativa do ar ou o conteúdo de vapor de água da atmosfera. É composto por um termômetro de bulbo seco e outro de bulbo úmido (molhado). O termômetro de bulbo seco indica a temperatura do ar no momento da medição, e o termômetro de bulbo úmido tem uma mecha de algodão embebida em água. O princípio de funcionamento do psicrômetro baseia-se no fato de a evaporação provocar queda da temperatura. A evaporação depende da saturação de vapor de água na atmosfera, que se reflete na diferença de temperatura e proporciona a umidade relativa da atmosfera. Ex.: se os dois termômetros indicam a mesma temperatura, supõe-se que não houve evaporação de água, portanto, a umidade relativa do ar é 100%. Quanto maior a diferença de temperatura entre os termômetros, maior é a evaporação de água e menor a umidade do ar. São utilizados ábacos ou tabelas para a obtenção da umidade relativa a partir das temperaturas de bulbo seco e úmido (molhado).

Tempestade Tempestade, tormenta ou temporal é um estado climático de curta duração, com ventos fortes (caso dos tornados e ciclones tropicais), raios, trovões e forte precipitação (chuva) e, em alguns casos, granizo ou neve, quando é chamada de tempestade de neve ou nevasca. A tempestade tropical ocorre nos dias quentes, quando há uma significativa condensação de vapor, resultando na produção de água em estado líquido e cristais de gelo, e pode ser muito destrutiva, tanto para o homem como para o *hábitat* natural.

Tempestade de areia Fenômeno mais frequente em regiões com grande quantidade de areia e baixa umidade, como os desertos. É o deslocamento de uma grande massa de partículas de poeira ou areia, por ventos turbulentos e fortes, e que atinge alturas consideráveis. Algumas vezes, é provocada por redemoinhos de vento.

Tempestade de gelo Ver *Tempestade*.

Tempo da preamar As cartas náuticas tabulam as profundidades dos trechos a que elas se referem, em relação à baixa-mar média de sizígia, ou seja, a média de todas as baixa-mares ocorridas em um ano. Quando a maré apresenta sua maior lâmina d'água em relação ao nível médio de sizígia, em um ciclo de variação, esse instante é a preamar. O instante da menor lâmina d'água é a baixa-mar. O intervalo de tempo entre preamar e baixa-mar é a vazante; e o intervalo da baixa-mar para a preamar é a enchente.

Tempo de concentração Tempo estimado para que o escoamento superficial de uma precipitação pluviométrica ocorra do ponto mais remoto de uma bacia até o ponto considerado (um bueiro de estrada, por exemplo). No método racional, usado para a estimativa de vazões em pequenas bacias, costuma-se considerar esse tempo como a duração da chuva, a partir do qual se obtém a intensidade da chuva utilizada no projeto.

Tempo de detenção É o tempo médio de permanência de um líquido numa unidade de tratamento. O tempo de detenção num tanque, reator ou numa lagoa é dado pela relação entre o volume da unidade e a vazão média que adentra a unidade.

Tempo de escoamento superficial O mesmo que tempo de concentração.

Tempo de latência Em microbiologia, é o tempo necessário para que os micro-organismos se adaptem ao tipo de substrato ou de alimento.

Tempo de permanência, de residência, de detenção ou de retenção Ver *Tempo de detenção*.

Tempo de recorrência ou período de recorrência Ver *Período de recorrência*.

Tempo lunar Ver *Tempo sideral*.

Tempo sideral O tempo é medido pela rotação da terra, relacionado a algum ponto da esfera celeste, chamado de sideral, quando relacionado ao equinócio vernal; de solar, relacionado ao sol; e de lunar, relacionado à lua.

Tempo solar Ver *Tempo sideral*.

Temporizador Dispositivo para medir o tempo. É um tipo de relógio especializado, utilizado para controlar a sequência de um evento ou processo. Pode ser mecânico, eletromecânico, digital ou um programa de computador.

Teníase Doença causada pela forma adulta da tênia (*Taenia solium* e *Taenia saginata*) ou solitária, que afeta o intestino delgado do homem, que nem sempre percebe que está infectado.

Tensão Reação de um corpo submetido a esforços de tração. Apresenta a mesma unidade de pressão, ou seja, uma força dividida por uma área.

Tensão de cisalhamento Tipo de tensão produzida por duas forças de sentidos opostos, aplicadas num mesmo corpo e cuja direção é transversal a esse corpo.

Tensão de vapor Ver *Pressão de vapor*.

Tensão elétrica É a diferença de potencial entre dois pontos de um circuito elétrico.

Tensão hidrostática Ver *Pressão hidrostática*.

Tensão superficial Fenômeno que ocorre na camada superficial dos líquidos e que provoca o comportamento de uma película elástica. Isso ocorre porque as moléculas do interior do líquido são atraídas em todas as direções pelas moléculas vizinhas, e a resultante das forças que atuam sobre cada molécula é praticamente nula. As moléculas da superfície do líquido sofrem apenas atração lateral e inferior, resultando num desequilíbrio que causa a tensão superficial.

Teodolito Instrumento óptico de medida de ângulos verticais e horizontais e medidas indiretas de altura, utilizado em trabalhos topográficos, em geodésia e agrimensura.

Teor Conteúdo de um texto ou quantidade de um determinado elemento ou substância numa mistura.

Teor de água Quantidade de água em uma mistura. O teor de água de um solo é medido pela relação percentual entre a água num determinado volume de solo seco (em peso). Pesa-se uma quantidade de solo, depois seca em estufa a 105°C e obtém-se o peso seco, e a água evaporada é obtida pela diferença entre o peso inicial e final.

Teor de matéria orgânica Quantidade de matéria orgânica de uma mistura. Por exemplo, no solo ou no lodo de esgoto.

Teor de umidade Ver *Teor de água*.

Teor de umidade do lodo Ver *Teor de água*.

Teor de umidade do resíduo Ver *Teor de água*.

Teor de umidade do solo Ver *Teor de água*.

Teor máximo de umidade do solo É o máximo de umidade que um solo pode reter por infiltração normal depois da chuva. Em termos de disponibilidade de água para as plantas, o reservatório está cheio.

Teoria da condensação Em cosmologia, a Terra origina-se da condensação da matéria cósmica, inicialmente incandescente, que depois formou uma crosta sólida pelo resfriamento contínuo.

Teoria da elasticidade Usada para determinar as tensões, deformações e sua relação nos sólidos tridimensionais. A elasticidade depende do material e da temperatura e, em uma faixa de valores, as tensões aplicadas são quase proporcionais às deformações. A constante de proporcionalidade entre elas é chamada de módulo de elasticidade ou módulo de Young. Quanto maior o módulo, maior a tensão necessária para o mesmo grau de deformação, e mais rígido é o material. A relação linear entre essas grandezas é conhecida como lei de Hooke. A teoria é aplicável em projetos de estruturas da construção civil, que usam as equações derivadas da teoria da elasticidade para dimensionar colunas, vigas e lajes.

Teoria da falha de Mohr A teoria de falha é fundamental para fixar critérios de previsão de falhas de um material submetido a um estado de tensão bi ou tridimensional. Quando o estado de tensões é unidimensional, como por exemplo, no caso de uma barra de aço submetida à tração, ao longo do seu comprimento o critério é simples; basta evitar que a tensão aplicada seja maior do que a tensão de escoamento do material. Um estado complexo de tensões exige teorias próprias e uma delas, de Mohr, impõe que as tensões principais no estado analisado de tensões não sejam iguais ou superiores às tensões máximas normais obtidas para o material nos ensaios uniaxiais de tensão e de compressão.

Tépido Morno; que tem pouco calor; frouxo.

Terciário Antigo período da era Cenozoica do éon Fanerozoico, que agregava as épocas

Paleocena, Eocena, Oligocena, Miocena e Pliocena. Não integra mais o Quadro Estratigráfico Internacional.

Terminologia Refere-se ao uso e estudo de termos. Também se refere à disciplina que estuda a designação de conceitos particulares a um ou vários assuntos ou campos de atividade humana, por meio de pesquisa e análise dos termos, para documentar e promover seu uso correto.

Termistor Dispositivo eletrônico.

Termo É uma palavra. Nas ciências, tem várias formas, como um código, uma fórmula, ou um símbolo.

Termo de Ajustamento de Conduta ou TAC No Brasil, é o instrumento legal previsto na Lei Federal n° 7347/1985, que rege as ações de responsabilidade por danos morais e patrimoniais causados ao meio ambiente. É um termo de compromisso celebrado entre um empreendedor (pessoa física ou jurídica) responsável pela construção, instalação ou ampliação e funcionamento de estabelecimentos e atividades utilizadoras de recursos ambientais, consideradas efetiva ou potencialmente poluidoras ou degradadoras do meio ambiente e os integrantes do Sisnama (Sistema Nacional de Meio Ambiente), que podem ser órgãos e entidades da União, estados, municípios e fundações, instituídos pelo Poder Público e responsáveis pela execução de programas, projetos, controle e fiscalização das atividades.

Termoclina Às vezes também chamada de metalímnio é uma camada fina, mas distinta em um grande corpo de água (do mar ou de lagos ou, ainda, do ar atmosférico), na qual as mudanças de temperatura se dão mais rapidamente com a profundidade ou com a altura do que nas camadas situadas acima ou abaixo dela. No mar, a termoclina pode ser comparada a um cobertor invisível que separa a camada superior da água misturada pela turbulência das ondas, com a calma e profunda camada situada abaixo dela.

Termodinâmica Ciência que estuda o movimento da energia (sob a forma de calor) e como ela cria movimento. A termodinâmica desenvolveu-se pela necessidade de aumentar a eficiência das primeiras máquinas a vapor.

Termófilo Organismos termófilos ou hipertermófilos são aqueles que gostam de calor, como os micro-organismos que vivem sob altas temperaturas, na faixa de 45°C a 70°C.

Termofone Antigo dispositivo que propagava o som através de folhas de metal, e era quase inaudível. Pesquisas recentes descobriram que um emaranhado de nanotubos de carbono superalinhados, com a aparência de uma simples folha de papel transparente, tem uma nova e surpreendente função: fazer a vez de alto-falantes, simplesmente pela variação da temperatura em sua superfície, obtida com a passagem de corrente elétrica. Essa tecnologia foi apresentada por pesquisadores da Tsinghua University, de Pequim. Os cientistas sabiam que os nanotubos de carbono eram resistentes e bons condutores de calor e de eletricidade, mas só depois descobriram que também transmitem o som.

Termógrafo Instrumento que mede e registra a temperatura.

Termômetro Instrumento que mede a temperatura. O tipo mais comum baseia-se na dilatação do mercúrio. Outros determinam o intervalo de temperatura mediante o aumento da pressão de um gás ou pela curvatura de uma lâmina bimetálica. Alguns empregam efeitos elétricos, traduzidos por correntes elétricas quando o ponto de solda de dois metais diferentes é aquecido.

Termômetro de bulbo úmido Ver *Temperatura do bulbo úmido*.

Termopar Dispositivo elétrico muito usado na medição de temperatura. São baratos, medem uma vasta gama de temperaturas e são substituídos sem erros relevantes. A sua limitação é a exatidão, pois erros inferiores a 1°C são difíceis de detectar. O funcionamento do termopar baseia-se no efeito de Seebeck. Em 1822, o físico Thomas Seebeck descobriu que a junção de dois metais gera uma tensão elétrica, função da temperatura.

Termoperiodismo Trata-se da influência do frio na germinação e no florescimento das sementes vegetais. Algumas plantas necessitam de um período de temperaturas mais frias para despertar os seus botões florais e depois florescer. A técnica artificial para provocar esse florescimento chama-se vernalização.

Termoquímica Ramo da química que estuda o calor envolvido nas reações químicas, com base na termodinâmica.

Terra Sinônimo de solo. O nome do nosso planeta.

Terra à vista Primeira visão da costa quando se vem do alto-mar.

Terra alcalina Ver *Solo alcalino ou com alto teor de sais*.

Terra arada Solo que sofreu processo de aração ou revolvimento, como preparação ao plantio.

Terra arável Terras cultivadas para a produção vegetal, e as mantidas em boas condições agrícolas e ambientais, ocupadas ou não

por estufas ou cobertas por estruturas fixas ou móveis. Uma outra condição é a possibilidade de passar com máquinas de arar.
Terra árida Ver *Solo árido*.
Terra congelada O mesmo que solo congelado.
Terra de diatomáceas Pó inerte proveniente de fósseis de algas diatomáceas, de origem marinha, ou de água doce, com uma fina camada de sílica. É usada no controle de pragas e no armazenamento (proteção) de sementes e de grãos. Foi descoberta por Alfred Nobel, quando fabricava dinamite, misturada à nitroglicerina. A mistura com a terra diatomácea diminui a extrema sensibilidade da nitroglicerina, agindo como um elemento estabilizador.
Terra de Fuller Argila com alta capacidade de absorção, usada na medicina para absorver substâncias tóxicas ingeridas.
Terra de infusórios O mesmo que TERRA DE DIATOMÁCEAS.
Terra expansiva Ver *Argila expansiva*.
Terra vegetal O mesmo que solos orgânicos ou solos vegetais.
Terraço Superfície natural ou construída horizontalmente ou levemente inclinada, constituída por depósito sedimentar ou superfície topográfica modelada pela erosão fluvial, marinha ou lacustre e limitada por dois declives laterais de mesmo sentido. Pode ser uma faixa de terra sobrelevada, mais ou menos horizontal, construída segundo as curvas de nível, sustentada do lado inferior por muros de pedras ou outras barreiras semelhantes, projetada para tornar o terreno apropriado para a cultura agrícola e para evitar a erosão acelerada.
Terraço da praia Zona baixa e plana formada na praia pela ação das ondas.
Terraço de baixa-mar Zona baixa e plana da praia próxima ao nível da baixa-mar.
Terral Vento que sopra da terra para o mar.
Terraplenagem Operação feita por máquinas para tornar um terreno adaptado ao uso pretendido. Inclui corte, aterramento, compactação do solo etc.
Terrapleno O resultado de um trabalho de terraplenagem.
Terras devolutas No Brasil, são as terras pertencentes a órgãos públicos, não utilizadas pelo Poder Público, nem destinadas a fins administrativos específicos. São bens públicos patrimoniais ainda não utilizados pelos proprietários.
Terras úmidas Áreas inundadas por água subterrânea ou de superfície, com uma frequência suficiente para sustentar vida vegetal ou aquática que requer condições de saturação do solo. Pode formar-se: pântano; brejo; turfeira ou água natural, artificial, permanente ou temporária, parada ou corrente, doce, salobra, salgada, incluindo as águas do mar, cuja profundidade na maré baixa não exceda 6 m. Mais recentemente os *wetlands*, naturais ou construídos, são estudados como opções de tratamento de águas residuárias (tratamento adicional para remover nutrientes), com ótimos resultados.
Terremoto Ver *Sismo*.
Terrenos acrescidos de marinha Formam-se natural ou artificialmente para o lado do mar ou dos rios e lagoas em seguimento aos terrenos de marinha. Ver *Terrenos de marinha*.
Terrenos de marinha No Brasil, de acordo com o Decreto Lei nº 3.438, de 17 de julho de 1941, foram definidos como terrenos da marinha, aqueles situados em uma profundidade (largura) de 33 m, medidos para a parte da terra, do ponto em que passava a linha de preamar média de 1831. Tanto os situados no continente, na costa marítima e nas margens dos rios e lagoas, até onde se faça sentir a influência das marés; até os que contornam as ilhas situadas em zona onde se faça sentir a influência das marés.
Terrenos marginais São aqueles banhados pelas correntes navegáveis, fora do alcance das marés, vão até a distância de 15 m medidos horizontalmente, para a parte da terra, contados desde a linha média das enchentes ordinárias.
Teste de significância Também conhecido como teste de hipóteses, corresponde a uma regra decisória, que permite ao pesquisador rejeitar ou não uma hipótese estatística.
Teste local Também chamado de teste *in loco* ou *in situ*, é realizado no local, como o teste para determinar o coeficiente de permeabilidade, que é realizado em furos de sondagens ou através do teste em poços de bombeamento.
Testemunha ou amostra de solo São as amostras retiradas durante a execução de uma sondagem geotécnica.
Testemunhagem elétrica Também conhecida como perfilagem elétrica. São métodos elétricos, utilizados na prospecção de poços de petróleo, que fazem uso de uma grande variedade de técnicas, cada uma delas baseada nas diferentes propriedades elétricas e características dos materiais que compõem a crosta terrestre. Após a perfuração de cada trecho ou fase de um poço, instrumentos especiais (chamados ferramentas de perfilagem), são introduzidos no poço, para se determinar as características das rochas atravessadas (densidade, resistivi-

dade, porosidade etc.) e dos fluidos que elas contêm, bem como as pressões e temperaturas envolvidas. Parte da perfilagem pode também ser efetuada durante a perfuração do poço. A perfilagem elétrica é sempre realizada nos poços e através dela, obtem-se a condutividade elétrica dos diversos tipos de rochas existentes no perfil.

Tétano Doença infecciosa que pode levar à morte. É causada pela neurotoxina tetanospasmina, produzida por uma bactéria anaeróbia (*Clostridium tetani*), encontrada no solo. Ferimentos com objetos contaminados representam um risco de desenvolver a doença.

Textura A textura é uma sensação visual ou tátil. O aspecto de uma superfície permite identificá-la e distingui-la de outras formas. Quando se toca ou se olha para um objeto ou superfície, pode-se sentir se é lisa, rugosa, macia, áspera ou ondulada.

Textura do solo A textura ou granulometria refere-se à proporção de argila, silte e areia do solo. Percebe-se com o tato se um solo é arenoso (mais áspero), siltoso (mais liso, sem coesão, não moldável), ou argiloso (liso e com possibilidade de ser moldado).

Tesauro Linguagem documental e controlada, baseada nas estruturas hierárquicas de uma ou diversas áreas de conhecimento, na qual os dados são representados por termos de uma ou mais línguas naturais e, as relações entre eles, por sinais convencionais. O tesauro pode ser: especializado, monolíngue, multilíngue, por facetas, temático, de termos não preferenciais, de termos preferenciais, tesauro-alvo, ou tesauro-fonte.

Tijolo Material de construção civil.

Tijolo refratário Material de construção ou de revestimento em locais de alta temperatura (revestimento de churrasqueiras, fornos etc.).

Tina Recipiente utilizado para colocar água, obtido a partir do corte ao meio de barris de madeira, usado no armazenamento de bebidas como cachaça, vinho etc.

Tindalômetro Em português o termo mais utilizado é medidor de poeira, ou seja, instrumento usado para determinação da concentração de particulados no ar.

Tingir Uso de substâncias químicas para colorir fibras têxteis.

Tinta Família de produtos líquidos, viscosos ou sólidos em pó que, aplicada a uma superfície, em forma de uma fina camada, após secagem se converte num filme sólido. É usada para proteger ou colorir objetos e superfícies.

Tinta zarcão Tipo de tinta anticorrosiva.

Tiobacilo oxidante de ferro Micro-organismo aeróbio, que age com pH entre 1,5 e 5, capaz de oxidar sais de Fe ou S como fonte de energia.

Tirante Conjunto formado por vários fios ou cabos, ou uma única cordoalha ou barra de aço colocada sub-horizontalmente, em furos feitos com sondas rotativas. Um trecho é ancorado em rocha ou no próprio solo, por injeção de nata de cimento sob pressão. É protendido, ou seja, fica sob tensão aplicada por macacos hidráulicos e preso a dispositivos que o ancoram na estrutura. A finalidade do tirante é dar sustentabilidade às obras de contenção do tipo cortina atirantada, ancoragem de blocos instáveis de rocha, muros de arrimo etc.

Tirante com rosca Tipo de tirante com ponta roscada, onde a ancoragem é feita com uma porca resistente apertada.

Titânio Elemento químico (símbolo Ti), número atômico 22 (22 prótons e 22 elétrons) e massa atômica 47,90 u. É um metal de transição leve, forte, cor branca metálica, lustroso e resistente à corrosão, sólido à temperatura ambiente. O titânio é muito utilizado em ligas leves e em pigmentos brancos.

Titulação Processo empregado em química para determinar a quantidade de substâncias numa solução, pelo confronto com uma outra espécie química, de concentração e natureza conhecidas. A substância de interesse recebe o nome de analito. A espécie química com concentração definida recebe o nome de titulante, que é uma solução obtida a partir de um padrão primário, pode ser um sal ou uma substância gerada na solução que se deseja valorar. A solução por determinar a concentração recebe o nome de titulado.

Titulação amperométrica Método eletroquímico de análise quantitativa para determinar a concentração de uma solução, com base na medida de intensidade de corrente de eletrólise.

Titulação colorimétrica Baseia-se na mudança de cor quando certas substâncias entram em contato com meio ácido ou alcalino.

Toca Esconderijo ou moradia de animais.

Tocha Dispositivo destinado à queima de gases inflamáveis gerados em diversos processos, como forma de evitar a poluição atmosférica.

Tolerância Em estudos ambientais, é a capacidade de um sistema ambiental absorver impactos de duração e intensidade que não afetem sua qualidade e estabilidade a ponto de torná-lo impróprio ao uso a que se destina. Em estudos ecológicos e geográficos, é a amplitude das condições físico-químicas em que espécie, gênero, família etc. de plantas ou animais possa crescer naturalmente, sem competição.

Tomada d'água Estrutura construída com a finalidade de captar água bruta a ser posteriormente bombeada para as estações de tratamento. Em hidrelétricas, é a estrutura de entrada da água direcionada para girar as turbinas.

Tombamento É a declaração, pelo Poder Público, do valor histórico, artístico, paisagístico ou científico de núcleos, cidades ou imóveis individuais que passam a ser preservados. O tombamento pode acarretar uma restrição individual, e reduzir os direitos do proprietário; uma limitação geral, que abrange uma coletividade, obrigada a respeitar padrões urbanísticos ou arquitetônicos, como ocorre com o tombamento de núcleos históricos.

Tômbolo Depósito arenoso estreito, de forma mais ou menos curva, que une a praia a uma ilha próxima.

Tonelada Unidade de medida da força peso, correspondente a 1.000 kgf.

Topo ou cume É a parte mais elevada de morro, monte, montanha, serra ou elevação.

Topografia Ciência que estuda todos os acidentes geográficos, definindo a situação e sua localização. É importante nas demarcações de terra e nos projetos de construção civil: estradas, barragens, loteamentos, obras de redes de água, esgoto e outras, pois permite determinar analiticamente as medidas de área e perímetro, localização, orientação, variações no relevo etc. e representá-las graficamente em cartas (ou plantas) topográficas.

Topógrafo Topógrafo ou agrimensor é o profissional que executa serviços topográficos.

Tora Madeira não processada; madeira bruta, da maneira como foi extraída.

Tório Elemento levemente radioativo. Quando puro, é um metal branco prateado que mantém o brilho por diversos meses. Em contato com o ar, escurece lentamente tornando-se cinza ou, eventualmente, preto. O óxido de tório (ThO_2) tem um dos pontos de ebulição mais elevados que se conhece (3.300°C). Quando aquecido ao ar, o metal de tório inflama-se e queima produzindo uma luz branca brilhante. Por esse motivo é usado em mantas (camisas) de lampiões a gás; como elemento de liga para aumentar a resistência mecânica e a resistência a elevadas temperaturas do magnésio; para revestir fios de tungstênio usados em equipamentos eletrônicos; foi usado em eletrodos para soldas cerâmicas de alta resistência ao calor. O óxido é usado para controlar o tamanho das partículas de tungstênio das lâmpadas elétricas; em equipamentos de laboratório submetidos a elevadas temperaturas (cadinhos); quando adicionado ao vidro, produz cristais com alto índice de refração e baixa dispersão, por isso é usado em lentes de precisão de câmeras e instrumentos científicos. Como catalisador, é usado na conversão de amônia em ácido nítrico; no craqueamento do petróleo; na produção do ácido sulfúrico; na datação do urânio (foi usado para datar hominídios fósseis); como matéria prima para produzir combustível nuclear: o tório-232 bombardeado com nêutrons produz o fissionável isótopo U-233.

Torita Mineral raro encontrado em pegmatito, e explorado como minério de tório. A variedade de torita alterada $ThSiO_4 \cdot nH_2O$ é denominada orangita, por sua cor amarelo-laranja brilhante. Pode associar-se a minerais aluminossilicáticos, e identificado pela cor laranja-clara a preto amarronzado e pela forte radioatividade.

Tormenta Fenômeno climático, o mesmo que tempestade.

Tornado Trata-se de um pequeno e intenso redemoinho de vento formado por um centro de baixa pressão e que ocorre durante as tempestades tropicais. Quando o redemoinho alcança o solo, devido à repentina queda na pressão atmosférica, aliada aos ventos de alta velocidade (podem alcançar mais de 500 km/h), o tornado causa grande destruição.

Torneira Dispositivo usado para abrir e fechar um ponto de água.

Torno de bancada ou morsa Dispositivo destinado a prender peças em trabalhos manuais.

Torre de aspersão Equipamento usado no controle da poluição do ar, do tipo absorvedor úmido, no qual um fluxo de gás poluído penetra pela base da torre e flui de baixo para cima. As gotas de água aspergidas do topo da torre, em velocidade superior a do fluxo gasoso, molham as partículas de poluentes que sedimentam na base da torre, de onde são recolhidas.

Torre recheada Equipamento de controle da poluição do ar, no qual a corrente gasosa, saturada de poluentes, atravessa um leito de material de coleta granular ou fibroso. Um líquido passa sobre a superfície coletora para mantê-la limpa e prevenir que as partículas depositadas se entranhem outra vez. No refino do petróleo, algumas torres de destilação são recheadas com anéis de Rashig, geralmente de aço inox, para diminuir a velocidade de subida e a temperatura dos vapores, e permitir uma melhor separação dos produtos por diferença nas temperaturas de condensação.

Torta de lodo É o material resultante do desaguamento do lodo.

Torta de lodo de esgoto Trata-se do material resultante do desaguamento do lodo em estações de tratamento de esgoto, que pode ser feito por equipamentos mecânicos, como filtro-prensa de placas ou de esteiras; centrífugas; filtros a vácuo etc. ou nos leitos de secagem. Do desaguamento sobra um resíduo com grande concentração de matéria orgânica decomposta (no caso do lodo digerido, de 35 a 50%), e com grande percentual de água (de 60 a 85% em relação ao peso total úmido). Para saber mais ver Nuvolari (2002).

Tortuosidade Em hidrogeologia, é o parâmetro que expressa a relação entre os comprimentos da trajetória real de uma partícula e da linha de fluxo.

Tosse Resposta natural do aparelho respiratório a um processo irritador.

Toxicidade Capacidade de uma toxina ou substância venenosa de produzir dano aos seres vivos.

Toxicidade aguda Qualquer efeito venenoso produzido num período de tempo, usualmente de 24 a 96 horas, que resulte em dano biológico severo e, às vezes, em morte.

Toxicidade crônica Resulta da exposição a um produto tóxico durante um longo prazo (em relação ao tempo de vida do organismo).

Toxicidade de defensivo A toxicidade da maioria dos defensivos é expressa em função do valor da dose média letal (DL_{50}), por via oral, dada em miligramas do produto tóxico por quilo de peso vivo, necessários para matar 50% de ratos e outros animais em teste. Por medidas de segurança contra riscos para a saúde humana, os produtos são enquadrados em função do DL_{50}, inerente a cada um. Os de classe I são considerados extremamente tóxicos ($DL_{50} < 50$ mg/kg de peso vivo); de classe II são os muito tóxicos (DL_{50} entre 50 a 500 mg/kg de peso vivo); de classe III são os moderadamente tóxicos (DL_{50} – 500 a 5.000 mg/kg de peso vivo) e os de classe IV ($DL_{50} > 5.000$ mg/kg de peso vivo).

Toxicidade direta Quando o produto tóxico age diretamente sobre o organismo, de forma rápida, sem ocorrência de nenhuma reação química. Enquadra-se neste tipo de produto a maioria das substâncias corrosivas (ácidos e bases fortes), as toxinas, os agentes alquilantes (como o formaldeído) e os agentes que atuam no DNA (como o brometo de etídeo).

Toxicidade do oxigênio O oxigênio é de vital importância para os seres aeróbios, no entanto, em alguns casos, há pacientes hospitalizados que são submetidos a excesso de oxigenação, e o resultado do processo do metabolismo do oxigênio são radicais livres com grande capacidade para reagir quimicamente com o tecido pulmonar. Os radicais atacam as células da árvore traqueobrônquica e o alvéolo pulmonar. O oxigênio é tóxico para os seres estritamente anaeróbios, que só se desenvolvem em ambientes sem oxigênio.

Toxicidade indireta O efeito tóxico é provocado pela metabolização do produto químico. A ação dos produtos resultantes depende da localização dos sistemas enzimáticos de metabolização, principalmente o fígado e menos frequentemente em outros órgãos e tecidos (rim, cérebro, placenta, pulmão, trato digestivo, pele, cavidade nasal etc.).

Toxicidade inibidora É qualquer ação inibidora de uma substância no metabolismo de organismos vivos.

Toxicidade oral Capacidade de uma substância química ou biológica provocar dano quando ingerida pela boca.

Toxicidade para a pele Capacidade de uma substância química ou biológica provocar dano quando em contato com a pele.

Tóxico para as plantas Ver *Fitotoxicidade*.

Toxicologia Ciência multidisciplinar que estuda os efeitos adversos das substâncias químicas sobre os organismos: as intoxicações, as substâncias que as produzem, os sintomas, efeitos, antídotos e métodos de análise.

Toxicologia industrial Estuda as enfermidades industriais e a insalubridade no ambiente de trabalho.

Toxina Substância de origem biológica, que provoca danos à saúde de um ser vivo ao entrar em contato ou através de absorção, por interação com macromoléculas biológicas, como enzimas e receptores. Muitas plantas, animais e micro-organismos produzem toxinas naturais, com a função de desencorajar ou matar os seus predadores. As toxinas animais que são inoculadas subcutaneamente (por picadas ou mordidas) são chamadas de veneno. As toxinas também são geradas por micro-organismos como algas e bactérias, no corpo vivo, durante infecções como o tétano, ou em material biológico em decomposição. As exotoxinas são secretadas e expelidas externamente por uma bactéria. As endotoxinas fazem parte da parede celular. A intoxicação alimentar define um vasto número de doenças causadas pela ingestão de comida imprópria para consumo devido às toxinas bacterianas.

Toxina de algas É a defesa natural das algas contra predadores. No entanto, com a eutrofização, que causa proliferação exagerada de algas nos mananciais de água bruta das cidades, elas passaram a ser uma grande preocupação para as companhias de tratamento e distribuição de água. As cianobactérias (ou algas azuis) são as mais estudadas, pelo gosto e odor desagradável na água e por desequilibrar os ecossistemas aquáticos. Algumas cianobactérias são capazes de liberar toxinas que não podem ser retiradas nos processos tradicionais de tratamento de água nem pela fervura. As toxinas são classificadas de neurotoxinas ou hepatotoxinas. Em uma mesma espécie, encontram-se indivíduos incapazes de produzir toxinas e outras capazes de produzir toxinas muito fortes e mortais. As neurotoxinas são identificadas como substâncias alcaloides ou organofosforados neurotóxicos e caracterizam-se pela ação rápida, causando morte por asfixia. As hepatotoxinas são identificadas como peptídeos ou alcaloides hepatotóxicos, que atuam mais devagar, e causam diarreia, vômitos, diminuição dos movimentos e hemorragia interna.

Toxina de peixe Alguns peixes de água salgada, quando não preparados com os cuidados necessários, podem ser tóxicos para os seres humanos: peixe porco-espinho; cangulo; peixe-vaca; peixe espinheiro; escolar; *jack* e o baiacu (designação genérica de peixes da classe tetraodontídea, à qual também pertence o *fugu* japonês). No caso do baiacu, o envenenamento ocorre pela ingestão de uma toxina produzida nas gônadas e em outros tecidos viscerais, a tetrodotoxina. Esta toxina e a saxitoxina são venenos dos mais potentes, e a dose letal mínima de cada uma delas, no camundongo, é de aproximadamente 8 μg/kg. São fatais também para o homem. Essas toxinas existem também na pele de salamandras aquáticas bodião, sapo *Atelopus* (da Costa Rica), determinados polvos, estrela-do-mar, anjo-do-mar e caranguejo xantídeo. O envenenamento por ciguatera resulta da ingestão de peixe que ingeriu algum tipo de dinoflagelado tóxico (algas marinhas planctônicas microscópicas, que ocorrem no fundo marinho, aderidas às rochas). Estudos indicam um aumento na produção de dinoflagelados tóxicos quando os recifes são perturbados (em caso de furacões ou aquecimento das águas). Mais de 400 espécies de peixes, quase todas provenientes de águas tropicais ou quentes, são citadas como causadoras de ciguatera. A toxina pode ser detectada no intestino, no fígado ou no tecido muscular. Nos seres humanos, os sistemas gastrointestinal e neurológico são afetados, provocando vômitos, diarreia, sensação de formigamento, ataxia, fraqueza. A duração da doença pode ser de dois a três dias, mas, em casos críticos, pode persistir durante semanas ou anos e pode até causar a morte por colapso circulatório.

Trabalho Em física, é uma medida da energia transferida pela aplicação de uma força ao longo de um deslocamento.

Traçador Substância química (fluoresceína) ou radioativa (sódio 24 ou trítio), facilmente detectável, que pode ser adicionada em pequenas quantidades nas correntes de águas superficiais ou subterrâneas para estudar as trajetórias de partículas ou para medir diversas características do escoamento, como velocidade, tempo de percurso, poder de diluição etc.

Traçador químico Ver *Traçador*.

Traçador radioativo Ver *Traçador*.

Tração Reação de fios e cabos submetidos às forças de alongamento ou de resistência ao alongamento. Sua direção é a mesma do fio e o sentido é oposto à força atuante. Seu módulo depende da análise das forças envolvidas no ponto.

Trado Dispositivo manual ou mecânico para fazer furos no solo em: sondagem geotécnica; brocas de fundação; aterramentos elétricos etc.

Trafecabilidade Possibilidade de haver tráfego de veículos.

Tragédia dos comuns Expressão concebida no fim da década de 1960, pelo sociólogo norte-americano Garrett Hardin, para descrever o comportamento padrão do ser humano em relação ao meio ambiente: sem nenhum controle, empresas e comunidades extraem recursos naturais até acabarem. O lucro beneficiaria a poucos e o prejuízo seria de todos.

Transbordamento da água Ultrapassagem da água sobre uma estrutura que deveria contê-la, como uma caixa d'água, uma crista de barragem ou um quebra-mar.

Transdutor Transdutor ou sensor é o componente sensorial dos sistemas de medição, que pertence ao campo tecnológico da instrumentação. O transdutor detecta um sinal ou estímulo e produz uma saída mensurável. Alguns especialistas definem transdutor como um dispositivo que converte uma forma de energia ou quantidade física em outra. Para desempenhar alguma das funções típicas, um componente de um sistema de medição deve operar como um transdutor ativo e passivo. Neste contexto, o termo transdutor significa um dispositivo capaz de transformar um sinal em outro. Assim, um componente cuja energia de saída é fornecida integralmente, ou quase, pelo sinal de entrada, é denominado transdutor passivo.

Transdutor ativo Ver *Transdutor*.

Transdutor passivo Ver *Transdutor*.

Transferência de calor O calor é uma quantidade de energia associada ao movimento dos átomos. Um átomo representa seu calor pela velocidade. Na temperatura zero absoluto, não há movimento de átomos e, por isso, não há calor. Em qualquer temperatura acima do zero absoluto há movimentação dos átomos e por isso eles se aquecem. Ao colocar dois objetos de temperaturas diferentes juntos, a transferência de calor faz com que ambos fiquem com a mesma temperatura. A transferência ocorre por três fenômenos: condução, radiação e convecção. A condução ocorre quando um átomo colide com outro, como pequenas bolas de bilhar: o segundo átomo ganha um pouco do movimento do primeiro e o calor é transferido por essas colisões. A radiação decorre do movimento de átomos, que produz vibração e causa o fenômeno de emissão de radiação infravermelha, que nossos olhos não veem, mas nossa pele sente. Metade da energia solar que nos alcança é radiação infravermelha invisível, e o restante é visível como luz. A convecção é um fenômeno que ocorre em líquidos e gases. Quando a parte de um líquido ou gás esquenta, tende a se elevar acima do resto da substância, como um prato de sopa sobre a mesa, que aquece a camada de ar ao seu redor. Essa camada sobe, porque é mais quente que o ar ao redor. Ar frio preenche o espaço deixado pela movimentação de ar quente. Esse novo ar frio é então aquecido e se eleva, criando um movimento cíclico.

Transferência de oxigênio Em termos ambientais, é fundamental a transferência do oxigênio do ar para a água, uma vez que o Oxigênio Dissolvido (OD) da água é utilizado por vários seres, como peixes, micro-organismos etc. Ao longo do tempo, a transferência de oxigênio é influenciada por vários fatores: solubilidade do oxigênio na água, que depende da temperatura; entrada do oxigênio na interface ar/água; difusão do oxigênio na água, que depende da turbulência no meio líquido.

Transferência de tecnologia Processo de difusão de conhecimentos científicos e tecnológicos, que ocorre por: cessão de direitos de uma propriedade industrial; fornecimento de bens e serviços associados à instalação de indústrias; cessão de um saber tecnológico em documentos, planos, diagramas, prestação de serviços etc.; transmissão de serviços técnicos associados à venda de máquinas e equipamentos.

Transferência entre bacias hidrográficas O mesmo que transposição de bacia.

Transferência de bacia Passagem da água de uma bacia hidrográfica para outra, quase sempre através de obras de engenharia, visando suprir áreas mais carentes desse recurso. O mesmo que TRANSPOSIÇÃO DE BACIA.

Transformação adiabática É toda transformação que se realiza sem perda ou ganho de calor entre o sistema em transformação e o meio em que se encontra.

Transformada de Fourier É uma expressão matemática.

Transição Intervalo ou fenômeno que ocorre durante a passagem de um estado para outro. É o que ocorre com o regime de escoamento líquido nas tubulações, quando há uma transição de um regime de escoamento laminar para o turbulento.

Transição na camada limite Essa transição ocorre porque um líquido em movimento, numa tubulação sob pressão, não mantém a mesma velocidade ao longo da sua seção transversal. Na região de contato do líquido com a parede da tubulação, a velocidade é nula e aumenta à medida que se afasta em direção ao eixo do tubo. Na maioria dos casos práticos, o regime de escoamento predominante é o turbulento. No entanto, tendo como referência a parede do tubo, o escoamento tem uma camada de escoamento laminar seguida de uma região de transição e finalmente passa para escoamento turbulento.

Transiente hidráulico Quando, por algum motivo (fechamento brusco de uma válvula, por exemplo), há uma interrupção instantânea do escoamento de um líquido numa tubulação, a energia cinética resultante da velocidade do líquido é transformada em um acréscimo de pressão com valores que podem ultrapassar a resistência do tubo e causar o seu rompimento. Esse fenômeno é conhecido como golpe de aríete, e é complexo, pois há num primeiro instante uma onda de sobrepressão, seguida de uma onda de subpressão. Ao estudo desse fenômeno deu-se o nome de transiente hidráulico.

Transitório Que não é definitivo.

Translação Movimento que um objeto realiza de um ponto o outro. Trata-se de um deslocamento paralelo, em linha reta de um objeto ou figura, em função de um vetor.

Transmissibilidade Termo utilizado em várias áreas do conhecimento; denota vibrações, eletromagnetismo, fluxo d'água em meios porosos, dinâmica estrutural etc. Por exemplo, no campo da geotecnia é o mesmo que permeabilidade ou velocidade de escoamento da água através dos interstícios (vazios entre grãos) do solo.

Transmissômetro No campo da fotometria é um instrumento usado para medir o alcance visual. É também usado por oceanógrafos e limnologistas como um dispositivo para medir as propriedades ópticas da água em corpos d'água naturais.

Transmissor telemétrico Ver *Telemetria*.

Transpiração Processo em que a água de um corpo é eliminada devido a uma elevação de temperatura externa ou interna que permite fluir para a superfície do corpo.

Transpiração através dos estômatos Ocorre nos vegetais.

Transporte de lixo triturado pelo esgoto Há uma discussão sobre as vantagens e desvantagens de se instalar um triturador de restos de comida nas pias das cozinhas. A principal vantagem é a diminuição do lixo orgânico. E a principal desvantagem é o aumento do lodo removido nas estações de tratamento de esgoto, a ser tratado e disposto.

Transporte de sedimentos do leito Arraste ou transporte de sedimentos do fundo de corpos d'água.

Transporte de sedimentos litorâneos Transporte de sedimentos em zigue-zague ao longo da orla litorânea por ação das ondas que quebram na praia, fazendo com ela certo ângulo.

Transposição de bacia Ver *Transferência de bacia*.

Traqueia Órgão do sistema respiratório. Nos mamíferos, é um tubo de 15 mm de diâmetro por 10 a 12 cm de comprimento, que se bifurca para ligar a laringe aos brônquios, e levar o ar aos pulmões durante a respiração.

Tratabilidade Verificação da possibilidade de tratamento de uma água residuária.

Tratamento Processo artificial de depuração e remoção de impurezas, substâncias e compostos químicos, tanto das águas brutas captadas nos cursos naturais, de modo a torná-las próprias ao consumo humano, quanto de qualquer tipo de efluente líquido, de modo a adequar sua qualidade para a disposição final.

Tratamento aeróbio Ver *Tratamento biológico aeróbio*.

Tratamento aeróbio de esgoto ou de águas residuárias Ver *Tratamento biológico aeróbio*.

Tratamento anaeróbio Ver *Tratamento biológico anaeróbio*.

Tratamento anaeróbio de esgoto ou de águas residuárias Ver *Tratamento biológico anaeróbio*.

Tratamento biológico Forma ou fase do tratamento de água residuária, na qual se intensifica a ação de micro-organismos, para estabilizar e oxidar a matéria orgânica.

Tratamento biológico aeróbio Estabilização da matéria orgânica das águas residuárias, pela ação de micro-organismos que consomem o oxigênio livre colocado artificialmente no líquido, com os produtos finais: água, gás carbônico, e nutrientes.

Tratamento biológico anaeróbio Estabilização da matéria orgânica das águas residuárias, pela ação de micro-organismos que agem na ausência de oxigênio dissolvido. A decomposição anaeróbia ocorre em fases: começa pela ação de micro-organismos fermentativos que transformam a matéria orgânica complexa em produtos solúveis, como açúcares, aminoácidos, peptídeos; prossegue com a ação de outros micro-organismos fermentativos que transformam os produtos em propionatos, butiratos e ácidos orgânicos de cadeia longa, usados por outras bactérias, produtoras de hidrogênio e acetogênicas; finalmente, os produtos são transformados por um grupo de bactérias metanogênicas e sulfobactérias, responsáveis pela formação dos gases metano (60 a 70%), carbônico (30 a 40%) e outros gases em menor proporção: sulfídrico, mercaptanas, escatóis etc.

Tratamento biológico de águas residuárias Ver *Tratamento biológico*.

Tratamento completo É o processamento da água residuária de origem doméstica ou industrial, por meio de um tratamento primário, secundário e terciário. Pode incluir outros tipos especiais de tratamento e desinfecção, para a remoção de uma alta percentagem de matéria suspensa coloidal e da matéria orgânica dissolvida.

Tratamento de água É o conjunto de ações destinadas a enquadrar a água, quanto às suas características físicas, químicas ou biológicas, nos padrões de potabilidade.

Tratamento de águas servidas ou residuárias Conjunto de técnicas ou processos que visam à remoção de sólidos ou impurezas contidos na água, de modo a adequar sua qualidade para a disposição final.

Tratamento de combustível Visa à remoção de impurezas e, às vezes, à colocação de aditivos para atingir os padrões de uso requeridos.

Tratamento de lodo ou tratamento da fase sólida do esgoto Compreende as operações de adensamento (diminui a percentagem de água); de digestão (diminui a putrescibilidade); de condicionamento químico (facilita o desaguamento); e de desaguamento (diminui o volume a ser transportado). Às vezes inclui a incineração da torta (lodo desaguado), que diminui ainda mais o volume a ser disposto.

Tratamento de resíduos Abrange resíduos como lixo, lodos de tratamento; e tecnologias como adensamento, digestão, desaguamento, disposição em aterro, coprocessamento, incineração, aproveitamento, que dependem de serviços associados como gerenciamento, coleta normal e seletiva (no caso do lixo), transporte, análises laboratoriais e reciclagem.

Tratamento de resíduos sólidos Ver *Tratamento de resíduos*.

Tratamento de sementes O objetivo é proteger as sementes e aumentar o seu desempenho no campo, desde o brotamento inicial, durante o ciclo vegetativo de espécies e variedades ou híbridos de alto valor. O processo envolve produtos, formulações, combinações e equipamentos. No Brasil, praticamente 100% das sementes de soja são tratadas com fungicidas; 30% com inseticidas; 50% com micronutrientes e produtos de recobrimento à base de polímeros, que asseguram uma cobertura e aderência uniforme às sementes.

Tratamento de solo O tratamento do solo é feito com objetivos de correção de características como alcalinidade ou acidez, nutrientes, para a melhor produtividade agrícola. Também é feito como remediação, cuja finalidade é a descontaminação do solo que sofreu processo de acúmulo de produtos tóxicos.

Tratamento eletrosmótico Processo eletroquímico, no qual as macromoléculas ou partículas coloidais eletricamente carregadas migram em uma solução, sob a influência de uma corrente elétrica.

Tratamento em reator tipo batelada Ver *Reator em batelada*.

Tratamento em reator tipo valo de oxidação Tipo de reator usado no tratamento biológico de águas residuárias. É construído em formato de pista de hipódromo, atua em regime de aeração prolongada e somente é viável para tratar esgoto de pequenas comunidades (até 5.000 habitantes). Para comunidades maiores, existem outras opções melhores.

Tratamento em série Os reatores são colocados um após o outro.

Tratamento germicida Destinado a matar os micro-organismos patogênicos.

Tratamento intermitente O mesmo que tratamento descontínuo.

Tratamento no solo Aquele no qual a água residuária escoa superficialmente em solo plantado com gramíneas e com pequena declividade. Incluem-se também os tratamentos por percolação em solos arenosos.

Tratamento preliminar Operação unitária, como a remoção de sólidos grosseiros através de gradeamento; de areia em caixas de areia; e, às vezes, de gorduras em unidades específicas. O tratamento preliminar prepara a água residuária para o tratamento subsequente.

Tratamento prévio O mesmo que tratamento preliminar.

Tratamento primário É o processo unitário empregado para remover alta percentagem (50 a 70%) de sólidos em suspensão e sólidos flutuantes, e pequena ou nenhuma percentagem de substâncias coloidais ou dissolvidas. Inclui gradeamento, remoção de areia, medição de vazão, instalações de recalque e de sedimentação primária.

Tratamento químico. Qualquer processo que envolva adição de reagentes químicos para a obtenção de um resultado específico.

Tratamento secundário É o processo unitário destinado a remover ou reduzir as substâncias coloidais ou dissolvidas. Ocorre pela formação de flocos biológicos, nos quais a matéria orgânica é adsorvida e estabilizada pela oxidação biológica. É projetado para reduzir os sólidos em suspensão e a DBO. A desinfecção com cloro ou outro tipo de oxidante é o estágio final do processo.

Tratamento secundário de despejos líquidos Ver *Tratamento secundário*.

Tratamento terciário ou avançado Operação unitária após o tratamento secundário, visando à melhoria da qualidade do efluente. Inclui unidades para remoção de nutrientes, filtração, microfiltração, ultrafiltração etc. Também conhecido como tratamento avançado de despejos, produz efluente de alta qualidade para fins de reúso.

Tratamento térmico Na área ambiental, existe o tratamento térmico do lodo de esgoto, no qual as temperaturas são menores do que na incineração. Isso permite manter o percentual de matéria orgânica no lodo, além de diminuir a percentagem de água da torta e fazer a desinfecção do produto final para o uso como condicionador de solos agrícolas (quase sem restrições quanto ao tipo de cultura).

Tratar Na área ambiental, o termo relaciona-se à remoção de impurezas da água para abastecimento público, para a disposição final adequada do esgoto com o tratamento, e destinação adequada de resíduos sólidos.

Tratar esgoto por aeração Ver *Lodo ativado*.
Trecho de canal com uma única relação altura/vazão Na prática, isso ocorre nos vertedores, nas calhas Parshall, considerados estruturas de controle em função dessa característica, ou seja, para cada vazão, há uma determinada altura do nível d'água a montante.
Treliça Estrutura em forma de triângulo, formada por barras ligadas entre si por nós, articulações consideradas perfeitas. Na treliça, as cargas se concentram apenas nos nós, e as barras ficam sujeitas a esforços normais (alinhados segundo o eixo da barra) de tração ou de compressão. Na engenharia civil, é usada para vencer grandes vãos, sem o uso de pilares.
Trematódeo Grupo de vermes patogênicos planos, em forma de folhas, cujo início do ciclo de vida ocorre fora do corpo humano. Todos usam um molusco (mais o caramujo) como primeiro hospedeiro. Alguns utilizam um segundo hospedeiro intermediário, como os peixes, os camarões ou os caranguejos de água doce. Os seres humanos são infectados pela ingestão de suas larvas, com exceção dos esquistossomonas, que atravessam a pele. No estágio adulto, podem infectar o intestino, o canal biliar, o fígado, os pulmões e até os vasos sanguíneos. Os incômodos são diarreia, dores abdominais, má absorção de alimentos, obstrução intestinal; nos pulmões, provocam bronquites, cavitação, derrames pleurais e, se atingida a medula espinhal ou o cérebro, pode causar crises epilépticas ou paralisias.
Tremonha O mesmo que extrusora. Peça formada por um corpo fechado, no qual às vezes se provoca o vácuo para remover o ar, e uma rosca sem fim, que leva o material para ser moldado no formato desejado, com um dispositivo de formato adequado colocado na saída.
Tremor de terra Ver *Sismo*.
Trena Fita metálica ou plástica, graduada em escala métrica ou de polegadas, usada para medir distâncias.
Trepadeira São plantas incapazes de se sustentar verticalmente e que usam outras plantas ou outras trepadeiras como suporte.
Três erres ou 3 Rs Princípio atrelado ao gerenciamento e, na área ambiental, utilizado no gerenciamento de resíduos, como base na hierarquia de procedimentos: reduzir o uso de matérias-primas e energia, e quantidade de material a ser descartado; reutilizar os produtos usados, com outras funções; e reciclar, retornar o que já foi utilizado ao ciclo de produção.
Tributário ou afluente Ver *Afluente*.

Tributo ou taxa Tributo é o recolhimento obrigatório ao governo por pessoas físicas e jurídicas, por atividades realizadas ou em decorrência de patrimônios. No Brasil, os principais tributos são os impostos e as taxas. Os impostos não implicam qualquer contrapartida por parte do governo e são usualmente divididos em duas categorias: impostos diretos e indiretos. Os impostos diretos incidem sobre o patrimônio ou a renda das pessoas e são: o imposto sobre a renda, sobre a propriedade territorial rural, sobre a propriedade predial e territorial urbana. Os impostos indiretos incidem indiretamente sobre o patrimônio ou a renda, através dos produtos comprados e serviços de terceiros. Neste caso, os impostos são adicionados ao valor das mercadorias: o imposto sobre produtos industrializados, sobre a circulação de mercadorias, sobre serviços de transporte e comunicações. As taxas são pagas pelas pessoas pelos serviços real ou potencialmente prestados pelo governo.
Trincheira O mesmo que vala escavada no solo.
Trincheira drenante Vala escavada no solo e preenchida com areia, pedra etc., de permeabilidade relativamente alta. A finalidade é fazer a drenagem da água subterrânea (rebaixamento de lençol), sem que o solo penetre no material drenante, colmatando-o ou transportando-o pela tubulação junto com a água. Para isso, é usado um material de granulometria crescente a partir do contato com o solo (filtro) ou com mantas geotêxteis.
Trincheira impermeável Vala escavada no solo e preenchida com material impermeável (geralmente argila). Usada com a finalidade de obstruir a passagem de água em obras hidráulicas, como no caso das fundações de barragens de terra, quando o material original é muito permeável.
Tripanossomíase Tipo de doença causado por protozoário. A doença de Chagas, mal de Chagas ou chaguismo, também chamada tripanossomíase americana, é uma infecção causada pelo tripanossoma cruzi. É transmitida por um inseto, conhecido no Brasil como barbeiro, chupança, fincão, bicudo, chupão, procotó, da família dos reduvídeos (*Reduviidae*), e gênero *Triatoma, Rhodnius* e *Panstrongylus*. O tripanossoma cruzi é um membro do gênero do agente infeccioso africano da doença do sono e da mesma ordem que o agente infeccioso da leishmaniose, mas as suas manifestações clínicas, distribuição geográfica, ciclo de vida e de insetos vetores são diferentes.
Tripanossomíase africana Doença do sono. Ver *Tripanossomíase*.

Tripolifosfato de sódio Substância usada como conservante em embutidos como salsicha, linguiça etc.

Triquiníase ou triquinose Doença causada pelos parasitas nematoides do gênero *Trichinella*. A infecção ocorre por ingestão de carne de porco, javali ou de cavalo, crua ou malcozida (malpassada). Durante a fase de maturação das larvas no intestino e acasalamento, os sintomas são náuseas, vômitos, diarreia e febre. Após alguns dias, quando os filhotes das larvas começam a circular no sangue, surgem dores na contração muscular e dificuldades motoras, febre, edemas e manifestações cutâneas com prurido. Complicações possíveis mas pouco frequentes são meningoencefalite e miocardite, pela migração acidental das larvas a esses órgãos.

Trítio É o terceiro isótopo do hidrogênio (^3H), e o menos abundante. No futuro, poderá ser utilizado para a produção de energia limpa em grande quantidade, pois o lixo nuclear é o hélio. A produção de energia é feita pela fusão nuclear, obtida com o aumento da temperatura. Na fusão nuclear, utiliza-se também o deutério, segundo isótopo do hidrogênio.

Trituração Ato de transformar sólidos em pequenos pedaços.

Trituração de lixo A trituração do lixo é feita com o lixo orgânico, para melhorar a sua decomposição quando se destina a processos de compostagem, que tem como produto final o composto orgânico usado como condicionador de solos agrícolas.

Triturador Dispositivo para fazer a trituração.

Triturador de restos de alimentos Dispositivo instalado na pia de cozinha para triturar restos de alimento lançados nas redes de esgoto sanitário.

Triturador doméstico Ver *Triturador de restos de alimento*.

Troca térmica por contato direto Processo no qual um gás, líquido ou sólido ao ser aquecido ou resfriado é colocado em contato direto com o meio de aquecimento ou de resfriamento.

Trocador de calor Ver *Reaquecedor ou trocador de calor*.

Tromba d'água Designação popular de uma chuva de grande intensidade.

Tropical Relativo aos trópicos. Em geografia, a região tropical é a área da Terra limitada pelo Trópico de Câncer e pelo Trópico de Capricórnio, cujo centro é a Linha do Equador.

Trópico Ver *Tropical*.

Tropismo Movimento das plantas e de algumas espécies de fungos, como resultado de uma ação hormonal e orientado em relação a um agente externo. É positivo quando ocorre em direção ao agente externo excitante; ou negativo, quando ocorre na direção oposta ao agente externo excitante. Existem diversas formas de tropismo: fototropismo, quando o agente é a luz; geotropismo, quando o agente é a ação da gravidade; quimiotropismo, quando o agente é químico; tigmotropismo, quando a planta cresce em torno de um suporte, como as gavinhas das videiras; hidrotropismo, quando o vegetal cresce em resposta à água.

Troposfera Camada da atmosfera terrestre que se estende da superfície até a base da estratosfera (de 0 a 17 km) e responde por 80% do peso do ar atmosférico. É a única camada na qual os seres vivos conseguem respirar normalmente. A espessura média é de 12 km, até 17 km nos trópicos, e reduz-se para 7 km nos polos.

Trovoada Conjunto de fenômenos intensos, associados ao cúmulo-nimbo: relâmpagos, trovões, rajadas de vento, inundações, granizo e até tornados. Para uma trovoada se formar, é necessária uma elevação de ar úmido numa atmosfera instável.

Tsunami O mesmo que onda sísmica marinha. Tipo de maremoto, com ondas muito altas e destruidoras, decorrentes de atividades vulcânicas ou de tremores oceânicos de terra.

Tuberculização Processo de acúmulo de material nas tubulações, pela formação de tubérculos ou massa de micro-organismos (bactérias aeroferruginosas), que provocam a diminuição da seção de escoamento.

Tubérculo Na área da botânica, tubérculo é um caule arredondado, sem raízes e sem folhas, desenvolvido abaixo da superfície do solo por algumas plantas verdes e, geralmente, age como órgão de reserva de energia na forma de amido. Um exemplo é a batata-inglesa. Não se deve confundir com as raízes tuberosas, como a batata-doce ou a mandioca, que têm a mesma localização e função, mas origem e estrutura diferentes.

Tuberculose Doença transmitida pelo ar e pode atingir todos os órgãos do corpo, em especial os pulmões. O micro-organismo causador da doença é conhecido como bacilo de Koch, *Mycobacterium tuberculosis*.

Tubificídeo Família de vermes oligoquetas (de forma tubular) da comunidade bentônica, ou seja, habitam no lodo do fundo de rios, lagos ou mares.

Tubo O mesmo que conduto.

Tubo capilar Tubo de vidro, idêntico a um tubo de ensaio, mas de diâmetro muito pequeno (menor de 1 mm), utilizado em análises laboratoriais.

Tubo cerâmico O mesmo que manilha cerâmica. Utilizado em redes de esgoto sanitário.

Tubo com revestimento interno de cimento O revestimento com cimento é feito em tubos de ferro fundido, com a finalidade de prevenir corrosão ou incrustação.

Tubo de condensação Tubo utilizado em diversos sistemas de trocas térmicas (trocadores de calor). O objetivo desses sistemas é duplo, ao mesmo tempo em que aquece um fluxo de líquido, ao colocá-lo em contato com superfícies aquecidas por um fluxo de vapor, resfria e provoca a condensação desse vapor.

Tubo de Crookes Ver *Raio catódico*.

Tubo de encaixe Usado na armação de barracas, piscinas portáteis, toldos em trailers etc.

Tubo padronizado de argila vitrificada Ver *Tubo cerâmico*.

Tufão É o mesmo que furacão, mas recebe o nome de tufão quando ocorre a noroeste do Oceano Pacífico, ou seja, nas regiões do Japão, China, Coreia e Filipinas.

Tularemia Doença infecciosa rara que pode atacar a pele, os olhos e os pulmões. Também conhecida como febre do coelho ou febre da mosca do cervo, é causada pela bactéria *Francisella tularensis*. A doença afeta animais, especialmente roedores, coelhos e lebres, além de pássaros, répteis e peixes. A tularemia também afeta o homem de várias maneiras, incluindo a picada de insetos ou por exposição direta a um animal infectado. Contagiosa e potencialmente fatal se não tratada, a tularemia foi identificada como uma possível arma biológica. Quando é diagnosticada cedo, os médicos podem tratá-la com antibióticos.

Tumor É um aumento anormal de parte ou da totalidade de um tecido. A tumoração pode dever-se a um acúmulo de líquido ou a uma reação inflamatória. Em medicina, o tumor é chamado de neoplasia, que pode ser maligna ou benigna. Não se sabe ao certo a causa, e a sua origem ocorre numa célula defeituosa que reproduz outras com a mesma deformidade, essas células defeituosas geram outras defeituosas, e assim por diante, fazendo o tumor crescer. A diferença entre o tumor benigno e maligno é a capacidade de gerar metástases pelo corpo, assim como a velocidade do aumento do tecido afetado, para medir a agressividade.

Tundra Vegetação proveniente do material orgânico acumulado no curto período de degelo que ocorre na estação quente das regiões de clima polar. Só há espécies que se reproduzem rapidamente e suportam baixas temperaturas. Essa vegetação é um enorme bioma que ocupa um quinto da superfície terrestre e aparece no Norte do Alasca e do Canadá, Groenlândia, Noruega, Suécia, Finlândia e Sibéria.

Túnel Em engenharia, é uma passagem totalmente coberta por solo ou rocha, muito usada nas rodovias, ferrovias etc., para transpor montanhas. Nas cidades, é construído em vias subterrâneas, como do metrô.

Túnel de vento Instalação que simula e estuda o efeito do movimento de ar sobre ou ao redor de objetos sólidos. É muito utilizado em laboratórios (modelos físicos), para determinar parâmetros em projetos de aviões, automóveis, cápsulas espaciais, edifícios, pontes, antenas e outras estruturas de construção civil.

Turbidez Medida da maior ou menor propagação da luz na água, devido à menor ou maior presença de substâncias coloidais.

Turbidimetria Medida da turbidez.

Turbidímetro de luz dispersa Aparelho para medir a turbidez.

Turbilhão Movimento rápido da água, em forma de redemoinho, gerado pelo encontro de correntes de alta velocidade e direções diferentes.

Turbina Equipamento que capta e converte energia mecânica ou térmica contida em um fluido, em trabalho de eixo ou em energia elétrica. Os principais tipos de turbina são movidas a vapor, a gás, a água (hidráulicas), pelo vento (eólicas), e as que movem o ar (aeronáuticas). A forma construtiva é a mesma para todos os tipos: um rotor com pás ou palhetas, ligados a um eixo que gira sobre um conjunto de mancais.

Turbulência Em mecânica dos fluidos, em oposição ao fluxo laminar, há turbulência ou escoamento turbulento quando o escoamento de um fluido ocorre de forma caótica (as partículas se misturam, sem ocupar a mesma posição relativa ao longo do tempo).

Turfa Solo orgânico, composto por mais de 50% de restos vegetais (volatilizam a temperaturas a partir de 600°C), cujas estruturas são bem reconhecíveis, pouco decompostas devido às condições anaeróbias, frias, ácidas e embebidas em água. Depósito recente de carvão, formado em regiões de clima frio ou temperado, onde os vegetais, ao invés de apodrecerem, carbonizaram. A transformação exige que a água seja límpida e o local não muito profundo. Neste caso, a turfa é uma matéria lenhosa, que perdeu parte de seu oxigênio por ocasião da carbonização, transformando-se em carvão.

Turgidez Intumescimento; inchaço.

Turvar Tornar turvo.

Uu

Ultrafiltração Processo de separação de sólidos de um líquido, pela aplicação de um diferencial de pressão no compartimento que contém a água residuária, o que provoca a passagem apenas da água por membranas especiais. As membranas retêm os sólidos com diâmetro de 1 a 20 μm. A pressão aplicada pode variar de 2 a 10 atm e, eventualmente, atingir valores de cerca de 25 atm.

Ultrassônico Refere-se a um som com frequências acima de 20 kHz, maiores do que o limite superior de percepção humana.

Umbrófito Planta que se desenvolve sob condições de baixos níveis de luminosidade.

Umedecer O mesmo que molhar.

Umidade Presença de água.

Umidade atmosférica A concentração de vapor de água contida na atmosfera resulta na chamada umidade atmosférica, que pode ser relativa ou absoluta. A umidade relativa corresponde à relação entre o percentual da umidade absoluta e o ponto de saturação. A atmosfera tem um limite de umidade, ou seja, quando atinge o ponto máximo, diz-se que atingiu o ponto de saturação. Nesse ponto, o vapor de água existente se torna mais denso e se transforma em nuvens que irão desencadear as precipitações, de chuva, neve ou granito. A umidade do ar varia de acordo com a vegetação e a hidrografia. A atmosfera recebe umidade através da evaporação das águas oceânicas e continentais, além da contribuição das plantas, pelo processo de evapotranspiração. Na região amazônica, por exemplo, cerca de 50% das chuvas são decorrentes desse fenômeno.

Umidade capilar No solo, é a umidade que sobe a partir da zona saturada, através dos vazios do solo de dimensões capilares.

Umidade de saturação Nos projetos de irrigação, é a capacidade de campo, ou seja, a máxima capacidade de armazenamento de água num solo. Quando relativa ao ar, ver *Umidade atmosférica*.

Umidade do solo Percentual de água contida nos interstícios (vazios) entre os grãos de solo.

Umidade higroscópica Teor de água numa amostra de solo, seca naturalmente ao ar ambiente e depois mantida em atmosfera saturada de vapor (98% de umidade relativa, a 25° C). O termo também é usado para designar a máxima quantidade de água, em porcentagem, que uma amostra de solo é capaz de absorver da atmosfera, em forma de vapor, e manter em equilíbrio com o ambiente.

Umidade mínima do solo para as plantas sobreviverem Nos projetos de irrigação, conhecido como ponto de murchamento. Trata-se do valor, mantido ou diminuído, de umidade do solo, a partir do qual as plantas murcham permanentemente.

Umidade relativa É a relação percentual entre o vapor d'água contido no ar e o vapor que ele poderia conter se estivesse saturado, sob condições idênticas de temperatura e pressão. Ver *Umidade atmosférica*.

Umidificação Ato ou efeito de tornar úmido.

Úmido Saturado de água; molhado; aquilo que retém água em sua superfície ou no seu interior.

Unha Estrutura composta por queratina, presente na ponta dos dedos da maioria dos vertebrados terrestres. É produzida por glândulas da base que secretam grossas camadas de queratina, mantidas aderidas à pele até a sua extremidade.

União para ligar canalizações Conexão para unir dois trechos de tubos.

Unicelular Diz-se dos seres que são formados por uma única célula.

Unidade É uma medida ou quantidade específica de determinada grandeza física usada para servir de padrão para as outras. Ex.: o metro, o quilograma etc.

Unidade ambiental Unidade funcional para o planejamento e gestão ambiental, determinada pelas propriedades dinâmicas dos sistemas ambientais e ecossistemas, e consideradas as interações e processos de seus fatores físicos, bióticos e antrópicos. Uma unidade ambiental inclui bacias hidrográficas e ecossistemas completos. Na prática, uma unidade ambiental é definida, para efeito dos programas de gestão ambiental, pelos limites político-administrativos relativos à área de jurisdição da autoridade a quem compete a gestão. Neste caso, as atividades técnicas e administrativas não devem descuidar da possível unicidade dos fenômenos e das interações resultantes de ações e decisões levadas a efeito fora de seus limites de jurisdição.

Unidade amostral Usada em trabalhos de campo que definem previamente as parcelas de áreas amostrais, fixas ou variáveis. Nas parcelas de área fixa mantém-se a mesma área e forma em todo o levantamento. As parcelas de área variável são baseadas em pontos de amostragem, e a inclusão de indivíduos não é definida por uma área pré-estabelecida, mas por algum atributo, como por exemplo, a proximidade do centro da parcela. Todos os eventos de interesse são amostrados. O conjunto de parcelas forma a amostra que será analisada.

Unidade britânica de medida de calor Definida como a quantidade de energia necessária para se elevar a temperatura de uma libra (massa) de água em um grau Fahrenheit. É uma unidade de medida utilizada no Reino Unido e também nos Estados Unidos. Equivale a 252,2 calorias ou 1.055,1 joules.

Unidade de conservação De acordo com a Resolução Conama 11/1987, é a área natural protegida e o sítio ecológico de relevância cultural, criados pelo Poder Público: Parques, Florestas, Parques de Caça, Reservas Biológicas, Estações Ecológicas, Áreas de Proteção Ambiental, Reservas Ecológicas e Áreas de Relevante Interesse Ecológico, nacionais, estaduais ou municipais, os Monumentos Naturais, os Jardins Botânicos, os Jardins Zoológicos, os Hortos Florestais.

Unidade de consumo ou de descarga de vaso sanitário Parâmetro utilizado nos projetos de instalações hidráulicas prediais.

Unidade de dose de radiação ionizante Unidade criada recentemente, em substituição ao *rem* (do inglês *Roentgen equivalent man*). Com ela, pesquisou-se uma escala comum para o cálculo dos limites de dose necessários para estabelecer os padrões de segurança aos seres humanos quanto à radiação. É definida como o produto da dose absorvida por um fator de conversão de dose, que depende das rotas de entrada (inalação ou ingestão), do nível de desobstrução do pulmão, quando se trata de inalação; da porção considerada do intestino delgado, quando se trata de ingestão.

Unidade de radiação ionizante Essa unidade foi recentemente criada em substituição ao *rad* (do inglês *radiation absorbed dose*). Convencionou-se que 1 Gy = 1 J/kg (1 joule por quilograma). Em algumas publicações ainda aparece essa unidade antiga (*rad*). Para fazer a conversão, 1 rad = 0,01 Gy. Um enunciado que envolve essa unidade é: uma dose de 3 Gy = 300 rad de raios gama; quando absorvida pelo corpo, num pequeno intervalo de tempo, provoca a morte de 50% das pessoas expostas.

Unidade de reserva Nas instalações de bombeamento, é o conjunto de motor e bomba reserva, utilizado para rodízios e manutenções.

Unidade Jackson O mesmo que unidade nefelométrica de turbidez.

Universidade Instituição de ensino superior, pesquisa e extensão de serviços à comunidade, que concede graus acadêmicos: terciária (graduação) e quaternária (pós-graduação). Deve agregar e gerir um determinado número de faculdades, abrangendo as mais diversas áreas do conhecimento. Quanto mais abrangente, mais próxima estará de uma verdadeira universidade. No Brasil, existem os chamados Centros Universitários, que agregam apenas algumas faculdades ou áreas do conhecimento.

Universo O Universo é formado por galáxias, estrelas, nebulosas, planetas, satélites, cometas, asteroides e radiações. É possível haver matéria numa forma ainda não detectada. O Universo conhecido tem um raio de 20 bilhões de anos-luz, contendo 100 bilhões de galáxias, incluindo a nossa, chamada de Via Láctea. Admite-se uma idade de cerca de 20 bilhões de anos para o Universo. O estudo da origem e da evolução do Universo recebe o nome de Cosmologia.

Uranilo É um cátion bivalente de urânio, (UO_2^{2+}), presente em alguns sais e ácidos.

Urbanismo Disciplina ou atividade relacionada com o estudo, regulação, controle e planejamento da cidade e da urbanização.

Urbanização Concentração da população em cidades e a consequente mudança sociocultural, ou aumento da população urbana em detrimento do rural. Aplicação dos conhecimentos e técnicas do planejamento urbano em uma determinada área. Migração de ideias e gênero de vida da cidade (*status* urbano) para o campo, por meios de comunicação de massa, rádio, televisão, a partir da qual a população rural adquire um modo de vida urbano.

Urdideira As antigas urdideiras artesanais eram dispositivos simples, formados por duas peças de madeira paralelas e verticais, providas de pregos de madeira ou ferro, em que se urdiam os ramos da teia que forma o tecido (onde se enrola o fio, a partir do novelo). A atual máquina é mais complexa, composta de um conjunto de urdimento e tratamento de fios. O conjunto é formado por uma estrutura denominada gaiola de urdir, engomadeira, cilindro aquecedor para secagem e uma estrutura chamada cabeça de urdideira para o acondicionamento dos fios em carretéis especiais.

Ureia Composto orgânico cristalino, incolor, tóxico, de fórmula $CO(NH_2)_2$ (ou CH_4N_2O), que se forma no fígado, é filtrado pelos rins e eliminado pela urina ou pelo suor. Constitui o principal produto final do metabolismo proteico no ser humano e nos demais mamíferos.

Urina Produto final da excreção renal. A urina humana e de outros animais, é composta de água (96%, em média), ureia, ácido úrico, sal e outras substâncias, e expelida do organismo pelo sistema urinário.

Usina com duplo propósito Instalação industrial com dupla finalidade, como por exemplo: a geração termoelétrica de energia com a utilização do vapor residual para a dessalinização de águas salinas ou salobras.

Usina de reciclagem Ver *Usina de triagem*.

Usina de triagem É comumente chamada de usina de reciclagem. Trata-se de uma instalação para a separação manual ou mecânica dos materiais recicláveis contidos nos resíduos sólidos urbanos. Há mesas ou esteiras para a seleção dos recicláveis e contêineres para o armazenamento. Pode associar-se a uma usina de compostagem da fração orgânica dos resíduos.

Usina maremotriz Produz energia elétrica usando a energia da subida e descida das marés.

Uso benéfico Ver *Uso da água ou uso benéfico da água*.

Uso consuntivo Uso em que há efetivo consumo de insumos.

Uso consuntivo da água Trata-se da parcela de água consumida para realizar uma determinada atividade, ou seja, quando há diferença entre o volume de água retirado de uma fonte natural e o volume devolvido a essa fonte. Consideram-se atividades em que há uso consuntivo: o consumo humano e animal, o consumo industrial e o uso na irrigação.

Uso consuntivo líquido de água Diferença entre o volume de água retirado de uma fonte natural e o volume devolvido a essa fonte.

Uso da água ou uso benéfico da água São as múltiplas finalidades de utilização da água. O uso benéfico da água promove benefícios econômicos e qualidade de vida à população, como: abastecimento público, sistema que sirva a, pelo menos, 15 ligações domiciliares ou a, pelo menos, 25 pessoas, em condições regulares; uso estético ou de conformação paisagística contribui de modo agradável e harmonioso à composição das paisagens naturais ou antrópicas; a recreação possibilita atividades físicas na água; a preservação da flora e da fauna mantém a biota natural nos ecossistemas aquáticos; atividades agropastoris, irrigação de culturas, dessedentação e criação de animais; no abastecimento industrial, o uso da água inclui a geração de energia. Os usos benéficos permitidos para um determinado corpo d'água são chamados de usos legítimos.

Uso do solo Diferentes formas de uso do território, resultante de processos de ocupação espontânea ou de processos de planejamento geridos pelo Poder Público. Os usos do solo classificam-se de maneiras distintas e com graus de detalhamento, de acordo com as exigências técnicas dos estudos que se realizam, ou dos objetivos do processo de planejamento. A partir das classes de uso rural e urbano, são subdivididas de modo a abranger as demais formas de ocupação, por exemplo, uso institucional, industrial, residencial, agrícola, pecuário, de preservação permanente etc.

Uso integrado No que se refere à água, é o conjunto de ações que minimizam o consumo de água em perfeita consonância com a disponibilidade e qualidade da água da região, contribuindo para a sua preservação.

Uso não consuntivo Uso de um insumo sem que haja um consumo efetivo.

Uso prejudicado da água O uso da água pode ser prejudicado quando ela é contaminada com produtos tóxicos, de difícil ou cara remoção. No dia a dia, o consumo não racional da água prejudica as pessoas, pois enquanto algumas desperdiçam água em banhos demorados, torneiras vazando, lavagem de pisos, veículos etc., outras são privadas de seu uso.

Uso privativo da água Trata-se do uso nas indústrias e na agricultura.

Uso público da água É considerado o uso da água para abastecimento público nas cidades e no campo.

Uso razoável Também conhecido como uso honesto ou uso justo. É um conceito da legislação norte-americana, que permite o uso de material protegido por direitos autorais, sob circunstâncias como o uso educacional (inclui múltiplas cópias para uso em sala de aula), para crítica, comentário, divulgação de notícia e pesquisa. Outros países têm leis semelhantes, que variam de país para país.

Usos múltiplos Nos processos de planejamento e de gestão ambiental, refere-se à utilização simultânea de um ou mais recursos ambientais para atender várias atividades humanas. Por exemplo, na gestão de bacias hidrográficas, os usos múltiplos da água (geração de energia, irrigação, abastecimento público, pesca, recreação) devem observar a conservação da qualidade desse recurso, de modo a atender às diferentes demandas.

Usuário Aquele que usa determinado insumo.

Usuário da água Ver *Usuário*.

Utilidade Ver *Instalação*.

Utilização da água Ver *Uso da água ou uso benéfico da água*.

Utilização privativa É a concessão que se outorga com exclusividade. O título de utilização privativa provém de dois instrumentos jurídicos: unilateral, que é a permissão de uso e sua legitimação pró-labore, e contratual, que é a concessão de uso e aforamento público.

Vv

Vácuo Na química, define-se como a ausência de matéria (caso de moléculas e átomos) em um volume de espaço ou energia. Na Terra, o vácuo ocorre quando se retira o ar do ambiente, e a pressão fica abaixo da pressão atmosférica local. O vácuo parcial ocorre quando ainda existe ar no ambiente, e a pressão do ambiente é menor do que a atmosférica, mas não é nula.
Vácuo extremamente alto Quando a pressão no ambiente é próxima de zero, ou quando a quantidade de ar é bem pequena.
Vácuo parcial Ver *Vácuo*.
Vadeoso ou vadoso Um solo ou uma rocha está em estado vadoso quando é permeável, com possibilidade de livre escoamento de água, ou seja, um estado em que o solo ou a rocha não estão saturados de água. Assim, pode ocorrer fluxo vadoso (ou de passagem) em época de seca e fluxo freático em época de cheia.
Vádi Denominação árabe do leito dos rios intermitentes do norte da África e do Oriente Próximo.
Vagalhão O termo vagalhão é mais usado para caracterizar uma grande onda de águas profundas, cuja crista é empurrada por ventos fortes. Também é usado para qualquer onda, subida ou intumescência da água.
Vala Cova; valeta; trincheira. Em obras civis, é uma escavação feita para a execução de serviços como assentamento de tubulações, execução de fundações etc.
Vala corta-águas ou corta-rios Canal provisório para o desvio de um corpo de água corrente (rios, córregos etc.), de forma a permitir a execução de obras a seco. Muito comum na construção de bueiros de estradas, sifões invertidos em redes de esgoto etc.
Vala de infiltração Instalação para dar destino final ao esgoto de uma pequena comunidade (de 50 a 100 pessoas), que sofreu pré-tratamento em fossas sépticas, filtros anaeróbios etc. Trata-se de um conjunto de valas executadas em solos cujas características permitam a percolação do esgoto. Nessas valas, são instalados tubos perfurados para permitir a saída do esgoto, circundados por material drenante, como areia e pedra britada, para facilitar a percolação no solo. A percolação do esgoto pré-tratado através do solo propicia a mineralização das substâncias orgânicas, a morte de patógenos etc., antes que se transformem em fontes de contaminação das águas superficiais e subterrâneas.
Vala de interceptação São feitas com a finalidade de evitar que a água de chuva adentre determinadas áreas, para evitar erosões de taludes, e que se trabalhe em seco.
Vala de irrigação Vala destinada à infiltração da água no solo, para ser utilizado nas culturas agrícolas.
Vala e espigão Espigão é o ponto alto divisório das bacias hidrográficas. Ver *Vala*.
Vala ou valeta de irrigação Ver *Vala de irrigação*.
Vale Depressão topográfica alongada, aberta, inclinada numa direção em toda a extensão. Pode ter água ou não. Não confundir com bacia, limitada por todos os lados. São vários os tipos de vale: fluvial; glacial; suspenso; de falha etc. A topografia de uma bacia hidrográfica é composta de vales e montanhas. O vale é a região de declividades mais brandas, na parte baixa das bacias.
Vale afogado Quando a depressão topográfica está ocupada com água.
Vale marítimo Depressão submarina, larga e extensa, cujos lados apresentam declives suaves.
Vale submarino Prolongamento de um vale terrestre para dentro do mar.
Vale velho Vale com curso fluvial envelhecido, onde cessou a erosão de fundo do curso d'água.
Valeta Ver *Vala*.
Valeta ao longo de uma berma Tem a finalidade de captar e dar destino adequado às águas de chuva, evitando erosões no talude abaixo dela.
Valo de irrigação Ver *Vala de irrigação*.
Valo de oxidação É um tipo de reator utilizado no tratamento biológico aeróbio de águas residuárias. Construído em formato de pista de hipódromo, é dotado de aerador de eixo horizontal, com duas funções principais: introduzir oxigênio do ar na massa líquida e fazer circular o líquido no valo com velocidade de 0,60 m/s. É uma variante do processo de lodos ativados por aeração prolongada e foi considerada uma boa opção para tratamento de esgoto sanitário de pequenas comunidades (até 5.000 habitantes), mas hoje existem melhores opções.
Valo de oxidação tipo carrossel É um tipo de reator utilizado no tratamento biológico aeróbio de águas residuárias. Construído em formato

de pista de carrossel é dotado de aerador de eixo vertical, cujas duas principais funções são: introduzir oxigênio do ar na massa líquida e fazer circular o líquido no valo com velocidade na faixa de 0,60 m/s. É tido como uma variante do processo de lodos ativados por aeração prolongada, considerado uma boa opção para tratamento sanitário de esgoto de pequenas e médias comunidades (até 150.000 habitantes).

Valoração ambiental Atribuição de valores monetários aos ativos ambientais, às suas mudanças e aos efeitos dessas mudanças no bem-estar humano.

Válvula Acessório de tubulação destinado ao controle e modulação do fluxo.

Válvula antirretorno O mesmo que válvula de retenção.

Válvula automática Válvula que funciona com a ação do próprio fluido, e independe da ação do operador.

Válvula borboleta Tipo de válvula cujo obturador tem a forma de um disco e que serve para o controle da vazão, sem fechamento completo hermético.

Válvula cônica O mesmo que válvula de macho.

Válvula de abertura e ação rápida ou de manobra rápida Válvulas com acionamento por alavancas, com um quarto de volta ou acionadas por meio de pistões.

Válvula de acionamento hidráulico Válvula acionada por meio de pistão com energia hidráulica.

Válvula de admissão É aquela que bloqueia e desbloqueia certa entrada.

Válvula de admissão de ar É aquela que bloqueia e desbloqueia certa entrada de ar.

Válvula de agulha Um tipo de válvula globo com o obturador bem agudo.

Válvula de alívio Válvula de proteção de tubulação e vasos de ação mecânica por meio de molas.

Válvula de alívio de pressão O mesmo que válvula de alívio.

Válvula de alta pressão Válvula destinada a serviços em altas pressões ou combinação de altas pressões e temperaturas.

Válvula de alto vácuo Válvula destinada a serviços com altos vácuos.

Válvula de bloqueio Válvula que bloqueia ou restabelece o fluxo com o funcionamento totalmente aberta ou fechada. Não deve ser usada para regular a vazão.

Válvula de boia Válvula acionada pela ação do nível de água.

Válvula de boia controladora de nível Válvula acionada pela ação do nível de água.

Válvula de controle de vazão Válvula automática destinada ao controle de fluxo.

Válvula de controle direcional O mesmo que válvula de retenção.

Válvula de descarga Usada para dar descarga em vasos sanitários.

Válvula de diafragma tubular Válvula cujo obturador é constituído por um elemento tubular em borracha (mangote) e o fechamento se dá com o estrangulamento do mangote. Muito utilizada em serviços com sólidos em suspensão, como por exemplo, em linhas com polpa de minério e lamas.

Válvula de disco Válvula cujo obturador tem o formato de um disco, e pode ser uma válvula borboleta ou de retenção.

Válvula de duas vias É toda válvula com apenas dois pontos de conexão: uma entrada e uma saída.

Válvula de esfera Tipo de válvula cujo obturador é uma esfera.

Válvula de faca O mesmo que guilhotina.

Válvula de gaveta Ver *Válvula gaveta*.

Válvula de macho A mais antiga das válvulas, consiste em uma abertura cônica com um tronco cônico como obturador.

Válvula de mangote O mesmo que VÁLVULA DE DIAFRAGMA TUBULAR.

Válvula de operação É a válvula que define as manobras dos fluidos.

Válvula de operação manual Válvula cuja operação depende da ação humana, acionada por meio de volantes, alavancas ou outros meios.

Válvula de parada Válvula destinada a bloqueios para manutenção.

Válvula de passagem direta Válvula globo, cujo castelo é oblíquo, também conhecida como tipo Y.

Válvula de pé Um tipo de válvula de retenção usada em tubulações de sucção de bombas.

Válvula de quatro vias Válvula com quatro pontos de conexão: uma entrada e três saídas; duas entradas e duas saídas; ou três entradas e uma saída.

Válvula de retenção Válvula de ação automática destinada a impedir o refluxo.

Válvula de retenção de bola Tipo de válvula de retenção cujo obturador é uma bola.

Válvula de retenção de charneira Tipo de válvula de retenção com apenas uma portinhola.

Válvula de retenção de odores em canalizações de esgoto Tipo de válvula de retenção, geralmente de portinhola única.

Válvula de retenção tipo pistão Válvula de retenção cujo obturador é um pistão, empregada para altas pressões.

Válvula de retenção tipo portinhola Forma mais simples das válvulas de retenção, cujo obturador é uma portinhola que se abre com a ação do fluxo e se fecha automaticamente com o refluxo.

Válvula de retenção tipo portinhola dupla Válvula de retenção cujo obturador é formado por um par de portinholas que se abrem com a ação do fluxo e se fecham automaticamente com o refluxo.

Válvula de segurança para evitar vácuo Válvula instalada em reservatórios, que se abre para a entrada de ar quando o nível do reservatório baixa, impedindo a formação de vácuo.

Válvula de três vias Trata-se de uma válvula com três pontos de conexão: uma entrada e duas saídas, ou duas entradas e uma saída.

Válvula de um quarto de volta São as válvulas de abertura e fechamento rápido por meio de alavanca.

Válvula diafragma Válvula cujo obturador é um diafragma de borracha, acionado com a compressão do diafragma contra a sede. O fluido só tem contato com o corpo da válvula e o diafragma. Muito utilizada em tubulações, para transporte de produtos químicos.

Válvula flap O mesmo que válvula de retenção.

Válvula fluxível O mesmo que válvula de descarga.

Válvula gaveta Tipo de válvula de bloqueio cujo obturador, em forma de cunha, desliza entre duas guias para abrir e fechar, num movimento semelhante ao funcionamento de uma gaveta.

Válvula globo Tipo de válvula para regular o fluxo. Em instalações prediais recebe o nome de registro de pressão.

Válvula guilhotina Válvula de corpo curto, cujo obturador é formado por uma lâmina que desliza no corpo. Muito utilizada em instalações destinadas à fabricação de papel e celulose.

Válvula motorizada Acionada por motor elétrico.

Válvula para combustível Destinada a produtos inflamáveis.

Válvula para gás Destinada a produtos gasosos.

Válvula pneumática Válvula acionada por pistão movido a ar comprimido.

Válvula que iguala a pressão dos lados de outra válvula Válvula auxiliar ou de contorno, que equaliza as pressões de montante e jusante de modo a facilitar as manobras.

Válvula redutora de pressão Válvula que reduz a pressão de jusante por meio mecânico, podendo ser automática ou de aço direta.

Válvula reguladora Válvula que têm a função de regular a pressão ou a vazão.

Válvula reguladora de pressão Válvula que têm a função de regular a pressão.

Válvula rotativa Tipo de válvula instalada em fundos de tanques para a extração de produtos sólidos.

Válvula solenoide Válvula com uma bobina elétrica para o acionamento do obturador.

Válvula termostática Válvula que controla a temperatura.

Válvula wafer Instalada entre dois flanges; comprimida entre dois flanges.

Vanádio Elemento químico, símbolo V, número atômico 23 (23 prótons e 23 elétrons), massa atômica 51 u que, em condições ambientes, é encontrado no estado sólido. É um metal dúctil, macio, com uma abundância na crosta terrestre de 160 ppm, e forma poucos minerais. É empregado em algumas ligas metálicas.

Vão Termo utilizado em engenharia e arquitetura para designar a distância entre os apoios consecutivos de uma estrutura como uma ponte, uma viga, um cabo eléctrico etc. Designa também a abertura ou o intervalo numa parede, para a colocação de janela ou porta.

Vapor Matéria em estado gasoso, que depende da temperatura e pressão a que está sujeita.

Vapor d'água Ver *Vapor*.

Vaporização Pode ser dividida em dois fenômenos: evaporação e ebulição. Evaporação é quando o líquido se transforma em vapor. Ebulição é quando o líquido se transforma em gás.

Variação da maré Diferença de altura entre o nível de uma preamar e de uma baixa-mar consecutiva. A variação média é a diferença dos níveis médios das preamares e baixa-mares. A variação diurna máxima ou variação diurna é a diferença dos níveis das médias das maiores preamares e da média das baixa-mares. Se a maré for do tipo diurno, a variação média confunde-se com a variação da maré.

Variação das sizígias Média das variações das marés semidiurnas de sizígias, mais convencionalmente determinada pelas constantes harmônicas. É maior do que a variação média com o tipo de maré semidiurno ou misto, e não tem sentido prático quando a maré é diurna.

Variação diurna Ver *Variação da maré*.

Variação merística O mesmo que variação ou mutação homeótica, ou seja, que ocorre durante o desenvolvimento de um determinado corpo vivo, cuja estrutura é substituída por outra. Em um inseto, uma antena por uma perna, por exemplo.

Variação sazonal Ver *Sazonal*.

Variável Termo de uma função ou relação, sujeito a alterações de valor e pode assumir qualquer valor em um conjunto específico de valores.

Varinha de rabdomante Ver *Rabdomancia*.

Varinha de radioestesista Ver *Rabdomancia*.

Várzea Terras que sofrem inundações periódicas em decorrência do regime de cheia e vazante dos rios.

Vasa Depósito argiloso, de partículas muito finas cinza-escuras ou esverdeadas, muito pegajosas, escorregadias e com odor fétido, devido ao gás sulfídrico contido. Os bancos de vasa aparecem nas orlas costeiras e na foz dos rios devido ao efeito de floculação e da gravidade, por ocasião das marés cheias.

Vasos sanguíneos Órgãos em forma de tubos que se ramificam por todo o organismo da maior parte dos seres vivos, como no ser humano, por onde circula o sangue. Incluem as artérias, veias e capilares.

Vau Trecho de um rio, lago ou mar suficientemente raso para passar a pé, a cavalo ou com um veículo.

Vazadouro Local de despejo de detritos ou qualquer tipo de resíduos sólidos, sem medidas de proteção ambiental.

Vazamento Deixar escapar um fluido de um compartimento que o contém. Ex.: vazamento de água ou gás em tubulações, reservatórios etc.

Vazante de maré Período entre uma preamar (maré alta) e uma baixa-mar (maré baixa) sucessivas, quando a altura da maré diminui.

Vazão Volume fluido que passa na unidade de tempo, através de uma seção transversal, como a seção transversal de um tubo ou de um curso d'água.

Vazão de projeto Vazão estimada por fórmulas teóricas, métodos empíricos, que serve para dimensionar as unidades que compõem o projeto.

Vazão ecológica ou vazão mínima ecológica Vazão a ser garantida a jusante de uma estrutura de armazenagem de água (barragem) ou captação (tomada de água), para que se mantenham as condições ecológicas naturais de um rio.

Vedação Resultado do ato de vedar, de tampar, de evitar vazamentos.

Vegetação Conjunto de espécies vegetais que cobrem a superfície do solo de uma determinada área. Conjunto de plantas de uma determinada área.

Vegetação flutuante Gramíneas ou musgos flutuantes, que nascem em corpos de água parada.

Vegetação natural Floresta ou outra formação florística, com espécies predominantemente autóctones, ou seja, sem espécies exóticas ou importadas, em fase de clímax ou em processo de sucessão ecológica natural.

Vegetação primária É a vegetação de máxima expressão local, com diversidade biológica, e mínimos efeitos de ações antrópicas, a ponto de não afetar significativamente suas características originais de estrutura e de espécies.

Vegetação secundária ou em regeneração É a vegetação resultante dos processos naturais de sucessão, após ter sido suprimida a vegetação primária, total ou parcialmente, por ações antrópicas ou causas naturais, com a subsistência de espécies da vegetação primária.

Veia afogada Quando um escoamento livre ocorre sob condições de afogamento a jusante, ou seja, contra a pressão de uma lâmina d'água.

Veia deprimida No sentido da lâmina d'água.

Veículo de transporte de agentes etiológicos Ver *Agente etiológico*.

Veículo fora da estrada São tratores e caminhões usados nas grandes obras de terraplenagem, cujas dimensões ou limitações de velocidade os tornam proibidos de transitar em estradas.

Veículos anfíbios Na Marinha norte-americana, são pequenas embarcações anfíbias usadas tanto em terra como no mar.

Veio d'água O mesmo que olho d'água ou nascente.

Velde Tipo de zona fisiográfica; savana, estepe.

Velocidade Em física, é uma medida vetorial que expressa a rapidez com que um corpo altera sua posição. A velocidade média, que é uma medida de velocidade, é a razão entre um deslocamento e o intervalo de tempo levado para realizar esse deslocamento.

Velocidade angular Grandeza vetorial que descreve a velocidade de uma rotação. A direção do vetor velocidade angular é ao redor de um eixo de rotação, medida em número de Rotações por Minuto (RPM).

Veneno Qualquer tipo de substância tóxica sólida, líquida ou gasosa, que produz qualquer tipo de enfermidade, lesão, ou alteração de funções do organismo vivo, por reação química com as moléculas. A diferença entre uma substância venenosa e uma substância farmacêutica ou nutricional é a dose administrada ou acumulada no corpo. Em geral, um veneno é mortal em determinada dose e sem qualquer função terapêutica. O flúor e o iodo são extremamente venenosos, mas têm aplicações terapêuticas em doses mínimas, e o iodo é indispensável (a falta dele pode causar o bócio) e o flúor é bom contra as cáries.

Ventania Vento classificado entre bastante fresco e tempestade na escala Beaufort. Vento

contínuo, fresco, forte ou rajada completa, com velocidades entre 28 e 55 milhas náuticas por hora (51,9 a 101,9 km/h).
Vento de impulsão Vento que sopra no mesmo sentido da propagação das ondas marítimas ou lacustres.
Vento geostrófico Vento horizontal, não acelerado, que sopra ao longo de trajetórias retilíneas, resultante de um equilíbrio entre a força do gradiente de pressão (horizontal) e a força de Coriolis. O equilíbrio só é possível em altitudes com um efeito do atrito com a superfície desprezível, isto é, acima de poucos quilômetros.
Ventosa Dispositivo instalado nos pontos altos das adutoras de água, para permitir a saída do ar.
Vereda A palavra significa caminho estreito, senda, atalho. No Nordeste do Brasil, é a região mais abundante em água, na zona da caatinga, entre montanhas e vales dos rios e onde a vegetação é um misto de agreste e caatinga; no sul da Bahia é planície; em Goiás, é a várzea que margeia um rio ou clareira de vegetação rasteira; em Minas Gerais e Goiás, especialmente na bacia do Rio São Francisco, é clareira e curso d'água orlado de buritis. Na Resolução nº 4, de 18 de setembro de 1985, do Conama, que regulamenta a criação de Reservas Ecológicas, vereda é definida como: no Brasil Central, caracteriza todo o espaço que contém nascentes ou cabeceiras de um curso d'água da rede de drenagem, com ocorrência de solos hidromórficos com renques de buritis e outras formas de vegetação típica.
Verga Estrutura horizontal construída na parte superior de portas e janelas para evitar trincas.
Verme O grupo dos vermes não é mais usado pela ciência, que o dividiu em vários filos. Hoje, chama-se verme qualquer animal com o corpo alongado ou achatado e sem esqueleto interno ou externo. Não tem membros, embora possa ter apêndices reduzidos na superfície para a locomoção. É encontrado em praticamente todo *hábitat*, incluindo os mares, rios e solos. Muitos são parasitas, como a tênia. Alguns, como a minhoca, desempenham um papel bastante importante na ecologia.
Vernalização Ver *Termoperiodismo*.
Verruma A verruma ou trado (no caso das grandes peças de tratores) é um instrumento de aço em forma de espiral, com a extremidade inferior pontiaguda. É utilizada para perfurar madeira.
Vertebrado Caracteriza-se pela coluna vertebral segmentada e crânio que protege o cérebro. São os peixes, anfíbios, répteis, aves e mamíferos.

Vertedor Dispositivo utilizado para controlar o nível de água e medir vazões em canais abertos ou em barragens.
Vertedor afogado Aquele com nível d'água a jusante superior ao da crista do vertedor.
Vertedor Cipolletti O mesmo que vertedor triangular.
Vertedor com contração A largura do vertedor é menor do que a largura do canal de acesso.
Vertedor de soleira delgada Quando o contato lâmina/líquido se dá por um fio ou um simples ponto de contato.
Vertedor de soleira espessa Quando o contato lamina/líquido se dá por uma superfície.
Vertedor Parshall Ver *Calha Parshall*.
Vertedouro O mesmo que vertedor.
Vertente Talude natural, de inclinação variável, que desce a partir das cristas que dividem as bacias de drenagem, enquadrando o vale. Muitas vezes as vertentes podem ser abruptas e formar gargantas.
Vetor Artrópode ou outro animal capaz de transmitir um parasita de um vertebrado hospedeiro para o outro.
Vetor biológico É aquele que participa ativamente, como parte essencial do ciclo evolutivo, de um determinado parasita, como o caramujo da esquistossomose ou o mosquito *Anopheles*, o vetor da malária.
Vetor mecânico Vetor que transmite parasita, sem desenvolver nem multiplicar.
Vetor ou transmissor de doença Ver *Vetor* ou *Vetor biológico*.
Vibrião Tipo de bactéria com mobilidade e forma de bastonete recurvo. A designação refere-se à aparência semelhante a vírgulas, quando observada ao microscópio.
Vibrógrafo Também conhecido como oscilógrafo, é um aparelho que mede e registra vibrações.
Vibrômetro Também conhecido como oscilômetro é um aparelho que mede vibrações.
Vicariante Em direito significa substituição, um ocupa o lugar de outro. Em biologia indica a separação ou cisão de um grupo de organismos por uma barreira geográfica, como uma montanha ou um corpo de água, resultando na diferenciação do grupo original em novas variedades ou espécies.
Vida silvestre ou selvagem É a flora e a fauna autóctones, que vivem num ecossistema natural.
Vida útil do projeto É o tempo estimado ou calculado para uma obra ou seus componentes atenderem ao fim a que se destinam, como por exemplo, o atendimento a certo número de pessoas; a resistência de determinados com-

ponentes, no caso de tubulações, às vazões máximas de projeto.
Vidraceiro Profissional que trabalha com vidros.
Vidraria No jargão de laboratório, são os materiais de laboratório feitos com vidro, como: béquer, pipeta, proveta, erlenmeyer etc.
Viela sanitária Nos loteamentos, passagem com largura menor do que uma rua comum, para os serviços de execução de redes de água pluvial, de esgoto ou de água de abastecimento, posteamento elétrico etc.
Viga Elemento estrutural das edificações, usada no sistema laje-viga-pilar para transferir os esforços verticais recebidos da laje para o pilar ou para transmitir uma carga concentrada, caso sirva de apoio a um pilar.
Viga de madeira Usada para dar estrutura aos telhados.
Virucida Substância que pode matar ou destruir o poder infeccioso dos vírus.
Virologia É a ciência que estuda os vírus e suas propriedades.
Virulência É a capacidade patogênica de um micro-organismo, medida pelo seu grau de mortalidade e pelo poder de invadir os tecidos do hospedeiro.
Vírus É um ácido nucleico envolvido por um pacote proteico, inerte no ambiente extracelular, portanto, não se reproduz fora da célula hospedeira, por isso é frequentemente classificado como parasita intracelular obrigatório.
Vírus de plantas A maior parte dos vírus de plantas possui duas características principais: o material genético é a molécula de RNA, e a estrutura externa não apresenta envelope lipoproteico proveniente da membrana plasmática da célula hospedeira. Contudo, existem vírus não envelopados de DNA e vírus envelopados de RNA.
Viscosidade É uma propriedade associada à resistência que um fluido oferece à deformação por cisalhamento. Quanto maior a viscosidade, menor será a velocidade com que o fluido se movimenta.
Viscosidade absoluta ou dinâmica É aquela que é medida por um sistema cuja geometria não sofre influência da gravidade.
Viscosidade cinemática É aquela que é medida por um sistema cuja geometria utiliza a influência da gravidade.
Viscosímetro Aparelho que mede a viscosidade.
Visibilidade Na meteorologia e na prática de observações atmosféricas relacionadas com a poluição do ar, é a maior distância que se vê e identifica a olho nu, durante o dia, na linha do horizonte, um objeto saliente e escuro contra o céu, e à noite, uma fonte de luz, moderadamente intensa e sem foco. Em paisagismo e planejamento territorial, é a distância ou zona de visão física entre o observador e a paisagem.
Vitamina É uma substância orgânica, em pequena quantidade nos alimentos naturais, essencial para o metabolismo e cuja carência pode causar doenças.
Vocabulário controlado Índice controlado utilizado na indexação e recuperação de documentos.
Voçoroca ou boçoroca Sulcos profundos no solo, que chegam a centenas de metros de extensão e dezenas de profundidade, originados pela erosão superficial e subterrânea, geralmente ocorrentes em terrenos siltosos ou arenosos (areia fina) após ações antrópicas.
Volátil Líquido que evapora rapidamente sob condições de temperatura ambiente. Por exemplo, o álcool líquido é muito mais volátil do que o álcool em gel.
Volatilidade Em química e física, refere-se a uma grandeza relacionada à facilidade da substância passar do estado líquido ao estado de vapor ou gasoso.
Voltagem É um termo incorreto, usado para denominar a diferença de tensão elétrica entre dois pontos, ou seja, aquilo que é responsável pela movimentação de elétrons. Em uma analogia com a hidráulica, quanto maior a diferença de nível entre dois pontos, ou maior a diferença de pressão hidráulica entre dois pontos, maior será o fluxo, caso haja comunicação entre esses dois pontos. O fluxo (que em eletrodinâmica é a corrente elétrica I) é uma função da pressão hidráulica (tensão elétrica V) e da oposição à passagem do fluido (resistência elétrica R). Esse é o fundamento da lei de Ohm, para a corrente contínua: $V = R \cdot I$.
Voltímetro Dispositivo que mede a tensão elétrica.
Volume É a medida do espaço ocupado por um corpo.
Volume do poro Também chamado de volume de vazios.
Volume morto Em reservatórios, é o volume abaixo do nível da tomada de água de cota mais baixa.
Vômito Expulsão ativa do conteúdo gástrico pela boca.
Vomitório Nos banquetes da Roma Imperial, os convidados comiam tanto que se sentiam indispostos. Havia uma sala com um dispositivo onde os convidados podiam vomitar o que haviam comido. Depois, retornavam ao banquete e continuavam a comer.
Vórtex Ver *Vórtice*.

Vórtice Um vórtice ou vórtex é um escoamento giratório no qual as linhas de corrente apresentam um padrão circular ou espiral. São movimentos espirais ao redor de um centro de rotação.

Vulcanismo Envolve todos os processos e eventos que permitem ou que provocam a ascensão de material magmático do interior da terra à superfície.

Vulcão Estrutura geológica criada quando o magma, gases e partículas quentes, como cinzas, escapam para a superfície terrestre. Ejeta grandes quantidades de poeira, gases e aerossóis na atmosfera, e causa o resfriamento climático temporário. É considerado causador de poluição natural.

Xx

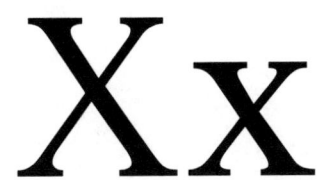

Xaxim Também conhecido como samambaiaçu ou samambaia-imperial é uma espécie de feto arborescente, da família das *dicksoniáceas*, nativa da Mata Atlântica e da América Central. No Brasil é encontrado em Minas Gerais, Rio de Janeiro, São Paulo e Rio Grande do Sul. Tem um caule ereto, cilíndrico, e folhas de até 2 m de comprimento. Devido à extração indiscriminada para o cultivo de outras plantas, a espécie está ameaçada de extinção e sua extração está proibida em todo o Brasil.

Xerófito Vegetal adaptado a viver em ecossistemas onde o fator ambiental mínimo é a água.

Xerofreatófito Tipo de planta freatófita que é capaz de resistir à seca. Ver *Freatófitas*.

Xerografia Produção de imagens fotográficas com cargas eletrostáticas.

Xeromórfico Vegetal provido de dispositivos funcionais ou estruturais encarregados de prevenir a perda de água por evaporação.

Xeromorfo O mesmo que xeromórfico.

Xilênio Também conhecido como xilol, refere-se a uma série de compostos dimetilbenzenos, diferenciados pela posição relativa dos radicais metil. São encontrados no alcatrão e no petróleo e usados como solventes ou como precursores de outros produtos químicos.

Xilocaína Produto farmacêutico do grupo dos antiarritímicos e dos anestésicos locais, usado no tratamento da arritmia cardíaca e da dor local, em especial nas operações cirúrgicas.

Xilopódio Caule de algumas plantas do cerrado e do Nordeste. São hipertrofiados e podem armazenar água. Na ocorrência de queimadas elas conseguem se refazer.

Xisto Nome de vários tipos de rochas metamórficas facilmente identificáveis por serem muito laminadas. Por exemplo, uma argila que sofreu processo de metamorfismo, devido ao aumento de pressão e temperatura, torna-se primeiro um folhelho e, em seguida, se continuar o metamorfismo, passa a ardósia, que vira filito, que passa a xisto. Ou seja, essa sequência de formação é argila-folhelho-ardósia-xisto-gnaisse.

Xisto betuminoso Rocha sedimentar que armazena óleo. Quando é aquecida, o óleo (betume) se separa e adquire características semelhantes às do petróleo. É considerado um minério (ou fonte de energia não renovável) impregnado com 5 a 10% de material oleoso semelhante ao petróleo.

Zz

Zarcão Denominação comercial do tetróxido de chumbo (Pb_3O_4), pó vermelho insolúvel em água e em ácidos. Tem propriedades anticorrosivas e forma uma suspensão oleosa denominada tinta zarcão, empregada na proteção contra ferrugens de superfícies de ferro.

Zeólita As zeólitas ou os zeólitos constituem um grupo numeroso de minerais com uma estrutura porosa. As naturais formam-se em locais onde camadas de rochas vulcânicas e cinza vulcânica reagem com água alcalina, mas também ocorrem em bacias marinhas pouco profundas nas quais uma prévia sedimentação sofreu posterior cristalização ao longo de milhares ou milhões de anos. As zeólitas de ocorrência natural raramente são puras, contaminadas por outros minerais, metais, quartzo ou outros zeólitos. Por essa razão são excluídas de muitas aplicações comerciais em que a pureza e uniformidade são essenciais.

Zeólita natural Ver *Zeólita*.

Zeólita orgânica Ver *Zeólita*.

Zeólito Ver *Zeólita*.

Zero absoluto Situação teórica na qual um corpo contém energia nula. Pelas leis da termodinâmica, a temperatura nunca é exatamente zero Kelvin (zero absoluto ou –273,15°C). Apesar de ser possível alcançar temperaturas próximas do zero absoluto, já se conseguiu chegar a –273,12°C, nunca um corpo chegou ao zero absoluto, porque não haveria nenhuma energia sobre ele.

Zero hidrográfico É a altitude de referência ou altitude zero, a partir da qual referenciam-se as demais. O zero hidrográfico pode ser obtido a partir do nível médio das águas do mar. Pode também ser referenciado aos registros de baixas-mar durante vários anos (na faixa de ± 50 anos), escolhe-se então a menor baixa-mar desse período, e subtraem-se de 20 a 30 cm para poder fixá-lo.

Zetâmetro Aparelho usado para medir o potencial zeta das partículas.

Zinco Considerado um micronutriente para as plantas que ativa o sistema enzimático responsável pela produção de auxina. A auxina, combinada de modo apropriado na planta, é um regulador do crescimento. É também conhecido como hormônio de crescimento. Devido à sua afinidade com a produção do regulador de crescimento, a deficiência de zinco caracteriza a falta de crescimento nos pontos terminais. A baixa disponibilidade pode ocorrer pela formação de precipitados e adsorção por silicatos e óxidos dos solos. O zinco torna-se mais disponível para as plantas com pH em torno de 5. Quando o solo é muito ácido, o zinco é adsorvido pelo complexo de argila e reage, formando carbonatos insolúveis e hidróxidos complexos pouco solúveis. A disponibilidade do zinco não depende do pH, como acontece com o manganês, pois seu estado de oxidação não se altera, na faixa de variação do pH em que as plantas crescem. A matéria orgânica coloidal, assim como a argila, adsorve o zinco. Nas raízes das plantas, o fósforo pode fixar um pouco de zinco. Embora o estado de oxidação do zinco se mantenha favorável às plantas, sua disponibilidade decresce aos poucos, com o aumento do pH. Com isso, é necessário mais zinco quando o solo é alcalino, e leva-se em consideração a quantidade de fósforo no solo, antes de se fazer a aplicação de zinco.

Zircônio Elemento químico de símbolo Zr, número atômico 40 e massa atômica de 91 u. À temperatura ambiente, o zircônio é encontrado em estado sólido. Trata-se de um metal duro, resistente à corrosão, muito utilizado no revestimento de reatores nucleares.

Zona O mesmo que região; faixa; local de características diferenciadas.

Zona abissal Ver *Abissal*.

Zona afótica Ver *Afótica*.

Zona anamórfica Zona de litoral de acumulação de sedimentos, caracterizada por uma costa baixa e arenosa.

Zona aquífera É a região abaixo da zona não saturada onde os poros do solo ou fraturas da rocha estão totalmente preenchidos por água. As águas atingem esta zona por gravidade, através dos poros ou fraturas até alcançar uma profundidade limite, onde as rochas estão tão saturadas que a água não pode penetrar mais.

Zona batial Ver *Batial*.

Zona capilar Num solo, é a região mais próxima ao nível d'água do lençol freático, onde a umidade é maior pela zona saturada logo abaixo.

Zona catamórfica Zona de litoral no qual ocorre erosão. Caracterizada por uma costa alta, de material facilmente erodível (falésias).

Zona compreendida entre as marés Área da costa atingida pelo subir e descer das marés.

Zona costeira Faixa litorânea correspondente à zona de transição entre o domínio continental e o marinho. Trata-se de uma faixa complexa, dinâmica, mutável e sujeita a vários processos geológicos.

Zona de histerese Ver *Histerese*.

Zona de intemperismo Ver *Intemperismo*.

Zona de preservação da vida silvestre No Brasil, é uma zona situada em área de proteção ambiental (APA), na qual são proibidas as atividades de alteração antrópica da biota (Resolução Conama nº 10 de 14 de dezembro de 1988).

Zona de proteção da vida silvestre No Brasil, é uma zona situada em Área de Proteção Ambiental (APA), na qual se admite o uso moderado e autossustentado da biota, regulado de maneira a assegurar a manutenção dos ecossistemas naturais (Resolução Conama nº 10 de 14 de dezembro de 1988).

Zona de referência Na área marítima, é a parte da praia sujeita à ação das ondas e tomada como referência nos estudos de transporte de areia.

Zona de surfe Área compreendida entre o início da arrebentação e a parte mais alta da praia, onde termina o espraiamento das ondas.

Zona de Uso Diversificado – ZUD Destina-se à localização de estabelecimentos industriais, cujo processo produtivo seja complementar às atividades do meio urbano ou rural em que se situem, e com eles se compatibilizem, independentemente de métodos especiais de controle de poluição, sem provocar inconvenientes à saúde, ao bem-estar e à segurança das populações vizinhas (Lei nº 6.803, de 2 de julho de 1980).

Zona de Uso Estritamente Industrial – ZEI Destina-se a estabelecimentos industriais, cujos resíduos sólidos, líquidos e gasosos, ruídos, vibrações, emanações e radiações possam causar perigo à saúde, ao bem-estar e à segurança da população, mesmo depois de aplicados métodos adequados de controle e tratamento de efluentes nos termos da legislação vigente (Lei nº 6.803, de 2 de julho de 1980).

Zona de Uso Predominantemente Industrial – ZUPI Destina-se à instalação de indústrias, cujos processos, submetidos a métodos adequados de controle e tratamento de efluentes, não causem incômodos sensíveis às demais atividades urbanas e nem perturbem o repouso das populações (Lei nº 6.803, de 2 de julho de 1980).

Zona eufótica Também chamada de zona fótica, é a camada de massa líquida até onde a luz solar penetra e permite a fotossíntese. A profundidade da zona eufótica é afetada pelas variações da turbidez da água.

Zona eulitoral Também conhecida como mediolitoral, é o mesmo que zona intertidal, ou seja, a verdadeira zona das marés. Situa-se entre o nível máximo da maré alta e o nível médio da maré baixa.

Zona fótica O mesmo que zona eufótica.

Zona hadal Zona do oceano com mais de 6.000 m de profundidade, abaixo da zona abissal e corresponde, em grande parte, às regiões de fossas oceânicas.

Zona industrial É uma área definida no plano diretor de um município, geralmente dentro da área urbana, onde se localizam indústrias que atendem a pré-requisitos urbanísticos determinados.

Zona intertidal É a zona compreendida entre o nível da maré baixa e da ação das ondas na maré alta. Pode ser dividida em maior e menor.

Zona intertidal maior É a faixa que se estende acima do nível normal da maré alta, só atingida pelas marés excepcionais ou pelas grandes ondas no período de tempestade.

Zona intertidal menor É a faixa de terra litorânea exposta durante a maré baixa, e submersa durante a maré alta.

Zona limnética Zona situada após a zona intertidal ou eulitoral em direção ao mar aberto, caracterizada pelo plâncton e nécton.

Zona litorânea O mesmo que zona costeira.

Zona nerítica Em biologia marinha, corresponde à região dos oceanos, mais próxima dos continentes, que sofre a influência das marés. A zona nerítica engloba o relevo da plataforma continental e a lâmina de água sobre ela. O relevo é recoberto por sedimentos oriundos dos continentes pela ação dos ventos, rios, enxurradas e geleiras. As águas que recobrem o fundo são claras, permitindo a fotossíntese.

Zona oceânica Também conhecida como zona batial, é aquela com profundidades entre 200 e 2.000 m, e desenvolve-se para além da zona nerítica e aquém da zona abissal, correspondente à região de fundo oceânico onde ocorre o talude e o sopé do talude continental.

Zona pelágica É a região oceânica que vai desde o alto-mar até a plataforma continental. Pode ser subdividida em epipelágica, iluminada ou zona eufótica, que vai da superfície do mar aberto até 200 m de profundidade; mesopelágica ou zona de luz difusa, que vai de 200 m a 1.000 m; batipelágica ou zona escura, que vai de 1.000 m a 4.000 m; abissopelágica, que vai de 4.000 m até o fundo do oceano; e a hadopelágica ou abismo.

Zona sublitoral A zona sublitoral ou de submaré estende-se da marca da baixa-mar até a região da quebra de plataforma, a 200 m de profundidade.

Zona supralitoral A zona supralitoral (ou supramaré) é a menor zona bentônica e fica acima da mais alta marca d'água.

Zona termófila ou termofílica Faixa de temperatura ótima para algumas bactérias que participam do processo aeróbio de biodegradação da matéria orgânica, nas pilhas de compostagem. Os micro-organismos vivem em temperaturas de 45°C a 70°C.

Zona urbana Área de um município, caracterizada por edificação contínua e equipamentos sociais destinados às funções urbanas básicas, como habitação, trabalho, recreação e circulação. No Brasil, a Lei n° 5.172, de 25 de outubro de 1966, determina que toda zona urbana deve observar o requisito mínimo de melhoramentos em pelo menos dois dos incisos seguintes, construídos ou mantidos pelo Poder Público: a) meio-fio ou calçamento, com canalização de águas pluviais; b) abastecimento de água; c) sistema de esgoto sanitário; d) rede de iluminação pública, com ou sem posteamento para distribuição domiciliar; e) escola de ensino fundamental ou posto de saúde a uma distância máxima de três quilômetros do local considerado. A legislação municipal considera urbanas as áreas urbanizáveis, ou de expansão urbana, com loteamentos aprovados pelos órgãos competentes, destinados à habitação, à indústria ou ao comércio, mesmo localizados fora das zonas definidas nesses termos. A classificação das zonas urbanas obedece às normas da Instrução n° 4/1979, do Conselho Nacional de Desenvolvimento Urbano – CNDU.

Zonação São pequenas diferenças no ambiente: solo mais seco; solo pouco espesso; pequena depressão; maior acumulação de húmus; número e qualidade de plantas. Quando essas diferenças são contínuas, como ao redor de pântanos e lagoas, a estrutura da vegetação é distinta, e passa a se chamar zonação.

Zoneamento Ver *Zoneamento territorial*.

Zoneamento ambiental Definido em 1982, pela FEEMA, como a integração sistemática e interdisciplinar da análise ambiental ao planejamento do uso do solo, para a melhor gestão dos recursos ambientais identificados. O zoneamento ambiental foi declarado um dos instrumentos da Política Nacional do Meio Ambiente (inciso II, artigo 9°, Lei n° 6.938, de 31 de agosto de 1981). A Constituição do Estado do Rio de Janeiro, em 1989, determinou que o Estado, com a participação dos municípios e da comunidade, promoverá o zoneamento ambiental do seu território (art. 263). Na maioria dos demais estados brasileiros, o zoneamento ambiental faz parte dos preceitos constitucionais e utilizados como parte dos planos diretores de manejo das áreas de proteção ambiental, criadas em 1981.

Zoneamento ecológico-econômico Expressão criada no Brasil, em 1990, quando instituiu-se por decreto um grupo de trabalho encarregado de examinar o zoneamento ecológico e econômico da Amazônia Legal, por iniciativa do Programa Nossa Natureza, de 1988. Até 1995, o grupo de trabalho preparou o diagnóstico ambiental da Amazônia, e desenvolveu propostas de zoneamento detalhadas pelos estados da região e definiram-se outros estudos nas áreas consideradas críticas em termos ambientais.

Zoneamento territorial É o instrumento legal de que se vale o poder público para controlar o uso da terra. Regulamenta o uso do solo no interesse do bem-estar coletivo, protegendo o investimento de cada indivíduo e desenvolvimento da comunidade urbana. É um instrumento de planejamento para os investimentos públicos, como sistemas de abastecimento de água, coleta e tratamento de esgoto, impedindo que se tornem obsoletos com o passar do tempo.

Zoogeografia Ramo da biogeografia que estuda a distribuição geográfica das espécies animais.

Zoogleia Substância gelatinosa desenvolvida por bactérias. Trata-se de uma matriz de polissacarídeos ou enzimas exógenas que faz parte de flocos formados nos tanques de tratamento de esgoto por lodos ativados e no limo dos filtros biológicos.

Zoologia Ciência que estuda os animais.

Zoonose Nome dado às infecções transmissíveis aos seres humanos, cujo agente tem um ou mais animais como hospedeiros.

Zooplâncton Conjunto de organismos aquáticos sem capacidade fotossintética (heterótrofos) e que vivem dispersos na coluna de água, com pouca capacidade de locomoção. A grande maioria é arrastada pelas correntes oceânicas ou pelas águas de um rio.

Zooplâncton de água doce Ver *Zooplâncton*.

Zooplâncton de água salgada Ver *Zooplâncton*.

Referências bibliográficas

AAS - AMERICAN ASSOCIATION FOR THE ADVANCEMENT OF SCIENCE. *Environmental Glossary*. Disponível em: <http://soilslab.cfr.washington.edu/S-7/envglossary.html>. Acesso em: 11 set. 2003.

ABID - ASSOCIAÇÃO BRASILEIRA DE IRRIGAÇÃO E DRENAGEM. *Dicionário de termos técnicos de irrigação e drenagem*. Viçosa: Abid, 1978.

ABNT - ASSOCIAÇÃO BRASILEIRA DE NORMAS TÉCNICAS. *NBR-9648/1986*: estudo de concepção de sistemas de esgoto sanitário. Rio de Janeiro: ABNT, 1986.

ABNT - ASSOCIAÇÃO BRASILEIRA DE NORMAS TÉCNICAS. *NBR-12209/1990*: projeto de estações de tratamento de esgoto sanitário. Rio de Janeiro: ABNT, 1990.

ARACRUZ CELULOSE. *Glossário de celulose*. Disponível em: <http://www.aracruz.com.br/show.do?act=stcNews&orig=fin&id=643-92k>. Acessos diversos.

BRASIL. Ministério da Saúde. *Portaria 2914/2011*: Dispõe sobre os procedimentos de controle e de vigilância da qualidade da água para consumo humano e seu padrão de potabilidade. Brasília: Ministério da Saúde, 2011.

CAGECE - COMPANHIA DE ÁGUA E ESGOTO DO CEARÁ. *Glossário ambiental*. 2008. Disponível em: <http://www.cagece.com.br/glossario>. Acessos diversos.

CETESB - COMPANHIA DE TECNOLOGIA DE SANEAMENTO AMBIENTAL DO ESTADO DE SÃO PAULO. *Dicionário de termos técnicos de saneamento ambiental* – português-inglês e inglês-português. São Paulo: Cetesb, 1985.

CONAMA - CONSELHO NACIONAL DO MEIO AMBIENTE. *Resolução 4/1985*: dispõe sobre reservas ecológicas e florestas de preservação. Brasília: Conama, 1988.

CONAMA - CONSELHO NACIONAL DO MEIO AMBIENTE. *Resolução 3/1988*: dispõe sobre a implementação de mutirões ambientais. Brasília: Conama, 1988.

CONAMA - CONSELHO NACIONAL DO MEIO AMBIENTE. *Resolução 5/1989*: dispõe sobre o Programa Nacional de Controle da Poluição do Ar - Pronar. Brasília: Conama, 1989.

CONAMA - CONSELHO NACIONAL DO MEIO AMBIENTE. *Resolução 3/1990*: dispõe sobre os padrões nacionais da qualidade do ar. Brasília: Conama, 1990.

CONAMA - CONSELHO NACIONAL DO MEIO AMBIENTE. *Resolução 12/1994*: glossário de termos técnicos. Brasília: Conama, 1994.

CONAMA - CONSELHO NACIONAL DO MEIO AMBIENTE. *Resolução 24/1994*: dispõe sobre importação ou exportação de rejeito radioativo. Brasília: Conama, 1994.

CONAMA - CONSELHO NACIONAL DO MEIO AMBIENTE. *Resolução 357/2005*: dispõe sobre a classificação dos corpos de água e diretrizes ambientais para o seu enquadramento, bem como estabelece padrões de lançamento de efluentes. Brasília: Conama, 2005.

CONAMA - CONSELHO NACIONAL DO MEIO AMBIENTE. *Resolução 403/2008*: dispõe sobre a nova fase de exigência do Programa de Controle da Poluição do Ar por Veículos Automotores – Proconve – para veículos pesados novos. Brasília: Conama, 2008.

DI BERNARDO, L.; DANTAS, A. D. B. *Métodos e técnicas de tratamento de água*. 2. ed. São Carlos: RiMa, 2005a. v. 1.

DI BERNARDO, L.; DANTAS, A. D. B. *Métodos e técnicas de tratamento de água*. 2. ed. São Carlos: RiMa, 2005b. v. 2.

EMBRAPA - EMPRESA BRASILEIRA DE PESQUISA AGROPECUÁRIA. *Glossário de Engenharia Ambiental*. Rio de Janeiro, 2008. Disponível em: <http://www.biodiversidade.cnpm.embrapa.br/glossario>. Acessos diversos.

FERREIRA, A. B. H. *Novo Dicionário da Língua Portuguesa*. Rio de Janeiro: Nova Fronteira, 1986.

KENITIRO, S. *Dicionário de Geologia Sedimentar e áreas afins*. Rio de Janeiro: Bertrand Brasil, 1998.

LIMA e SILVA, P. P.; GUERRA, A. J. T.; MOUSINHO, P.; BUENO, C.; ALMEIDA, F. G.; MALHEIROS, T. M. M.; SOUZA Jr., A. B. *Dicionário Brasileiro de Ciências Ambientais*. 2. ed. Rio de Janeiro: Thex, 2002.

MINEROPAR - MINERAIS DO PARANÁ. *Glossário da área de mineração*. Disponível em: <http://www.mineropar.pr.gov.br/modules/glossario/conteudo.php>. Acessos diversos.

MOREIRA, I. V. D. *Vocabulário básico de meio ambiente*. Rio de Janeiro: Feema/Petrobras, 1990.

MOUSINHO, P. Glossário de meio ambiente. *Revista Ligação*, p. 1-15, dez. 2003.

NUVOLARI, A. *Aplicação de lodo de esgotos municipais no solo*: ensaios de respirometria para avaliar a estabilidade do lodo. Dissertação (Mestrado em Recursos Hídricos e Saneamento) – Faculdade de Engenharia Civil, Universidade de Campinas, Campinas, 1996.

NUVOLARI, A. *Inertização de lodo de esgoto em tijolos cerâmicos maciços*: aspectos tecnológicos e ambientais. Dissertação (Doutorado em Saneamento) – Faculdade de Engenharia Civil, Universidade de Campinas, Campinas, 2002.

NUVOLARI, A. (coord.). *Esgoto sanitário* – coleta, transporte, tratamento e reúso agrícola. 2. ed. São Paulo: Editora Blücher, 2011.

PORTEOUS, A. *Dictionary of Environmental Science and Technology*. 3. ed. Chichester: John Wiley & Sons, 2000.

PORTOBRAS - EMPRESA DE PORTOS DO BRASIL; INPH - INSTITUTO DE PESQUISAS HIDROVIÁRIAS; MARTINS, A. *Glossário inglês-português de termos de engenharia de costas*. Rio de Janeiro: INPH 126/81, 1981. (Cód.: Treinamento e Pesquisas 000/48 – Rev. 1.)

PREFEITURA MUNICIPAL DE CANTAGALO. Secretaria Municipal de Defesa Civil e Trânsito. *Glossário de defesa civil*. Disponível em: <http://www.defesacivilcantagalo.rj.gov.br/mapa.htm>. Acessos diversos.

PRODUTOS químicos perigosos. Disponível em: <http://www.cetesb.sp.gov.br/emergencia/produtos/produto_consulta_completa.asp>. Acesso em: 8 jul. 2004.

SINGLETON, P.; SAINSBURY, D. *Dictionary of Microbiology and Molecular Biology*. 3. ed. Chichester: John Wiley & Sons, 2006.

WIKIPÉDIA. Disponível em: <http://pt.wikipedia.org/wiki/>. Acessos diversos.